2009
中国汽车市场展望

国　家　信　息　中　心
国家发展和改革委员会产业协调司　编

机械工业出版社

本书是研究中国汽车市场2008年现状与2009年发展趋势的权威性书籍。

本书是汽车及相关行业众多专家、学者分析研究成果的集萃。全书分为汽车市场宏观环境篇、市场预测篇、细分市场篇、市场调研篇、专题篇及附录（与汽车行业相关的统计数据）六大部分，全面系统地论述了 2008～2009 年中国汽车市场的总体态势和重、中、轻、微各型载货汽车，大、中、轻、微各型载客汽车，中高级、中级、普通型、微型等各种档次轿车市场的发展态势，汽车市场的重点需求地区和主要需求区域的市场运行特征。

集研究性、实用性、资料性于一体的《2009 中国汽车市场展望》，是政府部门、汽车整车制造商、零部件制造商、汽车研究部门、汽车相关行业、金融证券等领域研究、了解中国汽车市场和汽车工业发展趋势的必备工具书。

图书在版编目（CIP）数据

2009 中国汽车市场展望 / 国家信息中心，国家发展和改革委员会产业协调司编. —9 版. —北京：机械工业出版社，2009．2
ISBN 978-7-111-02416-3

Ⅰ.2… Ⅱ.①国…②国… Ⅲ.汽车—市场预测—中国—2009 Ⅳ.F724.76

中国版本图书馆 CIP 数据核字（2009）第 018149 号

机械工业出版社（北京市百万庄大街 22 号　邮政编码 100037）
责任编辑：王振国 邓振飞 潘竹　　封面设计：饶 薇
责任印制：王书莱
三河市宏达印刷有限公司印刷
2009 年 2 月第 9 版第 1 次印刷
787mm×1092mm 1/16・32.25 印张・520 千字
0 001－2 500 册
定价：180.00 元

《2009 中国汽车市场展望》

主办单位 国家信息中心 国家发展和改革委员会产业协调司

承办单位 国家信息中心经济咨询中心

参加单位 中国第一汽车集团公司
一汽-大众销售有限责任公司
奇瑞汽车销售有限公司
东风汽车有限公司
神龙汽车有限公司
上海上汽大众汽车销售有限公司
上海大众汽车有限公司
上海通用汽车有限公司
沈阳华晨金杯汽车有限公司
中国重型汽车集团有限公司
天津一汽夏利汽车股份有限公司
广州本田汽车有限公司
江铃汽车股份有限公司
南京依维柯汽车有限公司
长安汽车销售有限公司
中国公路车辆机械总公司
北京现代汽车有限公司
哈飞汽车股份有限公司
郑州日产汽车有限公司
北京亚运村汽车交易市场
山东省汽车流通协会
中国进口汽车贸易中心
中国汽车工业协会市场贸易委员会
中国物流与采购联合会
中国机电产品进出口商会
机械工业农用运输车发展研究中心

《2009 中国汽车市场展望》
编委会成员

《2009 中国汽车市场展望》

编辑工作人员

主　　编　徐长明　陈建国
副 主 编　李　钢　黄路明

编辑人员　潘　竹　李伟利　马　莹
崔佳佳　张文评　朱灿锋

特约编辑
张伯顺　中国汽车工业协会市场贸易委员会
张俊杰　一汽-大众销售有限责任公司奥迪销售部
郝英瑞　一汽丰田汽车销售有限公司
周明生　东风汽车有限公司商用车规划总部
王晓翔　上海上汽大众汽车销售有限公司

前　言

2008年，由美国次级贷款引发的金融危机蔓延到全球，从虚拟经济到实体经济，从发达国家到发展中国家无一幸免。尽管我国金融体系与国际接轨程度不高，但我国经济的对外依存度已超过60%，美国、欧盟、日本等主要经济体的经济衰退对我国商品出口造成了较大冲击。受全球金融危机持续扩大的影响，我国经济增长速度大幅回落，2008年第一季度国内生产总值（GDP）同比增长10.6%，而第四季度GDP增长速度仅为6.8%，全年GDP增长速度只有不到9%，比2007年回落4个百分点。在宏观经济整体下滑的背景下，我国汽车市场呈现“前高后低”的发展态势，汽车市场需求出现多年未见的低迷局面，全年累计完成生产和销售汽车934.5万辆和938.1万辆，同比增长仅5.2%和6.7%，自1999年后我国汽车市场增长速度首次跌破10%。

2009年，为了应对金融危机对我国的影响，政府确立了立足扩大内需、保持经济平稳较快增长的方针，着手实施积极的财政政策和适度宽松的货币政策，先后出台“国十条”、“金融九条”等一系列扩大内需的政策和措施。两年4万亿元的基建投资等积极财政政策，大幅降低存贷款利率等金融政策相继颁布实施，汽车、钢铁、装备制造等十大行业振兴规划陆续出台，都对稳定市场信心、促进经济增长起到重要作用。在中央政府方针指引下，各级政府也积极行动起来，通过刺激消费、扩大投资、稳定出口等措施保持经济平稳增长。但是，受美国次贷危机的影响，2009年世界经济趋于衰退，我国产品出口形势更加严峻。综合判断，2009年我国经济增长速度将会继续回落，但我国经济仍将是全球的亮点，经济增长速度可以达到平稳增长。可以说，汽车市场发展的宏观经济环境仍可以期待。

2009年汽车产业发展处于良好的消费环境和政策环境下。燃油税改革降低了消费者使用成本，对我国汽车消费需求促进，尤其小排量汽车促进作用将逐步显现。汽车产业振兴规划关于对1.6L以下乘用车购置税减半征收、“汽车下乡”等措施将会直接刺激居民购车的欲望，促进汽车消费需求增长。原油、铁矿石等原材料价格大幅回落会改善汽车生产企业经营状况，汽车生产企业具备了价格下调的空间。因此可以判断，2009 年汽车市场需求将能够保持一定增长。

为使社会各界对 2009 年我国汽车市场发展趋势有一个深入了解，国家信息中心和国家发展和改革委员会产业协调司联合组织编写了《2009 中国汽车市场展望》，期望本书能为汽车行业管理部门和生产经销企业提供有价值的决策参考依据。本书将汽车市场与宏观经济运行环境紧密结合在一起，采用定量与定性相结合的研究方法，从不同角度对 2009 年的汽车市场进行了深入分析和研究。由于时间仓促，书中难免有错漏之处，敬请读者批评指正。

2009 年 2 月 10 日

目　录

细分市场篇

市场调研篇

专　题　篇

附 录

宏观环境篇

实施积极的财政政策和适度宽松的货币政策促进经济平稳较快增长

——2009年宏观调控的政策取向

2009年是新中国成立60周年，也是推进“十一五”规划顺利实施的关键一年。做好2009年的宏观调控工作，对于应对和战胜国际金融危机，保持国内经济平稳较快发展和社会和谐稳定，推进全面建设小康社会进程意义重大。

一、2009年面临的国内外经济环境

2009年，世界经济金融形势恶化的趋势仍难以扭转，经济增速下行及其引发的各种矛盾将进一步显现，国内经济运行中长期积累的深层次矛盾和问题仍很突出，我国经济发展面临着来自国际国内的严峻挑战。

从国际经济环境看，2008年以来，世界经济金融形势复杂多变，不稳定、不确定因素明显增多。特别是美国次贷危机引发的金融危机愈演愈烈，迅速从局部发展到全球，从发达国家传导到新兴市场国家和发展中国家，从金融领域扩散到实体经济领域，演变成上世纪大萧条以来最严重的全球性金融危机，世界经济增速大幅放缓，我国经济发展面临的外部环境不断恶化。尽管美国等国家和国际机构纷纷采取一系列紧急措施稳定金融、刺激增长，但仍未能稳住世界经济金融形势。目前，这场金融危机不仅本身尚未见底，而且对实体经济的影响正进一步加深，其严重后果还会进一步显现。

面对60年来最严重的金融危机，2009年出现全球性衰退的风险增大，世界经济面临严峻挑战。国际货币基金组织（IMF）和世界银行预测，2009年美国、欧元区和日本等发达经济体经济将处于持续衰退之中，受大宗商品价格下跌、国际贸易萎缩等因素影响，新兴和发展中经济体经济增长速度也将显著放慢。特别是受金融危机影响，世界实体经济正受到越来越大的冲击。国际货币基金组织（IMF）预计，2009年世界经济增长率将跌至2.2%，世界经济会步入衰退期；受经济不景气的影响，全球贸易和投资活动明显萎缩，世界贸易继续呈现下滑态势，

2009年全球贸易增长率将进一步降至2.1%。随着企业倒闭和失业人员增多，社会矛盾将会加剧。据国际劳工组织预测，全球失业人数将激增至2009年年底的2.1亿人，贫困劳工将增加4000万人。

目前我国进出口总额已相当于GDP的2/3左右，外部需求占总需求的比重较大，经济的对外依存度相当高。世界经济陷入衰退，国际需求大幅收缩，将不可避免地使我国经济发展受到影响。但同时也要看到，和平与发展仍然是当今世界的主题，经济全球化和科技革命的大趋势没有改变，新兴市场经济体还在较快增长，并日益成为促进世界经济稳定和发展的重要力量。随着未来世界经济的逐步复苏、国际分工调整和国际金融体系改革，将为我国继续利用两个市场、两种资源提供潜在的新机遇。

从国内经济环境看，2008年是极不寻常、极不平凡的一年。面对复杂多变的国际经济环境、突如其来的特大自然灾害和经济运行中出现的新情况新问题，党中央审时度势，沉着应对，及时调整宏观经济政策，果断作出一系列重大部署安排，全党全国人民众志成城、共克时艰，在十分困难的条件下，我国经济呈现增长较快、价格回稳、结构优化、民生改善的良好局面。2008年前三季度国内生产总值增长9.9%，物价过快上涨的势头得到抑制，粮食连续五年增产，经济效益继续提高，金融市场稳健运行，就业人数持续增加，居民收入继续提高，改革开放不断深化，结构调整和节能减排取得新的成效，2008年前三季度单位GDP能耗下降3.46%。

受国际金融危机快速扩散和蔓延、世界经济增长明显减速、外部环境趋紧的影响，加上我国经济生活中尚未解决的深层次矛盾和问题，目前我国经济运行中的困难增加，经济下行压力加大，企业经营困难增多；经济增长减速、效益下滑的状况已从沿海向内地，从出口行业向其他行业，从中小企业向大企业蔓延；保持农业稳定发展、农民持续增收的难度加大；国内投资者信心受到严重影响，股票市场持续低迷；由于企业亏损增加、利润减少，银行体系经营压力加大，金融领域潜在风险增加。

总的来看，经济增长下滑过快，已成为当前和今后一个时期我国经济运行中的突出问题。2008年4月以来，我国出口月增速已连续7个月低于2007年同期，11月进出口总额同比下降9%，其中出口下降2.2%（出现7年以来的首次负增长），进口下降17.9%。工业增速继续回落；固定资产投资放缓，市场销售增速回落，需求下降；原油、钢材、有色金属等原材料价格大幅下降，部分企业生产出现萎缩；煤、电、油、运需求大幅下降。财政收入大幅下滑，从 2008 年第一季度增长 35.5%，第二季度增长 31.4%，下滑到第三季度的仅增长 10.5%，11 月份全国财政收入出现负增长。

尽管我国经济发展面临着来自国际国内的严重困难和严峻挑战，但我国经济发展的基本面和长期趋势没有改变，我国发展的重要战略机遇期仍然存在，不会因为这场金融危机而发生逆转。同时也要清醒地看到，面对国际国内的严峻形势，有效防止经济增速过快下滑和出现大的波动，保持经济平稳较快增长，维护社会和谐稳定，已成为当前和今后一个时期宏观调控的首要任务。

二、把保持经济平稳较快发展作为 2009 年经济工作的首要任务

针对国际金融危机愈演愈烈，对我国经济负面影响日益加重的情况，中央及时果断地调整宏观调控的方向和政策重点，把稳健的财政政策调整为积极的财政政策，把从紧的货币政策调整为适度宽松的货币政策，并提出“出手要快，出拳要重，措施要准，工作要实”的要求，迅速研究出台了一系列政策措施。特别是提出了进一步扩大内需、促进经济平稳较快增长的十项措施，决定在 2008 年第四季度增加安排中央投资 1000 亿元，提前下达 2009 年灾后恢复重建基金 200 亿元。这些政策措施一方面可以拉动当前经济增长，另一方面也能够办成一些群众热切期盼和关系国民经济长远发展的大事，对增强信心，克服困难，稳定经济发挥了重要作用。

面对当前国际国内的严峻形势，防止经济增速过快下滑和出现大的波动，保持经济平稳较快增长，是实现科学发展、维护社会和谐稳定的需要，也是当前经济工作的重中之重。根据中央经济工作会议精神，2009 年我国宏观经济政策的基本取向是：加强和改善宏观调控，实施积极的财政政策和适度宽松的货币政策，着力在保增长上下工夫，把保持经济平稳较快发展作为全年经济工作的首要任务，把扩大内需作为保增长的根本途径，把加快发展方式转变和结构调整作为保增长的主攻方向，把深化重点领域和关键环节改革、提高对外开放水平作为保增长的强大动力，把改善民生作为保增长的出发点和落脚点，促进经济社会又好又快发展。

2009 年，要在准确判断形势的前提下，增强宏观调控的预见性、针对性、灵

活性，及时防范和化解各种风险，实现又好又快发展。既要把困难估计得更充分一些，把应对措施考虑得更周密一些，又要注重从变化的形势中捕捉和把握难得的发展机遇，在逆境中发现和培育有利因素，统筹好国内国际两个大局，善于从国际国内条件的相互转化中用好发展机遇，从国际国内资源的优势互补中创造发展条件，把国际金融危机的不利影响降到最低程度，更好地利用国际国内两个市场、两种资源，继续推动经济社会又好又快发展，继续推进全面建设小康社会进程。

三、把扩大国内需求作为促进经济平稳较快增长的根本途径

保增长的关键是要解决市场需求不足的问题。当前发达国家经济陷入衰退，国际需求大幅收缩。而我国人口众多，正处在工业化城市化进程中，国内市场广阔，需求潜力巨大。必须加强和改善宏观调控，实施积极的财政政策和适度宽松的货币政策，真正把经济增长的基本立足点放在扩大国内需求上，利用这次国际经济结构调整的时机，加快形成主要依靠内需特别是消费需求拉动经济增长的格局。2009年，要坚持统筹兼顾，突出重点，通过扩大就业、增加居民收入、发展服务业、改善消费环境等，促进居民消费尤其是农村消费；发挥政府投资的带动作用，吸引更多的社会投资，加强经济社会发展薄弱环节，增强发展后劲。

着力提高居民收入水平、扩大最终消费需求。一是努力提高中低收入居民的收入：提高企业退休人员基本养老金水平，提高居民财产性收入，提高城乡居民最低生活保障标准，提高优抚对象等人员抚恤和生活补助标准。二是积极培育新的消费热点：加快保障性住房建设，进一步鼓励普通商品住房消费，减轻居民合理购买自住普通商品住房负担，保持合理的房地产开发投资规模，促进房地产市场健康发展；引导和促进汽车合理消费；积极开发与节假日调整相适应的短途旅游和城市周边旅游产品，加快恢复灾区旅游市场；大力促进会展消费，发展社区商业、物业、家政等服务性消费。三是加快搞活流通。加强城乡消费设施和服务体系建设，重点是健全农村流通网络，今后两年再新建和改造一批农家店和农村商品配送中心，增加配送品种，增强综合服务功能。在重点销区和产区新建或改造一批农产品批发和农贸市场，搞活农产品流通，促进农民增收。加大“家电下乡”推广力度，完善城市社区便民服务设施，促进城市耐用品消费升级换代。四是优化消费环境。抓好涉农、交通、教育、医药、房地产等价格收费的监督检查，

规范市场秩序，维护消费者合法权益。同时，积极改善居民消费预期，提高政府支出用于改善民生、支持居民扩大消费的比重，努力消除制约消费的制度和政策障碍，减少居民扩大消费的后顾之忧，增加即期消费。

在优化结构的前提下扩大投资规模。较大幅度地增加公共支出，保障重点领域和重点建设支出，支持地震灾区灾后恢复重建，实行结构性减税，优化财政支出结构，继续加大对“三农”、就业、社会保障、教育、医疗、节能减排、自主创新、先进装备制造业、服务业、中小企业、民生工程、生态环境、重大基础设施建设、重大改革等方面的支持力度，加大对低收入家庭的补贴和救助力度。一是大幅度增加对“三农”的投入。建成一批大中型水利骨干工程，完成大中型病险水库除险加固规划任务，加快推进大型灌区节水改造和续建配套、水源工程等重点项目建设。二是加快实施城乡保障性安居工程。大规模开展廉租住房建设，各地要在配套资金、土地供应等方面予以保证。三是重点解决交通运输“卡脖子”路段和优化能源结构。提高西煤东运下海和新疆煤外运能力，开展大秦线、神朔黄线、兰新线的扩能改造和兰渝铁路等建设，加强铁路客运专线、进出关通道和“三西”煤炭直达华中铁路建设。四是加大对节能减排、自主创新和产业升级的支持力度。支持重点节能工程和循环经济重大示范项目，加快城镇污水、垃圾处理设施及管网建设。增强国产支线飞机自主设计与规模生产能力，推动大型核电、风电装备和高速列车设备本地化，推进企业技术进步和技术改造，建设一批重大产业化工程。五是加大对社会事业的投入力度。实施中小学校舍改造工程，加快基层医疗卫生服务体系和计划生育服务体系、乡镇综合文化站等的建设。与此同时，要进一步加强对政府投资项目的全过程监督检查，确保项目工程质量，努力提高投资的经济效益、社会效益和带动效应。要充分发挥中央和地方两个积极性，拓宽民间投资领域和渠道，鼓励和引导社会投资。

发挥货币政策反周期调节和保障流动性供给的重要作用，促进货币信贷供应总量合理增长，坚持区别对待、有保有压，引导和改善市场预期，保持人民币汇率在合理均衡水平上的基本稳定，进一步改善国际收支状况。支持能够扩大最终消费需求、带动中间需求的项目，支持在国际分工中具有长期竞争优势的先进生产能力建设，支持内部治理结构完善、就业容量大的劳动密集型企业，有效引导结构调整。保持资本市场和房地产市场稳定健康发展。加强资本市场基础性制度建设，提高上市公司质量和治理水平，加强资本市场监管，增强投资者信心。

四、把解决好农业、农村、农民问题作为各项工作的重中之重

2009年是贯彻落实党的十七届三中全会战略部署的起步之年。要坚持巩固和加强农业的基础地位，把保持农村经济平稳较快发展作为首要任务，千方百计促进农民收入持续增长，为保增长提供有力保障。

加强农业和农村基础设施建设。加强高标准农田、水利基础设施、流通基础设施建设，全面提高农业机械化水平。进一步加大对农村饮水安全工程、农村公路、农村沼气和农村电力建设等的投入力度，加快改善农村生产生活条件。

加大对农业的支持和保护力度。大力扶持粮食生产，实行最严格的耕地保护制度和最严格的节约用地制度，稳定粮食种植面积，推进以粮食为主的农作物优良品种的培育和扩繁，提高粮食单产水平。启动实施新增千亿斤粮食生产能力规划，继续实施国家大型商品粮基地、优质粮食产业工程建设，加大中低产田改造力度，进一步改善粮食生产条件。继续提高农资综合直补、良种补贴，增加农机具购置补贴，扩大补贴范围。加快建立以市场为主导的化肥价格形成机制，完善农资综合直补调整机制，确保农民种粮收益不因农资价格上涨而下降。

加快构建现代农业产业体系。按照优质、高产、高效、生态、安全的要求，坚持分类指导，发挥比较优势，优化农业生产布局，加快发展现代农业。继续实施种养业良种工程、植保工程、动物防疫体系建设，加快农业优良品种繁育推广。加强优质棉生产基地建设，稳定棉花种植面积，提高棉花单产和品质。落实油料生产扶持和奖励政策，加强糖料生产基地建设。继续支持建设生猪、奶牛标准化规模养殖小区，全面实施奶业振兴规划纲要，促进畜牧业持续稳定发展。

保持农民持续增收的良好势头。继续扶持各类农民专业合作组织和农业产业化龙头企业，推进农业产业化经营，健全农村社会化服务体系，引导农民优化生产结构和开展规模经营，促进农产品加工业结构升级。加强农村劳动力培训，提高农民从事现代农业生产经营和非农就业的能力。加快发展乡镇企业，继续加强小城镇建设，发展壮大县域经济，拓宽农民非农就业和增收渠道。加强农民工权益保护工作，扶持有条件、有能力的农民工返乡创业，鼓励返乡农民工参加农业和农村基础设施建设，切实保障返乡农民工的土地承包权益。继续推进扶贫开发。

保持农产品价格合理水平。落实提高粮食最低收购价政策，运用多种调控手段，稳定粮食等主要农产品价格，防止生产和市场出现大起大落。落实稻谷、大

豆、油菜籽、棉花、糖等农产品临时收购政策，稳定主产区价格，充实销区库存。合理引导大豆和食用植物油进口，满足国内市场需求。

切实加强农产品质量安全工作。全面贯彻《中华人民共和国农产品质量安全法》、《乳制品质量安全监督管理条例》等法律法规，落实各级政府、有关部门及各类社会主体的农产品质量安全责任。推进农业标准化，把农业标准化与推广先进实用的农业技术结合起来。加大对测土配方施肥的支持力度，逐步扩大补贴范围，节约农民支出，减少环境污染。完善农产品质量标准体系和质量认证体系，支持发展绿色食品和有机食品，加大农产品注册商标和地理标志的保护力度。加快农产品质量安全检验检测体系建设，提高检测能力，加强农产品质量安全监管。

继续推进农村综合改革，着力加强乡镇政府的社会管理和公共服务职能。创新农业经营形式，按照依法自愿有偿原则，建立健全土地承包经营流转市场，发展多种形式的适度规模经营。全面推进集体林权制度改革。创新农村金融体制，放宽农村金融准入政策，规范发展多种形式的新型农村金融机构。加快建立城乡经济社会发展一体化制度，尽快在城乡规划、产业布局、基础设施建设、公共服务一体化方面取得突破，加快建立城乡统一的人力资源市场，推进户籍制度改革，统筹城乡劳动就业和社会管理，促进公共资源在城乡之间均衡配置，生产要素在城乡之间自由流动。

五、把转变发展方式、加快结构调整作为保增长的主攻方向

经济发展方式粗放，特别是经济结构不合理，是我国经济发展诸多矛盾和问题的主要症结。2009 年，要坚持保持增长速度和提高质量效益相统一，把保增长、扩内需、调结构更好地结合起来，加快经济结构的战略性调整和企业转型升级，创建更多的经济增长点和新的竞争优势，进一步提高经济发展质量和水平。

一方面，按照产业结构优化升级和优胜劣汰的要求，以提高自主创新能力和增强协调性为重点，着重缓解和消除发展的瓶颈制约，切实淘汰落后生产能力，加快产品更新换代，增强自主创新能力和产业竞争力，优化产业结构。

在增强自主创新能力方面，着力突破制约产业转型升级的重要关键技术，精心培育一批战略性产业，加快建设一批创新型城市和创新型企业，构建多层次产业技术创新体系。围绕节能减排、产业结构调整和提高核心竞争力，继续组织实施关键领域自主创新和产业化专项，加强重大科技基础设施建设，制定重点产业

技术政策，着力提升技术水平。

在支持重点产业发展方面，抓紧编制钢铁、汽车、造船、石化、轻工、纺织、有色金属、装备制造、电子信息9个支柱产业振兴规划。推动兼并重组、开发重大产品、创新重大技术，支持中小企业转型升级，保护和发展好支柱产业、骨干企业、重要产品和重要生产能力。

在发展高技术产业和装备制造业方面，继续建设一批高技术产业基地和产业链，组织实施好信息、生物、新材料、新能源等高技术产业化专项。支持重大技术装备自主开发，实施高档数控机床与基础制造装备科技重大专项，提升我国数控机床和基础制造装备产业的自主创新能力和核心竞争力，带动装备制造业结构调整和相关产业发展。

在促进服务业发展方面，加大对现代服务业的投入、税收、供地、金融服务、价格等政策支持力度，建设一批跨区域、跨行业、带动功能强、支撑作用大的服务业重大项目。推进信息化应用试点示范工作，加快流通基础设施建设。

另一方面，按照统筹城乡、区域协调发展，促进东中西部优势互补、良性互动，以缩小区域发展差距和优化生产力布局为重点，调整地区结构，继续推动区域协调发展；以推进城镇化和促进城乡经济社会发展一体化为重点，改善城乡结构。

继续实施西部大开发、东北地区等老工业基地振兴、中部地区崛起、东部地区率先发展的区域发展总体战略，促进区域间生产要素合理流动和梯度转移。落实国家主体功能区规划，配套出台分类调控的区域政策。促进大中小城市和小城镇协调发展，有重点地培育一批综合承载能力强、辐射作用大的城市群，使其成为拉动内需的重要增长极。

六、把深化重点领域和关键环节改革、提高对外开放水平作为保增长的强大动力

我国改革开放30年的历程充分表明，只有改革开放才能发展中国，发展中国特色社会主义。站在新的历史起点上，必须继续推进改革开放，为经济社会发展注入新的动力与活力。特别是应对国际金融危机冲击，保持经济平稳较快发展，更需要着力消除影响发展的体制机制障碍。2009年，要坚持社会主义市场经济的改革方向，在充分考虑企业和社会承受能力的前提下，加大重点领域和关键环节

的改革力度，增强市场主体的创造性和自身活力，切实加强对各项改革的总体指导和综合协调，合理把握改革的力度和节奏，处理好改革、发展、稳定的关系，通过改革促进发展、改善民生、保持稳定。同时，努力保持外贸稳定增长，优化进出口结构，积极有效利用外资，稳步开展对外投资，在更高层次上利用好两个市场、两种资源。

继续推进价格、财税、金融、垄断行业、投资、医药卫生等方面的体制改革。深化价格体制改革，抓住有利时机，加快推进资源性产品价格和环保收费改革，尤其是要做好成品油税费和价格形成机制改革的相关工作，加快建立能够充分反映市场供求关系、资源稀缺程度、环境损害成本的资源要素价格形成机制。推进公共财政管理体制改革，深化预算制度改革，健全中央政府和地方政府财力与事权相匹配的体制。加快金融体制改革，建立健全货币政策和金融发展、金融监管相协调的机制，改善金融结构和服务，加强金融监管和创新。深化国有企业改革，毫不动摇地鼓励、支持、引导非公有制经济发展。推进投资体制改革，加紧修订企业投资项目核准目录，进一步缩小投资审核范围，下放审核权限，规范审核程序；健全政府投资管理体制。继续推进国有经济布局调整，加快健全现代企业制度，推进垄断行业分类改革。在充分考虑各方面意见的基础上，修改完善医药卫生体制改革意见，适时开展改革试点。

面对当前严峻的国际经济环境和国际市场收缩、贸易保护主义抬头的不利局面，必须进一步扩大对外开放，统筹国内国际两个大局，把发挥自身优势与充分利用外部条件结合起来，转变对外经济发展方式，走以质取胜、集约化、多元化的发展路子，积极应对激烈的国际竞争，在国际分工调整中拓展开放的广度和深度，在对外开放中不断增强我国经济的国际竞争力和抗风险能力，提高开放型经济水平。

保持对外贸易稳定增长。加大财税政策支持力度，提高部分技术含量和附加值高的机电产品出口退税率。支持拥有自主品牌、核心技术的产品以及农、轻、纺等优势劳动密集型产品的出口，努力保持出口稳定增长。稳步推进加工贸易转型升级，调整加工贸易禁止类和限制类目录，将符合国家产业政策，不属于高耗能、高污染的产品以及具有较高技术含量的产品从禁止类目录中剔除，将部分劳动密集型产品和技术含量较高、环保节能的产品从限制类目录中剔除。鼓励加工贸易向中西部转移，在部分重点承接地增加保税物流功能。完善海关特殊监管区域功能，引导先进制造业和现代生产型服务业入区发展。扩大国内有需求的产品进口，重点增加先进技术、关键设备及元器件和重要能源原材料等产品的进口。加强和改善多双边经贸关系，积极化解国际贸易摩擦，妥善处理出口产品的质量安全问题，营造良好的国际环境。支持企业开拓新兴市场。

提高利用外资质量。创新利用外资方式，促进投资和贸易互动。鼓励外资投向高新技术、节能环保产业和现代服务业，大力发展国际服务外包，严格限制外商投资高耗能、高污染产业，在优化结构的基础上稳定利用外资规模。鼓励和支持骨干企业开展境外投资。

七、把扎实推进节能减排、加强生态环境保护作为保增长的重要内容

节能减排是转变经济发展方式的重要抓手，也是提高经济增长质量的有效途径。近两年来，节能减排取得明显成效。但要完成“十一五”规划确定的两项约束性指标，任务仍然艰巨。2009年，要进一步加大工作力度，力争取得更大进展。

加大重点工程实施力度。支持一批节能减排、生态环境保护等重大工程和节能减排管理能力建设。加大对十大重点节能工程、千家企业节能行动和循环经济的支持力度。强化“三河三湖”、渤海、松花江、丹江口库区及上游、三峡库区、黄河中上游等重点流域、区域的水污染防治力度，支持规划内城镇污水处理、垃圾处理、流域综合治理等设施建设和重大环保技术示范；加强生态建设和环境保护，继续推进重点防护林体系、天然林保护、京津风沙源治理、岩溶地区石漠化综合治理、退牧还草、水土流失综合治理等生态工程建设，巩固退耕还林工程建设成果，加快研究建立生态环境补偿机制。

加快淘汰落后生产能力。促进电力、水泥、钢铁、铁合金、焦炭、造纸、酒精、大豆油脂和乳制品加工等行业落后生产能力有序退出。建立淘汰落后产能企业名单公告制度，落实限制类和淘汰类企业实施差别电价的政策，支持中西部地区加快淘汰落后产能，完善落后产能退出机制。

大力发展循环经济。深化第二批国家循环经济示范试点和汽车零部件再制造试点，支持建设一批循环经济重点项目。推进灾区建筑废弃物等资源化。加强资源综合利用，全面推行清洁生产。

完善政策法规。加快制定或修订高耗能产品能耗限额强制性国家标准和主要用能产品强制性能效标准，落实节能环保小排量汽车消费税优惠政策，扩大节能产品政府采购范围。落实企业购买节能设备和节能减排投资项目的所得税优惠政策。继续加强脱硫电价监管，完善需求侧电价管理制度。继续开展排污权有偿使

用和交易试点。

严格考核监管。进一步完善节能目标责任考核办法，开展节能减排督查行动。继续开展节能减排全民行动，充分发挥社会舆论的监督作用。

八、把改善民生、促进和谐作为一切工作的出发点和落脚点

2009年，要着力解决重经济增长、轻社会发展的问题，着力解决城乡居民的实际困难，着力保障人民群众的合法权益，切实维护社会稳定。

大力发展各项社会事业。优先发展教育，加强各级各类教育和培训，推进义务教育均衡发展，大力发展职业教育特别是农村中等职业教育，完善针对进城务工人员子女教育的相关政策措施，全面推进素质教育。继续加强公共医疗卫生建设，进一步完善公共卫生服务体系，加强疾病预防控制和卫生监督机构建设，提高应对突发公共卫生事件的应急救治能力。积极发展文化体育和旅游业，加强公共文化服务体系特别是基层公共文化设施建设，发展新兴文化产业，继续实施农民体育健身工程，促进体育健身产业健康发展。

做好就业和社会保障工作。实施更加积极的就业政策，全方位促进就业增长，确保就业形势基本稳定。加快完善城乡社会保障体系，扩大城镇职工基本养老保险、基本医疗保险和城镇居民基本医疗保险的覆盖面，研究和推出全国统一的社会保险关系转续办法，积极开展农村社会养老保险试点，制定农民工养老保险办法，切实保障农村贫困家庭、城镇困难家庭、离退休职工、在校贫困大学生基本生活水平不下降。

做好灾后重建各项工作。实施灾后恢复重建规划，积极开展对口支援。按照民生优先、统筹安排、保证重点的原则，加快城乡住房、教育和卫生等民生工程的恢复重建。结合解决群众就业推进产业重建，重点支持就业容量大的企业恢复生产和重新建设。继续搞好交通、通信、能源、水利等基础设施的恢复重建。

高度重视并切实抓好食品药品质量安全和生产安全，建立最严格的食品药品和安全生产标准，建立权责利相对应的法律追究惩治体系。严厉打击各种违法违规生产经营行为，坚决遏制重特大安全事故。加强和完善社会管理，健全应急管理体制机制，下大力气解决群众反映强烈的突出问题，全力维护社会稳定。

（作者：杨洁）

2009年中国宏观经济形势展望

一场席卷全球的国际金融危机在2008年下半年急剧恶化，对世界各国实体经济造成强烈冲击，中国经济也迅速降温。展望2009年，国际经济环境更趋严峻，中国经济面临着周期性调整和结构性调整双重压力，要保持我国的发展活力，成功抵御国际金融危机带来的巨大风险，需要做出更加艰苦的努力。必须进一步完善积极的财政政策和适度宽松的货币政策具体措施，将就业和民生问题放在宏观调控目标中的优先位置，加快生产要素价格形成机制的市场化改革，加大国家对技术进步和创新的政策支持力度，促进经济结构在调整中转型升级，使我国经济社会发展在战胜危机的同时能再跨上一个新的台阶。

一、2009年严峻复杂的国内外经济环境

国际经济环境更趋严峻对我国形成较大的周期性调整压力，我国企业还面临生产要素价格波动、市场需求结构变化和节能减排等政策性导向所形成的结构性调整压力，2009年国内外经济环境中不利因素和不确定因素增多。

1. 国际金融危机正向实体经济扩散，可能出现二战后最为严重的全球经济衰退

次贷危机的影响继续扩散，正在严重破坏国际金融体系的运行秩序。这场金融危机到底会发展到什么程度和延续到什么时候均充满不确定性。由于发达国家金融领域普遍出现信用和信心危机，资本市场、信贷市场的活力减弱，商业银行普遍惜贷，对工商业实体经济活动的金融支持力度大减，金融危机的风险逐步向实体经济蔓延。

美国、欧盟和日本三大经济体经济增长前景黯淡，经济全球化造成的世界各国经济周期同步性将放大金融危机对全世界实体经济的拖累。美国经济2008年第三季度GDP下降0.5%，第四季度经济衰退程度可能进一步加深。欧元区15国2008年第二、三季度GDP环比下降0.2%；日本2008年第二、三季度GDP环比连续下降。2009年，三大发达经济体同步陷入衰退（两个季度以上）的可能性在

增大，世界经济增长率和贸易增长率将低于2008年。2008年世界经济增长3.7%，大大低于前五年平均5%左右的水平；国际货币基金组织（IMF）预测2009年世界经济增长率将进一步放缓至2.2%，可能出现全球性衰退。世界银行预测2009年世界经济增长1%。资本市场和房地产市场资产价格大调整严重打击了经济信心。世界经济复苏缺乏新的增长点，可能出现二战后最为严重和持续时间最长的全球经济衰退。2008年世界商品市场价格经历了一次历史罕见的"过山车"行情。2008年4月，国际油价创出每桶147美元的天价，但短短数月全球经济降温使国际油价连续下降至2008年年末仅仅每桶40美元左右，相比最高点水平跌幅超过70%，粮食、有色金属等国际大宗商品价格也不同程度地下跌，国际商品价格的剧烈波动对实体经济造成史无前例的价格冲击，许多跨国公司都陷入亏损困境，中小企业经营更加艰难。预计2009年随着世界经济进一步降温，出现世界性通货紧缩的可能性将不断增大，全球制造业产能过剩矛盾十分突出。

2. 国际经济低迷将进一步收缩我国外部需求

2005～2007年我国净出口对经济增长的贡献率平均超过20%，2007年净出口率高达8.9%，经济增长中有2.6个百分点靠外需拉动。一个经济大国将如此高的需求比重放在国际市场，具有较大的不稳定性，一旦国际环境有一点风吹草动，必然造成经济运行的大幅波动。在2008年前三季度GDP增速下滑的2.3个百分点中，有1.2个百分点是净出口贡献率下降引起的。

2008年，美国经济陷入低迷状态，消费需求增长乏力，进口增速明显减慢，再加上人民币对美元明显升值，我国对美国出口增速大幅放缓。随着国际金融危机负面影响从美国向欧洲、日本和新兴国家传导，我国对欧、日等主要经济体的出口开始全面放缓。剔除价格因素后，2008年前三季度出口实际增速分别为11.2%、11%和13.2%，低于2007年同期水平9个百分点左右。将2008年和2009年外贸出口增速比基准预测情景分别放缓9个和8个百分点作为冲击变量，利用国家信息中心研制的"中国宏观经济多部门模型"模拟测算我国宏观经济总量和结构变化，表明出口下滑对我国的最大负面影响是就业，可能造成2008年和2009年共减少大约2500万个工作岗位；外来冲击还可能造成这两年固定资产投资实际增速分别下滑7.6个和5.6个百分点。事实上，2007年前三季度，我国固定资产投资增速按不变价计算为21.5%，而2008年前三季度，我国固定资产投资增速按不变价计算为14.1%，降幅为7.4个百分点。外来冲击对2008年当年消费的负面影响仅为0.8个百分点，但对2009年消费的负面影响将超过1个百分点。出口、投资和消费增速的下降对我国第二产业的冲击较大，与基准情景相比，2008年和2009年第二产业增加值增速可能分别下滑6个和5.6个百分点，导致GDP增速下滑2.8个和2.6个百分点。净出口对经济增长的下拉影响将使我国2009年产能过剩的矛盾更加突出，工业品出厂价可能出现连续数月的同比、环比下降，存在通货紧缩的短期风险。

3. 房地产开发投资降温，带动相关产业固定资产投资减速

2008年1～10月份，全国完成房地产开发投资23918亿元，同比增长24.6%，占固定资产投资总额的21%左右。但商品房成交量大幅萎缩，房价调整迹象明显。2008年第一季度，全国70个大中城市房屋销售价格上涨11.0%，第二季度上涨9.2%，第三季度上涨5.3%；10月份仅上涨1.6%，环比下降0.3%，预计2009年将出现房价同比、环比双双下跌的局面。2008年房地产市场成交量的调整幅度远远超过房价调整幅度。2008年1～10月份，全国商品房销售面积4.5亿平方米，下降16.5%，销售额下降17.4%。商品房竣工面积增长9.1%，空置面积同比增长13.1%，住宅空置面积增长18%。房地产开发商资金链紧张，2008年前11个月，房地产投资资金到位增长4.2%，落后于施工量增长进度20.4个百分点。房地产市场可能由前一阶段的“量跌价滞”进一步发展为“量价齐跌”。初步预计，在2008年高基数的台阶上，2009年房地产开发投资增速将下滑到10%以下，房地产投资增量从2008年的6800亿元减少为2009年的3200亿元，这将导致固定资产投资明显减速。由于房地产是产业链较长的支柱产业，也是这一轮经济扩张的龙头产业，它的周期性调整将拖累一连串行业景气度下降，钢铁、建材等相关产业固定资产投资可能随之减速。地方政府基础设施的投资资金主要来自土地出让金收入，2008年以来各地土地出让金收入增幅明显下降将影响2009年的基础设施建设规模。2008年1～9月份，固定资产投资新开工项目计划总投资61310亿元，同比增长1.7%，考虑到投资价格上涨因素，实际增速为负，对2009～2010年社会投资的惯性增长无力。

4. 城乡居民收入增幅下降，保持消费需求快速增长难度加大

2008年支撑我国经济平稳较快增长的重要支柱是居民消费的快速增长。2008年1～10月份，累计社会消费品零售总额同比增长22%，增幅同比加快5.9个百

分点；扣除价格因素，实际增长 14.3%，增幅同比加快 2 个百分点。但随着经济景气度下降，农民进一步增收面临许多制约因素，股市和房市调整使城镇居民财产性收入缩水，扣除物价因素后城乡居民实际收入增幅比前几年下降。2008 年前三季度，城镇居民人均可支配收入实际增长 7.5%，增幅回落 5.7 个百分点；农村居民人均现金收入实际增长 11.0%，增幅回落 3.8 个百分点。受国际油价上涨和经济收缩影响，汽车市场销售连续滑坡，2008 年前三季度汽车销售增速同比回落 9.0 个百分点，第四季度全国汽车销售更加困难，各大厂家纷纷减产，11 月份汽车产量同比下降 15.9%。商品房销售下降拖累限额以上批发零售企业建筑装潢材料销售额 2008 年前 9 个月下降了 5.7%，9 月份降幅已经扩大到 21.6%。房地产和汽车两大消费热点退潮后在短期内很难由其他消费热点替代，“奥运景气”消失后，社会消费品零售总额增长速度可能逐步放缓。2009 年社会消费品零售的名义增长和实际增长都可能低于 2008 年。

综合国内外经济环境分析，2009 年我国经济将比 2008 年进一步减速，产业结构调整加快，企业效益和财政收入增幅明显下降，可能处于经济周期调整底部。

二、2009 年不同政策组合下中国经济增长三种情景预测

2009 年，国际经济环境复杂多变，不确定因素增多，我国宏观调控必须采取灵活审慎的应对之策。我们将 2009 年国际经济环境分为轻微衰退、低速增长和轻微复苏三种情境，相应设计了三种不同力度的宏观调控政策组合，模拟预测了三种可能情景下的中国经济走势。

1. 平稳增长情景：GDP 增长 8.5%左右

如果美国、欧洲、日本三大经济体 2009 年上半年陷入衰退，下半年基本恢复增长；国际石油、粮食价格虽有波动，但年均价格水平比 2008 年有所下降，国内外没有比雷曼破产、汶川地震更强烈的突发事件发生；党中央、国务院扩大内需新举措得到全面落实，实行积极的财政政策和适度宽松的货币政策，在全国范围全面实施增值税转型，并根据实际运行变化，围绕“保增长、促转型”出台一系列政策措施。发行长期建设国债或增加预算内投资 2000 亿元。广义货币供应量增长 17%，保证对普通住宅、经济适用房等房地产项目的正常贷款。

4 万亿元扩大内需投资中约有 1.18 万亿元为政府投资，2008 年第四季度政府投资约为 1000 亿元，2009 年约为 5000 亿元，2010 年约为 5800 亿元，假设 2009

年政府实际投资扩大 4000 亿元，用“中国宏观经济多部门模型”测算，与不扩大政府投资的经济自发运行结果相比，政府投资可以带动社会投资增量 9800 亿元左右，加上 2007 年第四季度 1000 亿元带动社会投资 3000 亿元，假如 2009 年投资顺利形成有效投资工作量，可以使全社会固定资产投资增速提高 10.4 个百分点（抵消负面影响后比基准情景增速提高 2.8 个百分点）。带动就业增加 1600 万人（抵消下岗 2500 万人中的 64%），最终消费增速提高 0.7 个百分点（负面影响抵消 65%），第二产业增加值增速加快 5.3 个百分点（抵消负面影响 90%左右），GDP 增长速度可加快 2.4 个百分点（由 6.5%提高到 8.9%）。

在上述条件下，经初步测算，预计 2009 年国内生产总值将增长 8.5%左右。分产业看，第一产业增速小幅回落到 3.5%左右。第二产业受出口和投资减速影响较大，将由 2008 年的 10.2%减速为 9.6%。受金融、交通运输和房地产等服务业减速影响，预计第三产业增速比 2008 年低 0.7 个百分点。预计房地产投资增速从 2008 年 23%下降到 10%左右，多数制造业投资降温；虽然有积极财政政策和灾后重建等加速因素支撑，全社会固定资产投资名义增长仍然回落 7.5 个百分点，预计名义增长率达到 19%，城镇固定资产投资名义增长 20%。社会消费品零售总额名义增幅预计达到 16%左右，同比下降 5 个百分点。世界贸易增长放缓使我国进出口同时减速，预计全年出口和进口分别将增长 10.5%和 12.5%，贸易顺差约 2000 亿美元，同比减少 12%左右。理顺资源能源和公用事业价格成为影响居民消费价格的主要因素，预计居民消费价格上涨 2%左右。

这一情景的特点是考虑国内外不利因素增多，国内宏观调控明确“保增长、促转型”的政策，财政政策和货币政策同时作出重大调整，给社会强烈的政策预期引导，防止了经济景气连续惯性下滑，为缓解产能过剩压力、加快结构调整、深化体制改革提供了较为宽松的景气环境。从现在掌握的信息资源分析，2009 年出现这一情景的概率预计达到 60%左右。

2. 快速增长情景：GDP 增长 9%以上

如果美国、欧盟和日本经济在 2009 年出现复苏，世界经济实际情况好于预期，国际石油价格水平低于 2008 年，国内外没有影响经济发展的重大突发事件发生；同时，扩大内需投资规模迅速形成实际工作量，实行“双扩张”的财政政策和货币政策，在全国范围全面实施增值税转型，中央财政发行建设国债或增加预算内投资 3000 亿元，广义货币供应量增长 18%左右，向在建和新开工投资项目（包括房地产）提供充足的贷款。

在上述条件下，虽然房地产投资增速由 2008 年的 23%下降到 2009 年的 15%左右，但新开工的基础设施、保障性住房和灾后重建投资规模较大，固定资产投资增长仍然较快，全社会固定资产投资名义增长达到 24.5%。由于就业和收入状况较好，社会消费品零售总额增幅达到 18%。国际经济形势好于预期，使出口增长 17.5%，国内保持高增长使资源性产品的进口需求保持旺盛，进口增幅也达 22.5%，对外贸易顺差达到 2447 亿美元左右，同比减少 6%。初步预计经济增长率将保持 9.5%以上的速度，居民消费价格水平保持在 3%左右，理顺资源能源和公用事业价格成为影响居民消费价格的主要因素。

这一情景的特点是国际经济表现好于预期和宏观调控全面扩张政策的力量重合，较好地维持了经济景气，继续保持就业扩大的局面，但可能进一步加剧能源、环境压力，未来的通货膨胀压力较大。出现这一情景的概率预计在 20%左右。

3. 大幅调整情景：GDP 增长 8%以下

如果我国扩大内需政策不能迅速形成实际工作量，同时美国、欧洲和日本经济严重衰退；国内房地产投资增速下滑到 5%以下，投资新开工项目明显减少，虽有政府投资支撑，但全社会固定资产投资名义增长 14.5%左右，增幅比 2007 年下降 12 个百分点；社会消费品零售总额名义增长 14%，也比 2007 年下降 8 个百分点；由于国内景气下滑，进口增幅下降，出口和进口分别增长 3%和 8%，贸易顺差同比减少 20%。经济增长率可能下滑到 8%以下。由于经济景气明显回落，物价上涨压力减弱，居民消费价格上涨 1%左右。

这一情景的特点是国际环境剧烈变化，使经济降温过快，就业压力更加突出，金融坏账快速浮出水面。我们认为，我国宏观调控的前瞻性、有效性在实践中不断提高，必然会根据经济运行变化适时调整政策力度，这一情景发生的概率仅为 20%左右。

三、对 2009 年宏观调控的对策建议

我国仍然处于工业化、城市化双加速的发展战略机遇期，国内储蓄率较高，外汇储备充裕，基础设施投资空间充分，国内消费市场潜力较大。在科学发展观指导下，进一步完善社会主义市场经济体制将有力激发国内各方面发展积极性，

我国经济具有应对各种困难和挑战的活力和潜力。此时，既要充分估计国际环境的复杂性和严峻性，深刻认识保持我国经济平稳较快发展的重要性和艰巨性，增强忧患意识，又要正确认识有利条件和积极因素，坚定信心，冷静观察，多管齐下，有效应对，努力保持国民经济平稳较快发展的基本态势。对 2009 年宏观调控的主要政策建议是：

1. 以“保增长、促转型”为宏观调控的基本取向

建议 2009 年将“保持经济平稳较快发展，促进经济结构转型升级”作为宏观调控首要政策目标。之所以要将“保增长”和“促转型”并列为首要政策目标，是因为我国当前经济运行中总量矛盾和结构矛盾同样突出，解决当前的经济困难不仅需要总量政策的适度放松，更重要的是只有通过经济结构转型升级才能重构中国经济增长新活力，重获中国经济新的国际竞争力。将“保增长”和“促转型”并列为首要政策目标有利于进一步统一全党全国应对复杂形势的思想和行动，将各级政府和企业的发展积极性更好地引导到落实科学发展观上来，防止为保增长重走粗放型发展老路。要严格把好新增投资的质量关。中央提出扩大内需的 4 万亿元投资计划后，各部门各地区作出积极反映，纷纷提出扩大投资的新方案，拟投资的总规模远远超过 4 万亿元。要保护好、发挥好和引导好各部门各地区加快发展的积极性，同时要以科学发展观的要求严格筛选新增投资项目，对符合中长期发展目标的项目分清轻重缓急，优先考虑前期准备充分、国民经济急需的项目。力争这批基础设施项目建成后能够解除我国经济中长期发展的“瓶颈”，大大改善我国供给结构，为下一轮高速增长奠定坚实的物质基础。这次公布的十项措施中，加快自主创新和结构调整成为重要内容。主要举措是支持高技术产业化建设和产业技术进步，支持服务业发展。从严格把好新增投资的质量关入手，通过投资结构的优化实现供给结构的优化。改革开放以来，我国每一次经济调整都能淘汰一批落后产能，同时通过加大对先进生产力的投资，大大改善供给结构。固定资产投资具有短期是需求因素，长期是供给因素的两重性，本质上，供给属性更加重要。经过这一轮对科技进步、自主创新和结构调整方面的大规模投资，同时利用市场倒逼机制加快淘汰落后产能，我国现代制造业和现代服务业的供给结构将明显得到优化升级。

2. 实行积极的财政政策，更多发挥市场资源配置的作用

2009年实行积极的财政政策，不同于应对亚洲金融危机时所实行的积极财政政策，这次不仅要扩大政府建设投资，由政府配置资源来集中力量办大事，更要强调通过市场配置资源来促进经济结构转型升级。通过减税费降低企业成本和居民负担，增强企业投资和居民消费的积极性。加大对结构转型的财政支持力度，2009年在全国全面实施增值税转型改革，以促进企业设备装备更新。在从生产型增值税向消费型增值税转型的过程中，会刺激投资增加，有利于资本的形成和促进经济增长。根据利用CGE模型的测算，实行消费型增值税的第一年，名义总投资增长率将提高2.25个百分点，实际总投资将提高1.16个百分点，且对投资的促进作用呈逐年略有扩大的态势。投资增长率的提高将导致整个经济产出的增加和经济效益的提高，名义GDP增长率将提高1.22个百分点，实际GDP增长率将提高0.86个百分点，这种影响在未来10年都保持基本稳定。模型模拟结果显示，实行消费型增值税的第一年，就业劳动力增加约200万人。增值税转型对就业有两个方面的效应，一方面，使得企业资本投入增加，会减少对劳动力的需求；另一方面，会带来企业产出增加，带动劳动力就业增加。结果表明产出增加对就业的促进效应大于投资增加对劳动力的替代效应。要建立财政科技投入稳定增长机制，加大对公益性科研机构和公益性行业科研的支持力度，支持国内重大装备制造业振兴和国家战略性产业发展。开展企业创新风险投资试点，为企业技术创新营造良好的政策环境。

建议2009年中央长期建设国债发行规模扩大到2000亿元，重点用于灾后重建、国家重点基础设施建设项目、节能减排和结构升级等产业发展项目、支持“三农”项目等，采用银行配套贷款、吸收民间资金入股等办法，扩大国债投资带动作用。

3. 实行适度宽松的货币政策，增强金融对经济增长的支持力度

2009年，可能因为次贷危机进一步恶化使国内金融机构对国内经济形势和企业盈利前景预期转坏，普遍出现“惜贷”现象，同时国际“热钱”大量撤出，造成我国信贷市场、资本市场和货币市场交易量大幅萎缩，突然由流动性过剩转变为流动性不足，企业生产经营活动的资金严重短缺，因此要综合运用存款准备金率、利率、汇率等多种手段，保持银行体系流动性充分供应，将广义货币供应量

增长率控制在16%～17%，重点加强信贷结构引导，引导资金向结构调整、自主创新、节能环保和国债项目配套倾斜，更好地发挥货币政策在转型中的独特促进作用。鼓励地方政府通过资本注入、风险补偿等多种方式增加对信用担保公司的支持；设立多层次中小企业贷款担保基金和担保机构，提高对中小企业贷款比重；对符合条件的中小企业信用担保机构免征营业税；建立农村信贷担保机制，扩大农村有效担保物范围，积极探索发展农村多种形式担保的信贷产品；积极扩大住房、汽车和农村消费信贷市场。加快建设多层次资本市场体系，发挥市场的资源配置功能。稳定股票市场运行，推动期货市场稳步发展，扩大债券发行规模，优先安排与基础设施、民生工程、生态环境建设和灾后重建等相关的债券发行。

4. 加大政府对保障性住房的投资，稳定房地产市场

前几年房地产价格上涨过快，超出了城镇居民的承受能力，出现调整实属必然。对房地产市场的调控要以改善供给结构和满足自住需求为导向，既要促进房价的理性回归，也要防范多重不利因素叠加导致市场过度调整。改善供给结构，增加廉租房、经济适用房、普通住宅的土地供应，加大保障性住房和普通住宅供给，大中型城市要扩大政府对保障性住房的投资，完善住房保障体系。金融机构应对在施工房地产投资项目进行风险评估，保证对普通住宅和经济适用房等房地产项目的正常贷款，稳定房地产投资规模，保证在施工房地产投资项目正常施工和竣工，防止因资金链断裂而出现大面积“烂尾楼”现象。要允许房地产上市公司和其他优质房地产公司通过企业债券市场筹集资金，鼓励房地产行业的兼并重组。前期出台的提高住宅交易环节税反而增加了购房人负担，应当及时取消。进一步减免居民购买首套自住房和改善型第二套住房的税负，给予居民购买首套和改善型第二套自住房优惠贷款利率，吸引居民在房价回落到合理水平时踊跃入市。

5. 完善消费政策，进一步挖掘消费增长潜力

要深化全党对扩大消费重要性的认识，未来中国经济的新增长点必然依赖于13亿人民的消费需求，经济结构转型最重要的方面是需求结构从主要依靠外需转向主要依靠城乡居民消费升级。要从宏观收入分配环节千方百计地增加城乡居民收入，建议提高工薪所得费用扣除标准到3000元，免征证券市场上市公司派发红利的资本利得税，其他向城乡居民征收的各种税费要全面清理，能免则免，能减则减，减轻低收入者税负，增加居民实际可支配收入。财政支出要向城乡居民倾斜，增加各级政府对公共卫生和医疗、义务教育、养老金、保障性住房、农村公路和城乡消费性基础设施的支出，切实减轻城乡居民的后顾之忧。实行积极的就业政策，扩大城乡就业，完善《中华人民共和国劳动合同法实施条例》及相关政策。加大对农村商贸流通体系和文化服务设施建设的投入力度，改善农村消费环境。完善消费税制度，引导居民合理消费。大力发展旅游、文化、体育等服务性消费，培育新的消费热点。

6. 完善外贸政策，帮助外向型企业渡过难关

建议稳定人民币汇率，减弱人民币升值预期，消除次贷危机对我国出口的汇率传导机制，避免汇率成为美国转嫁危机的政策工具。次贷危机恶化后，发达国家未来的贸易壁垒会更多，会更加频繁地使用贸易保护措施，中外贸易摩擦也会进一步增加。为此，中国政府和企业应有预见性地做好应对措施，务实、有效地化解中外贸易可能出现的纠纷。如有必要，还可联合其他相关国家，在 WTO 框架下联合抵制发达国家可能出现的通过贸易保护向国际社会转嫁危机的做法。可细化劳动密集型产品的不同技术含量和附加值含量，对纺织轻工行业的鼓励类产品进一步提高出口退税率。重点支持自主品牌产品与高技术附加值产品出口，提高技术含量较高的机电产品出口退税率，增加对外贸企业的信贷支持，帮助企业加快建立和完善自主性国际营销网络和售后服务体系；要对中小型外贸企业在资金、技术上予以一定支持，通过技术升级帮助企业渡过难关。继续严格控制粮食、化肥、钢材、煤炭和焦炭等“两高一资”产品出口。努力扩大重要资源、先进技术装备和关键零部件进口。

7. 抓住有利时机，理顺资源能源价格

当前，国内农产品价格上涨压力逐步减轻，国际石油等大宗商品价格全面回落，为我国理顺资源能源价格，改革资源能源价格形成机制提供了有利时机。要标本兼治，以治本为主，下决心适时推出成品油价格形成机制改革，加快电价改革步伐，促进合理电价机制的形成。主要采用经济手段解决当前电煤、成品油、供热等由价格引发的供需矛盾，做好电力、煤炭、成品油、供热等供给保障工作，从供给面保障生产生活正常秩序。要进一步强化电力需求侧管理，抑制不合理需求。改革资源税费制度，完善资源有偿使用制度和生态环境补偿机制。

8. 合理利用外汇资源，整合国际资源为我扩大内需所用

我国外汇储备充裕，但人均自然资源相对不足，许多资源的对外依存度高，我国前期在国际产品定价权上常常处于被动局面，这次金融危机引发的全球资产价格调整，正好为我国提供了一个整合的机会。未来我国扩大内需所需要的资源量巨大，而发达国家这次无限制向金融市场注入货币流动性使我国外汇资产有长期贬值的可能性，必须抓紧机会将外汇货币资产更多转换为战略性资源资产。应通过收购拥有石油资源、矿产资源的国际企业股份，甚至获得相对控股权来提高我国资源保障的可靠性，增强我国在重要资源国际定价的话语权，将外汇货币资产更多转换为实物资产，为我国扩大内需提供长期的资源供给保障。

（作者：范剑平）

2009 年我国对外贸易形势展望

2008 年受内外多种因素影响，我国对外贸易增速有所放缓，11 月份更是近年来首次出现进出口额同比下降。随着 2009 年欧美经济的持续低迷，我国对外贸易的外部形势可能更加严峻。本文将在对 2008 年我国外贸状况进行分析的基础上，对 2009 年我国对外贸易形势进行展望和预测，并提出相应的政策建议。

一、2008 年我国外贸发展状况分析

2008 年我国对外贸易有以下几方面的特征：

1. 贸易总额增速放缓

据海关统计，2008 年 1～11 月份全国进出口总值为 23774.7 亿美元，同比增长率为 20.8%，出口 13177.2 亿美元，增长率为 19.4%，其中出口价格总体上涨 9%，出口数量增长 9.5%，进口 10597.5 亿美元，增长率为 22.6%，贸易顺差仅增长 6.8%，远低于 2007 年同期 47.7%的增幅。2008 年各月度进出口额情况见图 1。

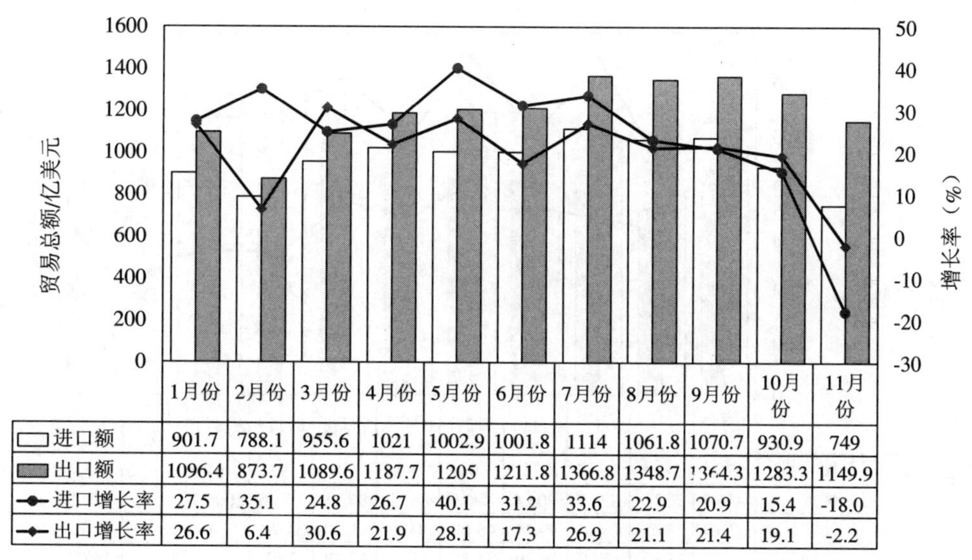

	1月份	2月份	3月份	4月份	5月份	6月份	7月份	8月份	9月份	10月份	11月份
进口额	901.7	788.1	955.6	1021	1002.9	1001.8	1114	1061.8	1070.7	930.9	749
出口额	1096.4	873.7	1089.6	1187.7	1205	1211.8	1366.8	1348.7	1364.3	1283.3	1149.9
进口增长率	27.5	35.1	24.8	26.7	40.1	31.2	33.6	22.9	20.9	15.4	-18.0
出口增长率	26.6	6.4	30.6	21.9	28.1	17.3	26.9	21.1	21.4	19.1	-2.2

图 1　2008年1～11月份进出口情况

2. 受近期进口额降幅高于出口额降幅影响，贸易顺差呈现环比增长趋势

2008 年 9 月份以来，我国进、出口额均呈现逐月下降趋势。特别是 2008 年 11 月份，我国进出口总额同比下降 9%，其中出口总额同比下降 2.2%，出口价格同比上升 5.5%，数量同比下降 7.2%；进口总额同比下降 18%，进口价格同比上升 1.9%，进口数量同比下降 19.4%，是 2001 年 6 月份以来首次出现当月出口同比下降。由于进口额降幅明显高于出口额降幅，2008 年 11 月份我国对外贸易顺差达 400.9 亿美元，较 2007 年增长 52%。

3. 从贸易方式看，2008 年我国一般贸易的增长速度要明显快于加工贸易的增长速度

根据海关统计的数据，2008 年 1～11 月份，一般贸易出口额为 6087.1 亿美元，同比增长 24.7%，同期下降 5.5 个百分点；进口额为 5369.8 亿美元，同比增长 39.2%，同期增长 11.8 个百分点。加工贸易出口 6256.60 亿美元，同比增长 11.9%，同期减少 9.3 个百分点；进口 3547.20 亿美元，同比增长 6.2%，同期减少 8.5 个百分点。近期我国加工贸易增长速度下滑的更加明显，2008 年 11 月份我国加工贸易总额仅为 820.58 亿美元，较 2007 年同期下降了 16.04%，而一般贸易总额仅较 2007 年同期下降了 3.62%（见图 2）。

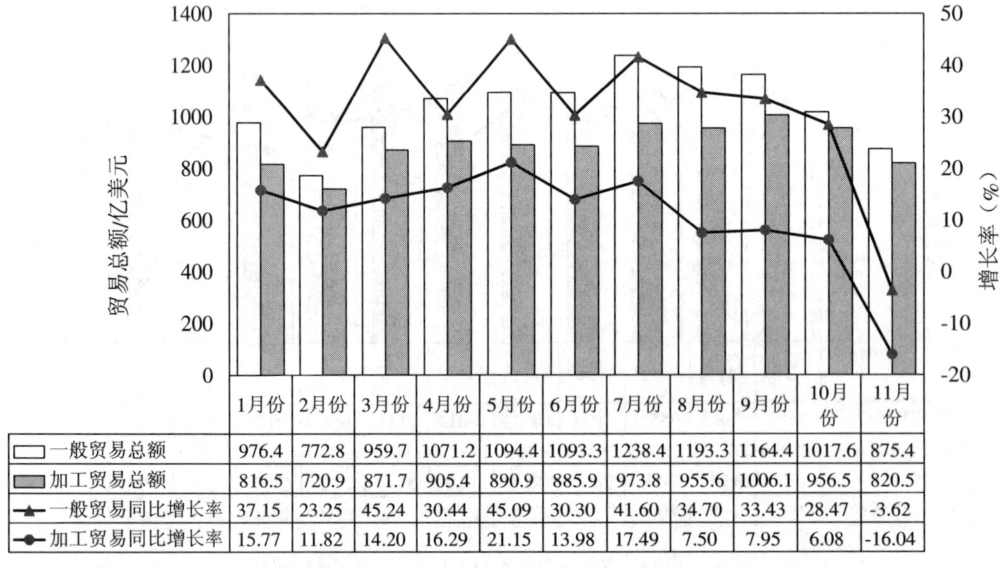

	1月份	2月份	3月份	4月份	5月份	6月份	7月份	8月份	9月份	10月份	11月份
一般贸易总额	976.4	772.8	959.7	1071.2	1094.4	1093.3	1238.4	1193.3	1164.4	1017.6	875.4
加工贸易总额	816.5	720.9	871.7	905.4	890.9	885.9	973.8	955.6	1006.1	956.5	820.5
一般贸易同比增长率	37.15	23.25	45.24	30.44	45.09	30.30	41.60	34.70	33.43	28.47	-3.62
加工贸易同比增长率	15.77	11.82	14.20	16.29	21.15	13.98	17.49	7.50	7.95	6.08	-16.04

图2　2008年1～11月份我国对外贸易结构变化情况

4. 从出口企业性质看，2008 年我国各类企业的对外贸易额增速均出现不同程度的下降趋势

据海关统计，2008 年 1～11 月份国有企业、外商投资企业和其他企业（主要为民营企业）出口增速分别为 16.3%、16.2%和 29.0%，分别比 2007 年同期增速下降 1.6%、7.4%和 11.3%。从进口看，国有企业、外商投资企业和其他企业进口增速分别为 37.0%、14.3%和 30.1%，比 2007 年同期增速分别上升 8.9%、减少 4.5%和上升 4.5%。虽然民营企业的出口增速仍明显高于国有企业和外商投资企业，但同样较 2007 年同期出现了明显的下降趋势，因此民营企业所受的冲击并不亚于国有企业和外资企业。

5. 从贸易对象看，我国对各大贸易伙伴的贸易增速同样呈下降趋势

2008 年 1～11 月份，我国和欧盟双边贸易额达 3931.3 亿美元，同比增长 21.8%，较 2007 年同期下降 5.2 个百分点；中美双边贸易额为 3079.0 亿美元，同比增长 11.5%，较 2007 年同期下降 4.2 个百分点。

二、2008 年我国对外贸易增速放缓的原因分析

2008 年我国对外贸易增速放缓主要受国内和国际两方面的冲击。从国内需求来看，对我国对外贸易影响最大的无疑是 2008 年上半年的从紧货币政策和劳动力、土地等生产要素价格的波动；而从国际需求看，金融危机导致的外需变化、大宗商品价格波动以及全球资本流动性下降对我国对外贸易则有较大的影响。

按照国际经济学理论，进口额和出口额的影响因素存在明显差异，本部分将分别对我国进口额和出口额增速放缓的原因进行分析。

1. 2008 年我国出口额增速放缓的主要原因

2008 年我国出口额增速回落的主要原因在于外部需求下降、生产要素成本上升以及国内政策调整。据商务部统计，我国出口额中消费品所占比例（按 BEC 分类）达到了 22.5%。欧盟和美国一直是我国主要的贸易伙伴，其经济增长的衰退会同时影响其投资需求和消费需求，从而影响我国的出口。而人民币升值、劳动合同法等因素客观上也导致了生产要素成本的上升，对我国商品出口，特别是加工贸易出口造成了明显的负面影响。而 2007 年下半年以来我国在出口退税等领域的政策调整也对我国的出口有一定的消极影响。根据商务部统计的数据，在

大多数商品出口平均价格基本稳定（波动在5%左右）的背景下，我国所出口的电视接收机、自动数据处理设备、自行车、服装等商品数量均明显出现下滑，2008年11月份多数商品出口数量较2008年9月份下滑了20%左右，而钢材、电动机等生产资料的下滑幅度甚至超过了40%。

2. 2008年我国进口额增速放缓的主要原因

与出口不同，2008年下半年我国进口额逐渐下降主要受三个方面因素影响：国内需求急剧收缩、大宗商品价格的下跌以及国际金融危机所产生的外部冲击。

（1）国内需求急剧收缩　按照商务部统计的数据，2007年我国进口额中按BEC分类资本品占16.6%，中间产品占59.2%，消费品只占2.5%。根据海关发布的数据，2008年下半年我国各类商品数量进口指数明显呈现下降趋势。2008年下半年我国中间产品和资本品数量进口指数分别由2008年7月份的104.9和111.5下降到2008年11月份的78.1和84.1。海关统计的数据也表明，2008年11月份我国进口的大多数资本品数量均明显出现下降，如我国进口钢材127万t，较9月份下降19%；进口铝6.78万t，较9月份下降20%；进口机床7421台，较9月份下降32.2%；进口废铜51万t，较9月份下降30%；进口原油1503万t，较9月份下降11.1%。特别值得指出的是，在我国进口资本品数量下降的同时，其价格也同样呈现下降趋势。在上述各类产品中，除机床进口平均价格稍有上升外，其他各类产品价格均较9月份有所回落，其中原油回落幅度高达36.8%。因此，我国进口资本品规模大幅下降的原因主要在于宏观调控措施所导致的我国内需，特别是投资需求的下降。

由于资本品和中间产品主要用于生产，因此我国进口产品用于投资的比例相当大。而2007年下半年以来，为控制通货膨胀率，我国逐步采取了从紧的货币政策等宏观调控措施，信贷规模明显压缩，2008年上半年M1呈现下降趋势，从而导致了国内需求收缩，因此导致2008年下半年我国生产资料进口量大幅度下降。

（2）大宗商品价格的下跌　近年来，能源和资源在我国进口中的比例不断上升。2008年下半年金融危机全面爆发之后，全球大宗商品价格急剧下跌。根据海关发布的数据，2008年下半年我国中间产品和资本品的价格指数均大幅下降，分别由2008年7月份的130.8和103下降到2008年11月份的104.9和94.1。2008

年1～11月份进口原油的平均价格较2008年11月份进口原油的价格要高出50%左右。

世界大宗商品价格持续下跌的主要原因在于两个方面：一方面，目前大宗商品交易多采用期货交易方式，带有明显的金融属性。2008年下半年金融危机全面爆发，导致了全球信贷紧缩加剧，投资者对市场普遍失去信心，大量资金纷纷撤离大宗商品期货市场，推动了商品价格的下跌；另一方面，从供求因素看，金融危机导致了美欧经济增长预期大幅度下调，大宗商品供不应求的形势明显趋缓，在基本面上为价格下跌打下了基础。

（3）*国际金融危机的外部冲击* 国际金融危机所产生的外部冲击和欧美日经济的逐渐放缓必然会减少发达国家消费者对我国产品的需求。特别是在目前我国大部分进口的中间产品主要用于加工贸易的背景下，随着欧美日经济的逐渐下滑，我国企业所接受的来自发达国家企业的加工贸易订单也会明显下滑，因此加工贸易所受影响会高于一般贸易。值得指出的是，由于加工贸易当期出口产品的订单主要来自前期，因此在经济下行的初期，消费者对未来经济形势预期普遍悲观的情况下，我国加工贸易进口下降的幅度会高于出口。根据商务部公布的数据，2008年11月份我国加工贸易进口额同比下降了25%，而一般贸易进口额同比下降仅为13%。而海关统计数据表明，在价格同样有所下降的背景下，2008年11月份我国进口的合成纤维纱线及高新技术产品（其中计算机配件占很大比例）均有大幅度下降，分别较9月份下降了25%和30%。 而近期加工贸易进口所受的影响明显大于出口，2008年11月份我国加工贸易进口额下降了28.4%，明显高于加工贸易出口额的14.5%下降幅度。

根据上述分析，一方面国内需求的收缩及大宗商品价格的下跌加剧了进口额的降幅；另一方面，外需的下降虽然对进出口均有明显的负面影响，但在欧美发达国家经济下滑的初期，外需下降对进口，特别是加工贸易进口的影响可能会高于出口，因此导致了2008年下半年我国对外贸易总额增速明显回落而贸易顺差却明显增长的现象。

三、2009年我国对外贸易形势展望

根据以上分析，2009年我国对外贸易形势将呈现如下特征：

1. 我国出口面临的挑战将更为严峻

我国出口受外需影响较进口更大。世界银行2008年12月份预测2009年全

球贸易将下降2%，是1982年以来首次下降。欧美等发达国家对我国产品的需求量可能进一步下降，从而对我国出口造成严重的负面影响。但我国出口退税政策的调整和生产要素成本的回落能够在一定程度上减少外需下滑所带来的负面影响，而由于我国出口产品目前仍具有价格优势，因此在全球经济不景气时期所受到的冲击要稍小于成本较高的奢侈品，这些因素对我国出口也有一定的积极作用。

2. 随着扩大内需的宏观政策逐渐发挥作用和大宗商品价格的低位小幅震荡，我国进口额持续下跌的情况将会逐渐缓解

目前大宗商品价格已经回落到金融危机之前的水平，继续下降的空间很小，部分商品如原油已经出现小幅反弹迹象，而我国的内需也将逐渐扩大。这些因素均在一定程度上有利于我国的进口商品数量的增长。但2009年大宗商品价格仍将明显低于2008年水平，这将可能使得进口额的同比增速要慢于进口量的同比增速。

3. 加工贸易的比重会进一步回落

我国加工贸易主要依赖于欧美发达国家所提供的订单，因此受世界经济波动的影响要大于一般贸易，我国加工贸易的比重将进一步回落。

4. 欧美发达国家占我国对外贸易的比重可能进一步下降

目前国际货币基金组织（IMF）、世界银行等多家国际机构预测：2009年欧美发达国家经济可能处于持续低迷状态。印度、俄罗斯等新兴市场国家虽然同样受到了金融危机的冲击，但其经济增长率仍将高于欧美发达国家。因此2009年我国对外贸易中新兴市场国家所占比例可能会进一步上升。

5. 针对我国产品的贸易摩擦可能有加剧的趋势

在欧美经济衰退、失业率上升的背景下，针对我国产品的贸易摩擦可能有加剧的趋势。一方面，欧盟经济衰退进一步引发区域内贸易保护主义情绪；另一方面，美国奥巴马领导团队可能具有“贸易保护主义”倾向。奥巴马政府有可能强调工人权益，强调调整收入差距、创造就业机会以及更强有力的财政管制措施优先于放松资本市场管制和自由市场贸易。

在2009年进出口价格不发生大幅度变化的假设条件下，根据2000～2008年的季度数据，采用模型分析结合趋势外推的方法对2009年我国进出口额进行了预测，结果如下：

1）场景一：2009 年，在美国 GDP 约为-0.5%的负增长率、欧日等发达经济体经济低迷的情景下，2009 年我国对外贸易总额将达到 24368 亿美元左右，同比下降约 5.2%。其出口额约为 13453 亿美元，同比下降约 5.6%；进口额约为 10915 亿美元，同比下降约 4.7%，贸易顺差约为 2538 亿美元，同比下降约 9.4%。

2）场景二：在 2009 年上半年美国 GDP 零增长，下半年小幅度回升 0.5%，欧日等发达经济体经济也有所恢复的情景下，2009 年我国对外贸易总额将达到 27065 亿美元左右，较 2008 年对外贸易总额高出 5.26%，其中出口额约为 15137 亿美元，进口额约为 11928 亿美元，贸易顺差约为 3209 亿美元，预计较 2008 年增长 14%。

3）综合考虑价格和汇率因素，在场景一下，净出口对经济增长的贡献可能为-0.4～-0.6 个百分点；在场景二下，净出口对经济增长的贡献可能为 0.5～1 个百分点。

4）我们判断场景一发生的可能性较大。假定场景一发生的可能性为 70%，场景二发生的可能性为 30%，得到 2009 年净出口期望值为 2739.3 亿美元，较 2008 年下降 2%，对经济增长的贡献可能在-0.1 个百分点。

四、政策建议

1. 宏观经济刺激政策应以鼓励内需为主

2009 年，预计我国外贸增速将大幅下降，出口规模下降可能大于进口规模下降，将出现低水平上的顺差减少，净出口对经济增长的贡献度进一步降低。由于顺差减少主要与外需下降有关，国内政策对外贸的影响程度相对较小，因此在消费、投资和出口三大需求的作用上，政策更应该鼓励消费和投资的增长。

2. 通过发行国债，将银行资金转为政府投资拉动经济增长

从过去的经验和目前调研所了解的情况看，在当前背景下，银行出于防范风险的考虑，扩大信贷规模的可能性不大，其他社会资金也很难用于项目融资。如果仅凭 1.18 万亿元中央政府投资，对国内投资和经济增长的拉动力度还不够。因此，为加强投资对经济的刺激作用，应该大规模发行国债，将银行资金通过国债方式转化为投资配套资金。

3. 人民币汇率保持基本稳定

在出口主要受外需下降影响的情况下，人民币汇率大规模贬值对出口的鼓励作用不大，而且负面作用较大，如容易受到其他国家指责、不利于人民币汇率形

成机制的完善、不利于企业稳定预期等。因此，不应将人民币大幅贬值来刺激出口。

4. 鼓励企业通过多元化出口扩大对新兴市场国家出口

新兴市场国家在全球经济和贸易的份额将不断上升。因此我国出口企业应该利用当前时机，结合“走出去”的战略加大对中东、拉美、非洲等新兴市场国家，尤其是俄罗斯、巴西、印度的投资，同时带动对相关国家的出口。

5. 切实落实支持外贸企业渡过危机的财政、金融政策

企业反映，目前国内支持出口的财政、金融政策给企业带来的实惠不多。为此，一方面应继续加强财政对中小企业的支持力度，采取放松中小企业担保条件，为中小企业技术升级提供优惠贷款等措施；另一方面，采取多种方式、包括必要的行政手段促使银行增加对外贸企业的融资，如买方出口信贷和设立服务于中小企业的政策性金融机构等。

6. 稳定外贸企业就业

一是提高劳动力市场弹性，如允许企业把淡季的工作时数调整到旺季等；二是完善部分沿海地区近年来实施的“腾笼换鸟”政策，保持劳动密集型企业在解决就业方面的作用。

7. 注重进口调节

一是扩大内需政策应在同等情况下优先采购国内产品；二是鼓励资源型企业走出去并带动进口；三是增加对高科技产品、先进技术装备等的进口。

8. 防止应对危机的临时性政策演变为长期政策

不少为应对危机采取的临时性措施也在一定程度上降低了市场效率。为此，应该避免这些临时性措施的长期化。

（作者：李大伟）

2008 年固定资产投资形势回顾及 2009 年展望

2008 年，在外部环境恶化、国内结构性政策调整以及经济内在周期的三重压力下，中国经济急转直下，深度下滑。根据国家统计局的初步核算数据，2008 年 GDP 增速为 9%，比最终核实的 2007 年 GDP 增速 13%回落了 4 个百分点。造成 GDP 增速回落的主要原因：一是外需下滑，二是内需中房地产投资增速的迅速回落。实际上，2003～2007 年固定资产投资变动的基本特征是增速逐年下降，固定资产投资对 GDP 增长的贡献率和拉动作用不断减弱。在固定资产投资增长总体趋缓的背景下，2005 年以来的房地产投资增速逆势上扬，对投资增长做出了积极贡献，使 2007 年固定资产投资增长对 GDP 增长的拉动作用达到 4.2 个百分点。2008 年，固定资产投资增速继续下降，“一枝独秀”的房地产投资不仅风光不再，而且增速领先且快速下降，使得 2008 年固定资产投资对 GDP 增长的拉动作用减小，估计 2008 年投资对 GDP 的拉动作用较 2007 年下降 1.3 个百分点，约为 2.9 个百分点。目前，国际金融危机对实体经济的影响还在蔓延和加深[1]，2009 年我国经济可能面临更为严峻的挑战，受需求疲弱、库存增加、利润下滑等因素影响，固定资产投资自发增长动力不足。

一、2008 年固定资产投资形势的主要特点

1. 固定资产投资实际增速低于 2007 年同期

根据国家统计局数据，2008 年第一季度、上半年、前三季度的固定资产投资价格指数分别为 108.6、110.0 和 110.3。在上述价格背景下，尽管 2008 年以来各

---

[1]美国联邦储备委员会 2009 年 1 月 14 日发表的全国经济形势调查报告指出，随着金融危机继续向美国经济基本面扩散，美国经济在 2008 年 11 月下旬至 2009 年 1 月上旬这段时间里继续恶化。日本银行 2009 年 1 月 16 日发表的地区经济报告也指出，根据其国内 9 个地区的报告，日本经济状况继续恶化。欧洲的经济信心指数已经跌至历史最低纪录，2008 年 11 月份的工业产值经历了 18 年来的最大跌幅，同期的失业率涨至 7.8%，为两年来新高。作为欧元区最大经济体的德国，2008 年第四季度 GDP 收缩近 2%，为 20 年来最大的下降。

月的城镇固定资产投资完成额同比增速高于 2007 年同期水平，但是实际增速已明显低于 2007 年同期水平。由于只掌握按季发布的固定资产投资价格指数，且固定资产投资完成额月度数据为累计数而非当月数据，因此，只能通过考察 2008 年第一季度、上半年和前三季度的固定资产投资完成额的名义增速和实际增速，来揭示我国 2008 年固定资产投资形势的实际状况。尽管固定资产投资增速仍在高位且处于上升过程中，但实际增速已显著低于 2007 年的水平（见表 1）。

表 1 全社会固定资产投资完成额同比增速

（单位：%）

时间段＼增速	名义增速	实际增速	固定资产投资价格指数
2007 年	24.8	20.1	103.9
2008 年第一季度	24.6	14.7	108.6
2008 年上半年	26.3	14.8	110.0
2008 年前三季度	27.0	16.7	110.3

2008 年城镇固定资产投资最大累计名义增速出现在 9 月份，为 27.6%，此后增速不断下降，2008 年 1～12 月份累计增速已降至 26%附近，与 2007 年同期水平相当。考虑到 2008 年的固定资产投资价格指数将显著高于 2007 年的水平，前述关于 2008 年固定资产投资实际增速低于 2007 年的判断依然成立。2008 年 9 月份以后，城镇固定资产投资实际完成额增速迅速走低，9 月份当月增速为 29.0%，10 月份当月增速较 9 月份下降近 5 个百分点，11 月份继续降至 23.8%，12 月份增速更低（见图 1）。

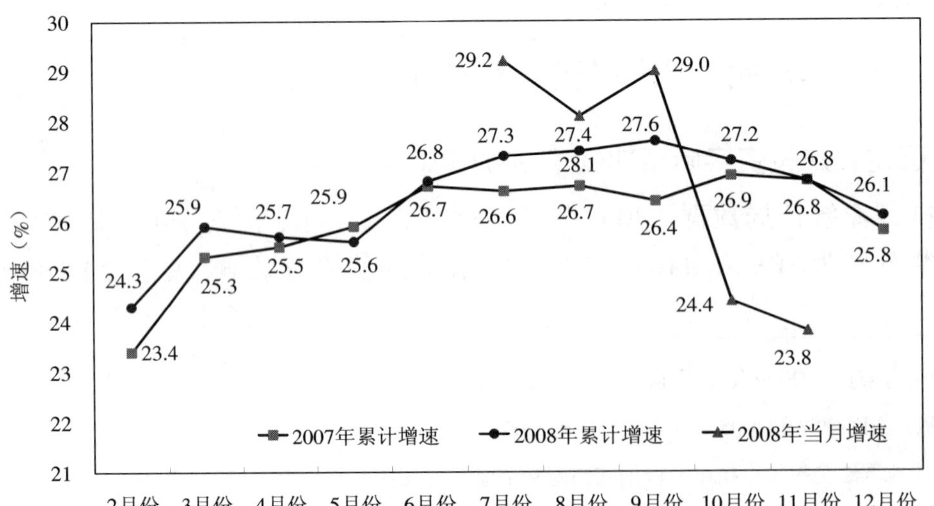

图1 城镇固定资产投资完成额增速

2. 投资增长的行业格局有一定变化但基本特征依旧

（1）固定资产投资增长的行业结构有一定变化　与往年同期相比，固定资产投资的行业增长格局在2008年发生了一定的变化。从2008年1～11月份的数据看，首先，金融业成为固定资产投资增速最快的行业，增速高达为70.9%；其次，制造业投资增速继续回落，为32.2%，比2007年同期低2.8个百分点，较2004年同期则低了10.5个百分点；第三，房地产业投资增速迅速回落，已降至25.4%，为2004年以来的最低增速；第四，电力、燃气及水的生产和供应业投资增速自2004年以来持续向下的局面在2008年下半年发生变化，2008年其投资增速大于2007年同期水平；第五，交通运输、仓储和邮政业投资增速延续着2007年以来的下降趋势，增速为2004年以来的最低水平，为13.7%（见表2）。

表2　固定资产投资增长的行业格局

（单位：%）

行业结构＼年份	2004年	2005年	2006年	2007年	2008年1～11月份
城镇固定资产投资完成额	27.6	27.2	24.5	25.8	26.8
农林牧渔业	20.3	27.5	30.7	31.1	57.4
采矿业	38.1	50.7	28.9	26.9	37.9
制造业	36.3	38.6	29.4	34.8	32.2
电力、燃气及水的生产和供应业	43.5	31.1	12.5	9.8	16.7
建筑业	40.4	57.7	50.1	48.5	10.2
交通运输、仓储和邮政业	20.2	22.3	25.7	14.4	13.7
信息传输、计算机服务和软件业	-4.2	-5.8	14.4	1.3	11.5
批发和零售业	39.7	31.6	23.0	28.9	26.8
住宿和餐饮业	37.5	55.1	37.4	41.2	31.3
金融业	3.9	5.6	11.7	25.4	70.9
房地产业	29.1	20.5	25.4	32.2	25.4
租赁和商务服务业	19.9	42.2	37.0	30.5	54.2
科学研究、技术服务和地质勘察业	17.6	27.8	9.5	16.7	36.2
水利、环境和公共设施管理业	12.3	22.3	22.2	22.3	33.3
居民服务和其他服务业	65.8	28.8	34.5	28.8	37.2
教育	21.8	8.4	7.5	3.9	7.5
卫生、社会保障和社会福利业	19.7	29.8	17.0	13.4	31.6
文化、体育和娱乐业	11.2	28.4	23.9	31.0	29.4
公共管理和社会组织	11.0	12.2	18.3	7.9	23.6

（2）固定资产投资的行业结构仍以制造业、房地产业和基础设施为主 从GDP构成和人口的城乡分布变化可知，当前，我国的经济发展正处于工业化和快速城市化阶段，在此背景下，2008年1～11月份（累计）固定资产投资行业的构成中比重排在前5位的行业依次是：制造业，房地产业，交通运输、仓储和邮政业，水利、环境和公共设施管理业，电力、燃气及水的生产和供应业。

2008年的固定资产投资行业在基本延续2003年以来行业特征的同时，更突出地反映了我国经济发展阶段的特征和要求。2004年以来，制造业投资占固定资产投资的比重逐年上升，2008年1～11月份较2004年提高了7.3个百分点；房地产业的投资份额没有出现单向变动趋势，2004～2006年有所下降，2007年以后则有所上升，2008年较2007年所占比重有所降低（见表3）。

表3 固定资产投资的行业结构

（单位：%）

行业结构 \ 年份	2004年	2005年	2006年	2007年	2008年1～11月份
农林牧渔业	1.1	1.1	1.2	1.2	1.5
采矿业	3.7	4.3	4.5	4.5	4.5
制造业	25.0	27.1	28.2	30.2	32.3
电力、燃气及水的生产和供应业	9.3	9.6	8.8	7.7	7.1
建筑业	1.3	1.1	1.1	1.0	0.9
交通运输、仓储和邮政业	11.6	11.5	11.9	10.9	9.7
信息传输、计算机服务和软件业	2.7	2.1	1.9	1.5	1.3
批发和零售业	1.9	2.0	2.0	2.1	2.2
住宿和餐饮业	0.8	0.9	1.0	1.1	1.2
金融业	0.2	0.1	0.1	0.1	0.1
房地产业	24.7	23.3	22.9	24.3	24.0
租赁和商务服务业	0.6	0.7	0.7	0.7	0.9
科学研究、技术服务和地质勘察业	0.6	0.5	0.5	0.5	0.5
水利、环境和公共设施管理业	8.1	8.0	8.0	7.8	8.1
居民服务和其他服务业	0.2	0.2	0.2	0.2	0.2
.教育	3.1	2.6	2.3	1.9	1.6
卫生、社会保障和社会福利业	0.7	0.8	0.7	0.7	0.7
文化、体育和娱乐业	0.9	0.9	0.9	1.0	1.0
公共管理和社会组织	3.5	3.2	3.1	2.4	2.2
国际组织	0.0	0.0	0.0	0.0	0.0
合计	100.0	100.0	100.0	100.0	100.0

从制造业内部固定资产投资的部门构成看，我国当前仍以重化工业的发展为主。2008 年 1～11 月份（累计），制造业中投资份额排在前 5 位的部门依次是：化学原料及化学制品制造业、非金属矿物制品业、交通运输设备制造业、通用设备制造业和黑色金属冶炼及压延加工业。2003 年以来，上述投资份额在前 5 位的产业中，化学原料及化学制品制造业在制造业投资中的比重相对变化不大，黑色金属冶炼及压延加工业份额下降，其他产业的投资份额基本表现为逐年提高，其中设备制造业的投资份额上升比较显著（见表 4）。

表 4　制造业内部的固定资产投资部门构成

（单位：%）

年份 固定资产投资部门	2004 年	2005 年	2006 年	2007 年	2008 年 1～11 月份
农副食品加工业	3.78	4.36	4.46	4.64	4.44
纺织业	5.21	5.18	4.86	4.31	3.39
石油加工、炼焦及核燃料加工业	4.37	3.95	3.58	3.98	4.09
化学原料及化学制品制造业	10.63	10.41	9.68	9.88	10.26
非金属矿物制品业	7.62	6.86	7.02	7.89	8.83
黑色金属冶炼及压延加工业	12.16	11.23	8.51	7.22	6.94
有色金属冶炼及压延加工业	3.83	3.73	3.69	3.66	3.90
金属制品业	3.03	3.76	4.25	4.53	4.79
通用设备制造业	3.80	5.02	5.94	6.59	6.86
专用设备制造业	3.13	3.86	4.15	4.78	5.01
交通运输设备制造业	7.01	7.69	7.48	7.67	8.05
电气机械及器材制造业	3.54	3.75	4.25	4.53	5.00
通信设备、计算机及其他电子设备制造业	6.97	5.94	6.39	5.90	5.42
合计	75.07	75.73	74.26	75.58	76.98

3. 固定资产投资的资金来源状况始终偏紧

（1）资金来源增速与城镇固定资产投资完成额增速的差距不断加大　与 2007 年不同，2008 年固定资产投资资金来源增速呈现出持续下降的变动趋势（见图 2）；如果将城镇固定资产投资完成额增速纳入一并考察，则会发现，资金来源增速越来越落后于投资增速，与投资增速之间的差距不断加大。

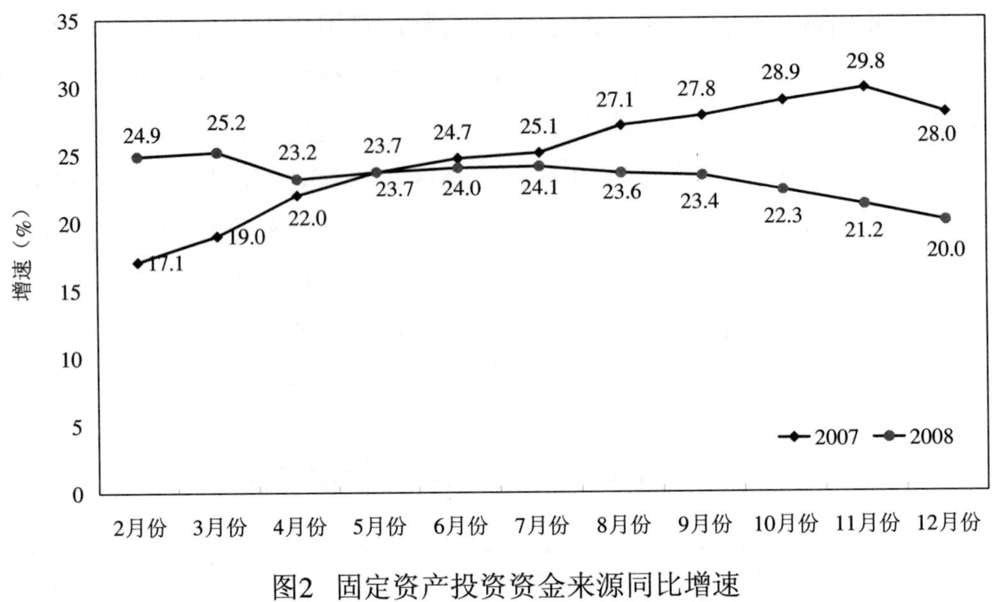

图2 固定资产投资资金来源同比增速

（2）国内贷款和其他资金来源增速持续走低 按照统计，我国固定资产投资的资金来源被划分为国家预算内资金、国内贷款、利用外资（包括外商直接投资）、自筹资金（包括企、事业单位自有资金）和其他资金五个大类。从图 3 可知，与 2007 年同期的资金来源增长格局不同，2008 年以来，国内贷款和其他资金来源累计增速逐月走低，其他资金来源已经出现连续数月的负增长；国家预算内资金增速先低后高，目前，其增速在各类资金来源中最高；自筹资金增长相对平稳，利用外资增速由负转正。在上述增长格局下，自筹资金占固定资产投资资金来源的比重从 1～2 月份的 52.3%上升到 1～11 月份的 63.3%，在满足固定资产投资增长方面正发挥着越来越重要的作用。与此同时，国内贷款、利用外资在固定资产投资资金来源中的比重不断减小，其他资金来源则出现了所占比重下降的情况。

（3）房地产开发投资的资金来源状况不佳 从房地产开发投资各国内资金来源增速变动情况看，自 2008 年以来，自筹资金平稳增长；利用外资增速由负变正，但 8 月份后增速快速回落；国内贷款增速持续下降，已经从 2 月份的 36.9%下降到 11 月份的 5.2%，上半年降速快于下半年；以个人按揭贷款、定金和预收款为主要成分的其他资金来源增速回落最为显著，8 月份至年底一直为负增长，且降幅不断加大。

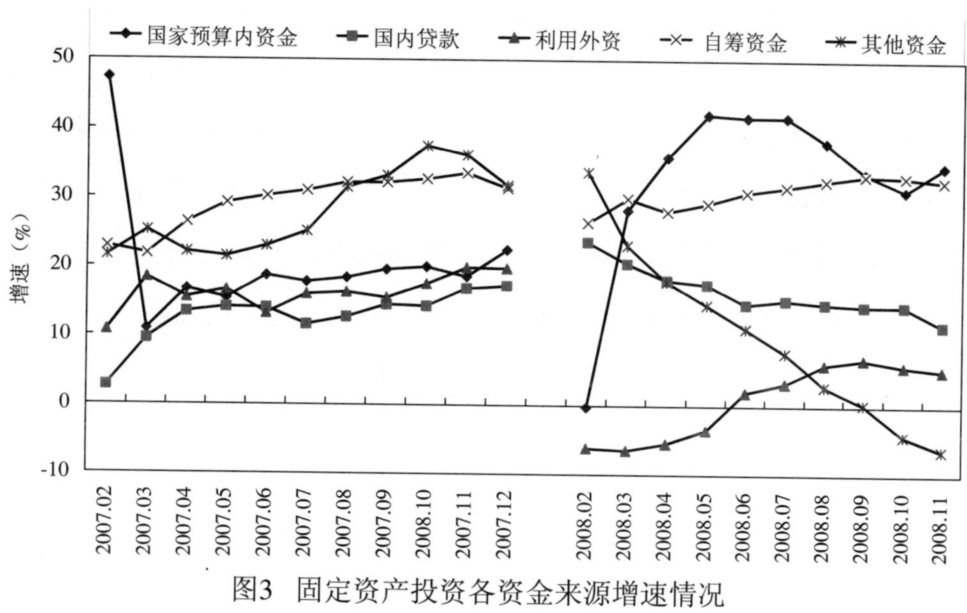

图3 固定资产投资各资金来源增速情况

从 2004 年以来的资金来源结构数据可以看到（见表 5），2008 年房地产投资资金来源结构的显著变化主要表现在由定金、预收款和个人按揭贷款构成的其他资金所占比重的下降上。当然，这也反映了房地产市场需求增长状况不佳。

表 5 房地产开发投资的资金来源结构

（单位：%）

资金来源结构 \ 年份	2004 年	2005 年	2006 年	2007 年	2008 年 1～11 月份
国内贷款	18.4	18.1	19.7	18.7	19.2
利用外资	1.3	1.3	1.4	1.5	1.8
其中：外商直接投资	0.8	0.8	1.1	1.3	1.6
自筹资金	30.4	33.2	31.9	31.8	40.2
其中：自有资金	16.7	18.7	18.8	18.8	22.8
其他资金来源	49.9	47.4	47.0	48.0	38.8
其中：定金及预收款	43.2	36.6	30.3	28.5	11.2
个人按揭贷款	—	—	10.4	13.2	25.6
合　计	100.0	100.0	100.0	100.0	100.0

二、2009年固定资产投资形势展望

1. 2009年固定资产投资自发增长动力不足

一般而言，在建筑安装工程投资占总投资比重60%以上的情形下，新开工项目应该是判定固定资产投资变动趋势的先行指标。2008年建筑安装工程投资占城镇固定资产投资的比重一直在60%以上，因此，2008年新开工项目投资情况应该预示着2009年的投资变动趋势。2008年的新开工项目计划总投资增速一直处于低位，2月份～7月份，基本处于负增长状态，仅6月份实现了1.5%的增长；8月份以来，新开工项目投资增长状况有所改善，但最高也未达到6%的增速（见图4）。可见，从新开工项目情况看，2009年的固定资产投资增长状况不容乐观。

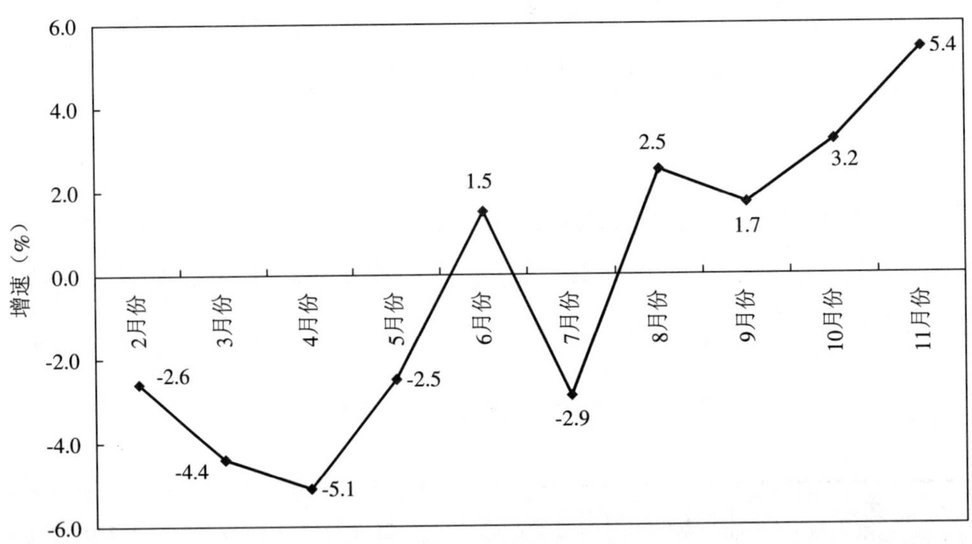

图4 2008年新开工项目计划总投资同比增速

另外，工业增加值和工业企业效益变动趋势也显示自主投资增长乏力。2008年下半年以来，规模以上工业企业增加值增速迅速回落（见图5）。受市场价格前高后低、价格大幅波动影响，企业库存压力很大，效益下滑，在有效降低库存压力之前，企业投资意愿较弱。

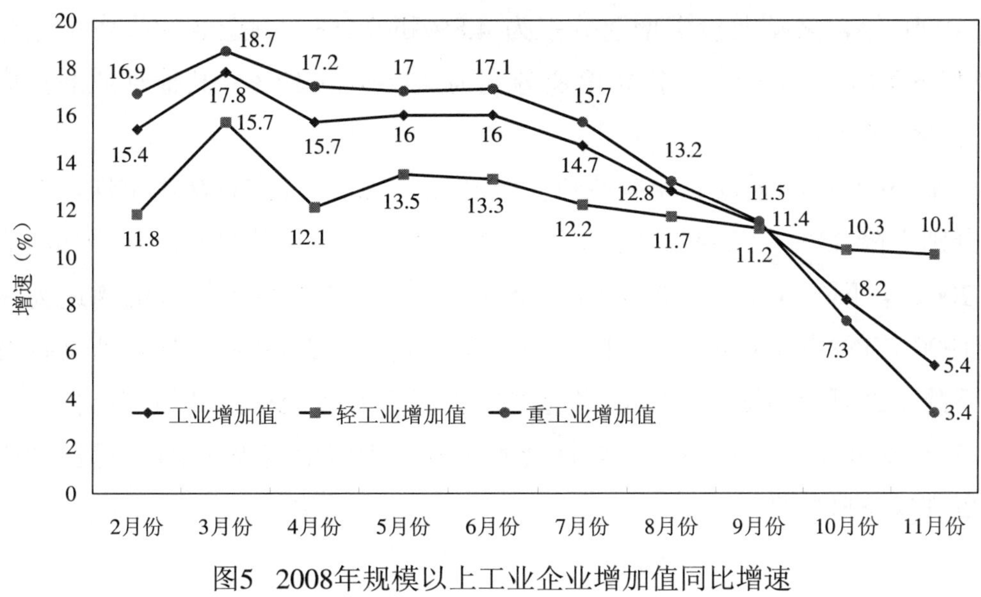

图5 2008年规模以上工业企业增加值同比增速

2. 房地产开发投资增长乏力将导致固定资产投资增速的下降

由于2007年房地产开发投资意愿强烈，土地购置量和新开工项目增速较快，在2008年观望的市场氛围中，开发商一方面按照有关规定即时开工新项目，另一方面继续开发建设已经开工的房地产项目，因此，2008年上半年房地产开发投资累计增速一直在32%左右，6月份更是达到了33.5%。但是，由于市场需求疲软状况始终未出现明显变化，开发商的投资态度开始调整，突出表现为大多数房地产开发商采取了调整开发节奏、拉长开发周期、取消拿地计划等对策，房地产开发投资增速在2008年下半年快速下降，累计增速降幅接近13个百分点，当月同比增速降幅更大（见图6）。进入2009年后，房地产市场的萧条状况依然没有发生根本性改变，如果市场继续维持上述疲软状况，2009年房地产开发投资将出现负增长的状况。因此，2009年房地产开发投资不仅不会成为固定资产投资增长中的亮点，而且会是影响投资增长的关键因素，即关键阻力所在。

3. “百年一遇”金融危机冲击下的2009年投资形势不容乐观

目前，关于当前形势，比较一致的看法之一是此次金融危机对我国的冲击远大于1997年下半年发生的东南亚金融危机，因此，从经济自身的运行看，我国出现类似于1998年、1999年投资变动格局或比之更差的可能性很大。

1997年东南亚金融危机发生后，采掘业和制造业投资连续两年负增长。1998

年和1999年，采掘业投资增速分别为-4.8%和-9.2%，制造业的投资增速分别为-2.6%和-6.3%，房地产业的投资增速分别为14.5%和12%，其他行业的投资增速分别为28.8%和8.0%。

如果1998年的采掘业和制造业投资增速变动情况在2009年重现，即其投资规模分别下降4.8%和2.6%，2009年房地产投资规模下降15%，其他部门投资增速较2007年下降10%，为21.49%，全社会固定资产投资可达到的增速为3.7%。如果1999年的采掘业和制造业投资增速变动情况在2009年重现，即其投资增速分别下降9.2%和6.3%，2009年房地产投资规模下降15%，其他部门投资增速较2007年下降50%，为11.94%，全社会固定资产投资增速为-1.4%，即出现固定资产投资规模下降的情况。

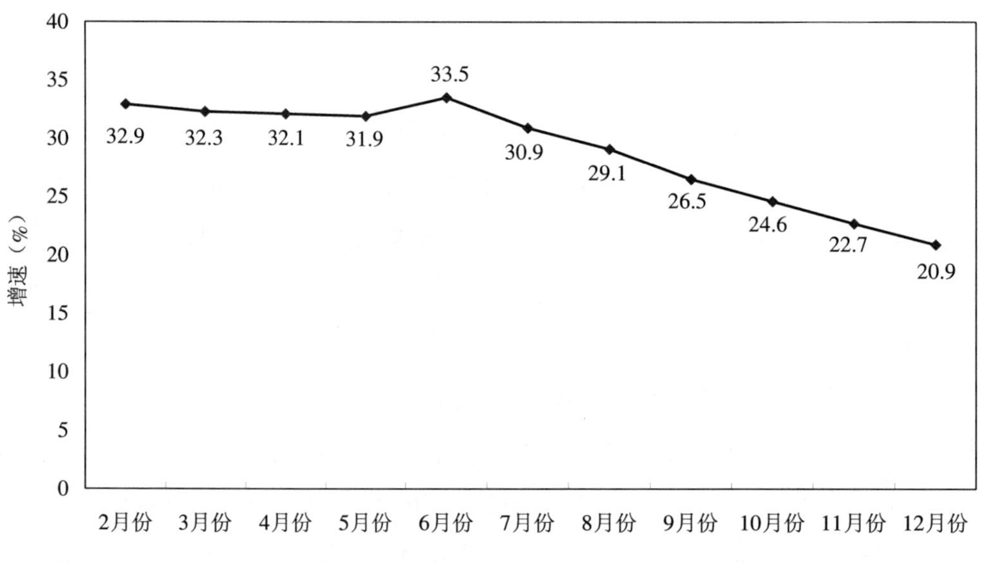

图6 2008年房地产开发投资同比增速

4. 新增政府投资计划作用下的2009年投资形势

为防止经济增速过快下滑和出现大的波动，2008年12月份，党中央、国务院决定，对宏观经济政策作出重大调整——当前要实行积极的财政政策和适度宽松的货币政策，在努力稳定出口的同时，出台更加有力的措施扩大国内需求，包括在2008年第四季度新增1000亿元的中央投资，进一步加大投资力度，加快民生工程、基础设施、生态环境建设；加快灾后重建各项工作；从2009年1月1

日起，全面实施增值税转型改革，鼓励企业设备投资；提高城乡居民特别是低收入群体的收入水平，努力扩大消费，促进经济平稳较快增长。扩内需、调结构、保增长已经成为当前经济工作的重中之重。

4 万亿元投资计划是中国政府应对金融危机冲击的重大举措，具体是指中国政府将在 2008～2010 年实施一项总规模达 4 万亿元的政府投资计划，其中中央政府投资 11800 亿元，其余为地方政府和企业投资。另外 4 万亿元投资计划中的投资项目约一半左右为原有计划项目，即新增投资实际在 2 万亿元左右。2008 年 11～12 月份，中央政府已投资 1000 亿元，安排的建设项目的投资规模合计为 4000 亿元。2008 年新增 1000 亿元中央投资明确用于六个方面：一是用于加快建设保障性安居工程，安排了 100 亿元；二是用于加快农村民生工程和农村基础设施建设，安排了 340 亿元，占到了 1000 亿元的 1/3；三是用于加快铁路、公路、机场等重大基础设施建设，安排了 250 亿元；四是用于加快医疗卫生、教育文化等社会事业建设，安排了 130 亿元；五是用于加快节能减排和生态建设工程，安排了 120 亿元；六是用于加快自主创新和结构调整，安排了 60 亿元。这六方面还可以分解为 40 个左右的分项。

根据上一轮积极财政政策实施效果的经验数据估计，2008 年年底安排的新增投资将在 2009 年第三季度见效，即第三季度投资增速会较上两个季度有明显提高。如果 2009 年的新增投资计划能够及早安排并付诸实施，2009 年自主投资乏力所形成的不利于国民经济稳定增长的投资缺口会得到较好的弥补。

（作者：杨萍）

2008 年金融运行与 2009 年展望

开始于 2001 年的我国新一轮经济增长上升期在 2007 年第四季度出现转折，并在 2008 年确立周期性下滑态势。2008 年发生的一系列突发事件对处于周期性下滑中的我国经济形成冲击，加剧了经济的下滑势头。发生于上半年的国内雪灾、地震等重大自然灾害属于“一过性”扰动，发生于第三季度的全球金融风暴则对我国经济增长形成更为强烈和持久的冲击。在国内经济进入周期性下滑和国外经济金融动荡冲击的双重作用下，2008 年第一季度我国 GDP 同比增长 10.6%，第二季度增长 10.1%，第三季度仅增长 9.0%，GDP 增速逐季下降，回落势头在下半年愈发明显。与经济运行态势相对应，我国金融调控和金融运行在 2008 年上下两个半年呈现出全然不同的格局：上半年金融调控持续从紧，货币供应增长相对平稳，M2 增速持续低于 M1 增速；下半年金融调控适度放松，货币供应增速不断放慢，M2 增速反超 M1 增速。

一、2008 年上半年金融调控坚持“从紧”，下半年转为“适度放松”

1. 按照“双防”要求，2008 年上半年金融调控坚持从紧

为达到“防过热、防通胀”的宏观调控目标，2007 年年底召开的中央经济工作会议在部署 2008 年经济工作时明确提出，2008 年要实施从紧的货币政策，上半年金融调控贯彻了“从紧”要求。

（1）连续六次上调法定存款准备金率　2008 年前 6 个月，除 2 月份由于春节央行未动用准备金工具外，其余五个月，央行都选择上调法定存款准备金率，其中 6 月份月内连续上调两次。每次存款准备金率的上调幅度均为 0.5 个百分点，存款准备金率由 14.5%上调至 17.5%，创下历史最高水平。

（2）对商业银行信贷投放实行严格的总量控制　2008 年年初设定的信贷调控目标是全年新增贷款量不超过 2007 年实际贷款量（3.63 万亿元），并将对贷款的控制分解到各个季度，严格执行。

（3）公开市场操作灵活搭配对冲工具，加强流动性管理　2008 年上半年，公开市场操作主要以每周二发行 1 年期央行票据，每周四发行 3 个月和 3 年期央行票据，并搭配短期（7 天、14 天、28 天）和长期（91 天和 182 天）正回购的方式。公开市场操作与法定存款准备金率的调整相配合，合理控制银行体系流动性。第一季度公开市场操作资金回笼力度较大，除 1 月份由于春节因素，投放资金外，2 月、3 月份单月资金净回笼规模达 5000 亿～6000 亿元。第二季度，伴随法定存款准备金率频繁上调，公开市场操作资金回笼力度明显减弱，5 月、6 月份甚至转为净投放资金。

2. 面对国际国内新形势，2008 年下半年金融调控出现松动

2008 年下半年，国际和国内经济金融形势发生了很大变化，经济增长由过热转向过快下滑的趋势越来越明显，金融调控也开始转向。2008 年 7 月 25 日，中共中央政治局讨论研究当前经济形势和经济工作，将宏观调控的目标由前期的”双防”调整为“保增长、控通胀”的“一保一控”，为达到“保增长”的目的，从紧的货币政策在实际执行中开始出现松动。2008 年 9 月份以来，全球金融风暴破坏力越来越强烈，我国经济增长下滑势头愈加明显，2008 年 11 月 5 日国务院常务会议宣布，“当前要实行积极的财政政策和适度宽松的货币政策”，自此金融调控确定了由紧转松的基调，从紧的货币政策彻底转型。

（1）连续三次下调存款准备金率　为缓解小企业融资难的问题，央行宣布从 2008 年 9 月 25 日起，除工、农、中、建、交、邮政储蓄银行暂不下调外，其他存款类金融机构人民币存款准备金率下调 1 个百分点，汶川地震重灾区地方法人金融机构下调 2 个百分点。9 月份以来，随着全球金融风暴愈演愈烈，央行决定自 10 月 15 日起下调人民币存款准备金率 0.5 个百分点。为适应扩大内需的要求，央行自 12 月 5 日起，下调工、农、中、建、交、邮储等大型存款类金融机构人民币存款准备金率 1 个百分点，下调中小型存款类金融机构人民币存款准备金率 2 个百分点。

（2）连续四次降息　在经过 2007 年连续六次加息后，2008 年上半年，利率政策进入真空期。2008 年 9 月份以来，全球金融动荡不断加剧，各国央行纷纷推出注资、降息等一系列“救市”措施。我国央行根据国际利率的变动和国内经济金融形势的需要，在 9 月 16 日、10 月 9 日、10 月 30 日、11 月 27 日连续四次降息：在9月16日的降息中，只下调人民币贷款基准利率，存款基准利率未作调整；在10月9日和10月30日的两次降息中，一年期人民币存贷款基准利率均下调了0.27个百分点，其他期限档次也相应调整；在11月27日的降息中，一年期人民币存贷款基准利率均下调1.08个百分点，其他期限档次存贷款基准利率作相应调整。同时，再贷款、再贴现等利率也有所下调。此次一年期贷款基准利率的下调为1997年以来最大降幅，一年期存款基准利率的下调为1999年以来的最大降幅。

配合存贷款基准利率下调，央行还下调了央行票据发行利率和正回购利率。前8个月，各期限品种的央行票据发行利率和正回购利率均与年初相同期限品种利率基本持平。9月中旬以来，3个月期和1年期央行票据发行利率开始持续下行，3个月期和1年期央行票据发行利率分别由8月末的3.3978%和4.0583%下行至10月末的2.8275%和3.509%；28天正回购利率也由8月末的3.2%下行至10月末的2.86%。

（3）公开市场操作缩短央行票据发行期限，减小发行力度　2008年下半年，公开市场操作改为每周二发行1年期央行票据，每周四发行3个月和6个月期央行票据，并搭配短期正回购操作的方式，3年期央行票据和182天的正回购操作退出舞台。2008年9月中旬以来，6个月期央行票据也退出发行。2008年10月27日，央行公告称，每周二发行的1年期票据将改为隔周发行。

（4）信贷总量控制松动　央行于2008年8月底调增2008年度商业银行信贷规模，采用“区别对待”的方式，对全国性商业银行在原有信贷规模基础上调增5%，对地方性商业银行调增10%，要求确保新增信贷资源向“三农”、小企业、灾后重建倾斜。为保证房地产市场平稳运行，自2008年10月27日起，央行将商业性个人住房贷款利率下限扩大为贷款基准利率的0.7倍；最低首付款比例调整为20%。为适应形势需要，2008年11月初央行进一步取消了对商业银行信贷投放规模的硬约束。

二、2008年货币信贷增长放缓，货币流动性下降

1. M2与M1增速均放缓，M1降幅更深

2008年，经过前4个月的上下小幅波动后，5月份以来，M2增速开始呈现逐月放缓态势（见图1）。2008年10月末M2余额同比增长15.02%，增幅比2007

年末回落 1.7 个百分点，比 2007 年同期低 3.45 个百分点。M1 增速也逐步走低，且下降势头较 M2 更为猛烈。2008 年 10 月末 M1 同比增长 8.85%，比 2007 年末下降 12.16 个百分点，比 2007 年同期低 13.36 个百分点。

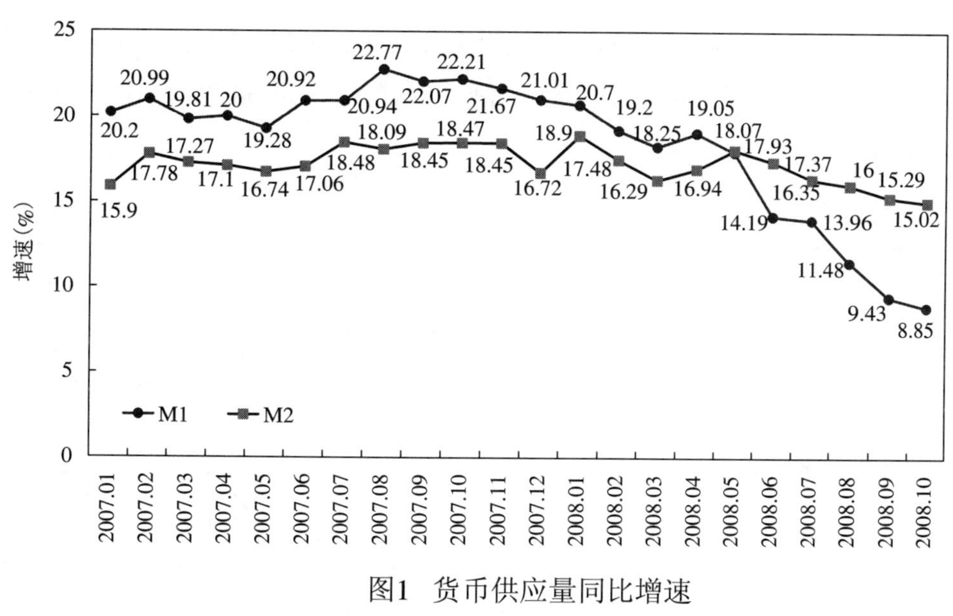

图1 货币供应量同比增速

（注：资料来源于人民银行网站。）

货币供应增速放慢有以下原因：一是央行持续上调法定存款准备金率，严格控制贷款投放，直接减小了货币乘数。2008 年 9 月末，M2 乘数（M2/基础货币）为 3.86，比 2007 年同期低 0.6；M1 乘数（M1/基础货币）为 1.33，比 2007 年同期低 0.29。二是外汇占款增长放缓。经过 2007 年 37%～42%的高增长后，2008 年以来外汇占款余额同比增速回落到 29%～35%的区间，5 月份以来更是逐月走低。2008 年 10 月末，外汇占款同比增长 29.1%，比 5 月末下降 5.6 个百分点，比 2007 年同期低 10.4 个百分点。三是股市下跌造成保证金存款减少。2008 年 9 月末，证券客户保证金余额同比下降 40.67%。四是企业资金紧张，企业存款增速快速下降。2008 年 10 月末，企业存款余额同比增长 14.2%，增幅比 2007 年末低 8.3 个百分点，比 2007 年同期低 8.7 个百分点。

2. 股市阴跌促使存款定期化、居民储蓄回流银行（见图 2）

从我国货币供应量的构成看，储蓄存款占 M2 的比重持续保持在 40%～50%，活期存款（主要是企业活期存款）占 M2 的比重保持在 25%～30%，而活期存款占M1的比重达70%～80%。因此储蓄存款和活期存款的增长变化决定着M2、M1增速的相对变化。2008年以来，由于股市持续下跌，储蓄存款不断回流银行，企业存款也出现定期化倾向，活期存款增长则不断放缓。由于活期存款增长与定期存款、储蓄存款出现不同方向的变化，自2008年5月份起， M1与M2增速之间的“剪刀差”由正转负，M1增速开始低于同期M2增速，货币流动性不断下降。2008年10月末，货币流动性比例（M1/M2）为34.7%，比同年5月末下降0.5个百分点。

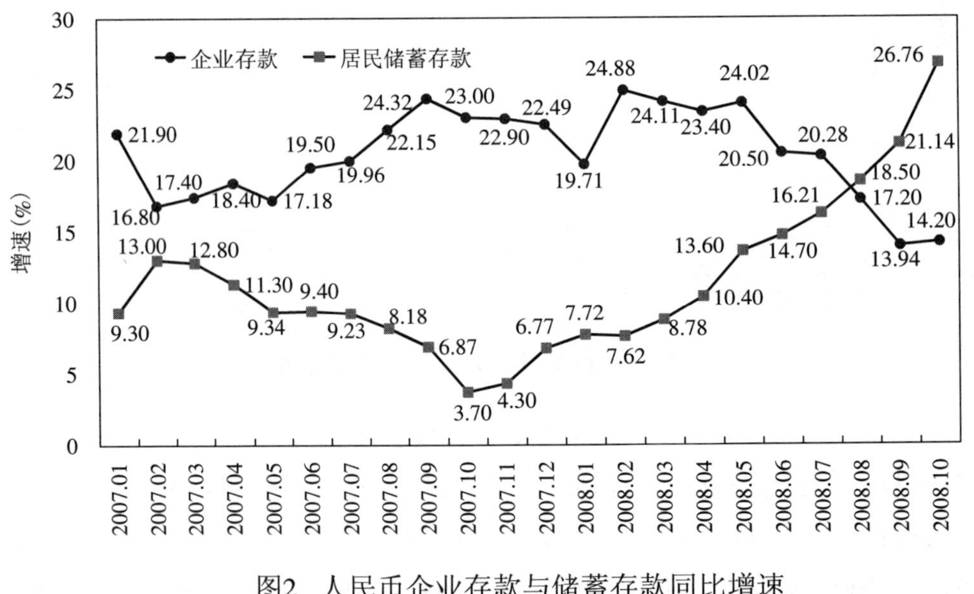

图2 人民币企业存款与储蓄存款同比增速

（注：资料来源于人民银行网站。）

人民币储蓄存款余额自2007年10月创下3.7%这一历史最低增长水平后，开始节节回升。2008年10月末，储蓄存款余额同比增速已回升至26.76%，比2007年年末提高19.99个百分点。企业存款也出现定期化倾向，2008年1～9月份，企业活期存款累计下降1042亿元，而2007年同期增长10271亿元；企业定期存款累计增长14290亿元，比2007年同期多增3936亿元。

企业活期存款出现下降一方面是由于企业面临贷款收紧和效益下滑的双重打击，资金面紧张；另一方面则是受股市低迷影响，企业持有活期存款的意愿下降。储蓄存款回流银行体系则主要是受股市下跌的影响。央行2008年第三季度全国城镇储户问卷调查结果显示，在当前物价和利率水平下，认为投资股票或基金最合算的居民人数所占比例仅为8.2%，较上季大幅下跌8.6个百分点，连跌四个季度，且跌幅均在8个百分点以上，更无法与2007年第三季度的最高点44.3%相比。2008年第三季度有43.8%的居民认为在当前物价和利率水平下更多储蓄最合算，比2007年同期上升18.5个百分点，并达到历史最高。

3. 人民币贷款增长较为平稳，居民户贷款少增较多

由于央行将对商业银行贷款总量的控制分解到了各个季度，商业银行本着“早投放，早受益”的原则，每个季度第一个月都会加大信贷投放的力度，而为保证信贷额度控制，月末又会相应减少贷款投放。因此，2008年各季度内每月新增贷款总体呈前高后低的“锯齿”形走势（见图3）。2008年10月末，人民币各项贷款余额同比增长14.58%，增幅比2007年末低1.52个百分点，比2007年同期低3.08个百分点。2008年1～10月份，人民币各项贷款累计增加3.66万亿元，同比多增1659亿元，预计2008年全年人民币贷款增加规模将达4万亿元。

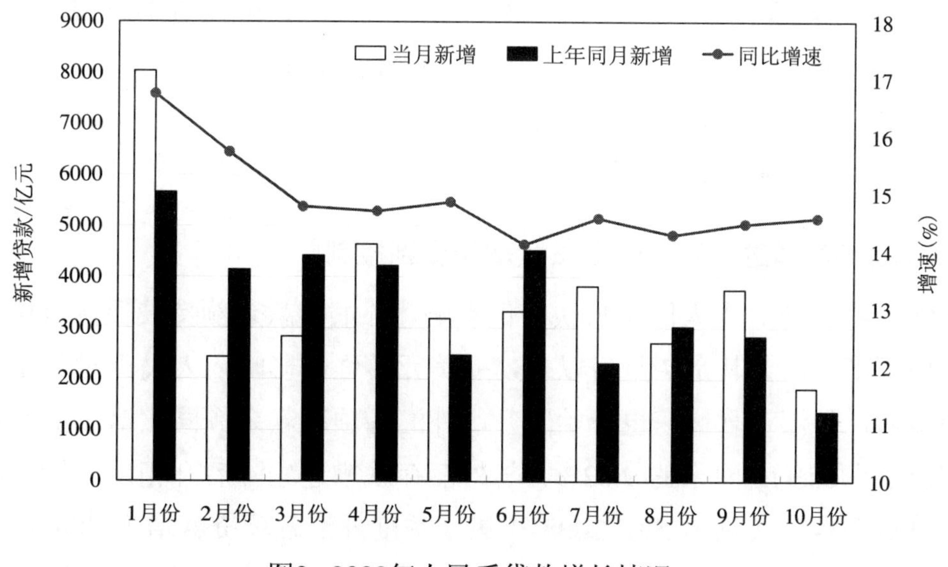

图3 2008年人民币贷款增长情况

（注：资料来源于人民银行网站。）

从人民币贷款的部门投向上看，由于房地产市场持续低迷，居民户贷款呈同比少增态势，企业部门贷款仍维持同比多增。2008年前10个月，居民户贷款增加6250亿元，同比少增5001亿元；非金融性公司及其他部门贷款增加3.04万亿元，同比多增 6660 亿元。从贷款期限看，上半年短期贷款增速下降幅度较大，下半年有所企稳；中长期贷款增速在上半年保持平稳，但进入下半年后开始持续回落（见图4）。

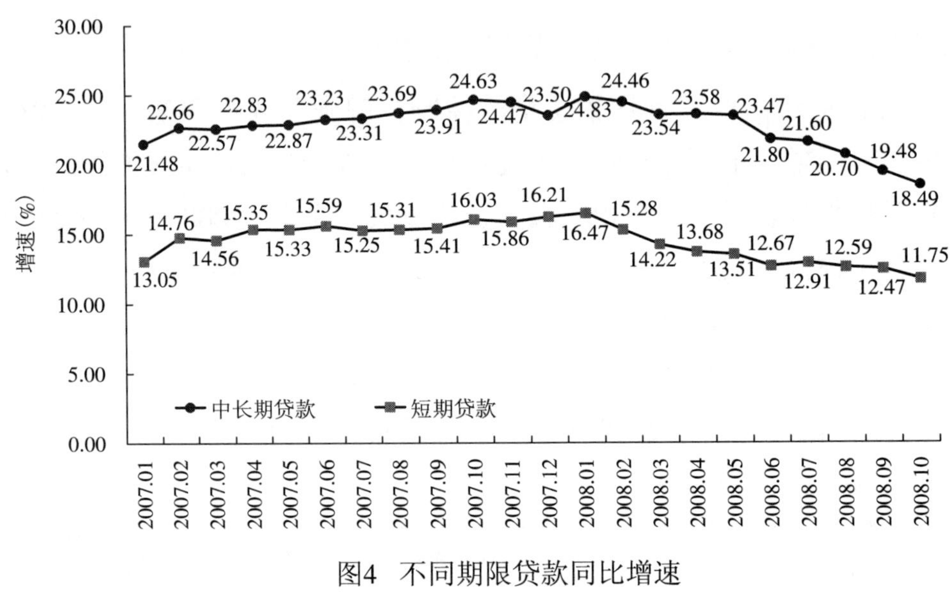

图4 不同期限贷款同比增速

（注：资料来源于人民银行网站。）

4. 外汇存款增速回升，外汇贷款增长受到控制

2008年上半年，受人民币加快升值影响，外汇存款余额持续保持负增长、低增长。但下半年，尤其是7月份以来，受美元转强的影响，人民币对美元升值步伐有所减慢，外汇存款增速也开始回升，外汇各项存款余额同比增速由6月末的1.75%持续回升到10月末的9.62%。与外汇存款增速先降后升相反，外汇贷款增速呈先升后降走势（见图5）。2008年第一季度外汇各项贷款增加488亿美元，同比多增 462 亿美元。外汇贷款猛增引起监管部门的注意，外管局宣布在2008年3月31日的基础上，再度下调境内金融机构短期外债额度，削减期限为1年。其中，中资银行削减幅度为5%，外资法人银行削减幅度为10%～15%。受此影响，外汇贷款过快增长自4月份起开始得到明显控制。10月末，金融机构外汇贷款余额同比增长21.96%，比4月末下降34.8个百分点。

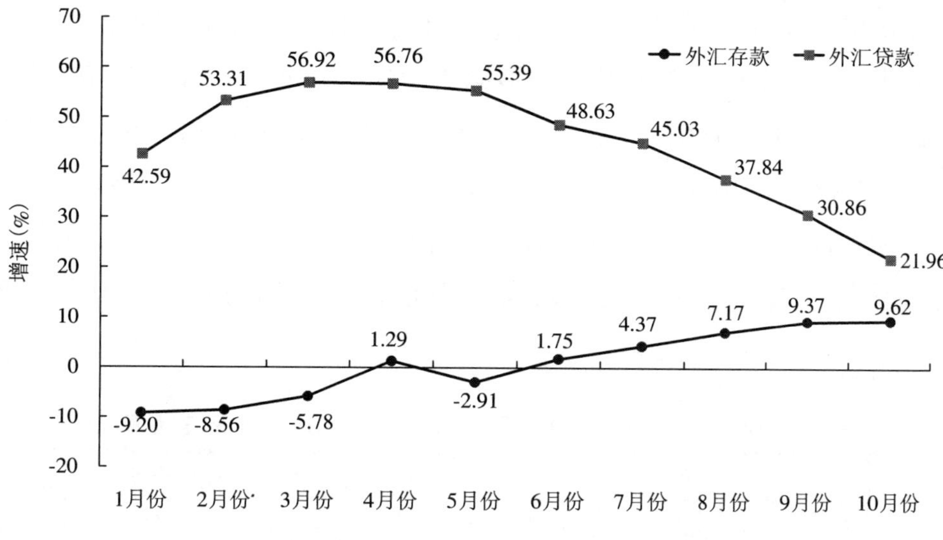

图5 2008年外汇存贷款余额同比增速

（注：资料来源于人民银行网站。）

5. 人民币对美元升值速度先快后慢

2008 年上半年，人民币对美元升值速度明显加快，人民币对美元汇率中间价不断创下汇改以来新高。自 7 月中旬开始，随着美元出现阶段性走强，人民币对美元升值明显趋缓（见图 6）。

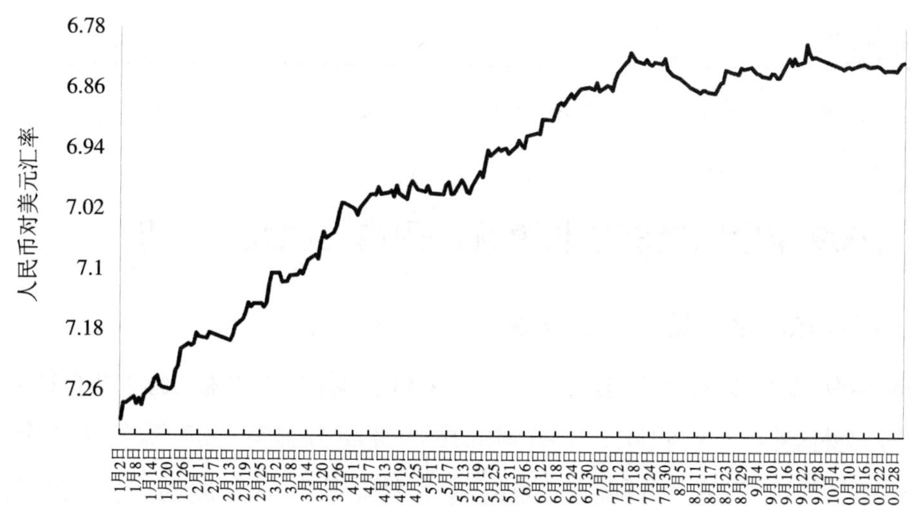

图6 人民币对美元汇率中间价走势

（注：资料来源于人民银行网站。）

2008年第一季度人民币对美元加速升值的同时，对日元和欧元仍出现贬值。第二季度以来，人民币对美元升值幅度略有放缓，对欧元等非美货币升值速度反而有所加快，“对美元升值，对非美元贬值”的不对称结构转变为更大范围的全面升值。进入第三季度后，随着美元对欧元、英镑等主要国家货币走强，人民币对欧元、英镑的升值步伐开始明显加快（见表1）。2008年10月份，由于欧元对美元快速贬值，人民币对欧元出现急剧升值，人民币对欧元月升值幅度高达14.6%。

表1 2008年1～10月份人民币对美元、欧元、日元波动情况

月 份	人民币/美元		人民币/欧元		人民币/100日元	
	绝对值	波幅（%）	绝对值	波幅（%）	绝对值	波幅（%）
1月份	7.1853	1.66	10.6612	0.05	6.7560	-5.17
2月份	7.1058	1.12	10.7809	-1.11	6.7858	-0.44
3月份	7.0190	1.24	11.0809	-2.71	7.0204	-3.34
4月份	7.0002	0.27	10.8972	1.69	6.7229	4.43
5月份	6.9472	0.76	10.7772	1.11	6.5716	2.30
6月份	6.8591	1.28	10.8302	-0.49	6.4468	1.94
7月份	6.8388	0.30	10.6531	1.66	6.3255	1.92
8月份	6.8345	0.06	10.0522	5.98	6.2527	1.16
9月份	6.8183	0.24	9.9997	0.53	6.4296	-2.75
10月份	6.8258	-0.11	8.7254	14.6	6.9463	-7.44
1～10月份累计	—	7.01	—	22.3	—	-7.77

注：1.人民币对美元、欧元和日元汇率为每月最后一个交易日的银行间市场中间价

2.资料来源于人民银行网站。

三、2009年中国经济增长堪忧，国内金融风险上升

1. 全球金融动荡，世界经济减速，国际环境阴云密布

2008年9月份以来，美国“两房”、AIG因陷入困境被美国政府接管，雷曼兄弟破产，美林因巨亏被收购，一系列的爆炸性事件掀起了席卷全球的金融风暴，并向全球信用危机演变，出现自1929年“大萧条”以来最为严重的全球金融动荡。除美、欧、日三大经济体金融领域动荡不堪外，一些抵抗力较弱的小国已被金融危机阴影笼罩。2008年10月上旬，全球金融动荡把北欧小国冰岛拖到了“国

家破产”的边缘。按照标准普尔发布的评级报告，韩国、阿根廷、乌克兰、土耳其、匈牙利等新兴市场国家都可能步冰岛后尘。目前这场全球金融风暴还没有见底的迹象，未来将会发展到什么程度和什么时候结束，都还是未知数。笔者估计只有到美国房价止跌，全球金融市场恐慌情绪平抑下来后才会迎来转机。

全球性金融动荡产生的负财富效应、信用紧缩效应对各国经济的冲击愈演愈烈。尽管美、欧、日等发达国家政府紧急采取了一系列“救市”措施，但并不能挽救发达国家经济衰退的命运。美国经济 2008 年第三季度环比下降 0.5%。个人消费开支占美国 GDP 的 2/3，是经济增长的主要力量。2008 年 10 月份美国个人消费开支下降 1%，是 2001 年 9 月份以来的最大降幅。美国房地产市场低迷依旧，2008 年 10 月份，美国新房销售量下降 5.3%。预计美国 2008 年第四季度 GDP 有可能继续下降。判断经济衰退的标准通常是 GDP 连续两个季度下降。按照这一标准，美国 2008 年第四季度将陷入衰退。欧元区和日本等其他西方经济体，已经在 2008 年第三季度先于美国正式步入经济衰退。继 2008 年第二季度 GDP 环比下降 0.2%后，欧元区 15 国第三季度 GDP 再度下降 0.2%。2008 年第二季度日本 GDP 环比下降 0.9%，第三季度再次下降 0.1%。全球金融风暴在美国等发达国家兴风作浪的同时，也蔓延到俄罗斯、阿根廷、中国香港等新兴市场国家和地区。新兴市场国家除股市暴跌、汇率大幅贬值外，经济增长前景也变得不乐观。目前来看，经济全球化造成的世界各国经济周期同步性将放大金融动荡对世界经济的拖累，世界经济增长前景暗淡。

2. 内忧外患，中国经济和金融平稳运行困难重重

全球金融风暴和世界经济增长减速是中国经济的“外患”。外部环境的降温和全球需求的萎缩必将拖累我国出口，并加剧我国经济增长的减速和结构调整。美、欧、日三大市场直接和间接出口占我国出口总额的近 60%，美、欧、日经济出现衰退，进口需求会减少，将对我国出口造成较大影响。虽然 2008 年以来，我国对巴西、印度、俄罗斯等新兴市场国家出口出现快速增长，2008 年 1～10 月份，对巴西、印度、韩国和东盟出口分别增长 86.8%、39.8%、41.4%和 27.7%，在一定程度上弥补了对美、欧等市场少增的部分。但目前，俄罗斯、印度、巴西等新兴经济体经济增长已明显减速，美、欧、日等需求的下滑份额也很难从新兴市场国家得到弥补。在全球经济低迷的形势下，我国出口低增长已成定局。

中国经济的“内忧”主要在于国内房地产市场可能出现较大幅度的调整。2006～2007年，我国房地产价格在经济增长强劲、人民币升值、需求旺盛等因素推动下快速上涨，形成了一定程度的泡沫。2008年以来，国内房价涨势明显放缓，8～10月份，全国70个大中城市房屋销售价格连续三个月环比下降，70个大中城市房屋销售价格的同比涨幅由1月份的11.3%，一路下行至10月份的1.6%。房价的回落预示着我国房地产市场开始进入调整期。如果国内居民一直保持“持币观望”心理，前期进入我国房市的“热钱”大规模回流，则国内房地产泡沫可能破裂，房地产市场存在“硬着陆”的危险。房地产泡沫破裂对经济和金融的冲击是致命的。20世纪80～90年代日本房地产泡沫的形成和破裂，曾使日本经济蒙受“失去的十年”，当前美国房地产泡沫的破裂直接引发次贷危机，世界经济和国际金融市场都在为此付出惨重代价。

3. 经济增长存在过快下滑风险，“保增长”成主要任务

由于我国经济步入周期性下滑阶段，拉动经济增长的“三驾马车”动力已经出现减弱，而全球金融风暴和外需萎缩无疑将加剧我国经济增长减速的进程，使我国经济增长面临过快下滑的风险。首先，世界经济增长放缓，我国出口减速的态势已基本确立。其次，消费增长后劲不足。尽管目前消费增长形势较好，但从居民收入、住房和汽车两大消费热点来看，消费持续升温恐难持续。2008年前三季度，我国住房销售面积同比下降14.9%，汽车销售同比增长11.94%，增幅比2007年同期回落9个百分点。受居民收入实际增幅下降和股票市场低迷造成的“负”财富效应的影响，我国消费者信心指数和预期在降低。2008年前三季度，城镇居民人均可支配收入同比实际增长7.5%，农村居民人均现金收入同比实际增长11%，分别比2007年同期回落5.7和3.8个百分点。2008年第三季度，消费者信心指数为93.8，比2007年同期回落3.2个百分点；消费者预期指数为96.2，比2007年同期回落3.4个百分点。再次，投资增长有减速苗头。由于房地产市场面临调整，占城镇固定资产超过20%的房地产开发投资同比增速在2008年7、8、9、10连续四个月放缓，随着住房销售的持续下降，房地产投资会进一步减少。

4. 通胀警报解除，通缩风险显露

2008年下半年以来，我国物价形势持续好转。5月份以来，CPI同比涨幅进入下降通道。10月份，CPI同比上涨4.0%，涨幅比4月份下降4.5个百分点。从

反映CPI即期变化的环比变化率来看，5、6、7、8、9、10六个月CPI环比变化率分别为-0.4%、-0.2%、0.1%、-0.1%、0%和-0.3%，而2007年同期5、6、7、8、9、10六个月环比涨幅分别为0.3%、0.4%、0.9%、1.2%、0.3%和0.3%，这说明2008年5月份以来价格上涨的加速势头明显弱于2007年同期。根据2008年各月的环比变化率推算2009年的翘尾因素，除1月份为正外，2月份以后各月均为负。假设没有新涨价因素，仅由环比增速推算同比增速，那么2009年2月份我国CPI同比涨幅就会出现负增长。

在全球金融风暴中，国际大宗商品价格出现暴跌。国际原油价格由2008年7月中旬的历史最高价位每桶147美元持续大幅下挫，2008年11月20日已跌破每桶50美元。2008年10月份国际市场六种有色金属现货、期货价格分别比上月下降22.95%、26.32%，国际市场农产品现货、期货价格分别比上月下降13.45%、21.90%。随着国际大宗商品价格急剧下挫，国内钢材、煤炭等能源、原材料价格也快速回落。受此影响，9月、10月份工业品出厂价格涨幅也出现回落。8月、9月、10月份，PPI同比涨幅分别为10.1%、9.1%、6.6%；原材料、燃料、动力购进价格同比涨幅分别为15.3%、14%和11%。发端于2007年下半年的国内新一轮通货膨胀具有明显的国际传导色彩，国际大宗商品价格一路高涨给我国带来了输入型通胀压力。而2008年9月份以来国际原油、有色金属、农产品价格暴跌宣告国际输入性通胀压力解除。PPI与CPI的双双回落，预示着无论是生产环节还是最终消费环节，物价上涨的势头已经出现根本扭转，国内生产资料和农产品的价格“洪峰”已过，国内通胀压力明显减弱，通胀警报基本解除。考虑到当前经济增速放缓、需求减弱及国际大宗商品价格的回落，未来CPI与PPI走低的压力较大，2009年我国出现通货紧缩的风险在加大。

5. 商业银行不良资产风险上升，信贷紧缩的可能性加大

2009年商业银行面临来自两方面的不良资产风险：一是随着经济增长放缓，企业经营环境趋紧，盈利增长也开始下降，部分企业资产负债情况趋于恶化，财务风险显著加大，还贷能力和还贷意愿减弱，银行信用风险上升。2008年以来，中国经济增长的领头羊——珠三角和长三角，均出现中小企业大面积倒闭。而近期，浙江、广东等地又接连出现大企业和龙头企业倒闭事件。工业企业盈利增长在放缓。2008年1～8月份，全国规模以上工业企业实现利润同比增长19.4%，

比1～5月回落1.5个百分点，比2007年同期回落17.6个百分点。在全部39个工业行业中，税前利润率较2008年1～5月份下降的有20个行业，较2007年同期下降的有19个行业。

二是房地产行业面临调整，房地产业贷款风险显著上升。在2006～2007年房价高涨时，我国商业银行投向房地产业的贷款快速扩张。目前与房地产有关的贷款占商业银行贷款总额的比重已超过1/5[1]。如果房地产市场出现全面、持续的大幅下跌，则商业银行积累的房地产信贷风险将快速释放，商业银行在房地产抵押品价值、个人住房按揭贷款以及房地产开发贷款这三类资产上的损失相叠加，将给整个银行业带来沉重的打击。

商业银行放贷具有很强的顺周期性，即在经济增长提速、经济景气度较高时，商业银行倾向于积极放贷，而当经济增长增速减慢，经济景气度下降时，商业银行往往会出现"惜贷"倾向。2009年，商业银行信用风险在增大，多数已实现股份制和公开上市的银行将更为注重主动的风险控制，因此可能出现惜贷现象。在银行惜贷的同时，在经济基本面不乐观、金融动荡加剧的背景下，企业和居民的贷款需求也会萎缩。

全国银行家问卷调查显示，2008年第三季度贷款需求指数为67.4%，较第二季度出现明显回落。在银行惜贷和企业、居民贷款需求下降的双重作用下，2009年存在信贷紧缩的风险。

6. 国际短期资本流向可能转变，对国内金融稳定构成威胁

美元自2008年7月中旬以来开始由弱转强，反映美元走势的美元指数由2008年6月末的72.52持续攀升，截至2008年11月20日已上涨至87.93，累计升值幅度达21.25%。据笔者观察，当美元由弱转强时，往往意味着国际资本流向发生变化——开始由其他国家回流美国。2008年9月以来的全球金融风暴使得国际短期资本开始寻求"安全地"，纷纷撤出新兴市场国家。例如，韩国金融监督院调查数据显示，仅2008年7月份外国投资者就在韩国股市抛售了约61.1亿美元的股票和26.6亿美元的短期债权；俄罗斯中央银行数据显示，2008年第三季度俄罗斯资本净流出167亿美元。中国也面临着同样问题，由于国内经济增速在放缓，股票市场和房地产市场低迷，中国对于国际"热钱"的吸引力也在降低。金融风

[1]《下半年地产股是否值得投资》：长城证券地产研究小组，中国证券报，2008年8月1日。

暴席卷全球以来，一些陷入困境的美欧金融机构和投资基金开始着手出售在中国的资产，QFII 也遭遇整体净赎回。如果用新增外汇储备与新增贸易顺差和 FDI 之间的差值来简单估算国家短期资本（热钱）的流动规模，则“热钱”在 2007 年和 2008 年上半年流入规模较大，而 2008 年第三季度开始流出（见图 7）。种种迹象表明，国际短期资本由快速流入我国转为加速流出的可能性在加大。“热钱”大举撤出，可能影响到我国金融稳定。

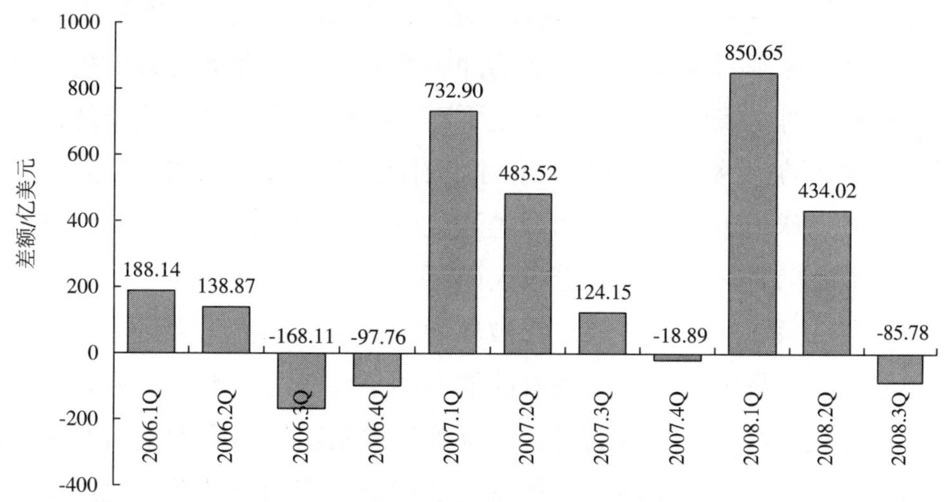

图7　各季度新增外汇储备与贸易顺差、FDI之差

四、吸取历史经验，努力实现“保增长、防风险”

1. 吸取应对亚洲金融危机的经验，及时调整金融调控方向

2009 年我国经济保持快速增长、金融保持平稳运行所面临的国际和国内困难较多，而通货膨胀压力较 2008 年明显减轻，甚至存在通货紧缩的可能。经济增长过快下滑和金融风险上升将成为金融调控面临的主要问题，金融调控的目标应由“保增长、控通胀”转变为“保增长、防通缩、控风险”。

在对抗经济增长减速和金融风险方面，我国有历史经验可资借鉴。受 1997 年亚洲金融危机的冲击，我国经济曾在 1998～2000 年出现通货紧缩和金融风险严重的复杂局面。具体体现为：外需萎缩，出口增速由 1997 年的 21%降为 1998 年的接近零增长；国内市场供求关系也发生转折性变化，大多数传统产品供过于求，国内有效需求不足；由于早几年形成的房地产泡沫破灭，商业银行不良贷款

问题突出，银行体系面临防范和化解金融风险的艰巨任务。

对比 1997 年亚洲金融危机后的中国和当前全球金融风暴袭击下的中国，从现象上看，两者非常相似。但也存在一些不同。首先，1997 年的亚洲金融危机只是区域性金融危机，而当前的全球金融风暴的深度和广度要大得多，有发展为全球性金融危机的可能。其次，当前的金融震荡发源地在美国，而 1997 年金融危机发源地只局限于亚洲新兴国家。而且当前的经济全球化程度要远远高于 1997 年，经济全球化造成的世界各国经济周期同步性也远远高于 1997 年。这就使得当前的全球金融风暴对世界实体经济的冲击要远远大于亚洲金融危机。再次，亚洲金融危机发生时，我国经济开放度还不高，除贸易方面受到波及外，资本方面由于有着牢固的防火墙，“热钱”并未对我国造成冲击。但 2001 年加入 WTO 后，我国迅速溶入全球化进程，经济和金融开放度有了很大提高，全球金融动荡中的国际短期资本流向变化对我国有着较大的影响。

总体来看，当前的全球金融风暴破坏力和对我国的冲击要远大于 1997 年的亚洲金融危机，但我国自身应对危机的能力和条件较当年要好。在金融层次主要体现为：一是我国有着 1.9 万亿美元巨额外汇储备，应对金融危机和调节国际收支失衡的能力较强。二是我国银行体系更加健康，多数商业银行已经实现股份制改造和上市，资本较为充足，不良资产较少。据银监会统计，截至 2008 年 6 月末，资本充足率达标的商业银行为 175 家，达标银行资产占商业银行总资产的比例为 84.2%。2008 年 9 月末境内商业银行不良贷款率仅为 5.49%。三是经过亚洲金融危机的洗礼，金融调控在应对危机和化解通缩、金融风险方面积累了一定的经验。

2. 货币政策将进一步宽松，为扩大内需创造条件

2008 年 11 月 5 日国务院总理温家宝主持召开国务院常务会议，提出“当前要实行积极的财政政策和适度宽松的货币政策，出台更加有力的扩大国内需求措施。”自此，货币政策的“从紧”转为“适度宽松”。为应对通货紧缩，进一步扩大内需，预计 2009 年央行还会继续加大货币政策的放松力度。一是支持扩大内需，增加货币供应和信贷投放；二是通过降息和下调存款准备金率等措施来保证银行体系流动性，充分供应和引导市场预期；三是充分发挥信贷政策的结构调整功能，通过窗口指导引导贷款投向，促进经济结构调整。

为扩大内需，2008 年 11 月 5 日国务院常务会议提出了到 2010 年年底向保障性安居工程建设、农村基础设施建设、铁路、公路和机场等重大基础设施建设等投资 4 万亿元的计划。在外资萎缩、民资不振的情况下，大规模的投资建设需要依靠财政和信贷资金的支持。为了配合政府投资，需要信贷投放加快增长。但需要看到，在国际经济金融形势风云突变、国内经济景气度大幅下降，企业经营状况日益艰难的情况下，银行体系的金融风险也在加大。金融调控要保增长，也要防风险，需要统筹考虑支持经济增长和防范金融风险的关系，要在放松银根的同时，加强金融监管，尤其是加强对资本项下的外汇监管和商业银行信贷风险的管控。

考虑到 2009 年经济增速将延续回落态势，CPI 涨幅也将低于 2008 年，结合货币流通速度因素，预计 2009 年 M2 同比增速将达 15%～16%，据此进一步推算人民币贷款全年为 3.6 万亿元左右。

3. 信贷政策继续坚持“有保有压”，达到“调结构、促转型”目的

为“保增长”信贷政策要逐步放松直至取消对商业银行信贷投放的总量控制，同时要坚持总量微调与结构优化相结合的原则，贯彻落实“区别对待、有保有压”的方针，达到促进产业结构升级、经济结构调整和经济增长方式转型的目的。具体而言，要继续限制对高耗能、高排放和产能过剩行业劣质企业的贷款；贯彻落实党的十七届三中全会精神，加大对“三农”的信贷支持；保证汶川地震灾后恢复重建的贷款需求；保证中小企业、服务业、自主创新、节能环保等的信贷支持力度；保证对居民购买用于自住的普通商品住宅和经济适用房的信贷支持力度，适度发展个人消费信贷业务；积极配合财政政策，加大对基础设施的贷款力度，保证国债项目的贷款需求。

4. 从减轻企业财务负担、稳定房地产市场角度考虑，应继续降息

降息可以降低企业的融资成本，提高企业的投资能力和生产积极性，帮助企业走出经营困境，刺激投资和消费需求。此外，降息对减轻购房贷款人的利息负担，对维护房地产市场信心和稳定也有一定作用。2009 年我国具备降息的时机和条件。为防止金融危机失控，刺激经济增长，2009 年世界主要国家仍将集体处于“降息”周期。而我国国内通胀压力明显减弱也为降息释放出空间。

5. 准备金率下调和公开市场操作相结合，保证银行体系流动性平稳

最近两年我国法定存款准备金率频繁上调，主要是为应对外汇占款的过快增长，在外汇占款造成银行间流动性过多的情况下，通过上调存款准备金率来控制

和吸纳过多的流动性。除准备金工具外，发行央行票据等公开市场操作也是对冲外汇占款的有效手段。2008年6月以来，外汇储备和外汇占款过快增长的势头已经开始改变，热钱有撤离中国的苗头。在全球金融风暴的冲击下，2009年我国出口将面临困境，外资流入减少，贸易顺差和FDI增长也将放缓。2009年国际收支“双顺差”规模的下降将促使外汇占款增长继续放缓。随着外汇占款带来的流动性投放减少，我国公开市场操作压力将减轻，保持高水平存款准备金的必要性也将不存在。届时可继续减少央行票据的发行规模，甚至择机停止央票发行。为保证银行体系流动性平稳，还需要进一步下调法定存款准备金率。另外，保持过高水平的存款准备金，不利于商业银行放贷，从放松信贷的角度出发也应下调存款准备金率。

6. 放慢人民币升值步伐

美元走势是影响人民币汇率走势的关键因素。作为人民币汇率所参考的一篮子货币中最重要的组成部分，美元和人民币汇率之间存在着相关的变化趋势。当美元走软时，人民币面临对美元加快升值的要求；美元走强时，人民币对美元升值步伐将相应放慢，甚至转向贬值。2008年7月中旬以来，美元出现弱转强，走出一波快速升值的行情。这一方面是由于在次贷危机引起的全球金融风暴中，美元逐渐成为国际资本的“安全港”，大量资金开始逃向美元资产。另一方面也是由于美国也需要强势美元。随着2001年以来美元持续走贬，美元金融霸权的地位已经开始有所动摇，美元继续贬值也不利于美国政府发行国债来拯救金融体系和金融市场。从目前的全球金融风暴的发展态势来看，从美国解决金融危机和经济衰退的需求来看，世界还离不开美元，美国更离不开美元。在全球金融市场风险显著降低的背景下，美元作为较安全的金融资产可能仍将成为资金追逐的对象。2009年美元出现持续走强的可能性较大。

在美元走强的同时，为避免人民币对欧元等非美货币出现大幅升值，应放慢人民币对美元升值的步伐。此外，考虑到保中国实体经济增长，防范热钱撤离中国加大金融风险的需要，人民币对美元的升值步伐不应再加快。预计2009年人民币对美元升值步伐将较前期明显放慢，人民币对美元甚至会出现阶段性贬值，2009年全年人民币对美元升值幅度将在1%～2%之间。

（作者：李若愚）

2008年消费形势分析及2009年趋势展望

2008年以来，由于受到美国次贷危机不断加剧和国内特大自然灾害的影响，我国经济增长明显放慢，2008年前三季度GDP增长9.9%，同比下降2.3个百分点。但是，在国家收入分配向居民倾斜和积极扩大消费的政策引导下，消费品零售额呈现逐季加快的良好增势，消费需求对经济增长的贡献有所增强，消费成为经济平稳较快增长的重要支柱。展望2009年，受世界经济轻微衰退、国内经济周期性调整以及2007年居民实际收入增速减慢等因素的影响，消费需求名义增速和实际增速均将有所回落，但消费增速仍将高于最近五年的平均值，消费需求依然是推动经济平稳较快增长最重要的因素。

一、2008年1～9月份消费需求呈现“三高两低”的特征

2008年前三季度，我国经济经历了本轮增长周期以来最大幅度的调整，在GDP、工业生产、企业实现利润和财政收入等多项指标增速减缓的情况下，消费需求增势强劲，居民消费快速增长成为经济运行中的一大亮点。但是，消费领域也存在汽车和住房等重量级消费增速大幅减缓，消费者信心受到宏观层面和收入层面不明朗预期的影响逐季下降等问题。总体看，2008年1～9月份我国消费需求呈现“三高两低”的运行特征。

1. 消费品零售额名义增长和实际增长皆创十余年的新高

2008年以来消费品零售额增长势头表明，目前处于我国实施扩大内需方针以来消费增长最快的时期，在经济减速的大环境下，居民商品消费逆势而行，消费品零售额增速逐季加快。2008年第一季度消费品零售额增长21.5%，2008年第二季度增长22.2%，2008年第三季度增长23.2%。2008年1～9月份累计实现社会消费品零售总额77886亿元，名义增长22.0%，增幅比上半年加快0.6个百分点，比2007年同期提高6.1个百分点，创下1996年以来消费品零售额名义增长的新高（见图1）。2003～2007年经济高速增长和城乡居民收入持续增加，为2008年消费快速增长创造了良好条件。

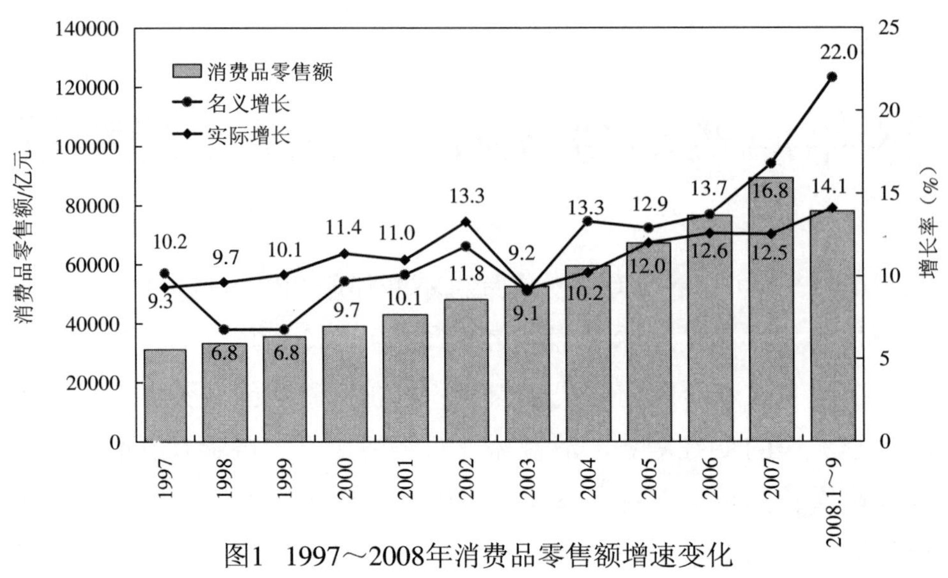

图1 1997～2008年消费品零售额增速变化

1988、1994和1995年我国也曾出现过消费品零售额30%左右的高增长，但由于当时物价水平较高，因而消费实际增幅并不高。2008年在全球通胀加剧的不利条件下，中国政府及时、有效地对价格进行了调控，目前物价水平已连续5个月出现回落，2008年5～9月份商品零售物价上涨6.9%，比2008年1～4月份回落0.6个百分点。商品零售物价涨幅减小，提升了消费实际增长水平。2008年1～9月份消费品零售额名义增长22%，扣除物价因素，实际增长14.1%，比2007年同期提高1.8个百分点，创造了1994年以来消费实际增长的最高水平。

2. 消费需求对经济增长的贡献稳步提高

继2007年我国消费对经济增长贡献率7年来首次超过投资后，2008年三大需求增长关系继续得以改善。从增速看，2008年1～9月份全社会固定资产投资名义增长27%，扣除价格因素，实际增长15.1%，增幅同比减慢6.5个百分点；2008年1～9月份消费品零售额实际增长14.1%，增幅同比加快1.8个百分点，消费和投资实际增速仅仅相差1个百分点，两者增长的协调性明显增强。从贡献率看，2008年在出口需求对经济增长负贡献和投资实际增长明显减慢的情况下，消费需求实际增长稳步上升，促使消费对经济增长的贡献不断增强。初步测算，2008年1～3季度消费对经济增长的贡献率为53.3%，比上半年提高0.7个百分点，拉动前三季度GDP增长5.2个百分点。本轮经济增长周期以来，经济增长由过度依靠投资和出口拉动开始向主要依靠消费拉动转变，这符合我国宏观调控方向和长期发展战略目标的要求。

3. 餐饮、旅游等服务消费增速攀高

随着2007年我国人均GDP达到2500美元，居民服务消费增速明显加快，对总消费的贡献不断增大。2008年1～9月份住宿和餐饮业零售额达到11055亿元，增长24.8%，同比大幅加快6.6个百分点，比批发和零售业增速高2.8个百分点。特别是2008年“十一”黄金周期间，各地餐饮市场持续火爆，消费规模强劲增长。北京、天津、西安和南京餐饮业营业收入分别增长53.6%、28%、30%和28%。2008年1～9月份，全国住宿和餐饮业零售额占消费品零售额的比重为14.2%，同比提高0.4个百分点，对消费品零售额的贡献率为15.6%，拉动消费品零售额增长3.4个百分点，拉动作用高于2007年同期0.92个百分点。旅游消费也呈现较快增长。2008年“十一”期间，全国接待游客1829.1万人次，同比增长13.2%，门票收入同比增长16.4%，明显高于2007年同期。“十一”黄金周奥运后效应多点释放，北京、天津、上海、青岛、秦皇岛等主、协办城市假日旅游全面升温，推动了旅游消费的快速增长。

4. 汽车和住房等消费升级产品销售额大幅降低

我国消费增速由2000年的不足10%提高到目前的20%以上，与最近五年汽车和住房等消费热点快速增长密切相关。但是，2008年以来，受到国际油价大幅波动、国内成品油价格连续上调、燃油税呼声越来越高、汽车消费税提高以及“单双号”用车限制等因素的影响，2008年汽车消费增长明显回落。中国汽车工业协会统计显示，2008年前三季度，占国产汽车七成以上的乘用车销量增长11.4%，增幅比上半年回落5.7个百分点，同比回落12.5个百分点。其中8月份乘用车销量同比下降5.4%，环比下降6.1%，这是2008年以来连续第5个月环比下滑，更是4年来国内车市首次出现同比下滑。

美、欧房地产市场大幅调整、国内房价前期涨幅过高也引发了国内商品房销售步入调整，许多地区商品房市场呈现“价量齐跌”的特征。2000～2007年我国商品房销售额年均增长35.3%，商品房销售面积年均增长26.7%，而2008年伊始，商品房销售额和销售面积便呈现负增长，2008年前8个月累计增幅分别下降12.7%和14.7%，住房消费处于2000年以来最为低迷的时期。

汽车和住房是城市居民第三次消费结构升级的引领产品，也是我国重化工发展阶段国民经济的支柱产业，其销售额的大幅减少，不仅会下拉消费需求的持续增长，也会对整体经济平稳运行产生负面影响。

5. 2008 年消费者信心指数连续三个季度走低

消费者对经济前景、收入预期、物价水平和未来支出等方面的判断是影响消费者信心指数高低的重要因素，2008 年国内外经济环境不景气、物价水平攀高、股市低迷、居民实际收入增幅减缓对消费者信心的打击较大，前三季度消费者信心指数呈现逐季回落的走势。2008 年第一季度消费者信心指数为 94.8，比 2007 年四季度回落 1.7，2008 年第二季度为 94.1，比上季度回落 0.7，2008 年第三季度为 93.8，比上季度回落 0.3，2005 年以来首次出现消费者信心指数连续三个季度下滑（见图 2）。图 2 表明，消费者信心指数高低与经济增长速度、居民收入实际增长呈现高度的相关性。2005～2007 年随着我国经济增速不断提高和城市居民收入增长不断加快，消费者信心指数持续升高，在 2007 年第三季度达到 97 的最高点。之后，随着紧缩性调控政策出台，经济开始降温，城镇居民收入由于物价涨幅较高实际增速出现下降，消费者信心指数也呈现同步走低的态势。2008 年前三季度随着经济增长降为 9.9%，城镇居民收入实际增长降为 7.5%，消费者信心指数也下降为 93.8，三类指标均呈现 2005 年以来的最低水平。

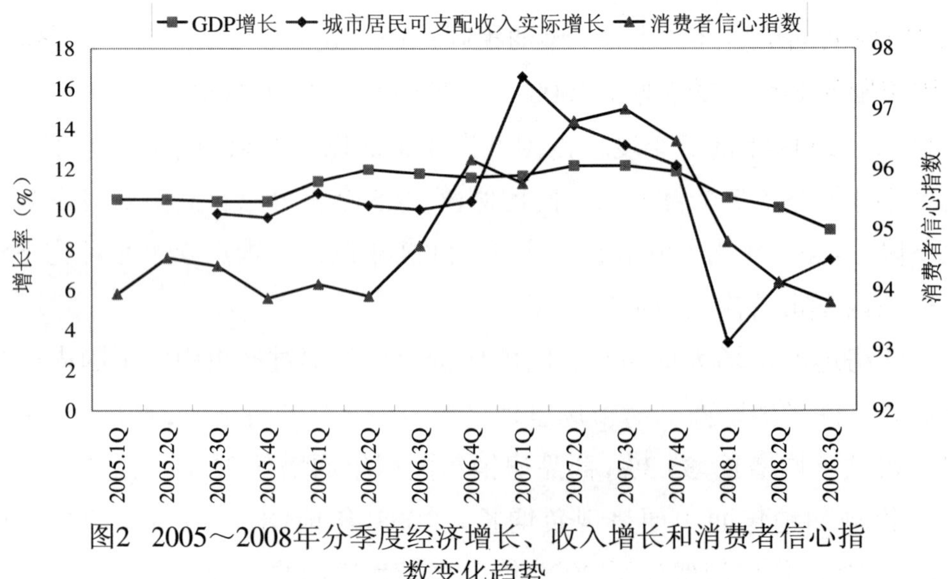

图2　2005～2008年分季度经济增长、收入增长和消费者信心指数变化趋势

6. 2008 年消费市场实现 20%以上的较快增长

2008 年 1～9 月份消费需求总体增势较好，物价涨幅逐月回落、国家对农民增收保护政策力度加大、近日国家和地方政府连续出台减轻购房者负担的调整措施，这些对消费持续活跃有一定促进作用。但消费增长中存在的隐忧不容忽视，国内外经济增长前景不乐观、城乡居民收入实际增幅减慢、汽车和住房消费增势疲软、消费者信心低迷均会对今后几个月消费增长产生抑制影响。总体判断，2008 年第四季度消费增幅将略低于前三季度，但消费较快增长的趋势在年内不会改变，2008 年将是本轮周期中消费增长的最高峰值。初步预计，2008 年将实现社会消费品零售额 108658 亿元，同比增长 21.8%，扣除物价因素，实际增长 14.7%，增幅高于 2007 年 2.2 个百分点。分城乡看，城市消费品零售额将达到 73942 亿元，增长 22.4%，县及县以下为 34715 亿元，增长 20.9%，城乡消费增长差距比 1～9 月份缩小 0.4 个百分点。

二、实证分析表明：消费需求快速增长不具备持续性

消费需求是社会再生产的终点和新的起点，它与经济发展、投资增长和工业生产呈现互为推动、互为制约的紧密联系。受国内外多种因素的影响，2007 年第三季度以来我国 GDP 增速逐季减缓，投资实际增长不断下降，工业增加值速度更是大幅回落。虽然当前的数据表明，消费需求增速在持续加快，但从经济内在规律和我国历次经济周期变化看，消费和生产有较强的滞后联动关系，消费需求不可能脱离经济走势变化长期快速增长，经济增长回落必然会导致消费的降温或减速。

1. GDP 减速和消费降温的滞后期大约为 1 年左右

从上世纪 80 年代两次周期和 90 年代上半期我国经济发展历程看，当经济增长进入收缩期后，经过一个滞后期，消费增长也将随之出现回落（见图 3）。

第一次：我国经济在 1984 年达到 15.2%的高峰后，1985 年开始回落，但消费品零售额在 1985 年继续增长，并达到顶峰，1986 年出现回落，当年消费品零售额增长由 1985 年 27.5%的高增长回落为 1986 年、1987 年的 15%和 17.6%，下降 10 个百分点。

第二次：1987～1988 年经济增长达到 11.3%的高点后开始回落，消费品零售

额在 1989～1990 年出现回落，增速由 1988 年的 27.8%降低为 1989 年、1990 年 8.9%和 2.5%，下降 18～25 个百分点。

第三次：1992～1993 年经济增长达到 14.2%的高增长后，1994 年出现回落，消费品零售额在 1995 年出现回落，增幅由 1993～1994 年 30%左右的高增长，回落为 1996 年的 20.1%，再度下降 10 个百分点。

实证分析表明，我国经济增长和消费增长有较为明显的滞后关系，即经济增长出现减慢，经过大约一年左右的时间，消费增速必然出现回落。从 2007 年第四季度算起，目前我国经济增长已持续回落近一年时间，初步判断，当前消费持续快速增长的趋势在 2009 年将有所放慢。

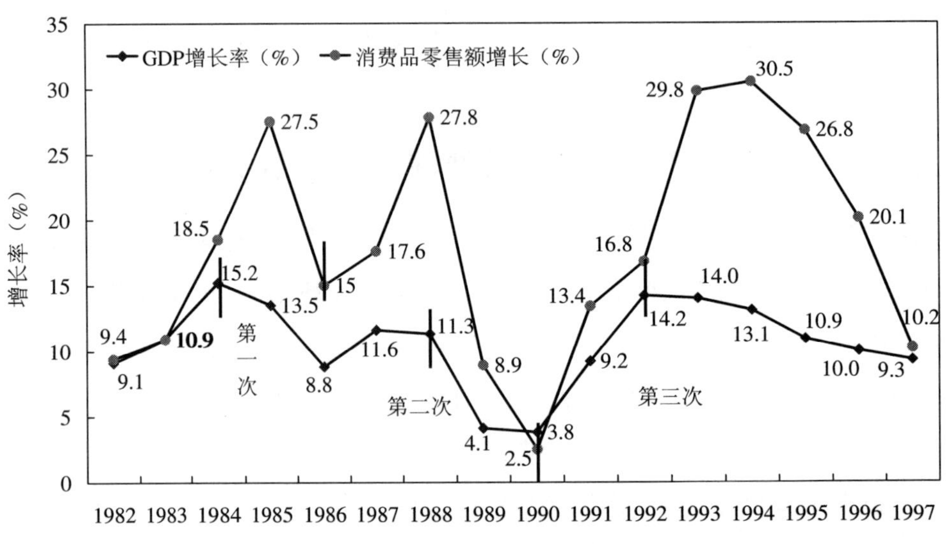

图3 1982～1997年消费品零售额和经济增长相关变化分析

2. 工业增速放缓和消费回落的滞后期大约为 4～6 个月

服务消费增长慢、三产比重低决定了我国居民消费中商品实物消费仍占较大比重，在此前提下，工业产出增长快慢，直接影响到消费需求的大小，特别是消费品零售额的增速与工业增加值的增长有较强的关联性。对 1987～2007 年工业增加值和消费品零售额月度增长率变化的相关性分析表明，无论是经济扩张期还是经济收缩期，消费品零售额的涨跌变化均滞后于工业增加值升降变化 4～6 个月左右的时间。

1987～1988 年是我国经济增长的高峰，1988 年年底至 1989 年国家采取了治理整顿的措施，经济从高涨转入调整时期。1988 年年底和 1989 年 1～2 月份工业增速迅速下降，增速由 20%以上降为不足 10%，但消费仍保持 17%～20%的较快增长。在工业降温 4 个多月以后，即 1989 年 5 月份以后消费增速才出现明显下降(见图 4)。

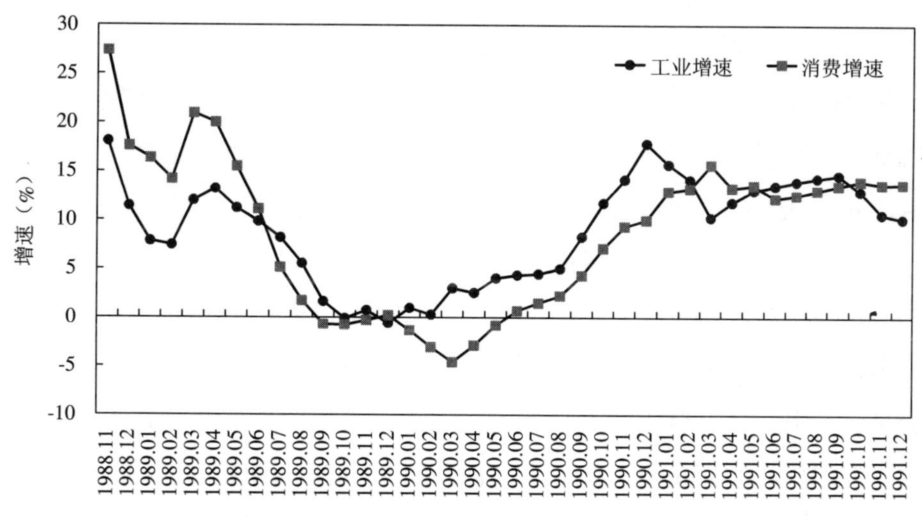

图4 经济收缩期（1988年11月～1991年12月)工业和消费走势变化

在 1997～2000 年的经济调整期，工业生产继续先于消费需求进行调整。受多种因素的影响，1997 年 6 月我国工业生产由上半年 14%以上的增速降低为 12%左右，但是在此之后的半年时间内，消费增速并未明显减慢，而是继续保持 11%～13%的较快增长，直到 1998 年 1 月份，消费品零售额增速才出现大幅减缓的态势，增幅由 11%～13%降低为 7%～8%，此后一直保持不足 10%的增长。直到 2002 年本轮经济周期启动后，在工业生产连续两年保持 15%～17%的较快增长之后，2003 年 11 月消费品零售额才重新回归两位数的增速。

上述分析说明，在经济收缩期工业生产的减缓先于消费增幅的下降，滞后期大约为 4～6 个月，而在经济扩张期，工业增速提高后，往往需要更长的滞后期，才能带动消费的回升。2008 年以来，我国工业生产先后受到多重自然灾害、原材料和能源价格大幅上涨、出口需求减少、汽车和房地产业不景气以及“平安奥运”等因素的影响，下半年工业增速逐月回落，1～9 月份，全国规模以上工业增加值同比增长 15.2%，比 2007 年同期回落 3.3 个百分点，比上半年回落 1.1 个百分点。

与此同时，消费品零售额增速则逐月攀升，消费和工业的背离走势与前几次经济周期波动惊人的相似。如果经济按照固有规律运行，预计随着工业增速的减缓，经过4～6个月的滞后期，即2009年上半年前后，消费品零售额增速出现减缓的可能性很大。该结论与经济增长和消费相关性分析的预测是基本吻合的。

3. 城乡居民实际收入增幅下降将使人均消费支出减少3%～5%

2008年以来，受物价水平涨幅较高的影响，城乡居民收入实际增长明显下滑，给消费持续增长蒙上了一层阴影。1～9月份城市居民人均可支配收入实际增长7.5%，同比下降5.7个百分点，农民人均现金收入实际增长11%，同比降低3.8个百分点。消费是收入的函数，收入减少会对消费有怎样的影响呢？

对2000～2007年城、乡居民人均收入水平和人均消费支出进行数量回归分析，得到如下结论：城市居民人均可支配收入和人均消费支出的相关系数为0.8491，即城市居民人均可支配收入每增加1%，可以带动城镇居民人均消费支出增加0.85%；农民人均纯收入和人均消费支出的相关系数为0.7423，即农民人均纯收入每增加1%，可以带动农民人均消费支出增加0.74%。粗略计算，2008年1～9月份，城市居民人均可支配收入实际增长同比下降5.7个百分点，将会使城市居民人均消费支出总量减少4.8%，农民人均现金收入同比降低3.8个百分点，将会使农民人均消费支出总量减少2.8%。2008年以来，我国居民收入实际增幅不断减慢，对未来一个时期消费支出减少的直接影响是不容忽视的。

实证分析表明，按照历次经济周期的变化规律，2008年我国GDP增速和工业增速明显放慢，对2009年消费继续快速增长构成较大压力，经过一个滞后期，2009年消费增速出现下滑的概率很大。此外，居民实际收入增长减慢，也将直接导致消费支出的减少，不利于消费需求的扩大。2008年有可能是本轮经济周期中消费增长的高峰，进入2009年消费需求将步入调整和减速阶段，因此目前消费快速增长不具备持续性。

三、2009年消费需求将呈现稳中有落的走势

2004～2008年我国消费品零售额实现了年均15.6%的较快增长，城乡居民消费需求同步快速增长，广大居民更多地分享到经济高速发展的成果。2009年受世界经济轻微衰退和国内经济周期性调整的双重影响，消费将出现调整走势，增速比2008年有所下降在所难免。但是，在国家扩大消费政策扶持下，消费需求不

会大幅下滑，稳中有落将是其主要走势特征。2009 年消费需求增势减慢主要受到以下因素的影响：

1. 国内外总体经济增长减速不利于消费增长

2008 年前三季度我国经济增长 9.9%，预计全年增长 10%左右。2009 年由于次贷危机影响尚未见底，世界经济复苏艰难，世界经济增长率和贸易增长率将低于 2008 年，因而将导致我国外需进一步减弱，而国内经济周期性调整压力也在增大，预计 2009 年经济增长 9%左右，比 2008 年回落 1 个百分点。经济增长进一步放缓，将使 2009 年就业更加困难，企业盈利再度减少，居民工资收入和预期收入更加不乐观，消费增长将趋于缓慢。

2. GDP 和工业增速放缓引发的消费需求降温将在 2009 年凸现

实证分析表明，在经历了经济增长减慢和工业生产大幅回调后，经过一至半年的滞后期，消费增速将出现回落，这在以往多次经济周期变动中已得到印证，因此 2009 年消费需求增速减慢，符合经济内在运行规律，也是经济发展过程中不可避免的调整。

3. 收入增长明显放慢，将导致未来一段时间购买力下降

2008 年 1～9 月份，我国城镇居民人均可支配收入实际增长比 2007 年同期回落了 5.7 个百分点，农村居民人均现金收入实际增长回落了 3.8 个百分点，收入增幅减慢对消费支出减少的实证分析在 2009 年将有所表现。受全球金融市场拖累，中国股市难以摆脱震荡下行走势，股指大幅下降和房价回落将造成居民财产进一步缩水。居民工资收入和投资收入增长放缓将严重影响未来的购买力水平，耐用消费品更新换代有可能明显减慢。

4. 汽车和住房消费短期难以摆脱低迷，消费快速增长缺乏支撑

2008 年 1～9 月份，我国商品房销售呈现负增长。从目前看，房地产市场的调整远未结束，虽然国家出台了多项减少购房者支出负担的政策，支持住房消费，但是，商品房价格大大高于居民收入水平的问题并未解决，房价继续保持高位。2008 年 1～9 月份，70 个大中城市的商品房销售价格仍上涨 8.5%，过高的房价不真正降下来，住房市场难以活跃，对家装、家具和耐用消费品的连带影响也是巨大的。2009 年汽车市场的消费也没有乐观回升的迹象。汽车和住房属于重量级消费品，且拉动相关消费的作用较大，销售增势减缓，对于整体消费需求的负面影

响较大。

但是，2009年消费增长也存在有利条件。

一是物价回落有利于消费增加。目前CPI和PPI涨幅均开始回落，为2009年物价涨幅低于2008年创造了良好基础，预计2009年居民消费价格上涨4%，低于2008年2个百分点。物价水平降低有利于恢复消费者的信心，也将吸引低收入群体和部分消费品消费需求的扩大。

二是国家近日出台的减轻购房者负担的组合系列政策，会在一定程度上改善房地产交易的冷清局面。这些政策包括：从2008年11月1日起，对个人首次购买90㎡及以下普通住房的，契税税率暂统一下调到1%，对个人销售或购买住房暂免征收印花税；对个人销售住房暂免征收土地增值税，公积金贷款利率下调0.27个百分点。减少居民购房中间环节的支出费用，对扩大部分住房消费有一定作用。

三是国家发改委出台一揽子强农惠农政策有利于农民增加收入、扩大消费。面对国际粮价回落和农民收入实际增幅减慢的实际情况，国家进一步加大了强农惠农政策力度。主要包括：较大幅度提高2009年生产的粮食最低收购价格，2009年将统筹考虑化肥等农资价格和粮食价格的变动情况，进一步增加农资综合直补。提高良种补贴标准，扩大补贴范围等等。在农业连续5年丰收的大好形势下，国家继续提高农副产品收购价，对于增加农民收入、扭转前三季度农民实际收入增幅减缓的态势有积极作用，也将促进农民消费。

综合考虑上述因素，初步预计，2009年将实现社会消费品零售额127130亿元，名义增长17%，比2007年回落4.8个百分点，扣除物价因素，实际增长13%，比2007年回落1.7个百分点。城乡消费品零售额分别增长17.5%和16%。虽然2009年消费增速比2008年有所回落，但消费名义增长仍高于2004～2008年平均增幅1.4个百分点，实际增长高于2004～2008年平均增幅0.3个百分点，消费需求依旧处于平稳较快增长区间，对经济增长发挥着至关重要的拉动作用。

四、扩大消费的政策建议

受国内外经济环境日趋严峻、经济内在运行规律和消费自身结构变化的影响，2009年消费增幅呈现回落走势不容置疑。建议国家出台相关政策继续促进和支持扩大消费，以减缓消费需求的下滑幅度，缩短消费需求的调整周期，培养新的消费热点，尽可能减小消费降温对经济的不良影响。

1. 继续调整收入分配格局，确保国民收入更多地向居民倾斜

2008 年前三季度我国城乡居民收入实际增幅有所下降，2009 年国民经济面临着增速继续放慢、企业利润下降和财政收入减收的不利形势，但越是在经济不景气阶段，越不能在国民收入分配中牺牲居民的利益，换取经济增长的投资。2009 年要继续下大力气调整国民收入的分配格局，建立职工工资正常增长机制和支付保障机制，确保国民收入更多地向居民倾斜，通过增加居民收入、提高低收入补贴等措施，扭转 2008 年居民收入实际增幅下降的局面，增强消费者信心，为支持消费持续增长创造条件。

2. 压缩房地产泡沫，让房价真正降下来

本次房地产市场调整最根本的原因是房价涨幅过高，最近政府出台了一系列降低购房者支出成本的政策措施，这些政策减少了商品房买卖交易环节的费用支出，但并没有真正降低房价，在保护购房者利益、促使市场活跃的同时，也默认了开发商的高房价和暴利。一旦开发商渡过危机，可以继续吹大房地产投资和价格的泡沫。如果泡沫破裂，我国经济运行不仅会重蹈日本 20 世纪 80 年代房地产泡沫破裂带来的实体经济危机，也会重现美国本次房地产泡沫破裂带来的一系列金融和信用危机。要使房地产市场真正健康、活跃发展，必须切实降低房价。降低房价应从以下两方面入手：

一是对房地产业的融资、信贷政策不能放松。从房地产资金运行周期看，2008 年第四季度是许多房地产商能否继续支撑高房价的底线，随着调控时间的延长，资金链严重断裂，为求生存开发商必然会压缩利润，降低过高的价格。二是大幅增加保障性住房、经济适用房和廉租房的建设，增加住房供给，用低价房分流住房需求。此外，应加快农村土地流转的推进，多层面增加土地供应，降低土地成本，降低新建住房的造价。高价房长期无人问津，价格自然会降下来。只有当房价回归到理性水平，房地产业告别了暴利时代，充满诱惑的房地产企业才会重新整合、洗牌，才会在优胜劣汰中提高行业的竞争力，形成健康持续发展的局面。

3. 从增加建设投资、提升服务水平和规范统计等方面入手，大力推动服务消费

随着国家经济发展水平和人均 GDP 水平的不断提高，服务消费大小逐渐成为产业结构升级和工业化发展程度的重要标志，因此，我国扩大消费不仅要关注商品消费，更要增加服务消费。促进服务消费增加应采取三方面的措施：一是国

家应加大第三产业和服务业基础设施的投资力度，并引导社会投资加大对公共服务领域的投入力度，大幅度降低服务性消费成本，如降低旅游景点门票费，降低甚至取消部分高速公路收费，降低停车场收费标准等等。二是引进国外先进的金融交易、高科技信息和物流配送等管理经验和模式，提高服务消费的服务意识和服务水平，鼓励和吸引居民扩大服务消费。三是建立门类齐全、数据可靠和覆盖面广的服务消费统计体系，定期向全社会提供服务消费的真实增长情况，改变目前服务消费估算偏低的情况，以准确把握消费总量增长趋势和消费对经济增长的贡献率。

4. 加快医疗、教育制度再改革，进一步减轻居民消费的后顾之忧

住房、医疗、教育和养老等制度改革曾是影响居民消费增长的重大障碍，目前住房制度和社保养老制度商业化和制度化推进较快，老百姓的担忧减少，但是，看病难、看病贵和教育高收费的问题尚未解决，依然成为扩大一部分人消费的桎梏。建议酝酿两年之久的“医改方案”尽快出台，力争实现城镇职工基本医疗保险、城镇居民基本医疗保险和新型农村合作医疗参保率达到90%以上，合理确定基本药物的价格，减轻群众医药费负担。同时，要进一步整顿和改变教育不合理收费的问题，重新思考教育产业化的问题。

5. 增加“家电下乡”的品种和试点省份，为扩大农民消费多做实事

农民消费增长的快慢直接关系到未来一个时期我国消费增长的潜力和持续性，目前我国农村每年有近 3 万亿元的消费品市场，但如此庞大的市场却十分分散，由此产生大市场与小流通不相适应的格局，也成为农村消费占全社会消费总量比重不高的原因之一。因此，扩大农民消费一方面要增加农民收入，另一方面要通过各种渠道拓展农村消费市场，大力发展现代流通方式，方便农民购物，引导农民消费。2008 年上半年商务部推出了“家电下乡”的促销和补贴措施，从目前看，效果很好，对引导农民消费结构升级和挖掘消费潜力起到了积极作用。2009 年应进一步增加“家电下乡”的品种和试点省份，继续落实农民购买商品的补贴资金。中央和地方财政对销往农村的商品进行补贴或低价销售，充分体现了工业反哺农业的发展思路，也是我国总体上进入以工促农、以城带乡的发展阶段必要的政策选择，应长期坚持下去。

（作者：祁京梅）

2008年我国地区经济发展基本态势及2009年发展趋势

一、自2008年以来我国地区经济发展的基本态势

1. 东部、中部、西部、东北四大区域经济增速不同程度下降，东部地区下降尤为明显

进入“十一五”后，我国东部、中部、西部、东北四大区域经济保持快速增长的势头。但由于受国际金融危机的影响，2008年以来四大区域的经济增速均明显下降。以2008年1～9月份的国内生产总值增速与2007年全年相比，东部、中部、西部与东北地区分别下降了2.6、1.0、1.9和0.2个百分点。从四大区域对比分析来看，外向度较高的东部地区下降尤为明显，分别超过中部、西部和东北地区1.6、0.7和2.4个百分点（见表1）。这些数据表明，国际金融危机对我国区域经济的影响，自2008年以来表现较为明显，特别是对东部地区的负面影响更为显著，但其他地区也不同程度受到影响。值得注意的是，2008年下半年以来，东部、中部和东北地区经济增速继续保持减缓趋势，但西部地区增速不降反升，这说明国际金融危机对我国地区经济的影响存在区域差异性和时滞性。

表1　2006年以来我国四大区域国内生产总值增长速度

（单位：%）

区域	2006年		2007年		2008年	
	1～6月份	全年	1～6月份	全年	1～6月份	1～9月份
东部地区	14.2	14.2	14.2	14.2	12.3	11.6
中部地区	12.7	13.0	13.9	14.2	13.3	13.2
西部地区	13.0	13.3	14.3	14.5	12.4	12.6
东北地区	12.2	13.5	14.3	14.0	14.0	13.8

注：数据来源于《中国统计年鉴2008》及《国家统计局经济监测月度统计公报》。

2. 东部、中部、西部、东北四大区域进出口保持稳定增长，但东部和东北地区出口增速下降较快

2007 年以来，全国各省份出口出现不同程度下降，进口则仍然保持较快增长（见表 2）。由于受国际金融危机、人民币升值速度加快等多种因素的影响，许多省区的出口增速明显下降。2008 年 1～9 月份，东部、中部、西部和东北地区出口总额同比分别增长 20.5%、43.7%、47.9%和 19.3%，与 2007 年相比，东部与东北地区下降较为明显，而中西部地区出口增速保持较高水平（见图 1）。但东部地区出口总额占全国的 84%，对我国对外贸易的影响较大。值得注意的是，2008 年 1～9 月份与 2007 年同期相比，出口总额增速下降较为明显的地区主要集中在我国西北地区、东部的广东和北京、东北的黑龙江，而上升较为明显的地区主要集中在中部地区和西南地区。传统出口行业的大幅下滑，直接影响到东部地区经济增长。如广东省上半年工业品出口增长 12.9%，增幅同比回落 4.3 个百分点，拉低工业总产值增幅 1.7 个百分点。浙江上半年规模以上工业出口交货值增长 12.4%，增幅同比回落 11.5 个百分点，对销售产值的增长贡献率由 2007 年同期的 25.4%下降到 16.7%。

表 2 全国 31 个省（市、自治区）出口、进口总额增速比较

（单位：%）

省份	出口		进口	
	2007 年 1～9 月份	2008 年 1～9 月份	2007 年 1～9 月份	2008 年 1～9 月份
北京	31.50	22.4	12.0	66.5
天津	18.9	14.0	7.2	23.8
河北	35.3	51.4	35.7	98.7
山西	61.0	62.4	123.3	12.7
内蒙古	34.0	30.1	22.2	26.20
辽宁	29.4	23.5	18.10	37.4
吉林	30.5	27.6	21.6	46.3
黑龙江	50.5	5.2	13.9	28.4
上海	25.9	23.0	22.2	18.1
江苏	28.4	23.4	18.5	15.1
浙江	29.2	24.3	29.5	29.4
安徽	26.5	37.6	30.2	32.9

（续）

省份	出口		进口	
	2007年1～9月份	2008年1～9月份	2007年1～9月份	2008年1～9月份
福建	21.5	20.2	11.3	25.3
江西	48.3	44.7	78.4	52.0
山东	27.1	30.3	25.2	49.1
河南	27.5	34.8	40.3	63.3
湖北	31.9	51.6	14.4	45.8
湖南	36.5	34.5	47.6	34.4
广东	24.20	13.5	17.7	13.0
广西	39.80	63.0	25.6	65.2
海南	-5.80	20.7	35.6	52.4
重庆	31.40	38.6	26.8	41.8
四川	29.50	53.5	26.9	61.5
贵州	31.6	52.2	38.9	124.6
云南	37.3	18.2	26.8	38.8
西藏	49.8	27.2	-25.7	9.3
陕西	32.5	21.1	35.2	27.8
甘肃	15.8	2.2	99.4	25.3
青海	-20.1	14.0	124.3	2.9
宁夏	13.3	31.5	-1.5	43.1
新疆	51.8	81.9	0.7	59.1

注：数据来源：《中国统计年鉴2008》及《国家统计局经济监测月度统计公报》。

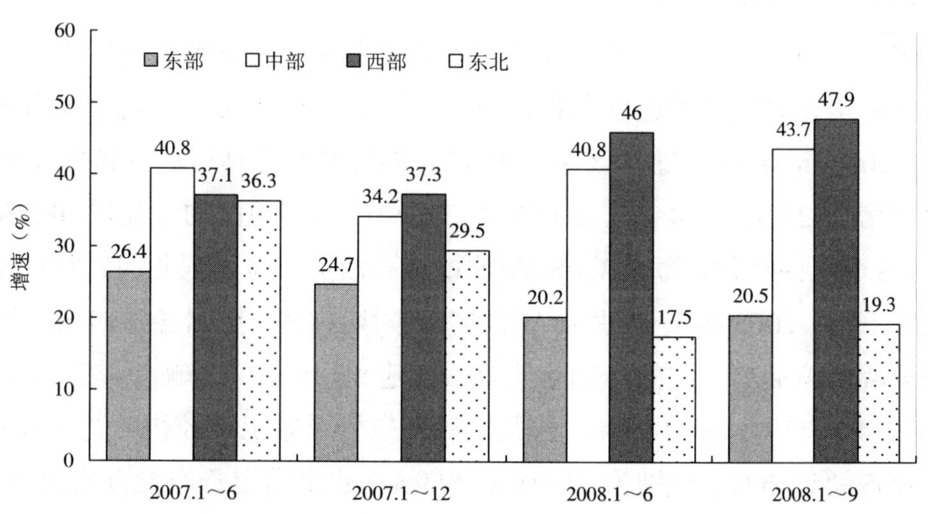

图1　2007年以来我国四大区域出口总额增速变化图

与此同时，2007年下半年以来，我国四大区域进口总额同比增速上升较为明显。2008年1～9月份，东部、中部、西部和东北地区的进口总额增幅同比分别为27.7%、39.4%、45.4%和37.7%，尤其是我国的京津冀地区和西南地区进口增长较快（见图2）。

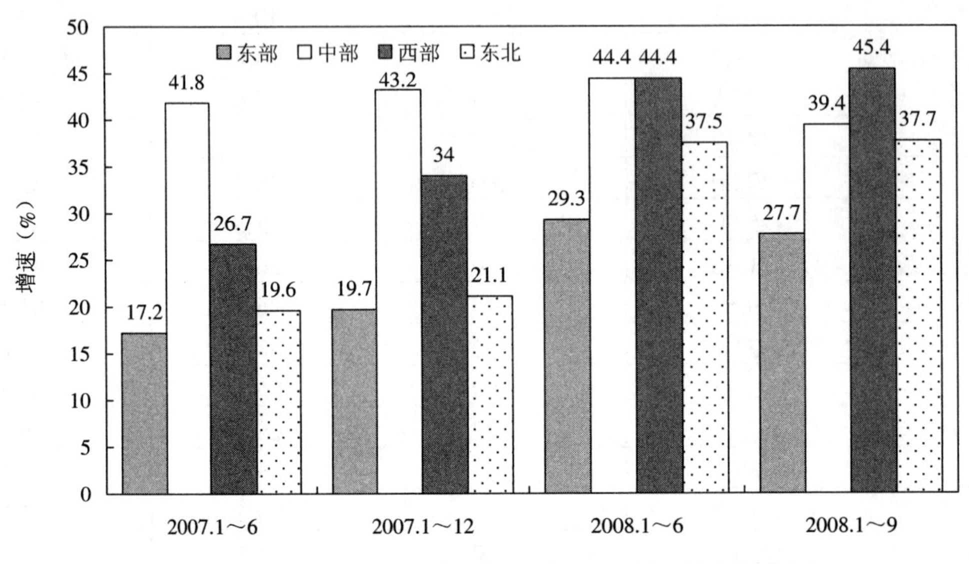

图2 2007年以来我国四大区域进口总额增速变化图

3. 东部、中部、西部、东北四大区域固定资产投资增速变化不大，北京、福建、广西等地下降较为明显

2007年以来，东部、中部、西部、东北四大区域投资增速变化不大，依然延续了2006年以来投资增速自东北、中部、西部、东部依次递减的排列格局（见图3）。2008年1～9月份，东部、中部、西部和东北地区的城镇固定资产投资同比分别增长21.0%、34.7%、29.5%和38.0%。西部地区的宁夏以48.9%的增速列31个省市区的首位，海南以48.6%的增速列居第二位，东北的吉林以45.8%的增速列第三位。2008年1～9月份与2007年同期相比，全国各省的固定资产投资增速下降幅度位居前三位的分别是北京、福建和广西，下降幅度均超过10%，分别达到25.4%、19.0%和14.1%。与此同时，投资增幅上升较快的是宁夏和海南，上升幅度均超过20%，分别为31.4%和29.9%。北京固定资产投资增速下降较快，其中，后奥运效应是一个不可忽视的因素（见表3）。

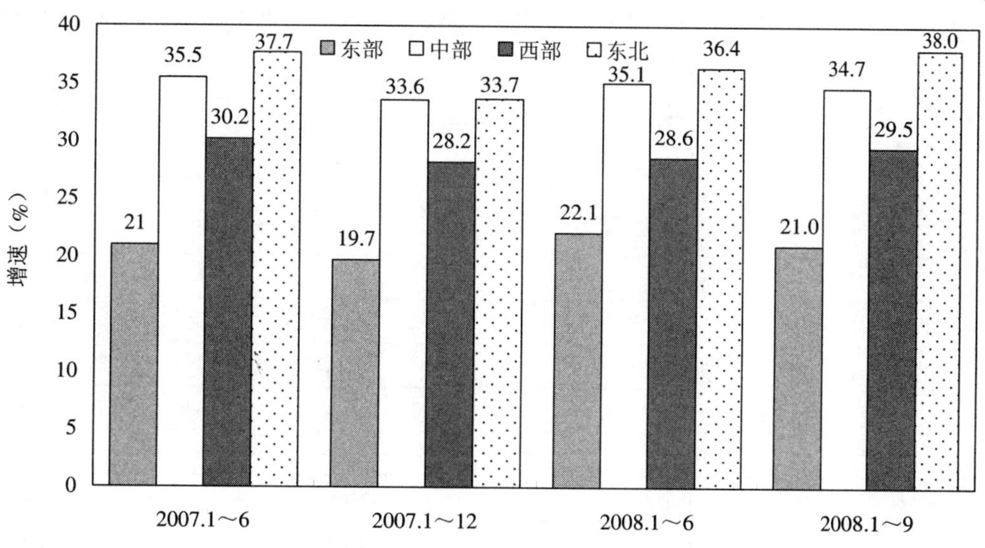

图3 2007年以来我国四大区域固定资产投资增速变化图

表 3 全国 31 省（市、自治区）固定资产投资增速比较

（单位：%）

城市	2007 年 1～9 月份增速	2008 年 1～9 月份增速	同比增长率
北京	18.2	-7.2	-25.4
天津	28.9	41.5	12.6
河北	28.1	32.8	4.7
山西	26.6	27.8	1.2
内蒙古	28.3	30.3	2.0
辽宁	37.1	37.6	0.5
吉林	42.2	45.8	3.6
黑龙江	28.3	26.2	-2.1
上海	10.0	4.10	-5.9
江苏	22.7	23.9	1.2
浙江	10.1	16.1	6.0
安徽	50.3	41.8	-8.5
福建	46.2	27.2	-19.0
江西	32.4	43.4	11.0
山东	24.2	22.3	-1.9
河南	37.1	33.4	-3.7

（续）

城市	2007年1～9月份增速	2008年1～9月份增速	同比增长率
湖北	32.5	32.7	0.2
湖南	32.2	29.0	-3.2
广东	12.6	20.5	7.9
广西	40.6	26.5	-14.1
海南	18.7	48.6	29.9
重庆	34.5	30.2	-4.3
四川	30.3	26.7	-3.6
贵州	20.7	23.5	2.8
云南	23.8	26.0	2.2
西藏	13.7	14.1	0.4
陕西	41.1	39.5	-1.6
甘肃	21.3	30.1	8.8
青海	14.2	20.2	6.0
宁夏	17.5	48.9	31.4
新疆	21.5	27.5	6.0

注：数据来源于《中国统计年鉴2008》及《国家统计局经济监测月度统计公报》。

4.东部、中部、西部、东北四大区域社会消费品零售总额均呈不同程度的增长，全国仅西藏出现下降

“十一五”以来，我国东部、中部、西部、东北四大区域的社会消费品零售总额均呈较为明显的增长势头，消费需求不断扩大。2008年1～9月份，东部、中部、西部和东北地区的社会消费品零售总额同比分别增长21.6%、23.4%、22.5%和22.5%，分别比2007年1～12月份增加4.5、5.1、4.6和4.9个百分点，即中部、东北增加的幅度相对较多（见图4）。

2006年以来，我国中西部地区消费增速一直明显高于东部地区，表明内陆地区在工业化和城镇化进程中消费需求趋于旺盛，拉动区域经济增长的潜力不断增大。值得注意的是，从各省来看，2008年1～9月份与2007年同期相比，除西藏外，全国各省的社会消费品零售总额的同比增幅均得到不同程度提高；西藏却下降了14.3个百分点。

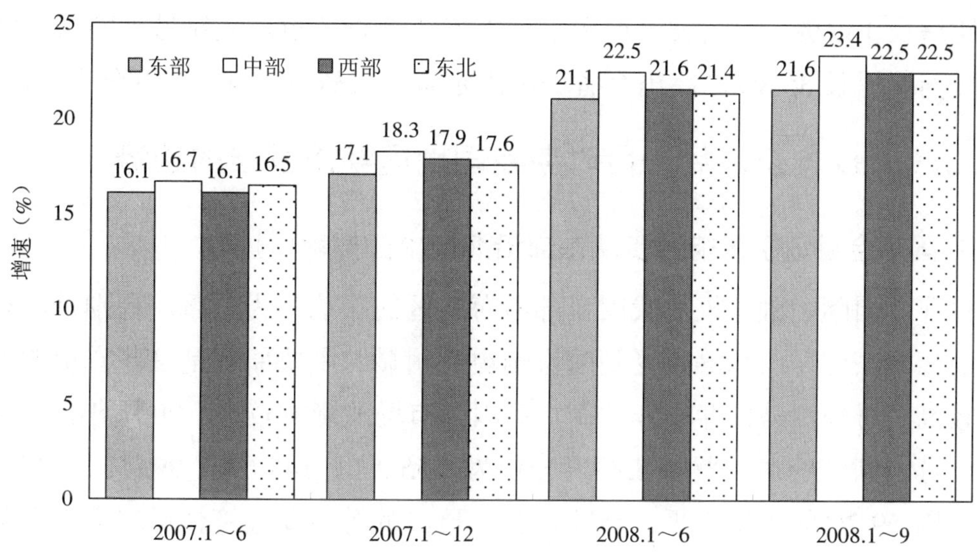

图4　2007年以来我国四大区域社会消费品零售总额增速变化图

5. 东部地区产业转移进程加快，一些重点开发区域经济仍保持较快增长

在国际金融危机的大背景下，受土地、劳动力成本上升等多方面因素影响，2008年以来，东部地区的产业向内陆地区的转移速度加快，与东南沿海省区临近的中部省区成为重要的承接地区。如安徽省上半年利用省外资金达到1557.2亿元，同比增长67.5%；其中主要来自长三角地区，全省省外投资1000万元以上项目中，浙江、上海、江苏三省市到位资金占54.6%。2008年1～5月份，湖南、安徽、河南纺织业实际完成投资同比增长分别为98.9%、60.4%、42.5%，成为东部地区纺织产业转移的主要承接省份。同时，东部向西部地区的产业转移也在加快。2008年1～6月份，深圳与云南加强合作，共同建设昆明深圳工业园，计划引进约20多个产业加工项目，资金合计300多亿元。

尽管遭受国际金融危机的不利影响，我国一些重点开发区域仍然保持较快增长。2008年1～6月份，天津滨海新区生产总值增长23%，为近10年来增长最快时期。在滨海新区的带动下，天津市地区生产总值同比增长16.3%，高于全国各地区平均水平3.7个百分点，位居全国第3位。北部湾经济区生产总值同比增长17.5%，规模以上工业增加值增长近31%。成渝地区、长株潭城市群和武汉城市圈等综合配套改革试验区，发挥中心城市的资源聚集效应，经济保持较快增长。

重庆市地区生产总值同比增长15.2%，居全国第5位。长株潭城市群地区生产总值同比增长14.6%，比全省平均水平高出近3个百分点。武汉城市圈城镇固定资产投资同比增长35.8%，高出全省城镇固定资产投资增幅4.3个百分点。

二、2009年及以后一段时期我国地区经济发展的趋势

1. 国际金融危机影响逐步从东部沿海向中西部地区扩散

目前，国际金融危机对我国东部沿海地区的影响最为显著，特别是广东、福建、浙江、江苏、山东等省受到的影响更为明显。主要原因是这些省份的外向化水平较高，对外贸易依存度非常高，受国际市场的影响较大。2007年，上海、广东、江苏、浙江的对外贸易依存度分别为155.2%、144.6%、99.0%、72.7%，远高于全国59.2%的平均水平。当欧、美、日、韩等主要经济体进口需求下降时，首当其冲的是我国东部沿海地区的出口加工型、“两头在外”型、“三来一补”型等外向型企业的生产经营受到冲击。我国的中西部地区由于地处偏远内陆，外向化程度相对较低，国有大中型企业比重较高，目前受到的影响还不明显，但是一些间接性、连锁性影响已经开始显现，主要表现为部分企业库存上升、销售和利润下滑、员工放假或辞退增加；土地市场交易冷清，招、拍、挂进展不利；企业和居民投资意愿下降，担忧和恐慌心理加重等。随着国际金融危机对于我国地区经济影响的加深，一些影响出现自东部沿海地区向中西部地区蔓延扩散的趋势，这一扩散趋势是加快还是变缓、加重还是减弱，目前尚难定论，但是中西部地区自身的抗冲击能力和积极主动的应对至关重要（见表4）。

表4 我国四大区域近期应对国际金融危机的举措

<table>
<tr><th>地区</th><th>包含省份</th><th>包含城市群</th><th>近期应对国际金融危机举措</th></tr>
<tr><td rowspan="3">东部地区</td><td rowspan="3">北京、天津、河北、上海、江苏、浙江、福建、山东、广东、海南</td><td>京津冀城市群
山东半岛城市群</td><td>1）综合利用奥运资源，加大国际旅游市场开发
2）支持生态城、节能工程等重大项目建设</td></tr>
<tr><td>长三角城市群</td><td>1）政策支持中小企业度难关
2）加快基础设施建设、促进社会事业均衡发展、稳定房地产市场</td></tr>
<tr><td>珠三角城市群
海峡西岸城市群</td><td>1）财政支持及优惠政策大力挽救中小企业
2）加大金融对企业的支持力度
3）力推经济转型产业升级</td></tr>
</table>

（续）

地区	包含省份	包含城市群	近期应对国际金融危机举措
东北地区	辽宁、吉林、黑龙江	辽中南城市群	1）鼓励省内金融机构向企业贷款，100亿元资助大连港 2）着力抓好重点工业企业的运行 3）加强水利工程为主的基础设施建设 4）加强农业机械化建设
中部地区	山西、安徽、江西、河南、湖北、湖南	中原城市群 关中城市群 长江中游城市群	1）抓好重大基础设施建设、节能减排、民生工程等 2）重点项目建设 3）落实灾区重建项目 4）加大农业设施投资 5）多种策略拓宽企业融资渠道
西部地区	重庆、四川、贵州、云南、西藏、甘肃、陕西、内蒙古、青海、宁夏、广西、新疆	川渝城市群	1）重点梳理灾后重建项目 2）加强交通为主的基础设施建设 3）从战略高度布局产业链，稳定工业发展势头 4）重点投资风能、太阳能等新能源项目

注：根据《经济日报》、《人民日报》、《中经网》、《新华网》等有关资料整理。

2. 地区间特别是城乡间公共服务均等化进程不断加快

长期以来，我国地区间和城乡间发展差距扩大，除了表现在地区生产总值、财政收入、人均地区生产总值等主要经济指标的差距扩大之外，更重要的是表现在地区间公共服务、收入水平和生活质量等方面的差距不断扩大。党的十七大明确提出要进一步推进公共服务均等化进程，围绕推进基本公共服务均等化和主体功能区建设，完善公共财政体系。这次在国际金融危机冲击下，我国政府及时调整宏观经济政策取向，提出扩大投资和消费的一系列措施，促进经济保持稳定增长。其中，“十一五”后两年中央政府投资1.18万亿元，带动全社会投资达4万亿元，重点投向保障性住房、交通、水利、生态环境保护、医疗卫生、教育文化等民生领域。而且，明确提出投资的重点要向中西部地区、农村地区倾斜，这必然加快我国地区间特别是城乡间公共服务均等化进程，为控制地区和城乡发展差距，促进地区经济协调发展创造有利条件，更重要的是为广大中西部地区，特别是农村地区加快经济社会发展、提高人民生活水平提供重要机遇。

3. 地区间产业转移和重组活动在一定时期内趋于活跃

改革开放以来，我国地区经济发展逐步打破原来的封锁和壁垒，地区间经济联系和合作不断加强，突出表现在跨地区的产业转移和企业重组在规模和力度上均有明显扩大。特别是进入新世纪以来，东部沿海地区由于土地、劳动力等要素成本的提高，以及拓展内地市场的需要，向中西部地区产业转移的步伐明显加快。中西部地区也各自利用自身比较优势，加大招商引资力度，吸引更多的国内外企业进入。这次国际金融危机的影响和扩散，使得东部沿海一些中小型企业、个体私营企业、外向型企业出现破产、停产和重组，纷纷寻找周边或其他地区的大企业做“靠山”，提高自身的生存和竞争能力；而一些抗冲击力强的大中型企业正好利用这个机会调整发展战略，进行大力度的资产兼并重组，积极物色适合的战略投资目标和合作伙伴。因此，尽管金融危机对于产业发展带来很大冲击，但是一定时期内企业为了生存和竞争的需要，不会坐以待毙，将会积极调整经营思路，加大资产整合力度，地区间产业转移、兼并、重组等资源配置活动将保持非常活跃。

4. 区域性的资源环境约束在局部地区得到缓解

改革开放以来，我国经济保持快速增长。1979～2007年，我国国内生产总值年均增速为9.8%；2001～2007年，年均增速则达到10.2%。一些地区经济过多地追求总量、规模和速度，忽视结构、质量和效益，经济的粗放式增长特征明显，对于资源环境产生较大压力。特别是东部沿海发达地区，由于产业的集聚相对密集，开发强度较高，对于资源的需求快速上升，目前已经出现不同程度的土地、水、能源等资源供应紧张或短缺现象。同时，大量加工制造业的不合理布局以及环保设施投入不达标，造成水体、大气、土壤等污染问题突出，不少地区和城市的河流、湖泊、江海岸线污染严重，酸雨、富营养化、农业面源污染等现象难以有效控制。区域性资源环境约束已经成为制约地区经济乃至全国经济社会稳定可持续发展的重要因素。这一次国际金融危机的到来，对于东部沿海地区一些高消耗、高污染的落后企业冲击很大，迫使许多企业加快结构和技术调整，加大资产兼并和重组力度，一些资源消耗大、环境污染高的企业或技术工艺将被迫淘汰、关闭或转产、兼并，这将会缓解部分地区日益紧张的资源环境压力。国家制定的新的投资项目明确要求严禁投向“两高一资”产业项目，这也从增量上缓解了今后地区经济发展的资源环境约束。存量调整和增量拉动相结合，将进一步缓解区域性资源环境约束制约，为促进区域可持续发展和建设资源节约型、环境友好型社会创造有利条件。

5. 地区发展差距扩大态势有可能得到一定程度控制

地区差距扩大问题一直是影响我国区域经济协调发展的重要因素。东部沿海发达地区利用优越的区位及先行改革开放等方面优势，吸引国内外资金、人才、技术等要素聚集，产业实力不断增强，财政收入快速提高，居民生活质量明显改善。中西部地区本身区位偏远，改革开放进程缓慢，存在资金、人才、技术外流现象，资源优势难以转化为产业和经济优势，导致产业竞争力不强、财政收入增长不快、居民收入水平偏低，进一步拉大与东部沿海发达地区之间的发展差距。这一次国际金融危机的爆发，进一步促使东部沿海地区加快产业结构调整，转变经济发展方式，不再过于追求经济总量、规模和速度的扩张，而是更加注重经济发展的质量、结构和效益。另外，经过改革开放 30 年的快速发展，东部沿海地区的经济总量已经达到一定规模，基数较大，土地、劳动力等要素成本日益提高，再也难以继续保持前 30 年那样的高速增长。同时，中西部地区利用自身劳动力、土地、能源矿产等资源丰富、价格低廉的有利条件，充分发挥后发优势和比较优势，加快承接来自东部以及国外的产业转移，为实现赶超式发展和缩小与东部沿海发达地区差距提供难得机遇。再加上，这一次国家扩大投资、促进经济增长的一系列举措明确提出要向中西部地区倾斜，更是为中西部地区加快发展创造了有利条件。因此，一定时期内我国地区发展差距扩大的态势有可能得到有效控制，部分地区之间的发展差距将有可能明显缩小。

6. 地方投资冲动引发的重复建设和布局问题不容忽视

随着中央政府扩大投资、促进经济增长一系列政策的出台，地方政府分别制定相应的投资计划，初步估计目前合计达到 18 万亿元，有可能还会继续扩大。尽管中央一再要求增加的投资重点用于保障性安居工程、交通、水利、生态环保、教育文化、医疗卫生等民生领域建设，严禁投向高消耗、高排放、低水平重复建设的项目，但是短期内巨大的投资规模给各级政府进行投资的有效监管带来很大困难，难以完全保障各类投资按照中央要求的投向准确使用。而且，上一轮宏观调控中一些地方政府的发展冲动尚未完全平息，建设用地增长过快，“开发区热”、“新城区热”的问题还没有从根本上解决，目前在短时间内中央和地方财政分成体制、领导干部考核体制难以根本转变的条件下，这一次扩大投资有可能引发地方盲目投资和建设的新一轮发展冲动，带来一些重复建设和布局、资源浪费和低效配置、不良竞争抬升、甚至局部过热的问题，对此有关地方和部门应给予高度重视和关注，加强前瞻性和防范性的研究和应对。

（作者：高国力　欧阳慧）

市场预测篇

2008～2009 年汽车市场分析与预测

2008 年，金融危机在全球范围内不断升级蔓延，其影响从虚拟经济向实体经济扩散。我国经济同样受到非常大的影响，经济出现急剧下行的态势，我国汽车市场增长速度降到了十年来的最低水平。2009 年汽车市场发展环境不容乐观，汽车市场需求增长速度将继续回落。

一、2008 年汽车市场形势评价

1. 总体市场

2008 年，我国汽车市场增长速度大幅回落，同比增幅降到了十年来的最低水平。2008 年 1～11 月份国内汽车总需求为 828 万辆，同比增长 8.3%，预计全年国内汽车需求将达到 902 万辆，同比增长只有 7%（见图 1）。

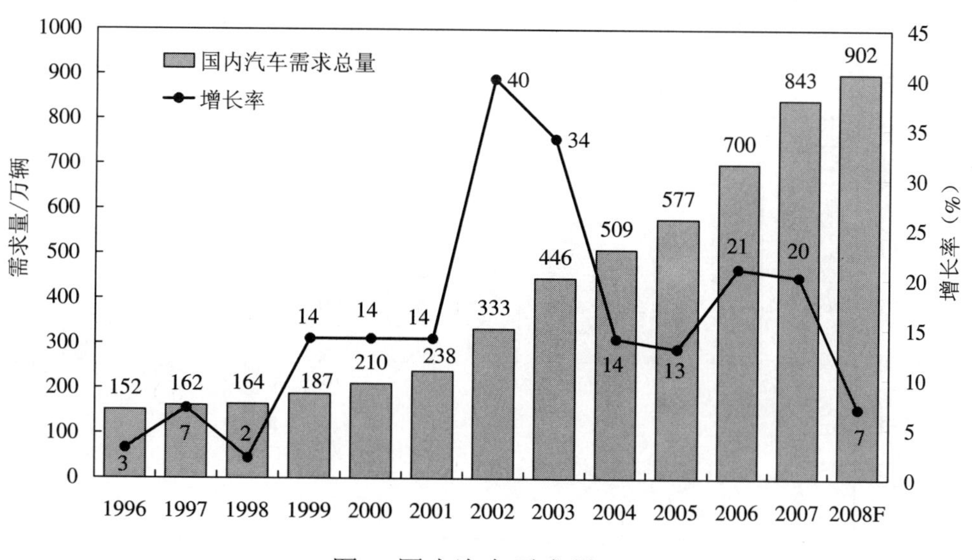

图1　国内汽车需求量

分阶段看，主要是 2008 年第二季度以来市场出现滑坡，第一季度国内汽车市场需求增速仍高达 20%，第二季度增速回落到 13.7%，而第三、四季度更是出现负增长，第三季度国内汽车需求只有 195.1 万辆，比 2007 年同期下降 1.6%（见

图 2）。

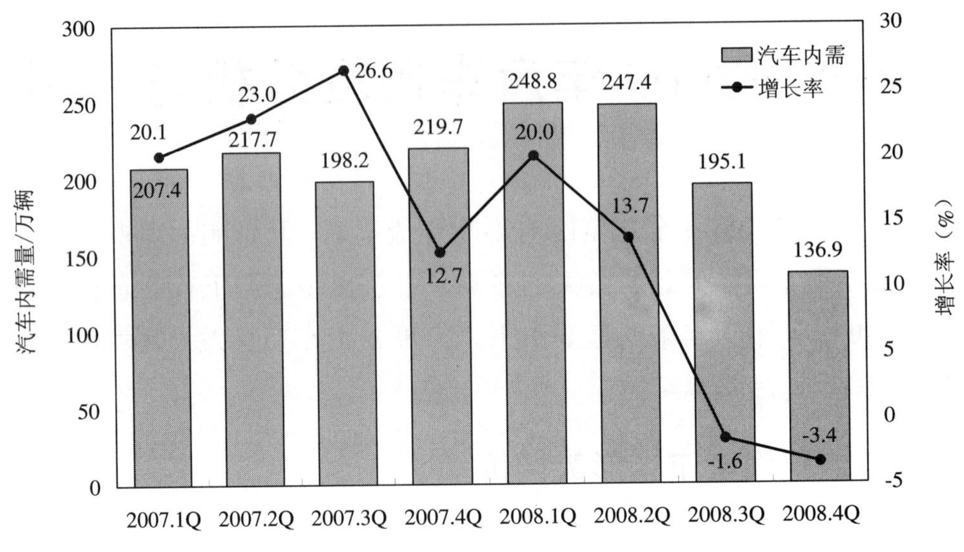

图2 2007～2008年分季度国内汽车需求

从2008年月度走势来看，下降更为明显。6月份我国国内汽车需求同比增速还有14.8%，而到7月份同比增速已经下降到只有3%，接下来几个月基本上呈现负增长态势，11月份国内汽车需求同比下降9.8%（见图3）。

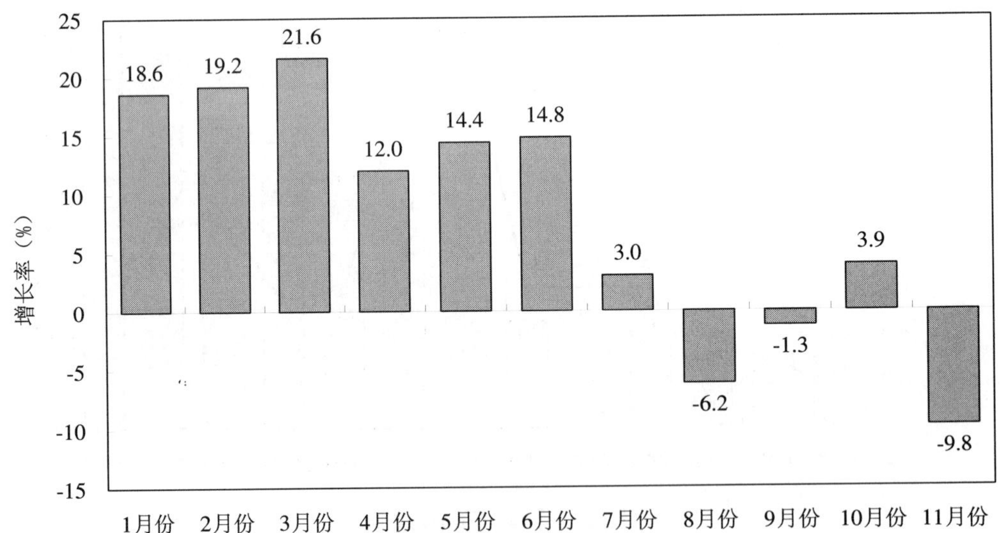

图3 2008年分月度汽车内需增长率

2. 乘用车市场

2008年乘用车市场下滑幅度远远超过了2004年，2008年1～11月份乘用车国内需求为 518 万辆，同比增长 8.3%，预计 2008 年全年为 570 万辆，同比增长 7.1%，比 2004 年还要低 6.7 个百分点（见图 4）。

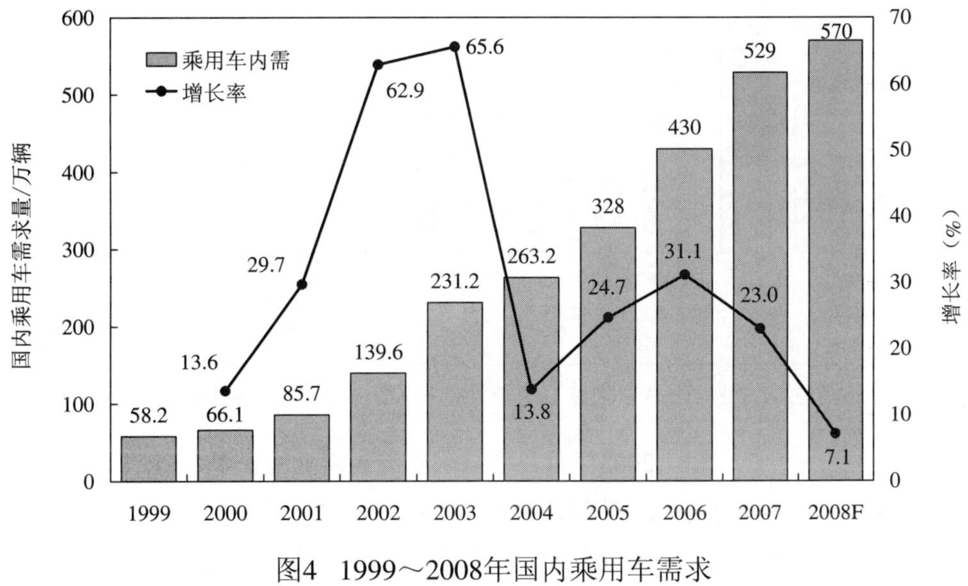

图4 1999～2008年国内乘用车需求

分阶段看，主要是第二季度以来市场出现急剧滑坡，第一季度国内乘用车市场需求增速仍高达 21.2%，第二季度增速回落到 10.9%，而第三季度更是出现-1.4%的负增长（见图 5）。月度走势尤为明显，2008 年 6 月份我国国内乘用车需求同比增速还有 13.1%，而到 7 月份同比增速已经下降到只有 4.2 %，到 8 月份已经出现了-6.7%的负增长，虽然 9 月、10 月份略有好转，但总体急剧下滑的态势没有改变，11 月份乘用车国内需求只有 42.4 万辆，同比下降 8.3%（见图 6）。

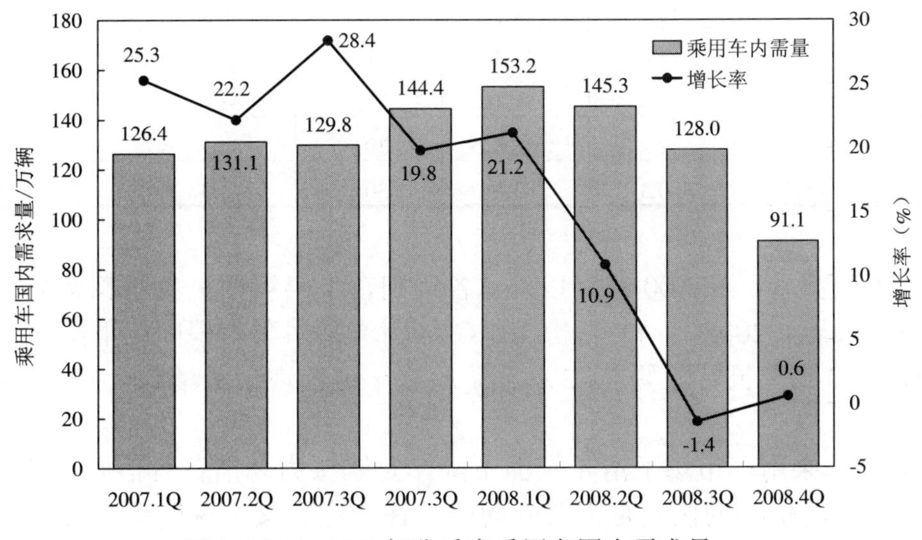

图5 2007～2008年分季度乘用车国内需求量

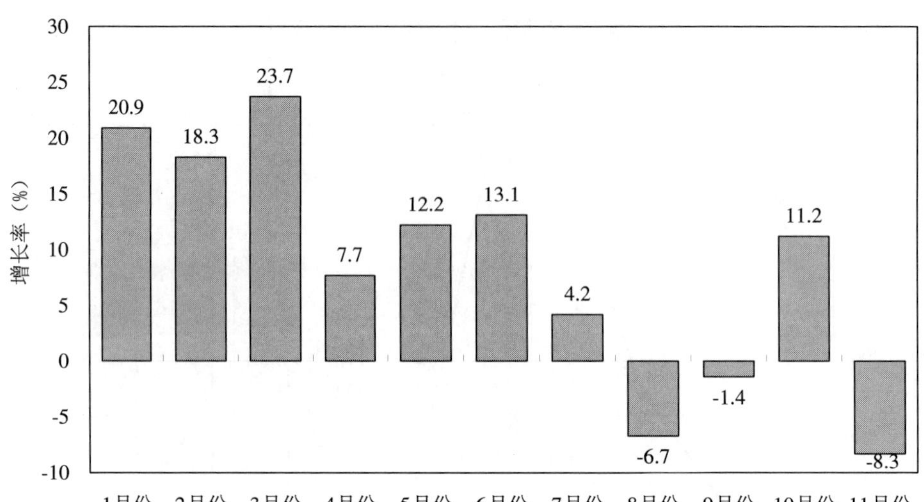

图6 2008年分月度乘用车国内需求增长率

从乘用车分级别来看，乘用车需求增速全面下滑。2008 年 1～11 月份，除 A00 级别国产乘用车内销增速为 0.5%，比 2007 年有所提高。其他级别车型需求增速比都出现下滑，A0 级别同比增速为 1.8%，比 2007 年下降近 8 个百分点，B、C 级别下降更为明显。尽管 A 级车最坚挺，但增速也明显下降（见表 1）。

表 1 2003～2008 年国产乘用车内销分级别增速

（单位：%）

年份 级别	2003 年	2004 年	2005 年	2006 年	2007 年	2008 年 1～11 月份
A00	82.3	15.4	54.8	6.0	-6.5	0.5
A0	80.8	17.4	13.2	21.5	9.6	1.8
A	47.2	24.3	31.1	35.1	31.3	11.4
B	101.9	-2.2	18.6	39.9	32.5	2.7
C	86.7	-0.3	41.6	30.1	14.3	0.1

从月度趋势看，除 A00 级别以外，各级别在下半年都呈负增长态势，且下滑幅度也逐步加剧。2008 年 11 月份 B、C 级国产乘用车内销同比下降高达 18.1%和 19.5%，A0 级车同比下降 14.2%，而 A 级车也出现了负增长，同比下降 5.1%（见表 2）。

2008 年的乘用车市场下滑是全面下降，是购买力和消费者信心叠加导致的，一般来讲消费者信心的恢复是需要时间的。在一定意义上说明至少 2009 年一季度乘用车市场是不容乐观的。

表 2　2008 年国产乘用车内销分级别各月同比增速

（单位：%）

级别＼月份	1 月份	2 月份	3 月份	4 月份	5 月份	6 月份
A00	-10.5	-4.8	-9.4	-4.8	-26.8	15.8
A0	8.1	4.1	23.2	6.2	17.5	4.2
A	31.3	26.0	21.1	7.5	9.5	21.0
B	19.6	14.1	35.1	5.4	20.4	3.1
C	3.7	12.3	4.9	-7.3	-5.8	-0.1
级别＼月份	7 月份	8 月份	9 月份	10 月份	11 月份	12 月份
A00	23.1	-15.0	16.3	39.3	10.6	—
A0	-6.5	-15.4	-11.3	6.9	-14.2	—
A	2.6	-3.5	4.4	15.9	-5.1	—
B	-6.4	-14.1	-16.4	-4.7	-18.1	—
C	17.1	-4.8	0.4	3.8	-19.5	—

3. 商用车市场：主格局没有改变

从累计增长速度看，商用车全年能够保持适度增长，2008 年 1～11 月份国产商用车国内需求为 210.9 万辆，同比增长 7.4%（见图 7）。但从动态看，商用车市场形势已经非常严峻，商用车市场需求逐月下滑，下滑幅度越来越大，11 月份商用车需求同比下降高达 25.6%，与上半年高增长形成强烈反差（见图 8）。

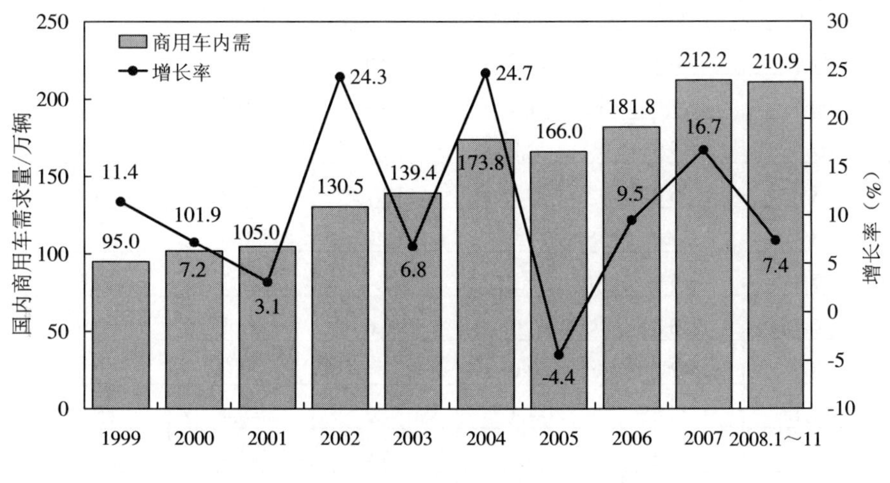

图7　1999～2008年11月份国内商用车需求

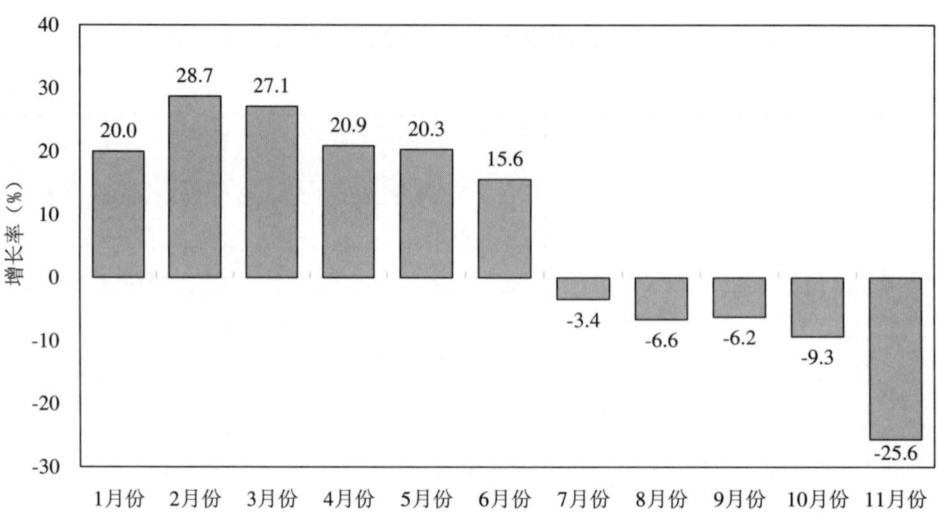

图8 2008年分月度商用车国内需求增长率

从不同车型月度来看，2008 年以来除微型货车仍能保持一定的增长外，其他六大车型销量都呈急剧下降态势，重型货车下降尤为严重，6 月份重型货车销量同比增长 27.3%，而 7 月份同比就下降了 26.7%，11 月份重型货车销量同比下降幅度高达 51.6%（见表 3）。

表 3 2008 年 1～11 月份商用车分车型销量同比增长速度

（单位：%）

车型/月份	货车				客车		
	重型	中型	轻型	微型	大型	中型	轻型
1 月份	41.0	-8.7	29.7	-0.5	47.0	5.3	2.6
2 月份	60.1	4.6	31.1	15.4	-16.3	37.2	10.1
3 月份	67.4	17.9	22.2	12.1	10.5	12.4	-0.1
4 月份	51.8	6.8	18.2	10.1	27.4	-3.7	-1.0
5 月份	43.4	1.4	19.9	-3.0	30.0	26.4	17.8
6 月份	27.3	15.9	16.2	-5.4	57.1	15.6	11.1
7 月份	-26.7	-16.0	2.1	46.6	37.1	-20.9	-14.5
8 月份	-8.7	-42.2	0.0	24.4	-24.9	-30.3	-16.7
9 月份	-11.1	-24.2	-7.1	34.2	-8.4	-15.7	-19.0
10 月份	-33.9	-17.2	-5.5	15.4	-14.1	14.5	-10.6
11 月份	-51.6	-23.1	-24.0	5.2	-16.9	-22.8	-34.6
累计	15.4	-9.8	8.5	15.2	13.6	-3.5	-2.6

二、2008年汽车市场变化原因分析

2008 年汽车市场为什么会发生如此大的剧烈变化呢？最为关键的影响因素是我国宏观经济的急剧变化所带来的。2008 年我国经济发展速度的大幅度下降，特别是 10 月份以后以超出预期的速度急转直下，第三季度 GDP 增长速度下降到 9%，第四季度预计只有 7%（见图 9）。

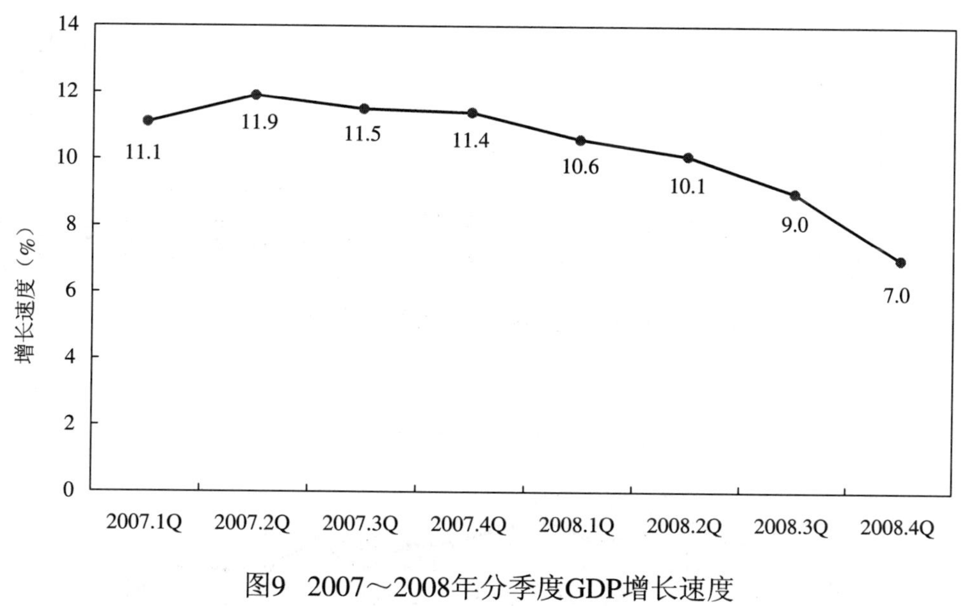

图9 2007～2008年分季度GDP增长速度

从工业增加值月度走势可以清晰地看出我国经济下滑的态势，2008 年上半年我国工业增加值仍保持在 16%左右的增长速度，但从 7 月份开始增速明显回落，7 月份工业增加值同比增长 14.7%，比 6 月份回落 1.3 个百分点。接下来几个月增速急剧下降，到 11 月份工业增加值增速降到非常低的水平，同比增速只有 5.4%（见图 10）。

从工业结构来看，重工业下降趋势比轻工业要明显，重工业工业增加值 7 月份增速还有 15.7%，而到 11 月份增速就已经下降到 7.3%（见图 11）。

从主要工业品和发电量走势来看，经济下滑态势清晰可见，2008 年 8 月、9 月、10 月三个月钢材产量连续负增长，而且下降幅度逐步加大，8 月份同比下降 0.2%，9 月份下降 5.5%，10 月份下降幅度已高达 12.4%（见图 12）。原煤、水

泥等产量同比增速也呈现下降态势。

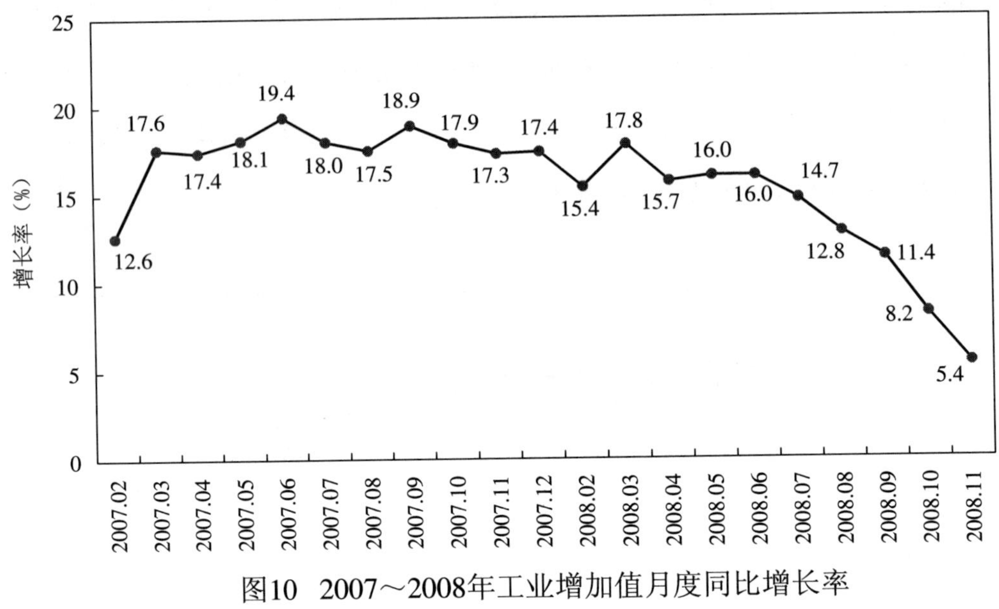

图10 2007～2008年工业增加值月度同比增长率

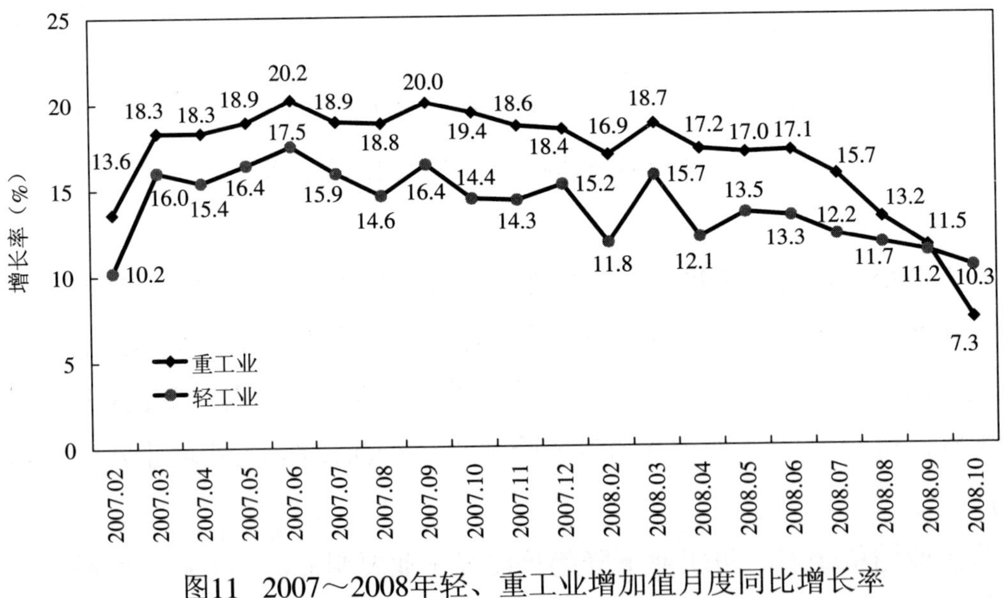

图11 2007～2008年轻、重工业增加值月度同比增长率

从发电量这一反应经济实际活跃程度的指标来看，也是连续2个月出现负增长，2008年11月份发电量同比下降7%（见图13）。

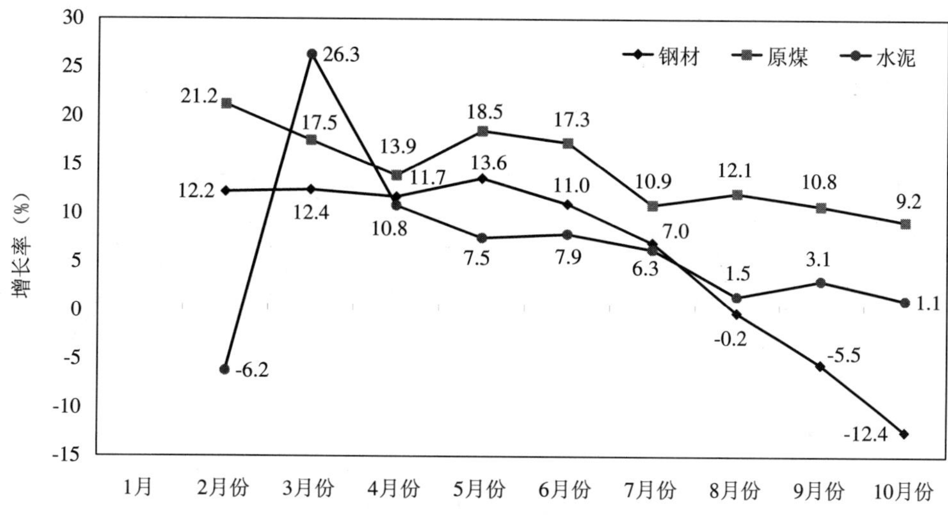

图12　2008年分月度主要生产原材料增长率

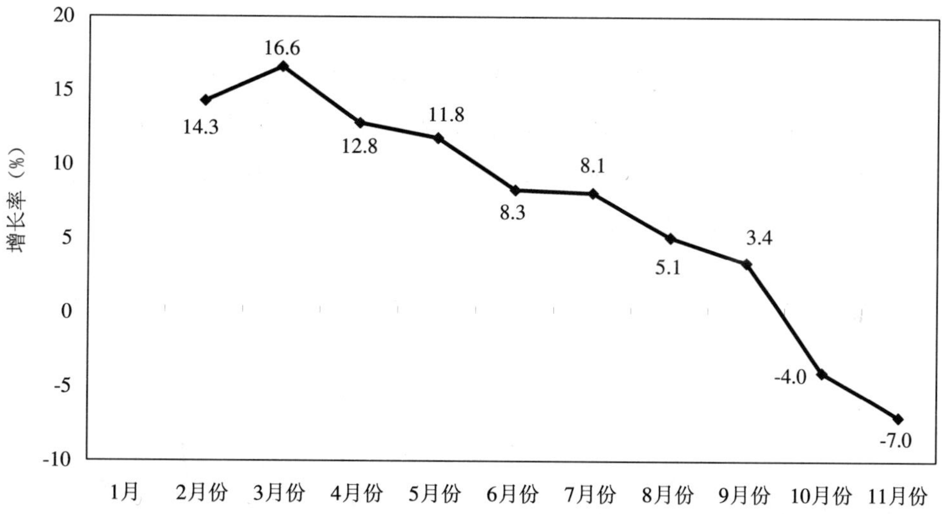

图13　2008年分月度发电量同比增长率

经济发展速度放缓带来了我国货运量下降的情况也已逐步显现。2008 年 9 月份以后我国铁路货运量和货运周转量出现大幅下降，9 月份我国铁路货运量和货物周转量同比增长分别为 7.7%和 6.8%，而 10 月份两指标同比增长速度只有 3%和 2.6%（见图 14）。一般规律表明，货运量下降与经济下滑存在一定时滞性，后几个月我国货运量可能出现负增长。货运量下降直接影响到对商用车的需求，无货可拉会导致社会车辆报停增多，商用车需求下降就在所难免。

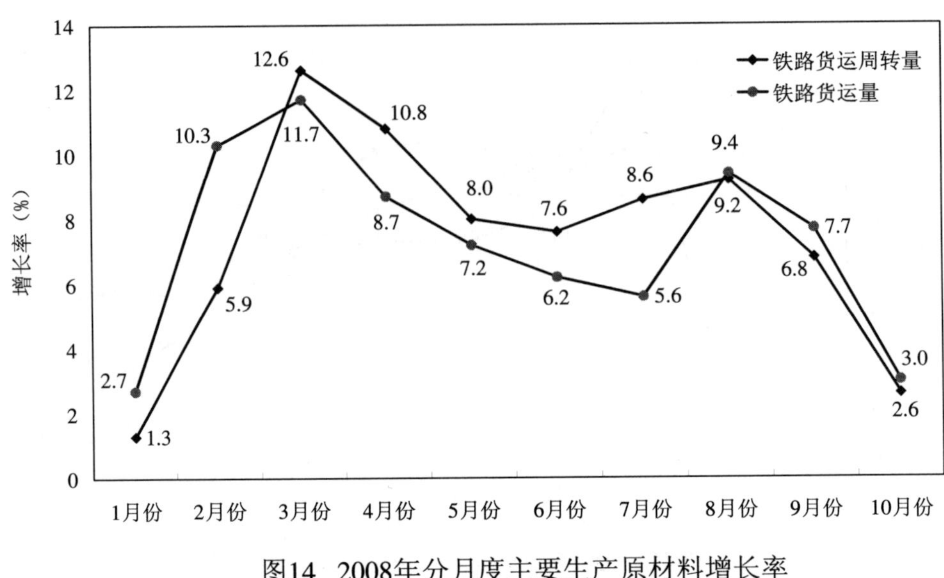

图14 2008年分月度主要生产原材料增长率

在经济速度下滑、原材料价格上涨、利率上升等因素的共同作用下，我国财政收入和企业利润增幅大幅回落，2008 年 7 月份我国财政收入同比增长 16.5%，比 6 月份下降 14.2 个百分点，8 月份同比增速下降到 10.1%，而 9 月份财政收入同比增速只有 3.1%（见图 15）。

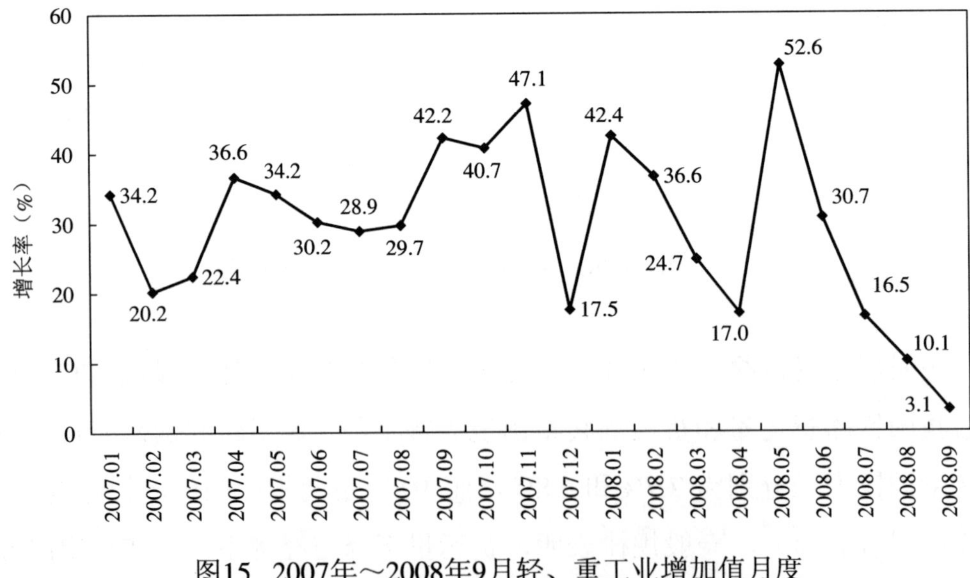

图15 2007年～2008年9月轻、重工业增加值月度

企业利润增幅大幅下降，2008 年前 11 个月我国规模以上工业企业累计利润

增长速度为 19.4%，与 2007 年 40%左右的增幅相比已有大幅回落（见图 16）。

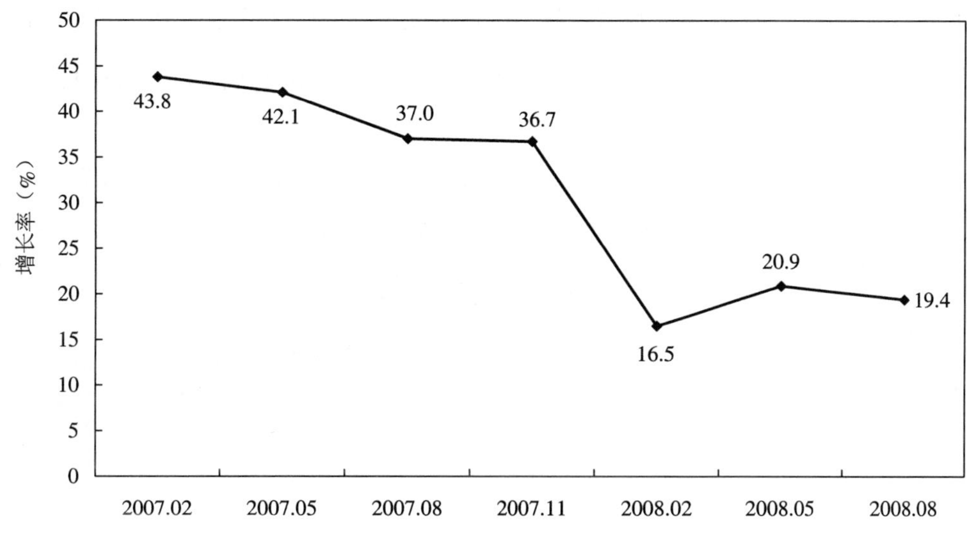

图16 2007～2008年规模以上工业企业累计利润

股票、房市等不景气带来财富效应下降，消费者购车能力受到一定影响。2008 年股票市场大幅下滑，从最高 6000 多点，下降到不到 2000 点，下降幅度之大，速度之快是任何人都预料不到的。总体经济态势导致企业家信心和消费者信心不足，根据中央人民银行调查发现，2008 年第二季度企业家信心指数为 134.8，比第一季度下降近 6 个百分点，而第三季度企业家信心指数下滑到 123.8，比第二季度下降 11 个百分点（见图 17）。

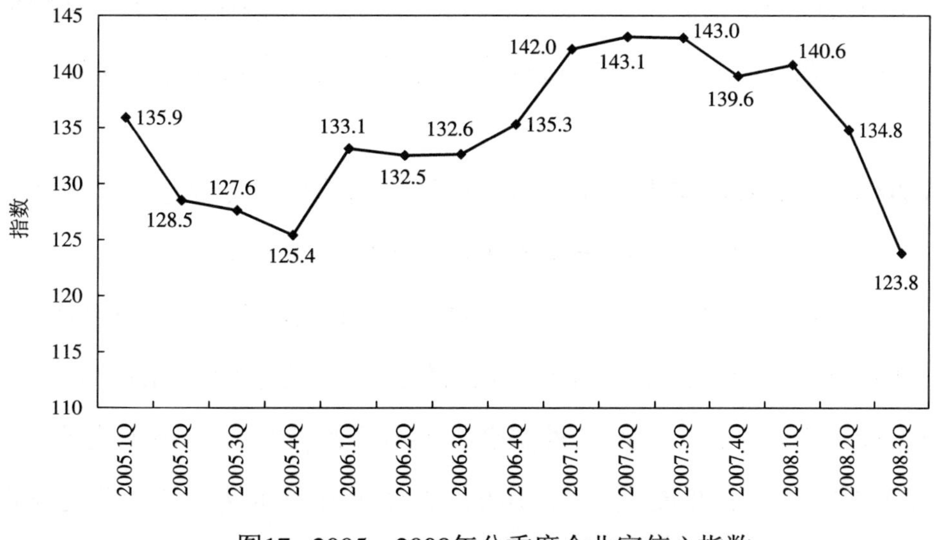

图17 2005～2008年分季度企业家信心指数

统计局公布的数据显示2008年居民消费信心指数也在持续下滑，2月份我国居民消费信心指数为94.3，比2007年年底下滑2.6个百分点，进入第三季度居民消费信心继续大幅下滑，到10月份消费信心指数下滑到92.4（见图18）。

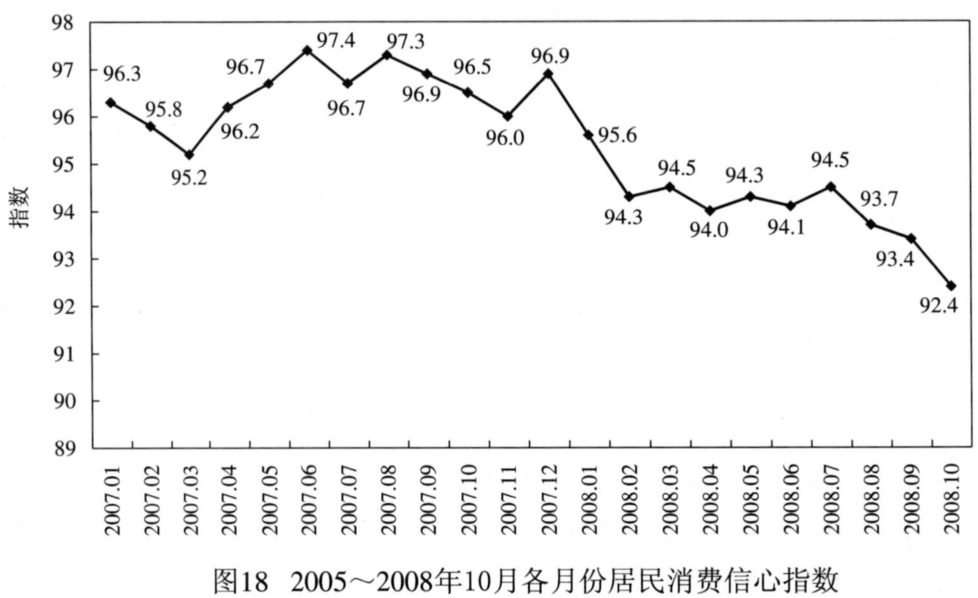

图18 2005～2008年10月各月份居民消费信心指数

经济发展速度滑坡有两大关键原因，上半年经济发展速度下降的关键因素是国家实施的宏观调控措施，下半年经济急剧恶化的关键因素是国际金融危机。低温雨雪冰冻、地震、奥运、三鹿奶粉等系列因素叠加也对我国经济发展产生了影响。

从2007年到2008年上半年，为防止经济由偏快转变为过热，价格由结构性上涨转变为全面通货膨胀，国家实施了一系列宏观调整措施。

（1）提高法定存款准备金率　经过16次上调，存款准备金率从2007年1月15日的9.5%，达到2008年6月25日的17.5%，达到历史最高点（见图19）。这导致银行资金紧张，企业经营性资金得不到金融支持，中小企业经营困难。

（2）人民币加速升值　一年半来，人民币升值迅速，从1美元兑换人民币7.8元到兑换人民币为6.8元，累计升值13%（见图20）。从而导致出口型企业利润大幅减少。

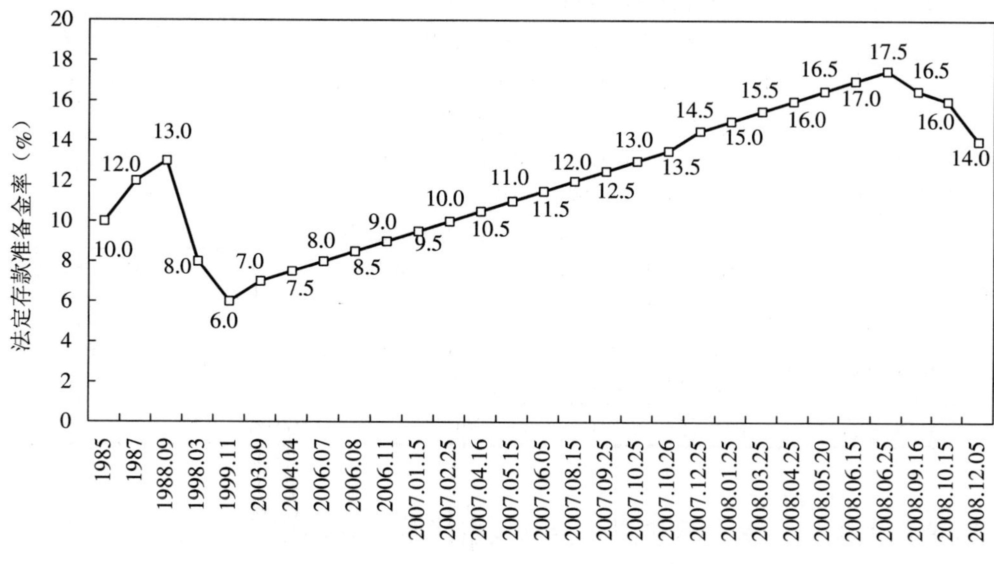

图19 1985～2008年的法定存款准备金率

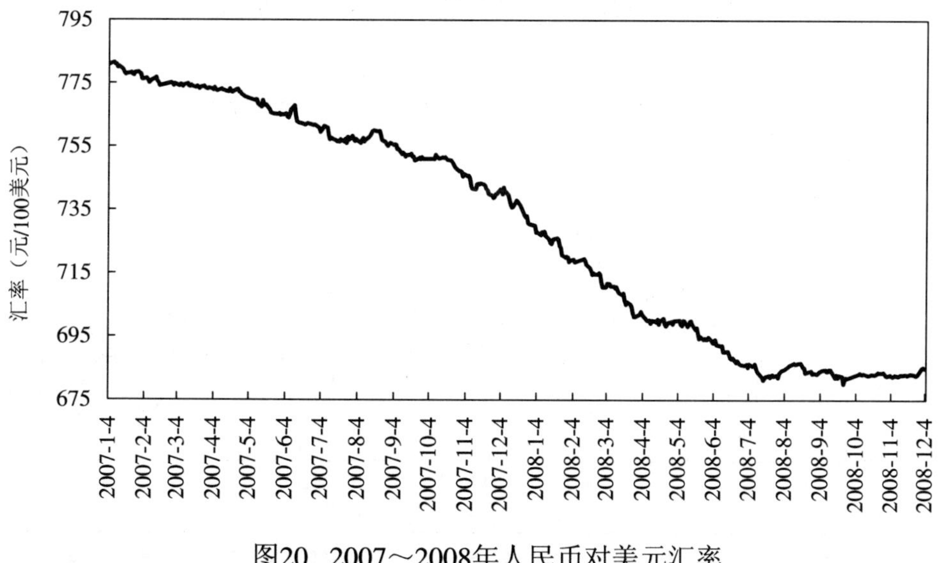

图20 2007～2008年人民币对美元汇率

（3）降低出口退税率（见表4）

表4 2006年以来我国调整出口产品退税率情况

2006年9月份	取消部分资源型商品的出口退税（煤炭、天然气、木材等）；降低钢材、水泥、有色金属以及部分劳动密集型商品的出口退税率；提高高新技术和高附加值商品的出口退税

（续）

2007年4月份	取消或降低钢材出口退税率
2007年6月份	取消部分资源型商品的出口退税率（肥料、皮革、有色金属加工物等）；降低塑料、橡胶、箱包、服装等劳动密集型商品的出口退税率；免征花生果仁、油画、雕饰板、邮票、印花税票的出口关税
2007年12月份	取消小麦等原粮及其制粉的出口退税
2008年6月份	取消部分植物油的出口退税
2008年7月份	上调纺织品服装等部分商品的出口退税率
2008年10月份	提高纺织品、服装、玩具、日用及艺术陶瓷、塑料制品、家具等劳动密集型商品的出口退税率
2008年11月份	取消部分钢材、粮食产品的出口关税；降低化肥产品、铝材、粮食的出口关税；新增对部分矿产品征收出口关税
2008年11月份	提高劳动密集型产品等商品的增值税出口退税率

2008年下半年，受愈演愈烈的金融危机影响，我国出口产品市场萎缩，订单减少，出口型企业经营困难，效益大幅下滑。2008年，我国出口商品以人民币计价的出口额增速放缓，进入第三季度出口额增速不到10%，并呈逐月下降的态势（见图21）。

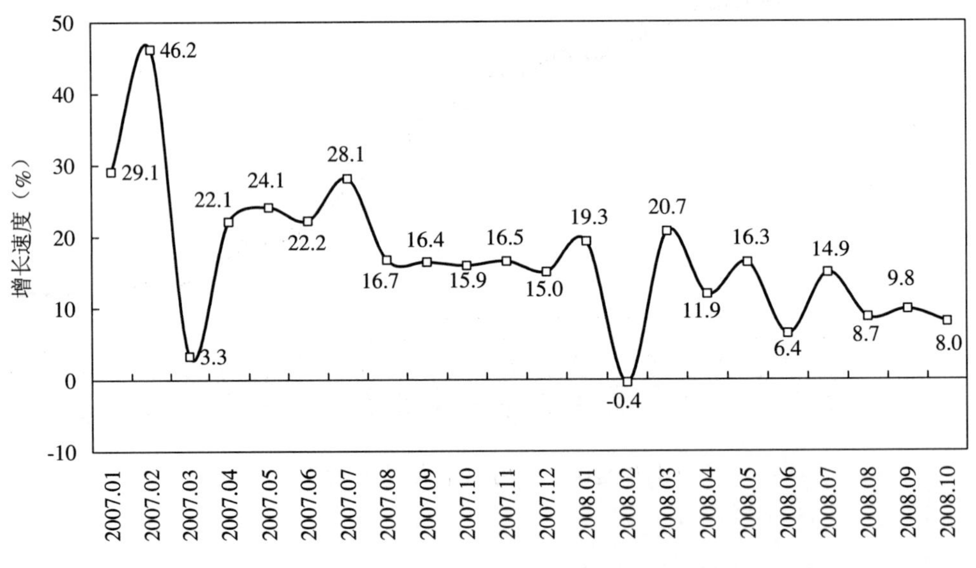

图21 2007～2008年分月度以人民币计价的出口

金融危机究竟如何影响我国经济，进而影响我国汽车市场的呢？这里简要分析一下这一传导机制。

首先，美国次贷危机导致发达国家股市大幅下挫，流动性紧张，逐步演变成金融危机，进一步导致股市暴跌，银行倒闭。美国股市从最高的14000点暴跌到只有6000多点，跌幅高达45%（见图22），欧洲、日本股市的态势基本一致。

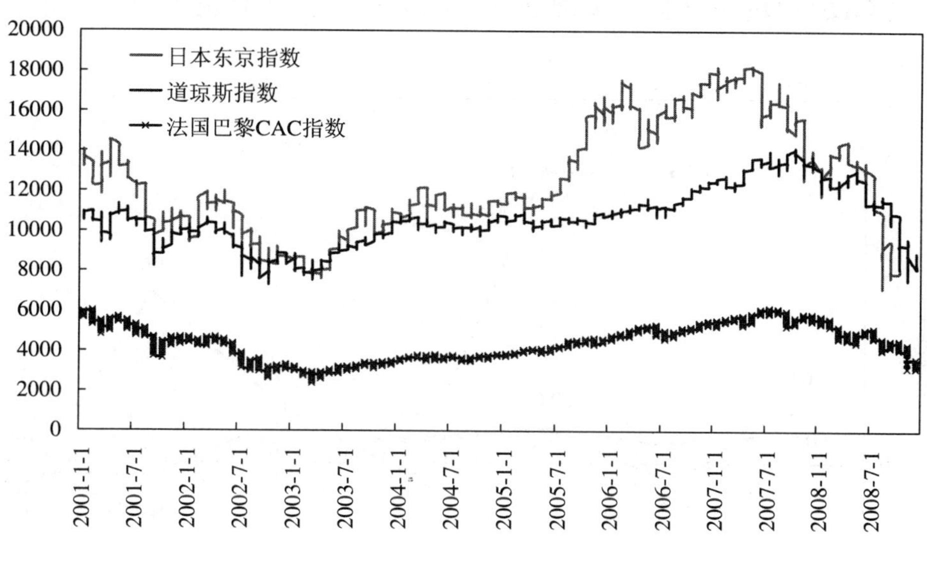

图22 美国、日本、法国股票指数

发达国家金融危机导致资金紧张，国外资金纷纷撤回国内，这使得新兴市场经济体资本品价格下降，货币加速贬值。自2008年7月份以来，巴西雷亚尔贬值52.1%，韩国韩元贬值35.9%，印度、俄罗斯等国家的货币贬值也都在10%以上（见图23）。

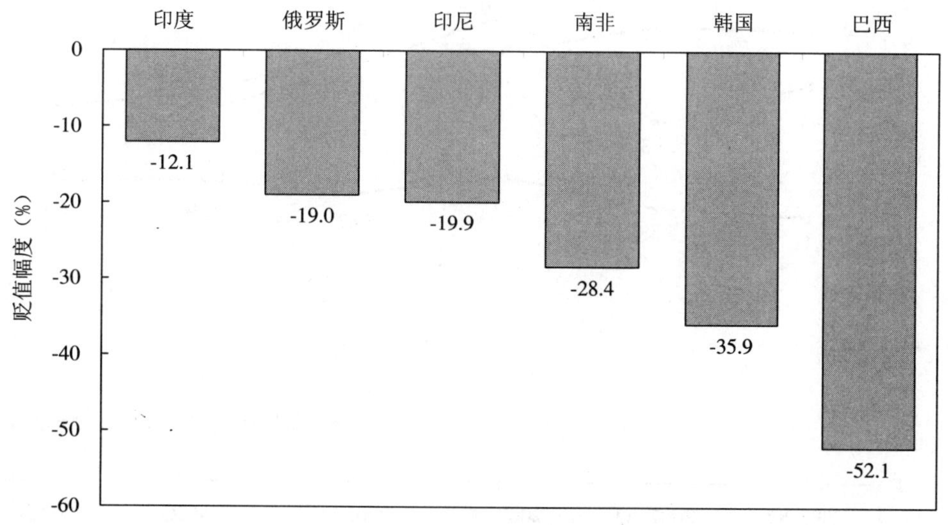

图23 2008年部分新兴市场国家货币贬值幅度

接下来，愈演愈烈的国际金融风暴对世界主要发达经济体的经济运行产生了普遍的影响。美国、日本、欧盟等三大经济体迅速步入衰退，日本、欧盟已连续两个季度GDP出现负增长，美国2008年第三季度GDP也出现-0.5%的下滑（见图24）。

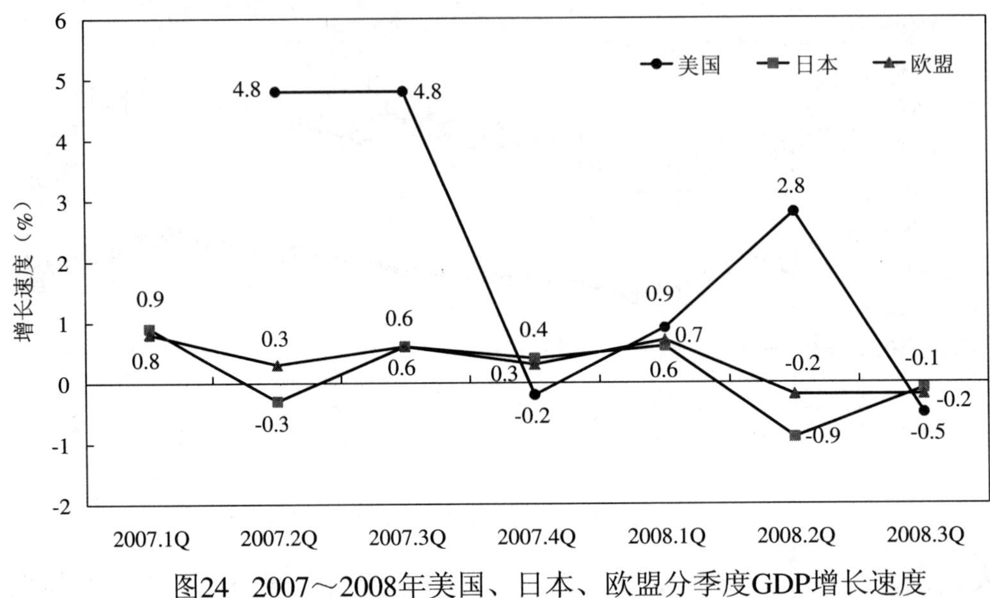

图24 2007～2008年美国、日本、欧盟分季度GDP增长速度

世界主要新兴市场国家的经济增速也出现了下滑，俄罗斯、印度经济增长出现明显下降态势（见图25）。

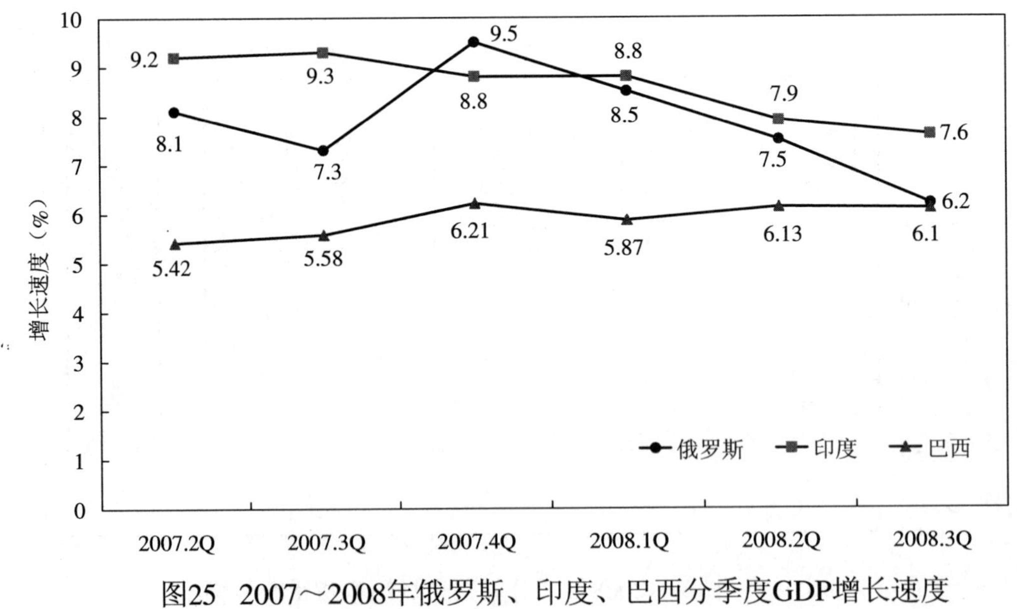

图25 2007～2008年俄罗斯、印度、巴西分季度GDP增长速度

部分亚洲国家和地区经济也不容乐观，2008年10月份韩国及我国台湾的工

业生产都呈负增长态势，泰国的工业生产也是逐月下滑。以发电量为例，韩国、泰国及我国台湾2008年的月度发电量都出现逐月下滑（见图26）。

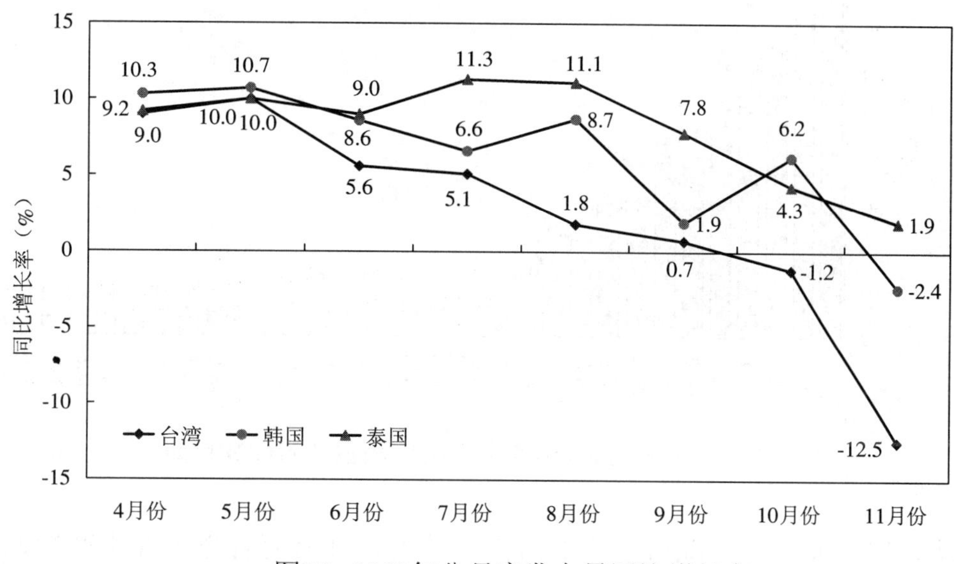

图26 2008年分月度发电量同比增长率

世界经济发展的减速首先对我国外向型经济地区产生了影响，并逐步向内地上游产业蔓延。2007年，广东、上海、江苏、浙江四地区商品出口总额占我国商品出口总额近70%（见图27）。东部沿海这些地区出口导向型明显，2007年广东、上海出口占GDP比重都在90%左右，浙江、江苏两省也分别达到60.2%和52.0%（见图28）。

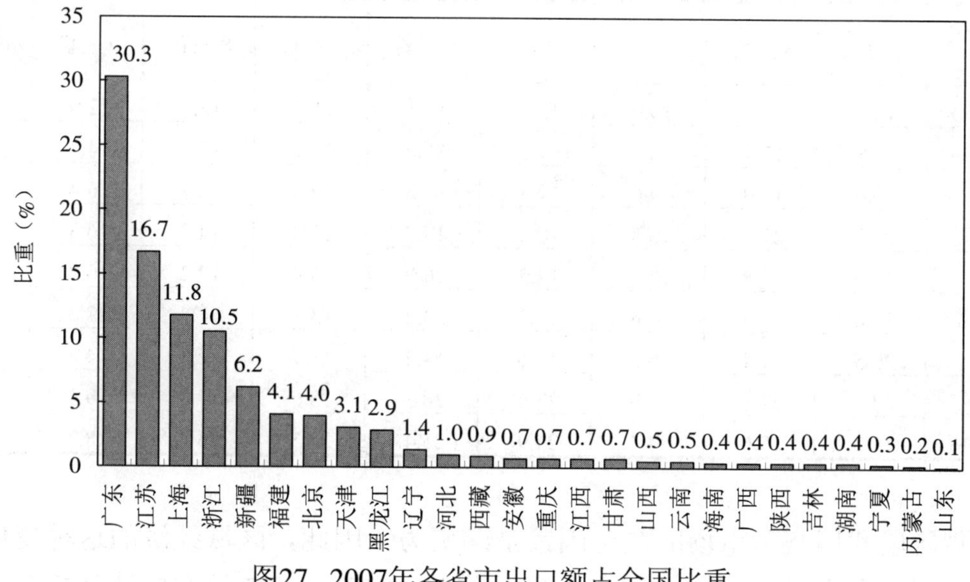

图27 2007年各省市出口额占全国比重

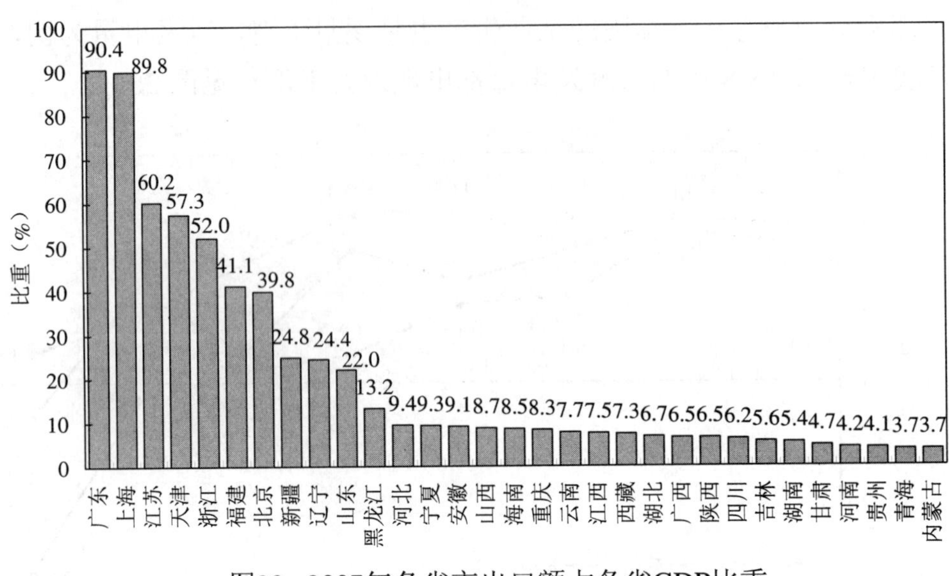

图28　2007年各省市出口额占各省GDP比重

从各省工业生产情况可以明显看出，随着东部沿海各省工业生产增速的逐步回落，中部地区也在稍后几个月逐步出现下滑态势。山西作为资源大省，反映尤为明显，2008 年第三季度以后工业生产迅速下滑，10 月份工业增加值同比下降 9.9%（见表 5）。

表 5　2008 年部分省份当月工业增加值增速变化

（单位：%）

月份 省份	2 月份	3 月份	4 月份	5 月份	6 月份	7 月份	8 月份	9 月份	10 月份
广东	12.1	13.5	13.0	13.3	13.1	11.7	13.1	12.0	9.9
江苏	13.8	15.4	18.2	17.7	16.0	15.1	12.1	14.3	11.0
浙江	10.4	14.9	9.6	12.8	10.2	9.8	6.1	6.4	2.2
福建	21.2	21.9	18.5	20.2	19.7	17.3	14.3	16.3	13.2
山东	19.5	19.8	18.7	17.3	16.9	15.9	12.2	10.7	8.0
河北	17.8	15.9	14.6	15.3	23.2	13.3	7.3	7.9	11.5
山西	20.5	21.4	16.2	16.6	14.2	13.9	12.2	4.2	-9.9
安徽	23.4	27.6	24.9	23.6	26.3	25.6	19.0	19.1	18.2
湖北	18.3	25.6	24.4	24.9	25.4	25.5	24.4	18.7	10.3

现阶段我国汽车市场的决定因素是购买力，因此，区域经济的这种变化直接反映到了汽车市场。2008 年第二季度，广东、江苏、浙江等东部地区轿车需求已

出现明显下滑。第二季度，广东、浙江、江苏乘用车市场需求同比分别增长，使第三季度市场下滑更为明显，乘用车需求同比下降在20%上下（见图29）。安徽、山西、湖北、河南等中部地区 2008 年第二季度乘用车需求还在快速增长，但到第三季度市场便开始急转之下（见图30）。

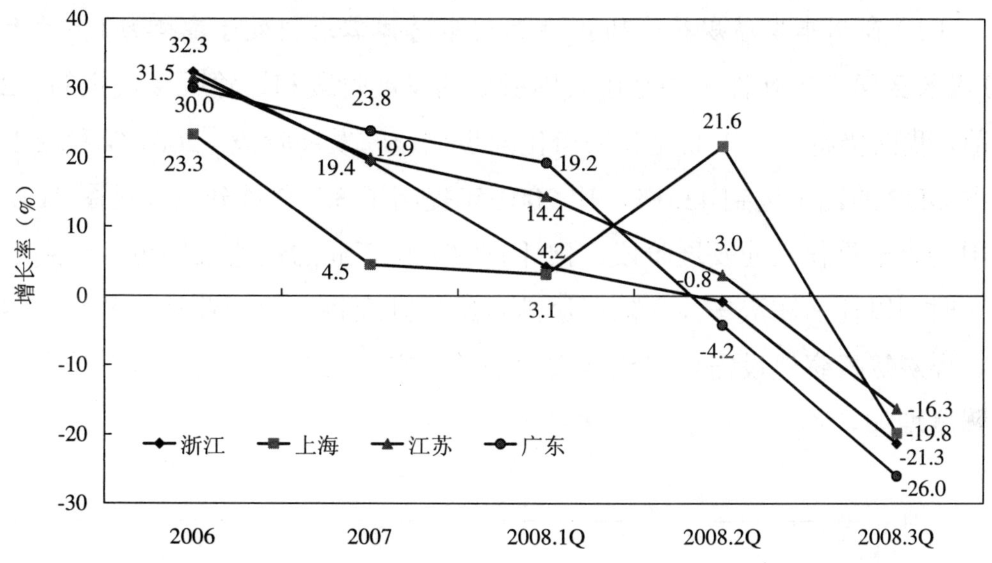

图29 2006～2008年第三季度东部地区乘用车需求增长率

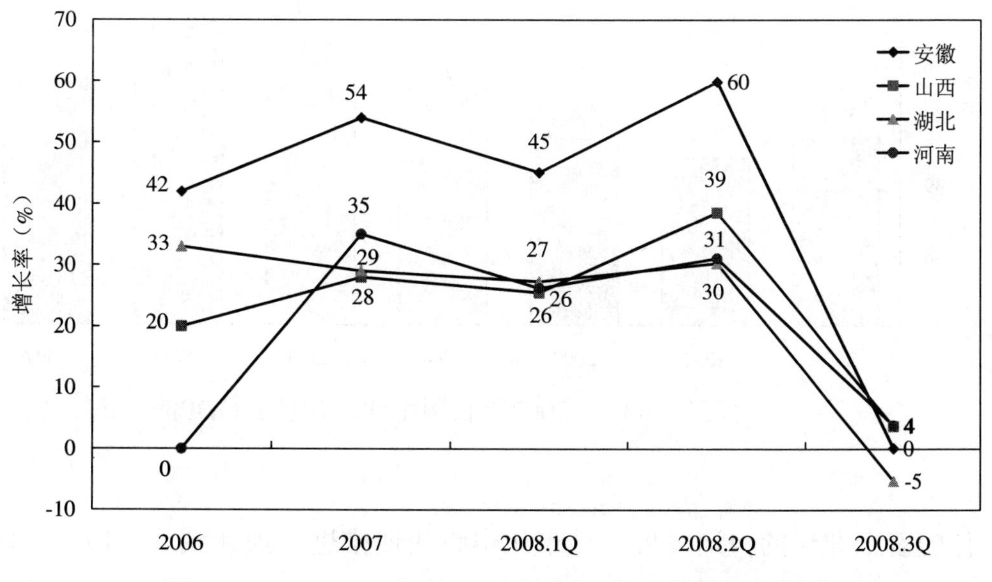

图30 2006～2008年第三季度中部地区乘用车需求增长率

三、2009 年汽车市场形势判断

2009 年汽车市场发展是由三方面因素共同影响的：一是发展规律，二是经济增长，三是特殊因素。

1. 发展规律

（1）商用车发展规律：2009 年商用车总体需求仍处于高弹性(相对于 GDP 增长)增长区间　高弹性主要是由我国所处的发展阶段和运输强度决定的。2020 年之前，我国仍将处于工业化和城市化同步加速的发展阶段。2007 年我国工业增加值占 GDP 的比重达到 43.0%，比 2001 年提高了 3.3 个百分点（见图 31）。目前，我国仍处于重化工业发展阶段，预计我国重化工业的快速发展可持续到 2020 年，这一时期以住房和汽车为主的居民消费结构升级将带动产业结构升级，钢铁、水泥、煤炭等投资建设需求将继续大幅增长，重化工业拉动的经济增长必然导致运输强度增加。

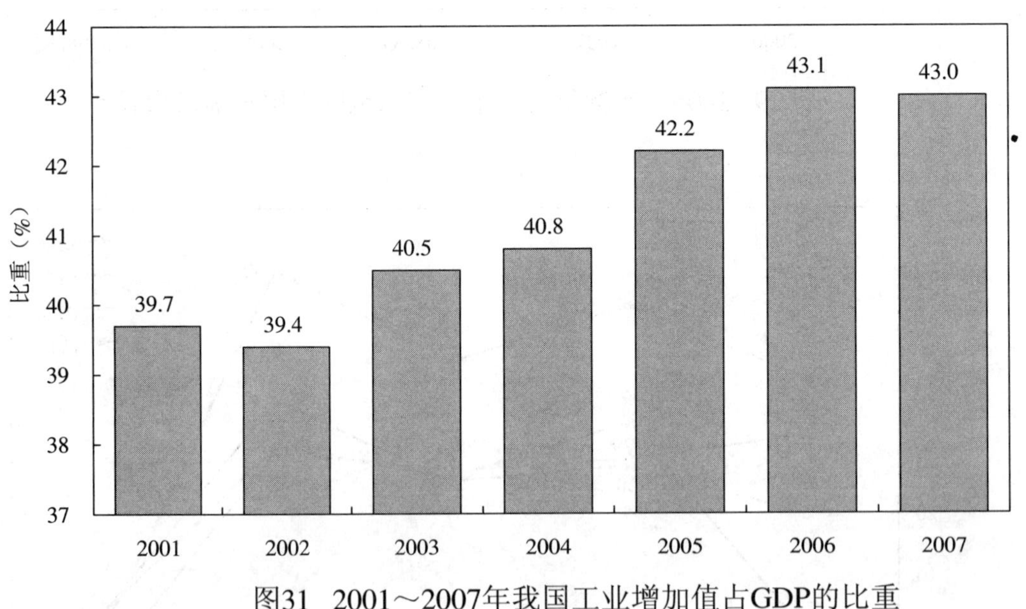

图31　2001～2007年我国工业增加值占GDP的比重

伴随着工业化的快速发展，城市化也将快速推进。预计城市人口占我国总人口的比重以后将每年提高 1 个百分点，在 2020 年达到 60%左右（见图 32）。城市化带来同等人口产生的客运量和货运量增加，也将使运输强度增加。

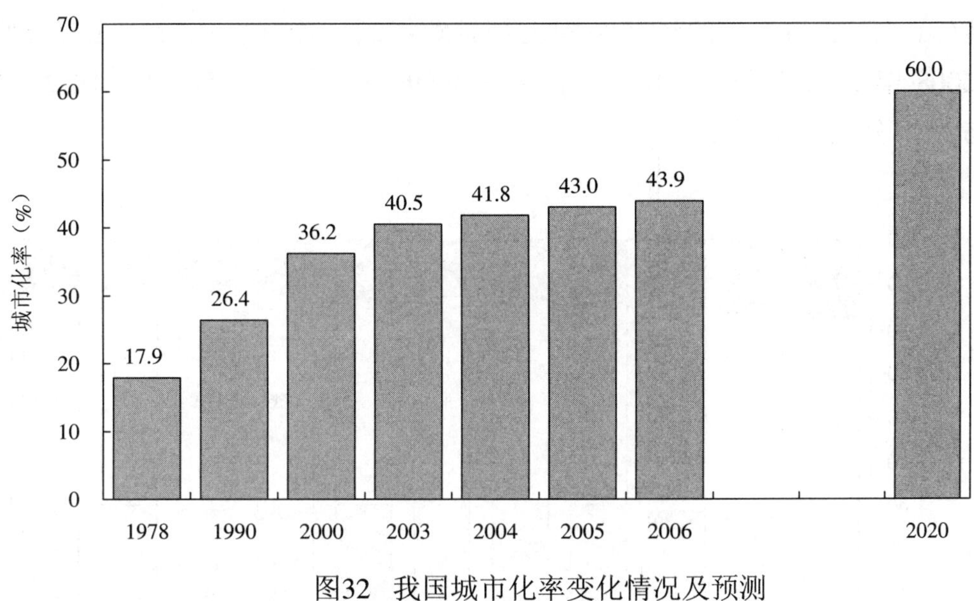

图32 我国城市化率变化情况及预测

运输强度是由一个国家或地区的经济结构和资源分布状况决定的。一个国家资源分布越不均匀，运输强度就越高。而我国正是资源分布很不均匀的国家，我国煤炭主要集中在中西部，2007 年我国原煤产量的 59.7%在中部，中西部原煤产量占总量的比例达到 86%。而钢铁生产主要在东部和中部，2007 年我国钢产量的 68.5%在东部，东中部钢铁产量占总量的比例超过 91%（见图 33）。这就需要把煤炭从中西部运输到东部，而中西部需要的钢铁和水泥需要从东部运输。

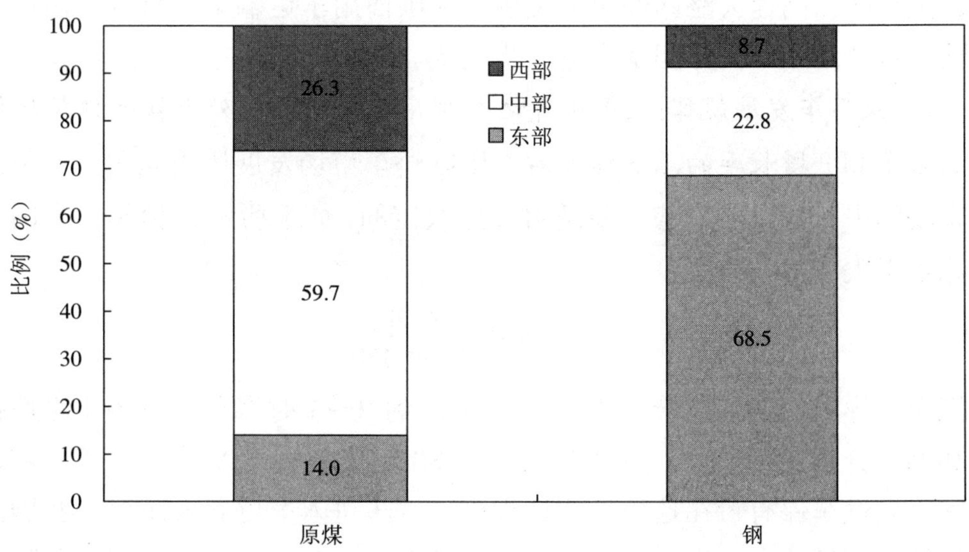

图33 2007年我国原煤产量、钢产量的区域分布

以第三产业为主体的经济结构也是导致我国运输强度比较高的突出原因之一。2008年1～9月份，我国第二产业占GDP的比重达到50.2%，比2007年提高1.5个百分点（见图34）。

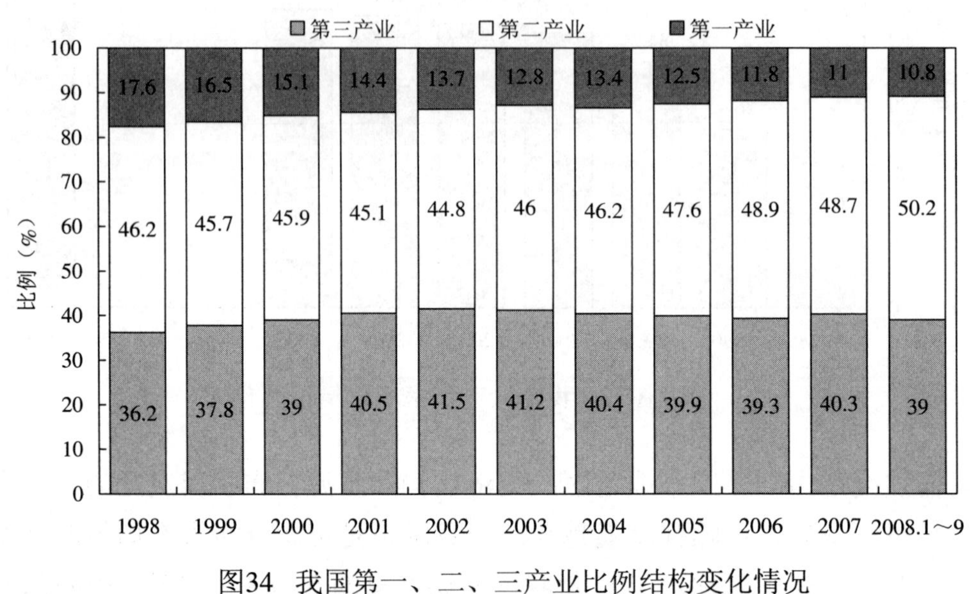

图34 我国第一、二、三产业比例结构变化情况

一般而言，时效要求高、价值量高的商品需要航空运输，而时效要求低，价值量不高的大宗商品的运输用铁路和水路运输，而其他的大量商品都可以用公路运输。随着我国高速公路网的快速发展，我国商用车运输里程将进一步提高，公路运输在货物运输中的分担率会进一步提高。

（2）乘用车发展规律：2020年之前乘用车市场仍将处于快速发展区间，增长率相当于GDP增长率的1.5倍左右　国际轿车市场发展历史表明：一个国家乘用车市场的中长期发展趋势主要是由R值决定的，如下所示R值指一个国家车价水平相当于人均GDP比值。

$$R=\frac{\text{车价}}{\text{人均GDP}}$$

汽车先导国的发展经验表明，当R值达到2～3时汽车普及率将迅速提高。日本和韩国分别在20世纪60年代中期和80年代中后期R值达到3左右，这两个国家千人汽车保有量在这以后快速提高，汽车进入家庭普及阶段。我国汽车消费先导地区市场的发展也同样遵从了R值规律，深圳、北京、广州、上海R值向3逼近，这几个地区轿车普及率也明显提升（见表6）。

表 6　我国部分地区 *R* 值的变化情况

年份 地区	2000 年	2001 年	2002 年	2003 年
广州	5.6	4.9	4.2	3.3
深圳	4.8	4.3	3.7	3.0
北京	8.6	7.2	6.1	5.0
上海	5.6	4.9	4.3	3.5

未来 10 年我国 *R* 值将不断地向靠近 3 的时点转化，从而为汽车大量进入家庭提供了保证。一方面我国车价水平仍有降价空间与压力，另一方面随着我国经济不断发展，人均 GDP 迅速提高。初步测算，2009 年我国 *R* 值将达到 3 的水平，轿车大量进入家庭(中等收入家庭具备购车能力)的时点逐渐来临。

在汽车大规模进入家庭的阶段，汽车需求将保持快速稳定增长，而且时间较长。日本 1960 年进入乘用车市场高速发展的孕育期，至 1964 年结束，五年间乘用车销量由 1960 年的 14.5 万辆暴增至 1964 年的 49.4 万辆，年均增长率高达 35.8%；1965 年日本开始进入乘用车普及期，当年乘用车销量 58.6 万辆，到 1973 年普及期结束，销量已经大幅攀升到 300 万辆平台，年均增长 22.2%。韩国乘用车市场 1981 年进入孕育期，当年乘用车销量 4.4 万辆，至 1985 年孕育期结束，乘用车销量已达到 12.9 万辆，年均增长 25.0%。1986 年韩国进入乘用车普及期，乘用车销量由 1986 年的 15.4 万辆迅速提升至 1997 年的 115.1 万辆，年均增长 20.0%（见表 7）。

表 7　汽车先导国家的发展轨迹

国家	发展阶段	开始年份	结束年份
日本	孕育期	1960 年	1964 年
	乘用车销量/万辆	14.5	49.4
	销量年均增长率（%）	35.8	
	普及期	1965 年	1973 年
	乘用车销量/万辆	58.6	300.9
	销量年均增长率（%）	22.2	
韩国	孕育期	1981 年	1985 年
	乘用车销量/万辆	4.4	12.9
	销量年均增长率（%）	25.0	
	普及期	1986 年	1997 年
	乘用车销量/万辆	15.4	115.1
	销量年均增长率（%）	20.0	

从发展规律角度讲，2009年汽车市场仍有快速增长的基础，这是内生的增长机制，是刚性需求，是区别于发达国家的重要原因。

2. 经济增长

经济增长一般是由投资、消费和净出口三驾马车来拉动的。首先来看出口，2009年出口将受到较大的影响，这不是靠提高自身竞争力能够完全弥补的，主要是国际需求的下降。

到目前为止，世界各国经济没有好转的迹象，而且金融危机已经开始影响实体经济。欧、美、日三大经济体汽车上牌量反映了受金融危机影响的严重性。

2008年美国汽车上牌量连续下降，尤其是进入三季度后，汽车市场出现剧烈下滑，9月份美国汽车上牌量只有约96万辆，同比下降28.0%。而到11月份汽车上牌量下滑到约75万辆，比2007年同期下降了36.7%（见图35）。

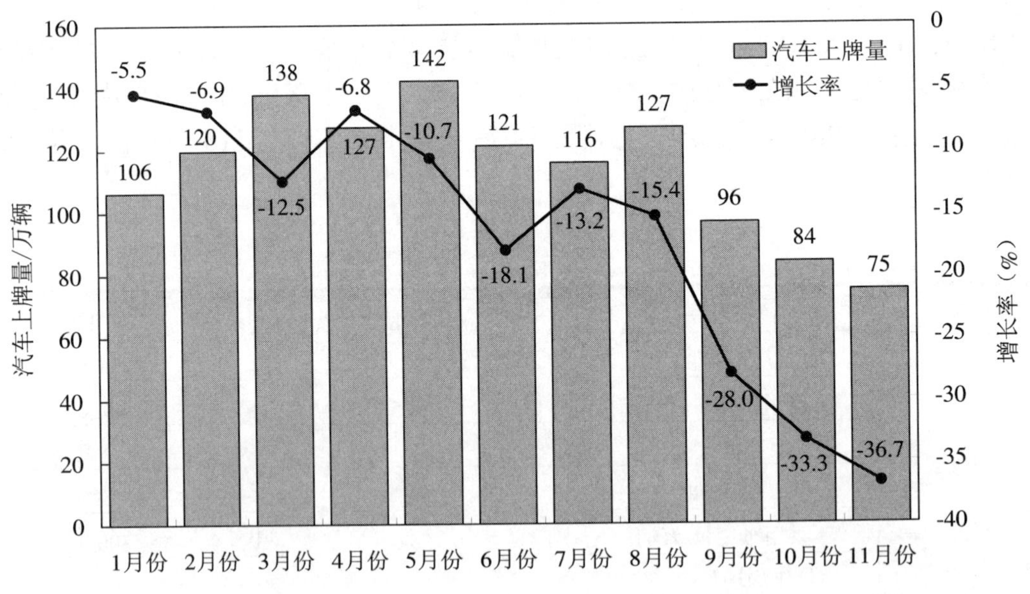

图35 2008年美国分月度汽车上牌量

德、英、法等欧洲主要国家汽车销售业也出现明显下滑。2008年，德国8月、9月、10月份连续出现负增长（见表8）。

表 8 2008 年欧洲主要国家汽车销售

月份\国家	德国		英国		法国	
	销量/万辆	增长率（%）	销量/万辆	增长率（%）	销量/万辆	增长率（%）
1 月份	24.7	9.9	18.9	-0.7	20.6	-4.5
2 月份	25.4	24.6	8.9	-2.0	22.0	10.2
3 月份	31.4	-14.3	51.1	1.0	24.3	3.3
4 月份	35.0	20.0	20.7	3.4	24.7	14.8
5 月份	30.4	-5.7	21.0	-3.1	23.2	7.8
6 月份	33.4	1.5	24.3	-5.6	27.1	2.0
7 月份	29.1	2.0	18.0	-12.9	22.7	-0.8
8 月份	24.0	-10.0	7.8	-19.0	13.3	-7.3
9 月份	29.3	-0.2	—	—	20.3	8.1
10 月份	28.8	-7.9	—	—	22.2	-5.9

日本也同样如此，2008 年前 11 个月中大多数月份都是负增长，11 月份下降幅度尤为严重，同比下降高达 36.7%（见图 36）。

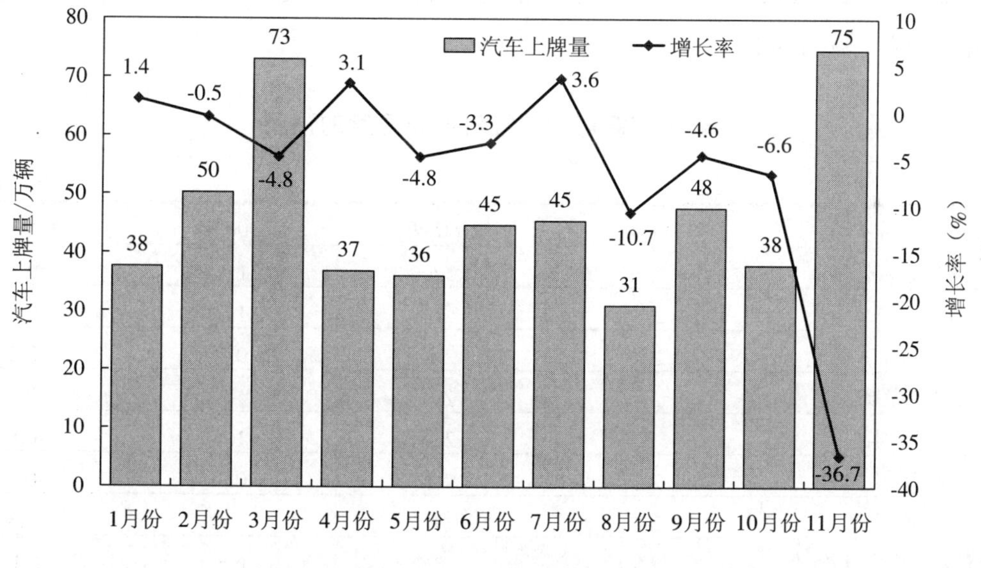

图36　2008年日本分月度汽车上牌量

金融危机导致主要经济体消费者信心指数下滑，美国消费者信心指数从 2007 年 7 月开始持续下滑，到 2008 年年初，消费者信心指数下滑到 87.3，到 2008 年 10 月消费者信心指数下降到只有 38，欧洲、日本消费者信心指数也呈现出逐步下降态势（见图 37）。

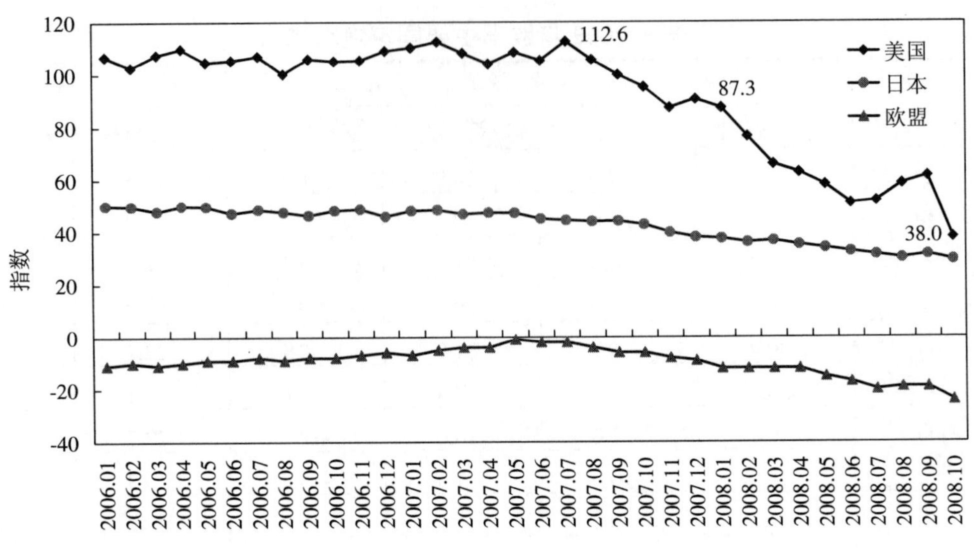

图37　美国、日本、欧盟消费者信心指数

金融危机近期虽然有所缓和，但主流观点认为还没有结束的迹象，国际货币基金组织（IMF）2008 年 11 月份公布的最新数据中大幅调低了对世界经济增长速度的预测（见表 9）。

表 9 IMF 对世界经济增长速度的预测

（单位：%）

年份	2006 年	2007 年	2008 年	2009 年
先进国家合计	3	2.6	1.4	-0.3
美国	2.8	2	1.4	-0.7
日本	2.4	2.1	0.5	-0.2
欧盟经济圈合计	2.8	2.6	1.2	-0.5
德国	3	2.5	1.7	-0.8
法国	2.2	2.2	0.8	-0.5
英国	2.8	3	0.8	-1.3
新兴发展中国家合计	7.9	8	6.6	5.1
中国	11.6	11.9	9.7	8.5
印度	9.8	9.3	7.8	6.3
俄罗斯	7.4	8.1	6.8	3.5
全世界	5.1	5	3.7	2.2

中国加入 WTO 后商品出口大幅增长，在国际贸易中地位显著提高，同时我

国经济的对外依存度也大幅提高，出口对我国经济增长的贡献也越来越大。2007年中国货物出口额占全球货物出口额的比重已经由1990年的1.8%提高到8.73%。2005年我国经济增长10.4%，其中净出口拉动2.5个百分点，2007年11.9%的经济增长中有2.6个百分点来自于净出口（见表10）。我国加入WTO后，外贸依存度以每年近10%的速度增长，2002年我国外贸依存度为42.7%，2003年上升到51.9%，2004年再上升到59.8%，2007年我国外贸依存度已达到66.8%（见图38）。

表10　2002～2007年我国三大需求对经济的拉动率

（单位：%）

年份	GDP增长速度	内需拉动	投资拉动	净出口拉动
2002年	9.1	4.0	4.4	0.7
2003年	10.0	3.5	6.4	0.1
2004年	10.1	3.9	5.6	0.6
2005年	10.4	4.0	3.9	2.5
2006年	11.6	4.5	4.9	2.2
2007年	11.9	4.7	4.6	2.6

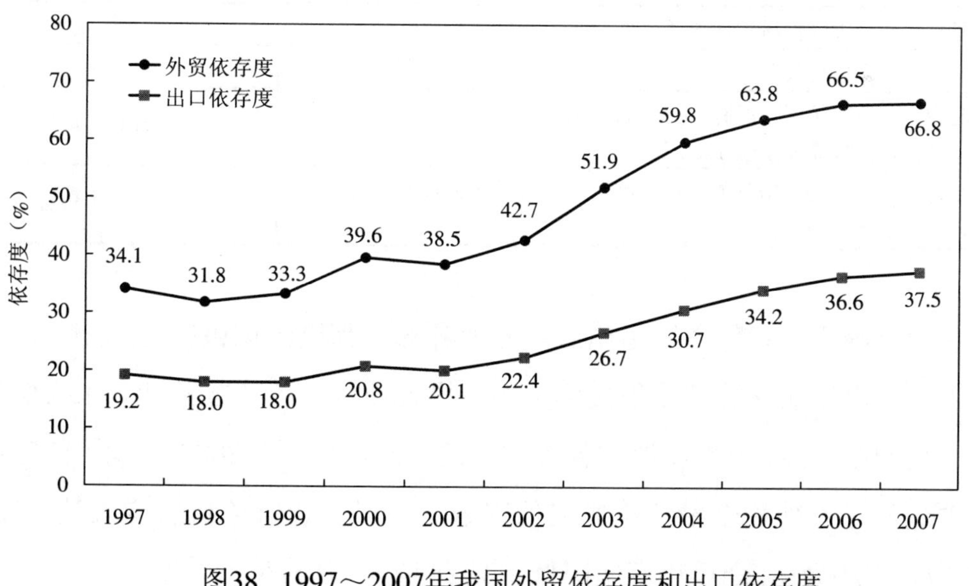

图38　1997～2007年我国外贸依存度和出口依存度

当前出口下滑所产生的影响正在迅速传导，由东部沿海向内地延伸，由外向企业向内型企业延伸，由中小企业向大企业延伸，由加工工业向上游产业延伸。可以预见，2009 年外贸出口形势是极其严峻的，外贸对经济的拉动作用将明显减弱。

2009 年的经济增长动力必须更大程度地依靠扩大内需。仅靠市场机制扩大内需显然动力不足，因此国家出台了 10 项刺激内需的政策，从直接投资、创造有利投资的条件等出发积极扩大内需（见表 11）。中央经济工作会议确定了 2009 年国家将实施积极的财政政策和适度宽松的货币政策。

表 11　国家出台的 10 项刺激内需的政策

政策	政策方向
一是加快建设保障性安居工程。加大对廉租住房建设的支持力度，扩大农村危房改造试点	直接投资
二是加快农村基础设施建设	直接投资
三是加快铁路、公路和机场等重大基础设施建设	直接投资
四是加快医疗卫生、文化教育事业发展	—
五是加强生态环境建设	—
六是加快自主创新和结构调整	—
七是加快地震灾区灾后重建各项工作	直接投资
八是提高城乡居民收入	—
九是在全国所有地区、所有行业全面实施增值税转型改革，鼓励企业技术改造，减轻企业负担 1200 亿元	有利于投资
十是加大金融对经济增长的支持力度。取消对商业银行的信贷规模限制，合理扩大信贷规模	有利于投资

在中央确立了总体方针措施后，各地各部门都已经积极行动起来，水利部、铁道部、交通运输部等部委积极落实相关投资项目，各地方预计未来投资计划也已到 18 万亿元。在中央和地方各级政府的共同努力下，2009 年我国的宏观经济形势要远好于其他受金融危机影响的国家。但毕竟金融危机影响太甚，2009 年 GDP 增长率还会比 2008 年有所降低（见表 12），尤其是一季度。

从经济环境角度分析，2009 年市场尚不如 2008 年，GDP 增长速度将继续下降，但相对于其他国家仍然有优势，我们不会错过战略机遇期。

表 12 主要机构对 2009 年中国 GDP 增速预测

（单位：%）

主要机构	预测时间	2008 年预测	2009 年预测
IMF	2008 年 11 月份	9.7	8.5
摩根斯坦利	2008 年 11 月份	9.8	7.5
高盛	2008 年 10 月份	9.8	8.7
中国社科院	2008 年 11 月份	9.8	9
中金公司	2008 年 11 月份	9.3	6/8（不考虑/考虑政策）
兴业银行	2008 年 11 月份	9.7	7.1 /8.9（不考虑/考虑政策）
国信证券	2008 年 10 月份	9.8	8.5
瑞士银行	2008 年 10 月份	9.6	8
各机构预测平均值	—	—	7.9/8.3（不考虑/考虑政策）

3. 特殊因素

燃油税改革和汽车鼓励政策有利于 2009 年乘用车需求增长。2008 年 12 月份我国燃油税改革方案及油价调整提前到位。总体来讲，这次燃油税政策出台后，养路费等费用取消，此外含税的油价比原先也下调近 1 元，用户的使用成本下降，近期来看对汽车需求是有利的。为了拉动经济增长，国家正在制定包括汽车产业在内的产业振兴规划，规划中车辆购置税或按消费税一样实施级差税率，或在规定时间内对小排量车适当减免车辆购置税。对大多数用户来讲，购车成本将有望下降，这也有利于刺激汽车需求。

综合以上分析，预计 2009 年国内乘用车需求量为 604 万辆，比 2008 年增长 6%；国产乘用车销售将达到 599 万辆，比 2008 年增长 5.7%（见表 13）。

表 13 乘用车需求总量平衡表

需求总量	2007 年	2008 年预计	2009 年预计	2009 年增长率（%）
国产/万辆	532	566.5	599	5.7
+进口/万辆	24	35	37.5	7.2
–出口/万辆	24	31	32.5	4.8
=内需/万辆	532	570	604	6.0

预计 2009 年国内商用车需求为 235 万辆，国产商用车出口为 30 万辆，扣除进口因素，国产商用车总销售预计为 235 万辆，同比下降 9.8%左右（见表 14）。

表 14 商用车需求总量平衡表

需求总量	2007 年	2008 年预计	2009 年预计	2009 年增长率（%）
国产/万辆	249.4	260.6	235.0	-9.8
+进口/万辆	1.0	1.2	1.0	-16.7
–出口/万辆	37.2	37.0	30.0	-18.9
=内需/万辆	249.4	260.6	235.0	-9.8

综合商用车需求和乘用车需求预测，2009 年我国汽车总需求将仍能保持一定增长，国内需求预计将达到 917 万辆，同比增长 1.7%。国产汽车销售量为 941 万辆，同比增长 0.7%（见表 15 和表 16）。

表 15 汽车需求总量平衡表

需求总量	2007 年	2008 年预计	2009 年预计	2008 年增长率（%）
国产/万辆	880	934	941	0.7
+ 进口/万辆	25	36	39	6.9
– 出口/万辆	61	68	63	-8.1
= 内需/万辆	843	902	917	1.7

表 16 国产汽车销售量预测

车型	2007 年	2008 年	2009 年预计	
	销售量/万辆	销售量/万辆	销售量/万辆	销售增长率（%）
乘用车	631.0	673.5	706.0	4.8
其中：轿车+MPV+SUV	532.0	566.5	599.0	5.7
微型客车	99.0	107.0	107.0	0.0
商用车	249.4	260.6	235.0	-9.8
其中：重型货车	48.7	53.5	42.0	-21.5
中型货车	23.7	21.5	20.0	-7.0
轻型货车	110.5	117.0	110.0	-6.0
微型货车	31.5	36.0	34.0	-5.6
大型客车	4.0	4.1	4.0	-2.4
中型客车	7.9	7.3	7.0	-4.1
轻型客车	23.1	21.2	18.0	-15.1
汽车总计	880.0	934.0	941.0	0.7

（作者：徐长明 李伟利）

2008 年重型载货车市场回顾与 2009 年展望

2008 年是我国经济发展极不平凡的一年，在美国次贷款所引发的国际金融风暴下，国家宏观经济放缓了高速增长的步伐。在国内外复杂的经济形势背景下，全国重型汽车市场继 2007 年高速发展后，在 2008 年走出上半年高速增长和下半年市场迅速下滑的行情。

一、2008 年重型载货车市场回顾

2008 年 1～11 月份，全国载货车产销 246.26 万辆和 246.53 万辆，同比分别增长 6.98%和 7.65%；2008 年 1～11 月份，重型载货车累计产销 520824 辆和 520188 辆，同比分别增长 14.75%和 15.39%。在汽车行业中，重型载货车仍保持 15%左右的增长幅度，且重型载货车对商用车的产销贡献度分别达到 41.66 和 39.59。重型载货车增长动因主要源于以下几点：

1. 固定资产投资仍是推动重型载货车发展的动力

国家统计局网站消息，2008 年 1～11 月份，城镇固定资产投资 127614 亿元，同比增长 26.8%。其中，国有及国有控股完成投资 53365 亿元，增长 21.6%；房地产开发完成投资 26546 亿元，增长 22.7%。从项目隶属关系看，中央项目投资 13124 亿元，同比增长 31.8%；地方项目投资 114490 亿元，增长 26.3%。从产业看，第一、二、三产业分别完成投资 1945 亿元、57235 亿元和 68435 亿元，同比分别增长 57.4%、29.5%和 24.1%。从行业看，煤炭开采及洗选业投资 1957 亿元，同比增长 34.8%；电力、热力的生产与供应业投资 7858 亿元，增长 15.7%；石油和天然气开采业投资 2219 亿元，增长 34.8%；铁路运输业投资 2571 亿元，增长 41.1%；非金属矿采选、制品业投资 4011 亿元，增长 46.9%；黑色金属矿采选、

冶炼及压延加工业投资3472亿元，增长31.9%；有色金属矿采选、冶炼及压延加工业投资2189亿元，增长41.6%。从施工和新开工项目情况看，累计施工项目328977个，同比增加26170个；施工项目计划总投资288467亿元，同比增长19.7%；新开工项目228776个，同比增加17649个；新开工项目计划总投资77539亿元，同比增长5.4%。这些行业投资增长和开工项目增加直接带动了重型汽车增长。

2. 物流业平稳发展为重型载货车提供了成长空间

根据中国物流和采购联合会、中国物流信息中心的最新统计分析结果来看，虽然2008年我国相继经历了罕见的雨雪冰冻和汶川特大地震灾害的重大考验，当前又面临国际金融危机的严峻挑战，物流业仍实现了平稳较快发展，但运行趋缓。2008年前三季度，全国社会物流总额68.1万亿元，同比增长26.7%，比2007年同期加快1.2个百分点。物流总额与国内生产总值相比的物流需求系数为3.4，即我国每单位GDP产出需要3.4个单位的物流总额来支持，比2007年同期提高0.2。从2008年前三季度社会物流总额的构成情况看，工业品物流总额60万亿元，同比增长27.8%，加快0.5个百分点，占社会物流总额的比重为88.2%，仍然是带动社会物流总额增长的主要因素。物流业的快速发展以及公路货运量的持续增长和计重政策给重型载货车尤其是牵引车带来了持续增长的动力。2008年1～11月份重型载货车半挂牵引车合计12003辆，同比增长23.1%。准拖挂车总质量大于25t、小于40t的车型为10484辆，同比增长31.76%，成为重型公路运输尤其是牵引车市场的主流车型。

3. 市场消费促使汽车结构不断发生演变

受利益驱使及计费收费政策的实施，中型载货车运输的经济性大大减弱，导致了重型载货车对中型载货车的替代。目前，全国各省市已基本实施了计费收费，并且从市场发展的需要看，计重收费的大方向不会改变。2008年1～11月份重型载货车比重比2007年上升了1个百分点，而中型载货车比重下降了2个百分点（见图1）。由此中型载货车、准重型载货车份额将不断下降，这个趋势将继续延续，这也是2008年重型载货车较快增长的重要原因之一。

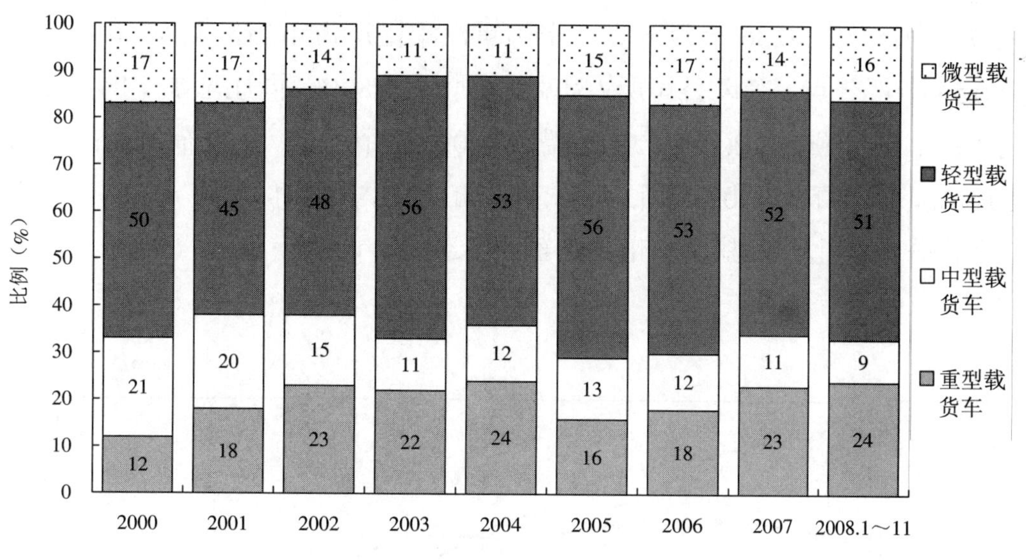

图1 2000年以来各系列载货车销售所占比重图

4. 法规政策、宏观调控及金融风暴影响了重型载货车市场走势

由于国家将国Ⅲ排放标准实行时间明确在2008年7月1日，政策法规在2008年上半年主导了重型载货车市场大局，仅上半年重型载货车市场销售了380139辆，按2008年全年预计535000辆计算，上半年便完成了全年计划的71.05%，高于2007年上半年销量18.58个百分点，形成了上半年“需求透支”的现象。2008年第三季度重型载货车销量为97864辆，比2007年同期下降约18.6%。这里就显现了国家宏观经济调控的结果。进入2008年11月份，当月销量仅是2007年同期的48.45%，突显了美国次贷危机所引发的金融风暴的影响。因此，政策法规、宏观调控、金融风暴等因素主导了国家宏观经济形势，也直接影响了重型载货车市场的发展。

5. 市场竞争推动了重型载货车市场的快速发展

随着市场竞争不断白热化，重型载货车市场格局也在发生变化。总质量14t以上重型载货车，2008年1～11月份累计产销520824辆和520188辆，同比分别增长14.75%和15.39%，产销率为99.88%。其中重型载货车销量前七家企业累计销售477915辆，占总质量14t以上商用车总销量的91.87%。

从总质量14t以上重型载货车的市场份额看，一汽集团所占市场份额为

20.39%，同比增加 0.36 个百分点；中国重汽集团所占市场份额为 20.13%，同比下降 0.55 个百分点；东风公司所占市场份额为 19.80%，同比增加 1.84 个百分点；陕汽所占市场份额为 12.16%，同比增加 0.02 个百分点；北汽福田所占市场份额为 10.66%，同比下降 1.07 个百分点；重庆红岩所占市场份额为 4.20%，同比下降 0.80 个百分点；北方奔驰所占市场份额为 4.53%，同比增加 1.33 个百分点（见图 2）。

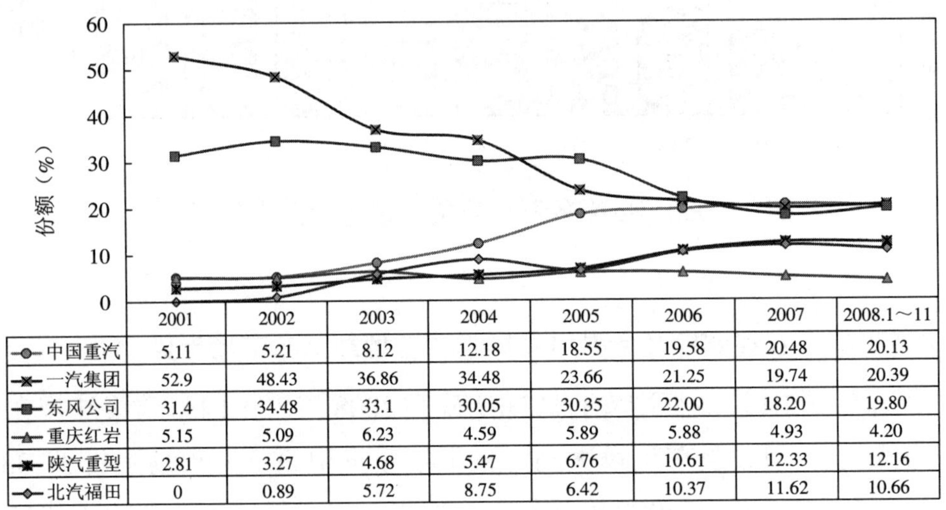

	2001	2002	2003	2004	2005	2006	2007	2008.1～11
中国重汽	5.11	5.21	8.12	12.18	18.55	19.58	20.48	20.13
一汽集团	52.9	48.43	36.86	34.48	23.66	21.25	19.74	20.39
东风公司	31.4	34.48	33.1	30.05	30.35	22.00	18.20	19.80
重庆红岩	5.15	5.09	6.23	4.59	5.89	5.88	4.93	4.20
陕汽重型	2.81	3.27	4.68	5.47	6.76	10.61	12.33	12.16
北汽福田	0	0.89	5.72	8.75	6.42	10.37	11.62	10.66

图2 2001～2008年中型载货车市场份额

通过上述形势分析，可以看出 2008 年全国重型载货车产销高速增长的态势，纵向与国 III 排放法规的实施及国家宏观经济，横向与物流等经济因素密切相关。2008 年全年预计市场销量达到近 54 万辆。

二、2009 年重型载货车市场形势展望

鉴于国内外复杂的经济环境和经济运行的诸多不确定性，给 2009 年全国重型载货车市场发展带来许多不稳定因素，分析重型汽车全年走势显得比以往更加困难。但有困难就有机遇，有机遇就有发展，从国家经济工作会议和所采取的一系列措施中就可以找出重型汽车发展之路。展望 2009 年重型载货车市场形势，着重从以下几方面分析：

1. 4万亿元投资拉动内需带动重型汽车市场发展

4万亿元的投资构成中，45%（约1.8万亿元）将投向于铁路、公路、机场、重大基础设施建设，这其中建筑工程占比为60%左右。在庞大的扩大内需计划中，铁路建设无疑是第一大户。铁路大规模建设中，建筑工程行业将在2009年保持高景气度和明确的高增长。2009年，铁路投资达5000亿～6000亿元，比2008年增长近一倍，建筑工程所占比例在60%左右，2009年建筑工程占比达3000亿～3600亿元。因此，铁路建设将带动建筑工程企业在2009年出现超过40%的明确增长，行业估值将在20倍左右。这些固定资产投资将带动钢铁、水泥等行业发展，也直接带动重型载货车市场的发展。

2. 燃油税实施有利于重型载货车发展

由于受利益驱使，国内重型载货车发展过程中出现的“大吨小标”问题，一方面加剧了超限运输现象的泛滥，客观上给部分车主逃漏国家税费创造了条件，破坏了汽车运输市场秩序，威胁了交通安全。另一方面严重影响了汽车行业正常的发展秩序，尤其是对重型汽车生产厂家的发展。随着燃油税的实施，从源头和经济利益给予制约，使汽车行业驶上正确的发展轨道，促使重型汽车市场继续保持一定的需求。

3. 物流业继续带动重型载货车向上发展

目前，我国人均公路里程仅为世界平均水平的一半，虽然我国重型载货车总量较大，但人均保有量、人均物流量依然较低，特别是运输市场潜力巨大。目前，重型载货车70%左右在我国东部地区，随着西部大开发的逐步实施，西部市场有巨大的发展空间，这些因素都将进一步促进我国重卡产业保持长期稳定发展。

4. 重型载货车将在出口贸易中得到发展

虽然2008年国家出口贸易增长率下降，但2008年国内各重型载货车生产厂家出口量占其总销量的比例比2007年大幅度上升。由于中国重型载货车产品的潜力也很大，加之中国出口产品市场主要在发展中国家。这些国家受国际金融危机影响较小，基础设施建设任务重，这就为境外重型汽车需求带来了市场机遇，同时国内市场重型载货车竞争将转嫁于国际竞争。

5. 重型载货车市场 2009 年全年走势将区别于往年

为保持国家宏观经济稳定发展，自 2008 年四季度先期投入 1200 亿元紧急拉动投资，以期稳定经济持续发展。但由于投资到实施有着一系列的中间环节，这就需要过程和时间缓冲。自 2008 年 10 月份起，全国重型载货车行业处在一个增长下行区间，再加上钢铁、房地产、水泥、矿业、原材料等行业开工不足等因素影响，许多社会车辆报停和歇业，各重型载货车生产厂家也面临开工不足且库存增大的情况。另外 2009 年一二月份又是春节等节假日高峰期。鉴于上述因素，2009 年全年重型汽车市场形势将区别于往年，预计二季度或下半年形成需求高峰期。

通过以上着重于重型载货车市场影响的有利因素分析，可使行业从困难中找出机遇以求得发展。但国际金融风暴所引发的经济危机仍然存在，由于我国对外依存度达到近 60%，加上市场信心不足而导致消费不足，“三驾马车”中只有投资这“一驾马车”独行并强行拉动，因此，国家经济和汽车市场全面发展需要强力动力加以推动。因此，从 2009 年总体来看，重型载货车市场总体销量将比 2008 年有所下降。

总之，随着国家一系列宏观经济措施的到位，势必传导至重型载货车市场和行业调整，也促使重型载货车行业向新一轮的产品开发和企业管理升级，同时也带动整个汽车产业链不断升级和发展，使汽车行业真正地成为支柱产业。

（作者：赵军）

2008年中、重型货车市场回顾与2009年展望

2008年对于中、重型货车市场而言是非常“不平凡”的一年。在这一年里，经历了上半年的火焰和下半年的冰山，2008年上半年完成全年销量的70%；在这一年里，经历了两升一降最频繁的价格调整；在这一年里，中、重型货车市场竞争格局发生微妙变化。

2009年中、重型货车市场需求是面临万丈深渊，还是“软着陆”呢？带着这样的疑问，我们先一起回顾2008年中、重型货车市场起伏变化，再共同探讨其在2009年市场发展趋势。

一、2008年中、重型货车市场回顾

1. 市场规模演变

2008年中、重型货车市场需求规模为74.2万辆，在2007年高基数下略有增长（见图1）。一方面显示出在国家基本完成治理“双超”，尤其是实施计重收费后的市场需求规模迈上新台阶；另一方面显示出货运需求起伏，尤其是大宗商品（煤炭、钢铁）货运需求起伏对中、重型货车市场需求带来直接影响。

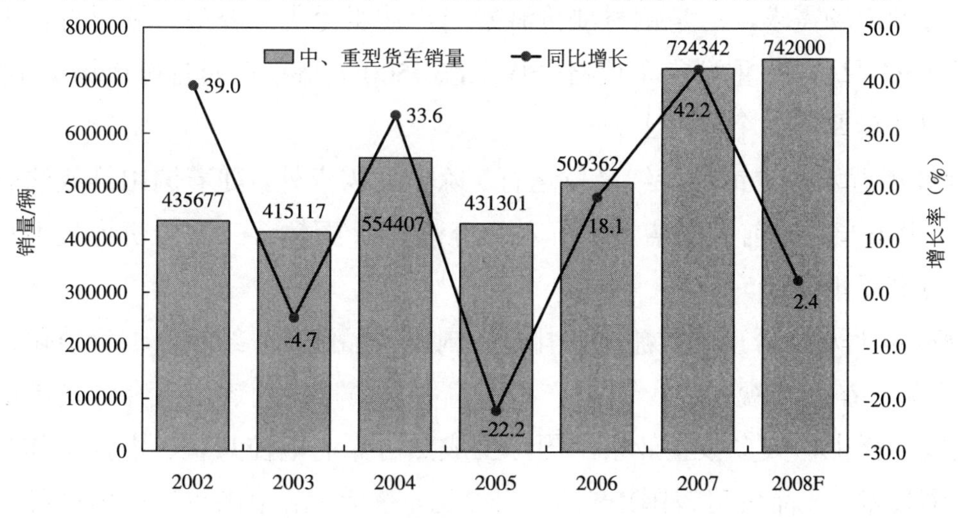

图1 2002～2008年中、重型货车市场整体规模演变

2. 月度市场状况

2008年月度需求前高后低，上半年完成全年销量的70%，远超过季节性规律（上半年52%）。月度需求直线下滑，从3月份的12万辆滑落到11月份的3万辆左右（见图2）。

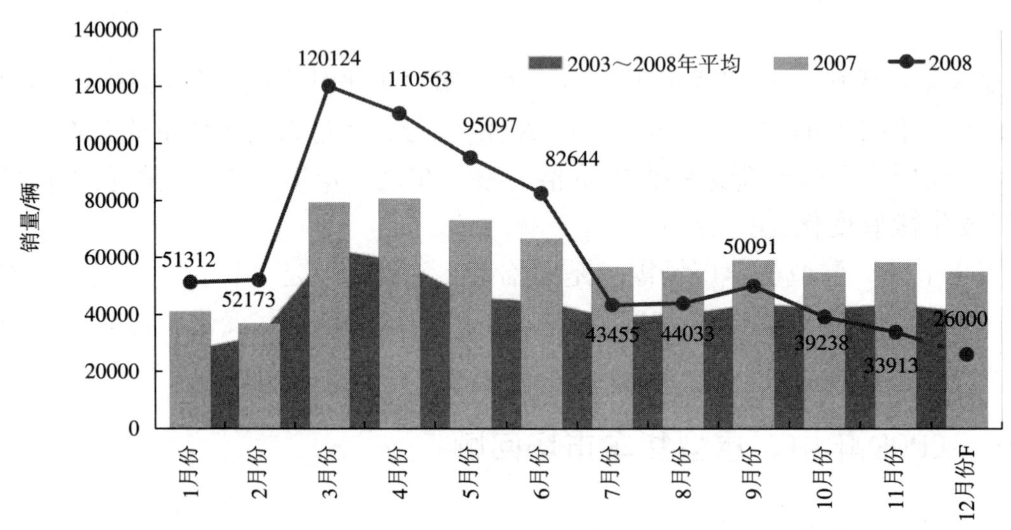

图2 2008年中、重型货车月度需求走势

2008年3月份中、重型货车市场需求高峰达到创纪录的12万辆，一是大宗商品（煤炭、钢铁）量价齐升给市场需求带来强拉动力，二是冰雪灾害恢复重建新增2万辆市场需求，三是钢材涨价激发用户购买力集中释放。钢材价格大幅上涨引起2～4月份中、重型货车价格平均上涨4500元/辆。三四月份市场供不应求，有的用户订车要等2个月以上。

2008年五六月份销量持续高位运行。除正常需求外，随着国III排放法规实施的临近，国II产品提前上牌增加了五六月份销量5万辆。三四月份拖欠用户订单在五六月份逐步完成。

2008年七八月份正式实施国III排放，国III产品涨价，经销商加价消化提前上牌国II产品。在用户观望中，国III产品销量占总销量比例逐步上升。在国III产品技术路线选择上，大多数企业采用国际上成熟可靠的电控共轨、电控单体泵、电控泵喷嘴技术，产品价格较国II产品上升2万～3万元；中国重汽国内产品主要采用电控废气再循环（EGR）技术，产品价格较国II产品上升1万元。成本优势使中国重汽竞争力进一步提升，并占得半年以上市场先机。在国Ⅲ产品市场推广期，用户普遍反映油耗较国Ⅱ产品上升 10%，油品适应性差，电子器件的应用增加维修成本，这在很大程度上增加了用户运营支出。

2008 年九十月份企业推出大幅度促销政策，终端市场产品大幅降价。在市场竞争与市场需求减弱的双重压力下，大部分整车、发动机企业共同大幅度让利促销，产品价格平均下降 15000 元/辆。在降价刺激下，9 月份行业销量 5 万辆，环比增长 14%，走出“金九”小高潮。

2008 年十十一月份金融风暴拉动大宗商品量价齐跌，货运市场陷入困境，市场需求直线下降。钢材量价齐跌，整个钢铁产业链（铁矿石、生铁、粗钢、钢材、工业产品、房地产）的相关货运需求减少，给货运市场带来货源危机；煤炭量价齐跌，用户车辆报停率大幅上升，如山西用户的报停率为 50%，大量新购车用户还贷困难，如山西 70%用户拖欠还贷，经销商资金链紧张。从国庆节开始，货源齐刷刷地没有了，用户突然感到无货可拉，一位老司机讲 2003 年“非典”的时候也有过这种情况，但也没像今天这样惨！

3. 细分市场变化

（1）中、重型货车各车型种类需求变化　半挂牵引、自卸车销量平稳增长，载货车销量平稳下降（见图 3）。

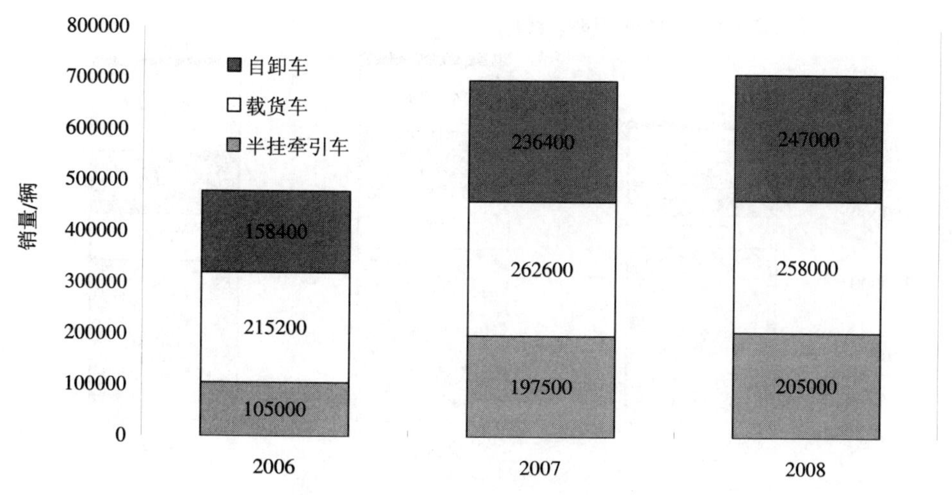

图3　中、重型货车各车型种类销量

2008 年半挂牵引车销量 20.5 万辆，同比略有增长。在计重收费的大环境下，

6×2 半挂牵引车的相对盈利优势进一步体现，销量突破 10 万辆大关，占半挂牵引车总量的比例从 2007 年的 30%上升到 2008 年的近 50%（见图 4）。

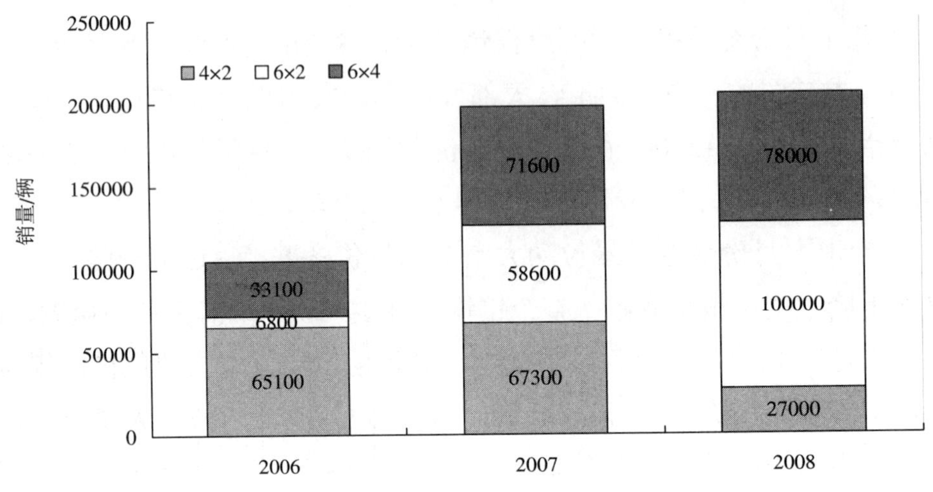

图4　半挂牵引车各驱动形式销量

2008 年载货车销量 25.8 万辆，同比小幅下降。8×4 载货车市场需求较快增长（见图 5），原因一是计重收费政策引导持续利好，二是专用车市场稳健增长拉动。

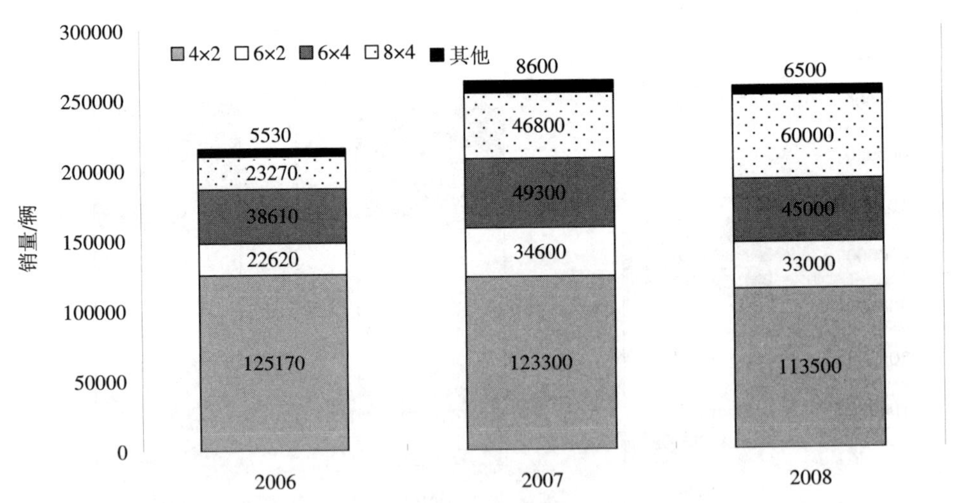

图5　载货车各驱动形式销量

2008 年自卸车销量 24.7 万辆，同比略有增长。6×4 自卸车销量 12 万辆，在采掘业、住宅投资大幅增长的带动下快速上升；以公路运输为主的 8×4 自卸车销量 5.8 万辆，销量快速上升（见图 6）。

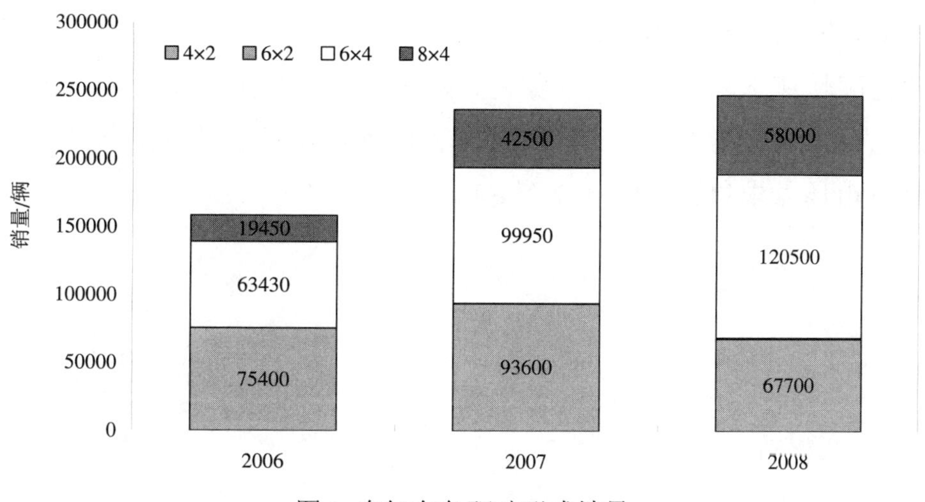

图6 自卸车各驱动形式销量

（2）功率需求变化　中、重型货车市场需求向大马力发展，尤其是 280 马力≤P<350 马力产品需求快速增长，其销量 2008 年达到约 36.4 万辆，占中、重型货车总量比例快速上升，由 2006 年的 26%上升到 2008 年的 50%（见图 7）。

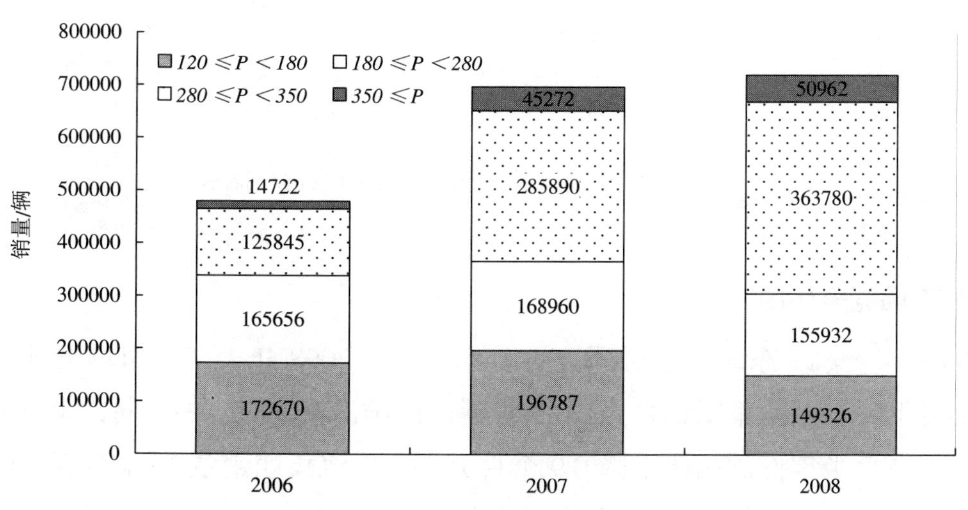

图7 中、重型货车各马力段销量

（3）换代产品渐成支柱性产品　东风换代产品（天龙、大力神、天锦）的销量和占集团销量的比例快速上升，成为东风集团销量的主增长点和支柱性产品。

（4）区域需求变化　广东、福建、浙江等以外向型经济为主的省份市场需求快速下降，同比增长在-10%以下，以及与之相连的交通枢纽安徽、江西货运输出省份也出现快速下降；山西、内蒙古、陕西、河北等资源型省份市场需求 1～9 月份快速上升，同比增长率在 10%以上，2008 年 10～12 月份在煤炭、钢铁量价齐跌影响下市场需求急剧下降（见图 8）。

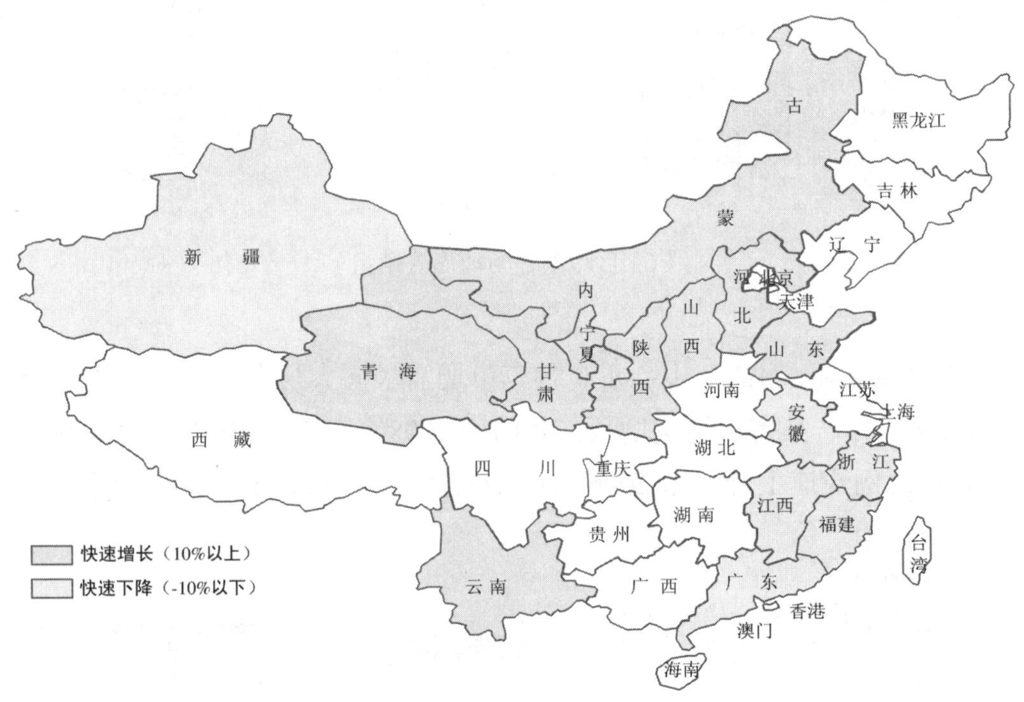

图 8 2008 年全国各区域中、重型载货车需求变化

4. 市场竞争格局

2008 年一汽、东风市场份额较同期持平，与 2008 年上半年市场份额相比有较大幅度下降。东风集团销量为 16.1 万辆，市场份额为 22.5%，同比上升 0.3 个百分点，与上半年份额相比下降 0.9 个百分点；一汽集团销量 15.4 万辆，市场份额为 21.4%，同比下降 0.4 个百分点，与上半年份额相比下降 2.1 个百分点。中国重汽市场份额较 2007 年同期以及与上半年相比均出现较大幅度上升。中国重汽 EGR 产品占得市场先机，2008 年下半年市场份额快速上升，达到 17.2%，较上半

年上升 3.5 个百分点。北方奔驰一枝独秀，市场份额快速上升（见表 1）。

表 1　2008 年 1～11 月份各企业的销售情况

企业名称	东风集团	一汽集团	中国重汽	陕西汽车	北汽欧曼	北方奔驰	安徽江淮	上汽红岩	全行业
2008 年 1～11 月份累计销量/辆	161202	153637	105233	64369	57966	23583	22138	21864	716554
同比增长（%）	8.4	5.4	12.3	6.5	-0.9	63.5	-2.4	-3.0	7.2
2008 年 1～11 月份市场份额（%）	22.5	21.4	14.7	9.0	8.1	3.3	3.1	3.1	100
2007 年市场份额（%）	22.2	21.8	14.0	9.0	8.7	2.2	3.4	3.4	100
2008 年上半年市场份额（%）	23.4	23.5	13.7	9.5	7.5	3.2	3.1	3.4	100

二、2009 年中、重型货车市场发展趋势探讨

受大宗商品量价齐跌的拖累，2008 年第四季度中、重型货车市场需求低迷，2009 年市场需求是继续一蹶不振，还是“软着陆”呢？问题的关键要看几个因素的变化：一是 2009 年大宗商品货运需求，二是房地产与基础设施建设投资，三是国家政策法规的影响，四是货运市场内在运行规律，五是用户运营收支情况，六是市场供给情况。

2009 年大宗商品产销量企稳，公路运输用车需求温和下降。有关部门在国家“保增长，扩内需，调结构”，保 GDP 增长 8%的基础上进行预测：2009 年煤炭产量将达到 28 亿 t，同比增长 4%；粗钢产量将达到 4.96 亿 t，同比增长 1%；国产轿车市场需求量为 600 万辆，同比增长 6%。上述大宗商品虽然增速回落，但仍然处于正增长，产销量企稳为公路运输用车提供了货源运输需求，在此基础上判断公路运输用车温和下降，不至于跌入万丈深渊。

房地产投资平稳增长，基础设施建设快速增长，带动工程建设用车平稳增长。房地产投资预计增长 5%，保障性住房计划的实施可以有效地抵消商品房投资负增长，房地产投资整体略有增长。3000 亿元的保障性住房投资，可以有效抵消 2009 年商品房投资负增长 10%～15%。基础设施建设较快增长。国家 4 万亿元的投资中有 3.45 万亿元用于基础设施建设，对中、重型货车尤其是自卸车市场需求

带来直接利好，预计拉动中、重型货车销量2万辆以上。地方省市政府上报国家18万亿元投资振市计划，一旦实施将对中、重型货车市场需求带来重大利好。

国家实施成品油价格和税费改革使中、重型货车用户受益，引领产品向节油、大吨位、汽车牌照方向发展。柴油价格降低使中、重型货车用户平均单车燃油费用降低3.9万元/年，三费取消（养路费、公路运输管理费、公路客货运附加费）使中、重型货车用户平均单车费用降低5.2万元/年，两项相加9.1万元/年，2009年用户费用支出在2008年的基础上降低22%。省油的车将会更受用户青睐；取消养路费，吨位越大越合适，大吨位将受用户欢迎；农用车牌低吨位优势风光不再，且不能上高速、进城，部分用户会倾向于选择汽车牌照。

国家将推行“营运车辆燃油消耗量准入制度”，将对所有营运商用汽车进行燃油消耗量的审查检测，不达标车辆将不再核发准运证，刺激车辆更新需求。这对2004年及以前生产的车辆都是一个难过的门槛，有关部门预测2009年中、重型货车更新量将超过10%。

用户购车成本、用车成本有望进一步降低。EGR技术在争议声中得到政府部门的再次承认，玉柴、潍柴等发动机厂EGR产品陆续获批，用户购车成本降低，同时发动机油品适应性提高，油耗改善，用户用车成本降低。钢材大幅度降价也为中、重型货车产品降价提供了可能性。

从运力、运量、运价历史动态变化来看，运力供给相对运量需求处在相对高位，且2008年高位回落，出现下行趋势；公路运价逐年下降，尤其是19个月以来持续低位运行，表明货运市场运力供给竞争日益强化。据此推断2009年公路运输用车市场需求面临较大下行压力。

中、重型货车海外出口坚挺。一是出口国家受金融风暴影响程度低，且大多处在基础设施建设期；二是“中国制造”适应海外国情，更迎合金融风暴下“价廉物美”产品需求。

综合考虑，预计2009年中、重型货车市场需求将在2008年基础上实现“软着陆”，市场规模为66万辆，同比下降10%；公路运输用车在大宗商品企稳带动下温和下降，工程建设用车在国家大力度投资拉动下平稳增长。

（作者：朱江涛）

2008 年轻型货车市场分析及 2009 年展望

一、2008 年 1～11 月份轻型货车市场现状分析

2008 年 1～11 月份，国内轻型货车生产企业累计生产 1104173 辆，同比增长 6.32%，累计销售 1099681 辆，同比增长 7.44%，轻型货车市场增速减缓（见图 1）。预计 2008 年全年销售 118 万辆，同比增长 6.8%。累计增速减缓的主要原因是 2008 年下半年轻型货车市场出现较严重下滑（见图 2），2008 年 1～6 月份行业累计销售 685655 辆，同比增长 19.56%；2008 年 7～11 月份行业累计销售 414026 辆，同比增长-6.84%，预计 2008 年 12 月份销售 76000 辆。

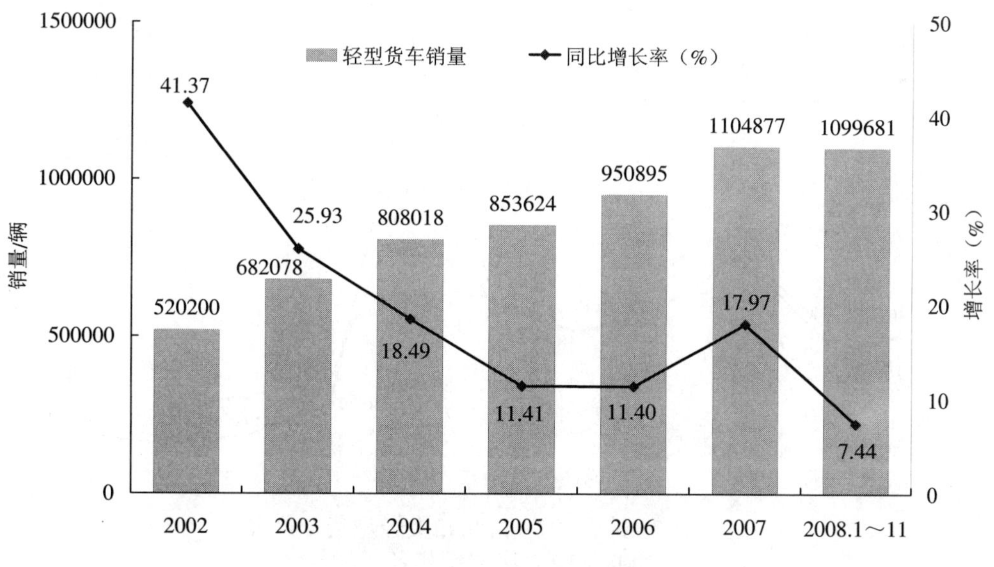

图1　轻型货车历年销售情况

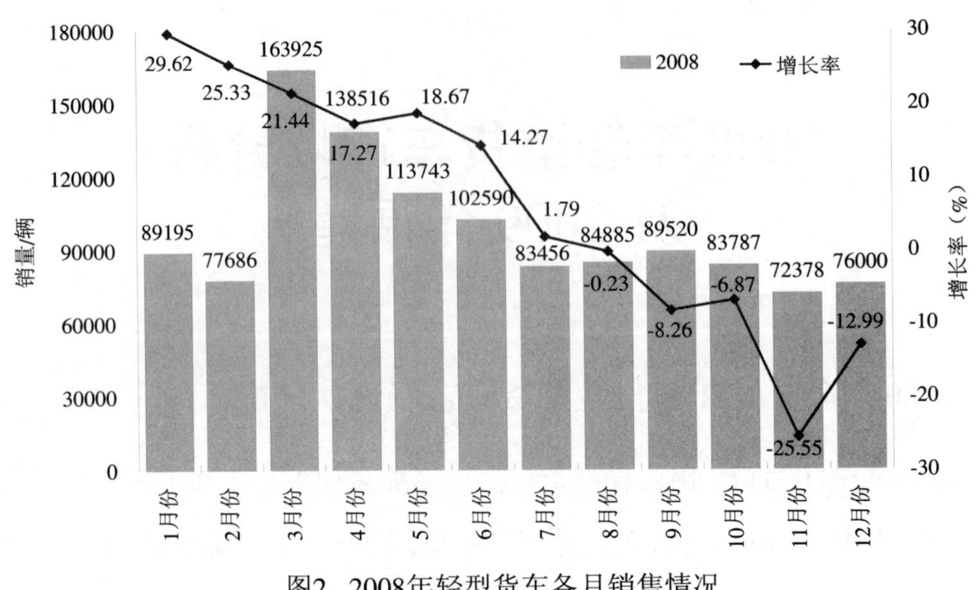

图2 2008年轻型货车各月销售情况

造成2008年下半年轻型货车增速减缓的主要原因：

第一，2008年7月1日N2类轻型货车产品国Ⅲ排放标准正式实施，上半年主要轻型货车厂家在五六月份大量备货和提前上牌等手段消化部分国Ⅱ产品——“卯吃寅粮”，使得上半年N2类轻型货车产品增速较快（见图3）。

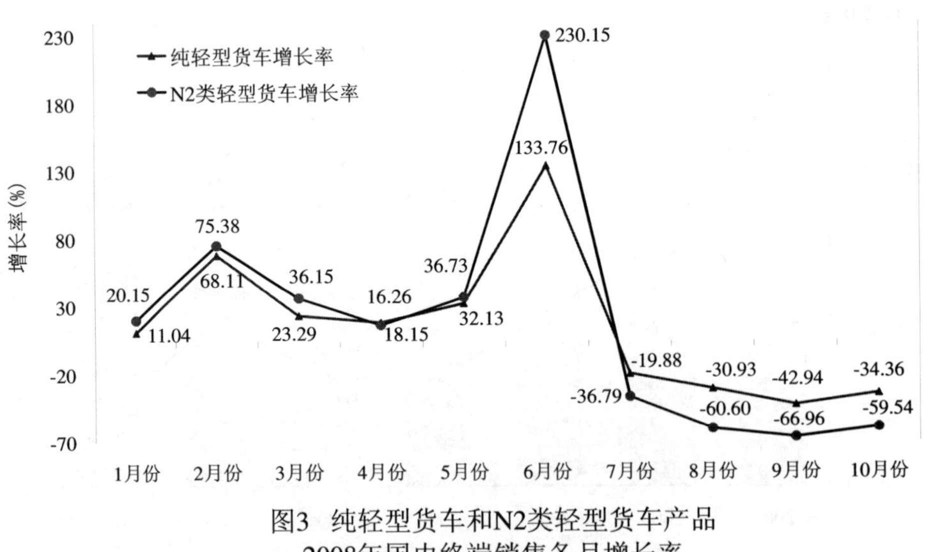

图3 纯轻型货车和N2类轻型货车产品
2008年国内终端销售各月增长率

从国内市场终端销售数据来看，2008年1～6月份纯轻型货车销售364123辆，同比增长47.75%，其中N2类产品销售177803辆，同比增长69.14%。2008年7～11月纯轻型货车销售108368辆，同比增长-32.72%，N2类产品销售31922辆，同比增长-56.83%。

第二，宏观经济影响使国内出口企业和中小企业陷入困境，从而导致市场物流需求减少。首先，国家从“稳健的货币政策”调整为“从紧的货币政策” ，2008 年上半年央行存款准备金率从年初的 15%经六次上调至 17.5%，商业银行贷款额度紧张，从而使中小企业融资困难，中小企业生存危机开始显现。其次，从 2005 年启动的人民币汇率形成机制改革到 2008 年 7 月 21 日汇改三周年，三年来人民币兑美元累计升值 21%，人民币升值使我国出口企业成本大大提高，进一步压缩了其利润空间。再次，美国次贷危机引起的全球经济危机，受经济危机影响美国经济走低，也对我国出口企业造成一定影响。欧盟、美国和日本为中国前三大贸易伙伴，2007 年我国与上述三个经济体的双边贸易额分别为 3561.5 亿美元、3020.8 亿美元和 2360.2 亿美元，三者合计占到我国对外贸易规模的 41.2%。2008 年上半年进出口总额 12342 亿美元，同比增长 25.7%，其中，出口 6666 亿美元，增长 21.9%，回落 5.7 个百分点。

广东、浙江是我国中小企业及出口企业最为集中的省份，他们的现状很大程度上折射了目前整个国家制造业面临的窘境。广东省 2008 年 1～6 月份货运量和货物周转量分别为 59353 万 t、4804109 万 t • km，同比增长 8.89%和 17.95%，比 2007 年分别回落了 16.05 和 2.74 个百分点，2008 年 7～10 月份货运量和货物周转量分别为 43993 万 t 和 3710134 万 t • km，同比增长 12.1%和 17.36%，比 2007 年分别回落了 4.85 和 7.02 个百分点；同样浙江省 2008 年上半年和 2008 年 7～10 月份的货物周转量比 2007 年分别回落了 23.16 和 1.85 个百分点。从广东、浙江两省终端销售看，广东 2008 年上半年累计销售轻型货车 43856 辆，同比增长 28.44%；而 2008 年 7～10 月份累计销售仅为 7932 辆，同比增长-62.04%。浙江 2008 年上半年累计销售轻型货车 29045 辆，同比增长 13.79%；而 7～10 月份累计销售轻型货车仅为 6226 辆，同比增长-56.16%。2007 年以上两省纯轻型货车市场年需求量为 112183 辆，占全国比重 15.51%。经济的不景气和国家政策的实施对轻型货车市场需求带来很大负面影响。

二、2008 年轻型货车市场需求特征

1. 轻型货车的市场地位

2008 年 1～11 月份轻型货车销量增长率略低于货车行业和汽车总量的增长率，2008 年轻型货车在载货车中的市场比例比较稳定，2003 年以来始终占载货

车市场的50%以上（见表1）。

表1 轻型货车在汽车总量及载货车中的比重对比

项目 年份	汽车销量总计/辆	货车销量/辆	轻型货车销量/辆	轻型货车占汽车比重（%）	轻型货车占货车比重（%）
2002年	3248058	1076613	520200	16.0	48.3
2003年	4390806	1211411	682078	15.5	56.3
2004年	5071061	1525908	808018	15.9	53.0
2005年	5758189	1461131	853624	14.8	58.4
2006年	7215972	1658445	950895	13.2	57.3
2007年	8791528	1966734	1104877	12.6	56.2
2008年1～11月份	8629794	1966491	1104043	12.8	56.1

2. 轻型货车市场各企业竞争状况

根据行业数据，2008年1～11月份，轻型货车前10位企业集中度较2007年略有下降。福田依然占据领先地位，但份额较2007年下降了0.72个百分点。淄博、凯马、重庆力帆、四川南骏、长安跨越、黑豹低速汽车企业和低价位产品增速加快，农用车企业进入的步伐加快（见图4）。

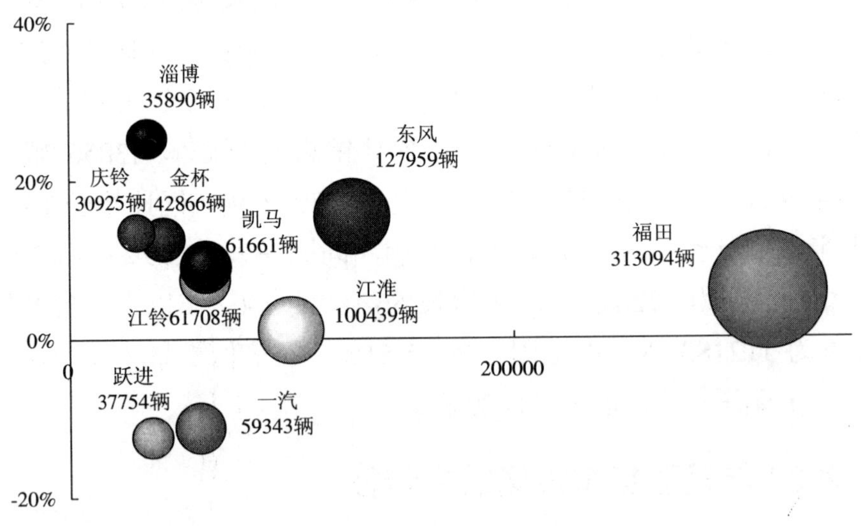

图4 2008年1～11月份轻型货车主要企业市场地位

3. 轻型货车市场结构需求变化

一是吨位级别上的需求变化，从国内终端市场数据来看，1t级、2t级产品比重呈下降趋势，1.5t 级、3t 级产品比重逐年上升，1～2t 级产品仍然是市场需求的主体（见图 5）。

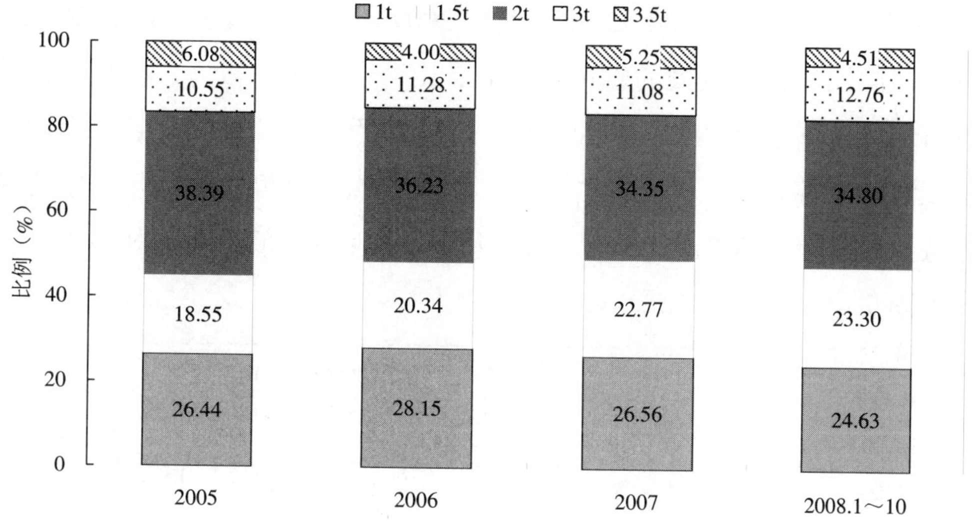

图5　2005～2008年轻型货车市场结构需求变化情况

二是“极限产品”市场需求快速上升。2007 年，轻型货车市场进入换购高峰期（轻型货车用户换车年限均在 4.5～5 年间），用户换购使吨位上升，“蓝牌”和“黄牌”在养路费、过路过桥费等使用费上相差很大等因素，使得“蓝牌”中总长在 5980～5998㎜ 的“极限产品”呈现快速增长趋势，2008 年 1～10 月份累计销售 179545 辆，同比增长 56.27%，增速比 2007 年加快了 36.14 个百分点。同时“极限产品”宽体市场需求逐年上升，2008 年 1～10 月份累计销售 26142 辆，同比增长 70.93%，所占比重由 2005 年的 5.65%上升到 2008 年的 14.56%（见图 6）。

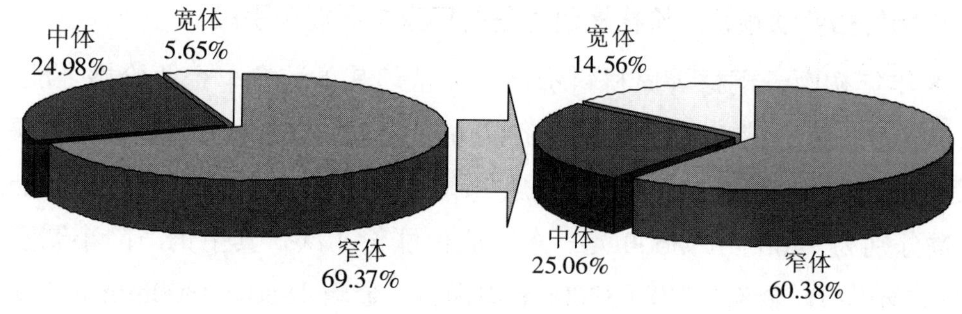

图6　2005年～2008年1～10月份蓝牌宽体比重变化

4. 区域市场需求状况

华北、西北、西南区域需求旺盛，2008 年 1～10 月份，上述三个区域同比增长分别为 43.87%、39.19%、34.52%，增速比 2007 年分别加快了 26.9、16.5、18.56 个百分点，同比增长比较大的省份是河北、山西、甘肃、青海、宁夏、川渝；华东区域市场需求增速比 2007 年度回落了 1.67 个百分点，同比增长下滑比较大的省份是上海、江苏、浙江、福建。华东、中南仍然是轻型货车市场需求比较大的区域，从数据增幅上来看，轻型货车市场需求出现由东部沿海地区向内地转移的趋势（见图 7）。

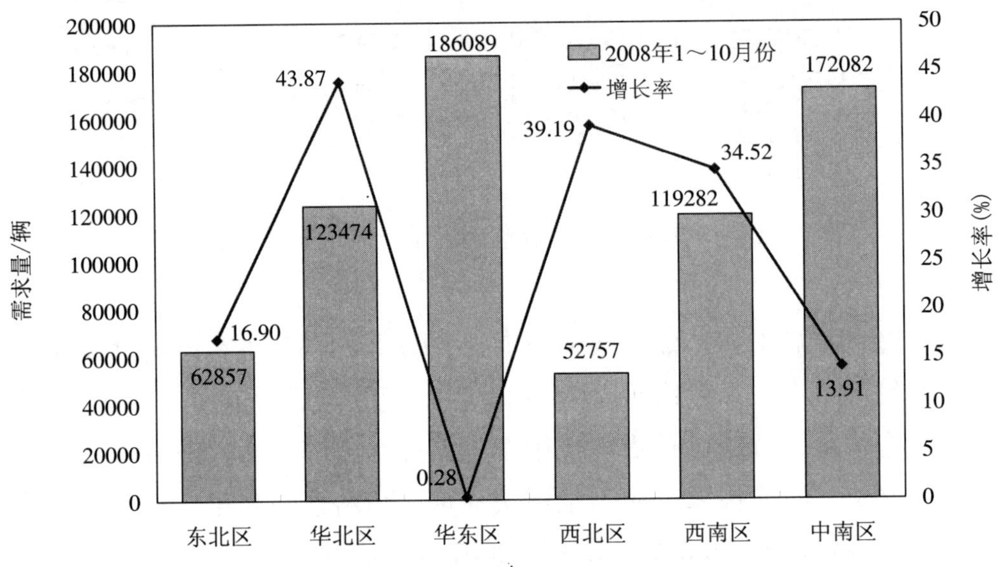

图7 轻型货车终端区域市场需求状况

5. 市场价格变动频繁，价格战仍然是各厂家主要促销手段

2008 年年初由于钢材等原材料价格上涨带动其下游汽车企业价格上涨频繁，福田涨价 4 次，其主销产品小卡之星 3200mm 轴距和 2600mm 轴距累计涨幅都为 3350 元；江淮涨价 5 次，其主销产品康铃 II 3308mm 轴距和骏铃 II3308mm 轴距累计涨幅分别为 7400 元、3600 元；东风股份涨价 4 次，其主销产品小霸王 1690（3300mm 轴距）、金霸 1730（3300mm 轴距）、金霸 1880（3300mm 轴距）累计涨幅分别为 3020 元、2500 元、4500 元；一汽涨价 5 次，其主销产品 2400mm 轴距和 3100mm 轴距累计涨幅分别为 4200 元、5200 元，上半年各主要厂家涨价 4～

5次，平均涨幅4500元。

随着下半年钢材等原材料价格下跌，各厂家纷纷以下调价格或变相降价的方式促销：江淮在2008年9月末对其轻型货车（II）类产品价格下调，平均降幅2900元；东风股份在2008年11月初开展“购东风轻型货车，送3000～5000元油卡！”活动；跃进促销送3000元柴油；金杯促销幸运抽大奖等。

三、2009年轻型货车市场需求判断

1. 燃油消费税的影响因素

成品油价税费改革拟于2009年开始实施，改革后，汽油消费税单位税额由每升0.2元提高到1元，柴油消费税单位税额由每升0.1元提高到0.8元，其他成品油单位税额也将相应提高；取消公路养路费、航道养护费、公路运输管理费、公路客货运附加费、水路运输管理费、水运客货运附加费，并逐步有序取消政府还贷二级公路收费，相当于将取消的上述收费转变为成品油消费税。

其具体影响在以下方面：一是公路养路费、公路运输管理费、公路货运附加费三项费用中公路养路费是缴费比较大的一块，而随着吨位的上升，公路养路费翻倍增加。从耗油量上看，1～3t轻型货车的百公里油耗相差不是很大，费改后取消三费对大吨位车应该是利好的，燃油消费税的实施对轻型货车结构变化有一定的影响。另外施行成品油消费税可以抑制某些地方性保护政策。二是由于此项税费改革没有取消公路过路过桥费用，市场的吨位套牌现象仍然存在。三是可鼓励企业新技术、新能源和节油产品的推广和应用。

2. 实施国III排放的影响

2009年7月1日，国家将对延期一年的N1类轻型车实施国III排放法规，根据2008年的N2类轻型车实施国III的经验，各企业实施提前上牌等手段的应变能力有所加强，由于低吨位经济型产品达到国III排放存在一定难度，预计2009年此类产品切换农牌的可能性比较大，但是无论如何国III排放法规的实施对轻型货车是最大的负面影响。

3. 2009年农村市场将是广阔的发展空间

2008年12月10日中央经济工作会议提出2009年经济工作五项任务，第一、第二项中“继续加大对三农方面的支持力度”和“大幅度增加对三农投入” 都

提到加大对三农的支持力度；国家在今后两年中投入的4万亿元中用于农村民生工程和农村基础设施的投资3700亿元占总投资额的9.25%。送“家电下乡”等一些惠民政策预计还会增加力度和种类，以上项目的实施会拉动农村物流市场的需求，带动轻型货车的增量。

4. 自卸车的市场需求会有所增长

中央出台促进经济增长的十项措施，决定在2008年第四季度新增1000亿元中央投资，加快民生工程、生态环境、基础设施建设，加快灾后重建的各项工作，这1000亿元的投资中已经落实到项目的超过了40%。

国家在今后两年中投入的4万亿元，粗略统计用于工程建设项目投资的铁路、公路、机场、城乡电网，灾后的恢复重建，重灾区、农村民生工程和农村基础设施，保障性安居工程占总投资额的86.25%。这将拉动自卸车的市场需求。

5. 宏观经济影响

国家统计局2008年前三季度国内生产总值201631亿元，按可比价格计算，同比增长9.9%，比2007年同期回落2.3个百分点。其中，第一产业增加值21800亿元，同比增长4.5%，加快0.2个百分点；第二产业增加值101117亿元，同比增长10.5%，回落3.0个百分点；第三产业增加值78714亿元，同比增长10.3%，回落2.4个百分点。11月份PPI同比上涨2.00%，PPI大幅下降反映了下游消费需求减少、经济下滑的事实的信号。预计会影响2009年第一季度和第二季度，2009年下半年国内经济会有所好转，但2009年下半年国Ⅲ排放的实施又对轻型货车市场有一定的负面影响。

综合以上影响因素，2009年轻型货车（行业统计）预计总需求量在108万辆，增长率为-8.47%。

（作者：孙鉴）

2008 年皮卡市场分析及 2009 年展望

一、2008 年皮卡市场分析

1. 中国皮卡市场整体运行状况

皮卡是生活工具，也是生产工具，有着广泛的用途，它比农用车、微型货车、轻型货车高级一些，很适合个体和家庭使用，既可从事农副业生产经营和小量运输，又可代步。皮卡作为一个商用车市场的小众产品，年销量不到中国整体汽车市场的 3%。2008 年整体皮卡市场随国民经济增速的回落也出现下滑，预计 2008 年全年销售增长率为 8.4%，高于商用车平均水平，但也是四年来皮卡市场增速的新低，主要是由以下原因造成的：一是国际金融危机导致 2008 年中国经济增速逐月回落，同步影响国内皮卡市场购买力减弱；二是汽油皮卡施行国Ⅲ排放后增加了购买成本，部分消费者分流到轿车和微型车市场；三是 2008 年年初的南方雪灾和汶川地震等自然灾害频发，影响了当地的车辆销售。2008 年年初南方雪灾发生时，由于车辆运输不畅，许多经销商出现无车可卖的现象；而汶川地震不仅影响了当地皮卡销售，更导致许多依靠财政拨款的政府采购资金因支援灾区而推迟甚至取消采购。

总体而言，2008 年是中国皮卡市场继续保持增长的一年，2008 年 1～11 月份皮卡整体市场获得 11.5%的增长。原因是部分高端皮卡企业大幅降价或实行双品牌战略，使高档皮卡销售取得较好的业绩，挤占了中档皮卡的市场份额；同时，皮卡呈现“墙内开花墙外香”的喜人景色，皮卡出口持续创下新高。

从 2008 年月度销售情况看：2008 年皮卡销售呈现逐月下滑趋势，2008 年 1～7 月份销量均高于 2007 年同期，但差距在逐步减少，到 8 月份开始低于 2007 年同期，预计 12 月份将创 2008 年月度销售新低，达到 13000 辆（见图 1），预计 2008 年全年皮卡行业销量有望突破 21 万辆。

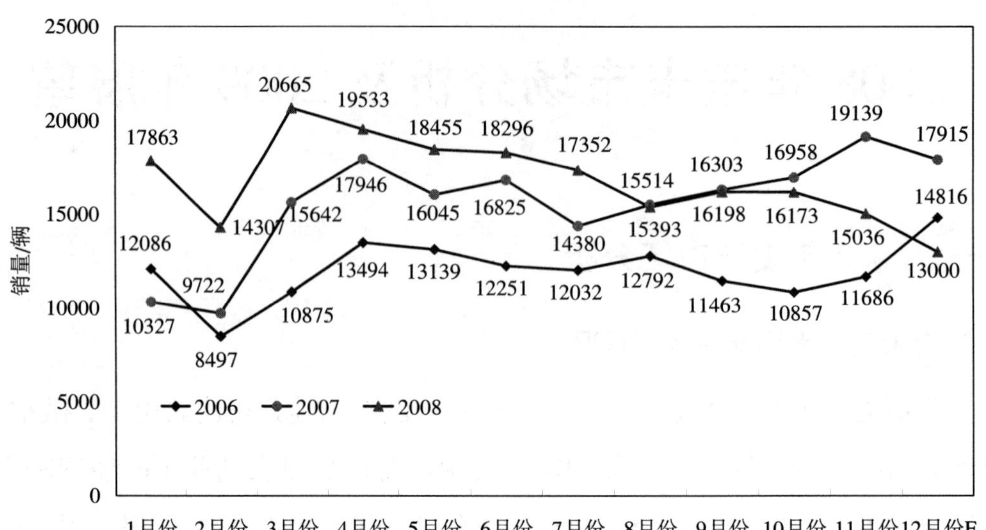

图1 2006～2008年主流皮卡月度销量走势图

（注：数据来源于中国皮卡协会）

2008年1～11月份国内主流皮卡（含高档皮卡和中档皮卡）总销量为189321辆，同比增长11.0%，2008年预计全年实现销量210321辆，同比增长8.4%（见表1）。其中长城汽车（含长城风骏）销售51380辆，远高于排名第二的郑州日产皮卡和第三的江铃宝典皮卡，继续以较大优势保持领头羊的位置。郑州日产皮卡销售28899辆排在第二位，继续保持大幅增长态势，排在第三到第八位的企业分别是江铃宝典（24460辆），中兴汽车（22626辆），庆铃汽车（13264辆），黄海曙光（13066辆），吉奥汽车（12774辆），福田汽车（12546辆）。其中中兴皮卡由2006年的排名第二下滑至第四，福田由第六下滑至第八名，而浙江吉奥和庆铃皮卡等保持快速增长。

2008年庆铃、吉奥和郑州日产成为皮卡市场的最大赢家，同比累计增长率分别为70.5%、215.8%和19.5%，拉动了整个皮卡行业快速增长。其中，以庆铃、郑州日产和长城风骏为代表的高档皮卡销量增量近18000辆，也是皮卡市场增长最快的部分。庆铃大降价、郑州日产双品牌战略的实施取得巨大成功，江铃独占高档皮卡市场的局面不复存在，庆铃和郑州日产主要依靠行业客户积累和品牌优势，大规模进入行业用户和批售市场，而长城风骏的大量出口更使高档皮卡走向国际市场。

表 1 2006～2008 年各皮卡厂家销量

	2006 年 1～11 月份销量/辆	2007 年 1～11 月份销量/辆	2008 年 1～11 月份销量/辆	2008 年相对 2007 年的增长率（%）
郑州日产	19887	24179	28899	19.5
庆铃汽车	7314	7780	13264	70.5
江铃汽车	21895	21129	24460	15.8
长城风骏	—	5200	13000	150.0
高档皮卡小计	49096	58288	79623	36.6
长城汽车	43349	44768	38380	-14.3
中兴汽车	18426	26255	22626	-13.8
福田汽车	11376	12419	12546	1.0
长丰扬子	5024	4494	6300	40.2
北汽陆铃	2186	7196	3986	-44.6
吉奥汽车	5948	4045	12774	215.8
南京汽车	227	1859	20	-98.9
黄海曙光	3226	11221	13066	16.4
中档皮卡小计	89762	112257	109698	-2.3
主流皮卡合计	138858	170545	189321	11.0
全年预计	159481	194049	210321	8.4

从市场集中度看，长城、郑州日产、江铃、中兴四家的市场份额为 67.3%（见图 2），较 2007 年的 71%下降了 3.7 个百分点，市场集中度进一步下滑，庆铃皮卡、浙江吉奥市场份额共上升 6.5 个百分点，而中兴、江铃的皮卡呈现疲态，市场格局将重新划分。郑州日产、庆铃等企业推行双品牌战略，一方面利用外资品牌树立高端质优的市场形象，另一方面在市场营销中加大柴油皮卡的推广力度，拉低售价，挤占中端皮卡市场份额。浙江吉奥发力海外出口市场和二、三级市场，成绩斐然。

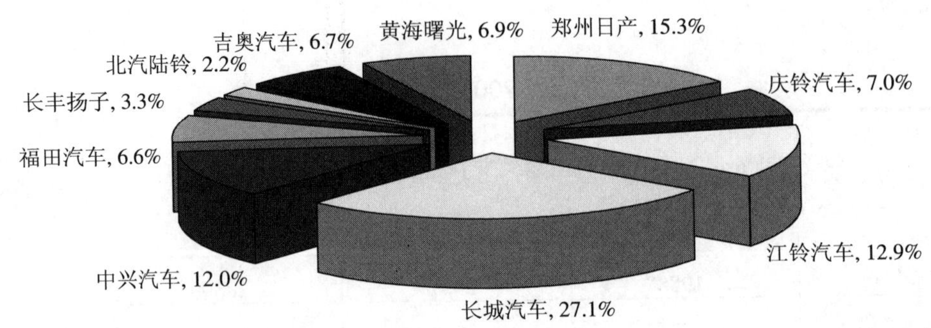

图2 2008年1～11月份主流皮卡市场份额图

2. 细分市场运行特征

2008 年，国内皮卡产销呈现平稳增长，其中的亮点是高档皮卡同比增长 36.6%，而中档皮卡销售与2007年相比却略有下滑。2008年1～11月份在高档皮卡市场，柴油皮卡市场份额提高5个百分点，占据约85%的市场份额，主要是以庆铃、郑州日产锐骐、长城风骏为代表的柴油皮卡以合资技术、大幅降价、节油为宣传亮点，成为高档皮卡最重要的增长车型。如郑州日产推出锐骐欧II车型促销价8.18万元；庆铃汽油皮卡8.42万元，欧II柴油皮卡售价8.67万的大降价活动，不断侵蚀江铃原有的高档市场，打破了这一市场由江铃独家经营的局面，迫使江铃为保住其柴油市场老大地位而再次下调价格。2008年皮卡市场呈现以下特征：

（1）皮卡增速高于主流商用车型，但销量增速逐月回落　2008年1～11月份，商用车销量为246.53万辆，累计同比增长为7.65%，低于皮卡销售增速的11%。从GDP数值看，皮卡销量与经济增长呈现正相关，但销量增速逐月回落。2007年第二季度增速为12.7%，第三季度增速为12.2%，第四季度增速为11.3%。2008年第一季度国内生产总值为10.6%，第二季度为10.1%，第三季度为9%，2008年前三季度GDP平均为9.9%。美国经济危机已经从投资银行传达到商业银行，现在进一步传导到实体经济。而皮卡销量也从3月份最高销量的20665辆回落到11月份的15036辆，12月份还可能随经济增速的下滑创造月度新低。

2008年上半年，以郑州日产、庆铃为代表的合资企业大幅降价，刺激高档皮卡在全国火暴销售，3月份皮卡创造销售新高；而在2008年7月1日，载重量小于3.5t的柴油货车（包含皮卡）推迟一年实施国Ⅲ排放标准，在一定程度上刺激了皮卡消费。

（2）*合资企业推行双品牌战略，高档皮卡市场竞争日趋激烈* 高档皮卡市场一直由采用日本五十铃技术的江铃和庆铃以及采用日产尼桑技术的郑州日产占领，而江铃宝典定位于8万～10万元之间，是中国柴油皮卡和高档皮卡市场的领导者，而郑州日产和庆铃的大幅降价（产品定位与江铃宝典基本相同），拉开了各皮卡厂家进入中高档皮卡市场的序幕，在长城商务版风骏（终端售价7.98万元）上市的带动下，中兴威虎等也推出以ABS+EBD作标准配置的高档皮卡，使8万～10万元皮卡市场成为竞争最为激烈的领域。

从皮卡市场结构看，高档皮卡市场形成江铃宝典（7.98万～12万元），长城风骏（7.98万～11.18万元），郑州日产（8.98万～11.18万元），庆铃（8.42万～10.52万元）的竞争格局，高档皮卡市场竞争日趋激烈。皮卡用户已由单纯的私营企业和个人购买为主，向私营企业与行业用户（如电力、自来水、煤气等市政部门，公、检、法、城市执法等部分）并重的格局转变，销售方式由以零售为主转变为以直接客户为主导，行业批售为重点。

（3）*皮卡出口提速，海外市场成为国内皮卡市场的重要组成部分* 各企业出口也成为销量增长的重要因素。2008年长城汽车制订的出口销售目标为8万辆，由于国际金融危机的影响，后调整为出口6万辆。2008年上半年长城汽车通过澳大利亚ADR系统进口标准，出口赛铃和风俊两款皮卡到澳大利亚，预计每年能带来3000辆的销量，2008年12月15日，长城汽车出口1169辆皮卡到古巴，2008年，长城2008年共出口4500辆皮卡到古巴，已全部交运完成。

在开展整车出口的同时，其他形式的出口也在紧锣密鼓地开展，如海外异地建厂。长城汽车在保加利亚建的合资企业项目将于2009年年初启动，合作生产的车型为SUV和皮卡，年产量5万辆左右，主要在保加利亚国内销售。依照协议，长城汽车主要以KD件和技术输出为主，8000万欧元的投资主要由对方承担。长城汽车自1998年出口国际市场以来，已连续9年保持了中国汽车出口额第一。目前，长城皮卡以CKD、SKD形式出口到128个国家和地区，在俄罗斯、南非等地的市场，长城皮卡的市场占有率高达50%。

另一个重要皮卡出口企业中兴汽车也“遍地开花”，市场不断拓宽：2008 年 1 月底，中兴汽车约旦 KD 工厂奠基，为中兴贡献 1.2 万辆的年产销量；2008 年 2 月份，中兴汽车以输出技术的形式与埃及 AUTOMOTIVE GATE 公司合作，在当地生产、销售中兴越野车；2008 年 10 月份，中兴汽车与利比亚签署了 5000 辆皮卡的出口协议，一举拿下 2008 年利比亚皮卡市场半壁江山。2008 年 11 月份，中兴近五百辆威虎皮卡出口缅甸（提供 500 辆威虎皮卡的散架与车身车架），该批威虎皮卡主要供政府高等官员及军队使用，并约定 2010 年 3 月份前再出口 1000 辆皮卡到缅甸市场。据预计，中兴 2008 年海外市场的销售将比 2007 年增长 80%～100%，达到 2 万辆的规模。

此外，代工模式的出口合作也已经展开，如中兴汽车与长安汽车集团签订合作协议，从 2009 年 1 月份起为长安汽车代工生产皮卡，供长安出口海外市场。该协议约定，中兴汽车将为长安汽车生产 A 平台和 B 平台两种规格的皮卡，以供长安汽车出口海外。A 平台的皮卡在河北保定生产，主要是经济型皮卡，售价大概是 6 万元；B 平台的皮卡在长春生产，是比经济型稍高一级的皮卡，售价约为 7 万元。

（4）服务、降价、体育赛事等营销活动层出不穷，促销形式多样化 2008 年，皮卡市场的促销活动此起彼伏，服务促销、降价促销、体育赛事营销和慈善营销等你方唱罢我登场。2008 年，长城汽车服务节活动在全国展开，每季度都有一个主题，如第一届的主题为“关怀就在您身边”，第二届的主题为“夏日融情，关爱随行”，第三届以“关怀备至，爱在金秋”为主题，推广长城汽车的服务理念，同时将关爱与优惠反馈给消费者，每期持续达 23 天，覆盖全国 32 个省、市、自治区、直辖市，涉及 400 余家服务站。在第三届中国汽车服务品牌星级评选中，长城汽车再次摘得中国汽车服务五星级评价的殊荣，这是他们第三次摘取中国汽车服务品牌的最高桂冠。同时，长城汽车宣布自 2008 年 8 月 15 日起至 10 月 31 日止，2.8TDI 系列欧Ⅱ柴油皮卡在国内市场全线降价，最高降价 5000 元。其中迪尔优惠 5000 元，赛铃优惠 4000 元，降价后，迪尔出厂价最低为 6.58 万元，创造了柴油皮卡性价比标杆。

2008 年，江铃公司以“2008，贴心服务”为主题，统一策划展开系列年度活动。如春季“暖心”服务节活动，2008 年 6 月份举行 2008 年夏季“清心”服务活动节，2008 年 11 月份举行江铃汽车第三届顾客服务竞赛全国总决赛，2008 年

12月举行“2008江铃客户快乐大行动”等一系列活动，超越了单纯的服务本身，并将重点放在了客户关系的维护上。

在品牌营销上，江铃也突破局限与硬广告宣传的模式，热心于慈善营销。江铃汽车股份有限公司再度慷慨出资，公司决定每售出一辆车，向中国扶贫基金会“江铃·溪桥工程”专项基金捐赠10元，在全国共建40余座溪桥，并在汶川地震中两次捐款900余万元。

2008年，郑州日产把参加汽车拉力赛看做是品牌营销的平台，从“达喀尔”到“穿越东方马拉松越野赛”，郑州日产娴熟地运用了这些资源，并将成功地转化为营销力。郑州日产在合资企业背景下实施的“双品牌”战略成果，组建了奥丁·锐骐车队，还配备了奥丁、御轩、帕拉丁作为后勤保障车辆，组成了强有力的产品方阵，展示了企业的实力，以及市场发展的产品战略。

3. 主流皮卡市场分析

2008年，浙江吉奥、庆铃汽车增长迅猛，皮卡市场集中度下降，排名前五位的企业（长城、郑州日产、江铃、中兴、庆铃）市场集中度由2007年的71%下滑到2008年的67.3%，其中庆铃皮卡由2006年销量第七名上升至2008年销量第四名，主要原因是庆铃价格狂降3.5万元，占领了8万～10万元皮卡市场。

（1）长城汽车　2008年1～11月份长城皮卡销量为51380辆，比上年同期增长28.3%。在2007年上市全球版柴油高端皮卡——风骏于2007年1月份推出，共有运动版、商务版两种车型，并通过了欧盟认证，在2008年8月初又推出国内货箱最长的皮卡——风骏加长版和欧IV排放的汽油版，其后还有2.8TCI、大单排和2.5TCI等后续车型。风骏加长版外观与其他皮卡的区别是货箱和轴距在原基础上均加长了30mm，长度分别为1.68m和3.35m；而风骏汽油版能够满足欧Ⅳ排放标准，该车型加装了OBD系统，匹配三菱4G69SN发动机，排量为2.4L，采用德尔福MT20U2电喷发动机管理系统、电子控制的燃油蒸发回收系统、曲轴箱强制通风系统等先进技术，达到国际先进水平。

（2）庆铃皮卡　2008年1～11月份庆铃皮卡销量为13264辆，比2007年同期增长70.5%。庆铃销量的增长源于庆铃突然降价，其中柴油款价格为8.67万元，汽油款价格为8.42万元，让江铃宝典措手不及。庆铃降价的效果非常显著，从1月份当月起，庆铃的销量就一路高歌，节节攀升，从2007年的每月销量400辆左右蹿升到 2008 年 3 月、4 月份的每月销量 1000 辆。受到冲击和震撼最大的是江铃宝典。但是江铃面对庆铃的降价并没有立即采取措施，而是苦苦支撑了 6 个月，一直到 2008 年 6 月初才再次进行价格下调，一下就调到了 7.46 万元，与庆铃拉开了 12000 元的差距。

庆铃此番价格调整不简单是产品的价格调整，更是庆铃公司战略布局的变更，是获取国内更大的市场份额，助日本五十铃公司完成全球销售收入的规划调整，也预示着庆铃皮卡的销售定位将从以“行业用户为主导”向以“零售用户为主导”转变。

（3）郑州日产　2008 年 1～11 月份郑州日产皮卡销量为 28899 辆，比 2007 年同期增长 19.5%。郑州日产皮卡在 2008 年继续深化“双品牌”路线，继续巩固行业批售，并加大柴油皮卡的零售促销力度。郑州日产推出的锐骐柴油皮卡是采用东风品牌的柴油版，搭载了与德国博世合作开发的 ZD25 发动机，采用涡轮增压技术，并使用了先进的电控高压共轨和 6 孔喷嘴缸内直喷技术，达到欧III排放标准。同时，郑州日产促销活动不断，2008 年 1 月～3 月底，郑州日产开展“新年新起点，鉴车见豪礼”大型回馈活动，活动期间购车或参与试乘试驾的客户，均可获得精美礼品一份，并且以奥丁 SUV 最低 11.98 万元起、锐骐皮卡最低 8.68 万元起的价格回馈客户。从 2008 年 4 月份起，郑州日产锐骐欧 II 柴油皮卡促销价 8.18 万元，与庆铃、江铃共同角逐高档皮卡市场。

根据新的定位，未来 2～3 年内，郑州日产还将有东风、日产品牌各两款新车型上市，汽车销量将突破 10 万辆，“双品牌”战略效应进一步显现，郑州日产将成为东风、日产合资的一个重要战略支点。而郑州日产第二工厂已经于 2008 年 9 月 29 日正式开工建设，并将在 2010 年 5 月正式建成投产。

二、2009 年皮卡市场展望

1. 整体和细分市场走势

2009 年，对于皮卡市场将是困难的一年，皮卡销售可能出现零增长或低速增长，原因是国民经济可能下滑，在 2009 年第二季度出现探底回升，与之相对应的是汽车购买力也将下滑，而随着国民经济在 2009 年第三季度增长和国家 40000 亿元投资效应的逐步显现，作为生产工具用车的皮卡将在行业（高速公路、铁路、发电厂、港口、码头建设）用户批售中获得收益，因此，2009 年争夺行业用户将成为企业保持增长的重要手段。在出口方面，连续多年的出口高速增长随国际金融形势的恶化将受到更大冲击，海外各国的贸易保护将对出口产生致命影响，出口下滑已成定局。

尤其值得关注的是：载重量小于 3.5t 的轻型货车将在 2009 年 7 月 1 日实施国Ⅲ排放标准，这无疑将增加生产企业的制造成本，而提价后的国Ⅲ皮卡在日益降低的购买力前将更加尴尬，微型汽车也将以其低廉的价格将进一步挤压皮卡市场。

2. 产品趋势

2009 年，原有主流皮卡厂家不会出现全新平台的皮卡，而改进款将不断出现，如满足国Ⅲ排放标准的江铃 N301 皮卡，将在 2008 年年底投向市场；而搭载 4KH1-TC（N 系列 600P 正在使用）全电控柴油发动机的国Ⅲ皮卡也将在 2008 年年底进入市场销售。

此外，一些皮卡的新进入者——中顺和奇瑞商用车，将会有一些新产品进入皮卡市场，如中顺 TORQUE，有单排和双排两种款式，外形靓丽。奇瑞有 Higgo（悍虎） 2 进入皮卡市场，该车引入北美皮卡的设计理念，在安全方面装备了 ESP、胎压监测系统、倒车雷达等，装备奇瑞 ACTECO 高性能发动机，有 3.5V6 TCI DGI、3.0V6 CBR VVT、2.0TCI 等汽油机，也有 3.0V6、2.2L4、1.9L4 等高压共轨柴油机。

由于特殊行业对皮卡的需求，以及高端皮卡销售中批售所占比重较大的特点，市场环境也发生了变化，皮卡需求将向多元化发展。突出的几大多元化特点如下：一是外形的欧系轿车化，外形高大威猛；二是内饰轿车化；三是动力柴油化；四是产品专用化。

3. 皮卡出口

从 2008 年 1～9 月份皮卡整车（不含 SKD/CKD）出口情况看：长城皮卡整车出口比重巨大，有 52%的皮卡用于出口，远高于其 SUV 和轿车的出口份额，同时，其出口的皮卡占全国所有皮卡出口量的 60%以上。也就是说，2008 年长城皮卡出口带动了全国皮卡出口呈现增长态势，而中兴、江铃等皮卡出口量则出现下滑。

受国际金融危机影响，许多国家为保护本国的汽车产业免受国外汽车市场危机的影响，纷纷采取措施，如高关税、进口配额等限制汽车进口，并对投资本国的汽车企业进行财税支持。因此，汽车出口向全方位纵深发展，从单纯的整车贸易发展到技术输出，在整车大批出口的同时，以 CKD、SKD 形式出口、海外设组装厂等合作项目也在继续进行，如长城汽车在独联体国家、伊朗、尼日利亚、越南、突尼斯等多个国家设组装厂和技术输出；郑州日产公司在安哥拉建设的 3 万辆整车生产基地，在哈萨克斯坦建设的 3 万辆整车生产基地项目；中兴汽车在约旦的年产 1.2 万辆 KD 的工厂建设以输出技术的形式与埃及 AUTOMOTIVE GATE 公司合作，以及与利比亚签署了 5000 辆皮卡协议，等等，都是各企业开展的非整车出口工作。目前，福田汽车在俄罗斯、印尼、伊朗、菲律宾等十几个国家的 CKD 工厂正在谈判和筹划之中。

（作者：邓振斌）

2008～2009年客车市场的基本状态

2008年，客车市场的走势分为三个阶段：第一阶段是1～3月份，主要影响因素是供应危机，加上雪灾的影响，市场表现较差。第二阶段是4～6月份，主要影响因素是国Ⅱ转国Ⅲ的提前消费，6月份客车月度销量创造了新的历史纪录，市场表现十分火爆。虽然有四川地震的影响，也只是局部市场的萎缩，并未影响客车市场整体走强的格局，如果没有四川地震，2008年6月份的客车销量还会更高。第三阶段是下半年，客车市场跌入低谷。2008年以来，客车销量的急涨急跌在6月份、7月份体现得最为充分（见表1）。按中国客车统计信息网的统计数据，2008年1～11月份销量为146236辆，预计12月份达到15500辆，同比下降3%左右。预计2008年全年销量在16.17万辆，预计车长5m以上客车全年销量为15.36万辆，同比增长1.5%。从月度销量看，2008年全年只有5个月处于增长状态，都集中在上半年，其中6月份增幅最大，下半年的市场表现基本上呈每况愈下之势，将国内外需求不足的现状表现得十分清晰。

表1 2008年客车月度销量同比情况表

月份	1月份	2月份	3月份	4月份	5月份	6月份	7月份	8月份	9月份	10月份	11月份	12月份
2007年销量/辆	13263	8465	9978	14612	11856	14226	12654	14824	17014	12241	15132	22002
2008年销量/辆	17527	7141	12444	15616	17044	23095	10395	10706	12413	9431	10423	15500
增量/辆	4264	-1324	2466	1004	5188	8869	-2259	-4118	-4601	-2810	-4709	-6502
同比增长率（%）	32.2	-15.6	24.7	6.9	43.8	62.3	-17.9	-27.8	-27.0	-23.0	-31.1	-29.6

2008 年下半年客车销量跌入低谷有 3 层含义：其一，真实反映了市场需求的变化。国Ⅱ转国Ⅲ对客车市场的影响主要体现在需求的变化之中，其中大型客车由于价格较高，消化价格上涨的空间较大，受影响较小，而中轻型客车面对价格突然大幅度提升，最直接的反应是市场需求的急速萎缩。其二，考验客车企业的应变能力和发展信心。专业媒体年年都在谈论客车行业的洗牌或整合问题，国Ⅱ转国Ⅲ成为行业洗牌或整合的推动力量，加上金融危机的影响，那些应变能力不强，发展信心不足的客车企业，将会被市场抛弃。其三，这是客车市场进入“熊市”的标志。2008 年下半年客车市场的表现相对低迷，这是大家的共识，7 月份的销售数据是一个开端也是一个标志。据了解，很多企业并无专门的应对策略，这是十分危险的，在市场比较红火的时候，企业之间的差距得不到充分体现，但在“熊市”中，企业之间的差距将会表现得十分清楚。

2008 年客车市场以丰补歉的作用十分明显，也十分关键，尽管下半年客车市场的表现十分糟糕，但凭借上半年的强势表现，全年销量将不至于大幅下降。

一、产销量对比分析：整体走势低迷

2008 年 1～11 月份，50 家企业累计生产各类客车 145582 辆，同比下降 3288 辆，下降幅度为 2.21%，累计销售 146236 辆，同比增量为 1971 辆，增长 1.37%。

车长 5m 以上的客车（以下分析按此口径）累计销售 138668 辆，同比增量为 8428 辆，增长 6.47%（见表 2）。其中，大型客车 52081 辆，同比增长 16.49%，中型客车 56500 辆，同比增长 0.03%，轻型客车 30087 辆，同比增长 3.57%。

表 2　2008 年 1～11 月份累计销量同比情况表

车长		总计	12m<车长	11 m<车长≤12 m	10 m<车长≤11 m	9 m<车长≤10 m	8 m<车长≤9 m	7 m<车长≤8 m	6 m<车长≤7 m	5 m<车长≤6 m
2007 年 1～11 月份销量/辆	合计	130240	1050	23626	20033	11236	18306	26939	20913	8137
	座位	87703	156	12253	9348	5424	11337	22568	19539	7078
	卧铺	2894	136	2712	27	15	—	4	—	—
	公交	39125	739	8661	10647	5660	6955	4219	1226	1018
	其他	518	19	—	11	137	14	148	148	41

（续）

		总计	12m<车长	11 m<车长≤12 m	10 m<车长≤11 m	9 m<车长≤10 m	8 m<车长≤9 m	7 m<车长≤8 m	6 m<车长≤7 m	5 m<车长≤6 m
2008 年1～11月份销量/辆	合计	138668	3034	27771	21276	11302	18719	26479	21152	8935
	座位	85201	463	13085	9591	5231	10744	17970	20056	8061
	卧铺	2615	239	2362	14	—	—	—	—	—
	公交	50438	2331	12324	11671	5895	7973	8436	969	839
	其他	414	1	—	—	176	2	73	127	35
同比增加量/辆	合计	8428	1984	4145	1243	66	413	-460	239	798
	座位	-2502	307	832	243	-193	-593	-4598	517	983
	卧铺	-279	103	-350	-13	-15	—	-4	—	—
	公交	11313	1592	3663	1024	235	1018	4217	-257	-179
	其他	-104	-18	—	-11	39	-12	-75	-21	-6
同比增长率（%）	合计	6.47	188.95	17.54	6.20	0.59	2.26	-1.71	1.14	9.81
	座位	-2.85	196.79	6.79	2.60	-3.56	-5.23	-20.37	2.65	13.89
	卧铺	-9.64	75.74	-12.91	-48.15	-100.0	—	-100.0	—	—
	公交	28.92	215.43	42.29	9.62	4.15	14.64	99.95	-20.96	-17.58
	其他	-20.08	-94.74	—	-100.0	28.47	-85.71	-50.68	-14.19	-14.63

2008 年 1～11 月份客车行业的市场特点主要有 5 个方面：

1. 上、下半年冰火两重天

2008 年上半年，车长 5m 以上客车销量增幅达到了 32.40%，是近 5 年来的最高增幅，但进入 2008 年下半年，形势急转直下，到 11 月份底，累计销量增幅仅剩下 6.47%，下降了 25.93 个百分点。2008 年下半年客车销量状况是一个什么状态呢？分析 2008 年 7～11 月份的销售数据，有五个显著特征：

（1）整体大幅下降　2008 年 7～11 月份，客车销量同比下降了 12977 辆，2008 年上半年增量的 60%已经被消耗掉，下半年整体销量下降了 20.22%（见表 3）。一般而言，下半年是客车市场旺季，销量大幅度下降十分少见。

（2）座位客车下降幅度最大　2008 年 7～11 月份，座位客车的整体降幅达到了 28.15%，是导致大盘下跌的主要力量。座位客车的 8 大系列中，有 7 个下降，只有特大型座位客车逆市上扬，成为惟一增长的系列。其中大型座位客车下降

10.77%，中型座位客车下降 36.87%，轻型座位客车下降 31.29%。由于座位客车是客车市场的主体，其累计销量占总销量的比例超过了 60%，因此，座位客车的走势将在很大程度上影响了客车市场的走势。从市场环境来看，座位客车的利好因素不多，这是我们判断 2008 年和 2009 年客车市场疲软的主要依据。

（3）**公交客车已经出现了负增长** 2008 年 7～11 月份，公交客车的整体销量同比下降了 2.89%，其中大型公交增长 4.94%，中型公交下降 7.31%，轻型公交下降 39.27%。公交客车是 2008 年客车市场的重要支撑力量，其销量下降，向我们传递了一个十分糟糕的信号。

（4）**卧铺客车开始进入春运行情** 2008 年 1～11 月份，卧铺客车整体销售 2615 辆，同比下降 9.64%，下半年卧铺客车的下降幅度最小，有三个原因：一是卧铺客车都是大型客车，受国Ⅱ转国Ⅲ的影响不大，因此，上、下半年的落差相对较小；二是出口是影响 2008 年客车市场的主要因素之一，但卧铺客车几乎没有出口，不受出口低迷的影响；三是从卧铺客车的销量走势可以看出，7 月份以来，出现了 9 月、11 月两个高峰，其中 11 月份的销量已经超过 6 月份，可见，卧铺客车的销量明显受到“十一”和“春节”的影响，目前已进入春运行情，走势看好。

（5）**特大型公路客车的市场表现良好** 2008 年下半年，特大型公路客车的市场表现十分强势，其中，特大型座位客车增幅 595.12%，特大型卧铺客车增幅 152.08%。产生这种变化的原因主要有两个：一是需求结构的变化，在国家节能政策的引导下，公路客运市场改变了过去粗放型竞争的状态，把节约能源、提高运输效率提高到首要地位，这样，大容量的客运车辆越来越受到市场的追捧。二是在国Ⅱ转国Ⅲ政策实施之后，大型客车(特别是特大型客车)市场波动相对较小。这种变化对客车行业的影响较大，一方面对技术要求更高了，在客车产品系列中特大型客车的技术含量最高，技术能力较弱的企业则难以胜任；另一方面在一定程度上能够提高客车行业的经营效率，特大型客车技术含量高附加值也高，对于提高客车企业的经营质量具有一定帮助。

表3　2008年7～11月份销量同比情况表

车长		总计	12m<车长	11 m<车长≤12 m	10 m<车长≤11 m	9 m<车长≤10 m	8 m<车长≤9 m	7 m<车长≤8 m	6 m<车长≤7 m	5 m<车长≤6 m
2007年7～11月份销量/辆	合计	64178	764	11879	10031	5064	9088	13071	10362	3919
	座位	43252	41	6110	5486	2392	5318	10803	9863	3239
	卧铺	1216	48	1142	7	15	—	4	—	—
	公交	19472	657	4627	4536	2644	3769	2167	426	646
	其他	238	18	—	2	13	1	97	73	34
2008年7～11月份销量/辆	合计	51201	801	11134	9920	4254	6962	8444	6857	2829
	座位	31075	285	5300	4799	1982	4065	5641	6423	2580
	卧铺	1185	121	1064	—	—	—	—	—	—
	公交	18909	414	4770	5121	2253	2897	2803	411	240
	其他	32	-19	—	—	19	—	—	23	9
同比增加量/辆	合计	-12977	37	-745	-111	-810	-2126	-4627	-3505	-1090
	座位	-12177	244	-810	-687	-410	-1253	-5162	-3440	-659
	卧铺	-31	73	-78	-7	-15	—	-4	—	—
	公交	-563	-243	143	585	-391	-872	636	-15	-406
	其他	-206	-37	—	-2	6	-1	-97	-50	-25
同比增长率（%）	合计	-20.22	4.84	-6.27	-1.11	-16.00	-23.39	-35.40	-33.83	-27.81
	座位	-28.15	595.12	-13.26	-12.52	-17.14	-23.56	-47.78	-34.88	-20.35
	卧铺	-2.55	152.08	-6.83	-100.0	-100.0	—	-100.0	—	—
	公交	-2.89	-36.99	3.09	12.90	-14.79	-23.14	29.35	-3.52	-62.85
	其他	-86.55	-205.6	—	-100.0	46.15	-100.0	-100.0	-68.49	-73.53

2. 公交客车对客车市场的支撑力度在逐步减弱

2008年1～11月份，公交客车总销量达到50438辆，同比增长28.92%，累计销售增量为11313辆，不难看出，公交客车是2008年客车行业增长的主要支撑力量。但是，公交客车的增量全部来自于上半年，从其月度销量曲线来看，在11个月中，只有1月、4月、5月、6月这4个月真正对销售增量做出了明显的贡献，其他7个月都表现平平（见图1）。

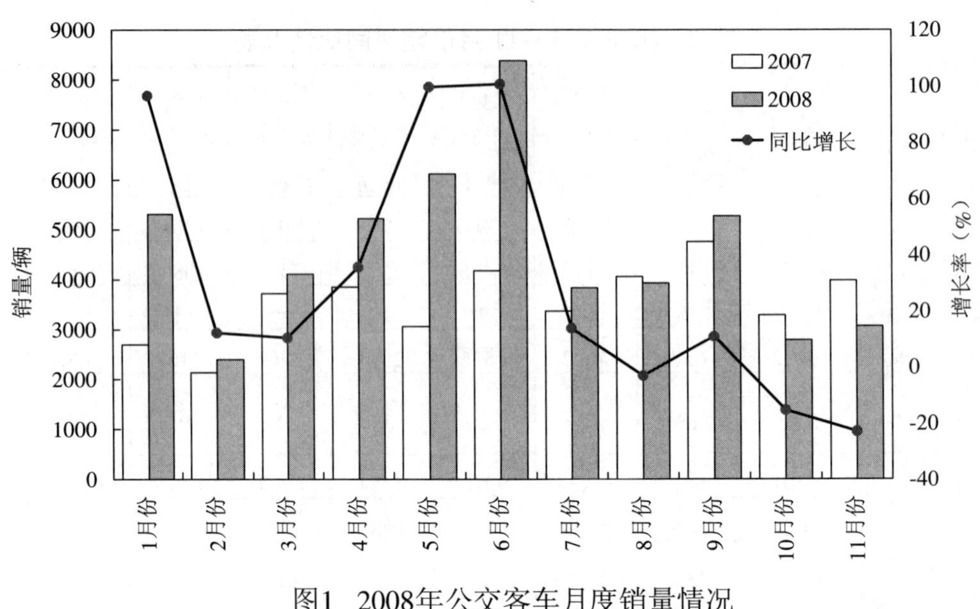

图1 2008年公交客车月度销量情况

分析公交客车的月度销量，有几点令人担忧：一是惯性令人担忧。进入2008年下半年，公交客车月度销量的下降趋势在不断增大，自3月份开始增长以来，高点逐步下移，低点也在逐步下移，9月份是下半年的高点，但比6月份的高点下降了37%，10月份是四季度的低点，比7月份的低点又下降了27%，若用股市俗语来描述则可以这样说“单边下跌，屡创新低，公交客车销量已进入下降通道”。公交客车月度销量逐步下滑的这种惯性，让消费者对公交客车的发展前景产生了一些担忧。二是2009年上半年的销售前景令人担忧。2008年上半年，公交客车销量高达31529辆，月度平均销量达到了5255辆，也是一个历史记录，而2008年下半年平均月度销量却只有 3782 辆，按照客车市场规律，若没有特别大的利好因素影响，2009年上半年的月度平均销量不会高于2008年下半年，照这样推算，2009年上半年公交客车销量将同比下降8800多辆，降幅达到28%。可以预见，2009年上半年，公交客车的月度销量曲线将十分难看。三是客车企业的热情令人担忧。2008年公交市场的火爆，让许多客车企业摩拳擦掌、跃跃欲试，同时，市场发展趋势被众多市场研究人员共同看涨。在中国客车统计信息网的 50 家企业中，有41家涉及公交客车，比2007年新增了两家，而且其中31家企业的销量同比增长，大家热情高涨。在公路客车需求低迷的前提下，大家向公交客车领域转移本来十分正常，但是，在客车市场上，公交客车的盈利水平向来较低，而且付款条件十分苛刻，一旦大家一拥而上，或都将重点向公交转移，势必引起更加激烈的竞争，在需求下滑的大背景下，造成盈利能力下降，应收账款增加，公交客车的这种竞争形势是十分危险的。

3. 出口形势不容乐观

据海关统计，2008 年 1～10 月份，客车出口量已连续 7 个月下降（见表 4），是影响客车总销量下降的直接原因。

表 4 2008 年 1～10 月份客车出口同比情况表

月份	1 月份	2 月份	3 月份	4 月份	5 月份	6 月份	7 月份	8 月份	9 月份	10 月份
出口量/辆	5890	2379	2591	2981	2218	1737	2382	3861	2707	2876
同比增长率（%）	270.44	5.13	128.48	-11.31	-23.39	-43.73	-37.20	-11.04	-52.97	-16.22
出口金额/万美元	11972	6865	5783	10647	8445	7950	8988	13676	8196	9629
同比增长率（%）	286.73	71.28	150.14	85.89	39.27	28.99	24.90	13.04	-29.09	17.65

从海关统计的累计出口量来看，30 座以上的客车出口量为 10811 辆，同比增幅达到了 48.62%，出口产品结构的变化导致出口金额仍在增长，2008 年 1～10 月份，出口金额 9.18 亿美元，同比增长 37.68%。虽然增幅依然较大，但增速已明显放缓。2007 年，出口量增长 224.35%，出口额增长 116.48%，在当年 15.70% 的增幅中，国内市场的贡献只有 4.60 个百分点。近几年，客车出口是客车市场的新增长点，客车市场的增量主要来自于出口，当出口出现疲软时，客车行业的整体销量下降就在情理之中了。

4. 中型座位客车的市场表现最差

2008 年 1～11 月份，座位客车同比下降 2.85%，其中大型客车增长 6.35%，中型客车下降 13.69%，轻型客车增长 5.64%，中型座位客车的市场表现最差。分析影响因素，大致有 4 个方面：

一是上半年增幅最小，下半年下降最多。从座位客车的销售数据来看，2008 年上半年总增幅达到 21.77%，其中大型客车增长 26.04%，中型客车增长 6.92%，轻型客车增长 41.43%。2008 年 7～11 月份，座位客车下降 28.15%，其中大型客车下降 10.77%，中型客车下降 36.87%，轻型客车下降 31.29%。比较以上两组数据，中型客车的市场特征十分明显，在市场火爆的时候，中型客车落在最后，在市场出现萧条的时候，中型客车跌在最前，这种叠加效应，直接导致中型座位客车的市场表现最差。

二是中型客车市场竞争最为激烈，价格的弹性空间十分有限。50 家企业中涉及中型座位客车的有 43 家，在所有系列中参与竞争的企业最多。从 2008 年 1～9 月份的累计销量来看，28 家企业同比下降，只有 14 家有所增长，销量位于前 15 位的企业有 11 家同比下降，1 家持平，只有 3 家增长（见表 5），这是导致中型客车市场表现最差的主要因素，其中国Ⅱ转国Ⅲ的价格上涨对销量的下降影响较大。从用户的角度来看，价格上涨和销量下降是互为因果的，国Ⅱ转国Ⅲ之后，中型座位客车的价格有大幅度上升，需要市场来消化，但是，由于在这一区间的市场竞争最为激烈，经过前几年价格比拼之后，价格的弹性空间已经很小，市场的消化能力十分有限，因此，价格上涨对于中型座位客车的市场表现来说是一个大大的利空。

表 5 2008 年 1～11 月份中型座位客车前 15 家企业销量同比情况

序号	单位名称	2008 年 1～11 月份销量/辆	2007 年 1～11 月份销量/辆	同比增量/辆	同比增长率（%）
	总　计	33945	39329	-5384	-13.69
1	郑州宇通集团有限责任公司	8858	9943	-1085	-10.91
2	金龙联合汽车工业（苏州）有限公司	7221	7706	-485	-6.29
3	厦门金龙联合汽车工业有限公司	3830	4146	-316	-7.62
4	厦门金龙旅行车有限公司	1928	2549	-621	-24.36
5	河南少林汽车股份有限公司	1683	1892	-209	-11.05
6	南京依维柯汽车有限公司	1554	1024	530	51.76
7	中通客车控股股份有限公司	1463	1399	64	4.57
8	安徽江淮客车有限公司	836	1502	-666	-44.34
9	上海申龙客车有限公司	725	783	-58	-7.41
10	江西鑫新实业股份有限公司上饶客车厂	559	286	273	95.45
11	安徽安凯汽车股份有限公司	512	512	0	0
12	一汽客车(成都)有限公司	467	559	-92	-16.46
13	扬州亚星客车股份有限公司	462	935	-473	-50.59
14	北汽福田汽车股份有限公司欧 V 客车分厂	456	503	-47	-9.34
15	洛阳中集凌宇汽车有限公司	411	592	-181	-30.57

三是市场基础受到了冲击。中型座位客车市场主要集中在中短途客运和旅游客运两个领域，在雪灾、地震等自然灾害、运输成本大幅提高、私家车逐渐普及和运输行业结构调整的影响下，中短途客运市场正在逐步萎缩，旅游客运市场也出现运力过剩的倾向，加上国家节能政策的引导，提高运输效率是现阶段客运企业关注的重点，因此，在座位客车领域，2008 年的市场热点是特大型和大型座位客车。另外，在农村公路建设不断进步的背景下，微型客车的销量逆势上扬，2008 年 1～11 月份销量达到 131.89 万辆，同比增长 10.89%，将继续挤压中型座位客车的市场空间。也就是说，中型座位客车几乎与市场热点不沾边，市场基础不断被削弱，这是中型座位客车市场表现不好的内在原因。

5. 总增量超过 400 辆的有 15 家企业

2008 年 1～11 月份，50 家客车企业中，有 27 家同比增长，23 家同比下降，总增量为 8428 辆，同比增长 6.47%，其中大型客车增长 16.49%，中型客车增长 0.03%，轻型客车增长 3.57%。大、中、轻型客车所占的比例分别为 37.56%、40.74% 和 21.70%，与 2007 年相比，大型客车增长 3.23 个百分点，中型客车下降 2.63 个百分点，轻型客车下降 0.6 个百分点。总增量超过 400 辆的企业只有 15 家企业（见表 6）。

表 6 客车企业总增量同比增长情况表

序号	单位名称	销量/辆	总增量/辆	同比增长率（%）	大型增长率（%）	中型增长率（%）	轻型增长率（%）
	总 计	138668	8428	6.47	16.49	0.03	3.57
1	郑州宇通集团有限责任公司	24167	2616	12.14	16.27	-2.26	93.30
2	中通客车控股股份有限公司	7100	1528	27.42	33.66	32.97	10.94
3	北京市京华客车有限责任公司	2178	1500	221.24	1240.26	-78.24	—
4	厦门金龙联合汽车工业有限公司	12243	1148	10.35	7.08	-6.21	193.53
5	南京依维柯汽车有限公司	2716	780	40.29	—	51.76	27.41
6	江苏友谊汽车有限公司	4023	756	23.14	-33.33	31.13	8.84
7	上海申龙客车有限公司	2617	744	39.72	41.55	52.06	-90.48
8	浙江青年尼奥普兰汽车集团有限公司	1893	565	42.55	37	300	—
9	北汽福田汽车股份有限公司欧 V 客车	2185	492	29.06	42.22	5.16	—

（续）

序号	单位名称	销量/辆	总增量/辆	同比增长率（%）	大型增长率（%）	中型增长率（%）	轻型增长率（%）
10	丹东黄海汽车有限责任公司	4366	480	12.35	18.87	-28.49	—
11	重庆恒通客车有限公司	3508	466	15.32	70.43	-16.78	12.93
12	金龙联合汽车工业（苏州）有限公司	14762	457	3.19	43.49	-0.31	-8.81
13	桂林客车工业集团公司	1908	449	30.77	14.98	93.23	73.68
14	安徽江淮客车有限公司	4408	448	11.31	11.98	-10.27	80.22
15	保定长安客车制造有限公司	3294	438	15.34	—	45.36	-4.35

二、行业竞争态势分析：行业格局出现了明显变化

2008年1～11月份，客车产销量列前15位的企业的累计产量合计101586辆，累计销量合计102475辆，产量集中度为74.43%，销量集中度为74.55%（见表7）。与2007年同期相比，产销量集中度都略有下降。

表7 2008年1～11月份累计产销量排名表（按销量排序）

序号	单位名称	产量/辆	产量集中度（%）	销量/辆	销量集中度（%）	比2007年
1	郑州宇通集团有限责任公司	23740	17.25	24167	17.43	→
2	金龙联合汽车工业（苏州）有限公司	14917	10.84	14762	10.65	→
3	厦门金龙联合汽车工业有限公司	11364	8.89	11364	8.83	→
4	厦门金龙旅行车有限公司	7743	5.62	7723	5.57	→
5	中通客车控股股份有限公司	7204	5.23	7100	5.12	↑
6	河南少林汽车股份有限公司	6662	4.84	6590	4.75	↓
7	安徽江淮客车有限公司	4315	3.13	4408	3.18	→
8	丹东黄海汽车有限责任公司	3965	2.88	4366	3.15	→
9	江苏友谊汽车有限公司	3990	2.90	4023	2.90	↑
10	重庆恒通客车有限公司	3590	2.61	3508	2.53	↑
11	保定长安客车制造有限公司	3305	2.40	3294	2.38	↑
12	扬州亚星客车股份有限公司	2875	2.09	3117	2.25	↓
13	安徽安凯汽车股份有限公司	2618	1.90	2720	1.96	↑
14	南京依维柯汽车有限公司	2683	1.95	2716	1.96	↑
15	上海申龙客车有限公司	2615	1.90	2617	1.89	↑
	合计	101586	74.43	102475	74.55	→

三、对 2009 年客车市场的基本判断

在金融危机的影响下，全球经济都受到了打击，希望客车市场能够置身事外是不现实的，预计2009年客车总销量将在2008年的基础上有所下降，降幅在5%～15%之间，全年销量将回到2006年的水平线上。总的来看，利好因素偏向降低成本，而不利因素则主要表现在抑制需求，因此，销量下滑在所难免。

1. 利好因素偏向降低成本

虽然 2009 年的客车市场会相对低迷，但在政策的推动下，一些积极因素将产生拉动作用，简单归纳起来，共有 3 大利好因素：

（1）客车用户的利好因素　第一，油价下降。国家发改委决定，自 2008 年 12 月 19 日零时起将汽油出厂价格由 6480 元/t 调整为 5580 元/t，每 t 降低 900 元，成品油价格调整已含提高成品油消费税单位税额的因素，2009 年 1 月 1 日实施成品油税费改革方案时，国内成品油价格水平不提高。这对客车用户来说是一个重大利好，使用成本的降低意味着经营质量的改善。但是，油价的下降也有一些消极的影响，比如会拟制用户对节油产品的追求，将减缓新能源客车进入市场的速度和强度。

第二，燃油税改革的短期利好。在油价下降的前提下，实施燃油税改革对客车用户十分有利。其利好因素主要有：一是燃油税价内征收，不会再对客车用户的消费环节收税。二是取消公路养路费、公路运输管理费、公路客货运附加费。油价下调、取消这些收费项目，相当于增加了客车用户的既得利益。三是逐步有序取消政府还贷二级公路收费，这将有利于客车用户提高经营质量和运营效率。四是出租车和道路客运价格，由各地进一步完善价格联动机制，根据油价变动情况，通过法定程序决定调整运价或燃油附加费，为油价上涨做了一些政策上的准备。但是，当油价超过 6.5 元时，客车用户的这种利好将逐步减弱，若要不增加负担则需要国家出台其他优惠政策，比如油价补贴等。

第三，购车补贴。2008 年财政部、商务部对老旧汽车报废更新补贴的范围及补贴标准都有所放宽，据可靠消息，2009 年的力度将更大。另外，2008 年 11 月 27 日在重庆举行的“城市发展与汽车节能减排高峰论坛”上，财政部经建司司长王保安表示，今后财政部将对购买新能源车的消费者直接采取财政补贴措施，并通过税收政策从生产和使用环节对新能源车的发展进行支持。初步预计到 2012

年，财政部将为新能源车的推广使用投入 200 多亿元，补贴对象是以油电混合动力车为主的新能源车，补贴的额度由新能源车与同类型传统汽车的差价进行确定。补贴的计算依据由混合程度和燃油经济性第三方评定机构评定，节油效果越好补贴标准越高。2008 年 11 月 27 日，重庆成为首个启动新能源车推广的城市，财政部将联合当地政府共同补贴 5000 万元，该笔资金将主要用于新能源车的售后维护。

第四，融资难的局面有望缓解。2008 年 12 月 8 日，国务院办公厅发布了《关于当前金融促进经济发展的若干意见》，2009 年，中央将实施积极的财政政策和适度宽松的货币政策，其中“落实适度宽松的货币政策，促进货币信贷稳定增长”以及“加强和改进信贷服务，支持中小企业发展”，将有助于解决客车市场上的一些实际困难。

（2）客车企业的利好因素　第一，钢材价格下降。国内钢材价格于 2008 年 6 月份筑顶，7 月份全面进入下行通道，在经历了 8 月份的加速下滑之后，9 月初多数钢材产品出现小幅反弹行情，随后又急转向下。10 月份国内钢材平均价格为 4739 元/t，较 9 月份下跌 16.4%，跌破 2007 年同期水平，11 月份又下降 14.91%，比 2007 年同期下降了 4.77%。据中国钢铁工业协会统计，2008 年下半年以来，鞍钢、武钢、马钢、太钢等 32 家钢厂减产，河南省的民营钢铁企业停产率已达 40%左右。在国Ⅱ转国Ⅲ之后，随着客车价格的上涨，客车企业的成本压力也在增大，钢材价格的下降对于减轻客车企业的成本压力具有直接帮助。

第二，缩短客车报废期限。2008 年 8 月份，《国务院关于进一步加强节油节电工作的通知》中明确要求：“直辖市、计划单列市和有条件的省会城市老旧公交客车报废期要在额定标准基础上提前 2～3 年。加快高油耗客、货车退出道路营运市场的进度，力争到 2013 年年底前实现全部营运车辆达到燃料消耗量限值标准”。加快更新周期，等于扩大市场规模。

第三，“十城千辆”计划。科技部计划连续 3 年在国内 10 个以上有条件的大中城市开展千辆混合动力汽车、纯电动汽车和燃料电池汽车，以及能源供应基础设施的大规模示范，到 2010 年，节能与新能源汽车将达到 1 万辆。“十城千辆”计划将推动新能源客车的发展。

2. 不利因素主要是抑制需求

（1）出口将遇到前所未有的困难　第一，原有的制约因素并未消除。比如：贸易壁垒、人民币汇率的影响、信息不对称、恶性竞争、抗风险能力较弱、售后服务体系不健全等对客车出口不利的因素依然存在，有些甚至愈演愈烈，虽然国家主管部门也在致力于平台的建设，但需要时间，效果也需要检验。

第二，在金融危机的影响下，客车需求受到制约。美国、欧洲等发达国家的经济基础受到打击，非洲一些依靠救济的国家自然也会来源不足，没有钱是客车需求受到影响的一个方面。另一个方面，解决金融危机首先要抓主要矛盾，而客车消费既不影响民生，也不影响国家财政，不是当前的必须，可以放一放。再一方面，油价的下降将影响以石油输出国的经济收入，降低这些国家和地区的购买力，比如中东、俄罗斯等。

第三，各国的自救措施以拉动各自的内需为主。我国的自救措施是拉动内需，同样，没有哪个国家的自救措施是为了增加进口。而且在金融危机的打击下，全球的汽车厂都面临经营下滑的危机，面对这种现状，各国首先考虑的都是让自己走出困境，如果出现客车需求，内部消化应该是第一选择。

第四，售后服务出现新问题。面对售后服务体系不健全的问题，多数客车企业都在采取一些积极措施，其中增加投入是重要方面，但是经过一段时间的投入，发现代价太大，不仅小企业建不起，大企业也力不从心。虽然有些企业在局部地区已经建设了一些售后服务和配件供应网络，但在未来 3～5 年内即使市场形势不发生转变也很难实现自给自足。在市场低迷的前提下，能不能保证继续加大投入已经是很确保的问题。

第五，出口风险更加难以把握。在金融危机的影响下，出口信保问题已日趋严峻。据报道，12 月 19 日，中国信保连续第四年发布了《国家风险分析报告》和“全球风险地图”，对全球 100 个主权国家的风险状况进行了详细地分析与评估，并对除中国以外的 191 个国家的风险水平等级进行了重新认定。报告认为，2008 年全球国家风险水平显著升高，局部出现急剧恶化，系统性风险特征显著。由于海外金融信用体系受到冲击，“既使有了订单也不敢签”的情况时有发生。

第六，出口渠道将受限。据报道，2008 年秋季广交会出口成交额累计 315.5 亿美元，成交额比上届下降 17.5%。目前，杭州有旅交会、南京有宁交会、昆明有昆交会、深圳有深交会、香港有港交会，还有许多国际性的商用车展，虽然这些平台不是客车出口的主要渠道，但从过去的情况来看，有不少企业能够从中受益，广交会是中国对外贸易的晴雨表和风向标，出现这样的情况也表现出客车出口渠道将会受到一定的影响。

因此，我们判断客车出口量将会下降，下降的幅度将在10%以上。从近几年的情况来看，客车销售增量主要来自出口，出口量下降与客车总销量下降是一个简单的因果关系。

（2）国内需求下降

第一，2009年国家投资的重点是基础设施，对客车市场的拉动作用不会很大。当前扩大内需，促进经济增长的十项措施基本都是有关公路、铁路、环保等基础设施的建设项目，能够投到客车市场上的恐怕不多，即便是与客车市场有关的一些项目，从投资到形成客车需求的传导渠道也会很长，因此，2009年国家投资对客车市场的拉动作用有限。

第二，公交客车会有所增长，但空间有限。原因一：2008年客车市场主要靠公交客车支撑，这样也使公交客车的基数增长到了一定的高度，基数越大，增长的空间将会越小。原因二：城市公交的发展趋势是大型化、高档化。如果要达到同样的增量，所需的投入将会大幅度增长，比如，科技部正在推动“十城千辆”新能源汽车计划，北京2009年已经计划投入5亿元，但新能源客车只能更新500辆左右，如果要更新普通客车则能够达到1000辆，可见，在城市公交领域，投入对销量的拉动将会越来越难。原因三：BRT热正在数十个城市兴起，除北京、广州、深圳这些大城市外，常州、厦门、宜昌这些中等城市的热情似乎更高，从需求数量的辩证关系来看，BRT开通的线路越多，公交客车的需求数量将会越少。原因四：轨道交通越来越发达。有报道称，全国有40多个城市正在争取地铁投资项目，其中北京、广州、武汉、长沙等众多城市的轨道交通规划引人注目，已获批准的项目总里程达1700km，总投资逾6000亿元，逼近3个三峡工程的总投资。地铁越发达，对公交客车的需求就会越小。原因五：客车企业的经营政策将会趋紧。以前，公交客车营销中多用分期付款形式，但在金融危机的影响下，多数客车企业会采取“冬眠疗法”，自己的消耗最小，挺过金融危机的机会就越大，因此，客车企业对分期付款会十分谨慎。付款条件趋紧，意味着市场销量萎缩。原因六：2008年下半年，公交客车销量已经开始下降。2008年1～11月份，公交客车同比增长28.92%，其中上半年增长60.43%，2008年7～11月份下降2.89%，虽然降幅很小，但趋势已十分明显，在这种惯性的影响下，2009年上半年公交客车的销量会继续下降，预计到下半年才会有所好转。根据以上原因判断，2009年公交客车的销量增幅将不超过10%。

第三，旅游客车需求减少。有分析文章表明，金融危机对我国旅游业的影响主要集中在4个方面：入境旅游可能滑坡，价格优势受到削弱，国内旅游支出削减，企业融资趋于困难。具体到不同的行业和市场，其影响程度可能有所不同：就行业而言，酒店业、航空业受到的影响更大一些；就分层而言，定位于中、高端市场的企业所受影响更大，而低端市场影响相对较小。在投资方面，将导致大型旅游项目的融资更加困难。有几种现象可以说明这些观点：①居民消费方式偏向保守。据报道：2008年1～9月份，北京居民储蓄存款破万亿元，存款意愿创下4年来的新高；截至2008年10月份，广东居民存款余额达2.6万亿元，猛增24.7%；2008年11月份，2008年最后一期储蓄国债在沈阳3分钟被抢光。可见，居民的消费方式已偏向保守。②工资水平下降。减薪、裁员是企业应对危机的有效手段，由于外部需求减少对国内经济的负面影响开始蔓延至外贸出口领域之外，裁员减薪成为压产之后企业降低用工成本的又一无奈选择。有消息称，武钢、宝钢在酝酿降薪，万科、中原降薪裁员，东航、南航降薪裁员，波导、夏新被迫削减人力成本，中石油开始大幅裁员……降薪裁员已波及房地产、航空、石化、电力、IT、证券、金融、印刷等一系列行业。③企业差旅费将压缩。可出可不出的差坚决不出，可开可不开的会坚决不开，为了应对危机，企业压缩开支是可以预计的。旅游出行萎缩，将导致旅游客车需求下降。

第四，公路客运形势比较严峻。首先，公路客运客流将减少。2008年，沿海地区劳动密集型企业、出口导向型企业受金融危机的影响最为严重。2008年11月初，人力资源和社会保障部组织六个调研组赴部分沿海地区和中部劳动力输出省市进行调研，估计全国1.3亿外出农民工中已有780万人提前返乡。为了应对“农民工大量返乡”的挑战，各地都做好了充分的准备，比如：重庆市常务副市长黄奇帆表示，每天火车站差不多有一万农民工回流重庆，在今后的三四年里重庆会针对第三产业发展增加两百万个就业岗位，保障失业、下岗工人或者从沿海城市回流农民工的就业。贵州省委副书记王富玉在接受中央电视台《中国信心》节目的采访时说，贵州为农民工应对挑战、渡过难关创造了更加宽松的环境。安徽省2009年“城乡就业援助百日帮扶”活动方案已经出台，和以往不同的是，2009年就业帮扶的主要对象是受世界金融风暴影响，停产、半停产企业的就业转失业人员，以及在沿海等地打工，因当地企业破产、关闭而返乡的农民工。民工提前返乡，将影响公路客运企业2008年春运的收益，因此，2008年最后一个月客车销售高峰的强度将不大，由于客流减少，2009年的公路客运形势也不会很好。春运对公路客运企业来说，具有无可比拟的重要性，同样也是影响客车需求的重要因素。其次，是火车客运专线的影响。火车连年提速，客运专线越来越多，而且是国家今后几年投资的重点，对公路客运而言，黄金线路会越来越少，从城市转向农村，从平原转向山区将是未来的发展方向。再次，公路客运票价处于劣势。公路客运票价略低于火车卧铺，但远高于火车硬座，另外，机票的折扣越来越大，有些航线甚至低于火车票价，在目前这种形势下，公路客运票价处于绝对劣势，公路客车的市场需求将会大幅度减少。

第五，农村客运期待落实政策。这一块是今后几年最有希望的客车市场空间，但需要落实政策，若能够切实解决好“两头热、中间冷”的问题，市场将会放量，否则，在价格上涨幅度较大的前提下，需求也将会受到抑制。同时，农村客运市场来自微型客车的压力在继续加大，数据显示，在客车市场不断走低的前提下，微型客车却逆势上涨，2008年1～11月份微型客车总销量达到131.89万辆，同比增长10.89%，其中县乡市场占66.26%，可见，微型客车对中、轻型客车市场具有明显的挤压效应。针对农村公路建设，表面上是对农村客运利好，实际上是对微型客车增长的利好，而对车长5～7m的客运班线客车却未必是利好。

第六，客车企业的经营困难将降低社会资本的关注程度。2008年，客车行业又有一些变化，广州五十铃、京通客车、陕西汉中、美的客车、浙江飞碟都已停产，其中美的客车所受的影响最大。前车之鉴、微利行业、市场低迷、金融危机这四大因素的叠加效应将降低社会资本对客车行业的关注程度，这种“只出不进”的现象，是客车需求下降的直接反应。

市场低迷，行业缺乏活力，2009年客车企业的日子将十分难过，上半年依靠前几年的积累，多数企业都能够撑过去，下半年则可能会有企业倒下，但迈过这道坎，前景会十分美好，因此，活下来比什么都重要。

（作者：佘振清）

2008 年轻型客车市场分析及 2009 年展望

2008 年，轻型客车市场在历经了 2007 年的罕见高速增长之后冲高回落，增速放缓。2008 年 1～11 月份，累计销量为 16.02 万辆，同比增速为-0.6%（见图 1），预计这是轻型客车市场连续三年增长之后的首个负增长年份，轻型客车销量在汽车销量中所占的比例已连续四年下降（见图 2）。

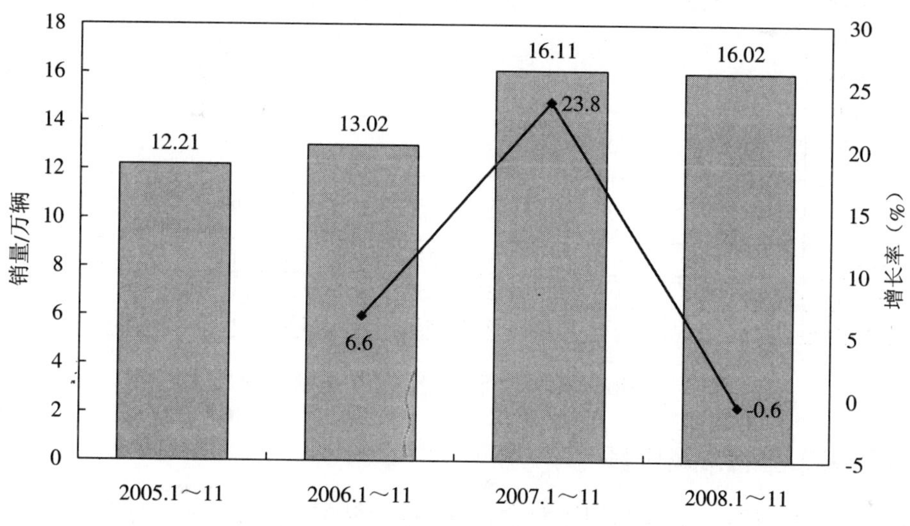

图1　轻型客车市场历年发展态势

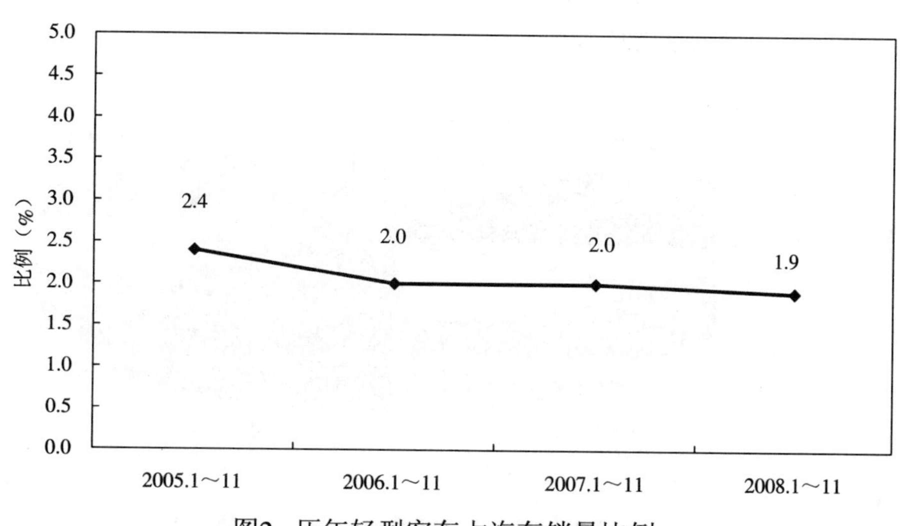

图2　历年轻型客车占汽车销量比例

一、2008年轻型客车市场分析

1. 轻型客车月度销量变化情况

2008年3月份以来，轻型客车月度销量持续下滑，至11月份几近跌至三年来最低点（见图3）。

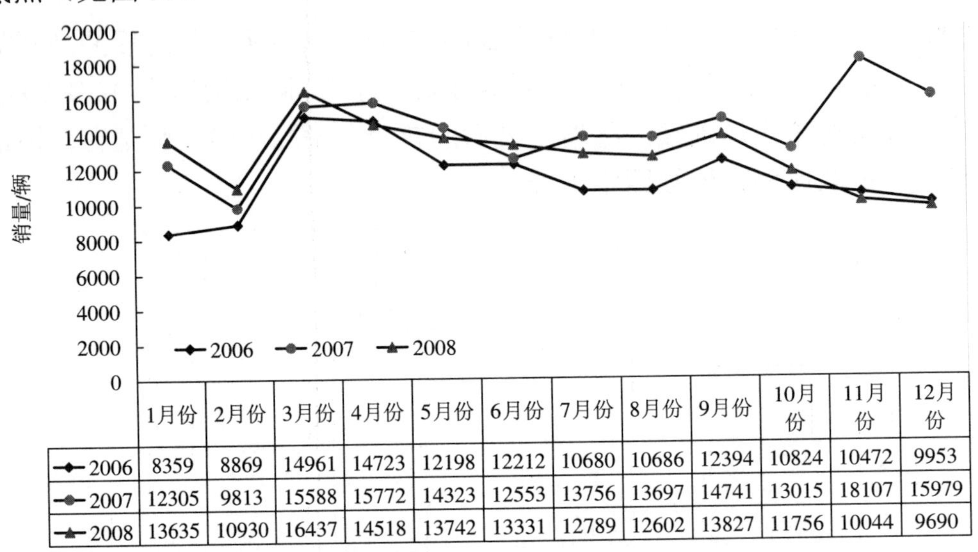

	1月份	2月份	3月份	4月份	5月份	6月份	7月份	8月份	9月份	10月份	11月份	12月份
2006	8359	8869	14961	14723	12198	12212	10680	10686	12394	10824	10472	9953
2007	12305	9813	15588	15772	14323	12553	13756	13697	14741	13015	18107	15979
2008	13635	10930	16437	14518	13742	13331	12789	12602	13827	11756	10044	9690

图3 2006～2008年轻型客车月度销量对比图

2. 轻型客车品牌市场份额

2008年，轻型客车行业表现为金杯持续一枝独秀，全顺、依维柯及福田群雄逐鹿，销量前4家集中度达73.5%（见图4）。金杯稳坐轻型客车头把交椅已达12年之久，然其市场份额正被侵蚀。

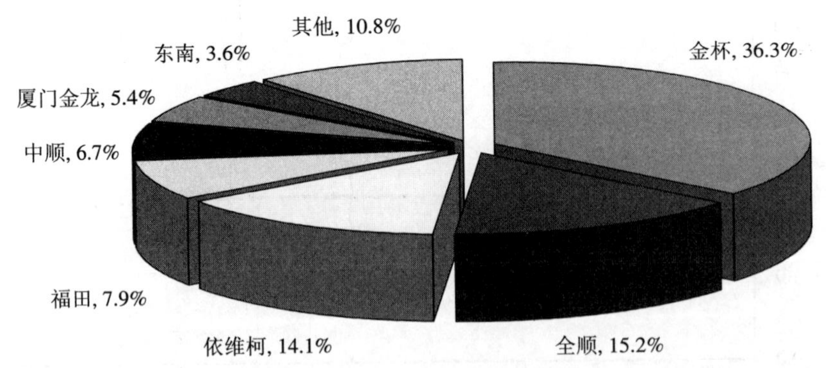

图4 2008年1～11月份轻型客车各品牌市场份额

3. 轻型客车市场结构分析

（1）日系与欧系　日系轻型客车增速在 2007 年有所反弹之后再度下滑，但依然保持较高的市场份额（见图 5）。

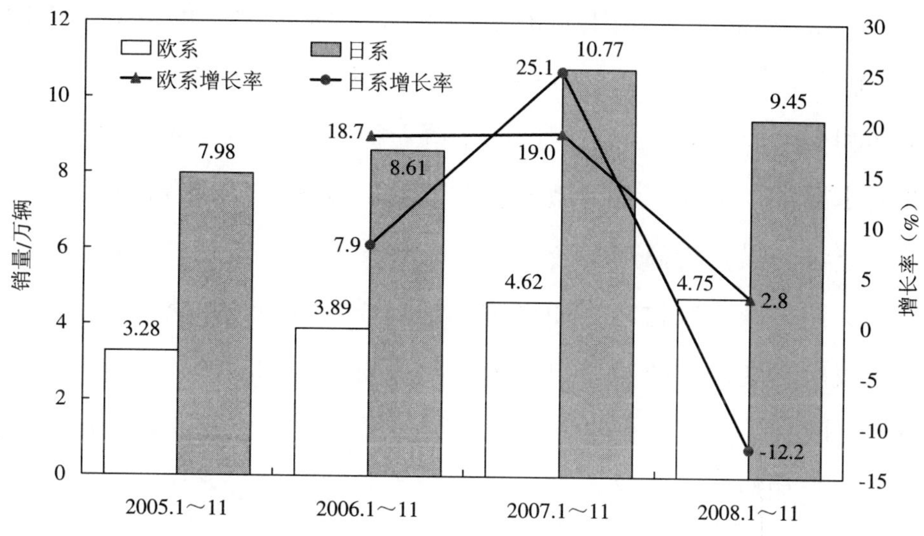

图5　2005～2008年日系和欧系轻型客车销量对比

（2）柴油与汽油　汽油轻型客车较柴油轻型客车在 2008 年有较大幅度下滑，但其市场份额连续三年不断攀升（见图 6）。柴油轻型客车增速继续放缓，这在一定程度上与柴油供应紧张有关。轻型客车柴油化在受到国III的打击后，随着国III柴油机的兴起，会迎来新的发展。

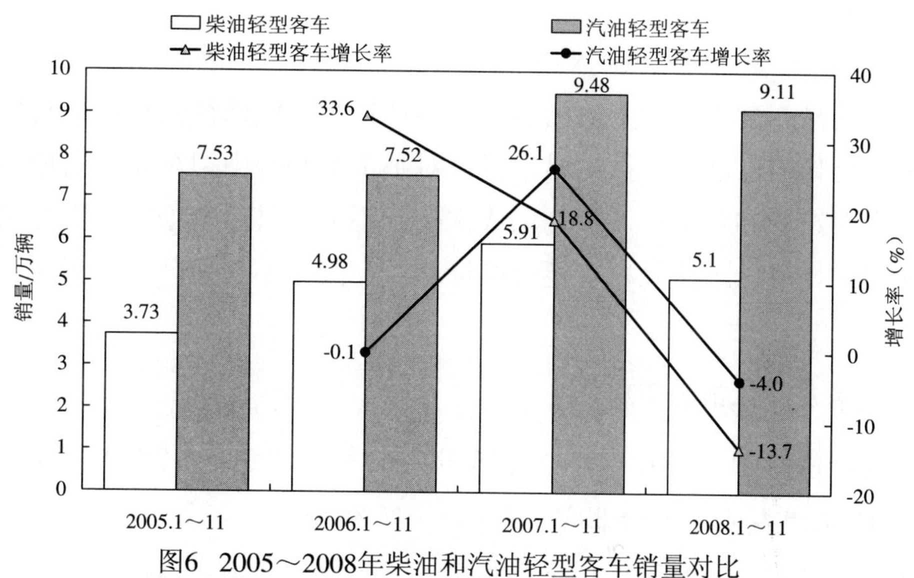

图6　2005～2008年柴油和汽油轻型客车销量对比

二、2009年轻型客车市场展望

1. 宏观经济与市场影响因素

（1）宏观经济影响　受国际市场的影响，特别是出口的下降，中国经济的高速增长面临理性回调，预测2009年GDP为8%。受全球需求不足的影响，各国消费预期和支付能力会有不同程度的下降。原材料价格会继续回落，为企业进一步降低成本提供了条件。为刺激经济的发展，我国通过投资拉动经济的增长，特别是基础建设的投资给商用车企业带来商机。基建、农村、医疗、文化、环保将成为重点关注领域，农村客户和机构客户将成为重点关注客户。

另外，我国宏观调控政策作出重大调整，将实行积极的财政政策和适度宽松的货币政策，同时，宣布将在两年多的时间里投资4万亿元，实施扩大内需的10项措施，目的是加快民生工程、基础设施、生态环境建设和灾后重建，提高城乡居民特别是低收入群体的收入水平，促进经济平稳较快增长。同时，增值税改革、取消信贷规模限制也将使企业资金压力有所减轻。对于处在困境中的国内商用车企业来说，这10项措施和4万亿元的巨资无异于久旱之后的甘霖，令市场信心大振。因此，可以认为，2009年我国商用车发展将迎来新一轮契机。而对于国内乘用车企业来说，由于可能的收入减少，居民对消费品的支出也会相应减少，缺少增长推动力。

（2）汽车市场影响因素　燃油税的推出，将成为推动企业节能减排以及汽车产品升级的潜在动力。因柴油高功率低油耗特性，燃油税的推出，将使柴油车的使用成本远低于汽油车。推出燃油税，对于柴油和轻中型车总使用成本会有较大下降，而对汽油和重型车其总使用成本变化不大，甚至会增加。因为只取消部分二级收费站，所以过路过桥费还会继续存在，因此不同地区要加强对公告的研究。

2. 轻型客车整体市场预测

受宏观经济影响，2009年轻型客车市场将呈下滑趋势，2009年市场总量预计维持在17万辆左右（不含非完整车辆）（见图7）。

从市场竞争看，形势不容乐观，原因在于：其一，高端MPV对轻型客车市场乘用部分功能的替代；其二，微型客车的向上延伸，大的微型客车对轻型客车城市多用途市场的挤占，特别是凭借其成本优势对日系轻型客车的挤占会比较明显。

在轻型客车市场，日系轻型客车依旧是轻型客车市场的主流，但高端欧系轻型客车市场份额也在逐年提升。

2009 年，竞争厂家将主推改款产品刺激市场，力图保持市场竞争力，如金杯等。同时海外市场将成为轻型客车的新兴市场，其中日系产品占有较大优势。2009 年，全顺 V348 产品的竞争力会逐步加强，新老产品联袂与依维柯竞争的局面即将形成，市场竞争将更加激烈。另外，出口市场依然是轻型客车行业新的市场亮点。

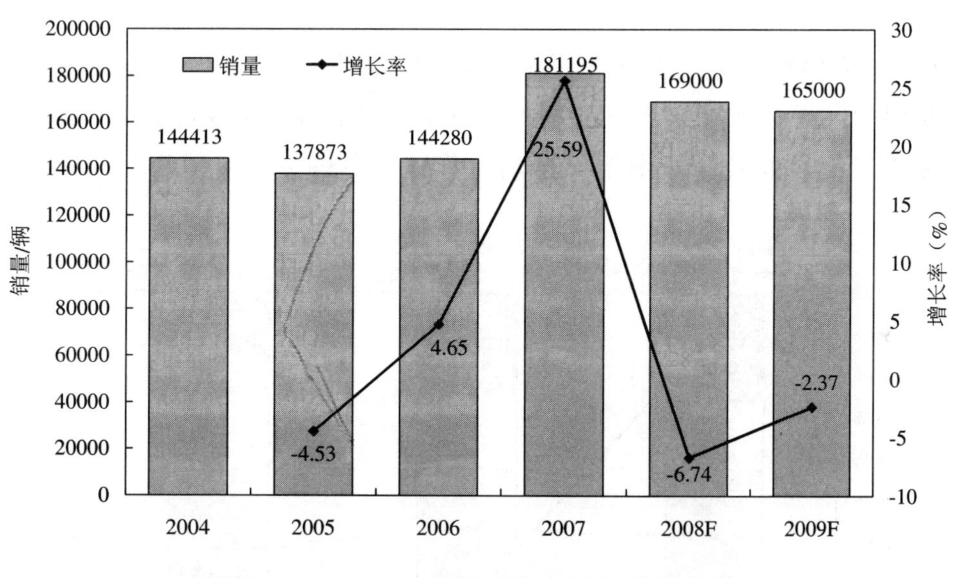

图7 2004～2009年轻型客车历年销量走势

3. 2009 年轻型客车产品结构预测

（1）欧系与日系 预计 2009 年轻型客车市场下滑 1.16%，日系轻型客车依然占据市场主流，份额将达到 70%，同时欧系轻型客车主要市场——行业细分市场，将会有所增长，所以 2009 年欧系轻型客车市场规模基本稳定（见图 8）。日系轻型客车由于技术更新较慢，且其主要市场——客货两用市场因受到经济下滑的影响将有所下滑。

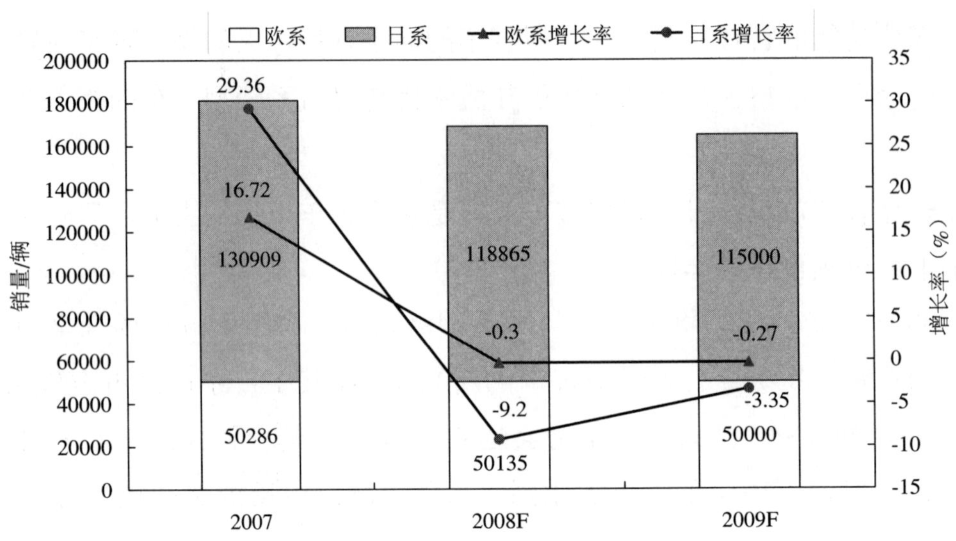

图8 2009年日系和欧系轻型客车市场预测

（2）欧系纯轻型客车市场　长轴市场规模基本稳定，长轴短悬市场比较适用于行业用户和专用车平台使用，预计2009年长轴市场增幅在3.7%左右。短轴市场在风险与机会的共同作用下，会略微收缩（见图9）。

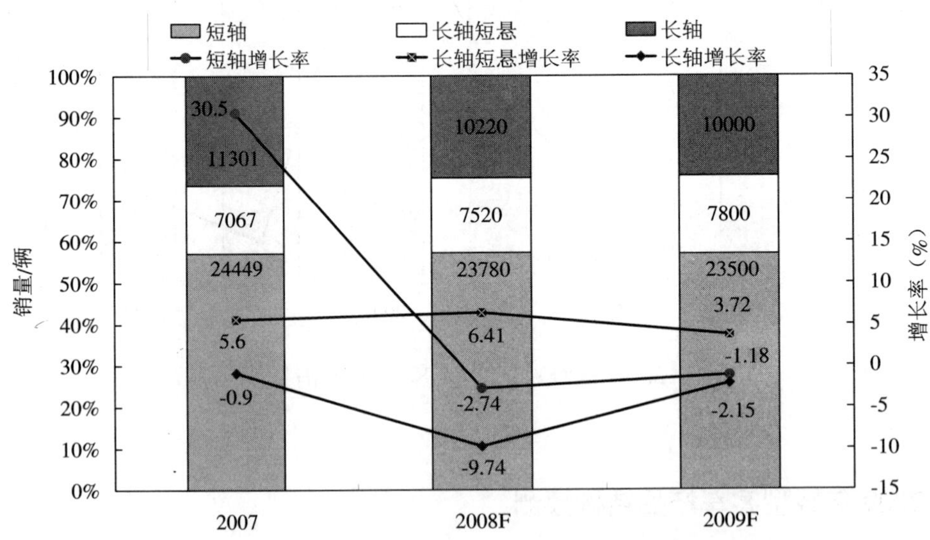

图9 2009年轻型客车长、短轴市场预测

4. 2009年轻型客车行业竞争分析

（1）轻型客车厂家将不断升级现有产品　首先，新的进入者大量增加，竞

争会不断加剧。另外，轻型客车将面临 MPV 和大微型客车的竞争。表现在：其一，中低端 MPV 的不断降价，将挤压轻型客车市场，使轻型客车的中高端市场急剧萎缩。其二，微型客车不断变大，携低价、低油耗和低使用费用之优势，将持续侵占低端轻型客车的市场。

（2）轻型客车市场将寻求突围　为了摆脱一级市场增长趋缓的局面，各厂家应借鉴上汽通用五菱增长的成功经验，采取“蓝海战略”，加速向二、三级市场推进，甚至进入农村市场。统计显示，目前一级市场的汽车销量增长率为 8.1%，而二级、三级、四级市场的销量增长率分别为 27.6%、33.7%、36.0%，远远高于一级市场。尤其是以珠三角、长三角、山东半岛地区百强县市为代表的二、三线城市更是爆发出惊人的消费潜力。另外欧系轻型客车将更加关注行业市场。

（3）轻型客车厂家还将采用灵活多变的增效手段　根据目前的市场形势，国内主要厂家 2009 年的目标都非常保守。轻型客车厂家将采用灵活多变的增效手段，比如，换装 2.5L 和 2. 0L 发动机，多卖 10 座以上的车，将 VAN 车改为货车底盘等，以在严峻的市场状况下谋求生存。

（作者：林伟）

2008年微型货车市场形势分析与2009年展望

2008年，可谓是中国汽车工业不平凡的一年。在这一年里，中国成功举办了奥运会，但国际金融危机日益加剧，同时中国南方也经历了冰雪灾害，四川发生了强烈地震，西藏的“打、砸、抢、烧”等事件使得中国的国民经济在一年中有着过山车一样的经历。2008年GDP增长率在9.8%左右，CPI增长5.8%左右，增速均稳步下降。

多部委在2008年12月5日的公告中就《成品油价税费改革方案(征求意见稿)》向社会公开征求意见。方案将汽油消费税单位税额由0.2元/L提高到1元/L，柴油由0.1元/L提高到0.8元/L，这预示着燃油税方案呼之欲出。

燃油税政策的推进，标志着“计重收费”在2009年全面实施，使商用车进入了前所未有的发展时期，尤其是微型货车也进入关键发展时期，使小排量的微型货车迎来了又一个春天。

一、产销数据分析

1.行业走势分析

（1）*产销总量分析*　2008年微型货车产销都有较大的增长，其中生产2008年1-11月较去年同期增长21.75%、销售增长19.34%,产销量均高于行业的平均增长率（见表1）。

表1　2008年1～11月份产销统计分析表

车　型	产量			销量		
	2008年1～11月份累计/辆	2007年1～11月份累计/辆	同比增长（%）	2008年1～11月份累计/辆	2007年1～11月份累计/辆	同比增长（%）
微型货车	306812	252002	21.75	335523	281153	19.34
全行业	8704037	8060580	7.98	8629794	7952304	8.52

（2）*产销量月度分析* 2008 年 1～11 月微型货车平均月产量超过 2.7 万辆，销量超过 3 万辆，再创历史最高水平。分月产销量并未出现往年的双峰状图形，主要是受 2008 年下半年金融危机的影响；10 月份和 11 月份增长势头不够强劲，产量达到 2008 年 5 月份、6 月份的水平，由于 2008 年国务院适时出台了拉动内需的政策，以扩大内需，因此 2008 年产销量仍超过了 2007 年同期水平，其中 3 月份产销量创历史新高，产量约为 3.69 万辆，销量约为 4.17 万辆（见图 1）。

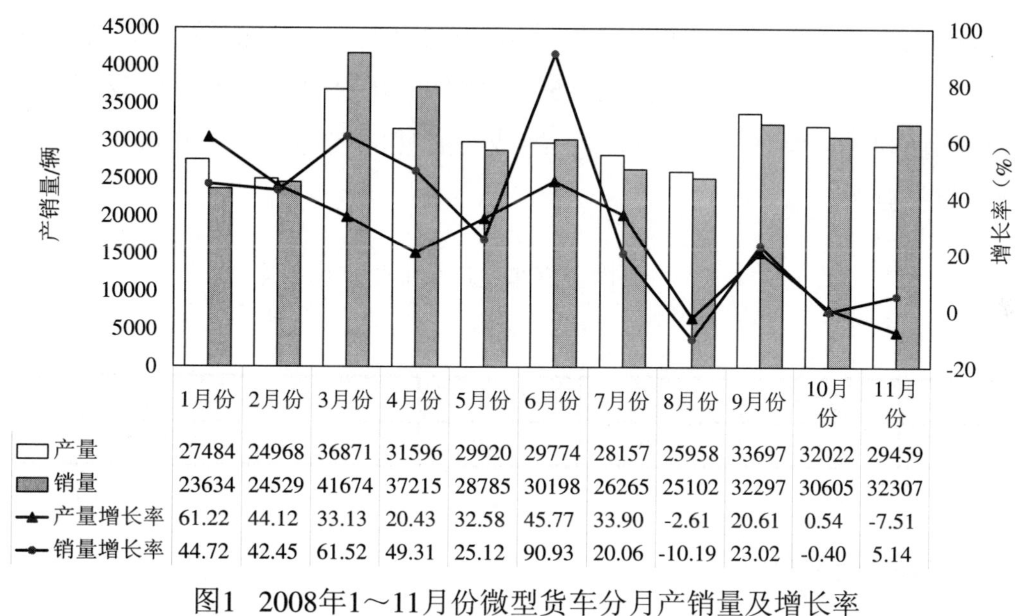

	1月份	2月份	3月份	4月份	5月份	6月份	7月份	8月份	9月份	10月份	11月份
产量	27484	24968	36871	31596	29920	29774	28157	25958	33697	32022	29459
销量	23634	24529	41674	37215	28785	30198	26265	25102	32297	30605	32307
产量增长率	61.22	44.12	33.13	20.43	32.58	45.77	33.90	-2.61	20.61	0.54	-7.51
销量增长率	44.72	42.45	61.52	49.31	25.12	90.93	20.06	-10.19	23.02	-0.40	5.14

图1 2008年1～11月份微型货车分月产销量及增长率

2008 年 1～11 月份月销量同比变化情况，1～3 月微型货车销量呈上升趋势；4～5 月份下降，6 月份受灾后重建和奥运经济的拉动，增长率高达 90.93%，7～11 月份呈波动下降态势。2008 年 1～11 月份月生产同比增长率，与生产基本相似，上半年有所波动，个别月份有一定的高增长率，但波动幅度不如销量增长率，下半年则呈稳中下行态势。

总体看，2008 年受经济环境的影响，各月微型货车产销量一直不是很稳定，波动起伏较大，而且有下行态势。

2. 销售集中度分析

2008 年 1～11 月份，微型货车生产集中度为 75.86%（见表 2），高于 2007 年的 66.35%，生产集中度相对较高。2004 年年初生产微型货车厂家数量有 9 个，到2005年发展到19个，2006年为21个，2007年为19个，2008年为16个，微型汽车生产厂家在减少趋势，而集中度相对较高，这说明原来处于中游的微型货车厂家的实力在进一步增强，例如重庆力帆、东风汽车等。2008年11月份微型货车累计销量有1个企业数量为0，这说明集中化有继续增强的势头。长安作为微型货车生产最多的企业，年销量为8.4万辆左右；前七位的微型货车厂家销售量均超过2万辆。进入门槛低，使得市场形势发生变化时（如农用车要求趋严时），一些企业很容易转产微型货车，并形成1万辆左右的产销量，这也是近两年微型货车分散化趋势加快加大的原因。但是从2008年1～11月份数据看，后六位的微型货车生产厂家销量占有率只有2.15%，销售不足百辆的有5家，这说明在表面分散化的现象中，新的淘汰和重组已经成为必然的趋势，其中重庆力帆和东风小康增长势头强劲。

表2 主要微型汽车生产企业生产集中度

（单位：%）

企业	长安	五菱	力帆	哈飞	东风	合计
微型货车	27.85	14.98	13.49	11.53	8.00	75.85

3. 市场占有率分析

市场占有率的集中度与生产集中度基本一致，第一位长安的市场占有率为25.01%、第二位五菱为17.94%、第三位力帆为11.95%，第四位哈飞为10.36%，四者加起来65.26%，微型货车市场占有率集中度约为75%（见表3），高于2007年的67.64%，说明集中化的趋势在进一步扩大，而江西昌河的产销量在进一步下降。

表3 主要微型汽车生产企业市场占有率

（单位：%）

企业	长安	五菱	力帆	哈飞	金杯	合计
微型货车	25.01	17.94	11.95	10.36	9.73	74.99

4. 生产贡献度分析

2008年1～11月，微型货车对全行业的生产贡献度为8.52%，虽然近两年发展速度较快，但是由于基数比较低，在全行业中所占的地位还比较弱；2008 年微型货车对微型汽车的贡献度为 64.94%，达到了历史的最高水平，对微型汽车的作用已经明显表现出来，成为微型车市场增长的有力支撑（见表 4）。

表 4 2008 年 1～11 月份生产贡献度分析表

车 型	2008 年 1～11 月份累计/辆	2007 年 1～11 月份累计/辆	同比差额/辆	微型汽车贡献度（%）	微型货车贡献度（%）
全行业	8704037	8060580	643457	13.12	8.52
微型汽车	984127	899732	84395	—	64.94
微型货车	306812	252002	54810	—	—

5. 微型货车市场销售企业排名

从排名来看，长安多年来在微型货车市场一直排名第一名；五菱 2008 年排名上升到第二名，哈飞由 2007 年的第二名下降到第四名；而力帆通过农用车产品和销售策略的调整（加大了出口力度），使其一跃进入销量前三甲，河北中兴仍然稳居第二集团；江西昌河由第七名下降到第十一名，销量萎缩非常严重；其他厂家变化不大（见图 2）。

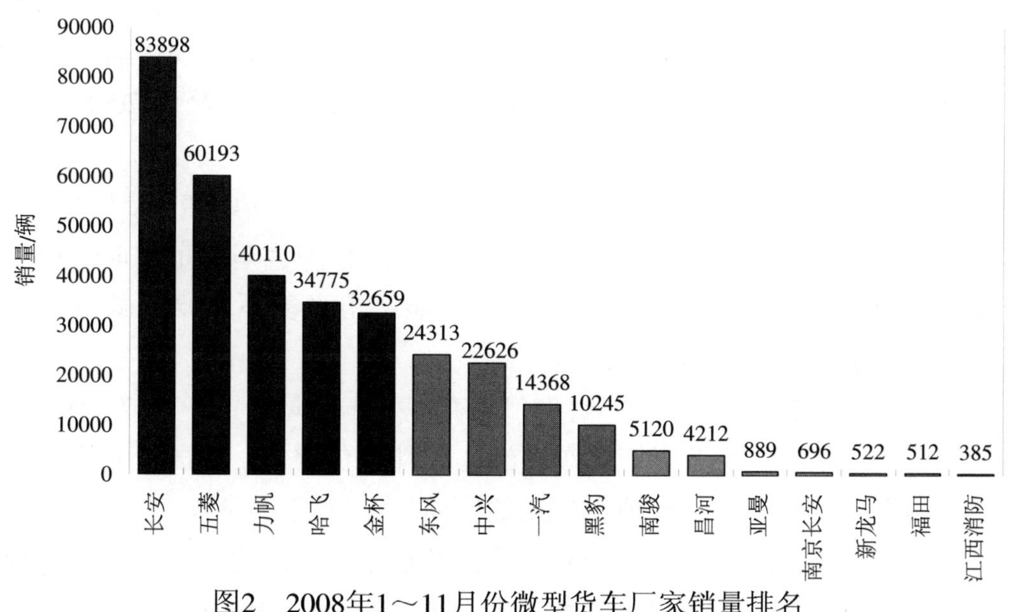

图2 2008年1～11月份微型货车厂家销量排名

二、相关企业态势分析

微型货车在五大微型汽车企业中基本以单排货车销售为主，各企业增长率虽然差别很大，但是合计增长率不高（见表5），说明微型货车2008年的增长形势，主要是五大微型汽车企业以外的企业带来的，“五大微型汽车企业”的称谓在微型货车市场正在发生重大变革。

表5 2008年五大微型汽车企业1～11月份车型累计销售统计表

车型	企业	长安	五菱	哈飞	昌河	一汽	合计
单排	销量/辆	46430	37311	27239	1705	10159	122844
	同比增长（%）	19.74	112.09	32.72	-79.98	-48.91	16.67
双排	销量/辆	37441	22882	7536	2507	4209	74575
	同比增长（%）	16.80	4.00	-4.38	-40.61	—	12.72
合计	销量/辆	83871	60193	34775	4212	14368	197419
	同比增长（%）	16.83	51.99	-5.99	-73.21	-5.57	10.09

注：因为各企业除单排、双排货车外，可能还有其他类产品（数量很小），故合计销量和增长率与前面数字略有出入。

（1）长安　2008年1～11月份，长安微型货车销量同比增长16.83%，远高于2007年5.05%的增长率。微型货车行业第一的位置得到进一步稳固。

（2）哈飞　2008年1～11月份，其微型货车销量同比下降5.99%，2007年增长为31.03%。哈飞在微型货车市场中排行下降主要是受出口的影响，2008年人民币持续升值，国际金融形势震荡，哈飞的主要出口国政治局势动荡，导致出口量下降较大，使其由2007年的微型货车行业排名第二位下降到2008年的第四位。

（3）五菱　2008年1～11月份，其微型货车销量同比增长51.99%，2007年增长率为11.97%。增长率远高于行业平均水平，微型客车的市场地位和产品的不断丰富也带动了微型货车的高速增长，也显示出五菱不仅要做微型客车的第一，同时也不放弃微型货车市场的抢夺。

（4）昌河　2008年1～11月份，其微型货车销量同比下降73.21%，2007年同比下降为2.03%。企业微型货车连续几年都为负增长，且居行业第十一位，货车的下滑非常严重，是一个值得注意的倾向。

（5）一汽　2008年1～11月份，其微型货车销量同比下降5.57%，2007年下降23.48%。下滑速度非常严重，数量在微型货车行业也由第六下滑至第八。一汽在 2008 年的市场下滑非常严重，微型货车虽然下滑较大，但仍占到企业总量的 1/2 以上。

从以上分析可以看出，五大微型汽车生产企业在货车市场可谓几家欢喜几家愁，微型货车企业在经过二十多年市场竞争所形成的五大微型汽车企业的基础上，近两年又在向分散化演变，同时，新的集中又在孕育之中，重庆力帆、河北中兴和金杯汽车兼并重组的农用车和微型货车的发展势头就不可小视。

三、2009 年展望

1. 宏观经济与政策法规

（1）宏观经济的发展放缓　2009 年，中国受国际危机的影响，宏观经济的增速会逐渐放缓，预计 2009 年下半年会逐渐回暖。随着房地产等行业的复苏，GDP 增长速度为 8.5%左右时经济会逐渐稳定，同时也意味着汽车行业仍会有一段时间的“寒冬”。为了减小金融危机对中国的影响，我国也会出台相应的政策，以刺激消费。

（2）燃油税成为微型货车 2009 年发展的关键　国务院总理温家宝在 2008 年 12 月 17 日召开的国务院常务会议中决定出台成品油价格和税费改革方案。会议决定，批准成品油价格和税费改革方案，自 2009 年 1 月 1 日起实施成品油税费改革，取消公路养路费等六项收费，逐步有序取消政府还贷二级公路收费，同时相应提高成品油消费税单位税额，在价内征收，即在征收时不提高成品油价格。这对于小排量汽车发展无疑是重大利好。

各地的地方保护主义在短期内不可能很快消失，不生产微型货车的城市，对微型汽车的限制仍将不同程度地存在。这对于微型汽车的发展显然是不利的，但是，这种影响将呈不断减弱的趋势。同时，随着燃油税的逐步实施，地方政策将无法保护车企，兼并重组的脚步会进一步加快。

（3）微型汽车替代农用车的速度越来越快　2008 年，农用车市场仍呈负增长趋势。微型汽车企业兼并农用车企业生产微型货车，以及农用车企业转产微型货车的现象越来越多。2008 年，微型货车的高速增长和农用车的负增长，说明了微型汽车替代农用车的速度越来越快，而重庆力帆就是最好的例证。

（4）拉动内需促使公路建设发展加快　金融危机使得中国经济增长减慢，

国内众多企业受到重创，呈现低迷的现状。面对国内经济遭受创伤、全球经济环境恶劣的情况，我国政府于 2008 年 11 月 5 日出台了十项措施，以扩大内需，保持经济快速稳定增长。其中公路建设成为拉动内需的一项实施举措，同时随着建设“社会主义新农村”的逐步深入，“村村通”工程也在不断完善，使农村道路交通状况得到不断改善，这些都将有利于促进高速小排量、小轮距、低扭矩的微型货车发展。

（5）汽车出口的压力越来越大　随着国际经济形势的日益恶化，2008 年上半年人民币持续升值给我国汽车行业出口带来巨大压力，因此 2009 年我国汽车出口较 2008 年预计会出现负增长，这对行业来讲是一个比较大的影响。

2. 增长速度预测

综上所述，虽然 2008 年微型货车行业取得了不错的增长成果，但 2009 年微型货车的发展仍不容乐观，预计 2009 年微型货车行业将继续处于低速发展的调整阶段，增长速度将会在 10%左右，但仍高于全行业增长速度，数量达到 39 万～41 万辆。

预计 2009 年微型货车市场的集中化趋势将更加凸显，预计上汽通用五菱微型货车的占有率会不断增加，仍保持较高的增长势头。

（作者：徐洪飞）

2008 年微型客车市场形势分析及 2009 年展望

截至 2008 年 1～11 月份，我国微型客车累计实现销售 983400 辆，同比增长 9.53%，预计 2008 年全年销售有望实现 1068000 辆，同比增长保持在 8%以上水平，基本可以实现连续几年的稳步增长，表现出较强的市场潜力（见图 1）。

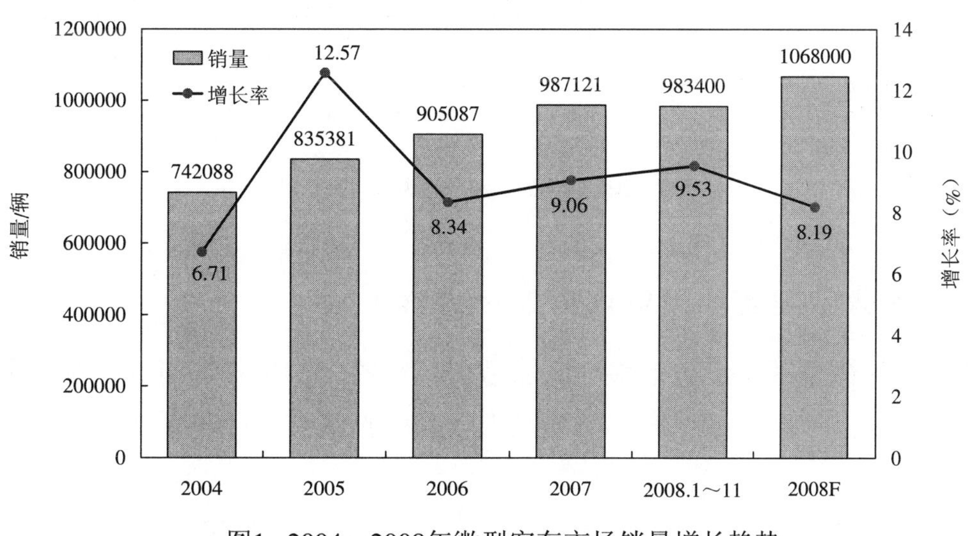

图1　2004～2008年微型客车市场销量增长趋势

但面对 2008 年下半年世界性金融危机的影响，微型客车市场受影响程度如何？微型客车市场的运行特征有何变化？2009 年微型客车的市场形势会是怎么样？要回答这些问题，我们必须对 2008 年的微型客车市场形势进行回顾并对影响 2009 年微型客车市场的各方面因素进行分析和展望。回顾 2008 年微型客车市场，呈以下主要特点：

一、2008 年微型客车市场的高开低走态势较明显

2008 年 1～7 月份，微型客车市场月销量同比基本呈高速增长，市场表现出旺盛的需求，但随着 2008 年下半年全球金融危机的爆发，微型客车市场也明显

的感到来自危机的影响，2008 年 7 月份后，微型客车市场基本处于月同比下降之中，但总体来看，2008 年微型客车市场的受影响程度明显要低于我国汽车整体市场（见图 2）。

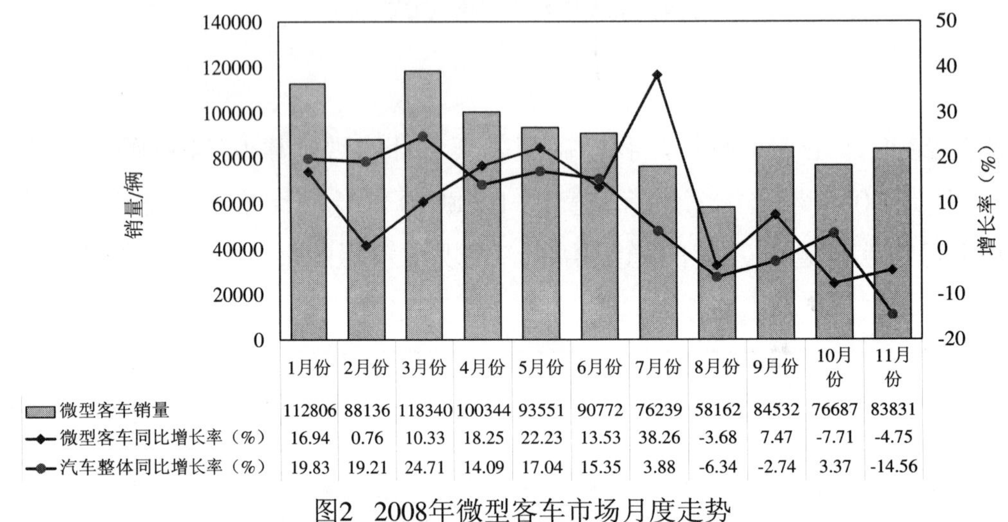

	1月份	2月份	3月份	4月份	5月份	6月份	7月份	8月份	9月份	10月份	11月份
微型客车销量	112806	88136	118340	100344	93551	90772	76239	58162	84532	76687	83831
微型客车同比增长率（%）	16.94	0.76	10.33	18.25	22.23	13.53	38.26	-3.68	7.47	-7.71	-4.75
汽车整体同比增长率（%）	19.83	19.21	24.71	14.09	17.04	15.35	3.88	-6.34	-2.74	3.37	-14.56

图2 2008年微型客车市场月度走势

二、平头微型客车市场比重继续大幅下降

随着凸头微型客车价格下移，低端微型客车的上量扩张，消费者对安全意识的进一步提高，使凸头微型客车继续呈现较强的扩张态势（见图 3）。

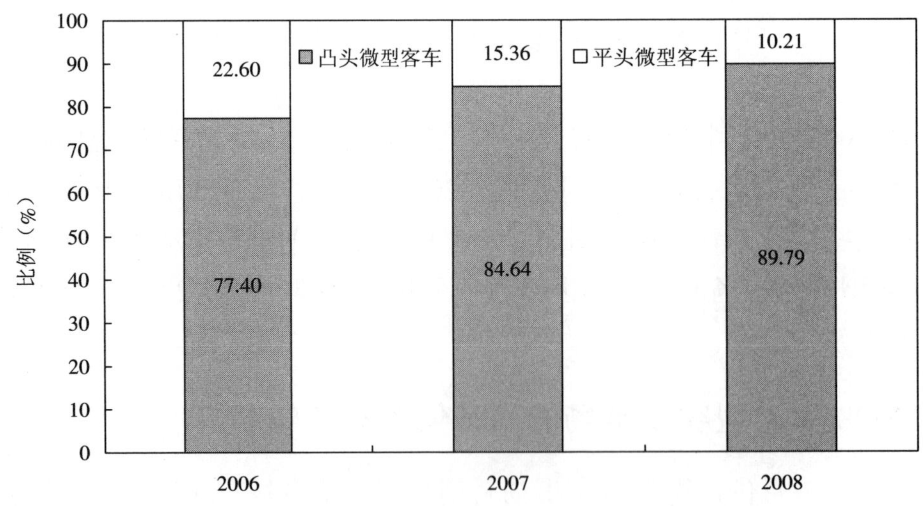

图3 2006～2008年平头与凸头微型客车比例分布

三、微型客车的高端化趋势明显

近年来，随着微型客车市场竞争的日益激烈，为满足消费者的需求，微型客车的市场细分日益明显。微型客车的大型化、宽体化，更加满足了一部分消费者对大微型客车的需求。2008 年，价格在 4 万元以上微型客车市场比重明显上升（见图 4），主要是长安、五菱分别推出长安 S460、长安星光 4500、五菱荣光等价格在 4 万元以上的宽体大型微型客车获得良好市场表现的结果。

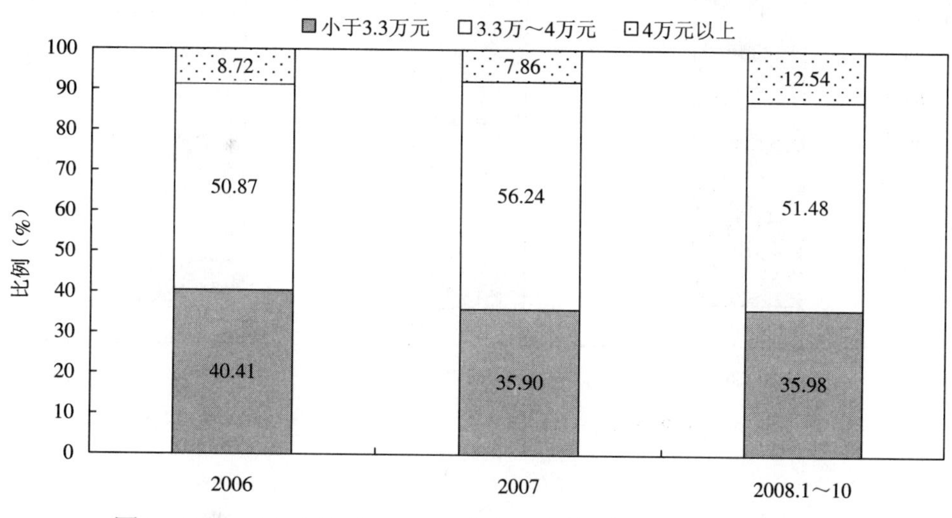

图4 2006～2008年（1～10月份）不同价位微型客车市场比重

四、微型客车大型化继续在扩张

2008 年，车长 3.9m 以上微型客车的市场比重上升了近 5 个百分点，表现出较强的扩张态势，这种扩张同样来自于长安 S460、长安星光 4500、五菱荣光等宽体大型微型客车的推出，但与 2007 年、2006 年比较来看，车长 3.9m 以上微型客车的比重增长已不明显，车长 3.5m 以下微型客车的比重还略有上升（见图 5）。但微型客车大型化趋势不会无限制的放大，微型客车的尺寸结构比重将趋于相对稳定。

五、城乡微型汽车用户比重基本呈相对稳定态势

2008 年，微型客车市场在县乡及城区的市场比重变化不大，与 2007 年相比基本呈稳定态势（见图 6）。微型客车作为生产工具并具备代步特性的特点，能很

好地满足乡镇及农村用户的需要，我们在近期的消费者市场调查中再次印证：微型客车是一种能较好满足农村用车的交通运输工具，这种需要仍将随着我国城市化进程及农村经济的持续繁荣而进一步释放，未来微型客车在乡镇及农村的市场前景仍然值得看好。

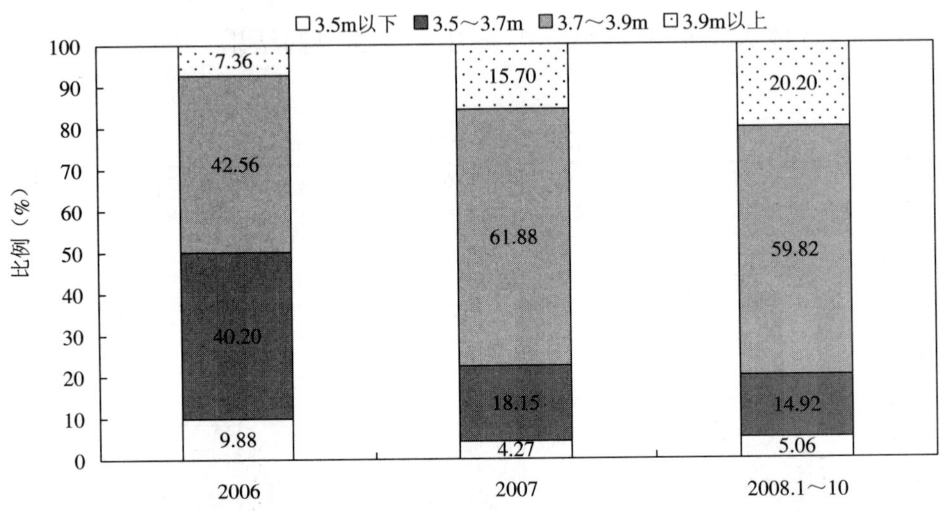

图5 2006～2008年（1～10月份）不同尺寸微型客车市场比重

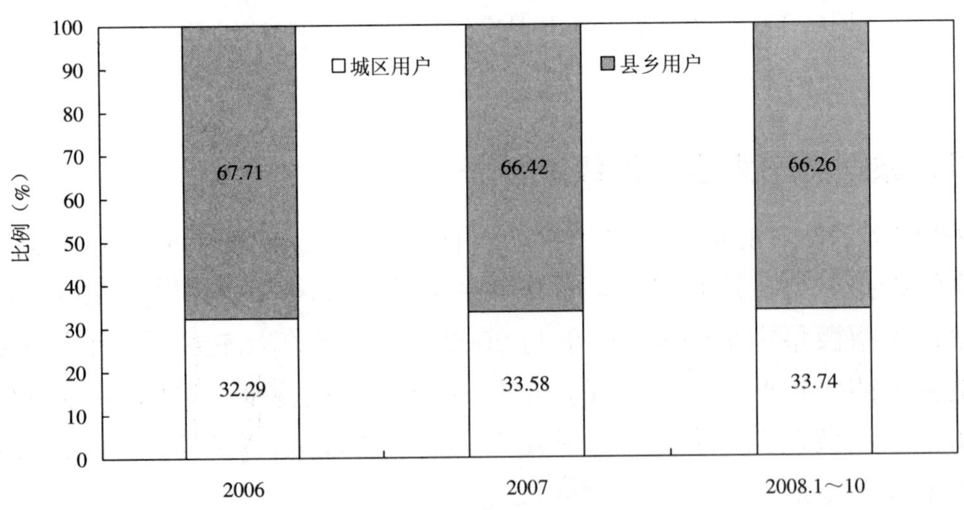

图6 2006～2008年（1～10月份）城乡微型汽车用户比重

六、微型客车的商用化特征依然明显

近期，在对消费者的调查中，“运营载人”、“经营载货”等商用用途，依然是微型客车用户购车的主要目的（占据 80%以上比重），微型客车的商用特征依然明显。

七、华北市场的增长和华南市场的萎缩明显

2008 年，受世界金融危机影响，我国出口市场大幅萎缩，沿海地区加工业倒闭及向内地转移加速，在一定程度上抑制了沿海区域市场对微型汽车的需求，2008 年 1～10 月份，广东、浙江等微型客车大市场与 2007 年同比下降；受惠于奥运经济，北京、天津、河北等奥运圈微型客车市场增长迅速，其中天津增速位于全国省级区域市场增速第一，华北市场表现出高容量高增长势头（见图 7）。

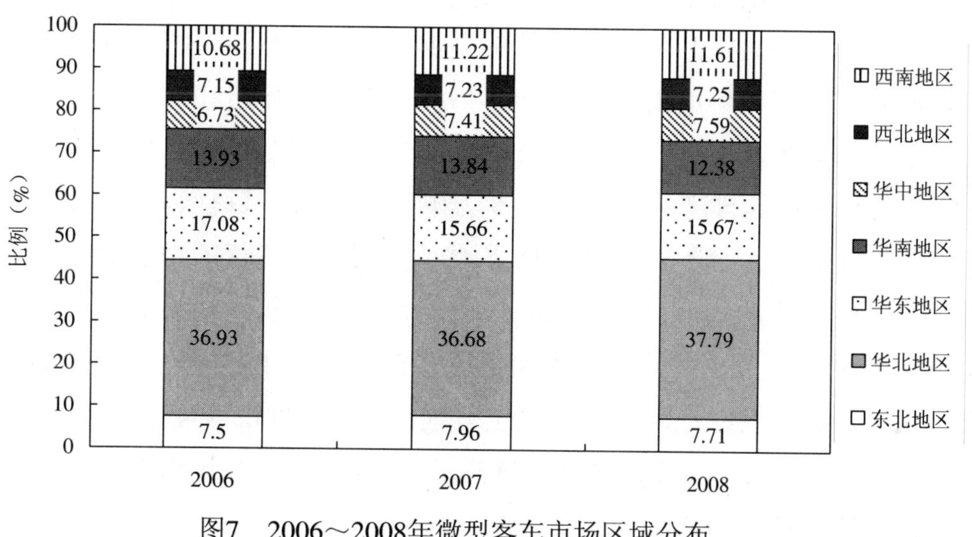

图7　2006～2008年微型客车市场区域分布

总体来看，2008 年受世界金融危机的影响，我国微型客车市场的高速增长势头受到了一定的遏制，微型客车的区域需求市场发生了一些变化，但微型客车市场总体运行特征与 2007 年基本一致。对 2009 年，金融危机有继续恶化的趋势，微型客车市场的走向会怎样呢？要把握好 2009 年微型客车市场的走势，就必须先研究一下微型客车市场的内在规律和影响因素。

从 2008 年微型客车市场走势来看，全年能保持与 2007 年基本相当的市场增长，首先得益于 2008 年上半年微型客车市场的高速增长。2008 年上半年微型客车市场呈现近几年少有的爆发式增长，奥运会对微型客车的拉动是一个重要原

因，另外，从 2008 年上半年开始的沿海加工企业倒闭，经济的下滑引发了企业内迁和大量民工返乡，大量人口回归，以及人们对继续在外打工的预期在明显下降，在内地家乡发展的人开始明显增多，刺激了客运量的增加和生意用车需求，是促进内地微型客车市场加速繁荣的另一重要因素，这一点由 2008 年西南、华中地区微型客车市场比重上升相对明显也可以得到印证。

2008 年下半年即使面对金融危机的影响，微型客车市场的降幅也低于汽车整体市场，反映微型客车市场的内在需求仍然是较强的。

展望 2009 年，有效控制经济大幅下滑是我国经济工作的重中之重，一系列抑制经济下滑的刺激政策在相继出台，加快农村土地改革，刺激农村经济发展，提高农民收入和农村消费是 2009 年拉动内需的重要国策之一，微型客车这种适合农村需求的交通工具将具备内在的刚性需求。同时，燃油税的实施总体来看有利于小排量微型客车市场的发展，另外，吉奥、奇瑞、华晨在 2009 年都将加入微型客车市场的竞争，从目前的统计来看，2009 年微型汽车行业的排产量将达到 165 万辆，微型客车的排产量应该在 125 万辆。行业排产目标远大于市场需求目标，将加剧行业竞争，且不排除使价格下滑。更多新品和营销经费的投入宣传以及微型客车价格下移的预期将对 2009 年微型客车扩容起到较大的促进作用。从报道来看，2009 年国家还将出台一系列的救市政策，大力鼓励汽车消费向二、三线城市纵深发展，向农村地区发展。完全有理由相信，2009 年我国经济如果不出现大的滑坡，微型客车的市场前景仍然较美好，预计 2009 年微型客车市场将达到 112 万，同比增速将在 5%左右。

（作者：吴青松）

2008 年豪华车市场分析及 2009 年展望

一、2008 年豪华车市场发展状况

2008 年整体汽车市场主要受宏观经济和一些短期因素的影响，包括年初雪灾、汶川地震、水灾，年中油价上涨、奥运会、消费税调整、燃油税等等，尤其 11 月份，整体汽车市场与众多经济指标一样，出现大幅下滑，出现 8%的负增长，速度之快，超出想象。从 2008 年二季度开始，整体汽车市场的季度增速就开始低于 GDP 的增长速度，拖动国民经济加速下行。2008 年整体汽车市场增速大幅回落，预计增长率在 8%左右，低于 2008 年年初预期的 16.7%增长率。

在这样的经济环境下，从年度数据上看，豪华车市场比整体汽车市场好得多。2008 年豪华车销售约 28.3 万辆，增长率为 24%（见图 1）。

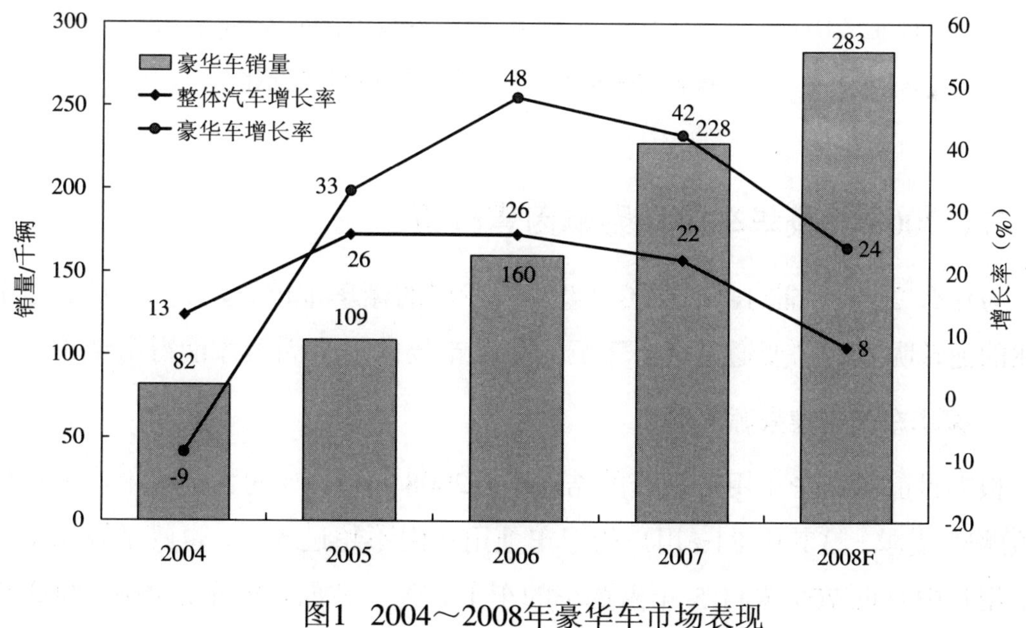

图1　2004～2008年豪华车市场表现

但从豪华车市场短期发展状况上看，情况正在迅速发生变化。2008 年前 10

个月，豪华车市场虽然季度增速在逐步放缓，但累计增速仍然保持在30%，似乎本轮经济危机离豪华车市场还很遥远；但到11月份，豪华车市场突然出现6%的负增长，下降速度之快、降幅之大，严重超出了大家的想象，意味着豪华车市场几大品牌当月目标20%未完成；12月份豪华车市场发展形势仍不容乐观，虽然增速为3%，但首次出现增速小于整体市场的现象（见图2）。

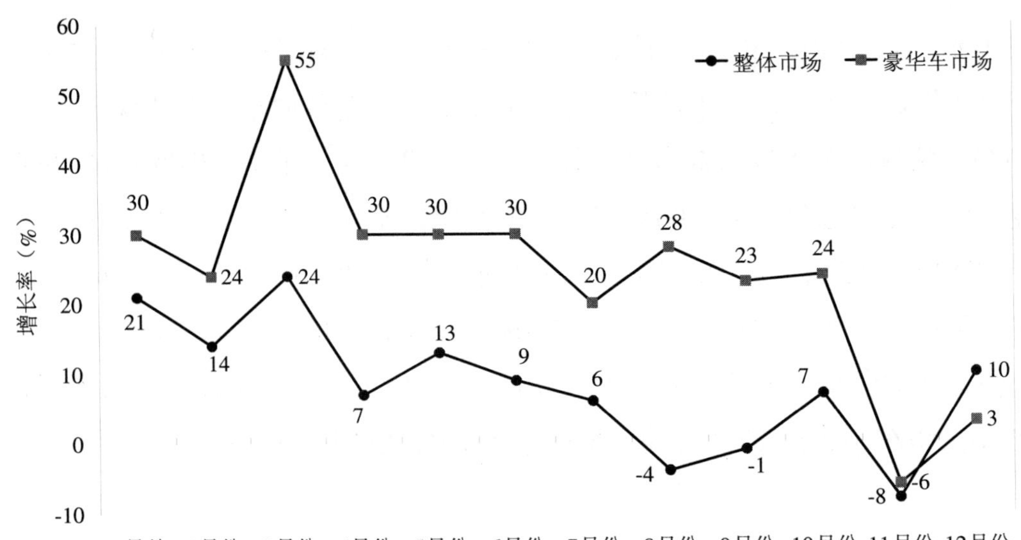

图2 2008年豪华车市场增速月度变化

二、2008年豪华车市场影响因素分析

为什么2008年前10个月还“健康”发展的豪华车市场，到11月份会出现忽然的逆转呢？这需要通过分析影响豪华车市场的多个因素才能得出结论。

1. 豪华车的销售来源

根据目前对豪华车用户调查的结果看，2008年，81%的豪华车用户来自替换车/增购车需求，这其中84%用户的旧车使用年限不超过5年，也就是说豪华车新购车用户中有近70%来自5年内购车的车主。另一方面，汽车市场从2003年开始井喷，2007年年底国内乘用车保有量达到2250万辆，为豪华车市场的发展奠定了坚实基础。

2. 豪华车重点区域市场季度增速缓慢下滑

本轮经济下滑的特点是逐步传导的过程：由出口依存度较高的东南沿海向北部和中西部地区转移；由出口行业向其他领域和行业转移；由抗风险能力差的中小企业向大型工业企业转移。与此相对应的，2008 年 1～10 月份豪华车市场增长速度逐季度缓慢下滑：占豪华车市场 1/3 强的东部，尤其是浙江从 2008 年第一季度起豪华车增长速度即出现大幅下滑，占豪华车市场 1/4 的南部地区从 2008 年第二季度开始出现大幅下滑，第三季度所有区域都出现下滑（见图 3）。

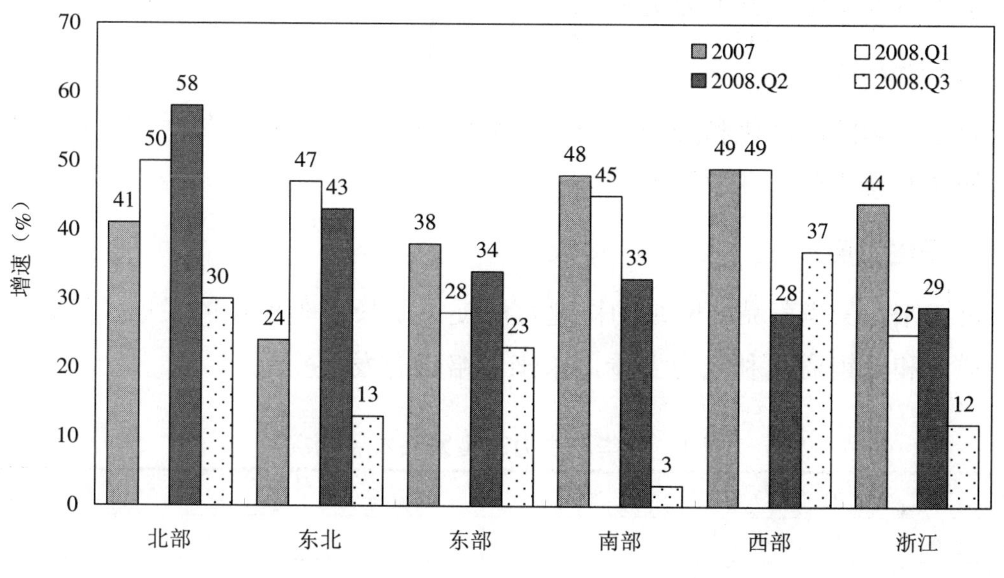

图3　不同区域豪华车市场季度增速

3. 行业政策

2008 年 9 月 1 日起实施新的消费税政策使豪华高端车市场中约 30%的车型指导价涨价幅度超过 10%，但成交价格只坚持了 3 个月左右的时间，即恢复到涨价前的让利水平，价格体系持续了 2～3 个月的混乱。大排量车型严重滞销，经销商库存压力大，资金周转困难。2006 年消费税调整后，对销量的影响持续了 6 个月之久，新的消费税政策对销量的影响至少持续 3～6 个月。进口豪华车对豪华车市场的向上拉动作用直接变成向下拉动作用。

另外，2009 年 1 月 1 日开始实施的燃油税，燃油税增加导致豪华车用户增加的费用占其收入的比例小于 0.5%，对豪华车用户的影响有限。

4. 促销活动

2008 年九月份、十月份国产豪华车市场由于 A6L 和宝马 5S 等重要国产车型大幅促销，出现短期市场销量高速增长的局面，成为豪华车市场的主要驱动力。但从 11 月份开始随着豪华 C 级车市场新奥迪 A6L 上市，豪华 B 级车市场主要车型新老车型交替，如奥迪 A4L、宝马 3S 等的影响，国产豪华车市场增速大幅回落。

5. 品牌优势

豪华车凭借其品牌形象、品质、新产品、价格和促销优势，与同等价位水平的非豪华品牌相比，竞争力更强。

6. 产品战略

豪华品牌的国产化和降低入门级车型门槛的产品战略，都在一定程度上加大了对低端非豪华车市场的拓展。

7. 网络发展

近年来，豪华车品牌网络的快速发展促进了豪华车市场的发展（见表 1）；从网络质量和经销商盈利能力上看，未来网络仍有发展空间。

表 1 豪华车主力车型网络发展情况表

品牌	奥迪	宝马	奔驰	雷克萨斯
2005 年 4S 店数量/个	85	42	42	6
2008 年 4S 店数量/个	126	74	77	41
2005 年平均单店销量/辆	709	562	305	890
2008 年平均单店销量/辆	913	811	494	805

三、2009 年豪华车市场展望

1. 宏观经济情景假设

假设一：2009 年世界经济有限衰退，顺差逐渐恢复。

假设二：国家保增长的政策从 2009 年第二季度见效，经济保持平稳增长，企业利润先抑后扬，总体平稳增长。

假设三：2009 年国内楼市不出现深幅调整。

假设四：2009 年国内没有新的突发性事件影响。

假设五：汽车产业增长10%计划。

2. 2009年豪华车市场的影响因素

（1）影响豪华车市场的积极因素

第一，豪华车的销售来源基础依然存在。

第二，汽车行业振兴计划虽然未必有直接针对豪华车的政策支持，但如果这些政策能够起到稳定整体车市场的作用，同样会间接促进豪华车市场的发展。

第三，品牌优势将更加明显。

第四，网络发展速度虽然会放缓，仍会促进豪华车市场的区域渗透。

第五，产品战略方面，实行国产化，如奥迪A4L，降低入门级车型门槛，如宝马3S，对低端非豪华车市场的竞争机会较大。

第六，促销活动让利空间减小，对销量只有短期影响，对总需求拉动效果有限。

（2）影响豪华车市场的消极因素　经济恶化到严重影响高端人群收入，加大了增购车/替换车的风险，豪华车市场可能比整体汽车市场需求弹性更大；在行业政策方面，消费税影响将持续3～6个月。

基于上述分析，预计2009年豪华车市场增速将与2008年持平，如果形势继续恶化，不排除2009年豪华车市场出现负增长可能性。

（作者：吴桂华）

2008年中高档轿车市场分析及2009年展望

2008年中国的乘用车市场经历了前所未有的波折，上半年还保持了15.9%的增长，下半年因为国际金融风暴影响了国内经济，使国内需求大幅降低，消费信心受到严重打击，直接导致了2008年第三季度乘用车市场出现了-2.2%的市场萎缩。作为大宗耐用消费品，汽车行业受宏观经济的影响更大，中高档车更是首当其冲，2008年第三季度甚至出现了-6.0%的负增长，2008年第四季度虽然有所好转，但仍然以-5.2%的速度继续下滑，可谓一半是海水，一半是冰山。2009年的市场形势依然严峻，经济警报并未解除，尽管国家强有力的宏观调控政策不断出台，但消费信心依然难以迅速恢复。由于中高档车的利润空间大，往往是生产厂商主要的利润来源，但其受影响也最为严重。所以，2009年整车生产厂商的利润必将受到影响，这也是汽车行业达成共识——节衣缩食准备过冬的重要原因。

一、2008年中高档轿车市场的发展特征

1. 中高档轿车市场在本次经济危机中受到的影响更大

（1）中高档轿车市场增速低于整体市场　2008年第一季度经济运行良好的时候，B级车（即中高档轿车）的增长率是高于总体市场的，这一点也反映了近几年的变化趋势，中高档轿车增速快于总体乘用车市场。但从2008年第二季度开始其增长已经低于整体市场（见图1）。但是不能简单地判断中高档轿车市场对经济反映更为敏感，这主要由当前经济的特点和中国中高档轿车的需求结构造成的。中高档轿车主要是由公务车和私家车的升级需求构成的。由于2008年5月12日的汶川大地震，国家财政拨款700亿元，后续的建设支出也非常庞大，国家要求各级政府节约开支，明令限制各级行政机构的公务购车，导致公务车市场下滑严重，占中高档轿车销量1/3的公商务车比例在2008年第三、四季度急剧下滑。

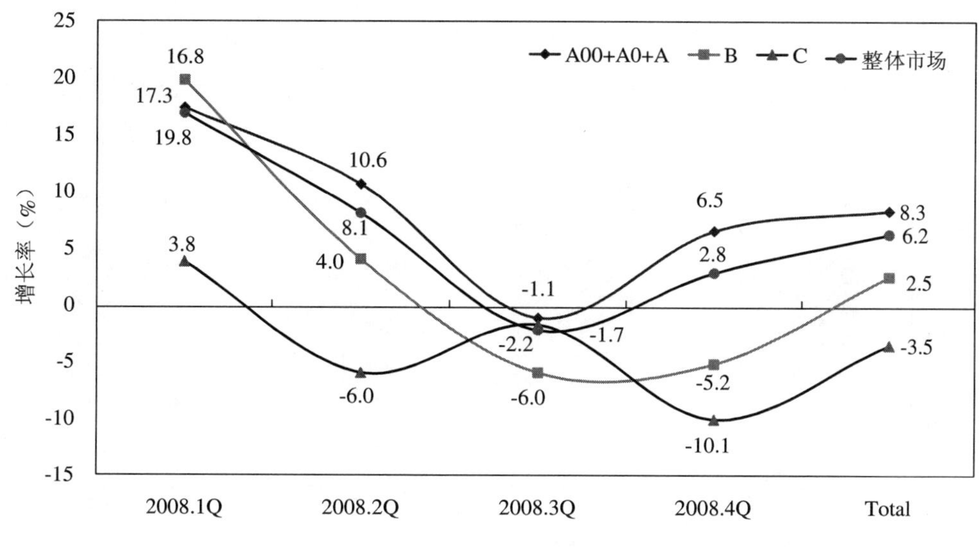

图1 2008年各级别市场的分季度增长率

另外，私家车的升级需求也受到很大的影响，股市和楼市的下滑导致居民财产性收入下降，而且对未来的消费信心严重不足，所以推迟了换车的时间，也降低了买车的要求。经过实际的调研发现，即使有购买能力的人也因为对未来的预期不乐观，而减缓了换车的脚步。已有的车子已经能够满足基本的用车需求，升级换代的需求并不是非常急迫，消费者大多觉得在当前的环境下，减少消费，保持现金才是最安全的过冬方式。这一点与小型车和中级车作为大多数家庭的第一辆用车，有相对的刚性需求不同。

（2）中高档轿车市场比重在经过近三年的增长后减小　从2005年～2008年上半年持续增长了近三年的中高档车市场份额在2008年下半年结束了增长的步伐。出现这一现象，有经济下滑的影响，也有政府部门限制购买公务车的政策等阶段性因素的影响，但从长期来看，随着资源紧缺的压力在加大，以及燃油税及鼓励购买小排量车的政策逐步推出，未来中高档以上的汽车市场份额有可能进一步减少。2008年中级车的市场份额在进一步扩大，而小型车以及中高档和豪华轿车的份额都在减少。只是微型、小型车的缩减速度减少了，而中高档轿车市场份额的缩减最大，份额由2007年的增加2.2%变为2008年减少0.7%，堪称受影响最大的细分市场（见图2）。

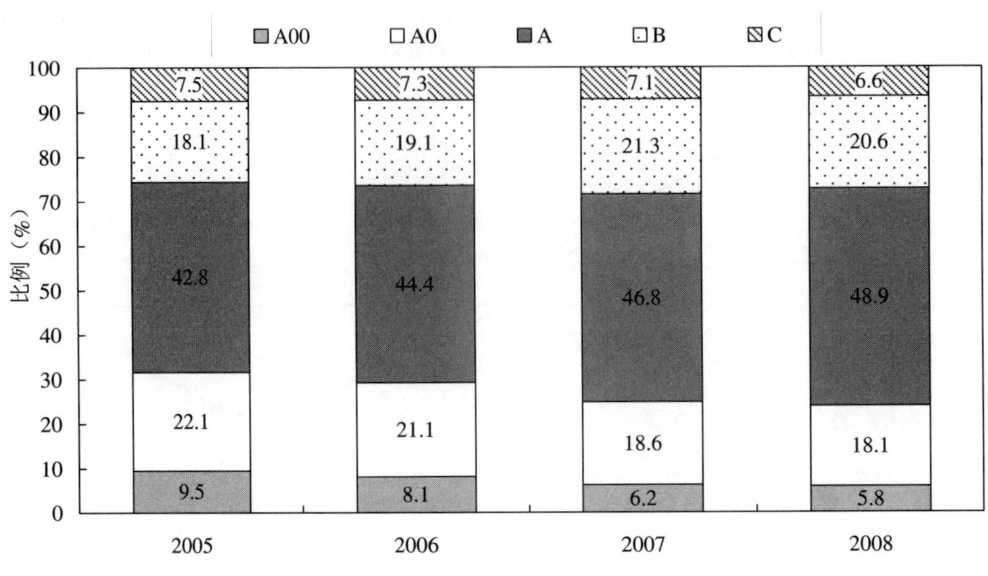

图2 2005～2008年乘用车细分市场的比重变化

（3）中高档轿车市场受累于东部沿海市场的萎缩 在本次经济危机中，东部沿海地区因为出口加工型经济所占比重较大，所以受影响比内地严重。而从2008年市场区域销售状况来看，中高档轿车市场依然主要分布在东部沿海地区。广东、浙江、江苏、北京、山东、上海是中高档轿车市场最大的6个省份，占了全国51%的市场份额。除了北京，这几个东部沿海省份的增长率远远低于其他省份。六个省的中高档轿车的累计增长为-1.3%，而其他16个省只占市场18%的份额，增长率为14.7%（见图3）。

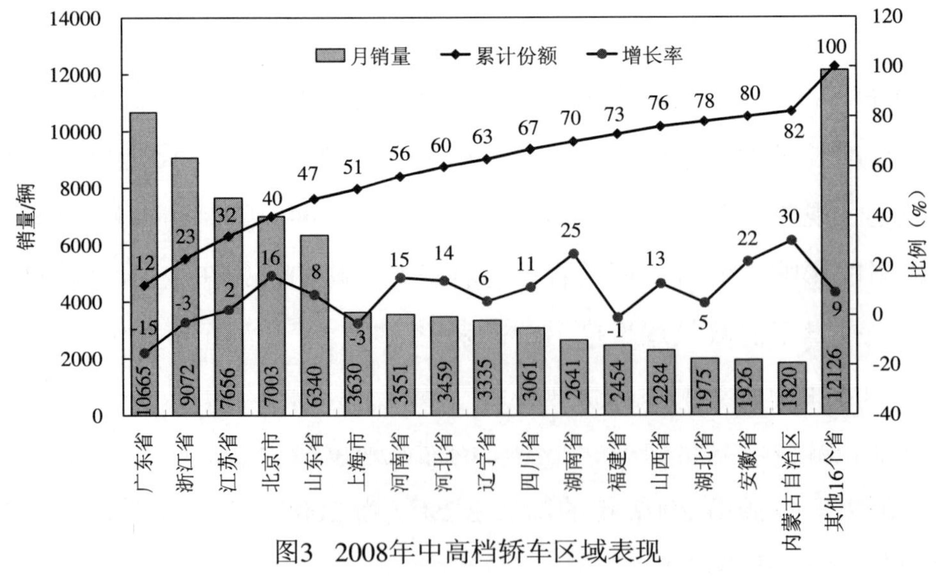

图3 2008年中高档轿车区域表现

2. 2008年中高档轿车市场进入新的竞争阶段

（1）2008年中高档轿车市场中优势品牌的地位进一步巩固　销量排名前八的主流车型凯美瑞、雅阁、帕萨特、马自达6、轩逸、君越、天籁、迈腾的累计销量在该细分市场的比重进一步扩大（见图4）。由于消费者对中高档轿车的品牌、品质、性能、服务、售后都有更高的要求，所以具有整合竞争力的优势品牌经过不断符合本地化消费需求的改进和换代具备了强大的品牌号召力。竞争格局依然在大众、丰田、本田、通用、福特、日产的强势产品中展开，其他品牌包括自主品牌在短期内仍无法成为有力的竞争者。

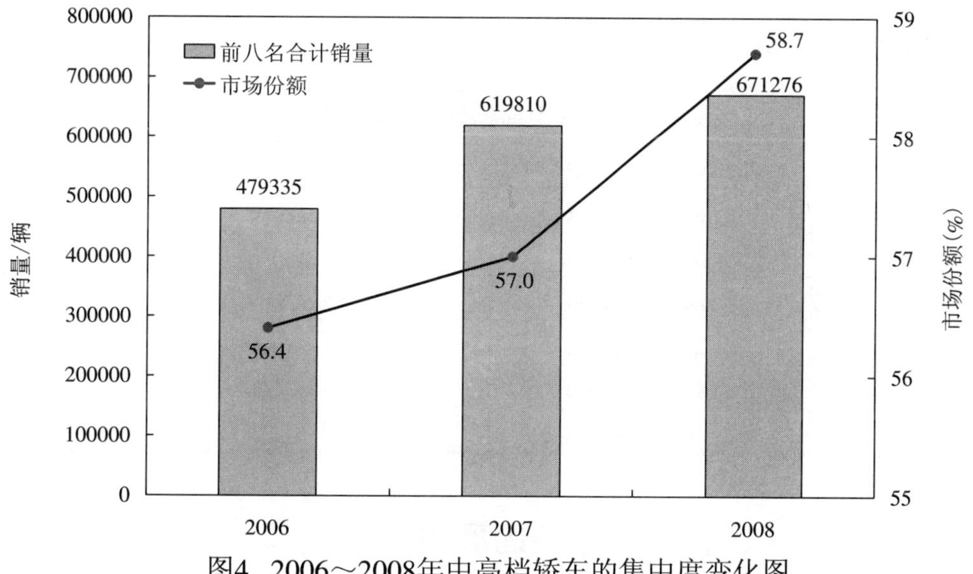

图4　2006～2008年中高档轿车的集中度变化图

（2）中高档轿车的竞争压力进一步凸现　强势品牌纷纷注重本土化改型换代。由于2008年基本没有什么新的品牌车型进入，雅阁、天籁这些在中国市场非常成熟和知名的品牌，结合中国用户需求开发的新一代产品取得了很大的成功。造型大胆前卫的新雅阁在2008年1月份上市后“一路高歌”，以全年168773辆的销量成为了2008年中高档轿车市场的冠军，比凯美瑞的149552辆多了12.8%。同时把凯美瑞逼下了价格不变的神坛，使价格维持了近两年的凯美瑞终于低下了高贵的头，平均降价8%。而2008年6月中旬上市的新天籁，坚持了其一贯的舒适性配置，改进了外形，进一步紧跟时尚，保持并巩固了其在中高档轿车市场的一席之地。

中高档轿车大规模降价已经不是主要竞争手段。2008 年大部分厂家没有官方宣布降价，只是靠终端的促销降低实际的成交价。由于 2008 年下半年的需求减弱，厂家为了完成年初制订的目标，减少库存压力，纷纷降价冲量。各厂家使足了各种各样的促销手段。2008 年的主流厂家的终端平均降幅在 10%，像凯美瑞在坚持了两年刚性价格的基础上平均降价 11%，而新雅阁刚上市不到半年就终端让利近 3 万元，市场的压力之大，竞争之残酷可见一斑（见表 1）。但是各个厂家逐渐认识到，频繁的降价将有损品牌的建设和产品的长远销售。丰富市场营销的方法，围绕品牌的塑造进行价值提升，客户关怀、尊享服务，提高售中、售后服务的水平，提升经销商销售能力将成为营销重点。建设强大的营销渠道将成为 2009 年及未来的重中之重。

表 1 2008 年中高档轿车的降价幅度

品牌	2008 年指导价/元	2008 年 12 月份促销幅度/元	平均降幅（%）
领驭 2.0 AT Bas	176800～339800	18000～21000	10
新雅阁	181800～299800	18000～26000	10
君越	209800～299800	46000～48000	20
天籁	190800～365800	10000～11000	5
马自达 6	170800～246800	19000～27000	13
凯美瑞	197800～269800	25000～32000	11

二、2009 年中高档轿车市场的展望

1. 2009 年中高档轿车市场受宏观环境和产业政策的影响前景不容乐观

从各种对宏观经济的预测来看，2009 年 GDP 增长将在 8.5%左右，国家经济刺激政策可能要到第三季度才能见效，消费者消费能力和信心的恢复时间可能会更久，所以汽车市场可能保持 5%～9%的增长，中高档轿车市场的增长速度仍将低于总体市场。展望 2009 年，不能不提到国家在 2008 年下半年相继出台的一系列相关的产业政策对汽车行业以及中高档轿车市场的影响。

（1）消费税的影响　由于 2008 年上半年的国际油价飙升，国家为了调整国内汽车的消费结构，“抑大扬小”，从 2008 年 9 月 1 日开始对大排量的汽车提高消费税，特别是对排量在 3.0L 以上的轿车影响较大，对排量在 1.0L 以下的轿车只是微降。由于排量大于 1.0L 小于 3.0L 的轿车占国内轿车市场的 95%以上，所

以此政策的实质影响较少。但向汽车制造厂商及消费者传达了较为强烈的信号，就是国家要控制大排量轿车的开发和消费，环保和节能将成为汽车市场未来的主要发展方向。由于中高档轿车中像天籁、君越和雅阁都有3.0L以上产品，所以在某种程度上会受一点影响。对于新的中高档轿车的研发，大功率低排量的发动机可能成为趋势，像大众的1.8TFSI 和2.0TFSI都既体现驾驶乐趣，又能降低能源消耗，提高效率，减少排放。

（2）成品油税费改革的影响　2009年1月1日，国家正式实施提高成品油进口环节的消费税，同时取消养路费的政策。虽然短期内油价有所降低，但是节能减排、降低能源消耗的政策方向已经确立，消费越大缴费越多的概念也已形成。而且国际油价不可能长期处于低位，现在的低价“红利”可能派发不了多长时间。如果2009年下半年油价回涨到一定程度，燃油税进一步提高（目前的税率已是底限），那么大排量中高档轿车的消费肯定会受到影响。

（3）汽车振兴规划中的产业政策影响　国务院刚刚通过的汽车振兴规划中只规定排量在1.6L以下的汽车购置税降低了一半，即5%，这一方面降低了轿车的购买成本，鼓励了消费，另一方面又进一步调整了汽车消费结构。从目前来看对通常都在2.0L以上排量的中高档轿车还没有直接影响，但是“抑大扬小”的政策信号再一次加强。

从各方面的政策来看，对大排量的中高档轿车市场都是不利的，销量和增速必定会受到影响，预计2009年中高档轿车的销量为102.4万辆（见图5）。

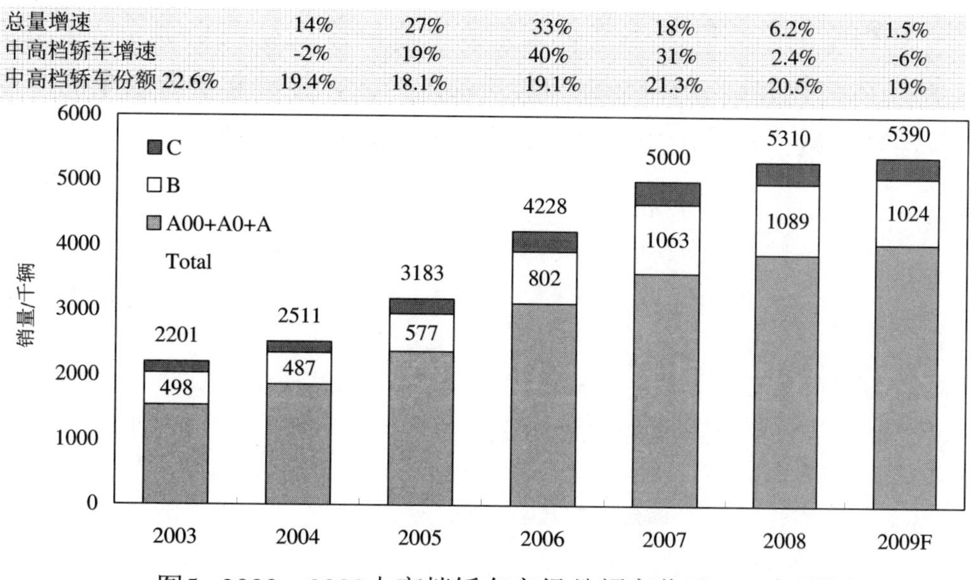

图5　2003～2008中高档轿车市场份额变化及2009年预测

2. 2009 年新产品的进入将加剧中高档轿车市场的竞争

2009 年上海通用推出了新君威，还将推出长轴距的新君越。这两款产品都是通用基于欧宝最新的全球统一平台研发的，一改以往技术和底盘都落后于欧系车的不足，可以预计这两款车会有不错的成绩。马自达 6 睿翼，雪铁龙 C5，斯柯达速派，奥迪新 A4L 都是中高档轿车市场有力的竞争者。新的产品层出不穷，老的产品又不断提高性价比，中高档轿车市场又将成为群雄角力的舞台。但是总体市场的需求不振，加上竞争的进一步升级，对每个生产商都将是一次严峻的考验。

3. 节能环保的概念在汽车研发设计上的影响将达到前所未有的高度

2009 年最值得关注的变化就是对节能环保的空前重视。国务院刚刚通过的汽车振兴规划中明确写到“要实施新能源汽车战略，推动电动汽车及其关键零部件产业化。中央财政安排补贴资金，支持节能和新能源汽车在大中城市示范推广。”而美国的三大车企（福特、通用、克莱斯勒）也把节能环保视为使其摆脱困境的出路，在北美车展上纷纷展示最新的技术成果，来赢得民众和国会的支持以渡过难关。国内许多大型车企都设立了新能源汽车的研发项目，像上汽拟投资 20 亿元建立上海捷能汽车技术有限公司开发新能源技术，而比亚迪因为其在电力发动机领域的独特优势甚至吸引了巴菲特这样的国际投资大师以 2.32 亿美元入股。世界范围内的共同重视，必将推动新能源汽车取得长足的进步。

2009 年虽然对于汽车市场，尤其对用中高档轿车市场将是困难的一年，但是随着中国国民的富裕，中高档轿车的消费需求还是有巨大空间的。提高产品质量、服务水平、产品性价比，加强环保节能产品的研发，推动新能源汽车的产业化，降低能源消耗，减少排放污染，依然是立足市场的惟一途径。

（作者：郝鸿）

2008年普及型轿车市场分析及2009年展望

一、2008年普及型轿车仍以高于市场平均速度继续增长

2008年对于中国乘用车市场而言是起伏动荡的一年，上半年市场仍以较高的速度增长，但下半年受到外部因素传导和内需动力不足等多种因素的影响，市场增长趋缓，甚至出现几个月的同比负增长，这是从2003年以来没有过的情况。

对于普及型轿车，在动荡的大势之下也难以独善其身。但是，由于其猛烈的价格促销及其本身较好的实用性，2008年普及型轿车全年增长速度仍能高于整体市场的平均增速，在整体市场中的份额也继续保持增长，这是难能可贵的（见表1）。

表1　2002～2008年普及型轿车市场年度发展推移表

项目	2002年	2003年	2004年	2005年	2006年	2007年	2008年预计
普及型轿车需求量/万辆	42.2	65.5	84.6	118.1	168.2	228.5	250.2
普及型轿车需求增速（%）	49.6	55.4	29.1	39.7	42.4	35.7	9.5
普及型轿车份额（%）	32.8	29.8	33.3	36.7	39.9	43.2	44.2
乘用车需求总量/万辆	128.6	219.6	254.2	321.7	422.7	529.0	560.0

注：2008年预计是根据2008年1～11月份数预测而得。

虽然受到整体市场宏观经济环境走低的影响，但普及型轿车这种持续增长的态势是和我国正处于乘用车发展的起飞阶段息息相关的，人们现阶段的收入水平和消费观念与普及型轿车的价格及尺寸相契合，造就了普及型轿车连续6年以超出市场平均水平的速度继续增长。

2008年促使中国普及型轿车继续保持发展的主要因素有如下几点：

1. 二、三级城市消费增长较快

虽然2008年下半年受到美国金融危机的影响，国内乘用车需求走低，但2008年前三季度GDP仍保持9.9%的增长，我国居民收入仍能够保持较高水平的增长，

同时二、三级城市汽车消费潜力巨大，正处于起步阶段，未来这些地方将成为拉动整个市场增长的动力。

2. 价格方面促销力度进一步加大

虽然普及型轿车近几年保持着超出整体市场平均增长水平的速度继续增长，但是该市场竞争激烈，2008年除部分刚上市的新车外，绝大部分车型实际成交价较厂家指导价的下降幅度都在1万元以上，甚至部分车型的下降幅度已达到2万元以上，普及型轿车的价格已逐步下探到部分入门级合资品牌的价格区间，在这种猛烈的价格攻势面前，作为空间相对较大，并能够较好地满足家庭用车需求的普及型轿车，其性价比凸现，消费者纷纷出手购买，便促成了经济型轿车继续保持较高水平增长的局面（见图1）。

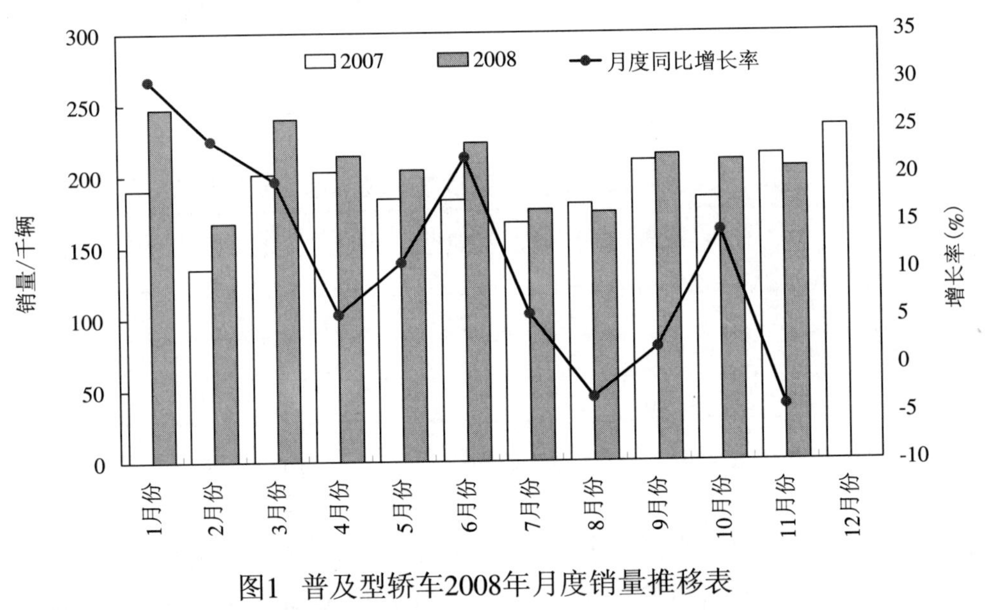

图1 普及型轿车2008年月度销量推移表

3. 部分销售良好的产品进行了换代，全新车型也不断投放市场

2008年普及型轿车有14款全新车型投放市场，其中一些合资品牌也推出了受市场期待的两厢车型，同时还出现一些产品新老并卖的情形，这些都为市场带来了更多的活力，也使得普及型轿车可供选择的数量达到创纪录的69款，极大地刺激了市场对普及型轿车的购买欲望。

二、2008 年普及型轿车市场的特点

1. 1.6L 以下排量市场份额增长较快，1.8L 及 2.0L 排量以上市场出现萎缩

2008 年普及型轿车市场的一个显著特点就是小排量车型销量增长很快，而大排量车型销量增长缓慢（见图 2），甚至在下半年出现了好几个月的负增长。

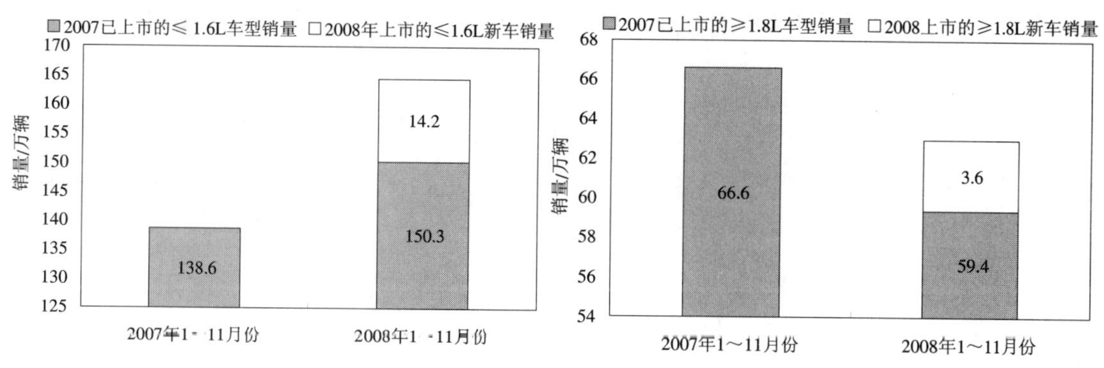

图2　2007年、2008年普及型轿车市场排量及销量走势对比图

2. 日系车增速加快，欧系市场份额有所增加，自主品牌市场份额减少

从普及型轿车分车系的发展状况来看，日系车稳步增长，已成为与欧系车并驾齐驱的市场主流。自主品牌从 2005 年以来奋起直追，在普及型轿车市场中的份额已接近 1/4，但 2008 年市场份额有所减少（见图 3）。

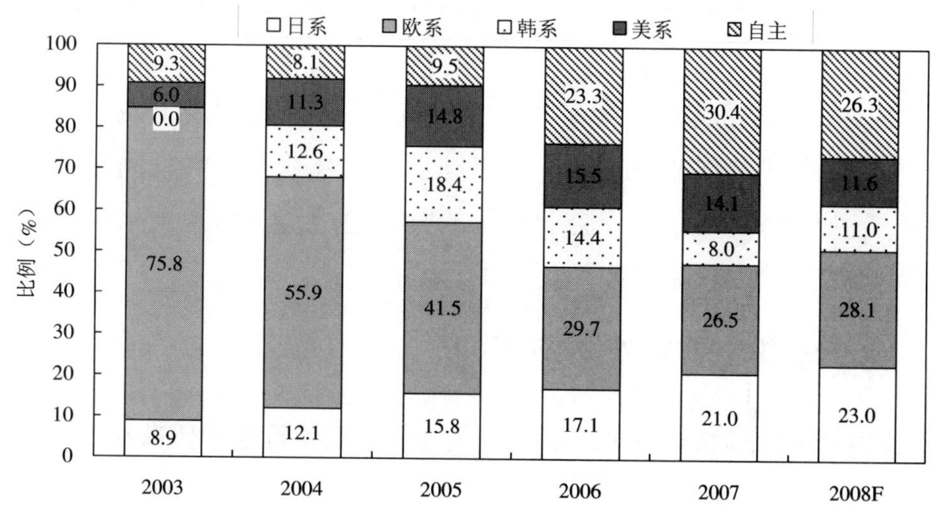

车系	2003	2004	2005	2006	2007	2008F
日系	8.9	12.1	15.8	17.1	21.0	23.0
欧系	75.8	55.9	41.5	29.7	26.5	28.1
韩系	0.0	12.6	18.4	14.4	8.0	11.0
美系	6.0	11.3	14.8	15.5	14.1	11.6
自主	9.3	8.1	9.5	23.3	30.4	26.3

图3　2003～2008年普及型轿车车系所占比例演变

3. 品牌及节能安全因素越来越多地被强调

随着普及型轿车的销量越来越大，市场影响越来越广，消费者在购车选择时，除了考虑价格因素和实用之外，开始越来越多地考虑到品牌因素，即包括产品质量、销售能力、售后服务及社会形象等在内的一种企业综合实力的体现。丰田、日产、本田等日系品牌，以其优雅的外观造型、优良的品质、精细的做工及人性化的售后服务，赢得了市场的良好口碑，提升了各自的品牌形象，在普及型轿车市场中的地位不断上升。

同时，客户在购车时也越来越重视安全因素，C-NCAP 碰撞试验结果的公布为客户选择安全的车型提供了参考，也成为各大品牌厂家宣传其安全技术的有利数据。

2008 年国内油价进行了几次调整，油价的上升增加了用车的使用成本，客户在购买新车时，油耗的大小也越来越受关注。在不增加较多购买成本的同时，节能及良好油耗性能的车将受到客户的青睐。

4. 普及型轿车市场中私人市场继续扩大

作为家庭用车，普及型轿车与入门级轿车相比具有较大的空间，良好的性能，这也成为家庭用户在购车选择时所关注的因素。2008 年普及型轿车的私人用户比例超过 80%，从年收入 5 万元左右小康之家的入门车型，到年入几十万元较富裕家庭的第二辆车，到处都能看到普及型轿车的身影。用户的职业分布也非常广泛，从城市白领到企业中层干部，从乡镇干部到自由职业者，普及型轿车都是其合适的座驾。

2008 年国家颁布了购买公务车的相关政策，并在一定程度上减少新购公务车的数量，这也使得普及型轿车在公务车市场上的增长变得缓慢，同时受到金融危机的影响，宏观经济走低，部分企业购车的脚步也放缓，但在出租市场，普及型轿车毫无疑问地继续发挥着重要作用。

三、2009 年普及型轿车市场展望

1. 普及型轿车市场整体将继续保持快速增长态势，且增速仍有望超出总体市场增长水平

普及型轿车近几年的高速增长态势是与国民经济的快速发展息息相关的。从

2003 年以来，GDP 增长连续 5 年超过 10%，城乡居民收入增加，二、三级城市经济进一步增长，越来越多的人圆了自己的轿车梦，虽然 2008 年受到国际金融危机影响，国内房地产市场及股市低迷，但在国家宏观调控下，一些利好的经济政策在一定程度上仍能够使经济保持平稳的增速。乘用车总体市场也将保持平稳的增长形势，而作为其中影响最大的一分子——普及型轿车也将继续保持快速增长。预计，2009 年普及型轿车市场增长 8.7%，市场总量可达 272.0 万辆（见图 4）。

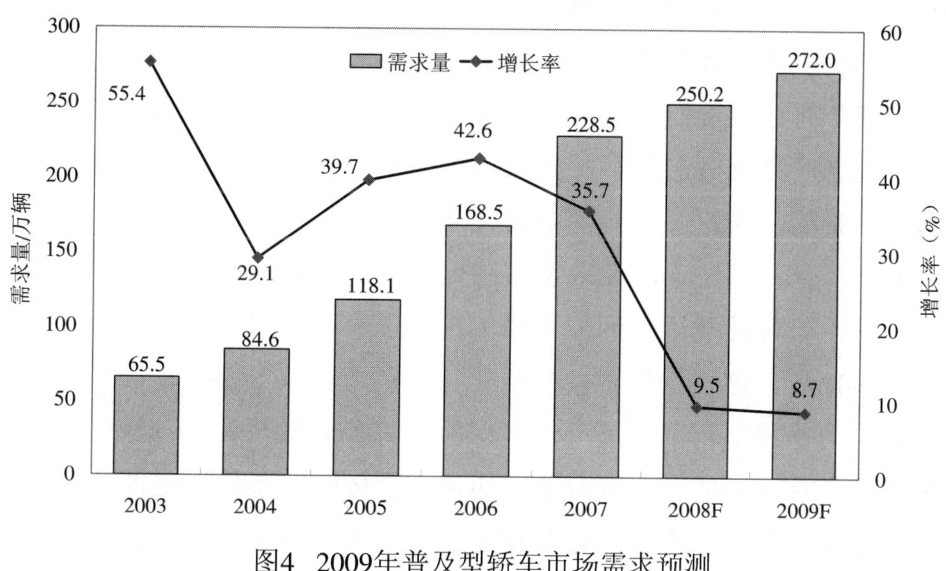

图4 2009年普及型轿车市场需求预测

2. 普及型轿车中小排量的产品市场前景看好

作为普及型轿车中占较大市场份额的中小排量产品，由于其本身具备适用、宽敞的空间及良好的经济实用性，同时实施的新购置税政策及对其采取的优惠办法，在 2009 年该排量区间市场将继续得到进一步的发展，但油价的下降也会促使部分需求个性的消费者在使用费用相同的基础上选择动力性能较好的 1.8L 及以上排量的产品。普及型轿车排量的市场需求分布将跟随外部环境及相关政策出现一定的变化。

3. 产品丰富，新产品投放的影响将被限制

2008 年，普及型轿车的产品数量已经达到 69 款之多，2009 年预计投放市场的新车数量将会减少。从 2008 年投放市场的新车销售情况来看，除了部分车型

凭借其老款车型在市场的良好表现，改款车上市后销量取得了不错的成绩，同时新老并卖，销量也得以进一步提升，以及极少数合资品牌车型获得了一定的市场份额增长外，其他车型特别是本土品牌新车销量表现一般。鉴于未来普及型轿车市场竞争的激烈程度，今后上市的新车在市场上的影响程度将被限制在一定范围内。

4. 价格压力呈现传导式，整体成交价进一步下移

2008 年受到整体经济环境的影响，为了提高产品的销售业绩，普及型轿车的市场价格也出现了波澜壮阔的变化。促销幅度绝大多数已经超过 1 万元，多则超过 2 万元，部分新老并卖的产品甚至采取了不同的定价策略，价格覆盖范围进一步扩宽，部分老产品价格已经下探到入门级轿车的水平。受到整个金融环境的影响，并随着以雅阁、天籁及马 6 等中高档车型的低排量车型市场份额不断扩大，价格不断下降，普及型轿车的高端领域感受到了越来越大的压力，这种压力向下传导，又导致中端普及型轿车价位下移，这个下移理所当然又影响到低端市场的价格体系。2009 年，这种趋势将会被强化，普及型轿车的整体成交价会进一步下降，这也将成为普及型轿车市场进一步保持良好增长的动力因素之一。

后记：普及型轿车是一个较为通俗的称呼，按照欧系的标准即为 A 级车，按照日系的标准相当于 C 级车。一般是指车长在 4.2～4.6m，排量在 1.4～2.0L 之间的车型，既包括轩逸、卡罗拉、思域、明锐等高端车型（价格在 14 万～18 万元之间），也包括凯越、伊兰特、颐达、福克斯等中端车型（价格在 8 万～15 万之间），以及普桑、捷达、富康及旗云等经济型车（价格在 6 万～9 万元之间）。总体来说，是一个广义的中级车概念。就目前的中国市场来看，普及型轿车市场是一个顾客及潜在消费者最庞大的细分市场，是我国乘用车市场中车型数量最多、销量最大的一块宝地，作为众矢之的，各大车厂都希望自己可以分到一杯羹，这便促进了这个细分市场的竞争与发展。

（作者：徐卫国）

2008 年乘用车自主品牌市场分析及 2009 年展望

经历了 2002 年和 2003 年的高增长后，国内乘用车市场进入了增速为 25%左右的中速增长时期，这种增长速度持续到 2008 年第二季度，从第三季度开始整体乘用车市场增长开始下降（增速不到 12%），随着市场环境的进一步恶化，7、8 两个月市场出现了几年来罕见的负增长，整个第三季度同比下降 3 个百分点，第四季度预计下滑 4 个百分点。据乘用车联席会数据统计，2008 年 1～11 月份，乘用车市场总量为 515 万辆，预计 2008 年乘用车总量预计达到 565 万辆，同比增长 6.3%。

2008 年，国内乘用车市场发展跌宕起伏，对自主品牌来说也是不平凡的一年。2008 年自主品牌总销量在 156 万辆左右，基本与 2007 年的 154 万辆持平；从增长速度看，2008 年前三个季度增速都低于整体市场，从 2008 年 10 月份开始，发展明显高于整体市场（见图 1）。

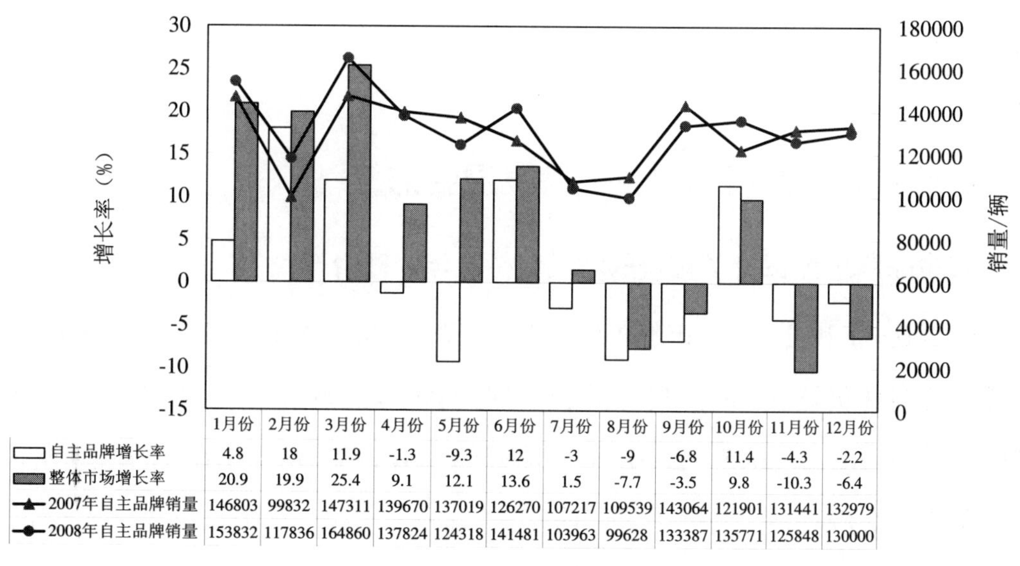

	1月份	2月份	3月份	4月份	5月份	6月份	7月份	8月份	9月份	10月份	11月份	12月份
自主品牌增长率	4.8	18	11.9	-1.3	-9.3	12	-3	-9	-6.8	11.4	-4.3	-2.2
整体市场增长率	20.9	19.9	25.4	9.1	12.1	13.6	1.5	-7.7	-3.5	9.8	-10.3	-6.4
2007年自主品牌销量	146803	99832	147311	139670	137019	126270	107217	109539	143064	121901	131441	132979
2008年自主品牌销量	153832	117836	164860	137824	124318	141481	103963	99628	133387	135771	125848	130000

图1 2008年自主品牌发展趋势

（注：数据来源于提车数。）

自主品牌在市场中的占有率呈“中间低两头高“的态势。2008年第一季度，自主品牌市场占有率达到28.5%，第二季度下滑了近一个百分点，第三季度下降到最低，只有不到27%。10、11两个月市场占有率开始上升，预计第四季度可达2008年的最高29%，预计2008年全年自主品牌市场占有率可达28%（见图2）。

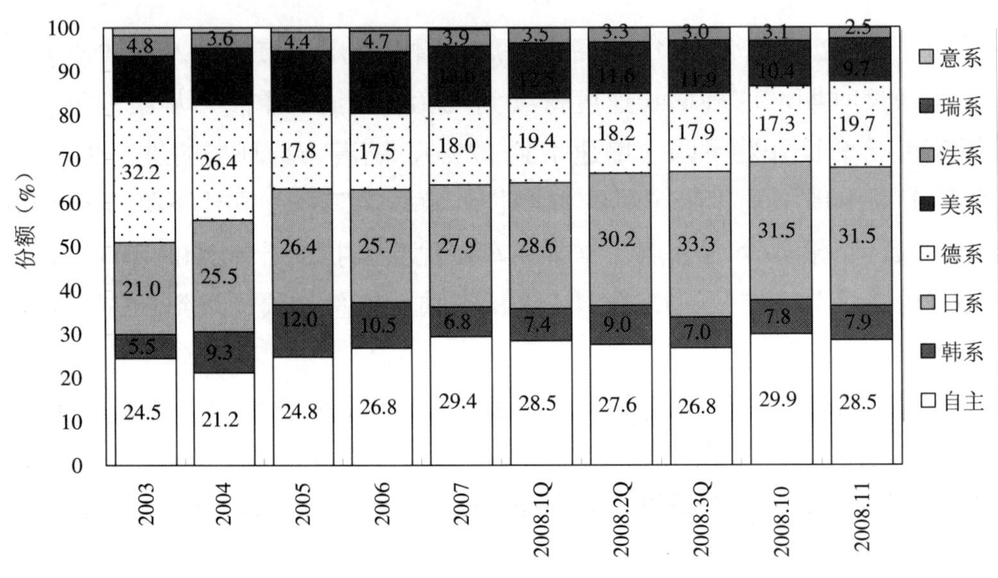

图2 历年国内各国别份额走势图

（注：数据来源于提车数。）

一、历年国内乘用车自主品牌发展特点

1. 自主品牌总体保持了较快的增长势头，但淡旺分明

结束2002年和2003年市场的“井喷”式发展，2004年国内乘用车市场遇“冷”（其实市场增速仍达16%），自主品牌实现销售54万辆，仅有3%的增长，远低于整体市场的16%。2005～2007年市场开始回升，整体乘用车市场增速在30%上下，而自主品牌在这三年当中获得高于整体市场超过10个百分点的高速增长。

2008年市场开始遭遇新一轮的调整，整体增长速度放缓，预计增速不到7%，而自主品牌明显调整力度更大，增速预计在2%左右（见图3）。

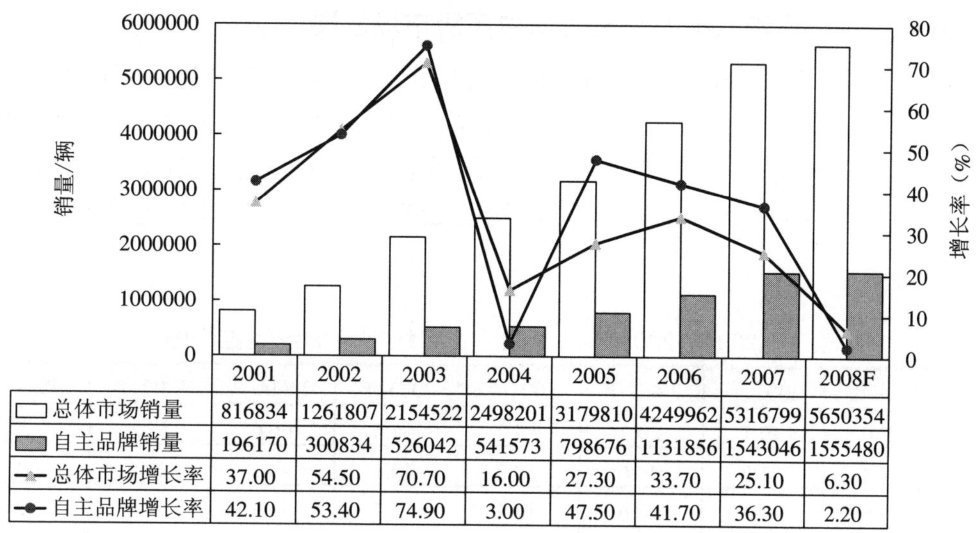

	2001	2002	2003	2004	2005	2006	2007	2008F
总体市场销量	816834	1261807	2154522	2498201	3179810	4249962	5316799	5650354
自主品牌销量	196170	300834	526042	541573	798676	1131856	1543046	1555480
总体市场增长率	37.00	54.50	70.70	16.00	27.30	33.70	25.10	6.30
自主品牌增长率	42.10	53.40	74.90	3.00	47.50	41.70	36.30	2.20

图3 2001～2008年自主品牌与整体市场发展走势图

2. 自主品牌在主流的轿车市场增长缓慢，小众市场份额较高

自主品牌在主流的轿车市场中的占有率较平稳，而在SUV和MPV中的占有率较高，2008年自主品牌在这两个市场所占的比例都接近一半；但是随着合资企业逐步推出产品，自主品牌SUV由原来的近100%的占有率下降至2008年51.90%的占有率；而在MPV市场中，2001年之前，自主品牌无MPV产品，随着产品的推出，自主品牌在MPV市场中也占据了50.90%的市场份额（见图4）。

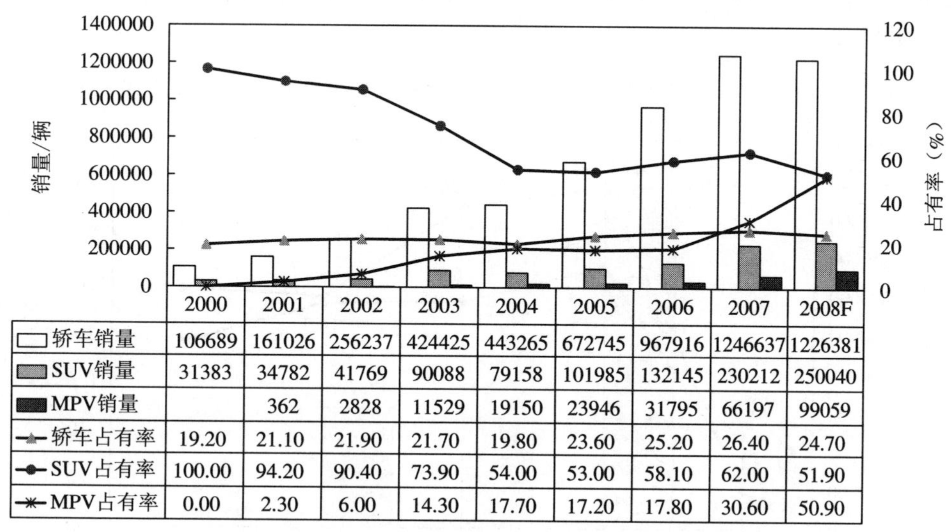

	2000	2001	2002	2003	2004	2005	2006	2007	2008F
轿车销量	106689	161026	256237	424425	443265	672745	967916	1246637	1226381
SUV销量	31383	34782	41769	90088	79158	101985	132145	230212	250040
MPV销量		362	2828	11529	19150	23946	31795	66197	99059
轿车占有率	19.20	21.10	21.90	21.70	19.80	23.60	25.20	26.40	24.70
SUV占有率	100.00	94.20	90.40	73.90	54.00	53.00	58.10	62.00	51.90
MPV占有率	0.00	2.30	6.00	14.30	17.70	17.20	17.80	30.60	50.90

图4 2000～2008年自主品牌份额走势图

（注：数据来源于提车数。）

3. 自主品牌正逐步从小型车市场向中高级市场发展

在A00和A0级市场中，自主品牌的份额近几年呈下降趋势：A00级市场中，自主品牌的市场份额由原来的近7成下降至6成；A0级市场中，自主品牌的市场份额由原来的7成下降至不到5成；而在A级以上市场中，自主品牌都呈较快的增长：A级车目前接近整个A级车市场的25%，B级和C级车也都有较快的发展（见表1）。

表1 2001～2008年自主品牌在各级别市场份额走势图

级别	2001年	2002年	2003年	2004年	2005年	2006年	2007年	2008年预计
A00	7.0	19.1	39.2	55.2	64.5	66.6	54.8	58.7
A0	69.4	51.7	44.6	39.2	49.1	44.4	44.6	45.5
A	16.6	17.1	18.6	11.2	12.7	21.1	28.7	24.3
B	10.6	14.5	15.0	12.1	11.4	12.6	16.4	17.6
C	0.0	0.0	13.5	14.9	15.5	10.4	15.5	22.3
D	0.0	0.0	0.0	0.0	0.0	0.0	0.0	0.0
总计	24.0	24.0	24.0	22.0	25.0	27.0	29.0	28.0

注：数据来源于乘联会批发数。

4. 自主品牌中等排量车的增长明显快于整体市场，自动挡车型增长也明显较快

自主品牌在排量1.1L以上的市场中，增速高于整体市场，尤其是1.1～2.0L和2.5L以上的车型市场增速都远高于整体市场的增速，其中1.1～1.5L市场的增速超过40%（见图5）；从变速器类型看，自主品牌的自动挡车型增速也明显高于整体市场（见图6）。

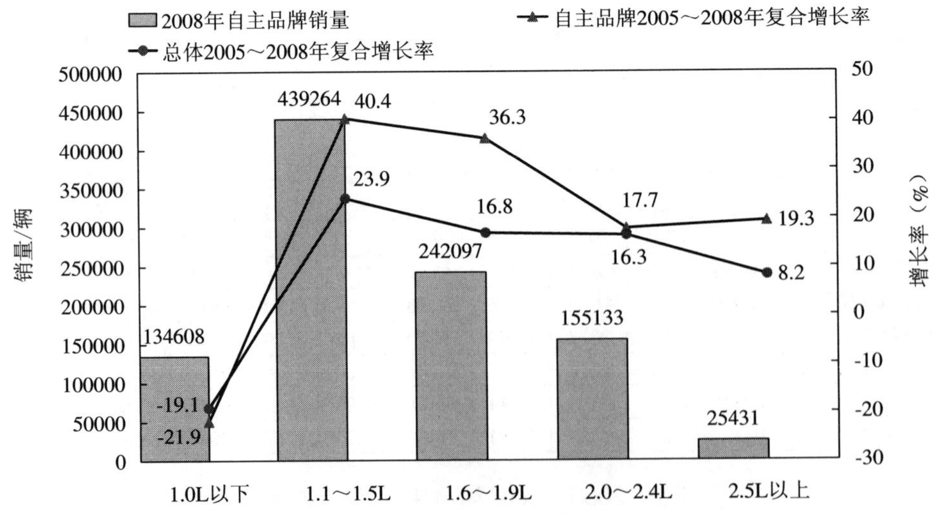

图5 2005～2008年分排量销量走势图

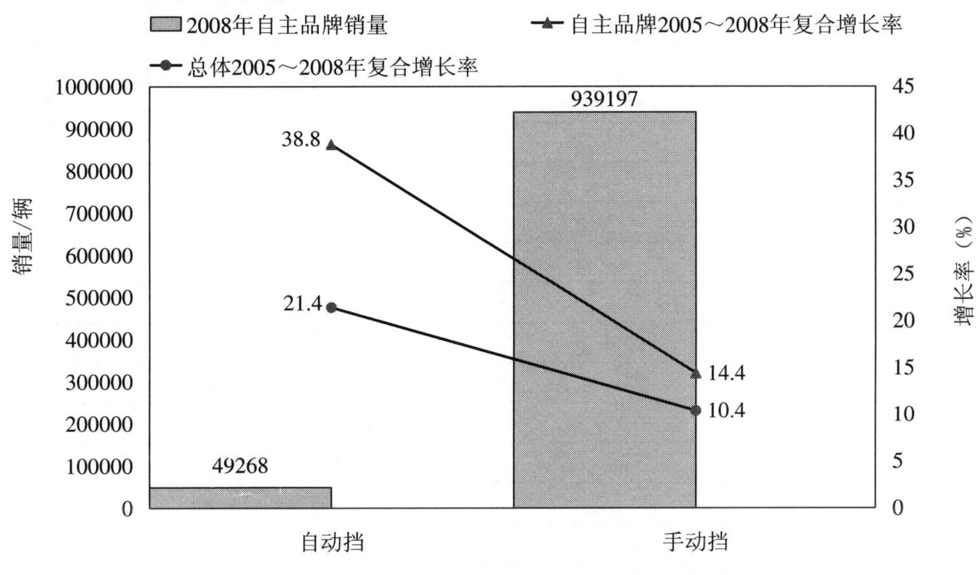

图6 2005～2008年分变速器销量走势图

（注：数据来源于上牌数。）

5. 新车大量投放，自主品牌每年投放的新车主要集中在5万～10万元市场

从2005年开始，每年上市的新车型都在30款以上，其中2006年达到了创纪录的40款（这里所说的新车还不包含改款车型）；由此可见近几年市场竞争的激烈程度。截至2008年11月份，国内上市新车就达25款，而这其中自主品牌有18款新车，所占比例超过7成（见表2）；在这18款新车中，主要集中在5万～10万元这个价位段的有12款（见表3）。目前市场上共有118款自主品牌车型，其中超过一半的车型属于5万～10万元这个价位段。

表2 2004～2005年上市新车型数量表

（单位：款）

年份	2004年	2005年	2006年	2007年	2008年
整体	28	30	40	37	25
自主品牌	6	15	15	20	18

表3　2004～2008年自主品牌各价位新增车型明细表

价位	2004年	2005年	2006年	2007年	2008年
小于5万元	爱迪尔	豪情	QQ	小贵族	F0
	新雅途	江南精灵	奔奔	—	精灵
	—	美日	—	—	熊猫
5万～10万元	6460	F3	A5	A1	A3
	雷驰	旗舰	风尚	R2	F6
	威乐	瑞虎	金刚	风华	MG3 SW
	—	赛豹	骏捷	海峰	金鹰
	—	赛骏	力帆520	景逸	骏捷FRV
	—	曙光SUV	威志	开瑞	力帆620
	—	优尼柯	远景	浪迪	菱悦
	—	自由舰	众泰2008	骑士	骐菱
	—	—	—	—	同悦
	—	—	—	—	炫丽
	—	—	—	—	志翔
	—	—	—	—	众泰5008
10万～15万元	阁瑞斯	SCEO	CROSS	奥丁	RCR竞速
	—	哈弗	奔腾	宾悦	—
	—	来宝	瑞鹰	海马3	—
	—	无限	—	嘉誉	—
	—	—	—	杰勋	—
	—	—	—	酷宝	—
	—	—	—	蒙派克	—
15万～20万元	—	—	—	CS6	荣威550
	—	—	—	MG7	—
	—	—	—	御轩	—
大于20万元	—	—	HQ3	荣威750	MG TF

6. 除东部外，其他三大地区自主品牌增长快于所在地区的整体市场

按照国内的区域划分，全国分为四个区域：东部、东北部、中部和西部；东部地区经济发展水平居全国之首，汽车市场发展水平也远在全国其他地区之上，东部的汽车市场容量占全国的一半。随着中西部地区经济的发展，汽车市场发展也非常迅猛，这几年中西部的汽车市场发展速度都超过东部，尤其是2008年受金融危机的影响，东部经济发达省市由于依赖于外贸，受金融危机的影响甚重，从2008年第三季度开始，东部部分省市的乘用车市场甚至出现了负增长。

从 2005～2008 年的复合增长来看，2008 年东部乘用车市场的总容量预计为 284 万辆左右，复合增速不到 8%；中、西部 2008 年市场总量可超过 170 万辆，复合增速超过 23%，速度远高于东部市场。

自主品牌在中西部的发展更为迅速：2008 年自主品牌在东部市场总量可达 56 万辆左右，复合增速为 8%，中、西部 2008 年自主品牌市场的销售总量可达 52 万辆左右，复合增速可达 26%，中、西部和东北部的增速都高于整体市场 2～3 个百分点（见图 7）。

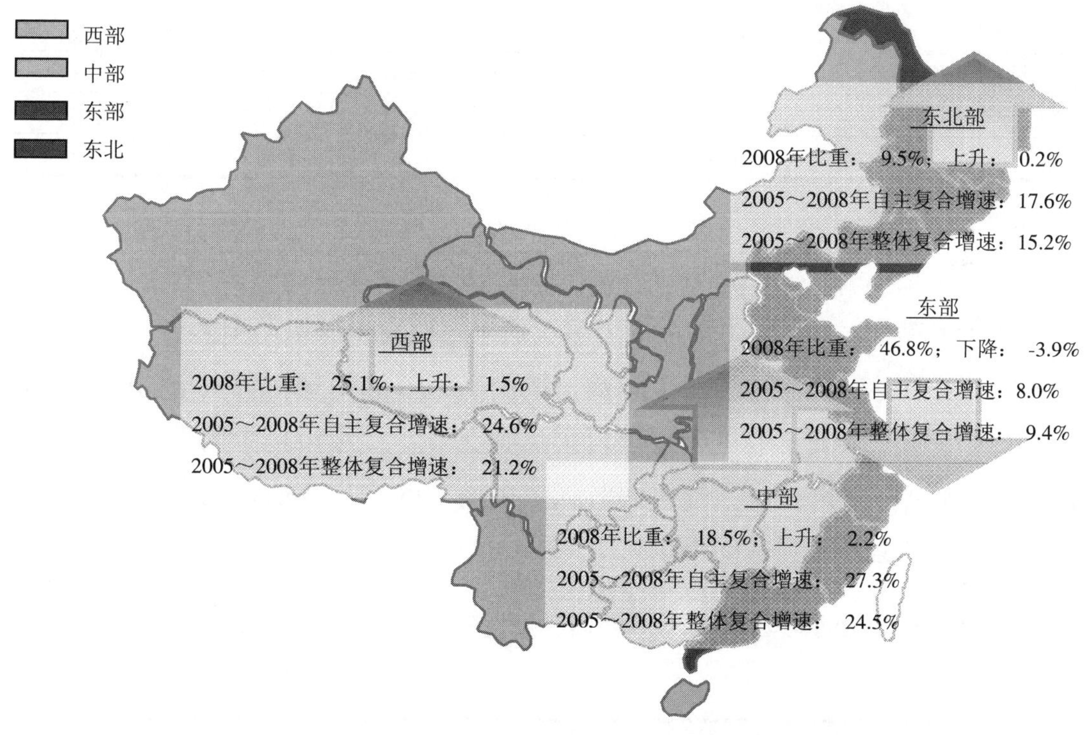

图 7 2005～2008 年国内分区域销量对比图

（注：数据来源于上牌数。）

从具体省份来看，山东、广东和河北是自主品牌销量最高的三个省份，其中，山东和广东 2007 年的销量超过 10 万辆，2008 年山东预计突破 12 万辆，创历史新高，正在与第二位的广东拉开差距。

从上升潜力来看，四川、河南和陕西上升速度明显，其中四川预计可达 6.5 万辆，河南可达 6 万辆，山西接近 5 万辆；但 2008 年自主品牌在江苏和北京的总体销量预计有小幅下滑，同时在自主品牌销量前十的省份中名次下降（如表 4）。

表 4 2006～2008 年自主品牌销量 TOP10 省份

（单位：辆）

序号	2006 年		2007 年		2008 年	
1	山东	93051	山东	109128	山东	98901
2	广东	77872	广东	108781	广东	80088
3	河北	56679	河北	74536	河北	75526
4	江苏	52062	江苏	63042	四川	54785
5	北京	49434	北京	59623	江苏	50766
6	天津	46707	四川	57312	河南	49953
7	四川	41071	天津	53904	北京	46980
8	辽宁	38915	浙江	50579	天津	45344
9	浙江	36773	河南	48208	山西	39785
10	河南	32302	辽宁	46033	辽宁	39355

注：数据来源于上牌数。

7. 自主品牌在一、二级市场份额下滑，在三、四级市场份额增长

根据全国乘用车在各区县的上牌数，按由高到低的销量将各省市的区县划分为一到四级市场；从表 5 中可以看出自主品牌在一、二级市场中的份额在下降，而在三、四级市场中份额在上升；同时三级市场中的比重有明显的上升，三级市场成为自主品牌越来越重要的市场。

表 5 2004～2008 年自主品牌销量在各级市场中的销售情况

（单位：%）

项目	市场级别	2004 年	2005 年	2006 年	2007 年	2008 年预计
比重	一级	45.3	40.8	37.6	36.8	33.5
	二级	33.4	36.3	36.6	36.2	36.5
	三级	17.9	20.8	23.8	25.3	28.3
	四级	3.4	2.1	2.0	1.7	1.8
占有率	一级	24.5	23.2	21.1	20.7	19.1
	二级	25.1	26.1	24.9	24.9	23.0
	三级	30.3	33.2	33.2	33.4	31.6
	四级	32.4	38.0	37.9	42.5	40.2
	总体	25.8	26.1	24.9	24.8	23.4

注：数据来源于上牌数。

8. 自主品牌营运市场份额下降，公商务市场上升

自主品牌根据用途可分为私人用车、公商务用车和营运用车。数据显示，预计 2008 年自主品牌的私人用车可突破百万辆，在整个市场中的占有率较平稳；在公商务用车市场和营运用车市场，自主品牌市场总量都在稳步上升，尤其是在公商务用车市场占有率连续两年都出现了明显的上升（见图 8），这也说明政府鼓励公务车采购自主品牌的政策取得了一定效果。

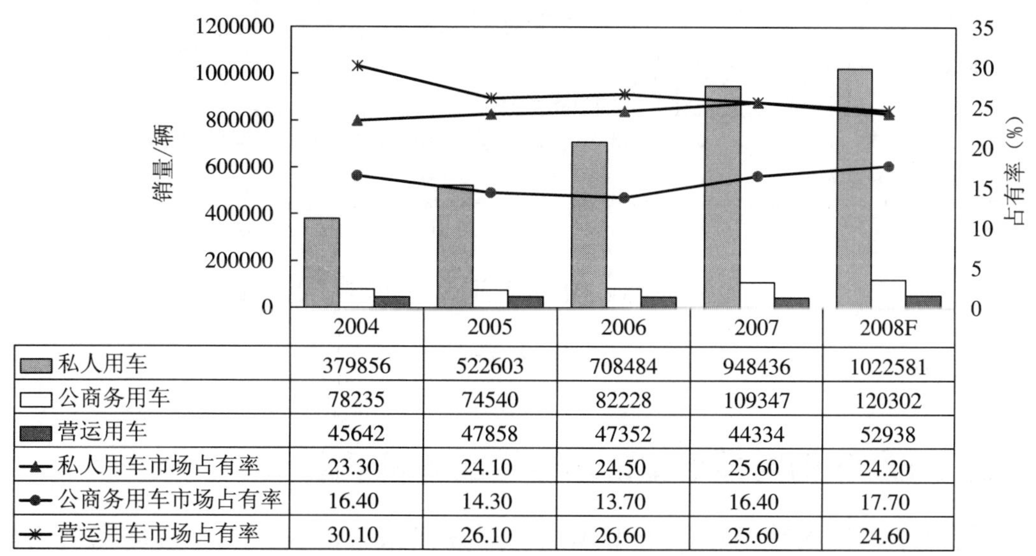

	2004	2005	2006	2007	2008F
私人用车	379856	522603	708484	948436	1022581
公商务用车	78235	74540	82228	109347	120302
营运用车	45642	47858	47352	44334	52938
私人用车市场占有率	23.30	24.10	24.50	25.60	24.20
公商务用车市场占有率	16.40	14.30	13.70	16.40	17.70
营运用车市场占有率	30.10	26.10	26.60	25.60	24.60

图8 2004～2008年自主品牌分用途走势

（注：数据来源于上牌数。）

9. 国际市场虽形势严峻，但自主品牌的主要出口企业仍实现增长

2008 年上半年国内汽车企业的出口业务继续延续 2007 年以来的高速增长。从目前掌握的数据来看，2008 年上半年出口量超过 17 万辆，同比增速达到了 72%。但从 2008 年第二季度末开始，国际金融危机开始波及国内汽车出口业务，其 6 月份增长率下降至 26.4%，7 月份基本不增长，接下来的四个月更是出现了大幅的负增长，尤其是 11 月份出口量仅为 1.4 万辆，增长率为-41.3%。

国际市场虽形势严峻，但从有汽车出口业务的企业来看，2008 年大部分企业仍实现了正增长。重点企业中，吉利汽车预计可达 4.2 万辆，增长率可达 57.04%；众泰汽车预计可达 1.48 万辆，增长率接近 30%；奇瑞汽车 2008 年出口量再创新高，预计超过 13 万辆，增长率可超过 12%；而上海通用和天津一汽出现较大幅度的下滑，下降幅度分别达到了 37.67%和 27.06%（见图 9）。

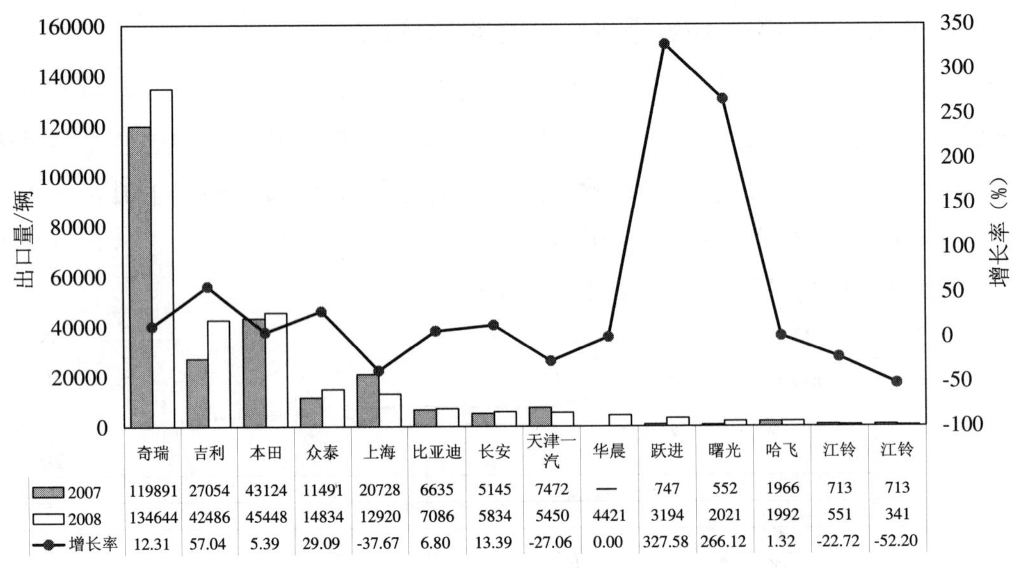

	奇瑞	吉利	本田	众泰	上海	比亚迪	长安	天津一汽	华晨	跃进	曙光	哈飞	江铃	江铃
2007	119891	27054	43124	11491	20728	6635	5145	7472	—	747	552	1966	713	713
2008	134644	42486	45448	14834	12920	7086	5834	5450	4421	3194	2021	1992	551	341
增长率	12.31	57.04	5.39	29.09	-37.67	6.80	13.39	-27.06	0.00	327.58	266.12	1.32	-22.72	-52.20

图9 2007～2008年自主品牌企业出口变化情况

（注：数据来源于提车数。）

二、2009年国内乘用车市场自主品牌发展展望

根据日本、韩国等国家汽车市场的发展规律来看，我国汽车市场当前仍处于快速发展阶段。国内汽车市场受宏观调控、国际金融危机以及自然灾害等因素的影响，2008年下半年汽车市场出现明显下滑，但根据我国所处的汽车市场发展阶段看，这种情况只是暂时的，不会产生根本性的变化。因此，2009年我国汽车市场将仍是全球汽车市场中的亮点，乘用车市场发展仍将保持正增长，但受总体环境影响，增幅预计保持在5%左右。

2009年政府将出台一系列促进汽车市场发展的政策：2009年1月1日开始实施燃油税、车辆购置税率按排量下调等。这一系列的政策对2009年乘用车市场，尤其是小排量汽车的发展会是极大的促进，而自主品牌以小排量车为主，所以这些政策的出台对自主品牌的发展极为有利。

预计2009年自主品牌的增长速度要高于整体市场，2009年自主品牌乘用车销量预计可达170万辆，增长9%左右。

（作者：卢华平）

2008 年中国 SUV 市场分析及 2009 年展望

2008 年 1～11 月份全国汽车产销量分别完成 870.40 万辆和 862.98 万辆，同比分别增长 7.98%和 8.52%。其中乘用车产销量为 624.14 万辆和 616.45 万辆，同比增长 8.38%和 8.87%。

在乘用车中，轿车销售约 458.83 万辆，同比增长 8.2%；MPV 销售约 18.35 万辆，同比增长-9.9%；SUV 销售约 40.68 万辆，同比增长 27.5%；交叉型乘用车销售 98.59 万辆，同比增长 9.7%。其中，国产 SUV 市场增长非常显著（见图 1）。

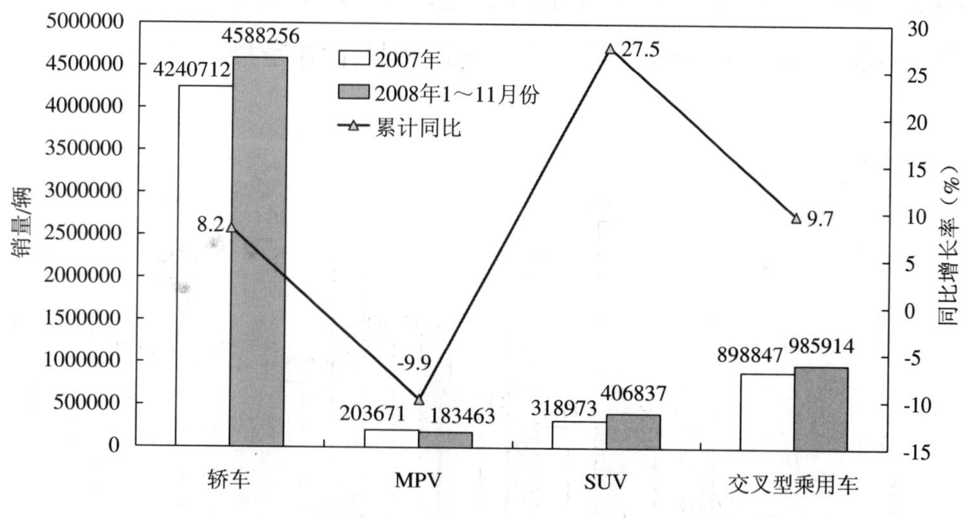

图1 2007年、2008年（1～11月份）国内乘用车销量对比

2008 年的中国汽车市场走势可以说是先扬后抑且跌宕起伏，是在国内经历多次严重的自然灾害、举办奥运会、宏观经济调控政策反复调整、面临全球性严重的经济危机等诸多因素影响下发展过来的。行业内，在汽车消费税调整、油价跃至历史的高位并剧烈震荡、燃油税即将出台等众多不利因素影响下，2008 年全年 SUV 进口和国产市场却保持较高幅度的增长。2008 年 SUV 市场的强劲增长，在

国内汽车行业所有板块中的市场表现可谓是“一枝独秀”。

一、2008年SUV市场整体运行情况

2008年国内SUV市场整体需求总体呈现高速增长。2008年1～11月份国产SUV销量近40万辆，同比增长27.5%，是乘用车市场增幅最高的板块；而2008年1～10月份进口SUV销量近18万辆，同比增长62.5%，又远远高于国内SUV市场的增幅。由于国产SUV出口数据没有确切的来源，又考虑到出口量不是太大，暂不在本文中加以论述和分析。

1. 2008年进口SUV市场主要特征

1）整体进口SUV市场销量高于2007年同期。2008年前10个月SUV单月进口量均高于上年同期，且3月、6月、7月均出现单月销量突破2万辆的情况（见图2）；峰值点与2007年基本相同。进口SUV季度进口量呈现阶梯状，但受国际金融危机和消费税影响，第三季度进口量呈下滑趋势。

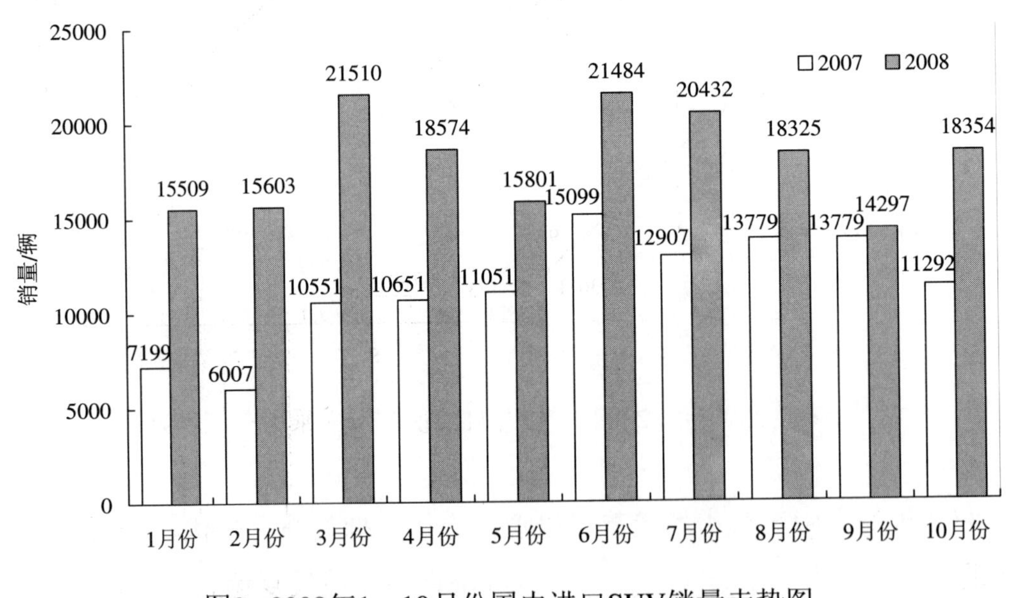

图2 2008年1～10月份国内进口SUV销量走势图

2）进口SUV以汽油车为主，柴油车仅作为补充。进口SUV仍以大排量高档豪华车型为主，排量在3.0L以上的车型占进口量的比重超过了50%（见表1）。

表 1 2008 年进口 SUV 的车型结构

燃油类型	排量	进口量/辆	同比增长（%）	比重（%）
汽油 SUV	1L<排量≤1.5L	1208	15.2	0.7
	1.5L<排量≤2.5L	41211	173.0	23.2
	2.5L<排量≤3L	41834	14.4	23.6
	排量>3L	93358	76.0	52.5
	合计	177611	67.9	100
柴油 SUV	排量≤1.5L	0	0	0
	1.5L<排量≤2.5L	1738	-54.8	76.5
	排量>2.5L	534	-53.0	23.5
	合计	2272	-54.4	100
合计		179883	62.5	—

3）虽然大排量 SUV 仍是进口 SUV 的主要品种，但受节能减排政策的明显导向，以及消费税调整和经济下滑的双重影响，进口 SUV 车型的排量结构下移是必然趋势，主要表现为 1.5～2.5L 排量车型增长迅速。但由于目前国内 3～4L 大排量 SUV 尚找不到替代车型，未来一段时期，大排量进口 SUV 还会继续盘踞国内高端 SUV 市场。

4）进口 SUV 主要从日本进口，占 SUV 总进口量的 46.4%，韩国、美国紧随其后，但差距较大（见图 3）。

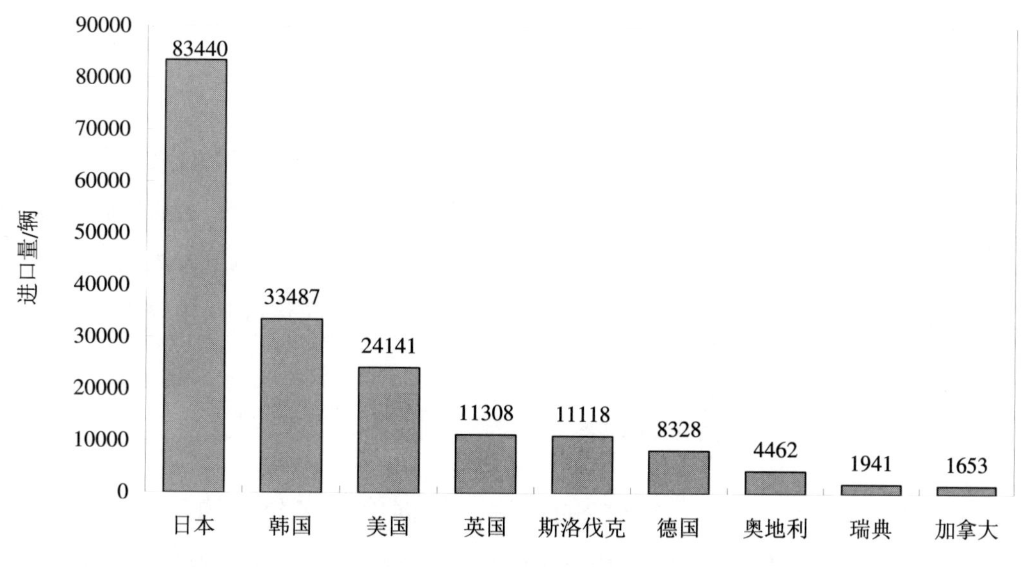

图3 2008年1～10月份SUV分国别进口量

应该强调的是：近两年来的进口 SUV 市场已成为分析国内 SUV 整体市场不可忽视的重要分支，这几年进口 SUV 的销量一直在大幅提升，一方面由于国产高档 SUV 车型少，另一方面进口 SUV 不仅垄断着高端市场，在近两年也开始大范围地向中高端 SUV 市场进军。

2. 2008 年国产 SUV 市场主要特征

2008 年在经济发展减速、能源紧张、提升大排量车消费税、燃油税拟出台等背景的影响下，国产 SUV 市场销量呈现出先扬后抑的态势，从下半年增幅开始逐步走低（见图 4）。

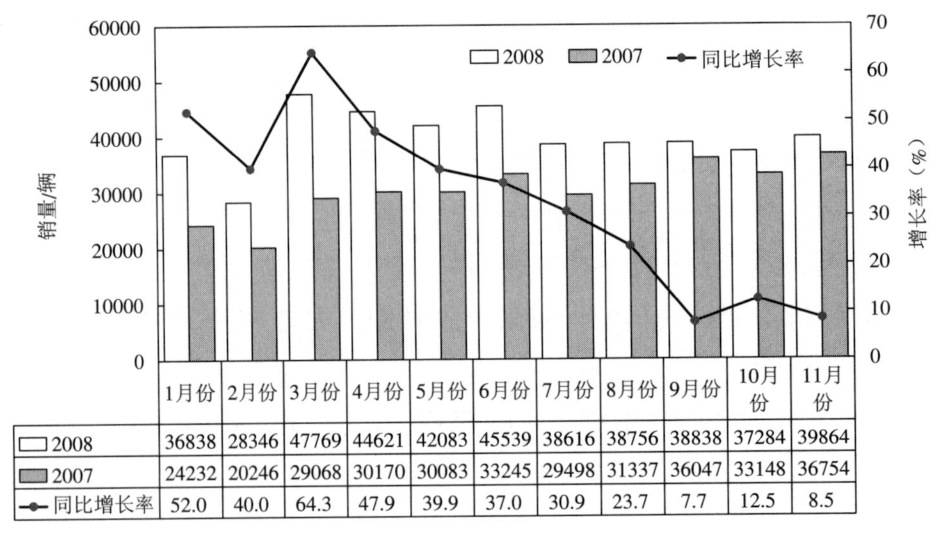

	1月份	2月份	3月份	4月份	5月份	6月份	7月份	8月份	9月份	10月份	11月份
2008	36838	28346	47769	44621	42083	45539	38616	38756	38838	37284	39864
2007	24232	20246	29068	30170	30083	33245	29498	31337	36047	33148	36754
同比增长率	52.0	40.0	64.3	47.9	39.9	37.0	30.9	23.7	7.7	12.5	8.5

图4　2007年、2008年国产SUV月度销量走势对比图

国产 SUV 以 2.0～3.0L 排量为主，价格集中在 10 万～30 万元之间；2.0L 以下排量多为自主品牌，价格低于 8 万元，集中在 6 万元左右；自主品牌的 2.0L 和 2.4L 排量车型均使用沈阳三菱发动机，价格集中在 10 万～15 万元之间；合资品牌均使用自有发动机，价格在 15 万～25 万元之间；合资品牌价格平均比自主品牌高 5 万～10 万元。

二、国产 SUV 的细分市场

国产 SUV 分类见表 2。表 2 中的档次是根据价位来分类的；而对于越野型和城市型两个分支则是依据车型结构和功能来区分的：越野型 SUV 标准为：外形和内饰偏运动化、非轿车底盘、非独立悬挂；城市型 SUV 标准为：外形和内饰偏轿车化、轿车底盘、独立悬挂、全承载车身。应该还有其他不同分类方法，这里只是一家之言，主要是希望能更准确、客观地分析把握市场运行的特征和规律。对于这两年市场表现出众的众泰2008车型，似乎更应该归于紧凑型的SUV。

表2　国产SUV车型的分类

高档SUV（30万元以上）		中高档SUV（15万～30万元）		中档SUV（10万～15万元）		经济型SUV（10万元以下）	
分支	代表车型	分支	代表车型	分支	代表车型	分支	代表车型
越野型	普拉多 陆地巡洋舰	越野型	帕拉丁 特拉卡 帕杰罗	越野型	陆风 猎豹	皮卡改装	长城赛铃　赛骏　赛影 中兴旗舰　驰野　江铃宝威 等早期低端SUV
城市型	凯迪拉克	城市型	CR-V 途胜	城市型	哈弗 瑞虎		—

2008年国产SUV中，中高档SUV增幅最为显著，增幅高达62.1%，一举打破了2007年和中档SUV的相持状态，这是2008年国产SUV市场表现的一个重要特征。中档SUV和2007年同期销量基本持平，已开始出现滞涨和萎缩态势（见图5）。经济型SUV（排除众泰紧凑型SUV），因受到油耗、排放等日益严格的政策法规限制，国内市场正在逐步萎缩，部分销量转移到汽车工业欠发达的发展中国家。

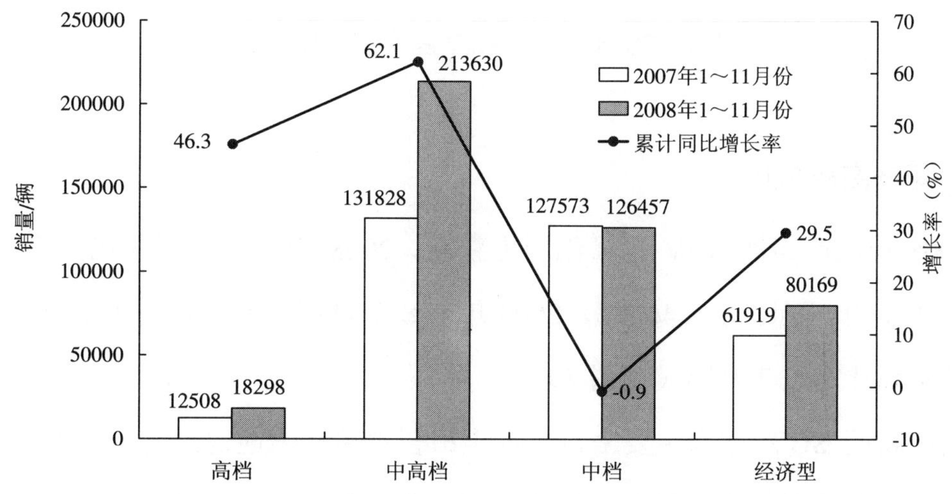

图5　2007年、2008年国产SUV细分市场销量对比图

城市型 SUV 继续领跑 SUV 市场，并保持走强态势。2008 年在国产 SUV 销量前 10 名的车型中，城市型 SUV 占据 7 席。国产 SUV 销量前 10 位的车型主要是中档和中高档城市型 SUV，且这一趋势将继续走强。销量层级差别显著，第一层次销量在 40000 辆以上，第二层次为 10000～30000 辆，第三层次为 10000 辆以下。城市型 SUV 成为消费主流，销量前 5 名的车型全部是偏重城市用 SUV，并与其他车型拉开了较大差距（见图 6）。

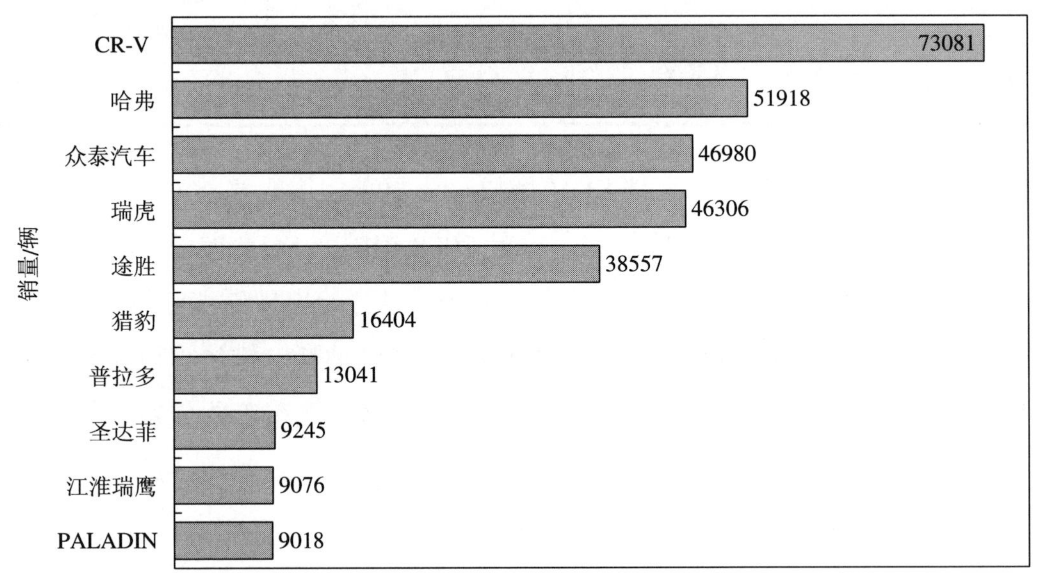

图6 2008年国产SUV累计销量排名

1. 国产高档 SUV

2008 年国产高档 SUV 销量创历史新高。2008 年 1～11 月份国产高档 SUV 销售 18298 辆，同比增长 46.3%，2008 年前 8 个月销量就已赶超历年全年销量。全年销量预计突破 2 万辆（见图 7）。

国产高档 SUV 增量主要来自一汽丰田普拉多和陆地巡洋舰。该细分市场受到进口 SUV 冲击，容量有限，几年来鲜有新车型投放，到目前为止，也仅有 3 个车型系列，因而该市场一直是进口车市的补充（见图 8）。

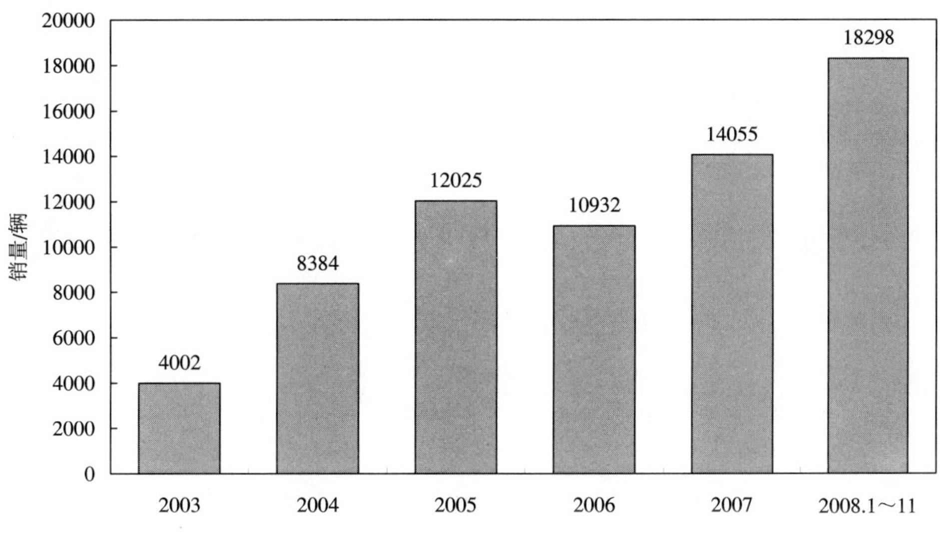

图7 2003～2008年国产高档SUV销量走势图

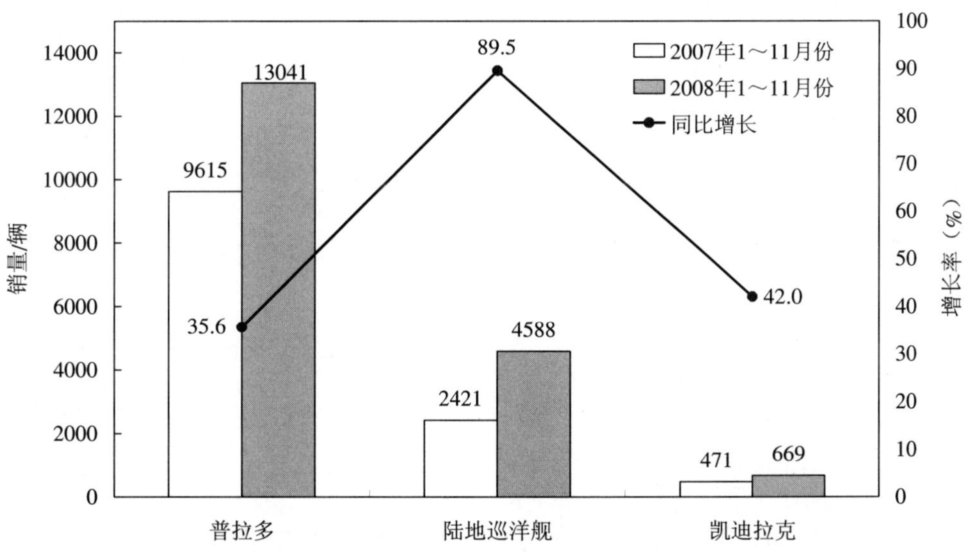

图8 2007年、2008年国产高档SUV累计销量对比图

2. 国产中高档 SUV

2008 年 1～11 月份国产中高档 SUV 销售 213630 辆，同比增长 62.1%，2008 年前 8 个月销量赶超历年全年销量，呈现出爆发式增长。

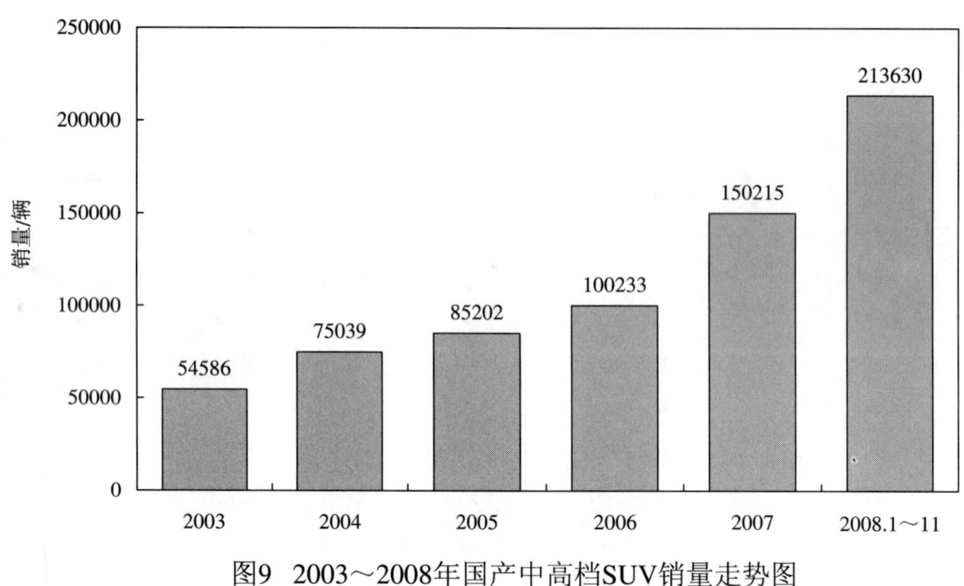

图9 2003～2008年国产中高档SUV销量走势图

国产中高档SUV增量主要来自城市型SUV（见图10）。2008年1～11月份，国产中高档SUV中，城市型SUV销售179525辆，同比增长88.9%；CR-V成功换型，2008年前11个月销售7万多辆，已可比超畅销轿车销量，成为SUV市场的领军车型；途胜的同门兄弟狮跑上市，并且表现良好，2007年年底和2008年投放的新车科帕奇、逍客也都有不俗表现。它们都有一个共同点：靓丽外观加高性能，并具有CROSSOVER特征，是今后SUV市场的发展趋势。

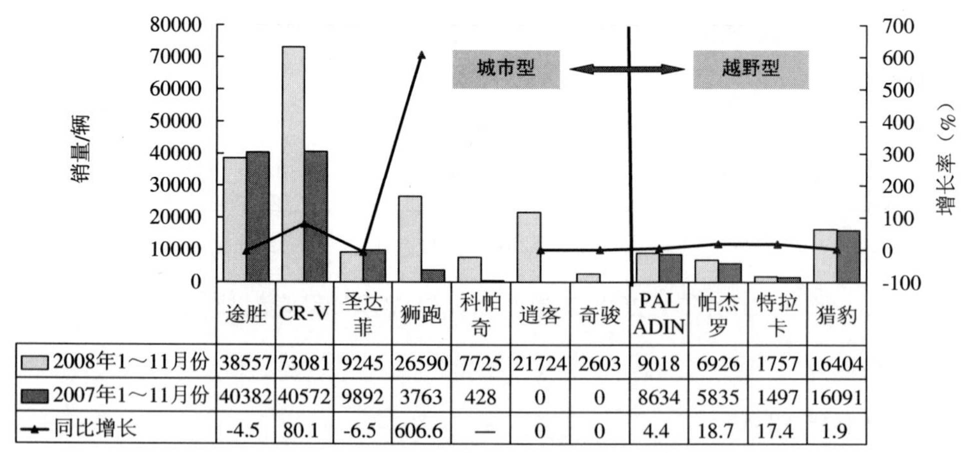

	途胜	CR-V	圣达菲	狮跑	科帕奇	逍客	奇骏	PALADIN	帕杰罗	特拉卡	猎豹
2008年1～11月份	38557	73081	9245	26590	7725	21724	2603	9018	6926	1757	16404
2007年1～11月份	40382	40572	9892	3763	428	0	0	8634	5835	1497	16091
同比增长	-4.5	80.1	-6.5	606.6	—	0	0	4.4	18.7	17.4	1.9

图10 2007年、2008年国产中高档SUV分车型销量对比图

越野型 SUV 销售 34105 辆，虽同比小幅增长 6.4%，但市场份额有大幅度的萎缩。值得一提的是，随着城市型 SUV 奇骏的投放，传统越野型 SUV 的市场份额有可能进一步被分食。

3. **国产中档** SUV

2008 年 1～11 月份国产中档 SUV 销售 126457 辆，总量与 2007 年基本持平，同比降低 0.9%，部分月份销量低于 2007 年同期（见图 11）。

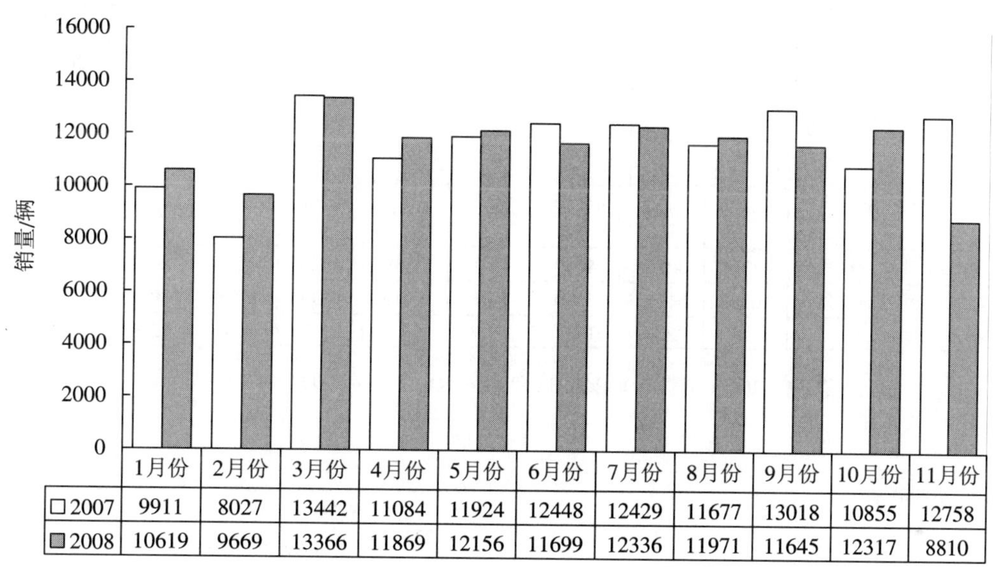

	1月份	2月份	3月份	4月份	5月份	6月份	7月份	8月份	9月份	10月份	11月份
□2007	9911	8027	13442	11084	11924	12448	12429	11677	13018	10855	12758
■2008	10619	9669	13366	11869	12156	11699	12336	11971	11645	12317	8810

图11　2007年、2008年国产中档SUV销量对比图

以哈弗、瑞虎为代表的城市型 SUV 是中档 SUV 的绝对主力，但增长乏力，哈弗 2008 年表现与 2007 年基本持平，瑞虎则出现同比降低。新生代江淮瑞鹰增长显著，但月均销量仍不足 1000 辆。郑州日产奥丁也有较大幅度的增长，但由于基数小，绝对量很低（见图 12）。老车型增长乏力且降幅较大，新车型销量低，造成中档 SUV 增长低于乘用车市场总体水平，更远远低于中高档 SUV 的增幅，并拉大了与其的差距。

4. **国产经济型** SUV

2008 年 1～11 月份国产经济型 SUV 销售 80169 辆，同比增长 29.5%。月均销量提升，但月度销量波动较大，呈现下走趋势，在 2008 年第三季度表现尤为明显（见图 13）。但从整体趋势来讲，安全、排放法规日趋严格，经济发展减速，能源紧张，致使经济型 SUV 的萎缩是必然趋势。

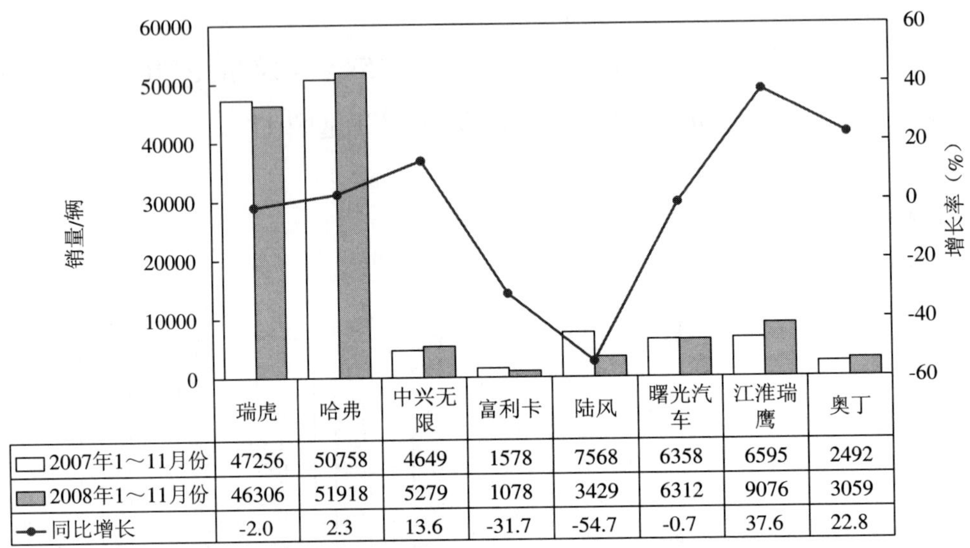

	瑞虎	哈弗	中兴无限	富利卡	陆风	曙光汽车	江淮瑞鹰	奥丁
2007年1～11月份	47256	50758	4649	1578	7568	6358	6595	2492
2008年1～11月份	46306	51918	5279	1078	3429	6312	9076	3059
同比增长	-2.0	2.3	13.6	-31.7	-54.7	-0.7	37.6	22.8

图12 2007年、2008年国产中档SUV分车型销量对比图

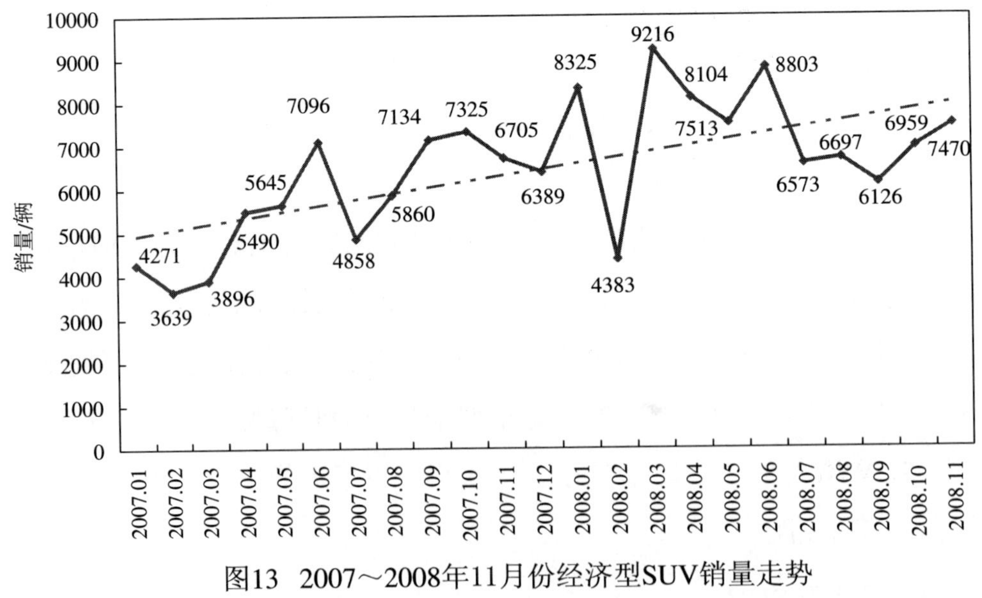

图13 2007～2008年11月份经济型SUV销量走势

经济型 SUV 的增量主要来自众泰 2008。该车型为紧凑型 SUV，车型尺寸小，

价格低，但底盘高度与 SUV 一致，这样就保持了 SUV 的高通过性和良好视野，加上较低的价格，因而受到用户青睐。由于占经济型 SUV 超过 40%比重的众泰 SUV 数据被统计在内，而 2007 年同期数据又缺失，造成经济型 SUV 同比大幅增长。若剔除这一因素，经济型 SUV 仍低于 2007 年同期（见图 14）。原因主要是车型老化、难以满足市场需求。由于众泰 SUV 车型和经济型 SUV 在车型平台和规格上有较大的差异，今后还是应该单独划分为小型 SUV 来做市场分析。

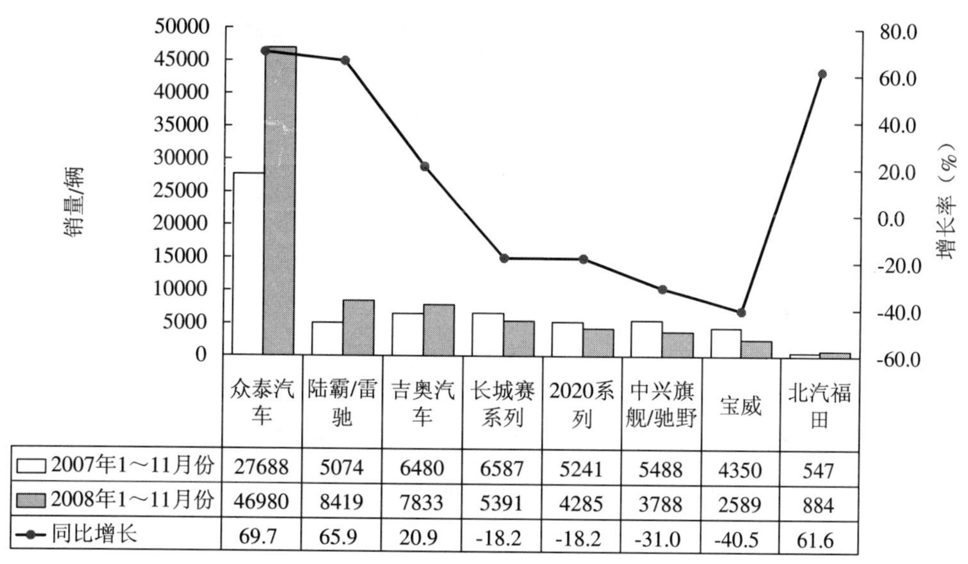

	众泰汽车	陆霸/雷驰	吉奥汽车	长城赛系列	2020系列	中兴旗舰/驰野	宝威	北汽福田
2007年1～11月份	27688	5074	6480	6587	5241	5488	4350	547
2008年1～11月份	46980	8419	7833	5391	4285	3788	2589	884
同比增长	69.7	65.9	20.9	-18.2	-18.2	-31.0	-40.5	61.6

图14　2007年、2008年国产经济型SUV分车型销量对比图

三、国产 SUV 新车型在中国的投放情况

1. 2008 年国产 SUV 上市新车型

2008 年国产 SUV 市场新品频繁上市，品牌车型丰富，满足了不同 SUV 细分市场需求。尤为突出的特征是合资品牌加大了其在城市型 SUV 领域的投放力度，如 CR-V、狮跑、逍客和近期投放的奇骏，它们都在 2008 年的市场上有着良好的表现，并会在今后继续引领国内 SUV 市场的潮流。

2. 2009 年预计要投放的新车型（见表 3）

表3 2009年预计要投放的新车型

品牌	丰田RAV4	丰田汉兰达	奇瑞悍虎3	长风猎豹CS7	江淮瑞鹰
型号	2.4L	3.5L&2.7L	不确定	2.0L	2.0TCI汽油AT2WD
预计投放时间	2009年第一季度	2009年第二季度	2009年	2009年	2009年
价格范围	22万～28万元	30万元以上	不确定	不确定	12万～14万元
特征	城市型SUV	城市型SUV	越野型SUV，外形时尚，具有很强的城市型风格	越野型SUV，外形时尚，具有很强的城市型风格	城市型SUV

据了解，还将有不少企业在2009年要推出SUV新车型，如上汽集团的KYRON、一汽大众的奥迪Q5和TIGUAN、吉利的NL、海马的S3等，众多SUV新车型的投放将会进一步推动国内SUV市场的持续增长。

四、观察与思考

从前面对国内SUV市场整体销量增长态势的分析，可以看出在2008年宏观经济形势严峻，汽车市场增速减缓的情况下，中国SUV市场依然可以用火爆来形容。出现如此局面，主要由以下因素所致：

1. 市场因素

（1）需求的多样化 中国幅员辽阔，人口众多，有着丰富的地貌和多层次的消费群体，再加上东、中、西部区域经济发展的差异化，带来需求的多样化，尽管在全球油价普涨或震荡的情况下，国内SUV仍然保持较大幅度增长。由此可见，国内SUV的崛起映射了我国汽车消费正在迅速向多样化转变。

（2）汽车产业发展的必经阶段 在发达国家，SUV都经历了多年良好的成长阶段。西风东渐，即使在高油价的今天，SUV销量在汽车总销量中的比重，有些国家依然超过了30%，而中国2008年才有5%~6%，应该说国内SUV市场仍有很大的需求和发展空间。

（3）SUV国际潮流的演变 如今的SUV今非昔比，通过提升技术和降低排量，改变了传统SUV“油老虎”的形象。加之吸取轿车的舒适性，MPV的大空间，更多全新概念的CROSSOVER车型纷纷面世，使国内SUV市场持续焕发着新的生机和活力。

（4）各档次 SUV 都有相对众多的目标用户　中国 SUV 的用户定位在事业有成，追求生活品质，喜欢越野或旅行的精英人士，进口高档豪华 SUV 如今已成为国内富豪显示其身份和品位的象征。迅速崛起的“80 后”一代庞大的消费群体对国内中高档 SUV 也有着强劲的需求。

2. 其他因素

（1）国家尚未出台对大排量豪华汽车的限制政策　目前的油价、消费税、车船税，以及迟迟未能实施的燃油税，任何一项的实施都不能限制国内 SUV 的逆势发展，只有当这些政策统一执行时，这种势头才会得到有效的抑制。目前来自各界的质疑正在积聚，对国内 SUV 的冲击也将应时而来。

（2）自然灾害拉动需求　2008 年年初的南方雪灾和四川的地震两大自然灾害，令灾区的环境和道路遭到了极大的破坏，救灾和重建中更加凸显了 SUV 车型的优越性，尤其是活跃在一线的指挥用车为 SUV 做了很好的宣传，灾区重建的各级政府部门和相关行业都纷纷增置 SUV 车型，使得本已萎缩的越野型 SUV 也有了新的需求。

（3）油价相对较低　国内大排量 SUV 市场呈现的与国际市场背道而驰的繁荣局面，除去缺少竞争、保有量低以外，国内成品油价格长期与国际脱轨，油价过低也是重要因素。为此中国政府也不断遭受国际上的指责。

五、2009 年国内 SUV 市场展望

1. 2009 年国内 SUV 市场需求预测

2008 年进口 SUV 考虑到年底前海关对进口控制的因素，2009 年全年将会达到约 21 万辆，同比增长会保持在 60%左右；国产 SUV 全年销量有望达到 48.2 万辆；全年国内 SUV 市场的总需求量将达到约 70 万辆。

2. 2009 年发展环境

（1）宏观经济环境严峻，车市增速减缓　2008 年由于美国次贷危机引发的世界金融危机，带来全球经济萧条，中国也不能独善其身，楼市爆冷、股市大幅缩水、居民消费信心严重下挫，致使车市增速减缓。

（2）能源紧张带来消费结构调整　全球性的能源危机直接导致了国内成品油价不断攀升，用车成本大幅增加，尤以大排量的 SUV 车型成本增加最为显著。加上提高大排量车消费税和出台燃油税，都将直接影响 SUV 的市场需求。

3. 2009 年预测（见表 4）

2009 年进口和国产 SUV 市场的增幅都将会有不同程度的回落。其中进口 SUV 市场，考虑到汇率因素和政策因素，以及国际、国内经济形势变化的不确定因素，乐观预计进口量会与 2008 年基本持平，或略有 5%～10%的增长，预计会达到 22 万～23 万辆。

2009 年的国产 SUV 市场预计将保持 10%～15%的增幅，全年有望达到 53 万～55 万辆，加上进口 SUV，预计 2009 年国内 SUV 的总量将会达到约 80 万辆的新台阶。

国产 SUV 细分市场的走势大致如下：

（1）国产高档 SUV 多为大排量豪华车型，受进口影响最为明显，2009 年进口量增幅估计将减缓到 10%～15%，国产高档车可能出现 5%的小幅增长。

（2）国产中高档 SUV 由于排量逐渐下走，并融合轿车、MPV 等车型优势，CROSSOVER 特征日益鲜明，无论从性能还是使用成本上都具有较大的优势，是主要乘用车企业的必争之地，也是 SUV 市场的优势板块。2009 年国产中高档 SUV 市场将会有更多新车投放，增长幅度仍会保持在 30%左右，达到 30.3 万辆。

（3）国产中档 SUV 其消费主力是崛起的“80 后”，必须有新车进入，才能满足其喜欢个性和创新的要求；预计 2009 年增幅将会持平或略有增长。

（4）国产经济型 SUV 2009 年这类 SUV 的市场增幅将逐渐回落，并进入衰退期。

表 4 2009 年进口和国产 SUV 市场销量预测

类型	2008 年预计/万辆	同比增长率（%）	2009 年预计/万辆	同比增长率（%）
进口 SUV 总量	21	60	22～23	5～10
国产高档 SUV	2.1	40	2.2	5
国产中高档 SUV	23.3	55	30.3	30
国产中档 SUV	14	≈0	15	8
国产经济型 SUV	8.8	26	10.5	12
国产 SUV 合计	48.2	28	53～55	10～15

（作者：帖福祥）

2008~2009 年 MPV 市场分析与预测

一、宏观环境

进入 2008 年下半年，国际经济形势急转直下，由美国次贷危机所引发的金融危机已演变成金融风暴，国际经济环境中的不确定和不稳定因素明显增多，国际著名预测机构——国际货币基金组织（IMF）在其最新出炉的预测报告中，调低了世界各经济区域 2008 年和 2009 年的经济发展预测值：即 2008 年全球经济增长为 3.7%，2009 年将进一步放缓至 2.2%；美国 2008 年经济增长为 1.3%，2009 年经济增长仅为 0.7%；欧元区国家 2008 年经济增长为 1.4%，2009 年经济增长仅为 0.9%。人们普遍认为世界经济已经进入“严重低迷”期，对低迷期长短的预测，经济界一般估计为 2～3 年，乐观估计是 2009 年下半年就能转好，悲观估计需要长达 10 年的恢复期。

2008 年前 3 季度中国经济数据表明，中国经济依然处于受控状态，2008 年前 3 季度 GDP 增长 9.9%；CPI 为 7.0%；社会零售总额增长达 22%。国际货币基金组织（IMF）维持了 2008 年中国 GDP 增长可达 9.7%的预测，2009 年 GDP 增长为 8.5%；而摩根斯坦利对 2008 年中国 GDP 增长的预测为 9.8%，2009 年 GDP 增长为 7.5%；中国社科院的报告称 2008 年 GDP 增长率将为 9.8%，2009 年有望达到 9%的增长率。总之，中国经济暂时受到不利影响，但从长期国内经济内生增长力来看，还会转好，目前的形势只是对国内汽车行业有暂时的抑制作用。

二、MPV 市场概况

在经济起伏颇大的 2008 年，前 11 个月国内狭义乘用车整体销量是 517.8 万辆，同比增长 8.7%。在轿车、MPV、SUV 三大车种中，轿车的增长率基本与行业增长保持一致，达 8.2%，而 SUV 的增长则大大超越人们的预计，达到了 27.5%；MPV 销量仅为 18.3 万辆，同比下降了 9.9%。MPV 的负增长明显地拖累了乘用车整体增长。MPV 在乘用车市场中所占的比例也减少到 3.5%，自从派生出 MPV 这个细分市场后，MPV 市场占有率又创了新低（见表 1）。

表 1 狭义乘用车三大车种销量及比例分布

车型	2007 年 1～11 月份销量/辆	2008 年 1～11 月份销量/辆	增长率（%）	2007 市场占有率（%）	2008 市场占有率（%）
轿车	4240712	4588256	8.2	89.0	88.6
MPV	203671	183463	-9.9	4.3	3.5
SUV	318973	406837	27.5	6.7	7.9
合 计	4763356	5178556	8.7	100.0	100.0

在中国汽车工业协会的统计中，国内 MPV 市场现有 28 个车型品牌，2008 年 1～11 月份约有一半车型出现负增长，近 20%的车型是投放的新车型（见表 2）。在整个 MPV 市场中，平均每个车型每月销售不到 600 辆，而前 3 强的 GL8、奥德赛、瑞风的月均销量都在 2500 辆以上，前 3 强的单车销量是 MPV 市场平均单车销量的 4 倍以上，所以 MPV 是产品集中度极高而增长又出现停滞状态的车型。从区域销售情况看，自金融危机发生以来，东部发达地区的销量明显萎缩，而西部由于受外向型经济影响少，相对来说市场比较稳定。

表 2 2008 年 1～11 月份 MPV 品牌销量对比及市场占有率

类型	车型	2007 年 1～11 月份销量/辆	2008 年 1～11 月份销量/辆	增长率（%）	市场占有率（%）
合资品牌商用型	GL8	37417	33626	-10.1	18.30
	大捷龙	608	2185	259	1.20
	嘉华	2272	1085	-52.2	0.60
	凯领	0	766	—	0.40
	开迪	2923	45	-98.5	0.03
合资品牌兼用型	奥德赛	40451	27254	-32.6	14.90
	途安	9531	11166	17.2	6.10
	森雅	1686	4642	175	2.50
	普力马	7544	3342	-55.7	1.80
	S-max	4309	3759	-12.8	2.00
	骏逸	10146	3517	-65.3	1.90
	菱绅	2102	1209	-42.5	0.70

（续）

类型	车型	2007年1～11月份销量/辆	2008年1～11月份销量/辆	增长率（%）	市场占有率（%）
自主品牌商用型	瑞风	37052	34151	-7.8	18.60
	风行	16509	13064	-20.9	7.10
	阁瑞斯	10662	10703	0.4	5.80
	东子 Cross	6289	8616	37.0	4.70
	蒙派克	1106	2428	120	1.30
	开瑞	1748	1810	3.5	1.00
	御轩	732	1434	96	0.80
	自由风	2042	874	-57.2	0.50
自主品牌商用型	瑞麒	524	7229	1280	3.90
	景逸	0	5471	—	3.00
	CM8	6355	2252	-64.6	1.20
	嘉誉	0	784	—	0.40
	风尚	1481	697	-52.9	0.40
	骐菱	0	766	—	0.40
	杰勋	181	484	167.4	0.30
	迷迪	0	104	—	0.17
合计	—	20367	183463	-9.90	100

注：景逸、嘉誉、凯领、骐菱、迷迪为2008年的新车。

三、前三强 MPV 品牌走势

MPV 前三强的 GL8、奥德赛、瑞风历来有着 MPV“铁三角”的美称，它们分别代表着国内高端商务用车，高端兼用型 MPV 和中端商务用车的市场需求。从前三强 2008 年各月销量曲线图可以窥视 MPV 市场的需求走势，2008 年 3 月份是 MPV 销售高峰，此后连续 5 个月出现环比负增长，出现了最大时段的负增长（见图 1）。

别克 GL8 自上市以来历时 9 年，经历过无数次的改型和一次大换型，在国内公商务界树立了稳固的地位，定位清晰准确；奥德赛 2002 年上市，同样也进行过多次增值配置和大换型，确定了其兼用型 MPV 老大的地位；瑞风价格跨度很大，但主流车型定位于中端商务市场，自 2002 年上市以来，经历过多次升级，成为了 MPV 市场中的知名产品。

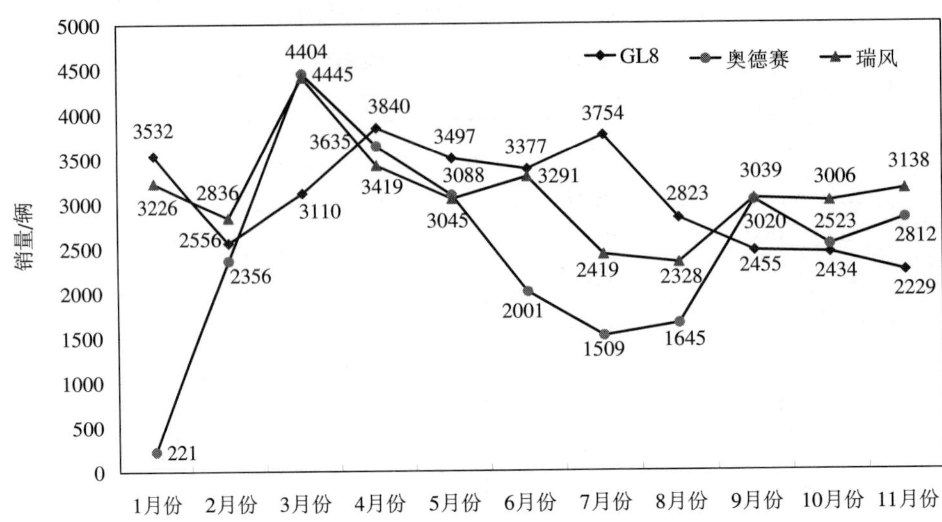

图1 2008年MPV前三强月度销量比较

四、商务型 MPV 和兼用型 MPV 分析

若按功能用途区分，可把 MPV 划分为商务型和兼用型两种。从 2008 年销售数据来看，2008 年 1～11 月份商务型 MPV 销售量为 11 万辆，同比增长-7.2%，占了 60.4%的市场份额，比例稍有提高；现阶段看，兼用型 MPV 仍是 MPV 市场中的配角，市场份额不到 40%（见表 3）。究其原因，笔者认为商务型的 MPV 与宏观经济、国家性大事件有关，如在奥运会之前，商务型 MPV 销售旺盛，之后，又由于油价动荡、CPI 高位、金融危机等，国际需求减少，国内企业减员歇工等，增加了许多经济上的不确定因素，商务型 MPV 需求急剧下降，出现了 7.2%的负增长；同期，兼用型 MPV 车主由于收入前景不明朗，推迟了购买意愿，兼用型 MPV 也出现高达 13.8%的负增长。

表 3 商务型 MPV 与兼用型 MPV 对比

类型	2007 年 1～11 月份销量/辆	2008 年 1～11 月份销量/辆	2007 市场占有率（%）	2008 市场占有率（%）	同比增长率（%）
商务型 MPV	119360	110787	58.6	60.4	-7.2
兼用型 MPV	84310	72676	41.4	39.6	-13.8
合计	203670	183463	100.0	100.0	-9.9

五、合资品牌 MPV 与自主品牌 MPV 分析

如果从产品技术的来源来区分，MPV 可分为合资品牌 MPV 和自主品牌 MPV。2008 年 1～11 月份合资品牌的需求量下降了 22.2%，目前仅有 50.5%的市场占有率，从合资品牌 MPV 的各个车型销售情况来看，也是跌多涨少，特别是奥德赛销量出现大幅下降（一方面，2008 年广州本田为了保证新雅阁的产能和销量，主动减产奥德赛，另一方面因为雅阁与奥德赛两车处于同一平台，消费者购买时，往往在奥德赛和雅阁间游移）。GL8 也同样存在前高后低的销售曲线，这与“后奥运”经济有关，也与全球经济下滑、国内需求不振有关。

2008 年 1～11 月份自主品牌 MPV 的需求量增长了 7.3%，目前已有 16 个车型品牌，虽然还未超过 50%的市场占有率，但成长性非常好，在 2008 年 MPV 市场一片跌声中，却有 7.3%的增长率实属不易（见表 4）。在市场占有率方面，2008 年自主品牌 MPV 销量比 2007 年同期又提升了近 8 个百分点。自主品牌 MPV 的增长主要来自兼用型 MPV 的增长。2008 年，自主品牌兼用型 MPV 就有 4 个新产品上市，增长率达到了 108%；自主品牌商务型 MPV，由于性价比高，可选择车款多，使得销量逆势飞扬，达到了 7.3 万辆。但由于外部经济形势不好，需求下降，特别是东部地区外向型企业的经营状况下滑，部分中小企业甚至停工、关闭，也影响了本已大卖的瑞风（出现轻度负增长）。

表 4　合资品牌 MPV 与自主品牌 MPV 销量对比

类型	2008 年 1～11 月份销量/辆	2007 年 1～11 月份销量/辆	2008 市场占有率（%）	2007 市场占有率（%）	同比增长率（%）
合资品牌 MPV	92596	118989	50.5	58.4	-22.2
自主品牌 MPV	90867	84681	49.5	41.6	7.3
合计	183463	203670	100.0	100.0	-9.9

六、结论与前瞻

2008 年中国人经历了太多的事件，是体验年、跌宕年、震撼年，同时也是 MPV 企业可以自练内功的最佳时机。虽然销量不断下滑，不过 MPV 中的个别车型还是展现出勃勃生机，如途安和阁瑞斯，由于定位准确、车型组合合理，2008 年这两款车均表现出逆势上扬。2008 年国内有几个汽车厂家已经开始未雨绸缪，

为 MPV 开发和装备了柴油机，如瑞风、风行和景逸，预计未来还会有混合动力产品问世，可能会得到一些市场机会。

从目前得到的新品信息来看，新奥德赛马上要在 2009 年下半年上市；东南汽车生产的 MPV 车型三菱君阁（Zinger）已下线；在荣威平台上开发的 MPV 预计要在 2009 年投放市场，其在国内的竞争品牌应该有风行景逸、大众途安、马自达 5 等，在欧洲市场上的竞争品牌是欧宝赛飞利；一汽马自达 2009 年也要投放国产马自达 8，它是马自达车系里最新设计的高端 MPV，瞄准的竞争对手为别克 GL8 和奥德赛。另外广州丰田的大霸王（Previa）也要国产，预计上市时间在 2010 年。

2009 年，在金融环境前景莫测、油价跌宕起伏的现实环境中，MPV 市场依然是步履维艰，估计 2009 年 MPV 市场需求增长率会在-5%～5%之间。

（作者：唐奕奕）

2008 年低速汽车市场分析及 2009 年展望

一、2008 年低速汽车市场总体概况

1. 低速货车、三轮汽车产销量双双下滑

据农用运输车辆分会的统计，2008 年 1～12 月份，低速汽车总产销分别为 200.85 万辆和 200.58 万辆，同比呈现-6.32%和-6.47%的负增长。其中低速货车产销量分别为 42.41 万辆和 42.20 万辆，同比增长-4.43%和-5.87%；三轮汽车总产量为 158.44 万辆，同比下降 6.82%，总销量 158.38 万辆，同比下降 6.62%。2008 年三轮汽车和低速货车产销量下滑幅度均有所增加，三轮汽车下降幅度更为明显（见表 1）。低速货车和三轮汽车产销率处在高位，分别为 99.50%和 99.96%，未有大的波动变化。

2008 年上报农用运输车辆分会生产数据的低速货车生产企业为 74 家，占据《车辆生产企业及产品公告》内企业的 62%，其中有 8 家企业下半年产量为零。三轮汽车上报生产数据的企业为 28 家，为《车辆生产企业及产品公告》企业的 80%，28 家企业中有 4 家下半年基本处于停止生产状态。成本的不断上涨，企业生产链上下游产品供配和销售的不足，赢利难度的不断增加，致使部分抵御市场风险能力相对偏低的中小企业困难重重，减产、停产难以避免。

表 1　2007 年和 2008 年低速汽车产销量比较

车型		2007 年产量/辆	2008 年产量/辆	同比增长（%）	2007 年销量/辆	2008 年销量/辆	同比增长（%）
低速汽车		2144147	2008539	-6.32	2144450	2005782	-6.47
其中	低速货车	443787	424139	-4.43	448343	422013	-5.87
	三轮汽车	1700360	1584400	-6.82	1696107	1583769	-6.62

2. 2008 年月度销量分析

2008 年经历的自然灾害、能源及原材料价格大幅上涨、国内外经济和金融形

势变化，诸多因素直接或间接地对低速汽车生产造成了一定影响，并随时间的推移逐渐表现出来。

（1）低速货车月度销量　2008 年上半年走势基本正常，1～3 月份销售走势好于 2007 年同期，2 月份、3 月份的销量同比分别呈现 22.2%和 5.85%的增幅，4 月份与 2007 年同期基本持平，5 月份开始产销出现负增长，8 月份销量再次增长，同比也升至为正值。依据低速货车年生产周期的运行规律，9 月份作为年中第二轮产销旺季，应延续 8 月销量增长放开上行，但 2008 年 9 月份却创出了自 2004 年来低速货车销量的新低，之后第四季度的三个月继续了下行走势（见图 1）。

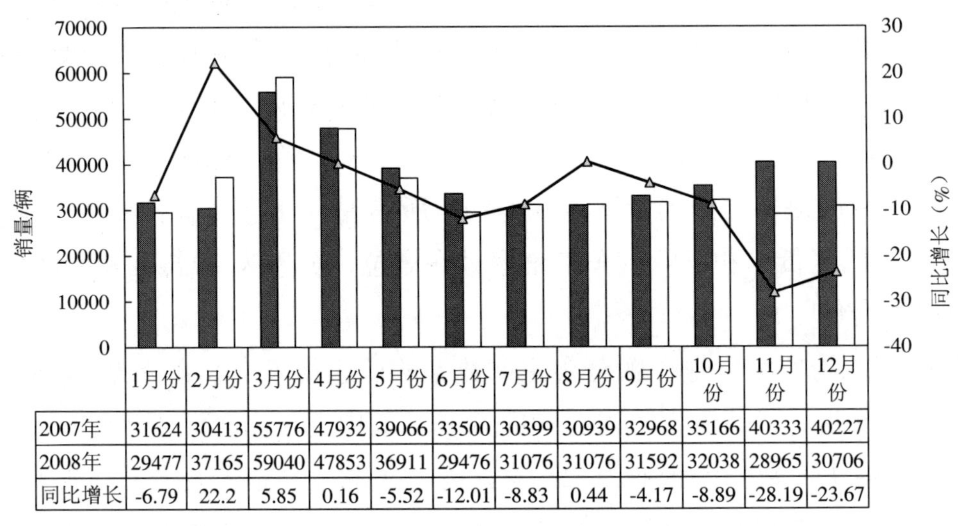

	1月份	2月份	3月份	4月份	5月份	6月份	7月份	8月份	9月份	10月份	11月份	12月份
2007年	31624	30413	55776	47932	39066	33500	30399	30939	32968	35166	40333	40227
2008年	29477	37165	59040	47853	36911	29476	31076	31076	31592	32038	28965	30706
同比增长	-6.79	22.2	5.85	0.16	-5.52	-12.01	-8.83	0.44	-4.17	-8.89	-28.19	-23.67

图1　2007年、2008年低速货车月度销量对比图

（2）三轮汽车月度销量　2008 年三轮汽车仅有 3 月份、6 月份、7 月份与 2007 年同期比较呈现增长态势，其余月份同比均表现为负增长；9 月份应有的需求旺季没有冲高，同样创下了多年来月销量的最低纪录；第四季度虽然略有回升，但之后出现的浓重观望气氛，导致 11 月份、12 月份销售量无法有良好恢复，同比分别出现了 14.38%和 12.06%的负增长（见图 2）。

三轮汽车产品的绝大多数消费者属于农民中收入偏低的群体，购买力极其有限，对价格的变动异常敏感。2007 年下半年开始的原材料、燃油价格持续上涨，致使企业产品售价价格上涨，加上居高不下的税费和使用费用的增长严重地打击了农民购车的积极性，这也是构成 2008 年三轮汽车产销量明显减少的主要原因之一。

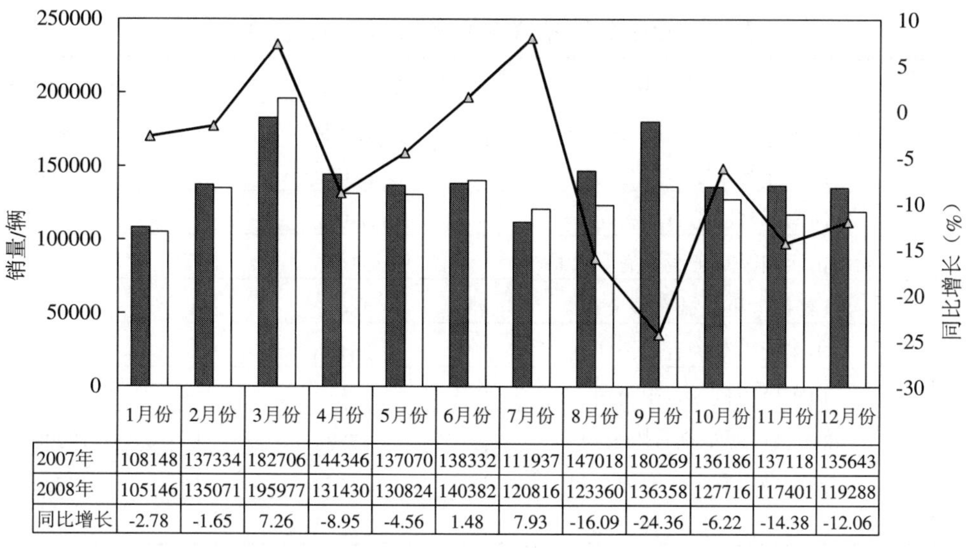

	1月份	2月份	3月份	4月份	5月份	6月份	7月份	8月份	9月份	10月份	11月份	12月份
2007年	108148	137334	182706	144346	137070	138332	111937	147018	180269	136186	137118	135643
2008年	105146	135071	195977	131430	130824	140382	120816	123360	136358	127716	117401	119288
同比增长	-2.78	-1.65	7.26	-8.95	-4.56	1.48	7.93	-16.09	-24.36	-6.22	-14.38	-12.06

图2　2007年、2008年三轮汽车月度销量对比图

3. 行业生产集中度略有变化

2008 年，低速货车产量排名前 10 位的企业总产量增长了 2.71%，涨跌企业各占 1/2，占据全行业产量的 72.66%，生产集中度同比提高了 5 个百分点。三轮汽车排名前 10 位企业的产量增长率为-11.98%，其中两家企业产销量高于 2007 年，其余 8 家均呈现产销量下降，前 10 家企业的产量是行业总量的 89.13%，此比例创了近 10 年的最低纪录。广西钦州力顺机械有限公司、四川银河汽车集团有限责任公司两家企业进入低速货车产量排名前 10 位，山东巨力机械有限公司凭借其三轮汽车的良好表现，也进入了三轮汽车产量排名前 10 位（见表 2 和表 3）。

表 2　2008 年低速货车产量排名前 10 位企业

序 号	企 业 名 称	2007 年产量	2008 年产量
1	山东时风（集团）有限责任公司	95107	91275
2	资阳市南骏汽车有限责任公司	46010	55338
3	山东五征集团有限公司	42172	38949
4	山东黑豹集团有限公司	32712	36785
5	江西英田汽车制造有限公司	18962	22856
6	山东凯马汽车制造有限公司	18749	21016
7	杭州市杭挂机电有限公司	16904	14485
8	山东唐骏欧铃汽车制造有限公司	11083	11050
9	广西钦州力顺机械有限公司	8396	10027
10	四川银河汽车集团有限责任公司	7027	6391

表 3 2008 年三轮汽车产量排名前 10 名企业

序号	企业名称	2007 年产量	2008 年产量
1	山东时风（集团）有限责任公司	815950	813935
2	山东五征集团有限公司	493380	391389
3	河南奔马股份有限公司	89902	54318
4	福田雷沃国际重工股份有限公司	53486	42178
5	长葛市世英机械有限公司	48472	24329
6	山东天力车辆有限公司	25126	21325
7	山东巨力机械有限公司	—	20015
8	汝南县广源车辆有限公司	17884	18220
9	安徽中鼎飞彩车辆有限公司	21574	13726
10	山西卓里集团有限公司	22274	12767

4. 产品主要变化特征

（1）三轮汽车产品需求趋向小型、低廉 近几年，三轮汽车产品需求逐渐向小型、低廉方向倾斜。从额定载重量来看，载重量 750kg 级的三轮汽车占据市场的比例已连续多年小幅减少，载重量 500kg 及以下的三轮汽车销售量占据的比例则相应呈缓慢增长趋势，2008 年，载重量 500kg 及以下三轮汽车市场份额已达 95.17%，高出 2007 年 2.25 个百分点。从驾驶室结构看，三轮汽车驾驶室分为半封闭、简易棚、全封闭三种类型，其中半封闭驾驶室三轮汽车的经济性、舒适性相对折中，需求占据的比率在提高，2008 年销量同比增长 9.1 个百分点，达到 57.71%，。全封闭驾驶室车型造价偏高，近几年的需求量逐渐减少，其 2008 年市场销量占据的比例比 2007 年下降 7.67%。

（2）劳动强度低、操作简便的车型在三轮汽车市场中受青睐 三轮汽车车型中，转向盘操纵、电起动、自卸式车型具备起动操作简便、劳动操作强度低的特点，在产品中占据的比例多年来连续上升，2008 年也有着不同程度的增长，尤其是自卸式、电起动车型销量占据比例已分别达到 65.45%和 83.81%，增长了近 11 个和 4 个百分点，为三轮汽车市场中受青睐者。

（3）低速货车各车型市场份额稳中有变 额定载重量大于等于 1t、配套四缸发动机、一排半座驾驶室的低速货车是市场的绝对主力产品。在额定载重量方面，2008 年额定载重量大于等于 1t 的低速货车市场销量降低了 1.24 个百分点，已连续第三年出现小幅下降。反之，额定载重量为750kg和500kg级车型的需求量自2006年开始呈缓慢增长的趋势；自卸型低速货车市场份额也连续三年呈现少量下降；双排座车型载人、载物实用性较好，虽然在低速货车市场中市场份额很小，但几年销售量正在缓慢上升，2008其销量年比2007年增加了2.15个百分点。

（4）专业化、多样化产品为稳定行业发展作出贡献 2008年的大环境使低速汽车行业无法独善其身，但源于农业经济发展和社会主义新农村建设进程推进，低速汽车产品在专业化、多样化方面形成一个亮点，箱式、罐式、仓栅式、吸液式、洒水式等适合农村使用、农民能够买得起的车型呈现良好需求，为稳定行业发展作出了贡献。

5. 市场区域分布基本未变

2008年低速货车和三轮汽车的销售区域特征与2007年基本一致，传统市场基本稳定，新市场份额发展有限（见表4和表5）。

表4 2008年低速货车按销售比例分布的前10位省市

（单位：%）

省市	河南	河北	山东	湖北	安徽	江苏	四川	江西	山西	浙江	其他
比率	12.83	8.25	7.95	7.89	7.69	6.00	5.60	5.58	4.45	3.27	30.49

表5 2008年三轮汽车按销售比例分布的前10位省市

（单位：%）

省市	河南	河北	山东	甘肃	安徽	山西	陕西	辽宁	湖北	内蒙古	其他
比率	18.71	16.61	14.35	10.70	8.35	8.35	7.95	4.33	2.34	2.26	6.05

二、影响2008年低速汽车行业运行环境的主要因素

1. 经济和金融形势变化因素影响低速汽车行业生产增长

2007年下半年开始CPI不断攀升，同时受国际原油、焦煤等价格节节上涨的影响，国内原材料价格快速上涨，原材料购置上的额外支出给低速汽车行业生产带来压力。2008年下半年，受多方因素影响，原材料价格逐渐回落，低速汽车产品价格作了相应下调，价格回落市场并未呈现回暖趋势，消费者信心不足，观望

气氛浓重，买方市场萎靡不振，企业运行困难重重，高价购买的原材料再度挤压了企业微薄的利润，行业中部分中小企业亏损严重。前期国家实施从紧的货币政策，建设工程项目相应减少，也抑制了低速汽车购销需求的增长。

2. 低速汽车行业持续发展缺少政策层面的倾斜和扶持

近几年，低速汽车行业整体发展呈现减缓趋势，这其中除了低速汽车在农村市场上已满足了市场前期一定的需求量，及产品自身技术发展和环保要求带来的影响外，作为农民生产资料的车辆产品，缺乏国家在政策上的倾斜和扶持，是行业发展走向下滑的重要因素之一。我国农村机动车市场正在汇聚愈来愈多的目光，近几年汽车产品在农村机动车市场中占据的比例也逐渐升高，但多为浅试，低速汽车以其突出的性价比依旧博得以农民为绝对主体的低收入群体的青睐，可是居高不下的税费却影响了农民消费者的购买力，限制了市场的增长和扩张，在一定程度上减缓了农村汽车市场的孕育进程。从近些年低速汽车行业生产的波动情况看，每出现产销负增长的时候，三轮汽车产品销售波动要大于低速货车，这主要源于三轮汽车潜在消费者的经济实力、抵御风险和变化的能力相对更为薄弱，对市场的反应更为敏感所致。因此，拉动巨大的农村汽车市场的关键是启动弱势消费市场，并给予相应的政策援助，激发和创造攫取第一桶金的机会。三轮汽车和低速货车作为农民发家致富的重要生产工具，较为适合当前我国农村经济发展水平，在农村生产和生活中还存在大量的需求，减少农民在购买、使用过程中的成本，在行车过程中给予适当的优惠政策，一方面可有效提高农民购买力，激发农民的购车热情，为汽车业发展培养潜在用户；另一方面在一定程度上可满足尚处在起步孕育阶段的农村机动车市场不同层次的需求。

3. 汽车产品注入农村汽车市场竞争加剧

至2007年年底我国农村公路总里程达到313.4×10^4km，乡镇通公路率达到98.5%，88.2%的村通了公路。2007年农民人均纯收入达4140元，为10年来最高增幅。交通条件的改善，农民收入的提高，奠定了汽车产品进军农村汽车市场的基础。先进舒适的汽车产品依据现有品牌、质量和上路不受限制的优势，市场份额逐渐上升，成为农村汽车市场强有力竞争者之一。2008年7月1日国Ⅲ排放标准实施前的促销释放和国Ⅲ实施在即对载重量3.5t以下轻型货车产品暂缓一年实行国Ⅲ排放的“特赦”，奠定了2008年农村汽车市场的角逐基础。

三、2009 年低速汽车市场展望

从当前国际、国内大环境的发展情况看，2009 年低速汽车行业运行依旧处于一个困难阶段，国际、国内经济形势如何变化，宏观政策措施及细则如何实施以及实施结果如何，燃油税费改革实施后短期的利弊因素，农村机动车市场如何规范管理，50 亿元低速货车和三轮汽车换购载货汽车补贴结果如何，农民大宗物品购买能力等问题直接或间接的影响成为了市场不确定、不稳定因素，低速汽车国内常规市场和出口市场运行操作难度均加大，低速汽车市场低迷局面短期难以避免。

诸多的负面影响背后也蕴藏着机遇，对低速汽车而言，国家拉动内需政策等利好因素为行业重整旗鼓提供了良好机会：一是国家加大农村沼气、饮水安全工程和农村公路的建设力度，完善农村电网，加快南水北调等重大水利工程建设和病险水库的除险加固，加强大型灌区节水改造等农村基础设施建设项目计划已明确，随着投资项目工程的实施，国家投资刺激市场的复苏，将给农村汽车市场的需求增长带来良好机遇，低速汽车的潜在需求也有望变成有效需求；二是随着国家救市计划和政策的出台、完善并逐渐明朗，持币观望的局面会有所改变；三是金融危机以来能源、材料价格上涨的终止，成本走低，产品价格回落，待心理调整适应后，需求将逐渐回升；四是受消费者信心不足的影响，部分农民消费者可能会改变购车档次，转向价位相对低廉的低速汽车，低速汽车的需求也有望增量。

2008 年第四季度行业的运行属于特例，现阶段政府的政策措施要见实效还要有一个滞后期，2009 年上半年还将是困难时期，在国内经济不出现大幅下滑和政府给予政策扶持的情况下，下半年有望逐渐走出低谷。

（作者：张咸胜　张蒙）

细分市场篇

2008年北京市汽车市场分析及2009年预测

2008年是中国汽车行业发展史上重要的一年。尽管2008年行业产销1000万辆的目标难以实现，但汽车销量仍以两位数的速度保持增长，汽车行业已经成为与股市、房市、外贸并列的支持中国经济发展的重要产业。然而产销下滑、市场趋冷、大幅降价、前景难料也已成为当前汽车市场的基本现状，汽车行业将不得不面对更为严峻的现实。

一、北京市汽车市场基本情况

1. 北京市2008年1～11月份汽车销售基本情况

2008年1～11月份，北京市新车销售44万辆，同比增长11.7%，已超过2007年全年的水平。其中，进口汽车销售21379辆，占新车总量的4.9%；二手车交易34.4万辆，同比增长22%，过户到外地的占13%。

2. 北京市汽车市场主要特点

2008年是影响汽车销售的政策出台最多的一年，其有利因素和不利因素共同作用于市场。每一次政策出台前的传闻都大大刺激了汽车消费，形成了汽车消费提前释放的特点；购买第二辆汽车或更新换代汽车，成为车市的主流；A00级车基本上退出市场；进口车销售（除2008年第四季度有所趋缓外）呈现快速增长的势头；汽车降价已经成为一种市场常态；公款购车大幅度下滑。

二、北京市汽车市场影响因素分析

1. 政策影响

（1）2008年北京市汽车市场基本上属于政策性的市场　2008年3～4月份，北京市由国Ⅳ排放标准替代国Ⅲ排放标准，致使消费者大量抢购价格相对偏低的国Ⅲ排放标准的车辆。2008年6～7月份，北京市单双号限行规定出台，引发消费者大批购买第二辆车或两辆车加以应对。2008年8～9月份，受大排量车消费税的影响，大批外地客户进京抢购大排量车。2008年9～10月份，北京市车管部门实施自选车牌号规定，大大刺激消费者提前购车，以优先选取好的车牌号。2008年11月份，影响巨大的上牌总量控制传闻大大刺激了消费者提前购车。2008年12月份，受燃油税政策信号影响，大批消费者开始观望，持币待购。

（2）受大排量政策实施影响，2008年第三季度起进口车商大量囤车，巨大的库存压力造成大排量豪华车车价不升反降。

（3）政府部门关于严格限制公款购车的政策，使得中、高档车政府购车或集团购车严重下滑 以北京市亚运村汽车交易市场为例，2008年1～11月份99%的比例为私人购车，而集团购车比例不足1%。

（4）北京市加大投资力度，地铁、轻轨及公交建设的快速发展使得汽车市场出现了快速分流的趋势，有20%左右的汽车消费者考虑改乘公交地铁。

2. 消费者观念影响

（1）影响消费者购车的重要因素分析 身份、地位、面子仍然是起决定性作用的购车因素。对有购车意向的消费者调查显示，提高生活质量的因素占53%，作为代步工具的因素仅占11%。住宅的地理位置、交通状况以及对汽车的偏好，如特种车、SUV车、越野车、房车等因素也会影响消费者的选择。汽车品牌、车型、价格等因素的吸引力和政策、社会舆论影响，都会促使消费者的消费观念发生重要变化。

（2）当前汽车消费观念的变化 汽车的普及创造了汽车艺术、汽车广告、汽车模特、汽车展会、汽车体育、汽车俱乐部、汽车旅游、汽车旅馆、汽车沙龙、汽车社区、汽车银行等。汽车的普及改变了人们的生活方式和传统观念，进而改变了城市结构、乡村结构和就业结构，改变了人们的区域观念、住地选择、消费结构、商业模式、生活方式和休闲方式。汽车改变了人们的社会关系、沟通方式、活动节奏、知识结构和文化习俗，汽车创造了崭新的价值观念和生活内容，整个社会的文化理念、心理素质、道德因素都发生了巨大的变化。这种变化不断对汽车消费者的消费观念带来深刻影响，具体体现在以下几个方面：

第一，随着汽车保有量的迅速增加，买还是不买尽管受多种主客观因素的影响，但下决心买车已不再是难题，问题只是什么时间买，买什么车等因素已经占据了上风，就像买电视机、冰箱、手机一样。

第二，新车、二手车消费随着消费者的成熟及二手车的高速发展、快速变化，使消费者对于购买新车还是二手车发生了重大的变化。二手车市场由于准新车越来越多，加上价格原因，特别是二手车保值率较高较稳定，正在受到越来越多的消费者的认知，交易日趋活跃，新旧车购买比例由1∶0.5、1∶0.8，到接近1∶1，这就是最好的证明。

第三，消费者正在改变着三厢车的消费观念，由于两厢车的品牌、车型越来越多，甚至外观、性能、配置好于三厢车，因此在购车意向调查中，购买两厢车的消费者占了36%。

第四，高中低端车的消费出现了一些新的变化。高端车2008年增长很快；中端车新品牌、新车型大量投放市场，尽管竞争激烈，但是仍然有些品牌需要预订或加价购买，购买中端车成为大多数消费者的奋斗目标；经济型车2008年出现大幅下滑。

第五，由单一代步工具的消费观念发展为多功能消费观念，如流动的房屋、化妆室、郊游、交友、越野、俱乐部、沙龙、竞技等，同时出现由轿车消费观念逐渐发展为购买SUV、MPV、越野车、跑轿车等。

第六，追求汽车时尚、个性化消费大大地促进了汽车改装、装饰市场的发展。

第七，广大消费者环保意识、交通意识、政策意识不断增强，如达标、节能等。

第八，由用车终身制到迅速转变为加快更新换代，更讲究经济使用期，一般在使用3～4年后会考虑换车。

（3）消费环境的变化　第一，北京市汽车保有量已达到350万辆，而且每年在以40万辆的水平增加，庞大的汽车保有量，会大大刺激未购车消费者加快进入有车一族的行列。

第二，由于奥运会的成功举办，大大改善了北京市城市道路建设，以及与之相适应的配套设施，为汽车消费创造了非常好的条件。

第三，城市居民旅游正在成为一段历史时期内巨大的消费热点，其中自驾游正在越来越常态化，带动了汽车消费。

第四，全国汽车展已经形成巨大的推动力和影响力，特别是汽车文化的快速发展，如汽车俱乐部，都为汽车消费提供了良好的环境。

第五，大多消费者认同“生活有车才完美”，越来越多的人希望充分享受到自在、便捷、高品质的有车生活。

三、汽车经销商面临的问题分析

当前北京市汽车流通行业普遍存在以下问题：

第一，行业开放初期，本土经销商没有真正建立起自己的竞争优势。跨国公司通过普及4S店模式使我国汽车经销商的本土优势荡然无存。

第二，经营方式缺乏竞争力。

第三，不能形成“四位一体”合力。

第四，汽车流通行业集中程度低。

第五，增长后劲不足。

第六，无服务品牌。

第七，与发展速度不匹配的管理。

第八，人力多、人才少的人员现状。

第九，北京市汽车市场和4S店尽管总体销售情况较好，但已形成库存车满为患的局面。相当一部分4S店处于亏损边缘，尤其是资金断链的现象较为突出。

四、2009年北京市汽车市场预测分析

1. 不利因素分析

宏观经济影响、股市房市的不景气，以及2008年的提前消费将对2009年的汽车销售产生较大影响。国务院政府部门关于“严格限制公款购车”的政策，将对高、中端车销售市场构成一定的影响。奥运会结束后各种税费如停车费、过桥费，包括公交地铁等是否会提高，目前传闻较多。汽车市场竞争更加激烈，汽车价格战正在加剧。大批量新车投放市场，引起新的市场分流。汽车行业成本压力、资金压力困难，资金断链日趋突出。甚至较大部分4S店出现亏损，出现并购转让趋势。从北京市交管部门了解到，全市包括长安街、两广大街、西单、CBD主要大街在内的588条城八区大街的违法停车将被严管，对于涉及违法停车问题突出的路段，民警将进行定点管控，对违法停放车辆且驾驶员不在现场的，由清障车拖移至专用停车场。

2. 有利因素分析

（1）国家宏观经济政策高度关注以扩大内需来拉动经济　北京市市政府已经把全方位拉动内需作为头等要务来安排，并作为今后一个时期经济建设的中心工作。2009年是我国建国60年周年，北京市将进一步活跃市场，促进消费。

（2）《反垄断法》出台，给了绝大多数经销商和消费者更多的期盼。

（3）奥运会结束后大批外地消费者进京购车，将进一步促进汽车销售 2008年7月1日停驶的30万辆黄标车，在奥运会前后已经形成新的置换，将为2009年上半年北京市车市提供一定销售潜力。奥运场馆将成为新的旅游热点，由奥运旅游经济带动车市发展。

（4）北京市政府明确2009年将加快流通设施建设，培育新的消费热点，进一步扩大消费信贷，优化消费环境，大力发展服务经济、知识经济、循环经济和总部经济。

2008年12月3日，国务院常务会议部署金融促进经济发展的9个政策措施中，第二个就是“积极扩大住房、汽车和农村消费信贷市场”。

3. 2009年汽车市场预测及发展建议

预计北京市2009年新车销售将达45万辆，二手车也将达到35万辆。受综合因素影响，行业内将加剧车市“洗牌”，车市“大洗牌”的局面将很可能会出现，新的汽车营销模式也一定会从激烈的市场竞争中产生，多品牌营销将成为销售商普遍采取的方式。

汽车租赁“钱景”看好。据预测，未来5～10年，国内车辆租赁需求将达30万～40万辆，营业收入将达到400亿元。面对如此广阔的市场“钱景”，国内汽车厂家与商家都期待在新一轮的“掘金行动”中有所斩获。

扩大内需的政策，例如加大基础设施投资力度、住房建设等，也会大大增加越野车、SUV车、MPV车的市场需求量。

女性用车正在以30%的速度发展，女性正在越来越多地成为购车的骨干群体之一，市场投放上应充分考虑坤车的研制、投放和营销。

鉴于燃油税政策已经出台，特别是在消费者的观念正在发生着重大变化的条件下，汽车厂家在产品结构上完全可以有所作为，如一些跨界车型，如旅行轿车（界于轿车和SUV车之间的车型），扩大适应范围，从而达到扩大销售的目的。

在国家对农业发展高度重视以及加大对农村投资力度的条件下，研制、生产、投放仅具备基本配置或简单配置的农村用车，推动汽车加快进入农村家庭。

汽车厂商联手研究、开发、推广客户在有条件的城市以租代售的方式，扩大并丰富销售方式，达到促进汽车销售的目的。研究开发特点极其鲜明的特色车，满足青年消费群体追新求异的心理需求，以及追求时尚的心理，形成小批量、多品种的产品结构。因为中国有13亿人口，小批量多品种完全可以形成社会规模。

高度重视研究车管部门已大大放宽的改装车的政策规定。在当前汽车行业不景气的形势下，预计改装车经过方方面面的努力，创造市场条件，以及经过积极的引导，完全可能成为有潜力的汽车消费市场。改装政策放宽，对于汽车经销商来说也是商机。据调查，2008年我国汽车改装市场拥有13亿～15亿元的容量，而到2015年，将达到140亿元。

开拓思想，创新思想，创造性地研究汽车厂商之间的关系，用新模式、新形式来调整和改善厂商之间的关系，在提高水平的基础上创出中国自己的厂商新关系。

4. 关于建议认真研究分析的若干问题

第一，关于金融危机对北京市车市影响的考虑。

第二，关于燃油税政策于2009年1月1日正式实施对车市及消费者的影响分析。

第三，关于汽车营销如何先解决生存再寻求发展的问题。

第四，关于重视高层明示“过一年紧日子”的问题。

第五，关于汽车厂商对消费者群体进行研讨、培训、开发的问题。

第六，关于创造条件，千方百计开发售后服务市场，解决好生存的问题。

第七，关于经销商已经形成多品牌销售的趋势、发展影响的问题。

第八，关于部分省市商户与银行合作，开展零利率汽车信贷产品的问题。

第九，关于新车与二手车市场互动、共同发展的问题。

第十，关于广大消费者消费观念的变化及其影响的问题。

（作者：苏晖）

2008 年上海市汽车市场分析及 2009 年预测

2008 年中国经济先后经历了通货膨胀、经济增速下滑、出口需求萎缩、雨雪冰冻和 5 月 12 日汶川大地震等，以及 9 月份以后全球金融风暴的负面影响。而中国汽车市场，在经历了 7 年多的高增长后，受经济增速下滑的影响，从 2008 年第一季度的高增长到第二季度增速大幅下滑最后到第三季度开始的负增长，低迷的市场态势从东部逐渐向中西部蔓延。上海作为中国的经济中心、东部沿海出口依存度较高的省份之一，也受到了较大的影响和冲击。

一、2008 年上海汽车市场分析

考虑到上海的牌照限制政策，以及较高的普及率水平，对上海乘用车市场的基本判断是：从 2007 年开始增速逐渐回落，未来几年增长率将徘徊在个位数，甚至出现零增长或负增长，而 2008 年恶化的经济环境进一步加速了增长率的下滑，预计 2008 年全年上海乘用车市场需求 14.8 万辆，同比下滑近 9%（见图 1）。

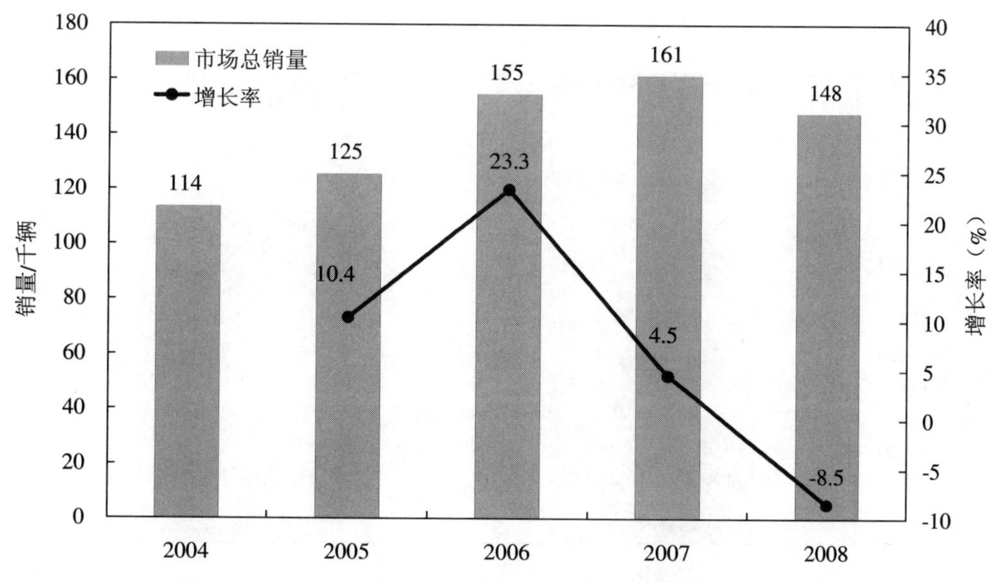

图1　2004～2008年上海乘用车市场销量走势

与全国市场相比，2008年上海乘用车市场有以下几个特点：

第一，经济环境恶化对上海汽车市场的影响大于全国多数省份。2008年尽管上海私车牌照的投放额度从2007年的77500张增加到84500张，但总体需求量却出现了负增长。主要负面因素来自于整体经济状况的恶化和上海自身经济转型的双重压力。一方面，中国经济面临着周期性调整和国际金融危机的双重考验，而上海作为中国的经济中心，首当其冲。与中西部相比，上海的外贸依存度较高，外部需求萎缩造成的出口下滑对包括上海在内的东部沿海地区影响很大；与浙江、江苏等东部地区相比，金融危机对金融业和房地产业所占比重较大的上海经济而言冲击更大。2008年1～11月份上海的工业增加值增长率明显下滑，下滑速度大于全国，11月份更是出现了负增长。另一方面，上海正面临着经济转型，要形成以服务经济为主的产业结构，发展先进制造业和高新科技产业，意味着一些劳动密集型、高能耗、简单贸易加工产业将逐渐转出上海，虽然长期来看可以解决上海经济发展的瓶颈，但短期来看，金融、贸易、高新产业难以快速弥补劳动密集型加工企业退出的空缺。

第二，公商务车市场下滑对上海的影响大于全国。私车牌照的限制政策决定了上海公商务用车的比重较高。2008年5月12日汶川大地震后，各级政府为灾后重建缩减了5%的财政开支，10月份上海也宣布暂停新增公商务车的审批，同时经济形势低迷也使许多企业缩减了商务车的采购，造成上海公商务车市场明显萎缩，这一年度公商务车在上海地区的比例仅为19.2%（见图2）。

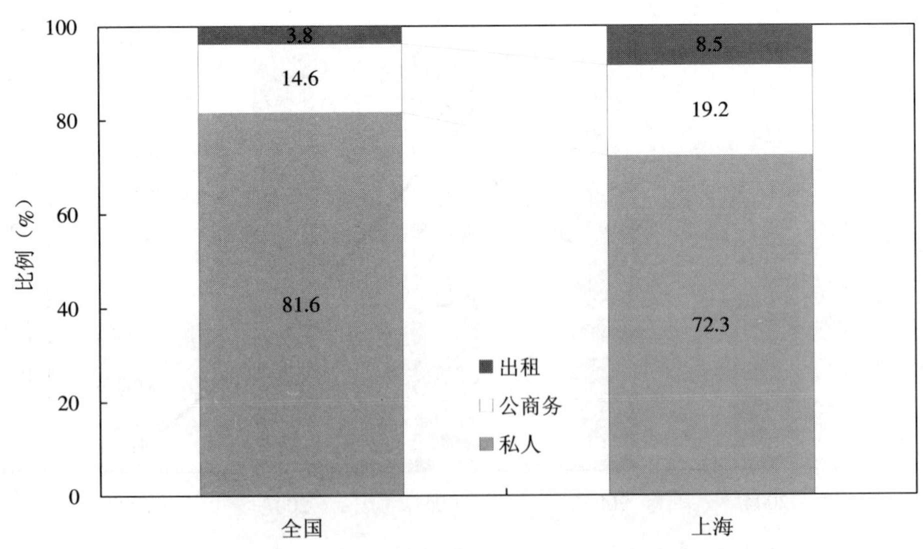

图2 上海地区与全国用户结构对比

第三，牌照政策的变化。众所周知，上海的牌照政策是限制上海汽车市场高速发展的一大屏障，由于无法满足每月新增的需求，加上经销商和投机者的哄抬，牌照的价格不断上涨，在 2007 年 12 月平均中标价一度达到了 56000 元。而这一现象在 2008 年发生了转变，第一季度政府为压低牌照价格，将 1 月份与 2 月份的额度共 16000 张一起竞拍，同时 3 月份又放出 9300 张额度，使牌照价格回落到 3 万元左右的水平。从 2008 年第三季度开始由于需求的回落，牌照额度相应减少，但价格并没有抬升反而继续回落，这也进一步反映了此次车市下滑的严重程度（见图 3）。

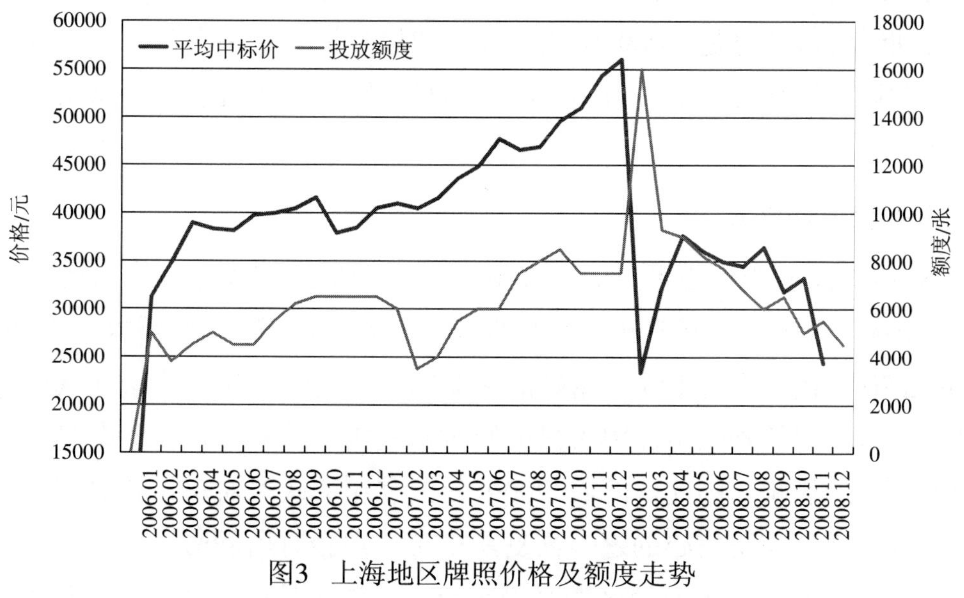

图3 上海地区牌照价格及额度走势

第四，消费需求特征变化。此次金融危机对车市的影响有两方面：一方面是经济下滑导致的资产缩水，收入减少从而造成消费能力的下滑，这一影响主要体现在公商务车市场；另一方面就是经济不景气，未来预期不佳造成的私人消费者消费信心不足，而对于价格较高的耐用品而言，信心不足带来的不利影响更大。

第五，经销商库存和盈利压力加大。众所周知，上海市场由于上海大众和上海通用两大主机厂的所在，成为一个“价格盆地”，而总体需求的萎缩使得竞争加剧，厂商任务压力不断向经销商传导，导致市场价格不断走低，经销商盈利状况恶化，一些品牌车卖得越多，亏得越多，已经很难继续维系下去，2008 年年底到 2009 年年初预计会有一小批经销商退出市场，如果终端网络出现危机，对于汽车市场的发展将会非常不利。

二、2009年上海汽车市场预测

2009年上海汽车市场仍将面临许多挑战，经济是否会止跌回升，国家“保增长”的政策效果何时显现，消费信心是否会随房地产行业的逐步稳定而有所回升，国家对汽车产业的扶持政策等都成为左右2009年上海汽车市场的重要因素。

1. 全国经济形势

预计2008年全国GDP增速在9.3%左右，进入调整期，2009年普遍预计经济增速将继续走低，出口和投资同时增速增长的可能性不大，因此拉动内需、依靠消费带动经济增长将是2009年政府经济调控政策的重中之重，而消费中房地产和汽车占据了很高的比重，为确保经济增长，国家会继续加大对这两个行业的支持政策。

2. 消费信心的恢复

2008年居民消费信心不足的主要原因是由于房地产和股票两大资本市场的低迷，而经济大环境的不景气也进一步抑制了消费的欲望。但从需求的角度来看，由20世纪80年代出生潮推动的结婚潮和新的生育高峰带来的房市和汽车的需求是刚性的，短时间的外生负面因素只会暂时延缓需求的释放，而不会对需求的发展规律产生大的影响。因此，随着2009年国家相关政策对房市和股市的稳定作用逐步显现，随着消费信心的逐步恢复，车市一定会有所回暖。

综上所述，2009年上海地区的乘用车市场虽然所处的大环境不太乐观，但仍有逐渐恢复的可能，增长速度有机会略高于2008年，约-6%，总销量达到139万辆量左右。

（作者：汪海佳）

2008 年天津市汽车市场分析及 2009 年预测

天津是四大直辖市之一，是中国北方最大的沿海开放城市，是中国环渤海区域的重要经济中心。尤其是作为环渤海经济增长的引擎，滨海新区已被称作继深圳特区、上海浦东新区之后中国经济增长第三极。天津从老的工业港口城市向现代化的北方经济中心快速迈进，滨海新区等建设快速拉动天津的发展。由于奥运经济的拉动、出租市场的整体更新，加之北方经济的特色使 2008 年天津乘用车市场仍保持较快的增长，成为东部沿海大城市的增长亮点。

一、天津市汽车市场保有量分析

天津市汽车保有量增长较快，从 2001 年的 45 万辆增长到 2008 年的 106 万辆（见图 1），平均每年保有量的增长速度达到 13%。从增长特点来看，2005～2007 年是增长的爆发年，增量分别达到 10 万辆、11 万辆和 14 万辆。而 2002 年和 2004 年的增长稍慢。2002 年属于对私车爆发的跟进速度较慢，主要的增长在 2003 年体现。而 2004 年的增长稍慢与商用车的保有量大幅下滑相关。

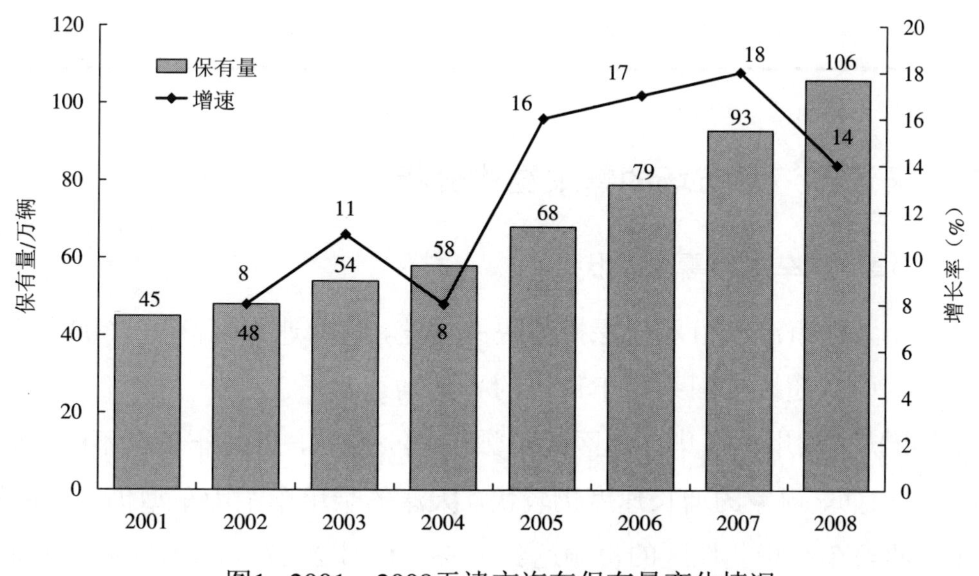

图1　2001～2008天津市汽车保有量变化情况

2008 年天津市汽车市场仍保持较快的增速。尤其是相对于整个汽车市场低增长的局面，天津市汽车市场的表现应属突出。预计 2009 年天津市市场继续保持一定的增长速度。

天津市民用汽车保有量在华北地区是最低的（见表 1）。其总量与内蒙近似，但发展速度没有内蒙快。因此，2006 年被内蒙超越后列华北最后一位。天津的 2007 年份额提升主要是依靠小型载客汽车和中型客车、轻型货车的拉动。

表 1 天津民用汽车保有量的地位

项目		民用	载客汽车					载货汽车				
		总计	小计	大型	中型	小型	微型	小计	重型	中型	轻型	微型
保有量	2006 年/万辆	77.64	64.82	1.52	2.6	50.42	10.28	12.82	1.85	1.78	8.52	0.67
	2007 年/万辆	91.40	77.40	1.65	2.63	62.93	10.19	14.00	1.86	1.84	9.88	0.42
	增幅（%）	18	19	9	1	25	-1	9	1	4	16	-38
占华北份额	2006 年（%）	11.45	11.00	13.00	12.00	11.00	12.00	8.04	4.16	6.00	10.00	10.40
	2007 年（%）	11.00	11.36	12.93	12.08	11.23	11.79	8.00	4.00	5.92	10.88	8.00
	增减（%）	-0.45	0.36	-0.07	0.08	0.23	-0.21	-0.04	-0.16	-0.08	0.88	-2.40

二、天津市汽车市场的需求结构分析

1. 天津市汽车市场需求现状

2008 年天津市汽车市场仍保持较快的增速，其增速大幅高于 2006 年的增速（见图 2），而且超过全国乘用车市场的平均增速水平。

天津市狭义乘用车在华北地区的份额在 14%左右，近几年仍有不断下降的趋势，河北、山西、内蒙的增长速度仍较快。天津的乘用车主力车型仍是三厢轿车，2008 年三厢轿车在华北地区的份额达到 14%，相对 2007 年基本持平。2008 年天津地区两厢轿车的需求大幅下降，这主要是低端轿车的需求萎缩，中档轿车的两厢需求不旺造成的。2008 年天津 MPV 车型的需求增速出现大幅负增长，但在华北地区的比例仍属较高。天津的 SUV 的需求相对较少，既没有山西、内蒙的特色 SUV 群体，也没有北京的时尚消费群体。天津的旅行轿车市场需求较少，而华北地区的总体需求也很低。2008 年天津的增长主力主要在于三厢轿车的持续高增长。2003~2008 年天津市汽车市场需求结构的变化情况见表 2。

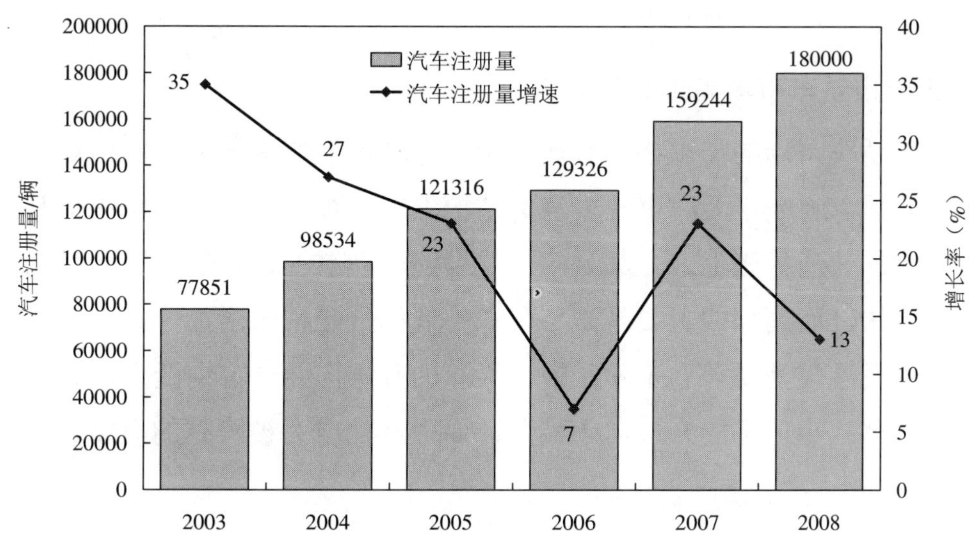

图2 2003~2008年天津市汽车市场需求结构的变化

表 2 天津市狭义乘用车占华北地区份额比例

（单位：%）

占华北区注册份额	2005 年	2006 年	2007 年	2008 年
两厢轿车	16	13	13	11
MPV	13	13	13	11
三厢轿车	15	13	14	14
SUV	7	8	8	7
SW	10	9	7	7
总计	15	13	14	13

2. 天津市汽车市场结构变化趋势

天津市的新车需求增长主要集中在轿车和轻型客车。其中轿车的需求始终处于较快上升的状态，2006年的轿车注册量增长速度并不高，而2007年有加速的趋势。随着2008年出租车的大规模更新，天津的轿车需求又有新的突破。天津的大型客车需求保持较低的增速，这种趋势将有所改变。随着城市工业区的搬迁和滨海新区的西区土地开发，天津的大型客车市场近几年将面临新的增容。近期随着滨海新区等的建设发展，天津的大型客车需求相对较好，而轻型客车等厂区和城市物流需求较好。但重型货车的需求趋势并不乐观，尤其是北京奥运工程结束导致蓟县的运输量大幅减少。

3. 天津市轿车市场需求结构分析

天津市轿车市场的需求格局快速升级，低端市场快速萎缩，但相对的低端化特征较为明显。2008年天津市轿车消费结构中的升级趋势主要体现在7万元以上的中档车型的快速扩张上，尤其是中档A级车高端的表现突出，13万元左右的车型增长较快，而萎缩的主要是微型车。中低档只是稍微增加一点而已。这种需求的跃升式发展较为显著。也就是说，天津的升级向两个方向跃升，微型的升级向小型车转移；小型车的升级向中档车，而中低档成为被跨越的对象。

4. 天津市轿车市场厂家格局

天津市轿车市场2008年的竞争状态快速变化。天津一汽的地产车优势减弱，中小厂家在天津市场快速发展。天津夏利的天津表现是合理的低端寡头垄断特点，这种趋势在消费升级的背景下逐步削弱。同样的地产车，天津一汽丰田的表现异常突出，依靠出租市场的巨大低价政策优势而扭转了2007年的市场地位小幅下滑的危机（见图3）。

其他厂家的表现既体现了厂家的全国市场的地位，又体现了几乎平等的感觉。天津对日系车的好感度并不高，天津一汽夏利是本土化的产品，与日系车的关系已经很淡。而对德系车的认可度较高，认为这是好车，设计水平高，品质过硬，皮实耐用。如果不考虑天津一汽的其他厂家相对份额，则大众系的优势还是较明显。而韩系车的表现明显下滑，通用和现代、悦达起亚也均有大幅下滑。受到消费升级的影响，部分A级以上车型的中小厂家的表现也比较突出。例如：东风日产、广州丰田、东风本田、一汽海南、一汽轿车等异军突起，销量增长均在1倍以上。

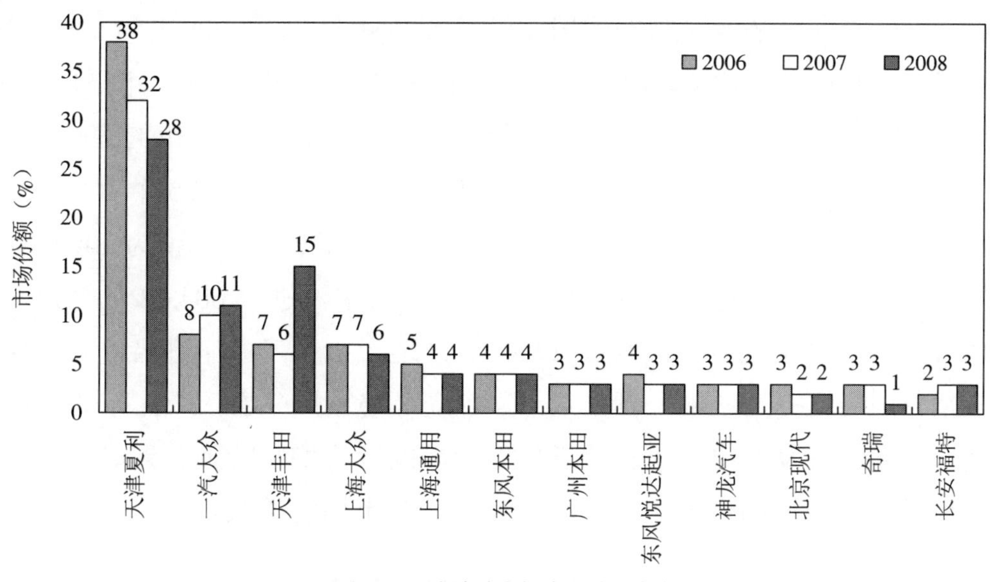

图3 天津市轿车市场厂家格局

三、天津市汽车市场发展速度较快的原因分析

1. 近几年天津市经济发展速度较快

2003～2007 年天津市地区生产总值（GDP）增速均在 16%以上，2008 年 1～9 月份全市实现地区生产总值 4356 亿元，按可比价格计算，比上年增长 15%（见图 4），GDP 增长水平远高于绝大部分省份。

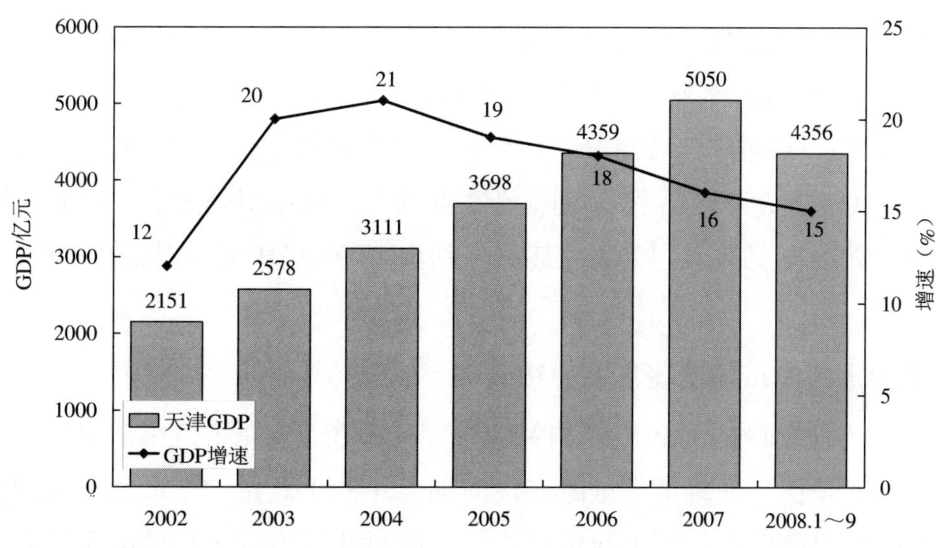

图4 2002~2008年天津市地区生产总值（GDP）增速

天津市滨海新区的龙头带动作用非常显著（见表 3）。2008 年 1～10 月份，滨海新区工业总产值完成 6421.93 亿元，增长 31.3%，增幅高于全市平均水平 3.8 个百分点。实际直接利用外资 40.87 亿美元，增长 32.6%，占全市的 69.3%。固定资产投资 1264.61 亿元，增长 43.5%，增幅高于全市平均水平 2.5 个百分点。新区口岸辐射功能继续提升。2008 年 1～10 月份天津口岸进出口总值为 1403.40 亿美元，增长 34.2%，增幅同比提高 7.4 个百分点。其中，进口 604.42 亿美元，增长 40.3%，出口 798.98 亿美元，增长 29.8%。外地经由天津口岸进出口的货物总值占到 60.1%，同比提高 3.8 个百分点。从宏观环境角度来看，天津市的发展进入新时期。天津经济发展将走出独立于华北地区的较快增长特征。天津市经济的高速发展和对区域的拉动将进一步刺激天津市汽车市场的繁荣。

表 3　2002～2007 年天津滨海新区的投资拉动情况

滨海新区指标	2002 年	2003 年	2004 年	2005 年	2006 年	2007 年
生产总值/亿元	862.45	1046.30	1323.26	1623.26	1960.50	2364.08
生产总值增速（%）	20.10	20.40	20.10	19.80	20.20	20.50
固定资产投资/亿元	280.89	464.08	565.47	693.31	864.29	1152.64
外贸出口总值/亿美元	72.01	89.38	136.99	184.69	226.20	330.60
实际直接利用外资/亿美元	8.23	12.15	17.44	25.31	33.45	39.24

天津市区县经济增势良好。从区县工业来看，2008 年 1～10 月份，天津市区县属工业总产值完成 2888.99 亿元，增长 37.0%，增速快于全市工业平均水平 9.5 个百分点。从财政收入来看，十八区县财政收入 442.28 亿元，增长 33.0%，比 2007 年同期提高 4.2 个百分点。其中有 10 个区县收入增幅超过 30%，汉沽、塘沽、东丽、津南、武清等 5 个区县收入增幅超过 40%。从利用引资来看，中心 6 区实际直接利用外资 5.74 亿美元，12 个区县实际到位 18.73 亿美元，同比分别增长 72.4% 和 51.6%。

2. 天津市汽车市场消费环境继续改善

2008 年天津市政府并未出台相关的限制性政策。天津市汽车消费环境大为改善。汽车和驾驶员管理政策完全改变，前期天津的土政策完全取消，强行的驾驶员和车辆的落户政策和年审土政策消失。此举对几百万驾驶员的减负达到几亿元人民币，同时也促进了汽车的消费。2008 年为进一步提升天津形象，市政府将改变原有对出租行业的开放政策，实施针对重点品牌的倾斜支持。面对3万多辆的出租车实施快速更新计划。对更换丰田花冠出租车的用户，天津市政府进行大额补助支持，同时对更换花冠出租车的客户实施免息贷款，并实施每台置换花冠车辆给予2.5万元的针对性补贴，并且对提前更换进行强力补贴和优先办理手续等优惠政策。同时在运营政策上实施倾斜政策，确保花冠出租车的打车价格保持最低，使更多百姓乐于使用高档的大排量出租车，以提升天津的新形象。此举受到厂家的超级大力支持。但由于部分出租车出现严重的质量批次事故，导致出租行业加以抵制，最终部分车辆遭遇退车，因此天津市出租市场与重庆等事件类似，但规模小且奥运会前处理得较快。因此，出租车大量置换的速度并未受到影响，此次置换近3万辆出租车，也直接拉动了天津市汽车销量的增长。由于天津置换下来的老出租车一般在当地作为二手车处理，因此天津市二手车市场价格又有滑落，中低端市场受到暂时性冲击。

四、天津市私车普及具有较大的空间

1. 天津市经济发展相对落后，目前私车普及率较低

华北地区的经济发展应该有一定的基础，但北京市和天津市成为两座孤岛，其他地区的经济发展水平严重偏低，没有形成华北经济圈。因此，天津市的地位也就相对比较尴尬，没有有效的区域支持和自身的辐射带动作用，经济发展始终比较落后。目前，天津市提出的静海经济开发区的概念就有拉动华北经济的战略意义，但其拉动效果却很不明显，区域的协同效益也比较差。

2. 天津市人口数量稳步增长

天津市区域人口呈现滨海三区和环城四区人口增速加快，市内六区人口增速放慢的趋势。2007年，滨海三区人口为154.38万人，比2005年增加了21.56万人，人口密度也由2005年的每平方公里595人，增加到2007年每平方公里691人，年均增长7.81%；环城四区人口为211.52万人，人口密度达到每平方公里1110人，比2005年每平方公里增加了134人，年增速达6.63%；市内六区人口和人口密度依然最高，分别为408.59万人和每平方公里23075人，但其增速放慢，年均增速仅为1.85%，其他区县的人口为340.51万人，人口密度仅为每平方公里457人，年均增速为1.61%。

3. 天津市居民财富积累稳步上升

据城市住户调查资料显示，2002～2007 年天津市城市居民年人均财产性收入分别为 124.04 元、96.41 元、123.55 元、148.15 元、165.05 元和 233.01 元，除个别年份出现波动外，其余年份的增长速度均高于 10%，个别年份的增速超过 40%。从财产性收入的构成来看，由传统的利息收入占主导地位，正逐步转化为房屋出租收入、股息与红利收入和利息收入三分天下的格局。

4. 天津市汽车工业发展体系不断完善

天津市以汽车、装备制造为主体的机械产业群迅速壮大，促进居民消费的发展作用不断增强，尤其是占突出地位的是交通运输设备制造业。以一汽丰田为龙头的汽车及零部件制造业发展势头强劲，汽车工业规模快速扩张。2002 年天津丰田的投产，使汽车整车制造实现外资突破，带动了机械工业迅速发展。2007 年交通运输设备制造业完成总产值 706.94 亿元，占机械设备制造业的 59.7%。2007 年轿车产量达到 45.06 万辆，形成从夏利、威志、威乐、威驰、花冠、锐志、皇冠的高中低全系列的完整格局；而且夏利、威志、花冠、皇冠在各自细分市场中取得领先或优势地位，这进一步增强了天津消费者的选择范围。

虽然天津市汽车市场发展难以与汽车普及率较低的各省相比，但相对其他直辖市的天津市场最具潜力。综合近期天津经济发展和环境约束来看，天津市汽车市场具备较大的发展空间，仍将保持较快的增速。天津市经济发展仍是以外资经济为主，天津滨海新区的经济拉动属于典型的外向型经济，两头在外，因此对内地经济的拉动较小，运输量较低，而且私营经济发展不太快，因此商用车的发展前景并不理想。天津的加工基地定位导致白领阶层需求巨大，这些白领阶层是私人购车的主力军，因此近两年随着滨海新区的开发与开放，小白领的中产阶级阵容继续扩大。

2009 年天津市汽车市场虽然增速较低，但仍将保持相对全国较好的增长速度，其中私车增长将跃上一个新台阶，而商用车增长难度相对较大。

（作者：崔东树）

2008 年山东省汽车市场分析及 2009 年预测

一、山东省汽车市场的现状分析

1. 保有量现状

（1）山东省民用汽车保有量继续保持两位数的快速增长　山东省民用汽车的保有量由 2000 年的 112.3 万辆，发展到 2008 年的 422.54 万辆（注：本文 2008 年数据为 1～11 月份实际数，本文数据均不含农用运输汽车），2008 年较 2000 年增加 310.24 万辆，年均增长 34.53%。自 2000 年以来，山东省民用汽车保有量均保持了二位数以上的增长，与山东省地区生产总值的增长同步（见表 1）。2001 年以来，山东省民用汽车保有量年均增长在 20 万辆以上，且呈明显的上升趋势。其中，2008 年较 2007 年增加 88.97 万辆，增长 26.67%。2000 年，山东省百万元产值汽车保有量为 1.35 辆，2008 年山东省百万元产值汽车保有量为 1.41 辆，2008 年山东省百万元产值汽车保有量较 2000 年增加 0.06 辆,波动幅度不大。

表 1　2000～2008 年山东省地区生产总值与民用汽车保有量

项目	2000 年	2001 年	2002 年	2003 年	2004 年	2005 年	2006 年	2007 年	2008 年
生产总值/百亿元	83.37	91.95	102.76	120.78	150.22	185.17	220.77	260.00	300.00
保有量/万辆	112.3	127.67	150.53	175.74	211.43	246.96	299.23	333.57	422.54

（2）山东省汽车保有量稳居全国第二，且份额略有上升　山东省民用汽车保有量从 1999 年的 98.13 万辆发展到 2007 年的 333.57 万辆，2007 年较 1999 年增加 235.44 万辆，年均增长 29.99%，高于全国年均增长幅度 5 个百分点。山东省民用汽车保有量在全国的位置，一直位居全国第二位（位列广东之后），目前还没有变化。山东省民用汽车保有量在全国的比重 2007 年有所降低，为 7.65。若按全国统一统计口径，山东省 2007 年民用汽车保有量在全国的比重为 8.25，

较 2006 年略有提高。从历史数据上看，山东省民用汽车保有量在全国的比重，大体为逐年走高的格局且尚未改变（见表 2）。

表 2 1999～2007 年山东省民用汽车保有量在全国的位置和比重

项目	1999 年	2000 年	2001 年	2002 年	2003 年	2004 年	2005 年	2006 年	2007 年
全国民用汽车保有量/万辆	1452.9	1608.9	1802	2053.2	2382.93	2693.71	3159.7	3697.4	4358
山东民用汽车保有量/万辆	98.13	112.3	127.67	150.53	175.74	211.43	246.96	299.23	333.6
比重（%）	6.75	6.98	7.08	7.33	7.37	7.85	7.82	8.09	7.65
位置	2	2	2	2	2	2	2	2	2

（3）山东省汽车保有量在华东区域仍处领跑位置，但比重呈逐年递减

1999～2007 年山东省民用汽车保有量在华东区的位置持续保持在第一位。进入 2002 年以来，江苏、浙江二省民用汽车保有量增长较快，至 2007 年年底，江、浙二省民用汽车保有量分别为 296.31 万辆和 301.61 万辆，分列华东区的第三位和第二位，其与山东省的差距在明显缩小。至 2007 年除江西省外，华东地区各省（市）民用汽车保有量均达到了百万辆以上，大致可分 3 个层次：一是山东、浙江及江苏三省为一个层次，该层次的民用汽车保有量为近 300 万辆及以上；二是上海、安徽和福建两省一市为一个层次，该层次的民用汽车保有量为 100 万辆以上；三是江西为一个层次，该层次的民用汽车保有量为 100 万辆以下。山东省民用汽车保有量在华东区的比重呈逐年递减趋势，2004～2005 年有所回升，2007 年比重为 24.79（按全国统计口径为 26.22），较 1999 年比重 28.45 下降 3.66，年均下降 0.46 个百分点（见表 3）。

表 3 1999～2007 年华东地区民用汽车保有量及山东在区内的比重位次

项目	1999 年	2000 年	2001 年	2002 年	2003 年	2004 年	2005 年	2006 年	2007 年
上海/万辆	42.55	49.19	55.00	62.30	71.90	83.51	95.16	107.04	119.70
江苏/万辆	63.92	74.51	87.12	104.50	131.77	161.19	192.25	240.8	296.31
浙江/万辆	57.59	68.06	85.56	107.83	135.82	162.34	202.92	248.36	301.61

（续）

项目	1999 年	2000 年	2001 年	2002 年	2003 年	2004 年	2005 年	2006 年	2007 年
安徽/万辆	32.57	38.67	45.17	54.66	64.73	68.28	80.5	94.61	113.42
福建/万辆	27.82	32.13	36.67	43.63	52.08	58.01	69.79	89.57	110.87
江西/万辆	22.4	24.7	27.16	30.31	35.56	40.48	48.36	58.07	69.9
山东/万辆	98.13	112.3	127.67	150.53	175.74	211.43	246.96	299.23	333.57
合计/万辆	344.98	399.56	464.35	553.76	667.6	785.24	935.94	1137.68	1345.38
山东比重（%）	28.45	28.11	27.49	27.18	26.32	26.93	26.39	26.3	24.79
山东位次	1	1	1	1	1	1	1	1	1

（4）在保有量增长的同时，品种结构变化较大，轿车比重快速增长　山东省民用汽车保有量的品种结构比例，从 2000 年至 2008 年的历史变化看，有如下特点：一是在位次上，货车保有量由 2000 年的第一位下降至 2008 年的第三位，列轿车与客车之后。客车保有量 2000 年为第二位，至 2008 年仍保持第二位的位置。轿车保有量则由 2000 年的第三位上升为 2008 年的第一位。其他汽车仍位居第四，没有变化。二是在四大品种结构的走势与增量上，货车 2000 年至 2008 年走势较平稳，少有大的波动。货车 2000 年为 55.1 万辆，2008 年为 83.84 万辆，2008 年较 2000 年增加 28.74 万辆，增长 52.16%，年均增长 6.52%。客车走势分为两个阶段：2000～2004 年相对平缓，2005～2008 年则上升明显。客车 2000 年为 28.65 万辆，2008 年为 119.47 万辆，2008 年较 2000 年增加 90.82 万辆，增长 317%，年均增长 39.62%。轿车 2000～2004 年与客车呈胶合状态，总体处于货车之下，2005～2008 年则反超客车与货车，走势直线上扬。轿车 2008 年较 2000 年增加 181.07 万辆，增长 745.14%，年均增长 93.14%。其他汽车 2000～2008 年走势基本呈缓慢提升状态，2008 年较 2000 年增加 9.61 万辆，增长 226.12%，年均增长 28.27%（见图 1）。三是在比重上，货车 2000～2008 年比重呈逐年递减状态，2008 年较 2000 年减少 29.23 个百分点，占 2000 年货车比重的 59.57%。客车比重 2000～2008 年有升有降，2008 年为 28.28，较 2000 年提升 2.77 个百分点，较峰值的 2004 年则减少 1.85 个百分点。轿车比重的变化与货车相反，2000～2008 年比重呈逐年递增状态，之间有两个跳跃阶段。2008 年轿车比重较 2000 年增加了 26.96 个百分点，增长 124.58%，年均增长 15.57%。其他汽车比重的变化形同客

车，2000～2008年有升有降，2008年比重为3.28，比2000年的3.78略有下降（见图2）。

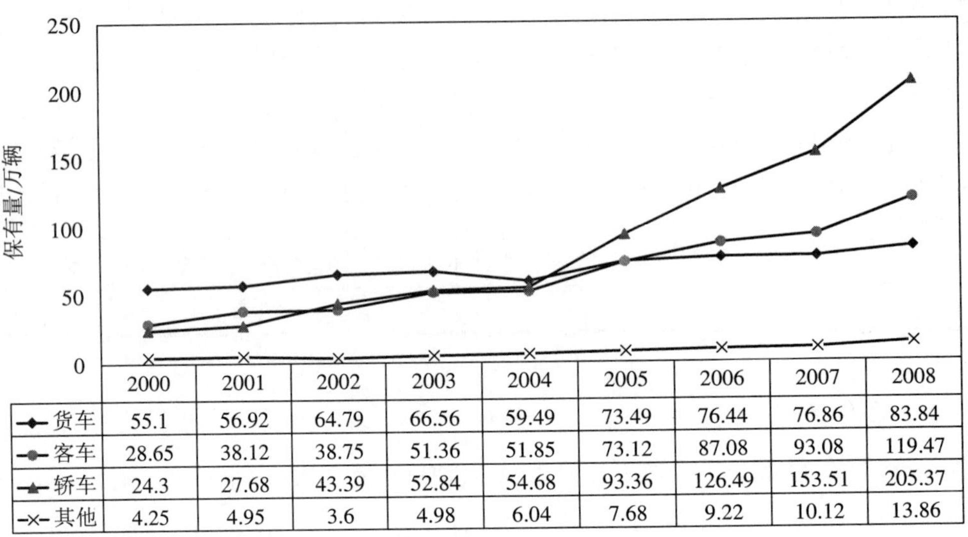

	2000	2001	2002	2003	2004	2005	2006	2007	2008
货车	55.1	56.92	64.79	66.56	59.49	73.49	76.44	76.86	83.84
客车	28.65	38.12	38.75	51.36	51.85	73.12	87.08	93.08	119.47
轿车	24.3	27.68	43.39	52.84	54.68	93.36	126.49	153.51	205.37
其他	4.25	4.95	3.6	4.98	6.04	7.68	9.22	10.12	13.86

图1 山东省民用汽车分车型保有量变化趋势

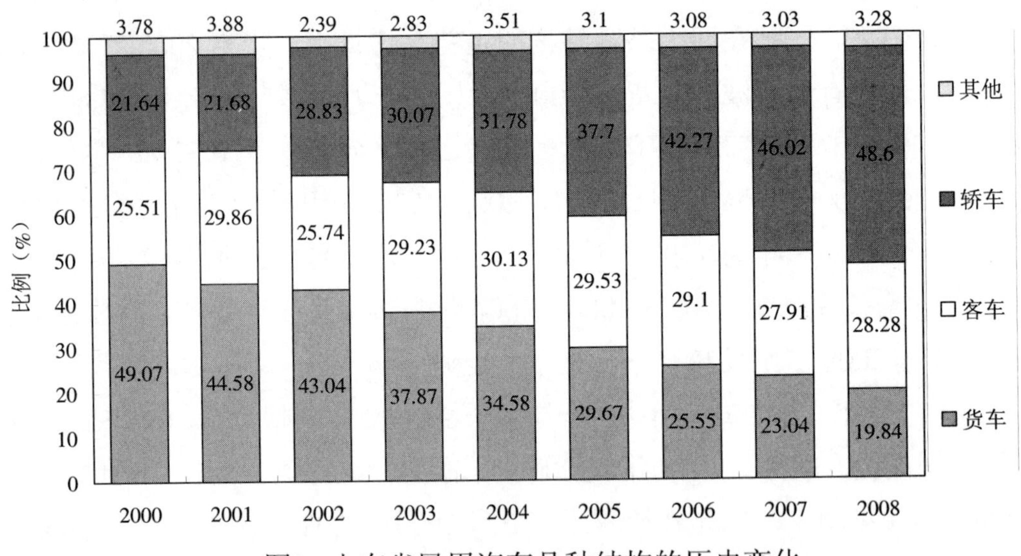

图2 山东省民用汽车品种结构的历史变化

2. 需求现状

（1）山东省汽车需求量快速增长，私人用车需求成为主要力量 山东省民用汽车需求量2000年为19.55万辆，2008年为104.14万辆，2008年较2000年需求增加 84.59 万辆，年均增长 54.09%。2000～2001 年山东省民用汽车需求量受亚洲金融危机的影响，需求减缓、增幅较小，发展相对缓慢。2002 年以后发展有所加快，但比较平稳。2008 年需求量明显增加，主要体现在民用轿车上增幅较大，随着汽车进入家庭步伐的加快及私人用车比重的增加，私人用车在山东省民用汽车需求中异军突起，成为需求量增长的主要力量。

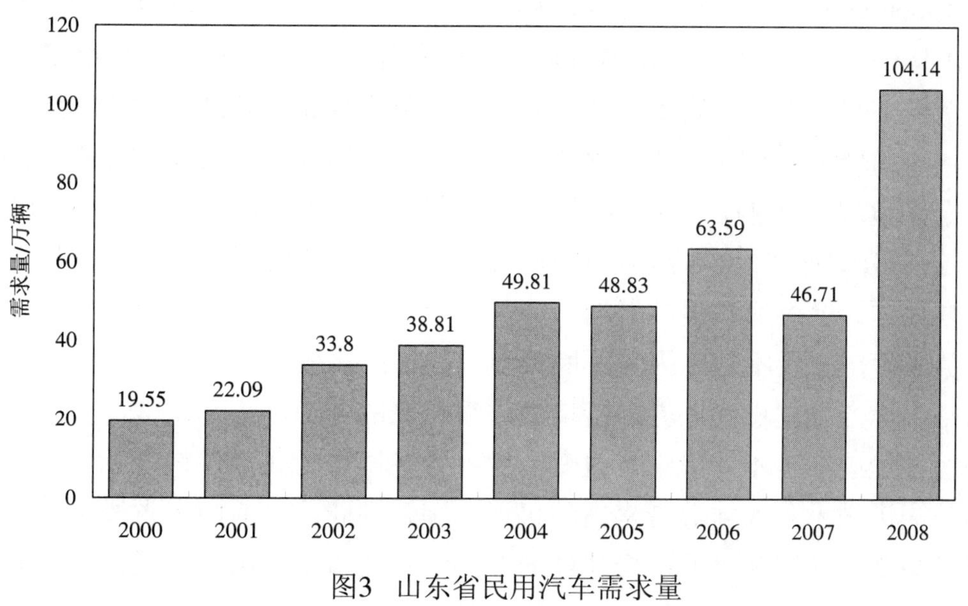

图3 山东省民用汽车需求量

（2）2008 年山东省汽车市场呈现四大特点　一是在汽车品种结构变化中，轿车的增长十分突出。在预计 2008 年较 2007 年增加的 88.97 万辆中，轿车增量为 51.86 万辆，占总增量的 58.29%。二是在用户结构变化中，私人用车成为主要力量。2008 年，在预计山东省民用汽车保有量 422.54 万辆中，私人用车为 312.91 万辆，占总保有量的 74.05%。三是进口汽车略有增长，与国产汽车的比例稍有下降。2008 年预计进口汽车 11.57 万辆，比 2007 年增加 1.42 万辆，增长 13.99%，比重则较上年下降 0.3 个百分点。四是传统品牌汽车仍有一定的市场。如桑塔纳、捷达等传统品牌汽车，虽然在市场总体占有份额上有所下降，但其在性价比上较有优势，已成为一部分客户群入门级轿车的首选。另外，1.6～2.0L 排量的品牌轿车较受市场欢迎，其中日系品牌车以其外观及配置和节油性为卖点，在市场中有较好的表现。而微型轿车的销售则继续萎靡，2008 年预计微型轿车保有量仅为 7.3 万辆，占微型客车保有量的 19.32%。

二、2009 年山东省汽车市场预测

1. 环境因素分析

（1）宏观环境分析　一是 2008 年山东省地区生产总值预计为 30000 亿元，较上年增长约 13%，2009 年山东省地区生产总值增长有 3 个方案，取中仍增幅约 13%，预计为 33900 亿元。二是 2008 年，预计山东省全社会固定资产投资规模将达到 15000 亿元，2009 年将在此基础上增长 22%，预计为 18300 亿元，增幅与上年基本持平。三是预计 2008 年山东省社会消费品零售总额达到 9600 亿元，2009 年将增长 17%以上，达到 11232 亿元左右。预计 2008 年进出口总额可达 1410 亿美元，年均增长 22.4%，其中预计进口、出口年均分别增长 22.3%和 22.5%，受美国金融危机的影响，预计今后几年山东省进出口总额增速将会有所放缓，但 2009 年仍有望保持 22%左右的增速。2009 年山东省民用汽车保有量与需求量的增长幅度预计会有所减缓，但增长的基本面没有改变。但是也应清楚地看到，国际形势不确定以及不稳定因素不断增多，我国经济既有自身加快转型的压力，同时面临国际金融危机和世界经济增速放缓带来的外部冲击和挑战，但总的来看，我国经济发展的基本态势没有改变，世界经济调整为我国加快产业结构升级、引进国外先进技术和人才等带来新的机遇。综合判断，目前山东省经济发展正进入战略转型期。从国际来看，全球性的经济增长放缓，对山东省经济发展的不利影响日益凸显，山东省保持经济快速增长的势头难度加大；从经济发展周期来看，在经过 2001～2005 年连续 5 年的快速增长后，山东开始进入“增长幅度适度回落，结构调整步伐加快”时期。预计 2008～2010 年，山东省经济发展速度将比前两年有所放缓， GDP 增速回落幅度可能 1～2 个百分点。

（2）对汽车市场有影响的因素　据悉，山东省物价局最近将出台刺激汽车消费的价格措施。其中改革停车场收费办法，按停车场类型、汽车车型、停放时间等，实行不同的计收方式和收费标准。同时，为引导居民汽车消费，山东省物价局确定，清理规范汽车购置、落籍、使用过程中的收费项目，科学制定机动车挂牌费、事故车辆道路清障服务费、机动车安全技术检验费、过路过桥费等收费项目和标准，取消不合理收费，降低过高的收费标准。另外，对驾驶员培训费实行政府指导价管理，承训单位可视情况在基准价格上下 20%的范围内浮动；对查扣车辆停放制定专门的停放标准；规范汽车维修行业标价行为，提高收费透明度。据了解，山东省还将规范运输价格和收费，下一步，将结合国家成品油价格和税费改革，取消公路养护费、航道养护费、公路运输管理费、公路客货运附加费、

水路运输管理费、水运客货运附加费等 6 项收费，逐步有序撤销政府还贷二级公路收费站点。

2. 2009 年保有量及需求量预测

2009 年，预测山东省民用汽车保有量为 477.47 万辆，较上年增加 54.93 万辆，增长 13%。2009 年，预测山东省民用汽车需求量为 70.93 万辆，较上年减少 33.21 万辆，下降 31.89%。

3. 2009 年汽车保有结构预测

对于 2009 年山东省民用汽车保有量的品种结构及比例，预测有如下发展趋势：一是四大品种结构的现有布局不会发生改变。轿车仍将延续快速发展的势头，位居第一；客车保持适度增长，排序第二；货车在 2008 年小有增长的情况下，2009 年略有回落，名列第三；其他汽车基本没有波动，保持第四。二是四大品种 2009 年的增量为三升一降。预测 2009 年货车将会较 2008 年减少 4.72 万辆；客车 2009 年较 2008 年增幅有所回落，预测增加 18.09 万辆；轿车与客车一样，在上年水平上会有下降，2009 年增量应在 50 万辆以下，预测为 40.38 万辆；其他汽车 2009 年预测增加 1.18 万辆。三是四大品种结构比重 2009 年表现为二增二减，但总体位次不会改变（见表 4）。预测 2009 年货车比重由 2008 年的 19.84 减至 2009 年的 16.57，减少 3.27 个百分点；客车比重由 2008 年的 28.28 增至 2009 年的 28.81，增加 0.53 个百分点；轿车比重由 2008 年的 48.6 增至 2009 年的 51.47，增加 2.87 个百分点，这也是轿车比重在四大品种结构总比重中首次超过 50%，占据半壁江山；其他汽车比重由 2008 年的 3.28 减至 2009 年的 3.15，减少 0.13 个百分点。

表 4　2009 年山东省民用汽车保有量品种结构预测

（单位：万辆）

	2009 年预测	2009 年较 2008 年增减
货车	79.12	-4.72
客车	137.56	18.09
轿车	245.75	40.38
其他	15.04	1.18
合计	477.47	54.93

（作者：黄铭）

2008 年浙江省汽车市场回顾及 2009 年预测

一、2008 年浙江省经济环境分析

2008 年以来，受出口下降、外需减弱、要素趋紧、成本上升等多重不利因素的影响，对于浙江这样一个经济对出口的依存度较高的省份来说制约较大，经济增速出现明显回落，一些深层次矛盾进一步显现，经济平稳较快增长面临着很大压力。

2008 年前三季度，浙江省 GDP 为 15302 亿元，同比增长 10.6%，比上年同期回落 3.9 个百分点。其中，第一、二、三产业增加值分别为 685.6 亿元、8279.5 亿元和 6336.8 亿元，同比增长 2.9%、10.6%和 11.5%。从最近几年浙江省的经济增长来看，2003～2007 年，全省国民生产总值的增速基本保持在 14%以上（见图 1），而进入 2008 年，受国内外整体环境变化和经济发展周期回落的影响，浙江省经济增幅出现较大程度的下滑。

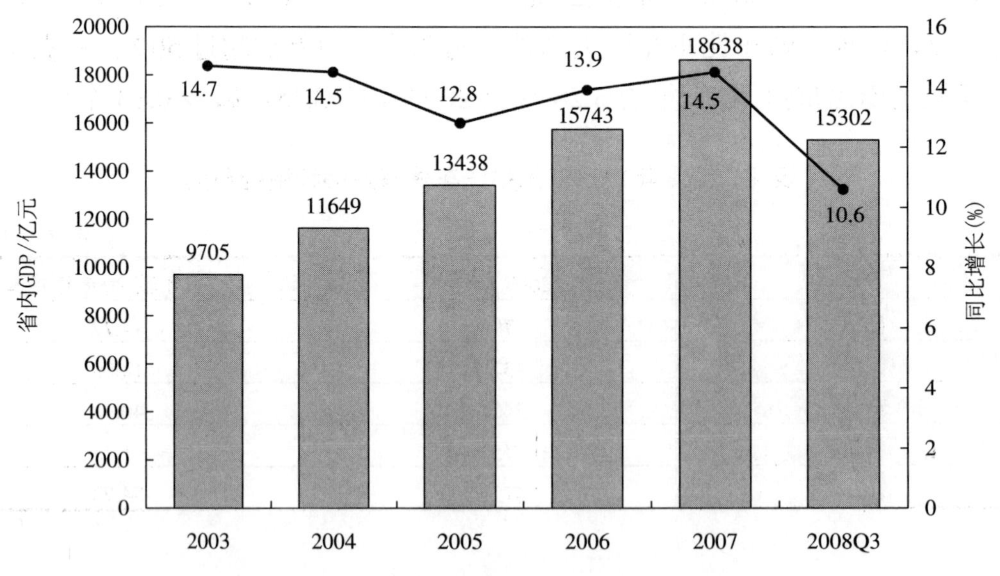

图1 2003～2008年浙江省GDP及增长情况

二、2008年浙江省汽车市场分析

浙江省地处长三角经济区域，汽车消费占据全国重要地位，目前市场份额为6.7%，略高于江苏省的6.0%份额。在浙江省的区域经济中，宁波、台州、绍兴、金华、温州等民营经济较发达，居民消费强劲，汽车社会保有量迅速上升。

1. 2008年浙江省汽车保有总量分析

2008年浙江省汽车保有总量继续保持平稳增长，至10月底，全省汽车保有量达345.62万辆，比2007年年末净增42.32万辆，增长13.95%（见图2）。其中，载客汽车保有量达271.69万辆，比2007年年末净增38.76万辆，同比增长16.64%；载货汽车保有量达66.75万辆，比2007年年末净增2.93万辆，同比增长4.59%。其他车辆保有量达7.18万辆，比2007年年末净增0.66万辆，同比增长10.12%。

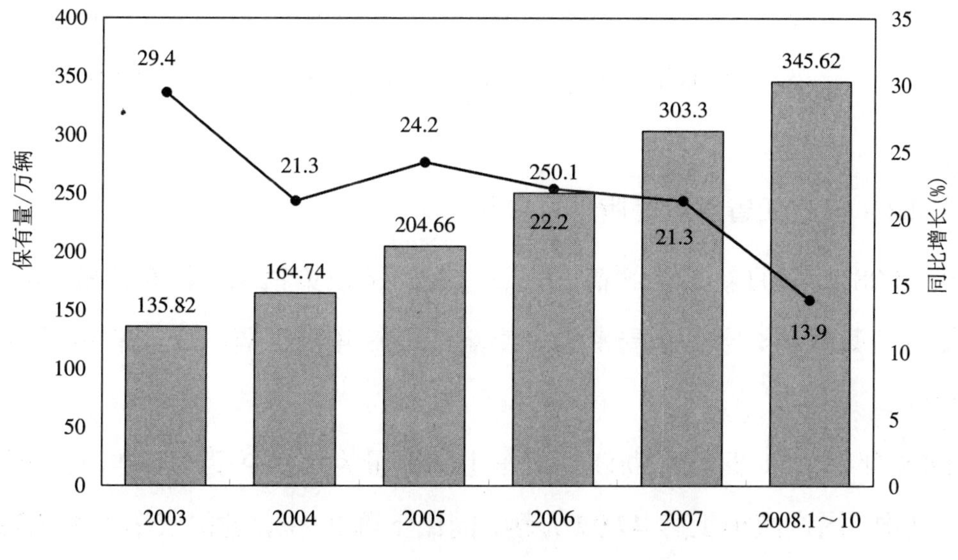

图2 近年来浙江省汽车保有总量及增速情况

2. 2008年浙江省各地市汽车保有量分析

截至2008年6月底，温州市汽车保有量达46.91万辆，同比增长12.1%，增速为全省第二，舟山由于汽车保有量低，增速第一；绍兴市汽车保有量达26.30万辆，同比增长9.2%；宁波市汽车保有量达54.34万辆，同比增长9.2%；金华市汽车保有量34.81万辆，同比增长9.1%；台州市汽车保有量达34.43万辆，同比增长8.9%（见图3）。

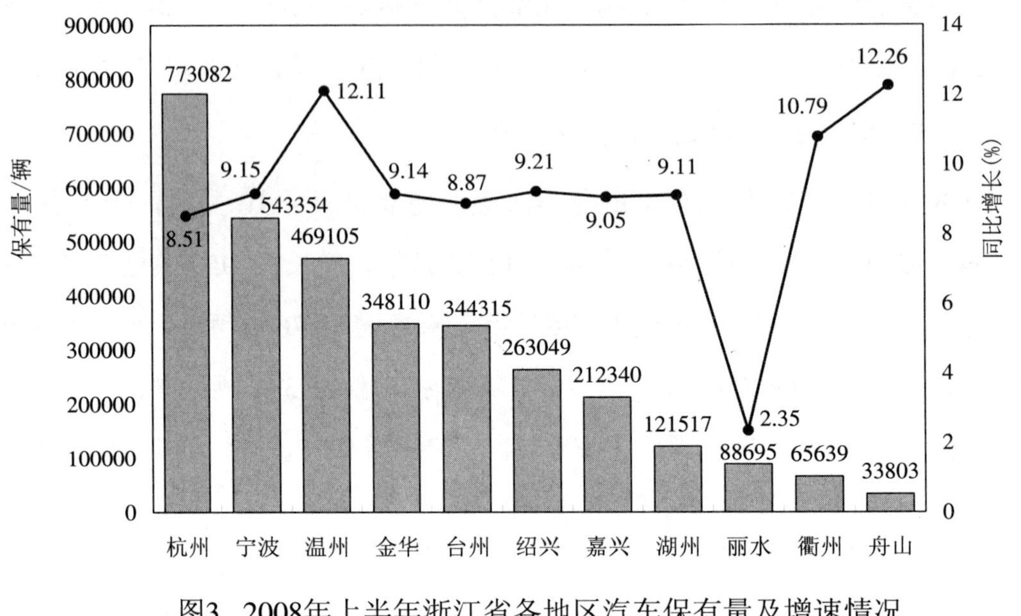

图3 2008年上半年浙江省各地区汽车保有量及增速情况

3. 2008年浙江省汽车上牌情况分析

从2008年各月新车上牌情况来看，受经济政策紧缩、汽车产业环境恶劣、汽车保有基数偏高、网点布局密集等影响，2008年浙江省汽车销售市场增长幅度明显放缓。

2008年1～11月份，浙江省新车上牌数量为51.69万辆，与上年同比下降0.9%。其中，国产汽车上牌47.97万辆，同比下降2.7%，进口汽车上牌3.72万辆，同比增长30.4%。特别是7～9月份同比出现了上牌量的负增长，分别为-10.21%、-13.77%和-16.75%，2008年10月份受浙江省出台个性化上牌措施的刺激有所回升，同比出现4.71%的增长，而本是年底旺销的11月份却出现迅猛下滑的态势，同比下降26.97%，这是近几年来没有过的（见图4），预计浙江省2008年全年汽车上牌量将会出现负增长。

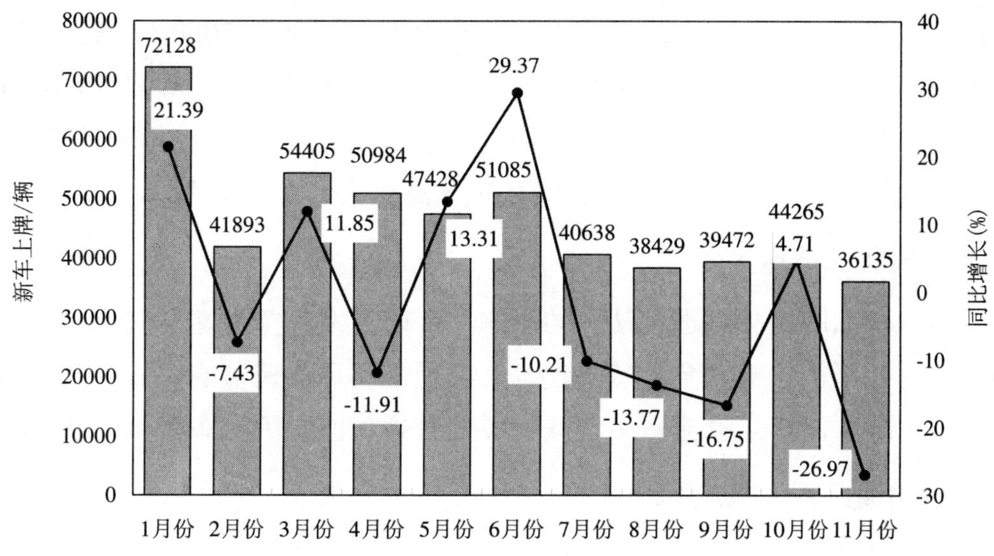

图4 2008年浙江省各月新车上牌及增速情况

三、2008 年浙江省汽车市场消费特点

浙江省作为全国重要汽车消费市场，近年来汽车市场蓬勃发展，消费势头相当强劲，尤其是中高档车主导着市场消费，汽车保有量一直以年均 20%左右的速度递增。与国内车市走势一致，2004 年浙江的车市也进入负增长期，随后进入 3 年的高速增长期。2007 年，浙江省汽车保有量达 303.3 万辆，比 2006 年年末净增 53.2 万辆，增长 21.3%。

进入 2008 年，与全国其他几个主要乘用车市场一样，浙江省汽车消费市场也遭遇到很大程度的下滑，增速从几年前的两位数下降到 2008 年 1～11 月份的负增长，从单月上牌量统计，11 个月中有 6 个月同比是下降的。

2008 年浙江汽车经销商面临重重危机，汽车流通行业遭遇较大的挑战，行业亏损面达 70%以上。除豪华高档品牌经销商相对好一些外，占据市场份额最大的中级品牌面临困局，如上海通用经销商出现全行业亏损，一汽大众、上海大众等经销商也出现不同程度的亏损。深层次究其原因如下：

1. 市场消费预期下降

2008 年以来，受国外金融危机、国内经济紧缩等因素的影响，油价高涨，银根紧缩，股市下挫，居民汽车消费意愿跌入低谷，汽车市场由高速增长期进入调整期。

浙江汽车市场一直是以中高档汽车消费为主导，但从2008年第三季度汽车消费情况来看，受财富效应严重缩水、大排量车消费税率上扬等因素的影响，中级乘用车上牌数量与上年同比有一定幅度的下降，特别是2008年11月份，浙江新车上牌同比下降26.97%，并且已经蔓延到高档豪华车的消费。

2. 厂商关系严重失衡

受《汽车品牌销售管理办法》的影响，厂商关系严重失衡，汽车厂商之间本就脆弱的博弈平衡，被完全打破，使本来应受市场规律调节的厂商关系，彻底变为由厂家主导，汽车厂家无形中被政府授予管理相应品牌汽车经销行业的权力。

3. 经销商经营风险加剧

经销商经营境况艰难，高投入建成的4S店在厂家转移库存、无序扩张营销网点和消费者购买力下降的多重压力下，出现严重亏损、举步维艰；库存上升、融资困难、举债度日，对经销商更是雪上加霜。

四、2009年浙江省汽车市场预测

1. 2009年影响国内汽车市场的因素较为复杂

（1）*宏观经济方面*　2009年中国经济增长面临十分复杂的局面，主要原因是：由美国金融危机深化和世界经济调整所带来的外部环境恶化，以及由外部环境恶化引致的中国经济紧缩和产业结构失衡矛盾的凸显。国内经济工作重点是保增长、扩内需、调结构。主要措施包括加大基础设施投入、扩大内需、保持股市楼市稳定、保持人民币汇率基本稳定、大幅增加公共支出等。

在积极财政政策和适度宽松货币政策的刺激下，2009年中国经济运行将呈平滑调整态势，经济增长水平将保持在8%左右，同时CPI和PPI将处于3%左右的较低水平，经济结构有望得到进一步改善。2009年中国经济将呈现前低后高的走势，自第二季度以后，随着4万亿元投资刺激经济逐步发挥效果，经济增长速度将逐步提高。

（2）*浙江省经济方面*　2009年浙江省经济面临着空前严峻的发展形势，保持经济平稳较快增长将经受艰难的考验。但从供给层面、需求层面和政策层面看，支撑浙江经济发展的基本因素并未发生根本变化。2009年浙江省经济的总体趋势将是“增长速度小幅回落，转型升级步伐加快”。

从供给层面看，浙江仍处于推进改革开放、发挥体制机制优势和释放生产要素活力的重要时期；从需求层面看，浙江仍处于全面提升工业化、信息化、城市化、市场化和国际化水平的关键时期，消费结构和产业结构正加快互动升级。

从 2009 年开始，浙江省将投入 1749 亿元建设 50 个交通网络项目，加快建设高标准铁路客运专线、城际轨道交通、省际联网路、宁波舟山港、航空枢纽港等项目工程。这些重大工程的实施将促使浙江省经济继续较快发展。

（3）汽车市场方面　2009 年国家将发布对钢铁、汽车、船舶、石化等九个重点行业振兴规划，届时，多项组合政策出台将促进汽车等九大重点行业振兴。

此外，燃油税政策的出台将使节能减排政策更加明晰；国际平均油价的走低、贷款利率连续下调将使国内消费者汽车使用成本降低。当然，还有很多不利因素，比如短期内用户的收入预期不好；用户对车辆经济性和可靠性要求更高等。

2. 2009 年浙江汽车市场将随大势起舞

（1）长三角的经济环境要求浙江经济保持较高的增长速度　长三角地区是我国综合实力最强的区域，在全国具有重要战略地位和带头作用。江苏和浙江两省作为长三角经济发展重要的两翼，经济总量、汽车保有量、汽车消费 R 值均位居全国前列，在长三角经济一体化战略的背景下，未来的经济增长将继续带动浙江汽车消费较快的发展。

（2）二、三级市场正在快速崛起　随着城市化建设加速推进，商品市场集中度高，工业化程度较发达，具有良好经济实力和消费水平的二、三级市场将成为汽车厂商新一轮布局的重点，汽车消费市场梯度得到有效延伸，形成汽车市场新的增长极。赢得二、三级市场就赢得了未来。

（3）汽车厂商关系有望得到一定缓和　随着《汽车品牌销售管理实施办法》补充规定等政策的实施，目前汽车厂商之间不平等、不和谐的关系有望得到一定的缓和，浙江省的汽车市场将呈现 4S 店、多厅一厂、综合维修、汽车大卖场等多种营销格局，品牌经销商的生存压力也将得到一定的减轻。

（4）竞争将加快汽车流通产业化的转变　一是增长方式的转变。通过营运模式和赢利模式的创新，促使传统流通业态向现代流通业态转型，其转变方式为，拓展产业链、提升价值链、打造服务利润链。二是并购和重组使行业集中度增强。汽车营销集团将抓住行业整合的时机，通过汽车主业的兼并收购、增点增量、精耕市场，争取更大的市场份额，赢得规模效益，突破市场增长拐点，获得持续发展。三是延伸服务价值，创新服务品牌。通过为消费者提供可信赖的全系列汽车产品和汽车生命周期所需要的各项服务，为消费者提供购车前、购车中和购车后的全方位服务，培育客户对自身服务品牌的忠诚度，从而提升价值链的赢利能力，延长客户的生命周期。四是延伸品牌服务网络。以品牌为先导，依托于广阔的二三级农村市场，延伸品牌营销服务网络，开发农村潜在的汽车消费市场。

受国家政策效应滞后的影响，预计 2009 年上半年浙江汽车市场还将小幅下降，到下半年将止跌回稳，2009 年全年新车销售增长将与 2008 年持平。预计 2009 年，浙江省民用汽车保有量达到 400 万辆，与 2008 年的 350 万辆相比增加 50 万辆，同比增长 14.3%；2009 年浙江省汽车需求量为 56 万辆，与 2008 年的 56 万辆同比持平。

（作者：黄晓春）

全球金融危机环境下的我国二手车市场走势

背景一：2007年骄人业绩让行业热得发烫

2007年，我国汽车市场大幅增长，其中，国产新车销量为879.15万辆，同比增长21.84%；进口汽车销量为31.48万辆，同比增长27.22%，二手车交易量为265.76万辆，同比增长27.9%。受宏观经济数据与汽车市场强劲表现的鼓舞，人们对2008年汽车市场趋势普遍看好，行业专家预测，2008年国产新车销量增长率将达到15%左右。于是，在媒体的炒作下，2008年中国新车市场将跨入“千万辆时代”成为整个行业公认的“定律”。

二手车市场同样也被看好。这不仅仅是因为2007年度的数据非常漂亮，更重要的是我国二手车市场虽然近年来取得了较快发展，但起点仍然很低，单从数据上看，二手车交易量不足新车销量的1/3，与发达国家二手车交易量高于新车销量的比例相比，发展空间巨大，因此被业内认为最具发展潜力的细分市场。笔者也曾撰文，通过对宏观经济发展形势、农村市场需求、市场环境的改善以及置换需求的分析，对2008年二手车市场进行展望，预测在2008年二手车市场需求量将会达到400万辆左右，交易量将会突破300万辆。也有行业内分析人士认为，中国二手车市场 “井喷”行情将会在2008年出现。

背景二：美国次债危机演绎出的全球金融危机

据相关报道，2006年，美国房市泡沫开始破裂。两年内，美联储连续17次提息，将联邦基金利率从1%提升到5.25%。利率攀升大大加重了购房者的还贷负担。同时，自2006年第二季度起，美国房市大幅降温，房价下跌，购房者难以将房屋出售或者通过抵押获得融资。

2007年4月2日，美国第二大次级抵押贷款机构新世纪金融公司向法院申请破产保护。另外，一些提供次贷的金融机构也出现财务危机，次债危机开始显现，并引发了美国股市剧烈动荡。然而，次债危机并未就此停止脚步，进而引发了美国金融危机。

2008年3月份，美国第五大投资银行贝尔斯登因濒临破产而被摩根大通收购；约半年后，美国第三大投资银行美林证券被美国银行以近440亿美元收购；2008年9月15日，由于陷于严重的财务危机，美国第四大投资银行雷曼兄弟公司当日宣布将申请破产保护。前后仅半年时间，华尔街排名前五名的投资银行垮掉了三家。

在当今经济全球化的背景下，美国金融危机的爆发，迅速引发了全球金融风暴。冰岛、巴基斯坦等国宣布国家濒临破产，西方国家也纷纷采取了大幅度降息、注资等救市措施。但是，全球范围内的股市暴跌，经济数据下滑，产业规模缩减，大量产业工人失业，已经成为全球共同面临的困难。全球性的经济危机不期而至。

背景三：国家宏观调控与全球经济危机的双重作用

进入2008年，我国二手车市场同新车市场一样，年初延续了高速增长的态势。据中国汽车流通协会对全国350家二手车交易市场统计，2008年1～3月份全国二手车累计交易54.97万辆，与2007年同期的41.13万辆净增长了近13.84万辆，同比增长33.65%，虽然2008年3月份国产新车销量首次“破百万”达到历史新高，但二手车市场增速仍然明显高于新车。于是二手车市场井喷论更加受到行业认可，几乎所有人都认为2008年是中国二手车市场大发展的一年。

然而，任何一个行业的景气度都与整体经济环境密切相关，可能有人会注意到，也可能被短期汽车市场强劲表现所蒙蔽。回顾2007年我们不难发现，在国民经济持续快速增长的同时，生产资料价格、食品、生活用品、住房价格突飞猛进，国内面临着空前的通胀压力。2008年3月份，CPI指数也达到了创纪录的8.7%。为此，国家为防止经济过热与通货膨胀采取的一系列紧缩措施。资料表明，2007年国家共发布6次货币调整政策对金融机构人民币存款准备金率与存贷款基准利率进行调整；进入2008年国家共发布8次货币调整政策，其中2008年6月份之前（包括6月份），有6次是紧缩政策。在当时的经济形势下，中央的货币调控政策是非常必要的。事实表明，经济增长过快、通货膨胀问题得到了有效扼制，CPI指数从6月份开始出现明显回落，11月份降到了2.4%，GDP增长速度也回落至5.4%。

金融风暴袭来，一方面对我国经济产生了不利影响，从另一角度讲，也缓解了我国经济过热与通货膨胀压力。但是，我们面临的现实困境则是2007年至2008

年上半年国家宏观调控政策作用力开始显现与全球金融风暴的双重作用。那么，我国二手车市场在此双重作用下将如何发展，是汽车行业仁人志士所共同关注的话题。

一、二手车市场从极速增长逐渐转入了缓慢增长阶段

众所周知，汽车行业，无论是生产环节还是流通环节，都需要庞大的资金支持，汽车行业无疑成为受全球金融风暴影响最大的行业之一。2008 年下半年，欧美汽车市场开始出现大幅度下滑，以通用、福特、克莱斯勒为代表的汽车制造商陷入了严重的经营困境。我国汽车市场也不例外，进入 2008 年第三季度后，新车市场与二手车市场都出现了增速放缓的迹象，其中，国产新车销量第三季度出现了负增长（见图 1），二手车市场第三季度同比增长率仅为 5.69%。在 2008 年前 11 个月中，就有 4 个月份二手车交易量低于 2007 年同期（见图 2），该现象自建立二手车信息统计制度以来从未发生过。据中国汽车流通协会对全国 460 家二手车交易市场统计，2008 年 1～11 月份全国二手车累计交易 231.65 辆，同比增长 3.09%，与上年同期的 27.57%相比，降低了 24.48 个百分点。数据反映出，接近 2008 年年末，二手车市场涨势被金融风暴无情地吞噬了。

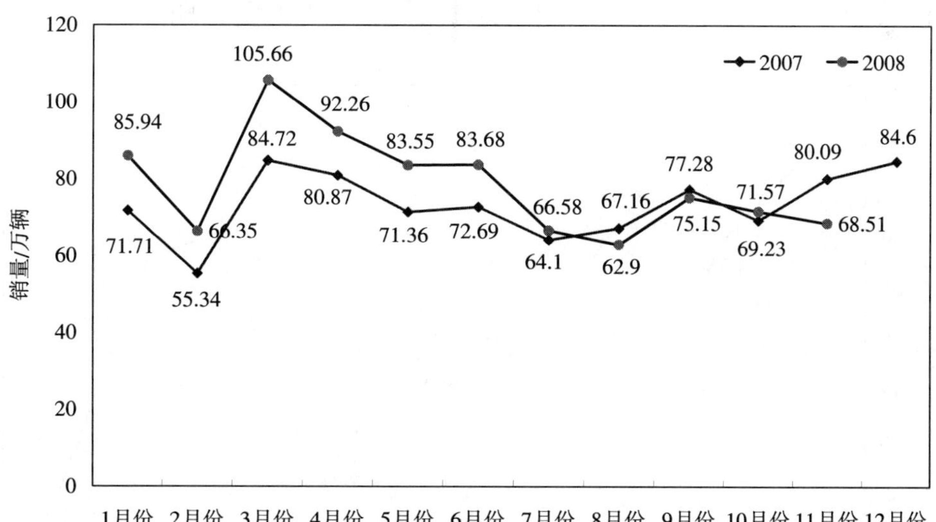

图1　2007～2008年国产新车月度销售情况

（注：数据来源于中国汽车工业协会。）

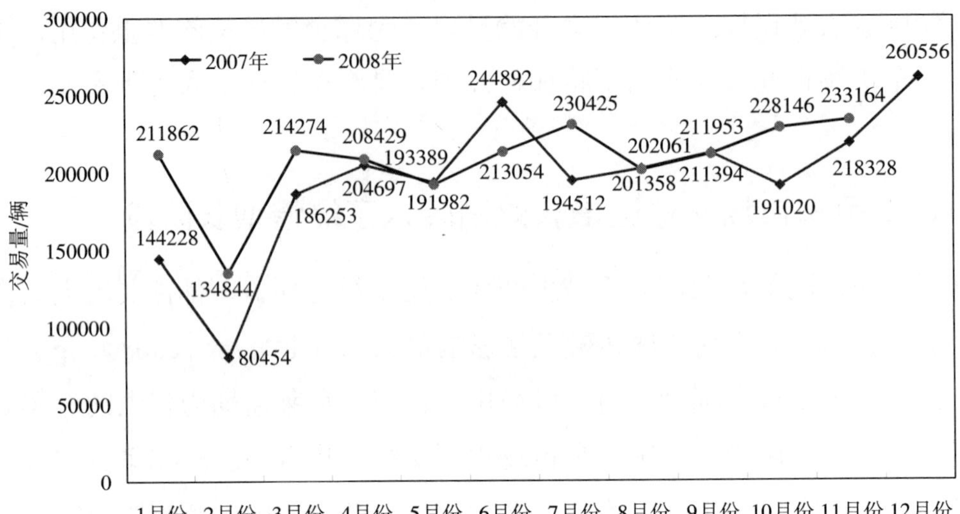

图2 2007～2008年二手车月度交易量情况

（注：数据来源于中国汽车流通协会。）

21世纪是我国二手车市场快速发展的时期，除2005年及2008年度外，其余年份均保持了20%以上的增速（见图3）。然而，此次二手车交易市场增速放缓，应该与上一个周期2005年有着本质上的区别，此次市场调整，并不是来源于市场本身，更多的因素是由于宏观经济层面导致的，而且市场疲软状态可能持续的时间会稍长一些，也标志着二手车市场进入了一个新的调整期。

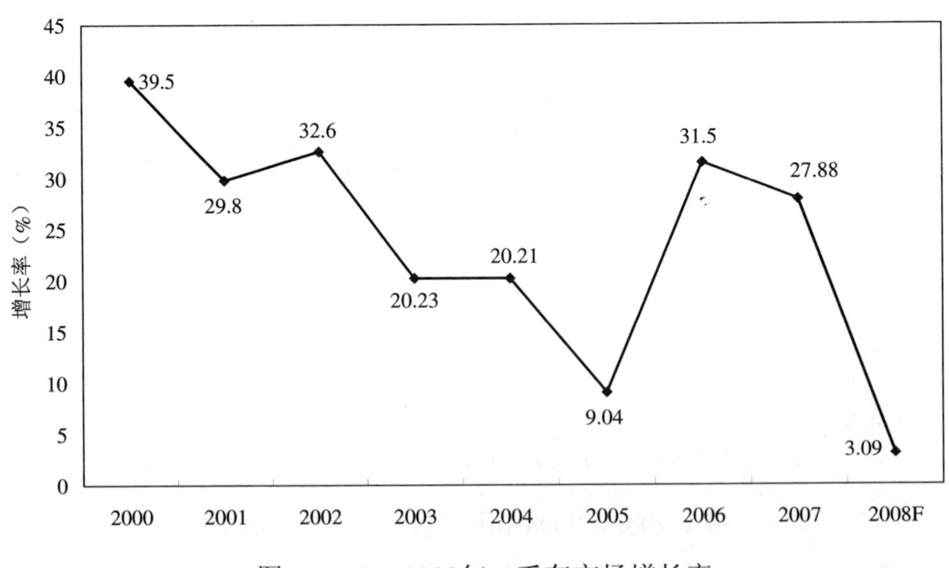

图3 2000～2008年二手车市场增长率

二、2008 年二手车市场的主要特点

1. 亮点一：二手轿车交易持续活跃

从二手车市场的主要交易品种上看，2008 年 1～11 月份轿车累计交易量为 120.05 万辆，同比增长 10.62%；客车交易量为 41.41 万辆，同比下降 22.87%；载货车交易量为 35.75 万辆，同比下降 10.21%。而这三种车型上年同期增长率分别为 42.16%、16.96%和 19.13%。这与国产新车市场中乘用车保持了正态增长，商用车出现负增长的变化趋势有些类似，在二手车交易的主力品种中，除轿车保持了一成多的增长外，另外两大主力车型——客车与货车均出现了大幅度的负增长。商用车市场大幅度萎缩也进一步印证了市场对商用车需求的减弱，经济增长放缓的总体经济形势。

2. 亮点二：乘用车成为市场主流

从各车型交易量占总交易量的比例变化情况来看，二手乘用车占总交易量的近 6 成，已经成为市场的主流，二手商用车、低速载货车、挂车、摩托车等占市场总量的比例仍然保持较低的占比，有些品牌还出现一定程度的缩减。值得一提的是，与普通百姓日常生活密切相关的二手轿车交易的比重继续加大。2008 年 1～11 月份二手轿车交易量占总量的 51.83%，客车占 17.87%，载货车占 15.43%，越野车占 1.81%。其中，轿车所占比例大幅度提升，比 2007 年同期增长了 11.26 个百分点，而客车和货车份额则出现明显下降，分别比 2007 年同期下降 3.39 和 2.29 个百分点（见表 1）。

表 1 2007 年和 2008 年 1～11 月份各车型交易量占总交易量的份额

（单位：%）

车型分类	乘用车				商用车		其他车	低速载货车汽车三轮汽车	挂车	摩托车
	轿车	MPV	SUV	交叉型乘用车	货车	客车				
2008 年 1～11 月份	51.83	3.69	1.81	1.80	15.43	17.87	1.95	0.86	0.58	4.19
2007 年	40.57	7.73	2.02	2.63	17.72	21.26	1.60	0.65	0.58	5.24

3. 亮点三：二、三线区域明显提速

一线区域二手车增速放缓，二、三线区域交易日趋活跃。在交易排名前10位中，2008年1～11月份交易量累计排名前四位的省市交易量增长放缓，有的甚至出现了负增长。其中，广东、北京、浙江、上海同比增长率分别为-1.88%、22.36%、1.27%、2.78%，而排名在第5～10位的省市中，有4个省市增长幅度超过40%，它们分别为四川（130.23%）、天津（71.00%）、辽宁（65.27%）、山东（44.64%）。

在二手车交易总量中排列前10位的省市是：广东为42.31万辆、北京为26.30万辆、浙江为23.63万辆、上海为19.50万辆、四川为18.70万辆、山东为15.33万辆、河南为13.77万辆、天津为8.41万辆、辽宁为7.33万辆、福建为6.86万辆。从以上数据中不难算出，排名在前4位的省市交易量之和接近全国总交易量的1/2，占47.58%。广东、浙江、江苏、北京、上海5个省市是公认的经济较发达地区，汽车保有量高，二手车市场的活跃，也就是我们所说的一线区域。虽然这些地区在2008年二手车交易数据仍然保持较高的水平，但情况却发生变化。在这5个地区中，除北京保持了20%以上的增长外，其余地区二手车市场增速明显放缓，其中，广东出现了负增长，江苏退出了交易量前10位，上海、浙江二手车交易量增长率不足3%，也低于全国平均水平。而传统意义上的二类地区如山东、四川，三线区域如天津、辽宁、河南、福建均保持了两位数以上的增长，其中四川、天津、辽宁市场增长率均超过50%。

4. 亮点四：二手车品质大幅度提高

统计结果显示，2008年二手车平均交易价格进一步提升，全国二手车平均交易价格为4.28万元，比2007年同期增长了6.73%。其中轿车平均交易价格为4.89万元，比2007年同期下降了0.26万元；客车平均交易价格为3.35万元，比2007年同期增长了0.48万元；货车平均交易价格为3.22万元，比2007年同期增长了0.34万元；SUV平均交易价格为12.19万元，与2007年同期相比上升了3.10万元。平均交易价格的提升并不意味着二手车的涨价，原因主要有三点：

一是由于进入流通的二手车的档次呈现逐年提升的趋势，市场中奔驰、宝马、奥迪、丰田等高附加值的二手车逐年增多，这一点与近期国产新车市场中高档轿车销量大幅度提升形成呼应。这一点也可以从二手车交易额增长幅度大于交易量增幅中找到答案。2008年1～11月份，二手车交易额达到992.13亿元，比2007

年同期增长 10.20%，其中轿车 586.73 亿元，同比增长 34.56%；客车 138.86 亿元，同比增长 0.09%；货车 115.16 亿元，同比增长 0.49%。

二是二手车的使用年限在降低，使用时间在 5 年左右的车辆成为二手车市场的主流，同时一大批使用时间在 3 年以内的准新车也占到了较高的比例，二手车与“旧机动车”概念开始分离。统计结果显示，使用年限为 3～10 年的二手车占到总交易量的绝大多数，达到 79%；使用年限在 3 年以内的准新车比例也达到了总交易量的 17%；而使用时间超过 10 年的“老爷车”在市场中已经较难找到，其比例仅为 4%。这一特征也与上年同期有了较大的变化。变化之一是 3 年以内的准新车相比上年同期减少了 1/2；变化之二是中间车龄段即 3～10 年的二手车比例大幅度提升，增加达 22 个百分点；变化之三是老旧车比例进一步减少，10 年以上的老爷车比例也缩减了 1/2。这些变化说明我国二手车市场的结构日趋合理，广大消费者对二手车消费更趋理性。

三是二手车品种结构在不断变化，如前所述，乘用车已经成为二手车市场的主流品种。由于高附加值的乘用车比例不断加大，成为二手车平均交易价格出现明显上升的决定性因素。

5. 亮点五：二手车流通企业提升服务品质自主倡导诚信，逐渐成为行业的主流

首先，由汽车生产企业及其品牌经销商开展的品牌二手车业务已经由试探、试验转为正式业务。目前，国内主流乘用车品牌几乎全部开展了品牌二手车业务，如诚新、3A、安心、至诚、尊选、喜悦等二手车服务品牌以其全新的业务模式和服务理念，逐渐为广大消费者所接受。此外，中进真容、卓杰行、帅车等一批高起点的二手车经营企业，以向消费者提供质量保证、售后承诺、无条件退车、回购等项服务措施，吸引了众多消费者，成为二手车经纪公司的典范。讲诚信、讲服务、讲品牌成为越来越多的二手车流通企业的自主行动。

其次，在我国二手车流通行业发挥着重要作用的二手车交易市场，以更新服务设施、优化服务流程、拓展服务半径、延伸服务链条和提升服务品质作为升级换代的切入点，已在全国成为发展趋势。北京花乡旧车市场推行的先行赔付制度为一批二手车交易市场所仿效，可以说，二手车交易环境得到很大程度的改善。

其三，广大二手车拍卖企业正在摸索适合中国国情的经营模式，竞买人群渐从直接消费者向专业车商与直接消费者相结合的模式过渡，现场拍卖、网络拍卖逐渐红火，拍卖企业也从综合型向专业化过渡，二手车流通的“批发”模式已显雏形。

其四，一些上规模的经纪公司和新型的二手车商开始向消费者提供质量保证，部分经纪公司注重引进高素质的实用人才，重塑公司形象。各类二手车流通主体将从原始的价格竞争转向品牌竞争和服务竞争，诚信经营、规范经营、品牌经营将成为企业实现快速发展的秘诀。

三、2009年二手车市场挑战和机遇

如前所述，在全球金融风暴与我国宏观经济规律双重作用下，2008年我国新车市场呈现出了第一季度高速增长、第二季度增速放缓、第三季度滞涨、第四季度下跌的行情。二手车市场同样，进入第四季度涨势明显下滑，主要源于占国内二手车市场半壁江山的传统的一线区域二手车市场滞涨或衰退所致。这种市场衰退趋势预计仍将维持一段时间。可以肯定地说，2009年对于我国汽车行业是关键性的一年，2009年上半年的二手车市场有可能会出现负增长。但随着国际金融风暴影响力的减弱，以及我国扩大内需政策作用力的显现，国家宏观层面经济形势必会出现转机，二手车市场一定会重振雄风。这个判断基于以下5个方面的理由。

第一，宏观经济层面增长态势未改。据经济界权威人士预测，2009年我国国民经济增长水平维持在8%左右。也就是说，国际金融风暴以及宏观经济规律双重作用只是降低了我国经济的增长速度，但增长的长期趋势并未改变。特别是中央关于扩大内需、拉动消费以及积极灵活货币政策的作用，需要一个时间周期才会真正体现出来，预计在2009年下半年国家宏观经济将进入下一个增长周期，汽车市场、二手车市场将走出低谷。

第二，由中国汽车流通协会等行业组织向国家有关部门提出的“扩大内需、拉动汽车消费，调整汽车购置税、二手车增值税的建议”受到国家有关部门的高度重视。可以肯定的是在2009年一定会有与汽车消费、二手车流通相关的税收政策出台，从政策层面，会提高消费者进行汽车消费与更新。同时，二手车流通税收的改革，将极大激励以汽车生产企业为龙头的新车经销商全面开展二手车业务，二手车流通渠道将得到实质性的拓展。另外，国家还有可能出台相关政策和措施鼓励汽车金融业务的发展，通过降低门槛、简化手续等措施，二手车消费信

贷业务也将出现飞速发展的态势，从而促进二手车加速流通。

第三，国家相关部门正在着手拟定对二手车流通企业升级改造的财政支持方案。2008 年 12 月 30 日，国务院办公厅下发了《国务院办公厅关于搞活流通扩大消费的意见》(国办发〔2008〕134 号）文件。文件指出“积极促进汽车消费。完善汽车品牌销售管理办法，促进汽车消费稳定增长。支持二手车市场改造，倡导汽车品牌经销商开展新旧汽车置换业务，建立二手车信息平台，升级改造二手车交易市场。加大对汽车报废更新的资金扶持，提高补贴标准，增加补贴范围，加快淘汰‘黄标车’，促进汽车更新换代。”根据国务院文件指示精神，商务部正在制定的“二手车交易市场升级改造方案”将于 2009 年上半年正式实施。

众所周知，二手车交易市场这一中国特有的业态形式，经过近 20 年的发展已逐渐成熟，成为中国二手车流通的主渠道。统计资料表明，二手车交易中 90% 以上都是在交易市场中完成的，其地位和作用是任何一种企业形态所无法替代的。国家通过对部分二手车交易市场的升级改造，培育一批现代化的二手车交易市场，提升服务品质，增强二手车信息透明度，规范经营行为，保护消费者合法权益，优化二手车消费环境，从而达到激发市场活力，促进汽车更新换代步伐，进而盘活整体汽车市场，达到扩大内需、刺激消费的目的。

第四，我国汽车刚性需求的基本面未发生改变。我国汽车市场自 21 世纪开始才出现的强劲增长，拥有汽车对于大多数国人来说还是一个梦想。衡量一个国家或地区是否成为汽车社会的重要参数是千人汽车保有量。相关资料表明，世界平均千人汽车保有量约为 120 辆，美国、欧洲、日本等发达国家千人汽车保有量约在 500 辆以上，而我国 2007 年年底千人汽车保有量为仅为 32 辆。走上小康之路的国人已经开始注重生活品质的提高，汽车走进家庭已经成为现实，我国对汽车消费的需求会在较长的一个时期内是刚性的。

此外，我国老百姓的汽车消费习惯与消费方式与发达国家有很大区别，西方的汽车消费，包括二手车消费，绝大多数是通过汽车金融、消费信贷方式来实现的，国际金融风暴之所以对欧美汽车市场产生毁灭性的打击，与其汽车消费模式有着密不可分的关联。而在我国，国人已经习惯了过紧日子的生活方式，绝大多数人不会花明天的钱来享受今天的生活，在汽车消费方面一般是用现金消费。有关资料显示，2008 年通过汽车金融、消费信贷方式购买汽车的比例不足 10%，从这个角度讲，国际金融风暴对我国的汽车市场、二手车市场的直接影响非常有限。

第五，二手车流通企业将会加快兼并重组的步伐，多种流通模式会迅速发展壮大。在宏观经济形势出现增势减弱、二手车市场出现调整之时，对一些企业来讲最大的问题可能是生存问题；同时，对于有实力的企业来讲又是一个难得的发展机遇。可以预见，2009年将是我国汽车流通领域（包括二手车流通领域）兼并重组最频繁的一年，跨地区的大型二手车流通企业将会在这一年中大量涌现。围绕二手车交易服务、经营、经纪、咨询、信息、拍卖、美容、翻新、信贷、金融以及其他二手车交易增值业务将会有新的突破；有形市场、品牌专卖、检测鉴定、经纪服务等多种形式的企业将通过资源整合实现跨越式的发展。

当然，2009年仍然是二手车市场的“小年”，市场已经于2008年从极速增长逐渐转入了理性增长阶段，对于 2009 年市场发展趋势不能抱悲观心理，但也不能盲目乐观，应以平和的心态渡过一段低速增长的时期。

（作者：罗磊）

2008年中国进口汽车市场年度报告

2008年上半年，中国汽车市场继续保持近20%的快速增长。但2008年下半年以来，受国际金融危机的影响，世界经济环境急转而下，加上与国内经济周期调整重叠，使国内经济快速进入下行通道。随着金融危机向实体经济蔓延，汽车产业遭受强烈冲击：国际汽车市场出现罕见的下滑和萎缩，中国汽车工业也在连续10年的快速发展后降到了1999年以来的最低增长水平。目前，这场历史罕见、冲击力强、波及范围广的国际金融危机不仅尚未见底，普遍认为时间上还将持续12个月以上，而且其对实体经济的影响还在进一步加深，对国际和国内汽车产业的影响也在不断深入。

2009年，由于金融危机对全球经济影响在广度和深度上尚未结束，对于全球汽车产业都将是形势严峻的一年。对中国汽车市场来说同样如此，在复杂的形势和严峻的环境下，汽车企业对国际金融危机和国内经济周期双重影响应有足够的预期。虽然政策面将全面转向并有利于车市方向，但根据近期车市实际零售状况和政策主要有利于小排量汽车等情况，以及综合多家分析机构预测的结果，我们预计2009年中国进口汽车市场增速为-10%。因此，相关厂商要密切关注市场变化，冷静分析，积极应对，主动转型，首先要在危机中生存下来，同时还要在危机中寻找机遇。

一、国际汽车市场：美、欧、日三大汽车市场全面萎缩，部分跨国汽车公司面临较大困难，各国政府纷纷救市

1. 汽车市场：2008年，全球汽车产业遭遇罕见的大幅下滑。汽车市场全面萎缩，2008年11月份下滑加剧

2008年1～11月份，美国汽车市场销售1234.79万辆，同比下降16.3%；欧洲汽车市场销售1378.83万辆，同比下降7.1%；日本汽车市场销售477.59万辆，同比下降4.2%。

2008年11月份，金融危机的起源地美国汽车销量不到75万辆，比中国2008

年9月份国产车销量还略低，继续出现同比30%以上的大滑坡，是自2008年9月份起连续第三个月销量低于100万辆，也创下了1982年以来的新低。欧洲汽车市场8月份以后也显著恶化，11月份销售乘用车93.25万辆，同比下降15.2%，其中德国下滑17.7%，英国下滑36.8%，意大利下滑29.5%，法国下滑14.1%。2008年11月份日本汽车市场销售36.89万辆，同比下滑18.22%（见表1）。

表1 2008年美国、欧洲、日本汽车销量

时间	美国		欧洲		日本	
	销量/辆	同比增长率（%）	销量/辆	同比增长率（%）	销量/辆	同比增长率（%）
1月份	—	—	1308235	0.07	376633	1.43
2月份	—	—	1189552	9.01	502617	-0.49
3月份	—	—	1662175	-9.42	730583	-4.8
4月份	—	—	1432273	10.23	368827	3.11
5月份	1392552	-10.66	1338051	-8.05	360519	-4.83
6月份	1208167	-18.25	1434405	-7.52	446989	-3.28
7月份	1136176	-13.19	1271876	-6.52	454593	3.57
8月份	1249793	-15.46	801069	-15.84	310091	-10.72
9月份	964873	-26.62	1306572	-8.37	476818	-4.6
10月份	838156	-31.95	1130716	-25.76	379364	-6.61
11月份	746789	-36.71	932537	-15.17	368884	-18.22

2. 生产企业：销量纷纷下滑，在美汽车公司尤为艰难

大幅下滑的美国汽车市场对美国三大汽车公司造成了沉重的打击。2008年1～11月份，通用汽车销量下降了大约22%，克莱斯勒减少了28%，福特汽车的销量也下降了20%。减产、裁员已经成为美国汽车巨头应对危机不得不采取的手段，克莱斯勒在北美的所有工厂自2008年12月19日起停产至少一个月以节约现金、消化库存；通用准备在北美裁员30%；福特汽车在年初就已通过裁员来削减成本，并计划削减工资支出10%。在美日本汽车厂商销量同样大幅下降。

欧洲汽车集团中，大众集团2008年11月份全球销量为44.7万辆，同比下降17%，2008年1～11月份销量573万辆，同比上升1%。其中在欧洲地区销量下降1.7%，在德国销量微增0.4%，在中国销量增长约10%；宝马集团2008年11

月份全球销量 9.7 万辆，同比下滑 25.4%，2008 年 1～11 月份销量 132 万辆，同比下降 1.8%；戴姆勒 2008 年 11 月份全球销量 8.45 万辆，同比下滑 25.2%，2008 年 1～11 月份销售 116 万辆，同比下降 1%。

日本汽车企业中，丰田 2008 年 11 月份全球销量 61.8 万辆，同比下降 21.8%，为 8 年来的最大跌幅，2008 年 1～11 月份全球销量 835.6 万辆，预计 2008 年全年销量 896 万辆，同比下降 4%。在 2008 财政年度中，丰田将出现自 1941 年开始公布年度收益以来首次年度营业亏损，预计亏损 1500 亿日元（约合 16.9 亿美元），丰田还将财年净收入预期调低 91%，至 500 亿日元；本田 2008 年 11 月份全球产量 32.6 万辆，同比下降 9.9%，2008 年本田汽车全球产量将达到 396.6 万辆，同比增长 1%，销量将与 2007 年基本持平，达到 377.8 万辆；日产汽车因为在美国市场销售疲软，2008 年 11 月份全球销售下降 19.8%，产量创纪录地暴跌 33.7%。

3. 各国政府：主要汽车生产国相继出台相关政策和措施挽救汽车产业

陷入困境的美国汽车业几经周折终于从政府手里获得 174 亿美元的贷款，但很难解决深层次的问题；法国政府近期出台了一系列政策，包括向汽车企业和零部件供应商提供 3 亿欧元的重组基金，并向每名购买节能汽车的消费者发放 1000 欧元补贴，向雷诺和标致雪铁龙等知名企业提供 10 亿欧元的贷款工具，同时法国政府将在四年内投入 4 亿欧元，用于研发和制造清洁能源汽车；英国政府正考虑向面临资金困境的捷豹、路虎等本国汽车工厂提供低利率的特殊融资；日本也表示将参考美国的救援方式，必要时政府将采取措施拯救汽车业。

4. 相关预测：受世界经济衰退影响，各机构对国际车市走势普遍悲观

世界银行 2008 年 12 月份预测，2009 年全球经济增速将从 2008 年的 2.5%放缓至 0.9%，其中，美国、欧元区和日本将分别出现 0.5%、0.6%和 0.1%的负增长；发展中国家 2009 年的经济增速将从 2008 年的 6.3%放缓至 4.5%，中国作为发展最快的大型经济体，即便在计入拟实施的庞大财政刺激方案的影响后，其经济增长率也将降至 7.5%，而印度经济增长率将降至 5.8%，剔除中国、印度两个大国，预计 2009 年全球发展中国家经济增长率仅为 2.9%。

尽管各国政府纷纷降低利率，并投入巨资刺激经济，但美、欧、日三大主要汽车市场 2008 年 11 月份数据所显示出的深幅下滑趋势，预示着金融危机对实体经济的影响仍在加深和蔓延。普华永道预测欧美汽车制造商至 2011 年将减产 500

万辆。其中欧盟15国汽车产量将从2007年的1410万辆减少至2011年的1370万辆，而美国同期的汽车产量将减少至990万辆，年产量平均下降1.3%。市场的剧烈变化可能导致全球汽车产业并购、重组的风潮，厂商竞争格局将可能出现较大改变，国际竞争格局的演变也将影响包括进口车在内的中国汽车市场。

二、中国进口汽车市场：2008年上半年顺势快速增长，自第三季度起受经济减速和消费税上调政策双重影响，速度明显放缓

据海关统计数据，2008年1～11月份，我国累计进口汽车（含CKD）37.3万辆，增幅34.29%，预计2008年全年进口40万辆左右，增幅为27%。按进口车整车上牌量统计，2008年1～11月份累计上牌量为252309辆，同比增长48.3%，上牌量自8月份开始持续下滑，11月份更出现了同比下降。

分析2008年的进口汽车市场，主要呈现以下特点：

特点一：受2008年上半年市场较好和政策因素提前释放影响，进口车保持了比国产车更高的增幅，但目前走势已明显走弱。

2008年上半年一段时间进口车增幅高于国产车，一是由于进口车尤其是高端车型非常敏感，受经济影响的幅度往往高于国产车，即经济形势好的时候比国产车销售更好，经济形势差的时候比国产车销售更差，因此在2008年第一季度国内经济形势仍然过热的时候进口汽车保持了相当快的增长，2008年第一季度进口车同比增幅为74.06%，即使是上半年政府采取从紧的货币政策防止经济过热，2008年1～6月份进口汽车的同比增幅也达到了52.6%；二是消费结构升级，个性化车型尤其是进口SUV消费需求的快速增长拉动了进口车整体增长的幅度；三是政策调整使2008年的进口节奏发生变化，如2008年3月1日开始实施的VIN码政策推高了2008年第一季度进口量，2008年9月1日实施的消费税调整政策使进口汽车消费在政策出台前提前释放等等，因此2008年1～11月份进口汽车保持了一个相对国产车更高的增速。但从趋势来看，进口车增幅已明显放缓，2008年11月份也出现了同比下滑。由于进口车受经济影响大于国产车，未来一段时间负增长的可能性较大。

从海关月度进口量来看，2008年第一季度，进口汽车延续了2007年以来的高速增长态势，第二季度增速开始回落，第三季度则受到经济环境和消费税调整政策的双重影响，增速继续回落，进入第四季度后，经济形势下行的影响进一步

显现（见图 1），11 月份出现同比 5%的负增长，12 月份负增长幅度可能将进一步加大。

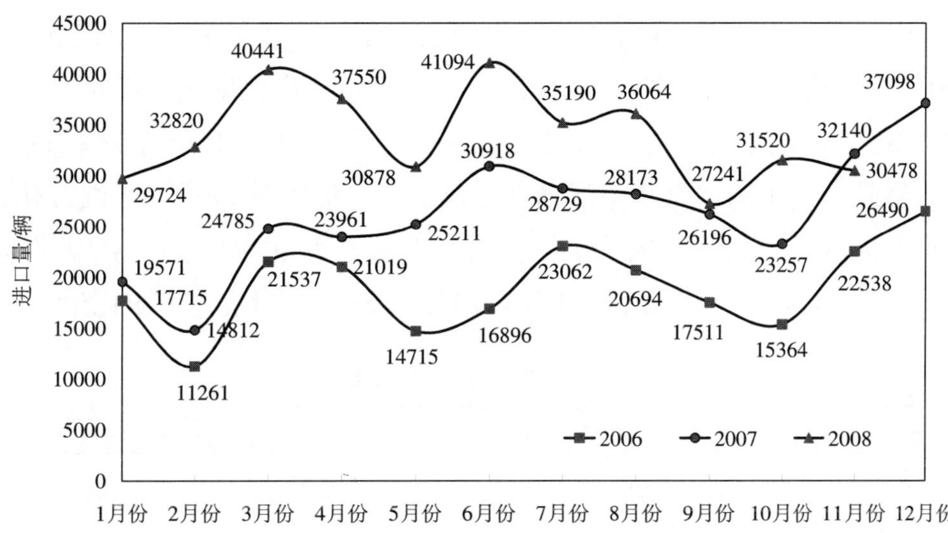

图1 2006～2008年海关月度进口汽车量

从公安部门上牌零售的角度看，进口车上牌量的走势更为明显，8 月份起上牌量持续下滑，11 月份为 18592 辆（见图 2），也首现 2008 年第一次同比下降，降幅 4.3%。这是我们判断走势更为重要的依据。

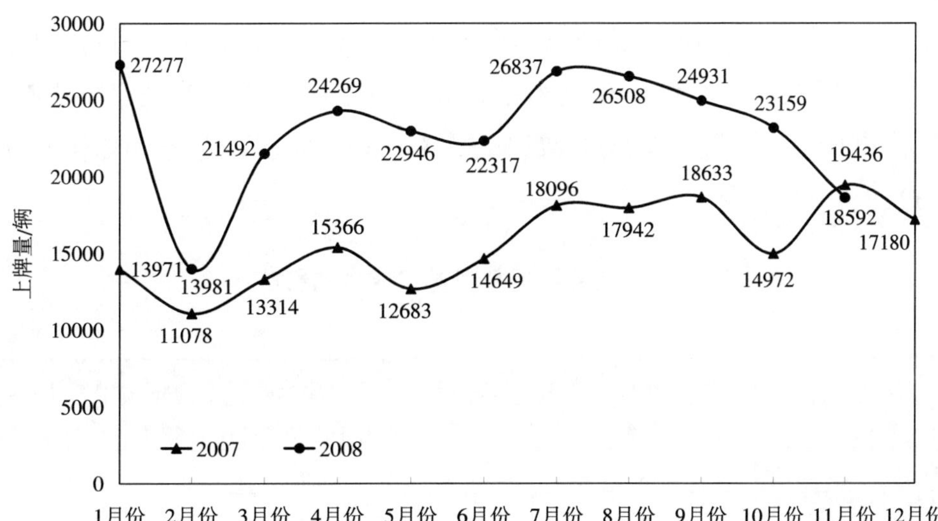

图2 2007～2008年进口汽车月度上牌量

特点二：进口车增长的主要贡献来自于SUV车型，轿车增长乏力。

2007年SUV进口量首次超过轿车成为进口车市场最为活跃的车型。2008年进口SUV仍然是进口汽车市场中增长最快的车型。2008年1～10月份SUV共进口179883辆，增幅达62.45%（见表2），远高于整体进口增幅，而轿车同期仅增长16.9%，SUV占汽车进口总量的比例也由2007年的45%上升到53%。进口SUV的超高速增长，一是国内汽车市场消费逐渐成熟，SUV市场进一步细分化，满足不同用户的需求；二是升级换代个性化消费需求更多倾向于选择SUV车型；三是国产中高端SUV产品线还不够丰富，给进口SUV留下了较大的空间。

表2　不同车型进口量

车型	2007年1～10月份进口量/辆	2008年1～10月份进口量/辆	同比增长率（%）
进口车合计	245613	342522	39.46
其中：轿车	109033	127455	16.90
SUV	110729	179883	62.45
旅行小客车	14836	20831	40.41
客车	1211	1916	58.22
货车	6362	8001	25.76

特点三：2008年9月1日消费税调整对进口车销量、价格、结构影响显著。3.0L以上明显下降，4.0L以上更是大幅减少。

2008年9月1日，汽车消费税率再度调整。相比2006年4月份，此轮调整幅度更大，对以高档、个性化车型为主、大排量车比例较高的进口车影响更为显著：调整后，3.0～4.0L进口车成本增加13.3%，4.0L以上车型进口成本增加33.3%（见表3）。

表3　消费税调整对进口成本的影响

（单位：%）

<table>
<tr><th rowspan="2">排量</th><th rowspan="2">车型</th><th>2006年4月1日前</th><th colspan="2">2006年4月1日调整后</th><th colspan="2">2008年9月1日调整后</th></tr>
<tr><th>税率</th><th>税率</th><th>进口成本增幅</th><th>税率</th><th>进口成本增幅</th></tr>
<tr><td rowspan="2">3.0～4.0L</td><td>轿车</td><td>8</td><td rowspan="2">15</td><td>8.2</td><td rowspan="2">25</td><td rowspan="2">13.3</td></tr>
<tr><td>SUV</td><td>5</td><td>11.8</td></tr>
<tr><td rowspan="2">>4.0L</td><td>轿车</td><td>8</td><td rowspan="2">20</td><td>15.0</td><td rowspan="2">40</td><td rowspan="2">33.3</td></tr>
<tr><td>SUV</td><td>5</td><td>18.8</td></tr>
</table>

由于各跨国汽车公司在国内的库存量、消化成本的能力以及对市场的判断不同，应对消费税调整时也采取了差异化的策略，具体表现在价格调整时机、价格调整幅度、产品结构调整、市场销售节奏把握等方面。因此，消费税调整造成了进口车市场短期内价格及销量的大幅波动。2008 年 7～8 月份，进口大排量车消费提前释放，市场价格一度走高。2008 年 9 月份中旬起，厂家价格逐步调整到位，同时伴随经济下行压力增加，进口汽车尤其是大排量进口车销售陷入低迷，价格回落。

应对本轮调整，跨国汽车公司价格策略上的总体特点是：3.0～4.0L 车型大都采取了适度上调价格，内部通过运营环节、流通环节消化一定成本的策略；而 4.0L 以上车型由于刚性成本上升幅度太大，厂家难以自行消化，市场预期普遍下调，价格基本按照成本上涨，因此预计 4.0L 以上车型所占份额 2009 年将大幅下降。

长期来看，消费税调整对进口车市场的产品结构也将产生较大影响，目前其对大排量进口车的抑制作用已经显现：2008 年 9 月份 3.0L 以上不论是轿车还是 SUV 进口量都出现了同比和环比下降，2008 年 10 月份 3.0L 以上轿车继续下滑（见图 3），SUV 有所反弹（见图 4）；就 SUV 的结构来看，3.0L 以上 SUV 2008 年销量比较平稳， 3.0L 以上 SUV 2008 年 9 月份开始上牌量直线下滑（见图 5）。

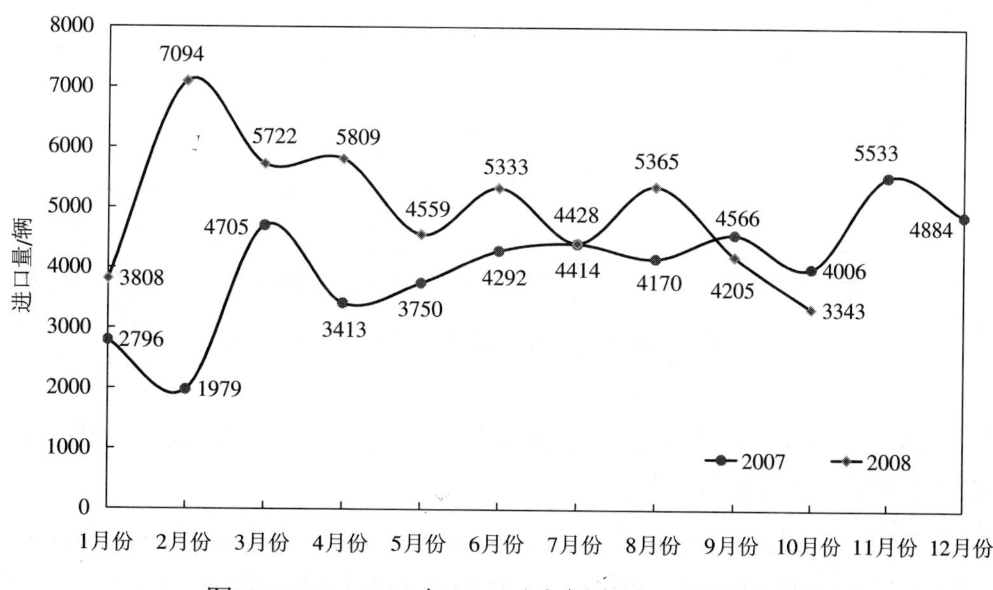

图3 2007～2008年3.0L以上轿车进口量月度走势

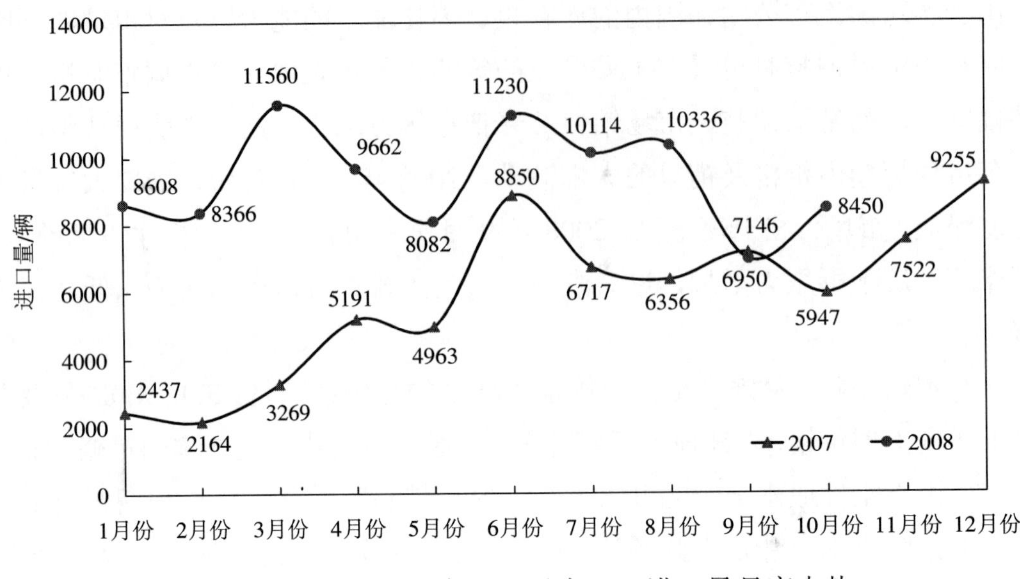

图4　2007～2008年3.0L以上SUV进口量月度走势

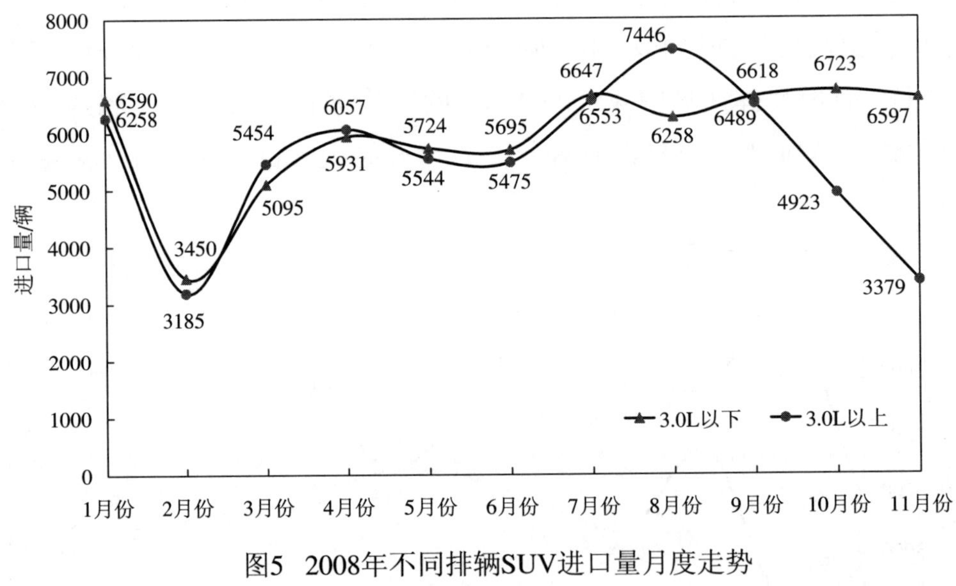

图5　2008年不同排辆SUV进口量月度走势

特点四："高档化、个性化、差异化"，"品种互补、错位经营"仍然是进口汽车相对于国产汽车的鲜明特点。

2008 年 1～10 月份，进口车上牌量前 20 位的品牌占总上牌量的 96.08%，比 2007 年的 93.64%集中度进一步上升。其中韩系品牌下滑趋势十分明显，豪华品牌宝马、路虎、保时捷等排名上升；以个性化车型 MAZDA3、MAZDA5 主攻中国市场的马自达表现最为抢眼，从 2007 年前 20 名以外跳到 2008 年的第 8 位；

运动型车的代表斯巴鲁、SUV 车型的代表路虎的增长也较快；此外马自达、雪佛兰、吉普、英菲尼迪、迷你 5 个品牌替代了 2007 年的克莱斯勒、福特、雷诺、尼桑和欧宝（见表 4）。这些变化表明，随着国产车竞争能力的不断提高、成本优势的进一步体现、合资公司国产车型的增加，国产车对进口车的替代作用进一步加强，与之相对应，进口车市场则进一步细分，车型趋向多样化、高档化、个性化、差异化，与国产车继续保持“品种互补，错位经营”的格局。

表 4　2007～2008 年上牌量前 20 名品牌变化

排名	2007 年	2008 年 1～11 月份
1	丰田	丰田
2	雷克萨斯	雷克萨斯
3	奔驰	奔驰
4	现代	宝马
5	宝马	现代
6	起亚	斯巴鲁
7	奥迪	马自达
8	三菱	奥迪
9	斯巴鲁	三菱
10	大众	路虎
11	沃尔沃	大众
12	路虎	保时捷
13	保时捷	起亚
14	双龙	雪佛兰
15	欧宝	沃尔沃
16	日产	吉普
17	雷诺	凯迪拉克
18	福特	英菲尼迪
19	凯迪拉克	双龙
20	克莱斯勒	Mini

三、国际金融危机和国内经济周期背景下的 2009 年中国进口汽车市场：不确定因素众多，形势不容乐观，与国产车不同，负增长恐难避免

2008 年，中国汽车进口量预计接近 40 万辆，较 2007 年增长约为 27%。2009 年，考虑到国际、国内经济形势变化不确定导致的市场需求因素、厂商供应因素、

政策因素、汇率因素以及跨国汽车公司战略调整等因素，预计 2009 年第一季度中国汽车进口量将出现较大幅度的负增长，2009 年全年汽车进口量预计约为 36 万辆，同比增长-10%左右，如果救市政策惠及进口车，跌幅会缩小。

总体来说，2009 年中国进口汽车市场形势不容乐观，短期内中国进口汽车市场不会出现明显回暖。对此，进口汽车厂商必须谨慎运作，尽量把风险考虑得更充分，做好持久应战的准备。具体来说，2009 年影响中国进口汽车市场的因素主要有：

1. 经济下行趋势与宏观政策反周期调整两股力量交互作用，由于政策发挥作用有滞后效应，短期内难改市场下滑趋势

汽车市场需求与宏观经济形势密切相关，因此 2009 年经济形势的发展对进口汽车市场起着决定性的作用。

2008 年 11 月份，国内各项经济指标都出现同比大幅下滑甚至负增长：出口出现 7 年以来首次负增长，同比下降 2.2%，进口同比下降 17.9%；CPI 继续回落至 2.4%，加大了 2009 年通缩的预期；PPI 从最高 8 月份的 10.1%大幅回落至 2.0%；财政收入同比下降 3.1%；外商直接投资同比下降 36.5%。此外，第三季度我国 GDP 增长已下滑到 9%。目前，经济下行压力继续加大，国际金融危机对中国经济的影响还在加深，主要包括：经济困难从沿海向内地蔓延，从中小企业向大企业蔓延，从出口行业向其他行业蔓延；同时世界经济衰退，外需继续收缩；要素成本上升，经营下滑；居民收入放缓，消费萎缩等。

针对国内经济出现的困难，政府宣布实施积极的财政政策和适度宽松的货币政策，计划到 2010 年年底投资 4 万亿元人民币扩大内需，提出 2009 年 M2（广义货币供应量）增长 17%左右，新增贷款 4.8 万亿元；中央经济工作会议进一步明确了 2009 年中国“保增长、扩内需、调结构”的总基调，确定 2009 年经济增长目标为 8%，同时相关部门还在研究制定包括钢铁、汽车等 9 个产业的扶持政策；9 月份以来，央行百日内连续 5 次降息，4 次下调存款准备金率。

2009 年，经济下行的趋势与宏观政策反周期调整两股力量将交互作用，最终出现何种结果，目前还难以预料，此外，还存在现有政策能有多大效果、地方政府跟进力度有多大、全球性金融危机持续时间有多长等不确定因素。

2. 由于资产泡沫破灭和收入预期减少，居民消费信心指数回落，市场需求受到一定程度抑制

扩大内需的关键是要提升居民的消费信心和消费能力，当前经济下滑的趋势已经导致收入预期下降，从而影响了居民消费信心。2008 年 10 月份，我国消费者信心指数为 92.4，和 2008 年 9 月份相比下降了 1 个百分点，并连续 3 个月回落，消费者预期指数和满意指数分别为 94.2 和 89.8，也都呈下滑趋势。众多经济预测机构普遍认为，2009 年第一季度国内经济形势最为恶劣，经济不景气在挤压财富泡沫的同时，也将使居民收入降低，消费能力减弱，汽车消费需求也将随之严重受到抑制。特别是 2000 年以来国产车产量和汽车进口量增长的趋势基本保持一致，且进口量变动幅度有放大的现象，更说明以高档豪华车为主的进口车市场对经济变化更为敏感，受经济景气的影响更严重，波动更剧烈。

3. 政策面全面转好：政府或将首次出台相关汽车救市政策，刺激汽车消费

（1）*政府发布汽车产业振兴规划以刺激汽车消费*　拟定的规划将以保增长为主要目标，兼顾调整结构，具体内容包括调整车辆购置税、实行“汽车下乡”补贴政策、继续针对某些汽车产品提高出口退税等方案。规划颁布实施后，必将在一定程度上刺激已经基本成熟的准汽车消费者采取购买行为，但对于汽车消费能力的提高作用有限。

（2）*调低车辆购置税有可能在短期内拉动内需，促进小排量车的消费*　目前的方案是将现行的固定税率为 10%的车辆购置税进行减半征收。减半征收购置税可以在购车环节减轻消费者的负担，刺激消费，同时有利于提升小排量车的销售份额，促进节能环保车型的发展。

（3）*有可能对汽车消费税按排量下调，将降低车价，促进销售。特别是政府将不再出台限制车市的政策，也是利好。*

（4）*成品油价格下调，燃油税改革实施，有利于促进合理的汽车消费，形成节能环保的汽车产业结构*　2009 年 1 月 1 日起国内开始实施成品油税费改革，提高成品油消费税单位税额，取消包括公路养路费等在内的六项收费，逐步有序取消政府还贷二级公路收费。配合即将实施的成品油税费改革，国家已于 2008 年 12 月 19 日提前下调了汽、柴油出厂价格，并表示成品油税费改革实施后油价不会上涨。这些措施不仅有利于刺激汽车消费，长远来看对于小排量汽车、节能车型和新能源车的发展也会起到促进作用。

4. 汇率不确定因素增加，进口车操作难度加大

人民币对美元、欧元和日元汇率在2008年呈现出不同走势和波动幅度。2009年，随着美、欧、日各国经济受到金融危机不同程度的冲击，以及各国自身经济的调整状况不同，人民币对美元、欧元和日元汇率仍会呈现出不同走势，从而影响各车系的成本和竞争力，会增加进口汽车运作的难度。

5. 跨国汽车公司基于各自判断将调整在中国汽车市场的目标，有竞争力的新车型或将带来一定的增长

基于全球战略、当前在中国的库存及销售状况，以及各自对中国汽车市场未来的判断，跨国汽车公司在中国的目标都将进行重新设定。因此，2009年的进口汽车市场还取决于跨国汽车公司对中国市场的重视程度，调整引进中国车型的力度和速度，特别是能否有新的车型弥补大排量豪华车销量下滑形成的空间。

6. 由于目前有些品牌大排量车库存较大，加上有关厂商产量缩减将影响中国市场供货，2009年第一季度进口汽车将有大幅下降

目前，有些品牌大排量车库存较大。加上主要跨国汽车公司基本都已经宣布减产或停产计划。例如：通用2009年第一季度产量与2008年同期相比将削减60%，暂时关闭北美大约20家工厂；福特在北美的10家工厂将把新年假期延长至1月12日；保时捷将削减2008年12月份和2009年1月份的汽车产量；戴姆勒从2009年1月份起将在3个月内临时实行缩时工作制；宝马2008年削减汽车产量至少6.5万辆，其全球第二大汽车生产厂德国雷根斯堡工厂也将停产1个月，位于英国的MINI工厂将从12月份起停产1个月或更长；菲亚特于12月15日关闭了意大利所有的工厂，并计划停产持续到2009年1月12日；日本富士重工称将在2009年2月份和3月份减产10000辆汽车。

由于中国进口汽车从订货到到港周期较长，因此主要跨国汽车公司的停产或减产计划将影响2009年进口车的供货。

四、变化中的中国进口汽车市场仍蕴藏诸多调整机遇，需要冷静分析、积极应对，主动调整

1. 战略机遇

第一，国际上可能发生的兼并重组将影响到跨国汽车公司在中国的业务布

局，形成新的机会；第二，部分跨国汽车公司有可能采取多种进攻性策略加大中国市场的开发力度，如引进新车型、提前进口时间、调整发动机排量、向中国市场释放剩余产能、适当降价以在新一轮价格体系中寻求积极的定位等等，这个过程中，战略得当、运作到位的企业将获得更大的发展空间；第三，国际汽车市场的急剧萎缩，使得跨国汽车公司高度关注仍有巨大发展潜力的新兴汽车市场。在极具潜力的中国汽车市场，跨国汽车公司更愿意寻找信誉良好、理念先进、资金雄厚、业绩优良的本土合作伙伴。

2. 产品机遇

尽管市场需求并不乐观，但只要认真分析市场，仍然可以发现 2009 年进口车市场将会在 2008 年的基础上，呈现出新的变化和生长点。首先，SUV 仍然会成为进口车市场的热点和亮点，尤其是 2.0～3.0L 的中型 SUV 将为市场拓展出新的空间，呈现出较强的生长力，而 3.0～4.0L 车型受消费税调整影响相对较小，又不像 3.0L 以下车型容易找到国产替代产品，也值得进一步关注；其次，消费税、燃油税、鼓励新能源车发展等政策的导向作用，以及科技的创新与突破，已经发出了明显的信号，低能耗、环保型、高科技的混合动力汽车将受到更多推崇环保主义的消费者的青睐；第三，像 Volkswagen CC、奥迪 A5 这样充满个性的、时尚的轿跑车或其他小型车也将在 2009 年为进口车市场开启新的空间，使进口车产品更加丰富。

总之，由于跨国汽车公司占有市场、赚取利润、提升品牌、为国产化做准备、延伸合资产品线、寻求国外剩余产能的释放空间等目的，进口车品种将更趋多样化、个性化、高性能化。

3. 市场机遇

中国汽车市场高速发展的“井喷时代”已经过去，目前正在逐步回归理性，进口汽车也同样如此。预计 2009 年跨国汽车公司经销商网络扩张将有所放缓，进入“精耕细作”阶段。在此期间，注重拓展市场、提升品牌、延伸服务、加强管理、苦练内功将是企业适应环境变化、适应市场变化、适应竞争对手变化，提升自身能力，打造核心竞争力的重要途径。

市场下滑、利润降低，在宏观经济面临考验的形势下，进口车经销商面临着更大的压力，今后一段时间内经销商可能会出现较大比例的亏损面，如果资金链紧张，有可能出现倒闭的状况，这对于资金充足、管理完善、整体竞争力具有优势的企业是通过兼并重组，进一步提升市场份额，扩大竞争优势的机会。

总之，2008 年中国汽车市场可以用变化剧烈、增速迅速下滑来形容。在国内外经济和政策因素的双重影响下，中国进口汽车市场增速由上半年的 52.8%下滑到 1～11 月份的 34.3%，预计全年增幅将降至 27%左右。消费税调整和国家节能减排的政策导向，对进口车市场的需求结构影响较大，对大排量进口车的消费起到了明显的抑制作用。进口汽车相对于国产汽车依然表现出“高档化、个性化、差异化”，“品种互补、错位经营”的鲜明特点。

2009 年在金融危机影响继续深化、国内经济进入下行周期的双重作用下，消费者的信心将继续受到影响，需求将继续受到抑制，影响汽车市场发展的不确定因素将继续增加，汽车市场的发展速度将会继续向下探底，预计 2009 年上半年特别是第一季度将是汽车市场最艰难的时期，汽车进口也将出现较大幅度的负增长。随着中央政府各项刺激经济及汽车救市政策开始发挥作用，下半年汽车市场有可能慢慢企稳，预计 2009 年汽车进口总量约为 36 万辆，比 2008 年增长-10%。尽管如此，中国进口汽车市场仍然蕴藏着调整机会，随着消费税调整政策和国家节能减排措施的实施，2.0～3.0L 的中型 SUV 将有一定的发展空间，节能环保和高科技含量的新能源车型将有一定的表现机会。此外，随着细分市场的进一步出现，个性化、时尚化的轿跑车市场的潜力将会得到进一步发掘。2009 年的中国进口汽车市场机遇与挑战并存，挑战大于机遇，我们更要冷静分析，积极应对，化危机为机遇，在挑战中求发展。

（作者：丁宏祥）

2008 年我国汽车出口分析

2008 年对于我国经济和产业的发展是极其不平凡的一年，我国汽车工业遭遇了近年来少有的严峻考验，经历了年初的雪灾、五月份的地震以及人民币升值、宏观经济调控和货币紧缩政策，下半年开始，美国次贷危机引起的金融风暴席卷全球，而且越演越烈，逐渐对实体经济产生巨大的影响。在这些因素的磨砺下，持续了 4 年高速增长的我国汽车出口表现究竟如何，受到怎样的影响，是否仍然在增长，还是已经出现大幅滑坡。这些都是行业界十分关注的问题。本文根据海关统计数据对 2008 年 1～11 月份我国汽车整车出口做出阐述，与业界共同分析。

根据海关数据统计，2008 年 1～11 月份我国出口各类汽车整车（含成套散件，含装有发动机的汽车底盘）65.5 万辆，同比增长 20.0%，出口金额 90.0 亿美元，同比增长 41.6%，出口平均单价 1.37 万美元，同比增长 18.1%。与 2007 年 1～11 月份出口数量 53.5 万辆（同比增长 71.3%）和出口金额 63.3 亿美元（同比增长 125.9%）相比，增长幅度呈现大幅度下降。与 2007 年全年我国汽车出口 61.5 万辆，出口金额 73.2 亿美元相比，2008 年 1～11 月份汽车出口数量和金额均已经超过上年全年，平均单价 1.37 万美元，达到历史最高值（见表 1）。预计，2008 年全年出口数量应能接近 70 万辆，出口金额接近 100 亿美元。

表 1 我国汽车出口分时间段统计表

	数量/辆	数量增长（%）	金额/万美元	金额增长（%）	平均单价/美元	增长（%）
2007 年 1～11 月份	535438	71.3	633038.0	125.9	11822.8	31.9
2007 年	615204	79.1	732423.0	133.7	11905.4	30.5
2008 年 1～11 月份	654938	22.3	899928.5	42.2	13740.7	16.2

2008 年上半年，2 月份的同比和环比呈现较大下滑，其他月份的月出口量仍然是较大幅度增长。但下半年月度出口逐月下降，在 11 月份出现剧烈下跌，同比和环比双双出现大幅度负增长（见表 2）。

表 2 2008 年 1～11 月份汽车出口月度统计表

月份	出口金额/万美元	出口金额环比（%）	出口金额同比（%）	出口数量/辆	出口数量环比（%）	出口数量同比（%）
1 月份	75126.6	—	115.9	62058	—	79.0
2 月份	66161.8	-11.9	54.1	51571	-16.9	36.6
3 月份	80412.0	21.5	139.8	67239	30.4	138.1
4 月份	87162.4	8.4	78.0	71485	6.3	69.6
5 月份	104464.6	19.9	99.0	75315	5.4	59.2
6 月份	87774.6	-16.0	50.6	59951	-20.4	13.0
7 月份	92537.2	5.4	44.8	71035	18.5	32.1
8 月份	90192.1	-2.5	18.1	58068	-18.3	-5.8
9 月份	78439.3	-13.0	12.3	50533	-13.0	-18.7
10 月份	77689.7	-1.0	13.9	51711	2.3	-9.3
11 月份	59968.3	-22.8	-30.4	35972	-30.4	-47.2
合计	899928.5	—	41.6	654938	—	20.0

我国 2008 年 1～11 月份机电产品出口 7447.6 亿美元，同比增长 17.6%。汽车整车出口占我国机电产品出口总金额的 1.21%，同比增长数值则仍远高于机电产品的同比增长数值。

一、汽车出口的主要车型和种类

按照出口金额对比，载重车还是位居我国汽车出口的第一位，出口数量 24.3 万辆，同比增长 11.7%，占我国出口汽车总数量的 37.1%；出口金额 29.2 亿美元，同比增长 49.6%，占我国出口汽车总金额的 32.5%（见表 3）。应该突出强调的是，在载重车出口的车型中，按出口金额排序，以 20t 以上的重型卡车为主，出口数量 3.32 万辆，同比增长 63.8%，出口金额 13.6 亿美元，同比增长 81.8%。20t 以上重型卡车在载重车类中的金额占比提高到 46.4%，从 2007 年下半年以来出口增长最快，即使在受到各种不利影响的 2008 年仍然保持较高的增长，重型卡车已经成为我国汽车出口的最主要车型，也是拉动我国汽车出口增长的最重要车型。5t 以下的轻型卡车（包括柴油型和汽油型，含皮卡），作为传统出口商品，出口了 17.0 万辆和 10.6 亿美元，同比增长分别为-0.4%和 17.5%，出现大幅下滑。其他 5～20t 的中型卡车，出口 4.13 万辆，同比增长 6.35%，出口金额 5.08 亿美元，同比增长 65.7%。载重车一直是我国汽车出口的主要商品，在国际市场上具有比较优势和竞争优势，绝大多数是我国自主品牌的产品。近年来，具有较高附加值和较高技术水平的重、中型载重车出口比重大幅增加，代表我国汽车出口的产品结构在向中、高端发生变化。与 2007 年全年载重车出口 24.8 万辆，出口金额 23.06 亿美元相比，2008 年 1～11 月份，载重车出口数量已经接近上年全年，出口金额已经超过上年全年。

“特种用途车”的出口金额位居第二。出口金额 20.6 亿美元，同比增长 54.3%，出口数量 3.32 万辆，同比增长 32.6%，分别占我国汽车出口总金额的 22.9%，出口数量的 5.1%。在“特种用途车”中，约 1/2 是半挂车用的公路牵引车，其次是 50t 以下的起重车、未列明特殊用途的机动车辆、50～100t 起重车、混凝土搅拌车、钻探车、机动医疗车等较高价值的大中型特种车辆。“半挂车用的公路牵引车”出口 1.59 万辆，同比增长 16.3%，出口金额 5.64 亿美元，同比增长 21.7%，占“特种用途车”出口数量的 48.0%，出口金额的 27.4% 。“最大起重量不大于 50t 的其他起重车”出口 7703 辆，出口金额 4.9 亿美元，占“特种用途车”出口金额的 23.7%，出口数量的 23.2%。特种用途车具有较高附加值，平均单价 6.2 万美元，一直是我国汽车出口的主要类型，也是影响我国出口汽车平均单价的重要元素之一。

“小轿车”的出口金额排名第三位。2008 年 1～11 月份，我国出口小轿车数量 22.9 万辆，同比增长 39.6%，数量占比为 34.9%；出口金额 16.8 亿美元，同比增长 36.5%，占我国汽车出口总金额的 18.7%。小轿车出口中，以 1000mL＜排量≤1500mL 和 1500mL＜排量≤2500mL 汽油型小轿车为主。1000mL＜排量≤1500mL 小轿车出口 13.6 万辆，同比增长 85.3%，占小轿车出口数量的 59.5%；出口金额 10.2 亿美元，同比增长 68.9%，占小轿车出口金额的 60.9%。1500mL＜排量≤2500mL 小轿车出口 8.1 万辆，同比增长 1.6%，占小轿车出口数量的 35.5%；出口金额 6.0 亿美元，同比增长 4.2%，占小轿车出口金额的 35.5%。这两类小轿车出口共计占小轿车出口金额的 96.5%，出口数量的 94.5%。我国小轿车出口份额中最主要的是具有完全自主品牌的民族企业产品；中外合资企业，以加工贸易的方式由合资的外方渠道向欧洲国家出口的虽然也占有一定份额，但所占比例减少，出口增长率更是大幅减少。

“机动大中型客车”在我国汽车整车出口中的排名仍是第四位。2008 年 1～

11月份出口数量3.17万辆，同比增长-16.3%，占我国出口汽车数量的4.8%；出口金额9.97亿美元，同比增长25.7%，占我国出口汽车总金额的11.1%，平均单价3.15万美元，同比增长50.2%。在“大中型客车”出口中仍然以“30座以上的大型客车”为主，出口金额7.27亿美元，同比增长58.3%，占大中型客车出口金额的72.9%；出口数量11791辆，同比增长38.5%，占大中型客车出口数量的37.2%。10～19座客车，出口金额1.67亿美元，同比增长-32.0%，占大中型客车出口金额的16.7%；出口数量1.58万辆，同比增长-36.1%，占大中型客车出口数量的50.0%。20～29座客车，出口金额1.03亿美元，同比增长15.8%，占大中型客车出口金额的10.4%；出口数量4048辆，同比增长-11.7%，占大中型客车出口数量的12.8%。形成比较鲜明对比的是30座以上大型客车出口以较大幅度增长，而其他中型客车出口以较大幅度减少。我国大型客车已经成为我国具有比较优势的出口汽车产品，出口的档次和技术水平一直在不断提高，在世界大型客车市场上开始占有相当的份额（见表3）。

表3 2008年1～11月份我国汽车出口分类统计表

车型类别	数量/辆	增长（%）	金额/万美元	增长（%）	平均单价/美元	增长（%）	金额占比（%）	数量占比（%）
载重车	242966	11.7	292210	49.6	12026.8	34.0	32.5	37.1
特种用途车	33189	32.6	205761	54.3	61996.7	16.4	22.9	5.1
小轿车	228761	39.6	167914	36.5	7340.1	-2.2	18.7	34.9
机动大中型客车	31662	-16.3	99711	25.7	31492.2	50.2	11.1	4.8
非公路用货运机动自卸车	12385	15.2	52074	46.5	42045.6	27.2	5.8	1.9
旅行小客车（九座及以下）	51294	-3.6	39415	4.4	7684.1	8.4	4.4	7.8
越野车（四轮驱动）	23862	14.5	25010	13.6	10481.2	-0.8	2.8	3.6
装有发动机的底盘	25771	60.1	16307	87.3	6327.6	17.0	1.8	3.9
其他发动机型客车	5048	698.7	1527	286.4	3025.8	-51.6	0.2	0.8
合计	654938	20.0	899929	41.6	13740.7	18.1	100.0	100.0

二、汽车出口的贸易方式

与我国机电产品出口以“加工贸易”为主不同，多年来，我国汽车出口的贸易方式都是以“一般贸易”为主，占到70%以上；此外还有“加工贸易”、“对外承包工程”和“边境小额贸易”共4种贸易方式成为汽车出口的主要贸易方式。其他贸易方式都是少量。对比2008年1～11月份与2007年汽车出口贸易方式的统计时，应该注意到2008年“一般贸易”的占比从70.8%提高到73.7%，而“加工贸易”则从21.2%下降到18.6%。另外，我们曾视为诟病，担心会对汽车出口秩序造成影响的“边境小额贸易”呈现较大幅度的负增长，占比也有所减少，原因比较复杂，十分值得关注（见表4和表5）。

表4 2008年1～11月份我国汽车出口的贸易方式

贸易方式	数量/辆	增长（%）	金额/万美元	增长（%）	金额占比（%）	数量占比（%）
一般贸易	468725	24.2	663409	48.6	73.7	71.6
进料加工贸易	164106	12.3	167077	23.3	18.6	25.1
对外承包工程货物	8192	46.8	41571	85.5	4.6	1.3
边境小额贸易（边民互市贸易除外）	10071	-26.4	20557	-11.7	2.3	1.5
保税区仓储转口货物	2265	34.3	2751	-24.9	0.3	0.3
来料加工装配贸易	662	0.9	1886	7.5	0.2	0.1
国家间、国际组织无偿援助和赠送的物资	484	7.8	1295	-20.8	0.1	0.1
保税仓库进出境货物	207	20600.0	615	1429.5	0.1	0.0
其他	207	5.1	450	43.4	0.1	0.0
租赁贸易	16	77.8	282	-7.4	0.0	0.0
华侨、港澳台同胞、外籍华人捐赠物资	3	200.0	35	7503.4	0.0	0.0
合计	654938	20.0	899929	41.6	100.0	100.0

表5 2007年我国汽车出口的主要贸易方式

贸易方式	数量/辆	增长（%）	金额/万美元	增长（%）	金额占比（%）	数量占比（%）
一般贸易	425417	66.2	518737	127.0	70.8	69.2
进料加工贸易	166230	114.4	155034	156.3	21.2	27.0
边境小额贸易（边民互市贸易除外）	14374	173.0	25958	216.6	3.5	2.3
对外承包工程货物	5986	109.9	24478	92.3	3.3	1.0
其他	3197	—	8216	—	1.2	1.5
合计	615204	79.1	732423	133.7	100.0	100.0

三、汽车出口国际市场的分布

2008年1～11月份，我国共向世界上196个国家（地区）出口汽车。其中向亚洲47个国家（地区）、非洲54个国家、欧洲40个国家、南美洲38个国家、北美洲3个国家和大洋洲14个国家出口汽车。

在国别统计中，以出口金额排序，向俄罗斯出口虽然出现锐减，但仍然名列第一，出口金额12.8亿美元，同比增长6.7%，出口数量8.48万辆，同比增长-7.8%。向俄罗斯出口占我国汽车出口金额的14.2%，出口数量的12.9%。在对比2008年前三季度累计向俄罗斯出口的金额同比增长为42.1%，数量同比增长为18.8%，但第三季度之后则急速减少，以致出现负增长。增长幅度还有可能继续降低，但到目前为止，仍是我国汽车出口集中度最高的出口市场。对越南出口排名第二，出口金额5.44亿美元，同比增长83.4%，占我国汽车出口总金额的6.0%，出口数量5.20万辆，同比增长83.4%，占我国汽车出口总数量的7.9%。对越南的出口在集中度最高的几个市场中同比增长是比较高的。阿尔及利亚排名第三，出口金额5.39亿美元，同比增长81.4%，占我国汽车出口总金额的6.0%，出口数量4.29万辆，同比增长47.9%，占我国汽车出口总数量的6.6%。阿尔及利亚是我国汽车出口的传统市场，市场增长幅度基本比较稳定。伊朗排名第四，出口金额5.33亿美元，同比增长-5.3%，占我国汽车出口总金额的5.9%，出口数量3.07万辆，同比增长15.6%，占我国汽车出口总数量的4.7%。对伊朗出口的同比增长降低得比较大。乌克兰第五，出口金额4.77亿美元，同比增长64.8%，占我国汽车出口总金额的5.3%，出口数量6.02万辆，同比增长47.2%，占我国汽车出口总数量的9.2%。乌克兰从2006年起成为我国汽车出口的主要市场之一，但由于其目前经济形势不稳定，存在较大风险。出口超过1亿美元以上的国家共有21个。除上述五国外，还有安哥拉出口金额为3.82亿美元、沙特阿拉伯出口金额为2.76亿美元、阿联酋出口金额为2.72亿美元、南非出口金额为2.37亿美元、叙利亚出口金额为2.32亿美元、哈萨克斯坦出口金额为1.97亿美元、巴西出口金额为1.93亿美元、英国出口金额为1.87亿美元、埃及出口金额为1.82亿美元、古巴出口金额为1.81亿美元、智利出口金额为1.70亿美元，德国出口金额为1.60亿美元（见表6）。其中，出口金额同比增长超过100%的国家有：安哥拉、阿联酋、巴西、埃及、智利、尼日利亚、波兰和秘鲁。出口金额同比增长锐减或成为负增长的有：俄罗斯、伊朗、南非、叙利亚、哈萨克斯坦、英国。值得注意的是出口增长最高的三个国家都是南美国家：巴西、智利和秘鲁。对巴西出口以高附加值的起重车等商用车为主，对智利以自主品牌的轿车为主。中国智利自由贸易区的成功建立，为我国汽车产品出口营建了良好的贸易环境，正在谈判中的中国秘鲁自由贸易区也将带来利好的环境并将涉及整个南美地区，但是金融风暴在南美所带来的风险也不容忽视。在我国出口的 196 个国家（地区）中，出口金额 2000 万美元以上的国家（地区）有 64 个，合计出口金额占比 94.1%，合计出口数量占比 94.6%，形成我国汽车出口的最主要市场（见表 6）。

表 6 2008 年 1～11 月份我国汽车出口 1 亿美元以上的国家（地区）

国家（地区）	数量/辆	增长（%）	金额/万美元	增长（%）	平均单价/美元	增长（%）	金额占比（%）	数量占比（%）
俄罗斯	84793	-7.8	128059	6.7	15102.6	15.8	14.2	12.9
越南	52040	77.8	54362	83.4	10446.3	3.1	6.0	7.9
阿尔及利亚	42947	47.9	53906	81.4	12551.8	22.6	6.0	6.6
伊朗	30700	15.6	53304	9.4	17363.0	-5.3	5.9	4.7
乌克兰	60248	47.2	47658	64.8	7910.3	12.0	5.3	9.2
安哥拉	9957	53.0	38196	159.4	38360.5	69.5	4.2	1.5
沙特阿拉伯	8460	42.5	27590	46.4	32612.3	2.7	3.1	1.3
阿联酋	5963	62.3	27214	120.3	45638.7	35.8	3.0	0.9
南非	24844	-28.6	23730	-17.7	9551.5	15.2	2.6	3.8
叙利亚	29843	-40.8	23241	9.8	7787.7	85.6	2.6	4.6
哈萨克斯坦	6802	-57.7	19725	-55.9	28998.8	4.4	2.2	1.0
巴西	3194	133.8	19350	360.9	60582.8	97.1	2.2	0.5
英国	15784	-9.8	18659	-4.9	11821.6	5.5	2.1	2.4
埃及	27744	105.8	18169	135.1	6548.9	14.3	2.0	4.2
古巴	11294	346.4	18139	78.1	16060.7	-60.1	2.0	1.7
智利	23417	240.0	17043	236.2	7277.9	-1.1	1.9	3.6
德国	12749	55.6	16044	59.3	12584.2	2.4	1.8	1.9
尼日利亚	8887	60.1	14169	112.1	15943.3	32.5	1.6	1.4
意大利	10355	0.5	12436	17.2	12009.8	16.6	1.4	1.6
波兰	14815	68.8	12317	107.0	8314.0	22.6	1.4	2.3
秘鲁	10431	341.1	11092	423.5	10633.4	18.7	1.2	1.6
合计	495267	20.2	654403	36.4	13213.1	13.5	72.7	75.6

按洲别统计分析，2005年以来我国汽车出口国际市场的格局已经基本固化，形成亚洲、欧洲、非洲、南美洲四大板块。对比2008年1～11月份和2007年全年对各洲出口统计可见，在这四大板块中，出口金额增幅减少最多的是欧洲（主要受俄罗斯影响），出口金额增幅减少最少的是非洲（对金融危机敏感度相对较低）。从所占份额分析，对亚洲出口的份额减少了2.4%，对欧洲出口的份额减少了5.3%，但对非洲的出口份额增加了5.1%，对南美的出口份额增加了2.4%。这种变化的态势无论对于探索汽车出口市场的发展，还是抵抗金融风暴的影响，都需要十分关注（见表7和表8）。

表7 2008年1～11月份我国汽车出口洲别统计表

洲别	数量/辆	增长（%）	金额/万美元	增长（%）	金额占比（%）	数量占比（%）
亚洲	197495	11.9	312012	28.9	34.7	30.2
欧洲	208581	10.1	257283	23.3	28.6	31.8
非洲	145468	32.6	215889	79.1	24.0	22.2
南美洲	96908	50.4	104252	80.0	11.6	14.8
大洋洲	1529	-14.4	5265	37.1	0.6	0.2
北美洲	4957	26.4	5227	124.7	0.6	0.8
合计	654938	20.0	899929	41.6	100.0	100.0

表8 2007年我国汽车出口洲别统计表

洲别	数量/辆	增长（%）	金额/万美元	增长（%）	金额占比（%）	数量占比（%）
亚洲	196249	28.9	271874	98.8	37.1	31.9
欧洲	214262	179.7	248328	232.1	33.9	34.8
非洲	125783	100.7	138284	94.8	18.9	20.4
南美洲	73758	138.6	67135	155.1	9.2	12.0
大洋洲	1387	37.7	4126	103.6	0.6	0.2
北美洲	3765	-81.1	2676	4.9	0.4	0.6
合计	615204	79.1	732423	133.7	100.0	100.0

四、汽车出口企业

（1）汽车出口企业的性质　2008年1～11月份，我国汽车出口仍以国有企业为主，国有企业出口汽车的金额占比48.7%。数量占比49.3%；民营企业出口金额占比26.8%，数量占比21.2%；中外合资企业出口金额占比20.8%，数量占比26.2%（见表9）。此外，令人瞩目的是，在我国投资的外商独资企业开始改变以中国大陆为终极市场的策略，相对大幅度增加出口，进入国际市场。

表 9 2008 年 1～11 月份我国汽车出口企业性质

企业性质	数量/辆	增长（%）	金额/万美元	增长（%）	金额占比（%）	数量占比（%）
国有企业	322975	20.21	438638	41.4	48.7	49.3
民营企业	138749	30.47	240916	43.5	26.8	21.2
中外合资企业	171506	9.88	187046	30.5	20.8	26.2
外商独资企业	4772	519.74	18785	1285.2	2.1	0.7
集体企业	16188	83.43	13887	82.4	1.5	2.5
其他	742	-85.73	619	-87.9	0.1	0.1
中外合作企业	6	—	38	—	0.0	0.0
合计	654938	19.97	899929	41.6	100.0	100.0

（2）汽车出口企业的规模　2008 年 1～11 月份我国汽车出口企业出口金额达到 1 亿美元以上的共 20 家，合计占出口总金额的 49.4%，出口总数量的 54.7%。出口金额 1 亿美元以下 5000 万美以上的企业有 20 家，出口金额 5000 万美元以下 3000 万美以上的企业有 20 家，出口金额 3000 万美元以下 1000 万美以上的企业有 66 家，出口金额 1000 万美元以下 300 万美以上的企业有 128 家，出口金额 300 万美元以下 100 万美以上的企业有 194 家。以上共计企业 448 家，出口金额合计占比 97.3%，出口数量合计占比 98.4%（见表 10）。相比 2007 年我国汽车出口主要企业的出口规模提升，出口的集中度也得到有效的提高，对于促进我国汽车出口能够长期、良性、持续发展十分有利。但是有记录的出口企业达到 1512 家之多，仍然存在相对分散的问题，仍然存在整顿的需要。

表 10 2007 年和 2008 年我国汽车出口企业规模

出口规模	2007 年企业数量/个	2008 年 1～11 月份企业数量/个
1 亿美元以上	14	20
5000 万～1 亿美元	17	20
3000 万～5000 万美元	8	20
1000 万～3000 万美元	53	66
300 万～1000 万美元	112	128
100 万～300 万美元	170	194
合计企业数量	374	448
合计出口金额占比（%）	96.8	97.3
合计出口数量占比（%）	97.1	98.4

2008 年 1～11 月份我国汽车整车出口取得突出成绩的企业（含集团）包括：奇瑞汽车有限公司、本田汽车（中国）有限公司，长城汽车股份有限公司、中国第一汽车集团、东风汽车公司、中国重型汽车集团有限公司、北汽福田汽车股份有限公司、徐州工程机械集团、上海吉利美嘉峰国际贸易有限公司、陕西重型汽车进出口有限公司、安徽江淮汽车股份有限公司、中国电气进出口有限公司、郑州宇通集团有限公司、厦门金龙联合汽车工业有限公司、三一重工股份有限公司、华晨汽车集团控股有限公司、金龙联合汽车工业（苏州）有限公司、重庆力帆实业（集团）进出口有限公司、上海通用东岳汽车有限公司等。

四、展望

综上所述，2008 年我国汽车出口量总的趋势是增长，但是“增长幅度”出现较大减少，尤其是在年底出现剧烈下跌。由于海关统计数据所反映的是“执行”情况，因此对国际国内宏观经济状况变化的反映有一段滞后期。美国次贷危机所引发的全球性金融风暴发生在下半年，危机不仅迅速波及全球金融市场，而且已由虚拟经济向实体经济蔓延。受美国金融危机冲击，目前主要经济体经济增速下滑，世界经济衰退迹象明显。受全球金融危机的影响，中国经济也出现了增速放缓的现象，在这种形势下金融风暴带来的对我国实体经济以及对汽车出口的影响在今后的一段时期将日渐明显。在当前形势下，判断金融危机的发展趋势，分析我国汽车行业的发展现状、经营趋势及面临的风险因素，是汽车行业在金融危机形势下十分关注的课题。在抵御危机中寻找机遇，获得新的发展。

2004 年以来，我国汽车出口已经连续 4 年高速增长，在产品种类、产品质量、人才素质、出口市场培养、营销战略等方面都取得了长足的进步，特别是我国汽车出口基地和出口基地企业建设、维护汽车出口秩序的政策以及相关配套的各项措施，都为我国汽车出口打下了良好的基础并取得了举世瞩目的成绩，开始走上良性循环的道路。这是我国汽车出口能够克服困难持续增长的根本保证。

国务院 2008 年第四季度的经济工作会议决定采取灵活审慎的宏观经济政策，保持经济平稳、快速增长。商务部为了加大扶持力度，推动汽车产品出口的持续健康发展，针对当前汽车产业发展的现状和面对的种种形势，提出八方面政策措施和设想，这些都是为我国汽车出口增强信心、克服困难保持持续增长的有利条件。

我国汽车出口市场多元化，相对集中又比较分散。国际金融危机的蔓延以及对实体经济的影响对世界市场带来许多变数。西方发达国家发生的经济金融危机对中国经济既是挑战，又是机遇。国际经济的变化对中国经济产生了巨大影响，但没有伤及中国经济的基本面，对我国汽车出口市场带来许多不利的局面，但也没有造成不可逆转的局势。我们处在重要的发展战略机遇期这个判断仍然是成立的。纷纭复杂的形势需要我们审时度势，因势利导，扬长避短，就能够保持我国汽车出口的持续增长。经济发展是有周期性的，当阴霾过后，会迎来新的高峰。

（作者：傅培昭）

市场调研篇

上海大众产品调查报告

自 2004 年以来，上海大众以“追求卓越、永争第一”的企业精神，制定了“变革提升、实现增长、迈向优秀、追求卓越”四个阶段的营销体系变革发展战略。2008 年是中国的奥运年，更是上海大众的奥运年，尽管汽车市场经历了许多波折，上海大众仍以“拼搏进取、精耕细作”的奥运精神，深化推进主动营销模式，继续朝着“追求卓越”的目标迈进。

一、2008 年上海大众市场总体表现

2008 年 1～11 月份，上海大众累计完成生产 46.7 万辆，同比增长 10.5%；批发量为 44.3 万辆，同比增长 8.8%；零售量为 45.1 万辆，同比增长 11.6%，增速都高于总体市场。2008 年 1～11 月份上海大众零售市场份额 9.2%，较 2007 年上升 0.6 个百分点（见图 1）。2008 年国内轿车行业中上海大众和一汽大众将稳坐头两把交椅，上海大众 VW 品牌继续保持单品牌排名第一。

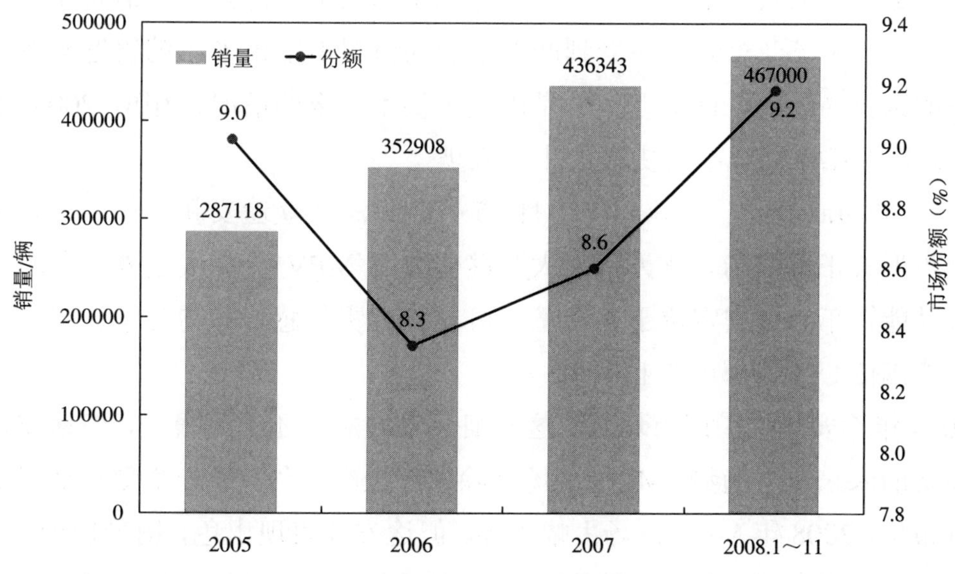

图1　上海大众年度销量及市场份额

尽管2008年第三季度开始急剧恶化的市场形势使得市场竞争异常激烈，各厂商和经销商的库存和盈利风险加大，行业中部分企业出现了销量下滑、利润萎缩甚至亏损的情况，但处于行业第一梯队的上海大众表现依然稳健。

上海大众在2008年年初就已经预计到了年内可能出现的严峻形势，按照“抓早抓前”的精神，及时部署了相关的营销工作。2008年上半年上海大众牢牢地抓住了市场机会，深化推进主动营销模式，成功推出了Touran新一代、Santana志俊、LAVIDA朗逸等新产品，大力推广斯柯达品牌和明锐产品，同时，充分利用千载难逢的北京奥运平台，集中进行奥运营销宣传，提升了上海大众的整体形象。

二、2008年上海大众各产品市场表现

（1）PASSAT领驭　尽管2008年中高级市场受到公务车市场缩减的影响，整体增速有所下滑，但领驭凭借其自信、扎实、进取的“志在掌握”的品牌影响力和价值感，继续保持较好的销售成绩，领跑中高级市场。

（2）LAVIDA朗逸　2008年6月份LAVIDA朗逸借助2008年北京奥运年适时推出，不仅使上海大众产品线得到了进一步的完善，更进一步充实了上海大众在A级车市场的实力。LAVIDA朗逸基于德国大众全球设计战略，是对国际化汽车设计潮流和中国消费者审美的双重体现；整车荟萃了中德双方顶尖研发团队的智慧，更秉承大众汽车精益的造车理念。朗逸上市后得到了经销商和消费者的一致好评，销量节节攀升，在受到产能限制的情况下上市半年销售近4万辆，迎来年底的销售高峰后，许多地区更是出现了供不应求的情况，相信2009年产能放开后，LAVIDA朗逸会有更好的市场表现。

（3）Touran途安　2008年1月25日，上海大众途安新一代以别开生面的网络上市形式正式登场。作为德国大众继传统的MPV产品线之外开发的首款紧凑型多功能轿车，途安定位于“智慧、可靠、有责任感、懂得分享、追求品位、对未来充满信心”的都市专业精英。

2004年途安进入中国市场时，这一细分市场规模还不是很大，但途安代表了汽车消费的未来发展趋势。MPV市场是除中高级车以外，另一个受经济影响较大的细分市场，2008年MPV市场大幅萎缩，但途安却表现出色，销量稳步上升（见图2）。经过这几年的发展，凭借着卓越的产品品质，途安得到越来越多懂车爱车人士的喜爱。可以预见，随着中国消费者买车、用车观念的不断成熟，这一目标

消费群的成长潜力无限。

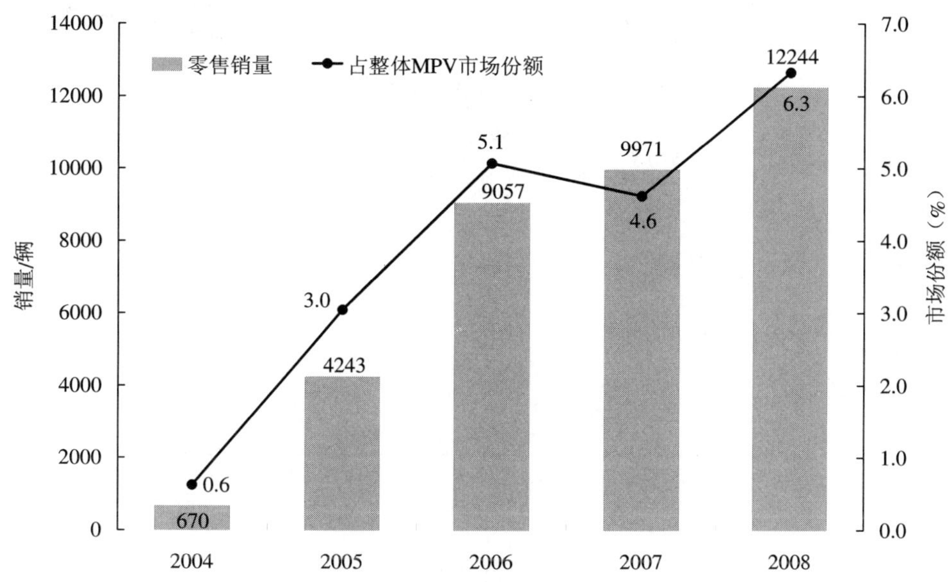

图2　2004～2008年途安历年销量及市场份额

（4）Polo 劲情、劲取　经过多年的品牌打造和品质验证，Polo 已成为经典时尚、精品小车的代名词，作为许多年轻人的“Dream Car”，Polo 不断演绎、诠释着绝非昙花一现、绝非冲动放肆的经典时尚，这一定位使 Polo 这一 A0 级高端市场的“鼻祖”品牌保持着“劲情、劲取”的品质与活力，尽管许多新上市的 A0 级产品都以动感、活力定位，但都无法取代 Polo 品牌在 A0 级市场的影响力。2008 年 Polo 在 A0 级细分市场份额 9.7%，比 2007 年上升 0.4 个百分点，继续保持 A0 级高端市场前两位的市场地位。

三、斯柯达品牌不断成长

（1）Octavia 明锐　明锐“睿智、魅力、奉献”的核心理念，与许多年轻的社会精英为追求梦想展现“实力风范、处世不惊、沉稳内敛”的个性相契合。自 2007 年 6 月份上市一年多总销量已经超过 8 万辆，2008 年销量同比增长 40%，成功确立了 A 级高端市场的主流地位，同时也意味着上海大众双品牌战略的成功。

由于受到销售网络的限制，明锐的销量仍主要分布在一线城市，随着网络向二、三线城市的发展，明锐还有很大的上升空间（见图 3）。

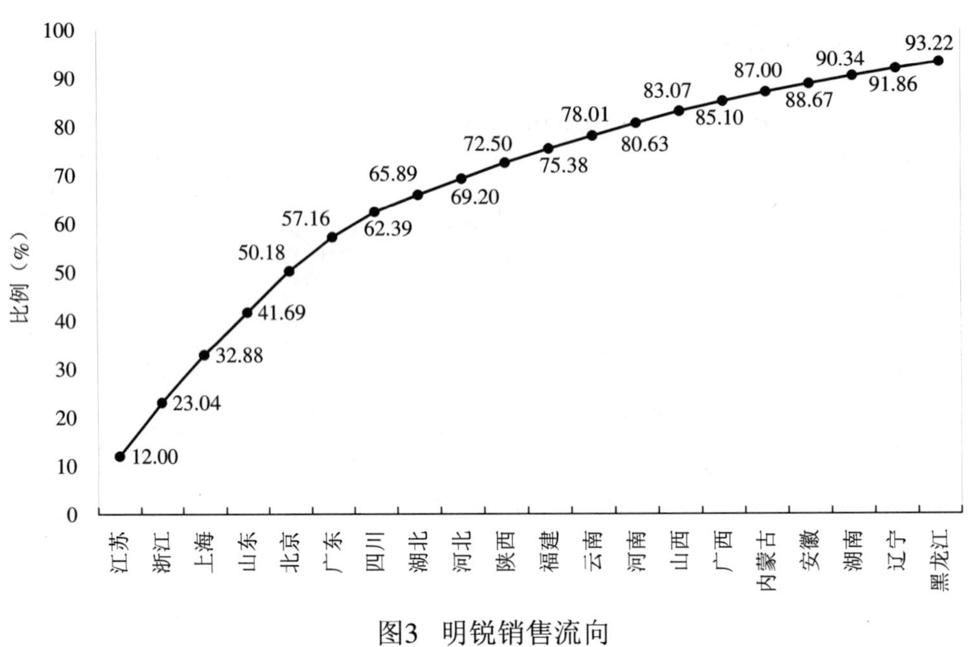

图3 明锐销售流向

（2）Fabia 晶锐　在 2007 年明锐成功上市并确立了市场主力地位后，2008 年斯柯达品牌再接再厉，继续根据区域差异化特点发展网络，加强品牌建设，在 2008 年 12 月底推出又一款主力产品 Fabia 晶锐，进一步丰富了斯柯达品牌的产品线。Fabia 晶锐以大有内在的“硬派”高品质小车定位，蕴含“相信生活”的理念，强调平凡中所包含的生活哲学。Fabia 晶锐坚持自身的“硬派”品质，以务实态度与对品质的坚持，赋予求真求实、懂得生活、重视生活和崇尚实用品质的品牌内涵。

三、2009 年展望

受经济影响，2009 年中国汽车市场形势依然比较严峻。但业界对中国汽车未来几年继续保持快速增长的信心没有改变，同时，政府近期出台的一系列“保增长”措施也将帮助汽车市场走出低迷。上海大众发展 20 多年来，其综合竞争力在国内汽车行业中处于领先地位，产品优势非常明显，2009 年上海大众继续增长、进一步提升企业竞争力的决心不会改变。上海大众将按计划投放一系列新产品，继续深化把握未来的主动营销模式，以学习实践科学发展观为契机，提升上海大众的产品竞争力、营销服务能力和盈利能力，再创佳绩。

（作者：汪海佳）

一汽-大众（大众品牌）产品调查报告

一、一汽-大众（大众品牌）面临的宏观环境

2008年中国经济面临的内忧外患是前所未有的，宏观经济调控经历了年初的“防通胀、防过热”，PPI和CPI持续攀高，CPI在2008年上半年高达8.3%，同期伴随着解决两防而持续出台的措施，持续加息，存款准备金率持续升高，更在2008年6月份，存款准备金率在一月之内连续调高两次，存款准备金率高达17.5%；此外，国内南方遭遇不期而遇的年初冰雪灾害，造成电力不足，经济受创；2008年5月份发生的汶川强烈地震，造成中西部经济发展受到极大影响，并引发全国持续支援灾区以及国家的大力经济投入；年初以来股市持续走低，造成大量股民的资金套牢和可变现资产持续降低，造成消费能力和消费信心不足；以及人民币升值和出口政策变化导致的出口增速下滑，结合新《劳动法》实施后，企业成本的上升，造成东部和南部沿海地区中小企业资金吃紧，乃至倒闭或外迁，以及由于外需减弱，造成大量的制造产能过剩，引发开工不足；伴随着国内资金流动性紧收，从而引发资金规模和能力相对弱小的中小企业大量倒闭；尤其是中小企业倒闭，同时造成大量的人员失业，同时CPI在6月份得到控制，降到了6.3%，使得宏观调控方向转向“一保一控”，保经济增长成为当务之急，但是外需持续减弱，沿海出口加工型企业面临的困难越来越大，9月份美国爆发次贷危机，引发金融危机，影响逐渐扩大，逐渐渗透到实体产业，扩展到欧美国家，国内沿海企业也受到了不同程度的影响，进一步影响了居民收入和消费信心，为避免经济增速大幅降低，宏观调控上陆续出台了“保增长”的相关政策，采取了适度宽松的货币政策和积极的财政政策，调低利率，持续降低存款准备金，提高个税起征点，降低高附加值商品出口退税率等政策，为担心经济剧烈下滑，后期又出台了4万亿元的投资计划、救房市，以及近期的车市振兴政策等。2008年宏观经济的跌宕起伏以及宏观政策持续出台，造成汽车市场发生了剧烈的变化。2008年乘用

车市场呈现典型的“高开低走”格局（见图 1），从一季度增长 20%持续降落至二季度 9.6%、三季度 0.3%、四季度 2.2%；全年增长 8.0%，整体市场规模达 547 万辆。

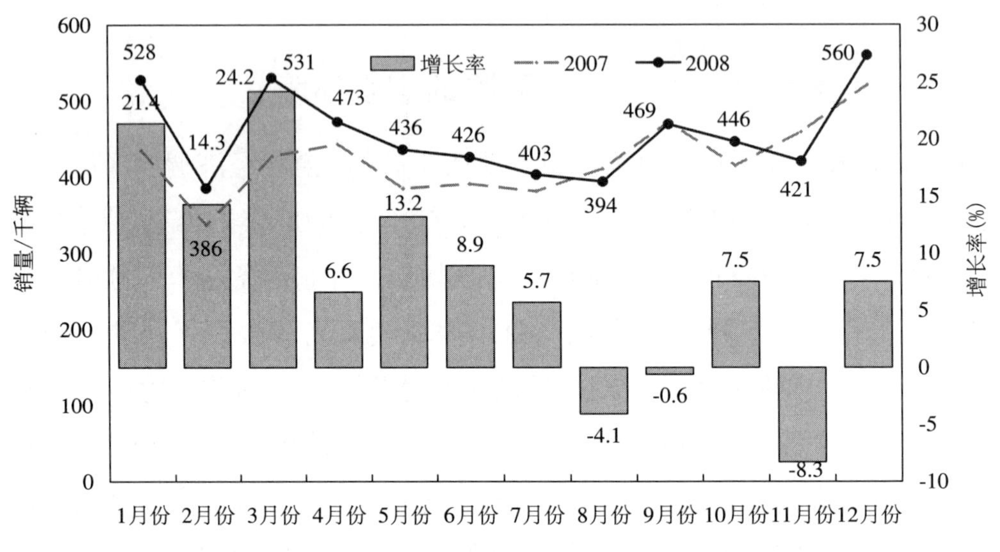

图1 2008年乘用车市场销量及增长率月度变化情况

二、一汽-大众（大众品牌）2008 年市场业绩

在复杂多变、整体市场增速持续走低的环境下，大众品牌结合奥运宣传，先后推出捷达 FLII、速腾 1.8T 冠军版、高尔夫五彩、迈腾 2.0T 和新宝来等系列产品，在 2008 年上半年推出促进迈腾销售的整合营销措施，实施“心喜之旅”项目提升销售服务满意度、针对设施老化陈旧的展厅启动 Facelift 项目，2008 年下半年推出旨在提升整体体系能力的 12 条整合营销措施，包括品牌宣传、融资、网络、产品、衍生服务、市场秩序管理、备件竞争力优化等，建立信息沟通平台，改善经销商盈利模式，开拓细分市场，群策群力，适时推出金秋极速大礼包、迈腾双享、销售竞赛等措施，在 2008 年实现了 39.5 万辆的终端零售，同比增长 9.4%，较整体市场增速 7.8%高出 1.6%；市场份额 7.2%，同比增长 0.15%；在大众品牌的基础上，一汽-大众 2007 年实现乘用车销量第二、轿车销量第一，2008 年一汽-大众再接再厉，再攀高峰，勇夺乘用车销量冠军（见图 2）。不仅如此，2006～

2008 年一汽-大众分别销售 34.7 万辆、45.6 万辆和 51.3 万辆，一年一个台阶，分别实现 30 万辆、40 万辆、50 万辆销量平台。

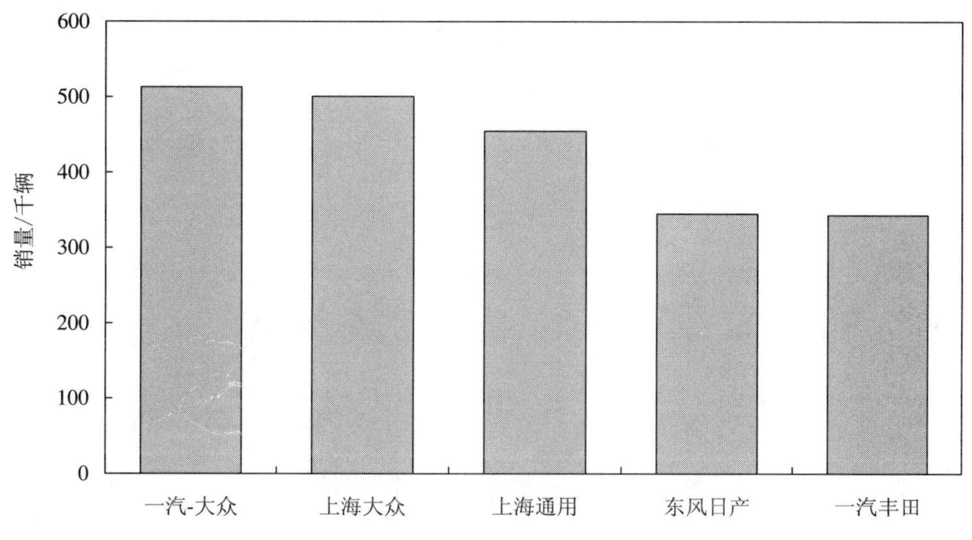

图2 2008年前五乘用车厂家销售情况

2008 年一汽-大众（大众品牌）不仅在销量上取得跨越，在营销质量上也取得不俗业绩，根据 J.D.Power 服务满意度的调查结果，一汽-大众（大众品牌）SSI 和 CSI 分别取得 839 分和 823 分，同比分别提升 24 分和 5 分，尤其是 SSI，大众品牌排名从 2007 年第 10 位提升至 2008 年行业第 5 位。

近三年持续的网络精简优化也取得了优异的成绩，2006～2008 年单店年销量分别为 860 辆、1110 辆和 1260 辆，一汽-大众（大众品牌）网络单店销售服务能力逐年提升，并高于行业其他主流厂家；由于产品结构逐渐高端化，随着销量不断上升，网络整体资金运作能力也获得了锻炼和提升，在保证整体利润水平的基础上，也充分展现了营销网络的抗压能力。

三、一汽-大众（大众品牌）主要产品用户结构特征

从 2008 年一汽-大众（大众品牌）用户结构可以看出，目前大众品牌 71.8%是私人用车，16.2%是公商务用车，11.9%是出租车；根据乘用车注册数据，捷达占大众品牌整体销售 51.6%，捷达用户结构对大众品牌影响较大，捷达公商务用车和出租车比例较高，分别为 22.3%和 23.1%；宝来和速腾主要为家用车，私人

用车比例都在90%以上；迈腾的用户结构与主流B级别轿车用户结构较相似，公商务用车比例在20%左右（见图3），但与领驭近40%的公商务用车比例差异较大。

随着2006年速腾和2007年迈腾的导入，大众品牌以捷达为主要车型的结构逐渐被稀释，由于速腾和迈腾以私人用户为绝对主流，所以2006～2008年大众品牌私人用户比例不断扩大，由2006年的65.9%升至2008年的71.9%（见图4）；公商务车和出租车的比例不断缩小。

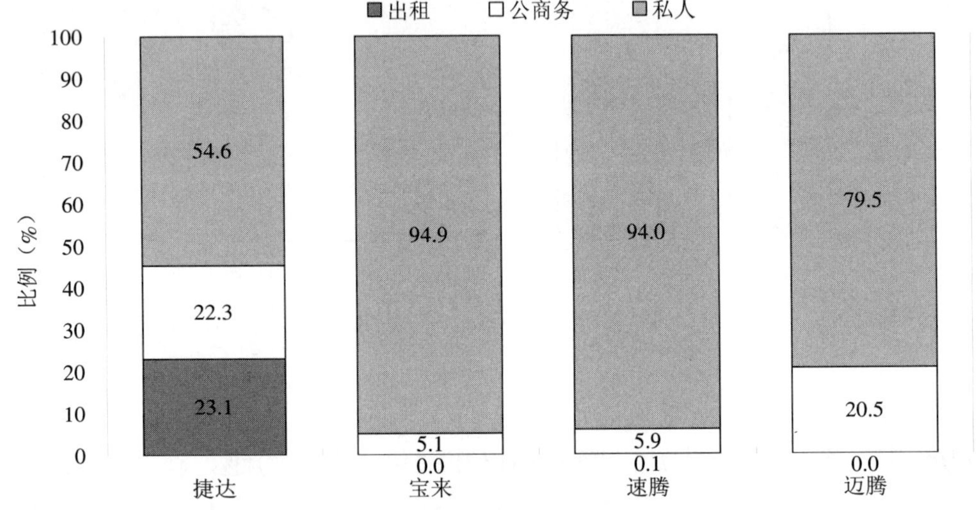

图3 2008年大众品牌主流产品用户结构

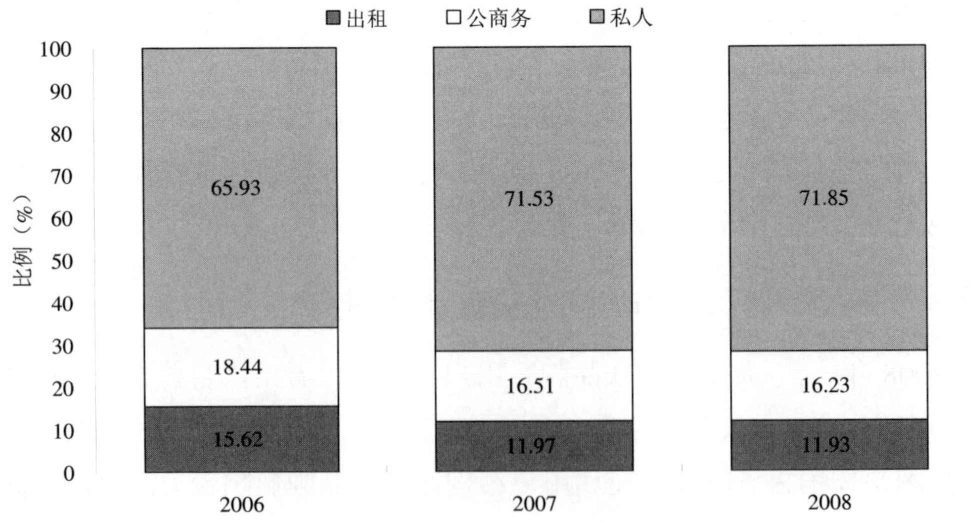

图4 2006～2008年大众品牌用户结构演变

大众品牌私人用户年龄特征分析表明，2006～2008 年 34 岁以上大众品牌用户比例逐渐缩小，整体上而言呈现逐渐年轻的趋势；从 2008 年各主要产品年龄分布情况可以看出（见图 5），年轻化趋势主要是由速腾上量导致的。

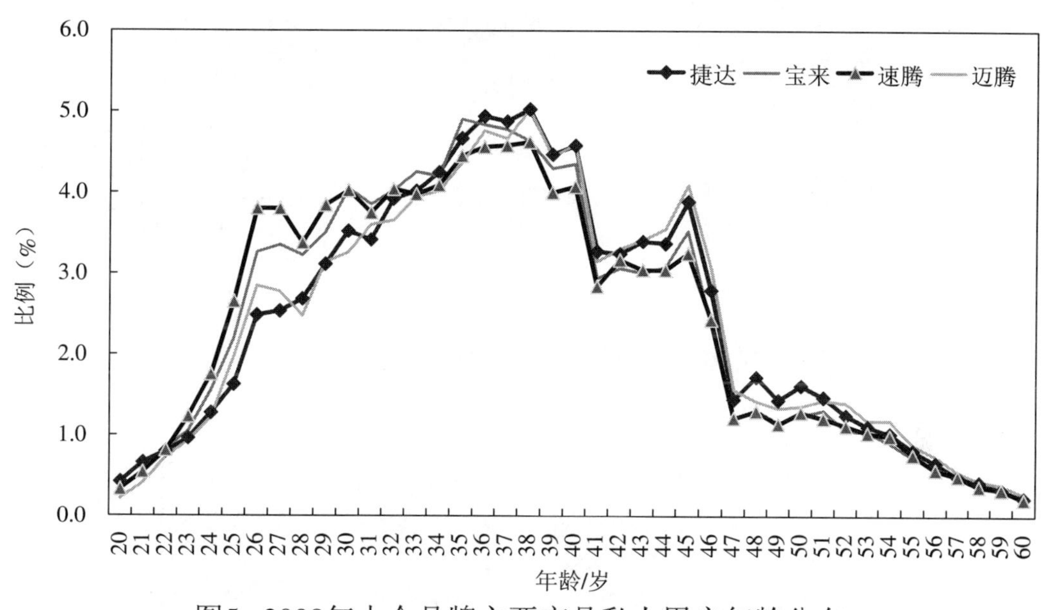

图5 2008年大众品牌主要产品私人用户年龄分布

四、一汽-大众（大众品牌）主要产品区域变化特征

依据 SIC 城市分类标准将全国 349 个地级市分为六类（见表 1），从近 3 年的变化趋势可以发现，大众品牌在 1～2 类城市萎缩较快，从 2006 年的 33.3%降至 2008 年的 27.7%；由于 1～2 类城市中除北京、天津和沈阳为北方城市，其他均为华东、华南、中南地区城市，是大众品牌的弱势市场，考虑到大众品牌主力车型捷达逐渐向 2～3 类城市转移，北京、天津这类主流城市份额逐渐减少的缘故，所以导致 2008 年 1～2 类城市萎缩；3～4 类城市相对而言变化不大，5～6 类城市增长较快，与 2006 年比较提升了 4.9%（见图 6）。而 5～6 类城市的市场比例持续提升与捷达密切相关，2008 年只有捷达在 5～6 类城市的市场比例高于大众品牌的平均水平（见图 7）。

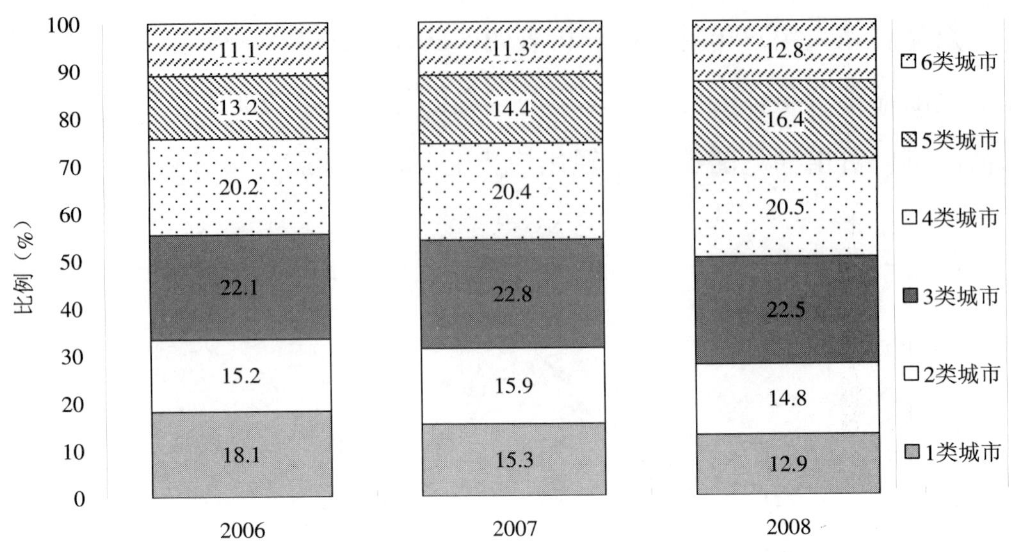

图6 2006～2008年大众品牌在六类市场分布特征

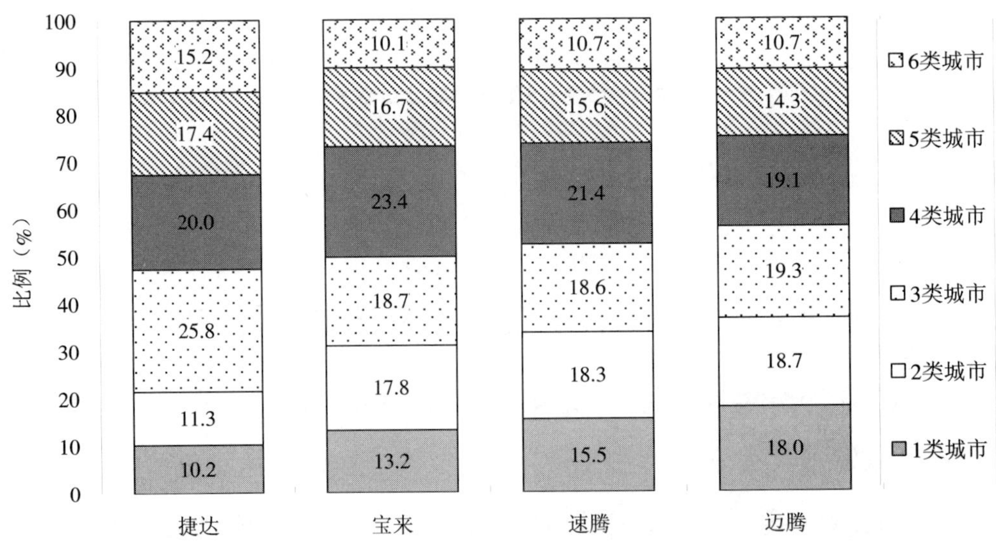

图7 2008年大众品牌主要产品在六类市场分布特征

表1 六类城市分类结果

级别	数量/个	城市
1类城市	3	北京、上海、广州
2类城市	11	天津、沈阳、武汉、重庆、成都、南京、杭州、苏州、宁波、深圳、东莞

（续）

级别	数量/个	城市
3类城市	17	石家庄、太原、长春、哈尔滨、福州、济南、郑州、长沙、昆明、西安、无锡、温州、青岛、唐山、大连、烟台、佛山
4类城市	45	呼和浩特、合肥、南昌、南宁、海口、贵阳、乌鲁木齐、保定、沧州、秦皇岛、廊坊、大同、临汾、包头、鞍山、吉林、大庆、南通、徐州、常州、扬州、盐城、镇江、嘉兴、金华、台州、绍兴、湖州、泉州、临沂、东营、潍坊、淄博、威海、济宁、日照、厦门、洛阳、珠海、中山、惠州、江门、汕头、邯郸、兰州
5类城市	79	邢台、张家口、衡水、承德、长治、晋中、运城、吕梁、晋城、阳泉、赤峰、盘锦、锦州、葫芦岛、抚顺、本溪、营口、辽阳、齐齐哈尔、牡丹江、泰州、连云港、宿迁、丽水、阜阳、安庆、芜湖、淮安、漳州、龙岩、莆田、赣州、九江、泰安、德州、荷泽、滨州、聊城、枣庄、莱芜、南阳、濮阳、安阳、新乡、平顶山、信阳、商丘、开封、许昌、焦作、宜昌、十堰、襄樊、荆州、常德、岳阳、株州、衡阳、湘潭、郴州、茂名、湛江、肇庆、揭阳、韶关、柳州、桂林、绵阳、南充、德阳、乐山、遵义、玉溪、曲靖、咸阳、榆林、渭南、西宁、银川
6类城市	194	朔州、忻州、鄂尔多斯、通辽、呼伦贝尔、乌兰察布、乌海、巴彦淖尔、丹东、朝阳、铁岭、阜新、四平、松原、通化、白城、辽源、白山、绥化、佳木斯、双鸭山、鸡西、七台河、黑河、伊春、鹤岗、舟山、衢州、六安、滁州、宿州、马鞍山、亳州、蚌埠、铜陵、巢湖、淮北、淮南、宣城、黄山、池州、三明、南平、宁德、上饶、吉安、宜春、景德镇、抚州、萍乡、新余、鹰潭、周口、驻马店、漯河、三门峡、鹤壁、黄冈、鄂州、黄石、荆门、孝感、随州、咸宁、邵阳、娄底、怀化、永州、益阳、张家界、阳江、清远、潮州、汕尾、梅州、云浮、玉林、梧州、贵港、百色、河池、北海、钦州、贺州、崇左、防城港、来宾、三亚、宜宾、达州、泸州、资阳、自贡、内江、广安、攀枝花、遂宁、眉山、巴中、广元、雅安、六盘水、安顺、昭通、思茅、保山、丽江、临沧、铜川、宝鸡、汉中、延安、安康、商洛、金昌、白银、嘉峪关、天水、庆阳、平凉、武威、定西、张掖、陇南、酒泉、石嘴山、吴忠、中卫、固原、克拉玛依等

（作者：张正业 王浩）

2008年北京现代产品市场调查报告

北京现代汽车有限公司成立于2002年10月18日，先后推出索纳塔、伊兰特、途胜、御翔、雅绅特、悦动、领翔七款产品，总销量突破百万大关，截止到2008年12月31日，累计销售乘用车1246533辆，其中销量最大的伊兰特累计销售687334辆（见图1），2008年更是凭借新车型悦动的出色表现，全年累计销售294505辆，再创历史新高（见图2）。

2008年对汽车行业来讲是非常艰难的一年，不利因素频发，整体乘用车市场增长速度相比2007年明显放缓，内需低于预期，大多数厂家未能完成年初销量目标。2008年，北京现代完成销量294505辆，国内销售排名行业第七，27%的增长率远高于行业平均水平，成为销量增幅最大的企业之一。

2008年北京现代确立了以市场为导向的营销策略，成立了3个区域事业部，9个区域办事处，真正做到销售阵地和营销决策前移，根据全国不同地区的实际情况开展差异化促销，取得巨大成效。2008年北京现代新增网络81家，其中4S店45家，截至2008年年底中国地区总网络数量达到418家，其中4S店328家。

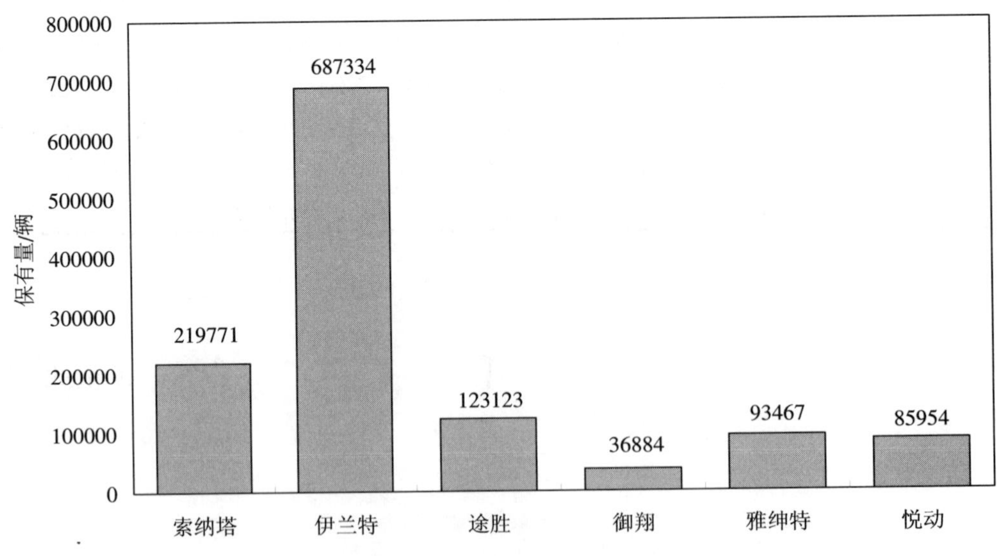

图1 北京现代各车型2002～2008年累计保有量

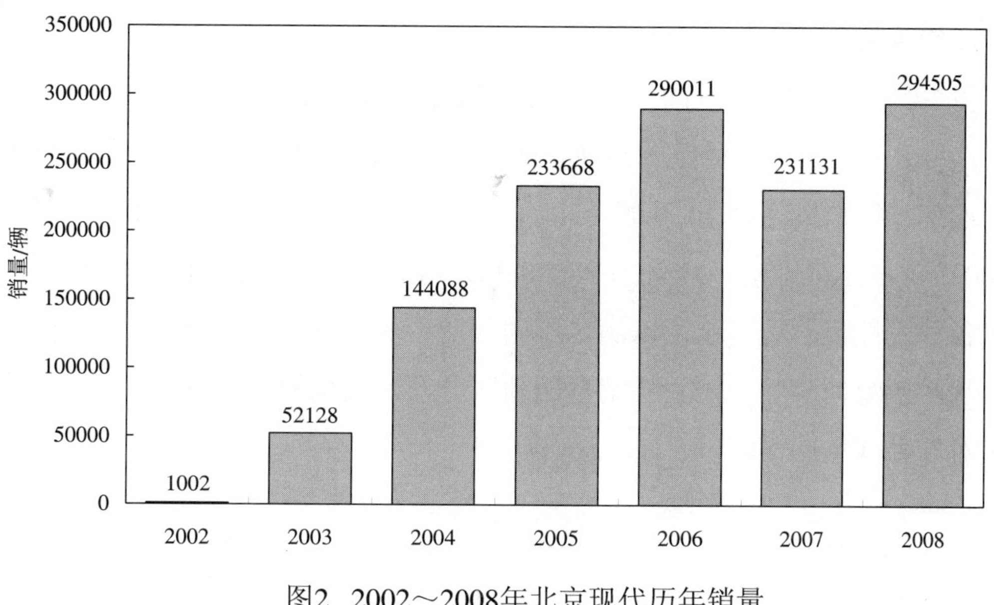

图2 2002～2008年北京现代历年销量

一、北京现代 2008 年各车型市场表现

1. 雅绅特

雅绅特自 2006 年 3 月份上市至今，累计销售 93467 辆，其中 2008 年全年销售 24628 辆（见图 3）。2006 年上市初期，由于过高的采购成本，导致其定价无法满足平民车的定位，造成此产品调整频繁，销量随之起伏不定，难以大幅提升。

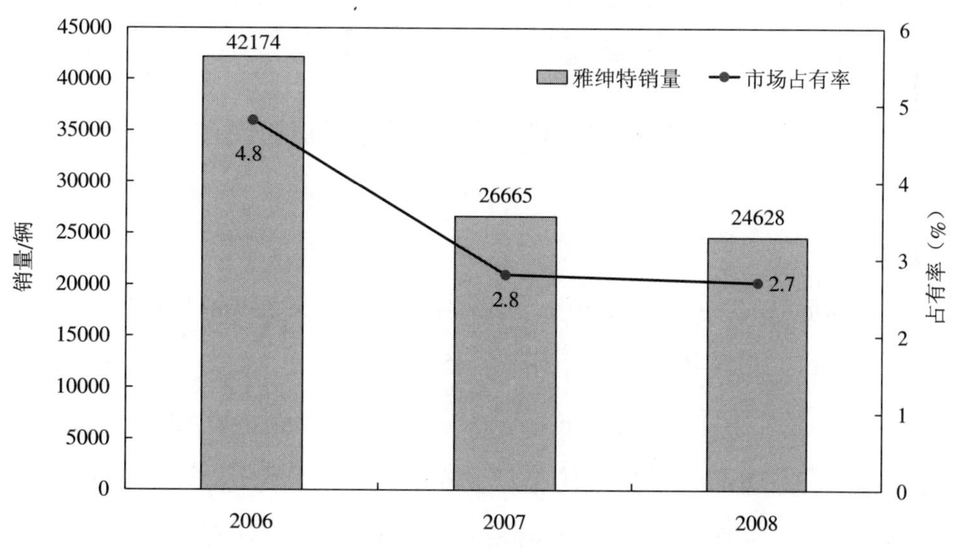

图3 2006～2008年雅绅特历年销量及市场占有率

2. 伊兰特

伊兰特自2003年1月份上市至今，累计销售687334辆，成为保有量最大的家轿车型之一。凭借其优越的品质，良好的口碑，2008年伊兰特全年销售117774辆，连续5年销量超过10万辆。2008年，伊兰特主销车型为1.6GLMT（售价为89800元）和1.6GLAT（售价为98800元）两款，同时，在这两款车型的基础上，推出各种人性化的选装包，以满足不同消费者的需求。

从区域流向上看，伊兰特销量的地区分布比较均衡，山东、江苏、河北的销量相对较多（见图4）。

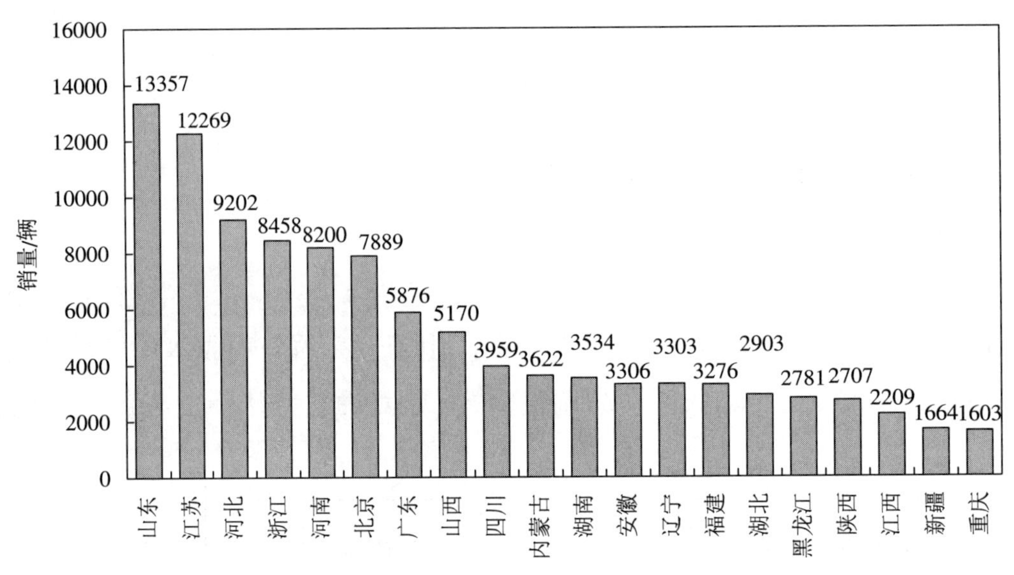

图4 2008年1～11月份伊兰特排名前20位的省份流向

3. 悦动

悦动于2008年4月8日上市，上市当月销售11023辆（见图5），创造了月销量过万的记录，2008年全年累计销售85954辆。

悦动是伊兰特的换代车型，采用了平行换代的产品运营模式，与伊兰特共同生产销售，并通过差异定位及宣传推广区分出不同的客户群体。悦动设计亮点是全新设计外观，线条流畅大气；2650mm的超长轴距，外观舒展，内部空间大，乘坐舒适；另外，悦动采用全新CVVT发动机，油耗降低了6%，噪声更小；安全性高，通过了美国高速公路五星级碰撞试验。

从悦动客户特征看，男性客户为主，比例占到了70%；悦动用户年龄比较年轻化，年龄以26～44岁为主，占到74%；悦动的私人用户占到92%的比例；悦动用户喜欢的车身颜色以炫黑（比例为46%）和晶银（比例为33%）为主；71%悦动用户选择浅色内饰。

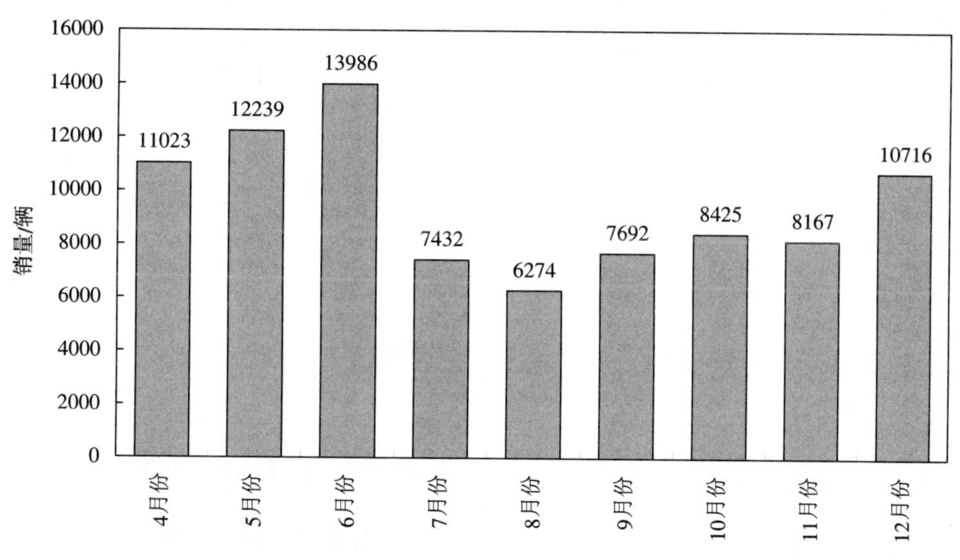

图5 2008年悦动上市后分月销量走势

4. 索纳塔

索纳塔自2002年12月份上市至今已有6年，其优良的品质得到广大消费者的认可，2008年全年销售17413辆。索纳塔目前主销车型为2.0GLMT（售价为123800元）和2.0GLAT（售价为138800元）两款，2008年索纳塔进行了改款，增加了DVD、可视倒车雷达等人性化配置，并推出选装包车型。

5. 御翔

御翔于2005年9月份上市，由于现代的品牌影响力不足，无法为B级别车型的销售提供有力的品牌支撑，御翔销量一直低迷。从御翔分城市流向可以看出，其销量受品牌力影响较为严重（见图6）。2008年，御翔全年销售7524辆，2008年12月份领翔上市后，御翔停产退市。

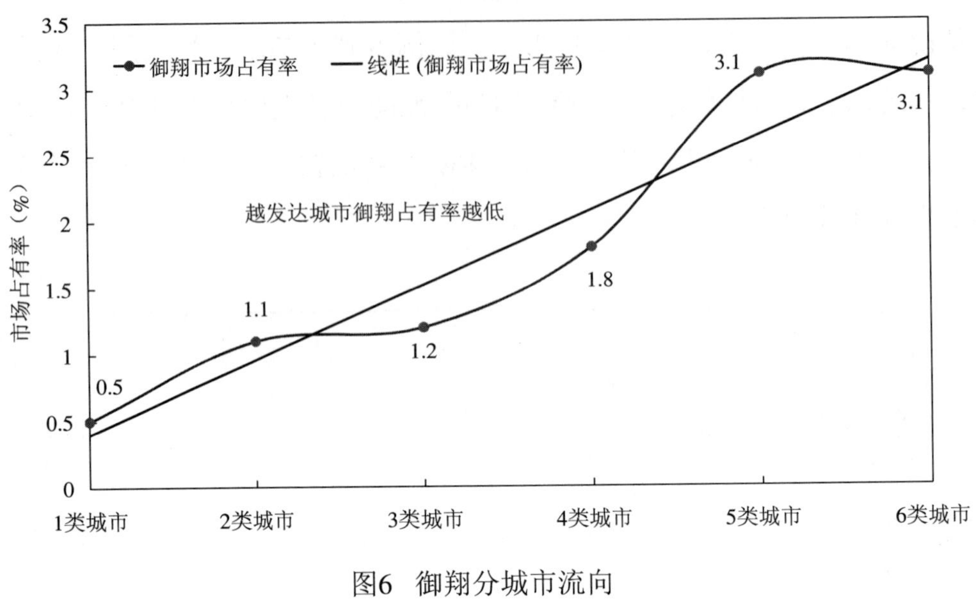

图6 御翔分城市流向

6. 领翔

领翔于2008年12月25日上市，是御翔的换代车型（见表1），代号NFC，字母C代表CHINA，标志着这款车型是专为中国消费者设计的。

表1 领翔产品价格表

车型	价格/元	车型	价格/元
2.0 手动舒适型	155800	2.4 自动豪华型	183800
2.0 自动豪华型	169800	2.4 自动尊贵型	198800
2.0 自动尊贵型	174800	2.4 顶级	228800

7. 途胜

途胜于2005年6月份上市，一直保持较高的销量及市场占有率，是北京现代投放十分成功的产品之一。随着新CR-V、狮跑、逍客、奇骏等新款SUV的上市，此级别SUV市场的竞争愈发激烈。途胜2008年进行中期改款，全系电动天窗、全系遥控钥匙、全系倒车雷达成为途胜的新亮点，2008年全年累计销售41212辆（见图7）。

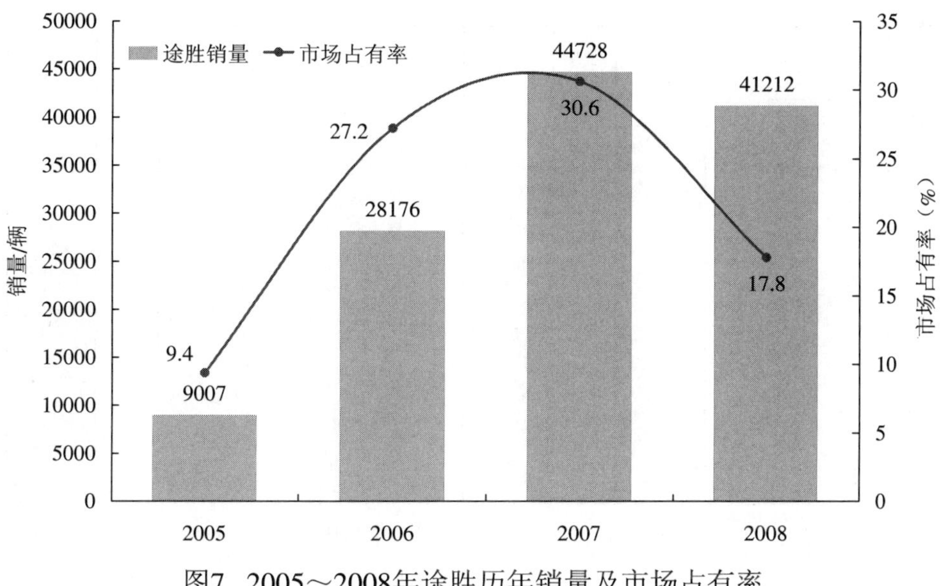

图7 2005～2008年途胜历年销量及市场占有率

二、北京现代产品用户特征

从各车型用户看，御翔以公商务用户为主，索纳塔公商务和出租用户之和超过 50%，其余车型都以私人用户为主（见图 8）。各车型的男性用户比例远远高于女性用户，其中雅绅特对女性用户的吸引力相比其他车型略高（见图 9）。用户年龄主要集中在 30～50 岁之间，其中雅绅特用户相对较年轻，30 岁以下用户比例在 25%左右，随着车型档次的提高，用户的年龄有逐渐上升的趋势（见图 10）。

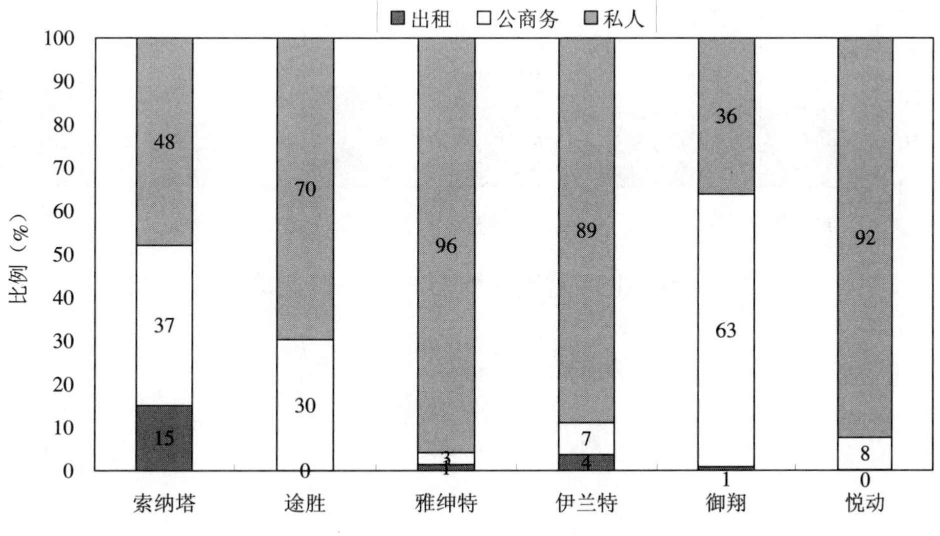

图8 北京现代各车型用户构成

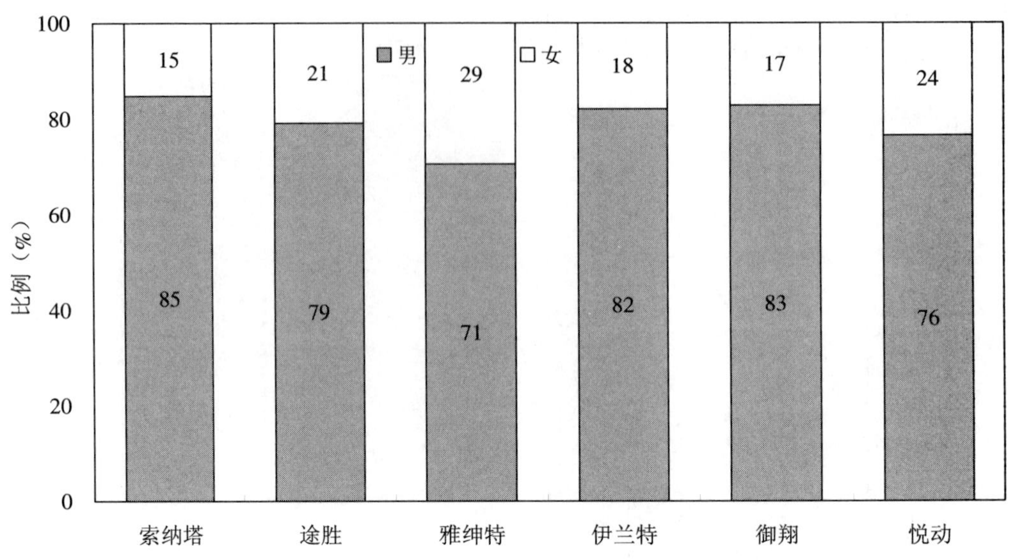

图9　北京现代各车型用户性别构成

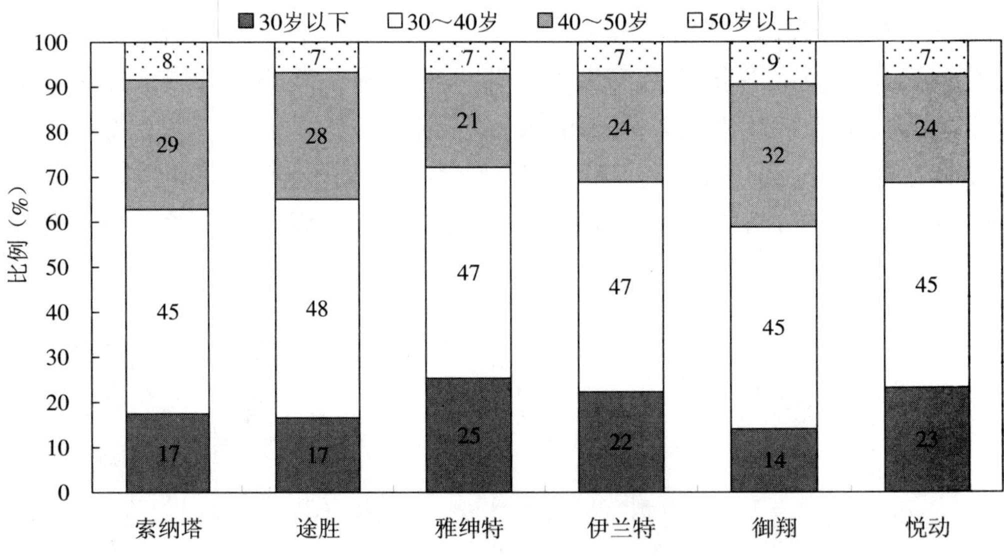

图10　北京现代各车型客户年龄构成

（作者：黄屹）

2008 年神龙汽车市场调查报告

2008 年是乘用车市场极其不平凡的一年，在经历了国内多灾多难的自然与经济形势以及外部世界范围的金融危机的“内忧”与“外患”的市场环境后，2008 年很可能成为乘用车市场的重大转折点，市场增幅将从 2007 年的 22%下降到 5%左右，高速增长的态势将一去不复返。在这种市场形势下，神龙公司的产销量和销售收入都有不同程度的下滑（见图 1），市场占有率虽然相对稳定，但没有达到公司既定的销售目标。

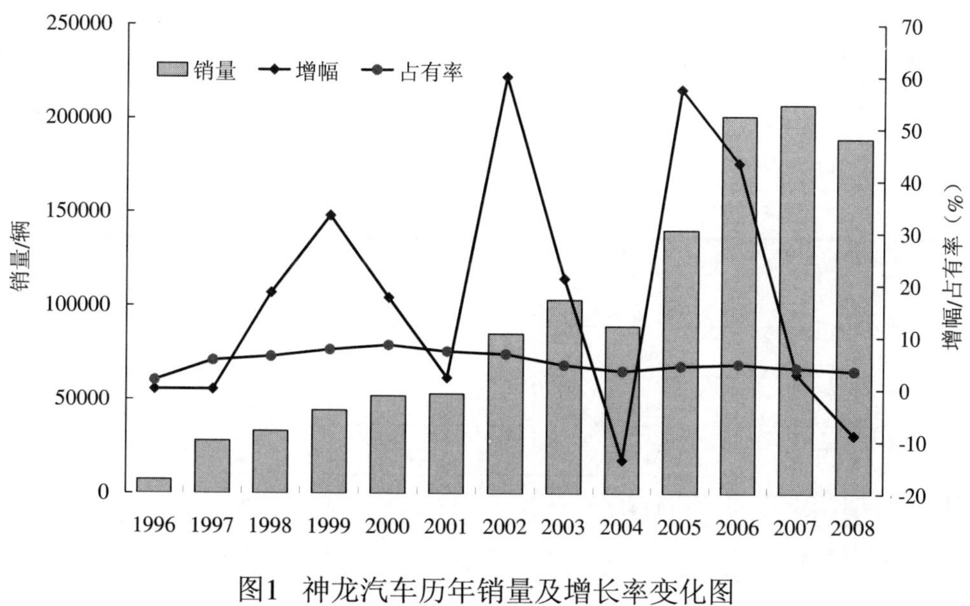

图1 神龙汽车历年销量及增长率变化图

2008 年市场增速的大幅度下滑实际上是从第二季度开始显现的。第二季度以来，乘用车市场的下滑是内部因素（中国经济过热➔通货膨胀➔信贷紧缩➔汇率加速升值）和外部因素（美国金融危机➔世界经济减速）共同作用的结果，导致出口受阻、股市下挫、企业效益下滑、购买力下降、消费信心下滑，进而造成乘用车需求下降。与 2008 年乘用车总体市场的月度走势一样，神龙公司的销量从 4

月份开始急速下滑（见图 2），旗下两个品牌的销量均有不同程度的下滑，其中东风雪铁龙的市场走势表现得较为稳健一些（见表 1）。

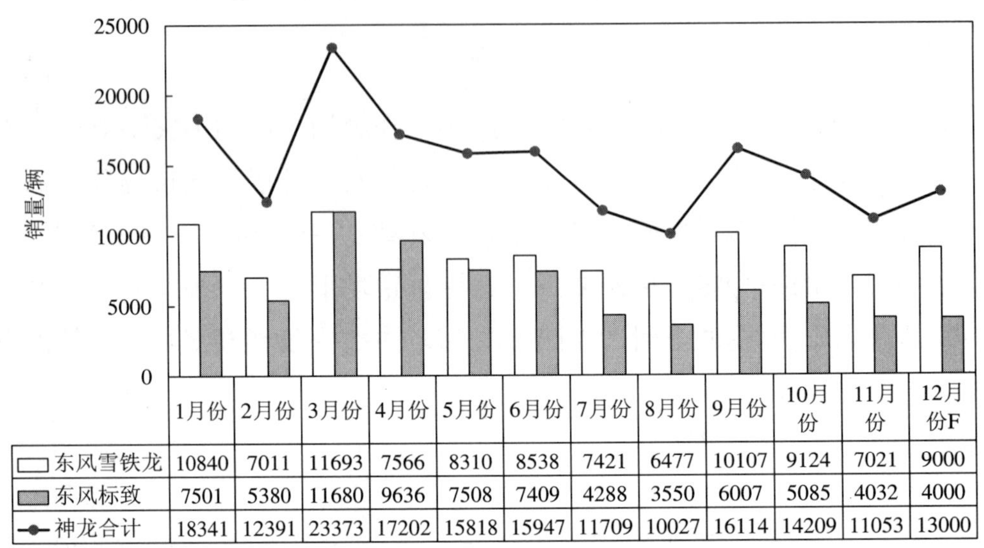

图2　2008年神龙汽车分品牌月度销量趋势

表 1　神龙汽车 2008 年 1～11 月份各品牌及车型销量

车型		2007 年全年销量/辆	2007 年 1～11 月份销量/辆	2008 年 1～11 月份销量/辆	同比增长率（%）
东风雪铁龙	富康	28004	25675	12000	-53.3
	爱丽舍	31449	28072	50685	80.6
	凯旋	31314	28744	14201	-50.6
	C2	17417	16116	7498	-53.5
	世嘉	—	—	6491	—
	毕加索	6852	6229	3233	-48.1
	小计	115036	104836	94108	-10.2
东风标致	307 三厢	63661	55395	40517	-26.9
	307 两厢	—	—	17339	—
	207	—	—	829	—
	206	28558	25713	13391	-47.9
	小计	92219	81108	72076	-11.1
神龙合计		207255	185944	166184	-10.6

在不利的市场环境下，市场集中度进一步提高，日、德车系的品牌优势进一步凸显，价格战硝烟再起，市场两极分化的态势日趋严重，新产品投放的风险逐步加大。面对宏观和微观层面的巨大压力，神龙公司严格履行“一个值得信赖企业”的承诺，在稳定市场价格、狠抓服务质量、做好精准营销和精益管理等方面做出了卓有成效的工作，为后续的公司管理和市场营销工作打下了坚实的基础。

一、稳定产品市场价格

经验表明，在不利的市场环境下，往往是价格战最为激烈的时候，2008 年的市场价格走势又印证了这一规律。从阶段性来看，2008 年的价格走势大体可以分为 3 个阶段：上半年为第一阶段，价格相对稳定，市场总体价格仅下降了 1.58%。第三季度为第二阶段，价格战的苗头开始出现，市场总体价格进一步下降 3.57%，M2 级市场价格则下降了 5.52%。从第四季度开始，价格战的硝烟再次升起。利润率相对较高的 M2+级车市场的价格战空前激化，价格下降的幅度和频次为近年所罕见。以丰田和本田两大阵营为首的强势品牌受市场排名和销量目标压力的驱使，展开了价格拉锯战。B 级车的价格战进一步传导到 A 级和 A0 级市场，大量的新车，如新款凯越、新威驰、雅力士等上市不到 3 个月的时间，市场价格下降了 3 万元左右。

从降价的方式来看，仍然延续了最近几年惯用的模式：挂牌价相对稳定，通过加大厂家促销或经销商促销的形式，降低实际市场成交价。从 2008 年上市的几款新车的价格走势来看，这种现象更为明显。

神龙公司的绝大多数产品分布在 A 级和 A0 级，因此受到的冲击最大。面对不利的形势，本着对市场负责和对消费者特别是已购车消费者负责的态度，神龙公司宁愿牺牲销量，也要保持市场价格的相对稳定。

二、狠抓服务质量

在残酷的市场压力下，神龙公司没有放松对服务质量的追求，而是继续一如既往地狠抓服务质量，努力做到让用户更满意。根据国际知名的 J.D.Power 服务满意度的调查结果，2008 年神龙公司旗下的东风雪铁龙和东风标致品牌无论是 SSI 售时服务还是 CSI 售后服务满意度的分值均高于行业的平均水平，尤其是东风雪铁龙的售后服务满意度指数得分的行业排名由 2007 年的第 12 位跃居到第 4

位，再次取得了服务质量满意度的全面胜利。

三、实时投放了四款新产品

本着用户需求至上的原则，神龙公司在不利的市场形势下，没有减缓新产品的投放速度，实时地投放了四款新车，分别是东风标致307两厢、新爱丽舍、世嘉、东风标致207（见图3），受到了用户的一致好评。截至2008年11月份，四款新品的销量占公司所有产品总销量的比重已经上升到45%，并有进一步上升的趋势。

图3 神龙汽车2008年投放的四款新车

a)东风标致307两厢 b)新爱丽舍 c)世嘉 d)东风标致207

1. 东风新标致307两厢

东风标致307两厢车于2008年2月20日投放中国市场。它具有品位的造型设计、完备的安全配置、高效的动力操控以及舒适的智能享受，预计将对国内中级车市场高端两厢车带来颠覆性的变革。

东风标致 307 两厢车具有独有的拱形半高车身设计，前脸造型延续狮王家族全新的设计理念，宽大的一体式镀铬进气格栅配以四条平行镀铬装饰，整体风格现代时尚。在安全配置方面，东风标致 307 两厢车是同级别两厢车型中惟一全系可配备 6 气囊的车型，前排全尺寸双气囊、前排侧气囊和前后贯穿式侧气帘为全车乘员提供了周到的安全呵护。

值得一提的是，东风标致 307 两厢车所采用的 CMS 技术将智能与安全完美结合，满足了国内消费者对于安全品质的更高要求。其中，部分级别车型装备了被誉为汽车主动安全系统“终极设备”的 ESP 电子稳定程序，在国内两厢车市场中独树一帜。

东风标致 307 两厢车搭载连续可变正时系统（CVTS）发动机，在充分释放能量的同时又可有效降低油耗。2.0L 发动机的最大功率可达 108kW，最大扭矩可达 200N·m，从而使 307 两厢车能获得卓越的加速性能。307 两厢车发动机的环保性能已达到了欧 IV 排放标准，尤其适合中国城市即将推出的高环保标准。

此外，手/自一体变速箱还配有“雪地”和“运动”等多种模式可供选择，保证了驾驶者的自在享受。经过严酷路面试验的 CRD 苛刻道路底盘系统，使 307 两厢车拥有良好的通过性和无与伦比的耐久性。出色的底盘确保车辆在任何条件下都保持极好的附着力和对精准的方向感，而且钢制发动机下护板和独特的防石击涂层更能有效保护底盘，防止较差路面对发动机的损伤，同时还可以起到降低车内噪声，让驾驶和乘坐者可以全身心地体验驾御的乐趣。

采用高科技提升品质，东风标致 307 两厢车的多项人性化功能设计通过 CMS 技术的应用得以实现。例如：智能限速与低速定速巡航功能，不仅为长途驾驶带来便捷舒适的享受，还可以自动控制车速，提高驾驶的安全性；符合人体工程学原理的包覆式六向电动座椅，提供水平前后、靠背倾角、上下高度 6 个方向的调整，以及宽大舒适的座椅能够满足科学的驾驶姿态，可以有效消除长时间驾乘的疲劳感。

2. 新爱丽舍

新爱丽舍沿用了 2005 款的顶置双凸轮轴 16 气阀多点电喷发动机，这款发动机最大功率 78 kW/5750（r/min），最大扭矩 142N·m/4000（r/min）。自 2003 年装备爱丽舍 16V VTS 车型以来，该款车型在市场上有着广泛的保有量和良好口碑。

而装备在新爱丽舍上的这款发动机达到国IV排放标准，60km等速油耗仅为5.0L。

此外，在机械结构方面，新爱丽舍沿用了前麦克弗逊式独立悬架/后纵向摆臂式独立悬架的悬架结构，经典的后轮随动转向技术也得到了保留，从构造上来看，轿车的后轮总成与车身之间采用弹性连接，不仅可以减轻悬架对车身的冲击，而且当汽车转向行驶时，在路面对车轮的侧向反力的作用下，整个后轮总成随前轮相同方向偏转一个小的角度，从而改善了汽车转向的不足，大大提高了汽车的行驶稳定性和转向操纵性能。

新爱丽舍相对于老款车型在车身尺寸方面有不小的变化，在轴距不变的前提下，新爱丽舍的车长增加6.2cm，宽度增加1cm。新爱丽舍的全新造型时尚而不乏稳重。前脸部分，具有雪铁龙家族显著特征的“双人字型齿轮”标识与多钻晶莹前大灯交相辉映。车身侧面亮丽的车窗镀铬装饰条，使车身高雅气质自然流露；新型的“CRONOS”造型多辐铝合金轮辋，使车身整体更显扎实、稳重。尾部造型简洁典雅，美观醒目的星辉立体尾灯与前大灯相映成趣。

3. 世嘉

东风雪铁龙世嘉（C-QUATRE）是雪铁龙C4轿车的国产车型，其命名延续了东风雪铁龙车型命名的规律，“C”代表着雪铁龙家族车型，世嘉与C4的法文发音C-QUATRE吻合，同时QUATRE取自法国巴黎著名景点——亨利世嘉港（QUAI HENRI QUATRE），延续了东风雪铁龙系列车型命名与法国元素的关联。

东风雪铁龙世嘉的时尚设计传承了雪铁龙家族鲜明的设计风格，为用户带来了高品质的驾乘享受。

东风雪铁龙世嘉完美体现了欧洲风格的设计精髓。极富流线型的车型轮廓与线条和谐搭配，实现了优雅与动感的完美融合，和谐大气，精彩非凡。欧洲率先上市的五门C4因为其非凡魅力当选为英国、法国、意大利、克罗地亚、比利时、西班牙等国家的年度车型，并多次荣获国际汽车设计大奖。

东风雪铁龙世嘉流线型车身圆润饱满，风阻系数出色地达到0.31，在拥有完美造型风格的同时，更有效地降低了车辆行驶时的噪声，并且降低了燃油的消耗和有害气体的排放。

全球首创的中央固定集控式转向盘操控平稳，行驶中无需让手离开转向盘，就可以轻松地完成驾驶辅助（如定速巡航、限速器）与舒适（如音响系统、蓝牙等多功能控制系统）操作，更加便捷与安全。转向盘内置的符合人体形状的安全气囊能够提供更好的安全保证。

同级别车型中惟一配备的定速巡航与限速器，为车主提供了不一样的品质享受。定速巡航能使世嘉在高速公路上行驶时，实现设定车速自动巡航行驶，减少长时间匀速行驶带来的枯燥和疲劳感；限速器则为车主的安全行驶默默地设置了一个安全速度保证线，避免超速驾驶，在监视器繁多的城市是非常实用的功能；更为精巧的是，定速巡航和限速器的控制按键都设置在中央固定集控式转向盘上，操作异常便捷，给人带来“一切尽在掌握”的尊贵感受。

东风雪铁龙世嘉配备了同样在凯旋车型上使用的2.0L 16V发动机，采用VVT可变气门正时技术，可迸发出最大功率为 108kW 的强大马力，最大扭矩可达到200N• m，在同级别车型中，动力表现傲视群雄。配合采用保时捷Tiptronic技术的手/自一体变速箱，可以给人带来车随心动、人车合一的驾乘体验。1.6L 16V发动机高效、节能，90km 等速油耗仅为 6.0L。同时，东风雪铁龙世嘉也可满足国IV 排放标准。

4. 东风标致 207

东风标致 207 是东风标致品牌继 307、206 系列之后推出的又一全新重磅车型，极大地拓展了东风标致的产品线，进一步提升了东风标致品牌和产品的市场竞争力。东风标致对 207 的产品定位和定价进一步提高了该级别高端紧凑轿车市场的吸引力，丰富了消费者的选择。东风标致 207 的上市将为东风标致拓展紧凑型三厢车的细分市场助一臂之力，成为一款符合消费者追求的 “精• 质之选”。

东风标致 207 堪比中级车的大尺寸造型设计、宽敞实用的内部空间、细致惬意的内饰工艺、合理的人性化科技配置以及动力与燃油经济性和谐均衡的表现，都将为东风标致进军又一新的细分市场奠定坚实的基础。东风标致 207 充分满足车主兼顾实用、时尚的品位追求，也将为更多消费者带来不同凡响的驾乘体验。

四、稳定营运市场份额，继续在个人和非营运市场寻求增量

面对日益饱和的出租车市场，神龙公司继续每年以 8%左右的比例稳定在该市场的产品需求，同时力求在个人和非营运市场寻求增量（见图 4）。

从产品细分来看，神龙公司仍然将用户比较熟悉和喜爱的富康和爱丽舍作为出租车市场的主打车型，这两款车型经济省油、成熟可靠，受到市场的一致认可。

其他车型则主要在个人和非营运市场寻求增量，其中 2006 年上市的凯旋已成功地在单位用车市场占有了一席之地（见图 5）。

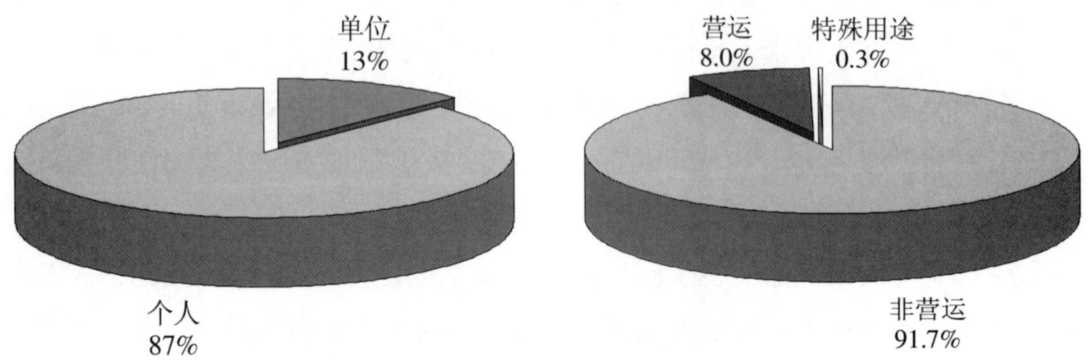

图4 2008年1～10月份神龙汽车产品用户构成

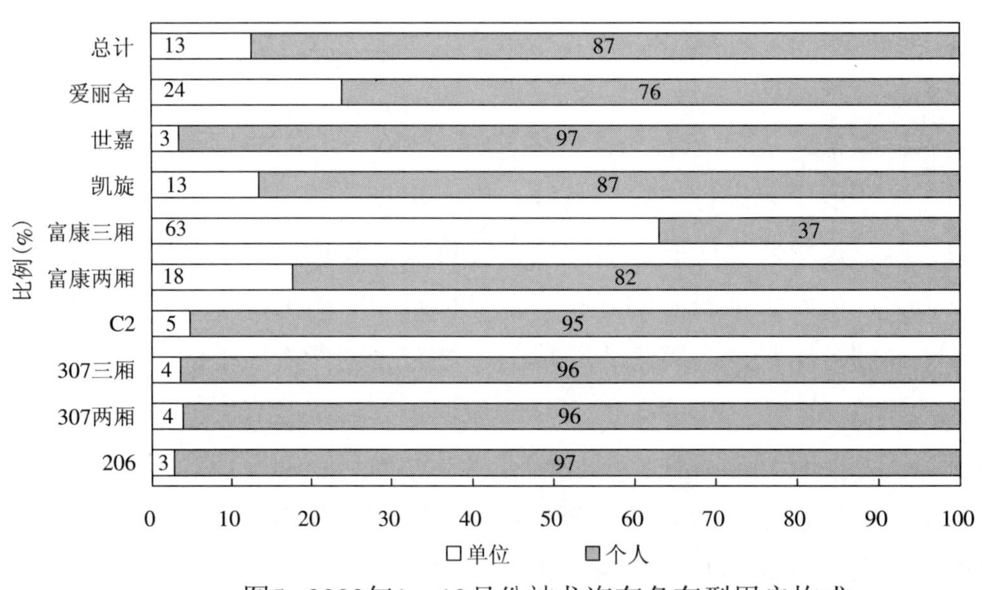

图5 2008年1～10月份神龙汽车各车型用户构成

五、“因车制宜”，逐步向潜力较大的 2～3 类城市拓展销量

针对当前一类城市市场容量日趋饱和、增速不断下滑的局面，神龙公司加大了 2～3 类城市的市场拓展力度，并根据各类产品的不同特点，结合不同市场的市场需求特点和用户偏好特征，有重点、有针对性地实施差异化营销策略，并取

得了一定的效果，3～4 类城市的销量比重呈逐年提升的态势（见图 6）。

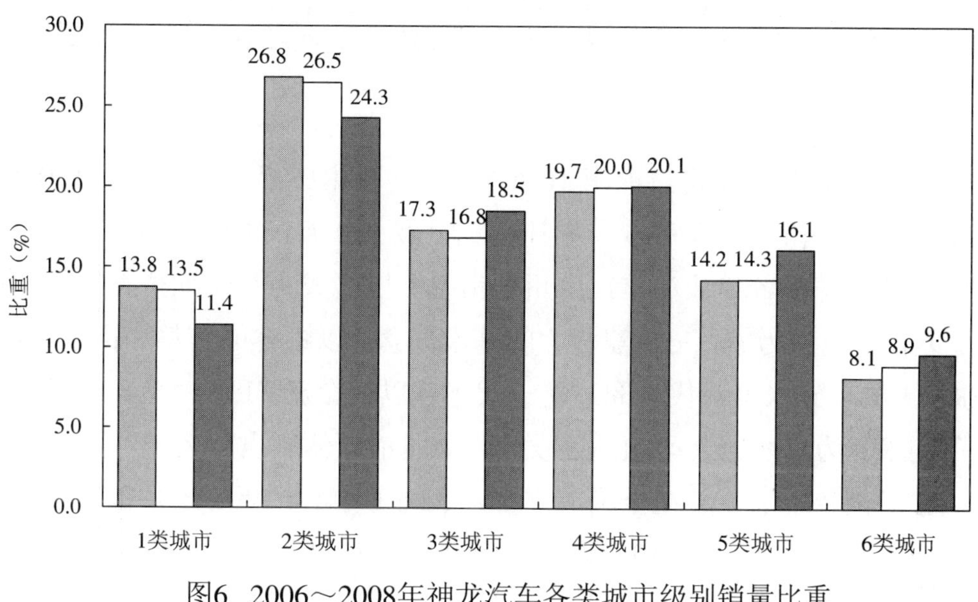

图6 2006～2008年神龙汽车各类城市级别销量比重

（作者：李锦泉）

2008 年广州本田产品市场调查报告

2008 年是广州本田走过的第 10 个年头。广州本田累计产销突破 150 万辆（见图 1），成为中国汽车行业第 5 家累计销量突破 150 万辆的轿车生产企业，成为广州汽车工业的开拓者和领头羊。广州本田始终以“成为社会期待存在的企业”为目标，基于“以人为本，三个喜悦”的基本理念，以顾客的信赖和需求为出发点，在 2008 年成功导入第八代雅阁、新一代飞度以及全新 CITY 锋范，满足了不同消费者的需求。为了适应公司的高速发展，公司销售体制也随之发生变革。2008 年 2 月成立了销售本部，并在全国成立了六大商务中心，更好地贴接区域市场，服务用户。 2008 年，广州本田发布第一个合资企业的自主品牌“理念”，宣告广州本田进入双品牌运营时代。

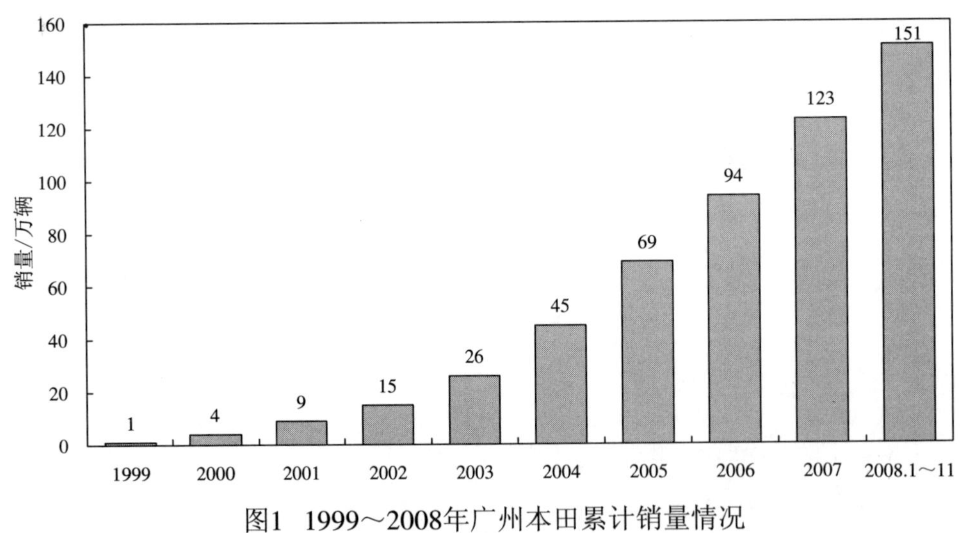

图1　1999～2008年广州本田累计销量情况

一、广州本田总体市场表现

2008 年 1～11 月份广州本田共实现销售 278151 辆，累计增长 5.3%。其中雅阁成功换代，销售增长 35.2%（见图 2）。新飞度也已于 2008 年 7 月份上市，CITY

锋范在 2008 年 12 月份上市。新产品的密集上市以及对新老产品垂直换代的坚持，广州本田在 2008 年 1 月份、6 月份和 11 月份损失了部分销售（见图 3）。2008 年下半年，随着外部经济环境的不断恶化，广州本田的销售也受到了一定影响，其中奥德赛所处的 MPV 市场销量最先开始下滑，下滑幅度也最大。其次，由于新产品上市，市场终端销售价格向指导价回归，加上经济环境的影响，消费者对新产品的新价格接受度不如预期，也加重了消费者放弃选购或者持币待购的心理，对实际销售产生了一定影响。

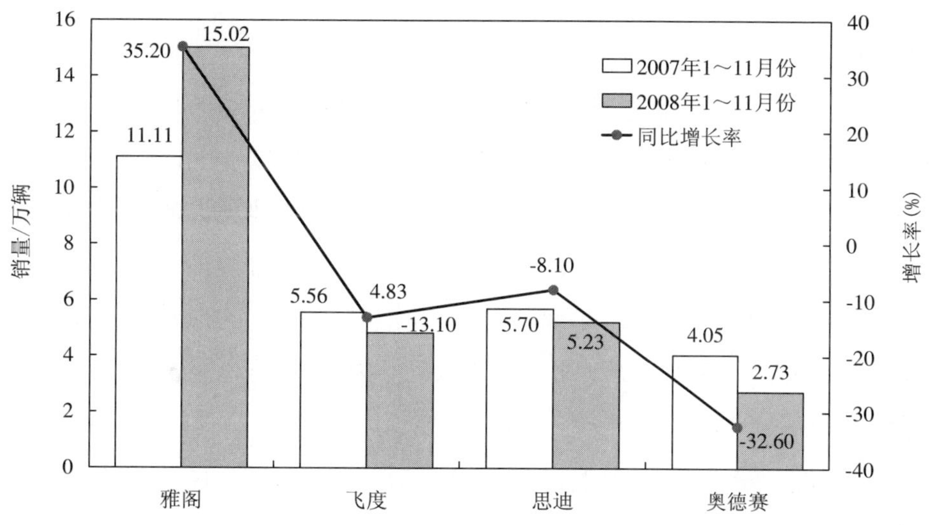

图2 广州本田产品销量变化情况

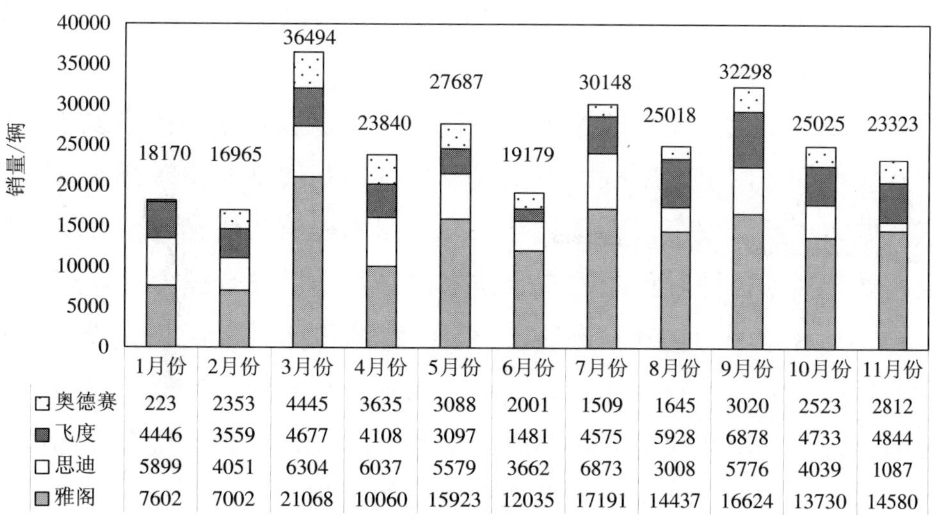

	1月份	2月份	3月份	4月份	5月份	6月份	7月份	8月份	9月份	10月份	11月份
奥德赛	223	2353	4445	3635	3088	2001	1509	1645	3020	2523	2812
飞度	4446	3559	4677	4108	3097	1481	4575	5928	6878	4733	4844
思迪	5899	4051	6304	6037	5579	3662	6873	3008	5776	4039	1087
雅阁	7602	7002	21068	10060	15923	12035	17191	14437	16624	13730	14580

图3 2008年广州本田产品月度销量走势

2008 年 2 月份，为了向第二个十年宏伟奋斗目标挑战，广州本田销售部对现有 24 万辆的销售体制进行认真总结并反复讨论，开始大刀阔斧地进行机构改革以应对 36 万辆及 36 万辆以上大规模销售的需要，于是广州本田销售本部就这样应运而生了。销售本部下辖销售部、客户服务部、综合业务室以及六大商务中心。对特约销售店进行指导、支持和服务的商务中心被提到了空前重要的位置。对区域市场的精耕细作成为广州本田销售本部未来工作的重中之重。

二、广州本田产品的市场表现

1. 雅阁

本田雅阁车型自 1976 年推出至今，已经有 30 多年的时间了，全球市场累计销售达到 1600 万辆。第八代雅阁的开发设计理念是“Advanced & Powerful”，意味着“前瞻科技和激越力量”的完美融合。根据这种理念，本田汇聚最新技术，开发全新的技术平台，从而在空间设计、安全性、动力性能、操控性以及环保等诸多方面超越了历代的水平，是雅阁 30 多年品牌历史的颠峰之作。第八代雅阁引入全新的 3.5LV6 VCM 发动机，输出高达 280 马力，并采用了本田最先进的 VCM 可变气缸管理技术，能够在 3 缸、4 缸和全 6 缸工作模式间自动切换保持出色的燃油经济性。第八代雅阁上市后不久，就在 C-NCAP 碰撞安全测试中取得了 50.3 分的好成绩，这也是 C-NCAP 轿车类首个超五星安全评价。配合 3 年 10 公里的保修政策，在中国市场上第八代雅阁全面超越了已有的 B 级车概念，接近甚至达到了 C 级车的档次，是一款名副其实的“B++级”轿车，从而给中国中高级轿车市场树立了全新的坐标。

第八代雅阁在上市前期的 VIP 小型品鉴会上就获得了 VIP 嘉宾的一致好评。随着第八代雅阁在国家大剧院宣布正式发售，第八代雅阁又展开了主题试乘试驾和华东八城市“跃级安全，科技领航——广州本田第八代雅阁超五星安全之旅全国安全巡展”活动，针对雅阁的安全技术优势及本田安全理念进行深入宣传。F1 GP 上海站 2008 年 10 月 19 日激情上演，以媒体和雅阁 3.5L 的消费者为核心，展开“品鉴科技共激情”雅阁 F1 之旅和“品鉴科技共激情”全国促销活动。公关活动方面，120 辆第八代雅阁轿车成为中国国际投资贸易洽谈会省部级领导的接待用车，为雅阁攻占公务车市场做出了重要的贡献。

第八代雅阁上市后第 3 个月，随着 2.0L 版本的上市，雅阁一跃成为中高级市场销量冠军，中高级别市场格局也随之改变，雅阁和凯美瑞成为统领中高级市场的绝对主力（见图4）。

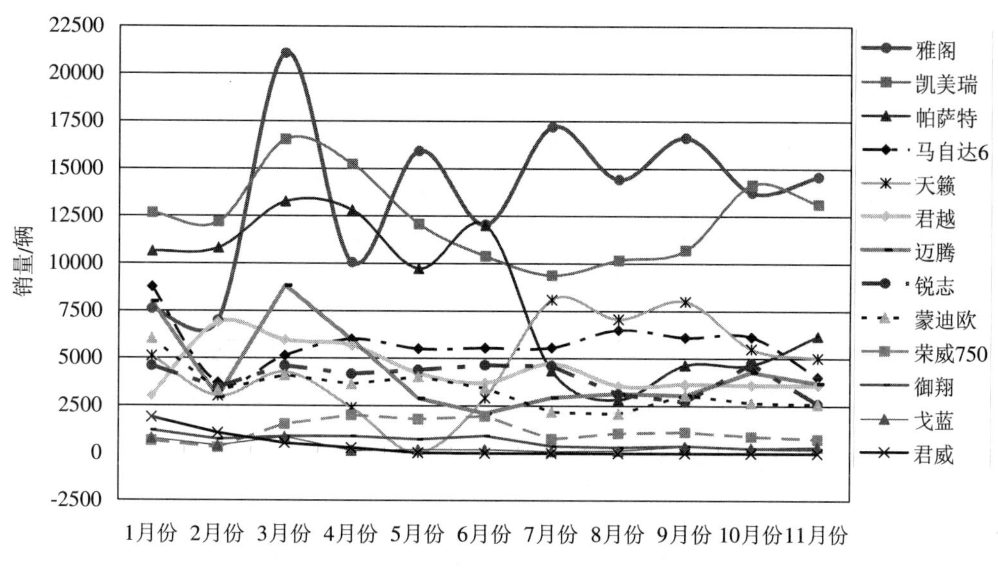

图4 2008年中高级市场各品牌销售情况

2. 飞度

飞度脱胎于本田的GSC平台（Global Small Car Platform），也就是全球通用小型车平台。这一平台创造性地应用了对小型车开发极具影响力的“MM 理念”（ Man Maximum，Mechanism Minimum——乘员空间最大化、机械空间最小化）。凭借这一理念，从第一代车型至今，飞度通过不断的创新，开拓了小型车的全新领域。在中国市场，广州本田飞度一直以鲜明的个性与全面的性能而大受追捧，已达到 33 万辆的保有量。虽然推出将近 4 年时间，仍是人们购车时的重点考虑车型。秉承广州本田全球同步换代的传统，新一代飞度在 2008 年 7 月份正式上市。新一代飞度整个车身以“Super Forward（超级前伸）”的思想进行设计，呈现出前低后高的姿态，蕴涵动势，彷佛一触即发，也充分满足了空气动力学的要求。

新飞度瞄准了25～35岁白领精英和年轻家庭，为了传递飞度品牌独有的“适度、适己、适用”的品牌内涵，新飞度战略性地植入了人气电影《爱情呼叫转移2——爱情左右》，在演绎新都市爱情喜剧的同时，对“三适主义”进行了完美诠释。除了植入电影的文化营销，新飞度还开创了国内海运货柜（Cargo）移动橱窗展示的先河，在全国六大核心城市的时尚地标设置FIT ZONE展示橱窗，通过时尚的设计、绚丽的灯光动态效果，让时尚族群第一时间零距离体验新飞度以及“FIT 生活理念”。对于全国其他地区的飞度迷，新飞度推出了 ifitclub 网络家园，成为新飞度潜在用户和管理内用户沟通和交流的平台，也为新飞度的网络营销打下了坚实的基础。

新飞度 2008 年 7 月份上市当月销售 4575 辆，在市场价格和指导价回归的同时，顺利完成了新老飞度车型的切换。新飞度凭借其“全方位领先”的产品和极具创新精神的 FIT LOVER、FIT ZONE、ifitclub 三大体验营销，再一次领跑经济型高端两厢轿车市场（见图 5）。

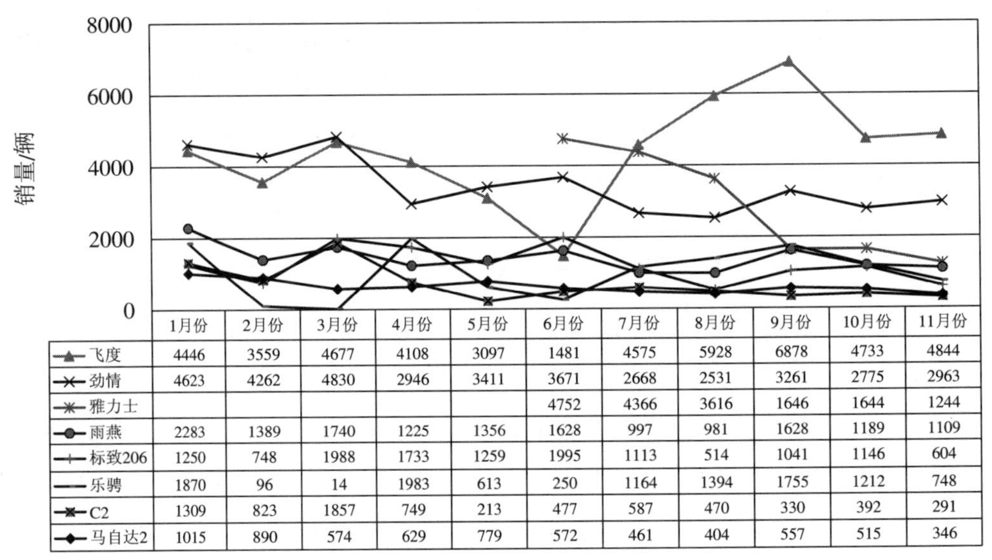

	1月份	2月份	3月份	4月份	5月份	6月份	7月份	8月份	9月份	10月份	11月份
飞度	4446	3559	4677	4108	3097	1481	4575	5928	6878	4733	4844
劲情	4623	4262	4830	2946	3411	3671	2668	2531	3261	2775	2963
雅力士						4752	4366	3616	1646	1644	1244
雨燕	2283	1389	1740	1225	1356	1628	997	981	1628	1189	1109
标致206	1250	748	1988	1733	1259	1995	1113	514	1041	1146	604
乐骋	1870	96	14	1983	613	250	1164	1394	1755	1212	748
C2	1309	823	1857	749	213	477	587	470	330	392	291
马自达2	1015	890	574	629	779	572	461	404	557	515	346

图5　2008年经济型高端两厢轿车市场销售情况

3. 奥德赛

MPV 用户多为公务用车和中小企业业主，对经济环境的变化最为敏锐，受经济不景气的影响也最大。自 2008 年金融危机以来，MPV 是乘用车市场中最早受到影响的车型，也是受影响最大的细分市场，2008 年全年 MPV 市场同比增长率为-9.5%，是惟一负增长的细分市场（见图 6）。

奥德赛是 MPV 的领军车型之一，定位于多功能轿车新锐派，兼备良好的私人、家庭和公商务用途，且私人用户比例远高于同级别竞争对手，2008 年奥德赛私人用户的比例达到 64.5%（见图 7）。2008 年奥德赛的主要用户群，分布于江、浙、粤，用户大多是服务或间接服务对外出口业务的私营业主，受金融风暴的影响，部分用户延迟或放弃了用车需求，奥德赛销量大幅下降；同时，奥德赛产品进入生命周期末期，特约店也对奥德赛库存结构进行了调整。2008 年前 11 个月，奥德赛累计销售 27254 辆，同比增长-32.6%。

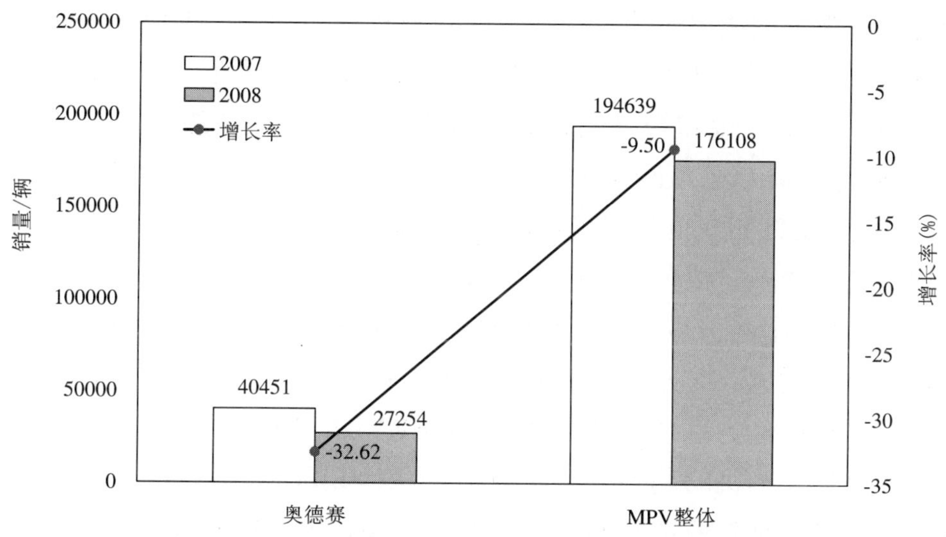

图6 2008年奥德赛和MPV整体市场增长率

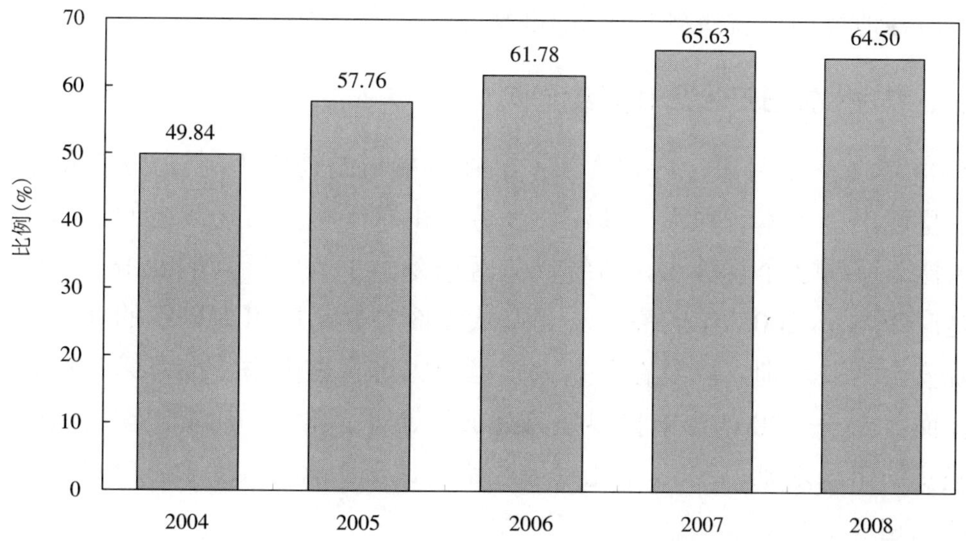

图7 2004～2008年奥德赛私人用户比例变化情况

4. CITY 锋范

现代都市中最富活力、最具创造力的一群年轻人，他们奋发有为，正处于事业的上升期；他们锋芒毕露、锐意前行，敢于挑战一切权威，从不轻易放弃自己的目标；他们努力工作，又懂得享受生活，始终相信自己是最好的。这群年轻人被称为“新一代奋斗青年”，是青年才俊中的典范和表率，也是当今时代最具生长性的力量。为了创造出一款真正符合“新一代奋斗青年”价值诉求的新一代中级车，本田采用最先进技术和设计思想，在继承安全、环保、节能等固有优势的基础上，更融入了新锐和智慧的设计，开发出代表主流中级车用户消费趋势的 CITY 锋范轿车，并以“Advanced Proud Sedan（领先科技，倍感自豪）”作为开发理念，完成了 CITY 锋范品牌里程碑式的跨越。CITY 锋范从车身布局设计开始进行了根本性的变革，整车长度达到 4400mm，轴距比上一代加长 100mm，达到 2550mm，整体采用“引弓待发（Arrowshot）”的造型灵感，侧面看如欲发之箭，气势十足又充满动感。动力系统采用独有的 i-VTEC 技术，分别配备 1.8L 和 1.5L 两款高效、先进的动力系统。其中 1.8L SOHC i-VTEC 发动机是 Honda 在雅阁（Accord）2.0L 发动机的基础上，专门开发的 1.8L 版本。强劲有力的外观，畅快淋漓的驾驶以及宽适惬意的空间三方面精益求精，使 CITY 锋范成为一款“看起来自豪，用起来自豪”的车型，全面进军中级车市场。

2008 年 12 月 12 日，广州本田对 CITY 进行了垂直换代。短短两周时间内，广州本田各地特约店就接到超过 6000 辆 CITY 锋范的订单。

三、广州本田产品的区域流向

2008 年 1～11 月份，广州本田产品在各省市的销售比例与 2007 年基本保持一致，呈现出广东本省独大，浙江、江苏、山东等重点市场次之的局面。但广东省的占比下降了 3 个百分点，传统优势区域受到了竞争厂商的冲击。同时，北京地区是广州本田 2008 年的亮点。第八代雅阁在北京国家大剧院的隆重上市，警察学院安全驾驶培训，以及在北京大学世纪大讲堂盛大举行的“第八代雅阁之世界因你而美丽——2007 影响世界华人盛典”等等，都为广州本田在北京的发展打下了坚实的市场基础。2008 年北京地区销售比例上升了 1.1 个百分点（见图 8），销量增长超过 30%。

2008 年广州本田在全国成立了华南、华东、华中、华北、东北、西部六大商务中心，强化以商务中心为主体的区域管理制度，使自身更贴近区域市场的需求，能够快速地应对市场的需要。

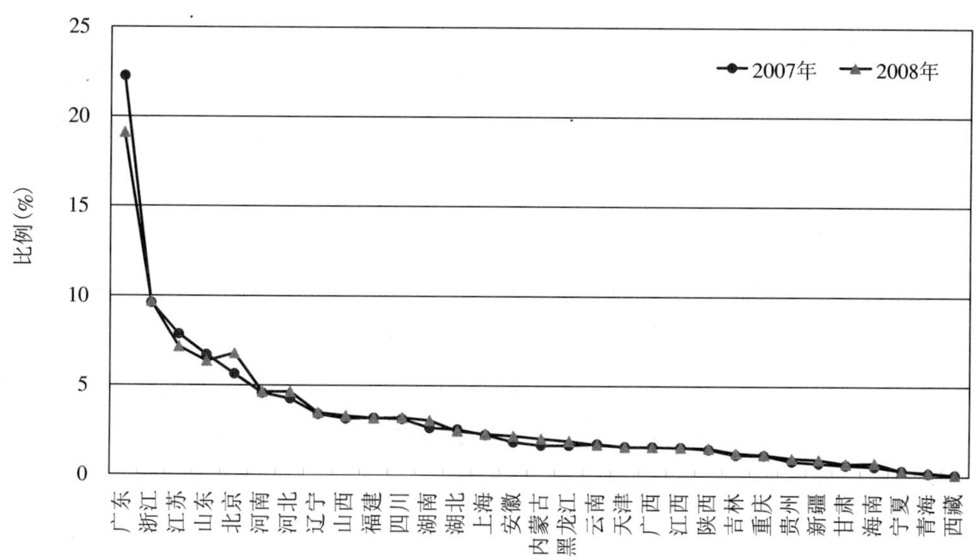

图8 广州本田整体销售流向变化

四、广州本田理念自主品牌

2007 年 7 月 19 日，广州本田成立了独资的广州本田汽车研究开发公司（GHRD），并宣布将推出自主品牌，因而开辟了自主品牌发展的全新模式与道路。2008 年 4 月 20 日，广州本田在北京车展上发布自主品牌中文名称“理念”及品牌标识，并展示了首款概念车。

时隔半年，广州本田又在广州车展上展出了“理念”品牌的概念敞篷跑车，这款概念车是一款独特、充满新感觉的休闲敞篷跑车，充分彰显出“理念”品牌时尚动感、创新挑战的品牌主张，能够让人们完美体验到充满梦想、独一无二的驾驶乐趣。

广州本田的自主品牌战略正在稳步推进，成果显著。按照规划，2010 年广州本田“理念”品牌轿车将正式投产，并陆续推出全系列的车型。“理念”品牌诞生之后，广州本田就进入双品牌运营阶段，更需要一改以往的以产品品牌带动企业品牌的局面，构筑了一个强大的母品牌，从而有效地拉动了旗下两个子品牌的提升。

五、市场反馈

由商业报纸领导者《21 世纪商业评论》、《21 世纪经济报道》主办的“2008 年第五届中国最佳企业公民评选”活动，经过 4 个月的精心评选，于 2008 年 12 月 6 日在北京揭晓。广州本田荣获“2008 年度最佳企业公民大奖”。这是广州本田连续第 4 年获此大奖。

2008 年 12 月 4 日，由搜狐网汽车频道和《汽车与驾驶维修》杂志联合举办的“2008 年度中国汽车服务金扳手奖、金手指奖”颁奖典礼在北京举行，广州本田荣获“2008 年度金扳手技术贡献奖”。为了更好地服务顾客，广州本田在售后服务领域不断开拓创新，通过建立完备的技术培训体系、开展售后服务技能竞赛、导入钣喷样板店和绿色特约店等多项措施，给特约店培养了一批高水平的维修技术人才，为不断提高客户满意度奠定了坚实的基础。

J.D.Power 亚太公司日前发布的中国新车质量调研 SM（IQS）报告显示，广州本田的飞度和奥德赛分别在在 6 个细分市场中摘得入门中型车和 MPV 细分市场两项桂冠。同年 11 月份，J.D.Power 中国汽车性能、运行和设计调研结果向全国媒体公布，广州本田第八代雅阁荣获高端高档中型车细分市场第一名，分数为 863 分；而第七代雅阁荣获高端高档中型车细分市场第三名，分数为 850 分；奥德赛荣获 MPV 细分市场第一名，分数为 835 分；思迪荣获入门中型车市场第三名，分数为 804 分；飞度荣获入门中型车市场第八名，分数为 785 分。

在过去的 10 年，广州本田着力于生产体制和销售体制的构筑，借助本田品牌产品的热销，在中国汽车市场站稳了脚跟。步入全新的十年，广州本田提出了更高的发展目标，不仅要在销量和市场份额方面再上新台阶，更希望成为消费者心目中最具创新精神、最值得信赖的汽车品牌，在产品安全、环保、节能以及企业社会责任形象方面都成为行业排名第一的汽车企业。为迎接新的 10 年，为企业的第二次创业提供强大的精神动力，广州本田推出全新的企业口号——“感世界而动”。

“感世界而动”代表着广州本田及其每一个员工的姿态，在感受消费者的需求和社会环境的变化中，洞察到变化的本质，从而以别具一格的做法，挑战新事物，开创新潮流，创造出崭新的价值，并与消费者共享充满惊喜的感动。“感世界而动”，同时也是广州本田对消费者、社会、未来的一种庄重承诺。未来 10 年，全新的广州本田将以更加长远的眼光，更加广阔的胸怀，矢志以先进技术和产品为中国消费者实现移动的梦想，以非凡业绩成为中国汽车行业的领跑者，以企业公民身份积极践履社会责任，一步步向成为社会期待存在的企业迈进。

（作者：董小铁）

2008年东风日产产品市场分析报告

一、东风日产总体市场表现

2000年3月27日，东风日产乘用车公司的前身风神汽车有限公司，在深圳创立。2003年6月16日，国内规模最大的汽车合资企业东风汽车有限公司成立。作为东风汽车有限公司的分支机构，2003年7月1日，东风日产乘用车公司在广州花都成立。通过导入日产先进的管理经验和全球领先的车型，东风日产走上了迅速发展的快车道。

根据市场的变化，东风日产不断导入具有市场竞争力的车型，来满足中国顾客多样化的需求。目前，东风日产已导入天籁、颐达、骐达、轩逸、骏逸、骊威等系列车型，并导入新SUV产品逍客和奇骏，产品覆盖8万～35万元的价格区间，类别包括三厢轿车、两厢轿车、SUV和MPV。截止2008年11月份，东风日产已经销售汽车310307辆，市场占有率达到6%（见表1）。在整体市场平均增长率只有7.8%的情况下，实现同比增长30.2%的销售业绩（见图1），进入全国乘用车行业10强，排名第6位。东风日产日趋完善的产品矩阵，为其进一步拓展市场空间，奠定了坚实的基础。

表1 东风日产各车型市场表现一览表

车身类型	级别	2008年1～11月份整体销量/辆	同比增长（%）	份额（%）	东风日产对应车型	销量/辆	同比增长（%）	占整体市场份额（%）
轿车	A00	325082	7.5	6.3	—	—	—	—
	A0	922762	2.6	17.9	骊威	63053	75.0	1.2
	A	2175295	10.4	42.2	颐达/骐达	121022	12.3	2.3
	B	842610	4.0	16.4	轩逸	46985	-3.8	0.9
					天籁	51403	51.3	1.0
	C	266413	-0.5	5.2	—	—	—	—
MPV 汇总	—	176109	-8.9	3.4	骏逸	3517	-65.3	0.1
SUV 汇总	—	441820	31.5	8.6	逍客	21724	—	0.4
					奇骏	2603	—	0.1
总计	—	5150091	7.8	100	小计	310307	30.2	6.0

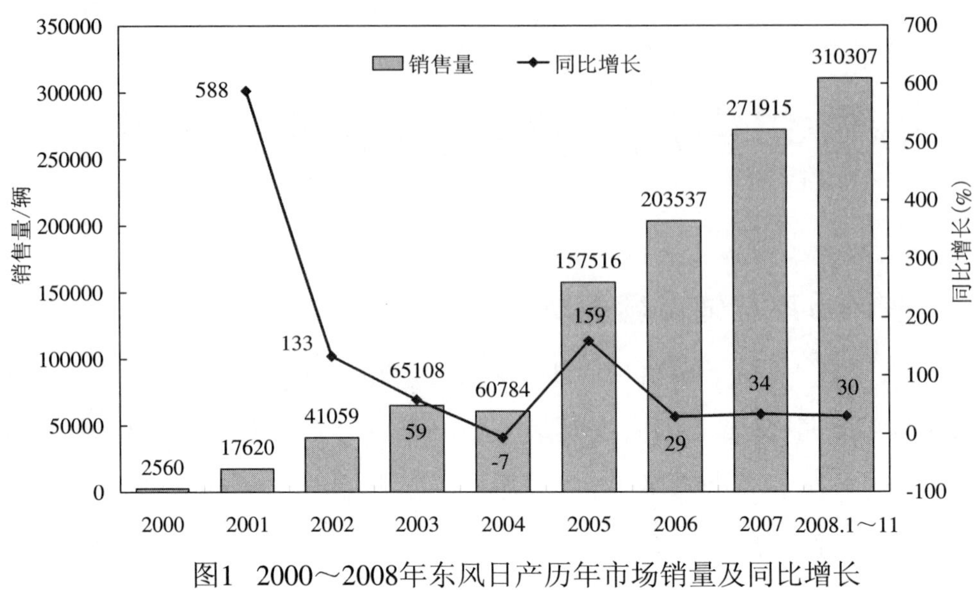

图1　2000～2008年东风日产历年市场销量及同比增长

二、东风日产的产品分析

东风日产良好的销售业绩与其不断研究顾客的需求以把握市场趋势密切相关，根据顾客的主要需求和快速增长的需求来导入产品、设定商品、完善沟通策略；并在其他主要顾客接触点提供超过顾客期待的服务，最终建立良好的品牌形象。

1. 产品线的导入

在整体乘用车市场中需求量最大的轿车需求中，A 级车市场的比重最大并持续增长（见图 2），这是和中国目前所处的发展阶段相一致的。从乘用车发展阶段来看，我国 2008 年开始进入起飞期，且未来 10 年中国市场将一直处于起飞阶段。根据国际经验发现，先导国家在乘用车市场起飞期前后的车型都以“较大的车”为主，在这个阶段，顾客购买力还不能支撑购买价格较高的 B 级以上车型；另外，由于乘用车普及率还较低，多数家庭为初次购车、单数保有，因此需要一个适度偏大的车，A 级车将是主导车型。

东风日产在 A 级车市场成功地导入颐达、骐达车型，并在 A0 级车市场的高端导入骊威车型，在 B 级车市场的低端导入轩逸车型，确保能够提供给顾客多样化的选择，并有效地保证公司的销量。另外，随着收入增加、换车用户比重提高，对 SUV 和 MPV 的偏好会上升。针对这种趋势，东风日产在市场需求增长最快的 SUV 市场导入了入门级的 SUV 逍客和中型城市 SUV 奇骏。

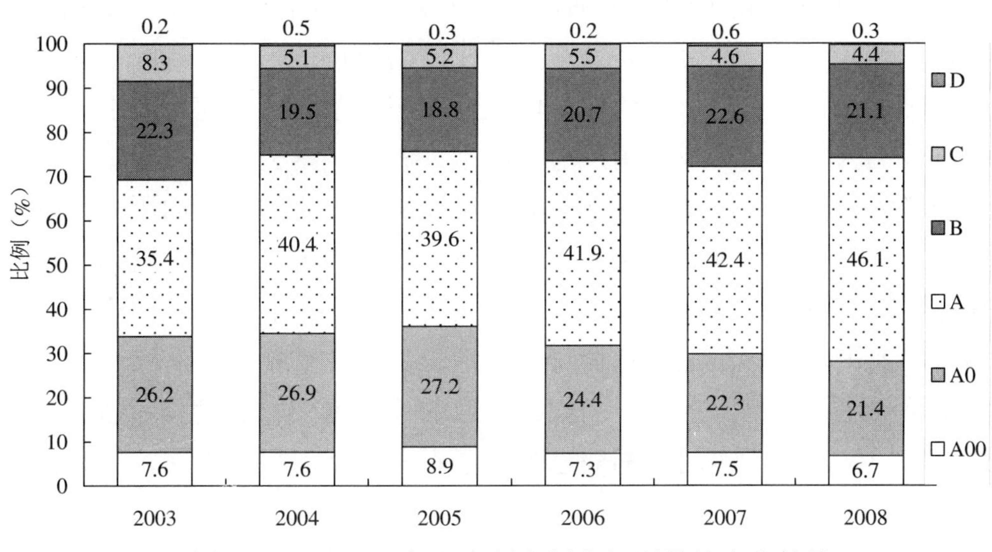

图2 2003～2008年私人用户轿车级别结构变化趋势

2. 商品的设定

通过调查发现，私人顾客对新车的需求主要是品牌形象、性能和外观。其中在性能方面主要看重安全性、舒适性；在外观方面主要看重外观造型。另外，油耗也是用户比较关注的。针对顾客的主要需求，东风日产对导入中国市场的车型在性能、造型上不断进行完善，并根据顾客的购车动机来选择合理的配置，确保最大限度地满足顾客的需求。

（1）性能 以人性化的先进科学技术，为顾客提供怡然舒适的驾乘享受，是东风日产所有车型的共同价值承诺，包含六重安全保障、四度宽适空间、高效节能动力的卓越产品性能。在安全性方面，对危险尚未出现时、显露危险征兆时、可能发生冲撞时、冲撞不可避免时、冲撞发生时以及冲撞后等6种状态，东风日产各车型通过日产ABS+EBD+BA等多项先进主动安全技术和ZONE BODY区域组合车身技术，能够提供及时、精确的安全保障，确保乘员安全。在舒适性方面，东风日产提出了宽适空间的概念，为顾客提供超越同级别的宽敞空间；在天籁车型上使用三维超静音技术打造的静谧驾乘环境；一键启动、智能钥匙、倒车显示等一系列高科技装备的导入带来的极致便利以及精湛工艺打造的精致内饰为顾客提供全方位的享受。在油耗方面，东风日产导入了高效节能发动机和CVT变速器动力组合技术，达成强劲动力与节能环保的高度统一。目前，东风日产的全车系车型均采用最新技术设计的全铝制发动机，大多数的型号采用可变气门正时技术来降低油耗；同时在多个车型上匹配CVT变速器。与普通AT技术相比，可降低油耗5%～15%，以迎合目前油价持续上涨，顾客日益重视油耗的趋势。

（2）外观造型　配合顾客日益个性化的需求特征，东风日产在进入每一个细分市场时都希望塑造独特的个性，以配合不同类型的顾客使用需求，并能与竞争对手有效地区分开来，成为用户愿意经常去看、经常去买的车型。

天籁服务于城市中坚阶层，这一人群可以从容应对各方面的压力，游刃于工作、生活、社交等各个领域，属于不断进取，稳中求进，追求更高事业目标及更高品质生活的智慧型现代成功人士。与此相对应，天籁的造型偏向于稳重大气。而轩逸的主要用户目标是追求社会身份和地位、更注重精神上的满足、喜欢品味且积极地享受生活的高级白领。因此，轩逸的造型就突出了优雅和品位。时尚动感的颐达和骐达，宽大实用的骊威也得到了不同类型用户的青睐，成为他们生活的一部分。

（3）配置　随着用户购车级别的提高，购车最终推动因素中上下班需要所占的比重逐渐降低，而由于公司规模扩大和彰显社会地位的需要所起的推动作用则越来越明显。从调查数据上看，A级车用户的购车动机更多地集中在个人生活需求，而B级车用户则有更多商务的需求和显示成功和社会地位的需求（见表2）。

根据顾客不同的消费动机，东风日产的系列车型在商品设定上也进行了不断的完善。在配置调整上，骐达/颐达于2008年12月1日正式推出增配车型——骐达/颐达科技版。科技版车型将在原有车型的基础上添加了7in多功能液晶显示屏、DVD影音系统、倒车影像系统，为顾客提供了更多的生活便利。而在B级别，2004款天籁率先导入智能钥匙；2008年，新天籁“公爵”又率先导入了超大型全景天窗和BOSE 5.1CH顶级环绕音响等同级别车上独有的豪华装备，带给顾客彰显身份和成功地位的独特价值。

表2 2008年新购车用户的购车原因对比

（单位：%）

推动购车的最终因素	A00	A0	A	B	C
样本量	*N*=77	*N*=248	*N*=529	*N*=243	*N*=50
个人生活需求	80.52	69.36	62.94	55.15	44.00
工作需求	12.99	18.96	21.18	26.75	38.00
购车条件的满足	2.60	6.05	6.81	6.99	4.00
车辆的更替与增加	1.30	1.61	3.41	4.11	4.00
社会影响	2.60	3.23	5.29	7.00	10.00

注：数据来源于国家信息中心2008年《全国乘用车需求动向调查》——私人用户调查。

3. 沟通策略的制定

好的产品卖点，还需要选择合适的沟通策略将它传递到顾客。要制定合理的沟通策略，就必须详细地分析顾客的媒体习惯，并反映到实际的计划中。从数据分析看，对顾客而言，除了亲戚朋友的口碑传播，他们的主要信息渠道还包括车展、试乘试驾和互联网（见表3）。从信息的影响阶段来看，顾客通常会从电视、报纸得到新车的信息，通过车展、互联网进一步了解新车，最后通过试乘试驾和朋友口碑来确认购买意向。为此，东风日产在车展和互联网等领域开展了一系列创新的营销活动。

表3 2008年新购车用户的购车信息渠道对比

（单位：%）

购车信息了解渠道	A00	A0	A	B	C
样本量	*N=77*	*N=248*	*N=529*	*N=243*	*N=50*
有经验的亲戚或朋友介绍	45.5	31.1	34.6	35.4	34.0
以往用车经验	5.2	10.1	10.8	7.8	16.0
试乘试驾	11.7	14.9	12.3	14.8	10.0
车展/交易市场/销售网点亲自看车	26.0	29.8	30.6	30.5	32.0
互联网上信息	7.8	9.3	8.3	9.5	4.0
电视广告	2.6	1.6	1.0	0.8	2.0
报纸、杂志广告	1.3	2.0	1.7	0.4	2.0
户外广告	—	0.8	0.4	—	—

注：数据来源于国家信息中心2008年《全国乘用车需求动向调查》——私人用户调查。

（1）针对顾客对安全的需求，配合车展活动推出安全训练营　东风日产积极参加国内主要车展宣传公司的产品，并通过一系列技术展示来扩大公司的影响力。同时，配合大型车展，在场外对参观车展的观众开展安全训练营活动，培养顾客的安全驾驶习惯和意识，并以此来消除顾客对安全的担心。

（2）针对A0级年轻顾客更多的互联网媒介习惯，推出了互联网游戏　2008年5月初开始，东风日产开展了以“连到手发烫，激到脑震荡”为主题的“骊威连连看”大型互联网营销推广活动。该活动以创新手法，借鉴安利、USANA等国际知名公司成功的直销模式，巧妙嫁接经典游戏和车型元素，在业界开创了先河。在不到3个月时间内，该活动官方网站注册玩家超过16万人，手机注册用户超过3.5万人，官方网站点击量突破了7000万。这刷新了中国汽车行业类似互联网活动参与人数的历史纪录，创造了一个互联网营销的成功案例。

此外，在新车奇骏的上市活动中，东风日产借鉴国外汽车营销的成功经验，在电影《过界》中嵌入了驾驶奇骏驰骋郊野的生活方式，希望能带给顾客更多不一样的体验，从而提升东风日产的品牌价值。

4. 其他主要顾客接触点的工作

（1）新车品质　东风日产凭借创新设计和精湛工艺，从产品设计、制造到检测的每个环节，都以趋零故障为目标，为顾客提供值得信赖的放心品质。东风日产对产品品质的承诺表现在精密可靠的设计、全球标杆的工艺以及100%实时检测三方面。在设计方面，来自日产高质量的工程设计品质和精确的车型设计结构从源头上确保了工艺水平和整车性能水平，保证了整车的性能、安全以及静音水平。在制造方面，东风日产秉承“NISSAN生产之道”（NISSAN Production Way）之精髓，东风日产拥有日产全球品质标杆工厂，装配全球一流生产设备，确保产品一流品质。在检测方面，每一部从东风日产工厂生产的汽车，都经过每道工序100%的实时检测，重点工序超过300%的高频度检测，拒绝有任何瑕疵的产品出厂。2006年8月份东风日产花都工厂获得“日产全球社长奖”，代表其达到日产全球生产质量的最高水平。

（2）销售及售后服务　东风日产从销售、售后到增值服务各个方面，为顾客提供买车、用车、修车、养车、换车的全方位体贴服务。“感心服务”理念，包含九段全程的销售服务、五个安心的售后服务、全能管家的增值服务。东风日产坚持日产NSSW全球标杆销售服务，令顾客从进入专营店开始，一直到车辆交付，享受9个环节无微不至的全程周到服务。在售后服务方面，东风日产的每个用户都能够得到质量安心、费用安心、修后安心、时间安心、紧急时安心的售后服务。在保险管家、二手车置换、金融服务方面，东风日产也都走在了行业的前列。

综合上述领域的努力，东风日产力争向顾客塑造良好的、可信赖的品牌形象。2008年11月份，配合日产全球战略，东风日产发布了全新的品牌主“SHIFT_the way you move”，相应的汉语品牌主张“技术日产，人·车·生活”。“技术日产”，是全球汽车界和顾客对日产的口碑评价；“人·车·生活”则是东风日产一直所倡导的企业价值。东风日产的品牌主张，就是希望东风日产能够秉承技术日产的人性化先进造车技术，不断致力于为中国顾客创造完美的移动生活。

展望未来，随着中国经济的快速发展，高收入人群迅速扩大，购车顾客年龄逐步年轻化，更加追求个性化的生活；随着时间的推移，20 世纪 80 年代出生顾客将成为销售的主体，同时他们也是中国实施独生子女政策后成长起来的一代，价值观和上一代人有着明显的不同；随着经济的全球化，城市居民工作的压力越来越大，满足快节奏的工作需要和个人内心追求放松的休闲需求同时在上升；随着北京等大城市的交通问题日益突出，快速上升的养车费用和不断完善的公共交通体系，未来中等城市的轿车销售增长率将大大高于大城市并在未来成为轿车消费的主流。为适应这些市场潮流，各大汽车厂商每年都推出了几十种全新车型和多种营销策略来应对。如何在激烈的市场竞争中，在对应的细分市场推出富有魅力的，对顾客具有独特价值的车型和服务，将是东风日产未来的主要工作方向。

（作者：冯波）

夏利产品市场调查分析报告

由于受到了雪灾、地震、油价、金融海啸等不利因素的影响，2008 年车市的发展面临前所未有的困境，汽车市场也出现快速下滑的态势。但是天津一汽稳扎稳打，四款新车闪亮登陆北京车展，2009 款威志全面升级出击，夏利 N3+ 等车型强势登场，华利二工厂的开工等，这一系列组合策略的强势推出令天津一汽在产品力、营销、服务、产能等方面都向前迈出了坚实的一步，也使得天津一汽为未来战略发展的快速提升埋下了伏笔。虽然 2008 年下半年乘用车市场总体走势下滑较快，但小排量市场出现逐步回升的局面。夏利也在总体市场下滑的背景下逐步走出低迷，其背后的产品提升和市场环境变化尤为值得关注。

一、夏利的市场表现

夏利从 2001 年至 2007 年以来始终保持在轿车品牌前 4 名的位置，在新旧势力的竞争变换中夏利表现稳健。但 2008 年的夏利面临较严峻的压力。排名首次跌出前 4 名，但仍在前 10 名的位置（见表 1）。2001～2003 年夏利始终保持第 4 名的位置，这期间轿车品牌竞争格局相对稳定，南北大众和夏利占有绝对的优势地位。2004 年后新势力涌现，雅阁占据第 4 名的位置，伊兰特也进入前 5 名。2005 年夏利成为第 1 名，而伊兰特成为第 2 名，凯越占据第 4 名的位置。2006 年后凯越不断突出，夏利退回第 4 名的位置，伊兰特也退居第 3 名。2007 年夏利仍保持第 4 名，凯美瑞出现在第 3 名的位置，凯越已经出现月度领先的情况。捷达、夏利等老品牌的压力快速增大。凯越的成功成为最值得学习的案例，而夏利的顽强抗争成为微型车中的典范。从 2008 年夏利月度走势看，增长压力加大，6～8 月份出现比较明显的调整，9 月份又成为小排量车市场反弹的先锋（见图 1），其调整也体现出小排量的新特征。

素有中国经济型轿车第一品牌美誉的夏利轿车，从 20 世纪 80 年代投放市场至今，已累计生产了 160 万辆，社会保有量突破 120 万辆大关。按目前中国私人轿车保有量来计算，平均每 11 辆轿车中，就有一辆夏利轿车。作为中国轿车市场的长青树，作为中国轿车自主品牌的代言人，长盛不衰的夏利轿车甚至已经在业界被冠之以“夏利现象”，而成为民族产业发展的一种象征。其发展模式和发展效应，不仅为中国轿车自主品牌的发展闯出了一条可供借鉴的成功之路，而且也让民族轿车工业信心倍增。甚至可以说，自主品牌在今天能够和洋品牌在销量上分庭抗礼，拥有更多的市场话语权，夏利所散发的示范效应功不可没。

表 1 2001～2008 年夏利的市场地位

（单位：辆）

排名	1	2	3	4	5	6	7	8	9	10
2001年	桑塔纳	捷达	桑塔纳3000	夏利	帕萨特	富康	雅阁	奥拓	新旗云	赛欧
	109037	95008	78093	74698	54951	52878	51058	33221	28160	28128
2002年	捷达	桑塔纳	桑塔纳3000	夏利	帕萨特	赛欧	奥拓	宝来	新旗云	奥拓
	121286	98667	95356	84741	79054	55782	53183	51610	50155	48823
2003年	捷达	桑塔纳	帕萨特	夏利	桑塔纳3000	君威	雅阁	宝来	奥拓	奥迪A6
	143132	122663	122445	100009	92892	89988	80450	78068	61302	53108
2004年	捷达	桑塔纳	夏利	雅阁	伊兰特	凯越	桑塔纳3000	飞度	帕萨特	君威
	153916	132719	112919	105395	102749	92225	90339	80200	74877	72903
2005年	夏利	伊兰特	捷达	凯越	QQ	雅阁	桑塔纳	飞度	帕萨特	花冠
	182466	176589	152293	150832	115960	113999	104197	89224	70521	67392
2006年	捷达	凯越	伊兰特	夏利	QQ	雅阁	帕萨特	新旗云	桑塔纳3000	桑塔纳
	176844	176450	169716	161858	132280	123183	113762	102007	82617	80291
2007年	捷达	凯越	凯美瑞	夏利	QQ	福克斯	帕萨特	伊兰特	雅阁	福美来
	201131	196742	170294	132544	130186	124991	120462	120333	118024	114009
2008年1～11月份	捷达	伊兰特	凯越	卡罗拉	雅阁	凯美瑞	F3	QQ	夏利	福克斯
	193658	182479	160560	150873	150252	137304	119703	117453	109017	102583

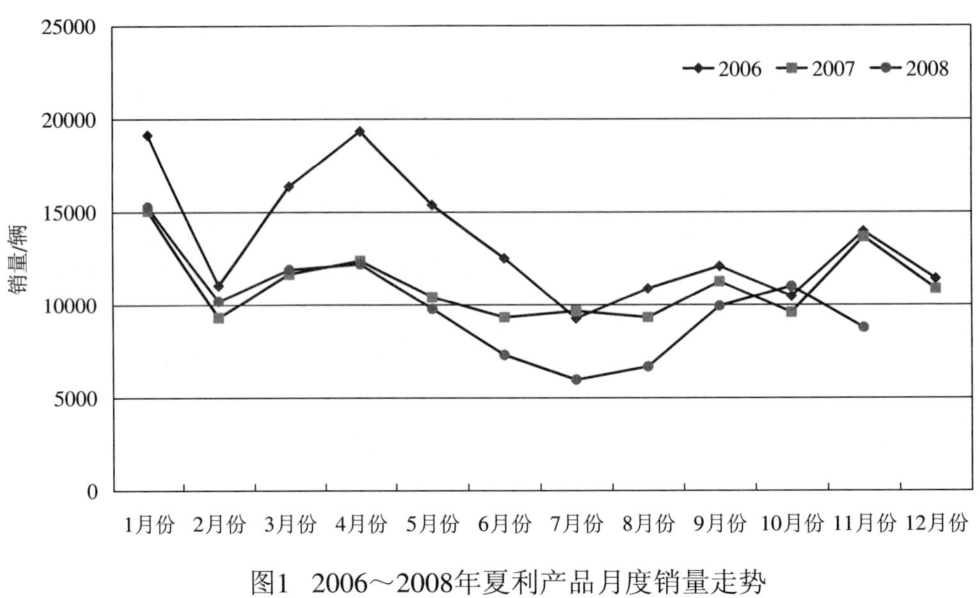

图1 2006～2008年夏利产品月度销量走势

二、2008 年夏利产品换型表现

2008 年天津一汽对原有的 TJ376QE 发动机进行了技术升级改造，开发出了全新的 CA3GA2 三缸 12 气门发动机。改发动机采用了现在常用的每缸 4 气门结构、使用了顶置双凸轮轴、对进气道重新设计，在提高进气量、提高功率输出的同时兼顾了中低转速扭矩。与老款发动机相比，CA3GA2 最大功率和最大扭矩分别提高了 18%和 16%，而最低油耗率却降低了 3.5%，且排放指标达到欧Ⅲ水平，还可升级到欧Ⅳ水平。快速换型的背后体现出产品研发设计能力的快速提升，夏利的产品换型改进已经成为整个产销体系中的常态，不断变化的产品迎合了大部分消费群体的需要。

三、夏利的销售服务能力表现突出

据 J.D.Power 发布的 2008 年度售后服务满意度调研报告（CSI）显示：天津一汽夏利以 832 分居国产品牌之首，成为惟一高于平均水平的自主品牌。据 J.D.Power 发布的 2008 年度销售满意度调研报告（SSI）显示：天津一汽夏利以 841 分同样居国产品牌之首（见表 2），成为自主品牌中消费者满意度最高的品牌，这样也保证了天津一汽夏利的销量长盛不衰。

表 2 J. D. Power 发布的 2008 年度售后服务满意度调研结果

自主品牌	2008 年		2007 年		2007～2008 年变化	
	CSI 得分	排名	CSI 得分	排名	得分变化	位次变化
天津一汽	832	1	863	1	-31	—
行业总体	815	—	803	—	12	—
自主品牌	2008 年		2007 年		2007～2008 年变化	
	SSI 得分	排名	SSI 得分	排名	得分变化	位次变化
天津一汽	841	1	819	1	22	—
五菱	828	2	799	5	29	3
中华	826	3	804	4	22	1
行业总体	826	—	808	—	18	—

四、夏利销售结构分析

2008 年夏利的销售结构继续向 1.0L 三厢转移，2008 年的 1.0L 三厢占夏利的 85%，而 2007 年同期则占 81%，上升了 4 个百分点（见图 2）。夏利四缸车型受到较大的市场冲击，这是夏利的销量主要损失点。由于夏利的发动机体系较复杂，我们给中国乘用车联合会夏利 7131 的数据包含 1.3L 和 1.4L 两个排量段。而给中汽协的数据，夏利 7131 包含夏利 1.1L、1.3 L、1.4 L 三个排量段，价格跨度大，产品特征分散，容易引起分析误导，因此这里的数据均按照中国乘用车联合会口径分析，这样能更准确地把握状态。

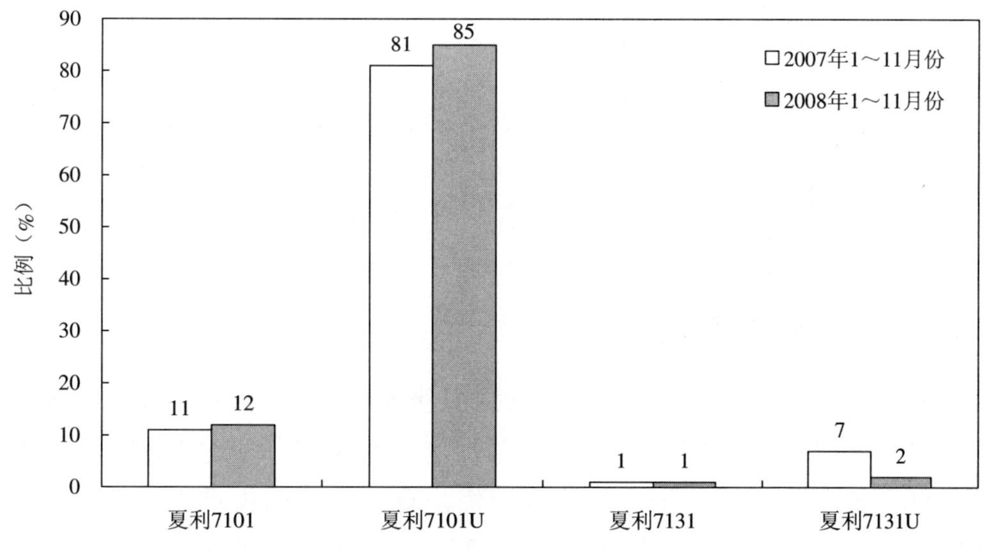

图2 2008年夏利销售结构对比分析

五、夏利用户流向结构分析

2001 年前，出租车需求在夏利轿车总销量中所占的比例一般都在 85%以上，私人购车所占的比例还不足 10%。随着 2002 年私人轿车市场的有效启动，夏利系列轿车的市场结构迅速发生了巨大的变化，2008 年私人用户的比例目前已经达到了 92%，而出租车需求仅为 7%，公商务车需求仅有 1%。这种市场结构的重大改变，说明天津一汽及经销商的销售理念、手段、方法、技巧已经发生了相应的转变，特许经销店已经从紧盯出租市场不放的传统销售套路中脱离出来，将市场开拓的重点转移到了方兴未艾的私人购车上来，基本完成了由出租市场为主向家用车市场为主的重大战略性转移。2008 年夏利销量下降主要原因在于高端出租和私家车型需求的双下降（见图 3），部分地区的出租升级，而夏利的高端出租和黑出租市场需求严重萎缩。

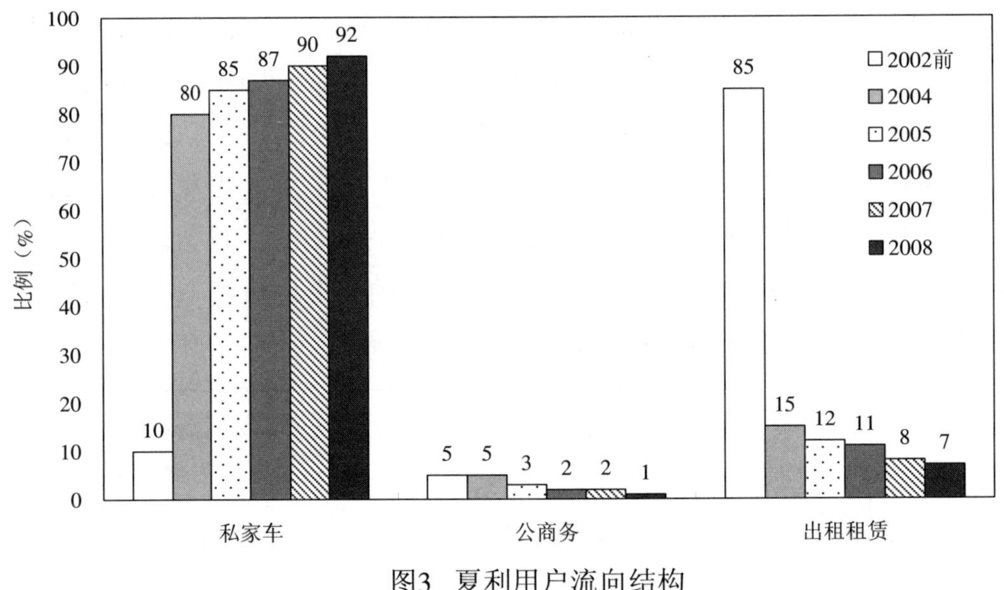

图3 夏利用户流向结构

六、夏利区域流向分析

夏利产品主力销售区域为华北区、东北区和华东区，占全部销售份额的 75.6%（见图 4）。夏利 2008 年的市场压力主要是在各区域市场均出现下滑，尤其是在经济发达区域有大幅的下滑。华北区域仍是夏利的是销售重点，销量比重维持在 49.1%左右，其中河北、内蒙两地的表现较好，京津地区有所下降。而在经济不发达地区的夏利表现仍有突破，主要是这些地区的消费水平较低，主流消费能力仍未进入中档轿车消费层面，而这些地区的人需要轿车实现运营，因而使低端轿车市场有一定扩张（见表 3）。

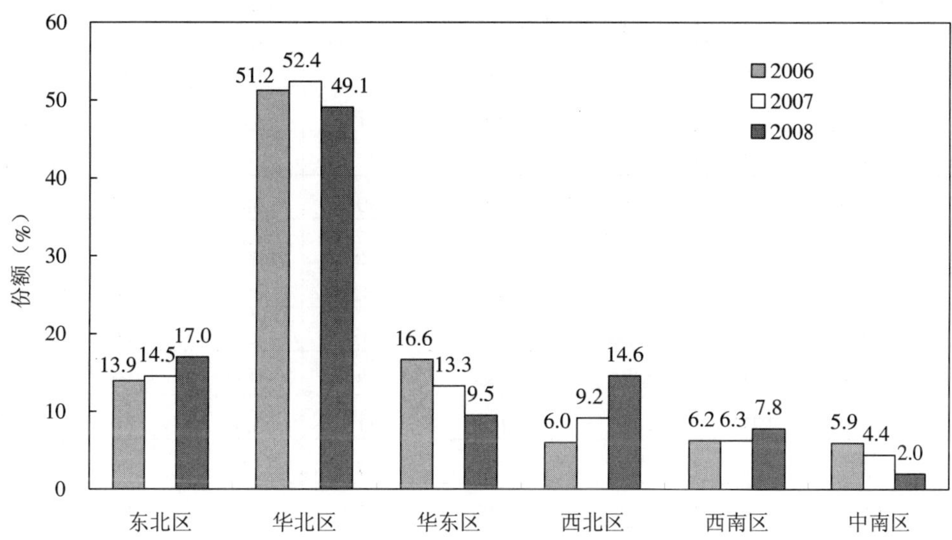

图4 夏利产品区域份额变化

表 3 夏利产品区域流向

（单位：辆）

	夏利 1.0L				夏利 1.3L			
期间	2005 年	2006 年	2007 年 1～11 月	2008 年 1～11 月份	2005 年	2006 年	2007 年 1～11 月	2008 年 1～11 月份
安徽	1997	1763	1201	1402	64	347	73	40
北京	17237	12934	6761	9262	4470	4410	400	455
福建	1070	550	421	460	379	401	78	45
甘肃	2473	2435	2825	2517	112	147	54	19
广东	3002	2683	1635	2037	1820	1589	403	189
广西	691	372	202	270	309	296	87	36
贵州	1828	1516	1454	1415	163	321	76	38
海南	345	163	169	159	130	117	29	14
河北	14629	11717	14274	12451	2117	2659	813	330
河南	2177	1549	1291	1349	471	709	105	77
黑龙江	5706	6952	5417	5867	163	443	109	52
湖北	402	298	275	273	39	59	63	12
湖南	1120	1034	745	843	648	556	184	70
吉林	4875	5110	5110	4875	240	332	96	41

（续）

期间	夏利1.0L				夏利1.3L			
	2005年	2006年	2007年1～11月	2008年1～11月份	2005年	2006年	2007年1～11月	2008年1～11月份
江苏	1194	894	719	766	657	466	141	58
江西	646	396	456	408	117	163	122	27
辽宁	9071	8221	6044	6757	727	1231	343	150
内蒙	8899	8730	7718	7823	393	530	139	64
宁夏	942	1152	1671	1357	27	42	52	9
青海	598	1254	1774	1455	32	62	64	12
山东	19188	15509	10440	12269	3330	4641	1422	577
山西	4078	5613	3473	4288	935	1331	183	143
陕西	1479	1773	1609	1609	315	338	77	39
上海	92	154	77	108	178	126	9	13
四川	1446	1249	835	985	370	291	25	30
天津	34001	23669	24544	23014	9355	10134	3386	1287
西藏	30	82	81	78	6	14	4	2
新疆	2014	2259	2599	2324	52	181	72	24
云南	8276	5883	4570	4958	591	498	316	78
浙江	1283	719	434	544	582	410	20	41
重庆	56	127	1	58	15	19	4	2
其他	2333	1565	3299	2357	481	669	606	122
合计	153178	118560	112124	105113	29288	31877	9555	3904

七、夏利海外市场取得新进展

2008年夏利出口取得阶段性成果。一汽墨西哥项目成为中国汽车厂家在北美的重大突破，随着未来北美建厂的顺利进行，夏利在国内外两个市场的突破将同步显现。2008年夏利的出口依然保持着较稳健的步伐，海外市场主要以定点突破为主。因此，其出口量呈现出断续的状态。在2月份出口创出较高的销量后，海外经销商逐步开拓市场消化库存，8月份以后出口市场逐步回升，呈现出良性循环的态势，世界经济危机对夏利出口影响不太大。因此，可以说夏利及其升级产品在海外仍有较大的市场空间。

（作者：崔东树）

2008年中华汽车市场调研报告

一、中华品牌产品介绍

从2002年中华轿车上市至今，华晨金杯公司在短短的6年时间里，推出了中华品牌的4个系列产品，中华尊驰、中华骏捷、中华酷宝和中华骏捷FRV，涵盖了B级车、A级三厢车、轿跑车和A级两厢车市场；同时华晨金杯还拥有金杯品牌的轻客产品——金杯海狮和MPV产品阁瑞斯，以及发动机产品。在汽车行业，尤其在自主品牌中华晨金杯居于重要地位，“高起点自主创新和高品质自主品牌，高目标跨越发展”是华晨金杯一贯坚持的战略目标。华晨金杯产品系列见图1。

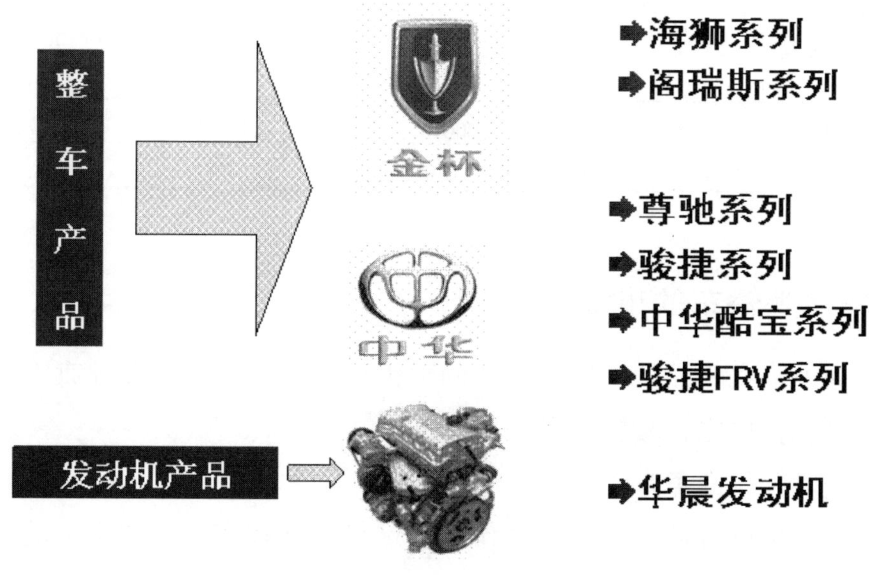

图1 华晨金杯产品系列

二、华晨金杯中华系列产品市场表现

中华品牌车型上市是在2002年的8月份，上市初期市场表现异常火爆，产品供不应求，然而这种销售旺势只维持了半年的时间，随着中华品牌车型问题的显现、负面报道的增加，市场销量一路下滑，2005年全年销量只有1万辆，华晨金杯公司以及其中华品牌的经销商艰难生存，厂家以及经销商都处于亏损状况，经销商信心处于低谷。在极其恶劣的市场状况下，华晨金杯2006年推出了另一个中华品牌的产品——骏捷，骏捷一经上市就以其极高的性价比赢得了市场，赢得了用户，赢得了信心。随着骏捷的上市，中华品牌品质不断提升，中华轿车的销量也大幅度上升，2006年市场销量达到62997辆，增长率达到529.9%（见表1）。骏捷的上市，预示着华晨未来在轿车市场中，特别是在自主国产品牌中，不可撼动的国产精品车地位。随后，酷宝和两厢车FRV的上市，使中华品牌的产品覆盖面更宽，市场占有率不断增加，增强了华晨做“国民精品车”的信心。

表1　中华品牌各车型市场销量

项目	2002年	2003年	2004年	2005年	2006年	2007年	2008年1～10月份
尊驰销量/辆	8816	25600	10982	10001	27190	32006	12145
骏捷销量/辆	—	—	—	—	35807	82311	47793
酷宝销量/辆	—	—	—	—	—	500	1267
FRV销量/辆	—	—	—	—	—	—	12969
销量合计/辆	8816	25600	10982	10001	62997	114817	74174
增长率（%）	—	190.4	-57.1	-8.9	529.9	82.3	-25.7

三、中华品牌轿车的市场定位

打造强势的中华汽车品牌是华晨金杯的营销理念，现在华晨金杯旗下“国民精品车”全系列包含尊驰、骏捷、酷宝、FRV。

1. 尊驰——“国民商务车”

中华尊驰，堪称商务轿车的典范之作，经过华晨金杯多年的技术沉淀、不断的进行自我超越，中华尊驰无论是性能还是品质，均达到了一个新的高度，“国民商务车”的定位使中华尊驰市场优势会得到更好的体现。

2. 骏捷——“国民精英车”

中华骏捷自2006年上市以来，以时尚的外观和极高的性价比，连续数月销量过万辆，成为了精英人士的首选，是一款名副其实的“国民精英车”。中华骏捷作为中国高起点自主品牌，骏捷上市热销持续一年之久，树立了中国中高级轿车的标志性车型，为国内外消费者提供了一款“买得起、用得好”的精品家轿。

3. FRV——“国民大众车”

FRV 自 2008 年 5 月 31 日上市，FRV 凭借时尚外观、宽适驾乘、强劲动力、灵活操控、节能环保，以及达到欧洲四星安全标准的全方位安全保障，再次向国人展示了其“国民大众车”的特质；FRV 定位在家庭经济型轿车，它的上市开启和引导了汽车消费的新时尚，并以其大两厢车的外形尺寸、大空间的车内环境、极高的性价比，引领经济型家庭轿车新的时尚趋势。

4. 酷宝——“国民尚品车”

作为国内时尚运动型轿车的典范之作，“国民尚品车”中华酷宝自 2007 年上市以来便得到了消费者的广泛关注，以其时尚的造型、宽敞的后排空间以及完美的操控性，得到了酷宝用户的一致好评，特别是由保时捷公司提供外观、内饰、动力等方面的技术支持，使它在保证中华酷宝个性化需求的前提下，更加符合酷宝用户群体的审美标准，该车的亮相，为华晨金杯中华品牌的提升以及华晨打造“精品车”赋予了更高层次的内涵。

四、中华品牌各车型的价格定位

1. 中华品牌的各车型价格区间

中华品牌的尊驰、骏捷、酷宝、FRV 在用户特征上涵盖了不同的群体，在价格上也包含了从 5.18 万～24.28 万元的价格区间（见图 2），发动机排量也包含了从 1.3～2.4L，从点到面满足了不同车型用户不同的需求。

2. 中华品牌的价格策略

中华品牌一直以高性价比的价格策略进入市场，产品上市就已经是物超所值，所以中华品牌自 2002 年上市以来，除尊驰产品由于初期定位问题调整了价格外，骏捷、酷宝、FRV 自上市以来一直保持价格的稳定。在只有降价才是最有效营销模式的中国汽车市场的今天，在汽车厂家不惜血本拼价格的恶性竞争的环境下，华晨金杯以其稳定的产品价格，不仅赢得市场，用时也赢得了中华用户的忠诚度，为华晨金杯的长远发展奠定了基础。

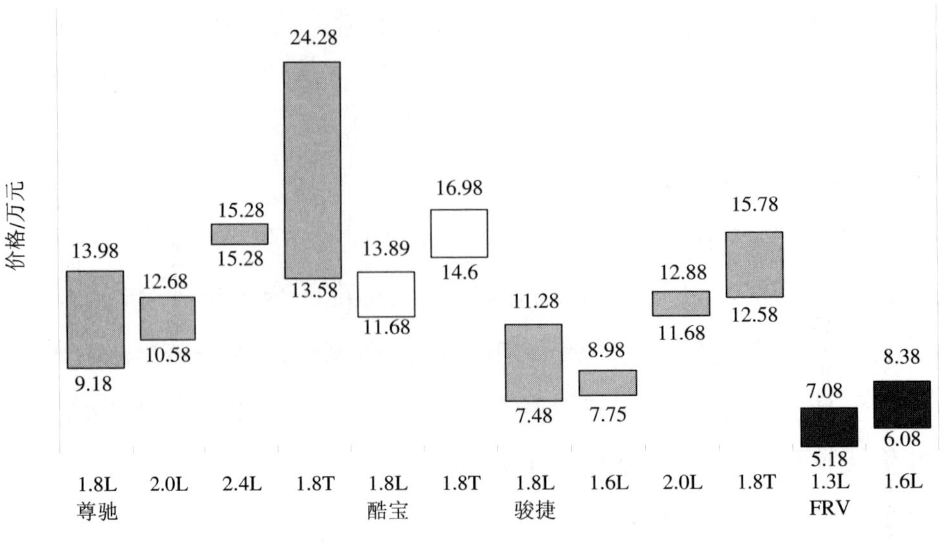

图2 中华品牌各车型价格分布

五、中华品牌区域流向

从中华轿车的区域流向来看，中华轿车集中度不是很高，除了辽宁地区占有绝对优势，占全部份额的23%以上，其他地区都比较分散，北京、山东和四川销量相对较大，但优势并不是很突出，区域销量基本均衡（见图3）。

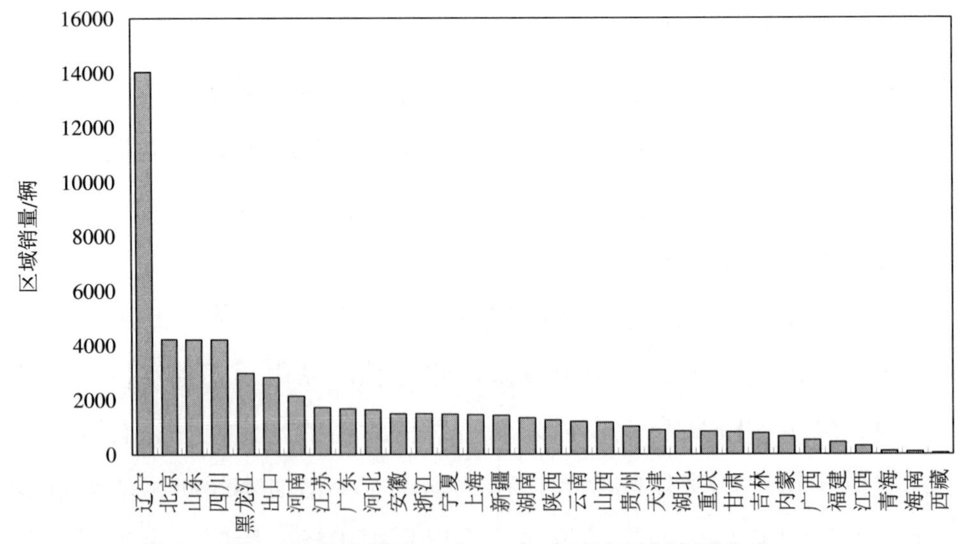

图3 中华品牌2008年1～10月份区域销量分布

五、华晨金杯的战略思路

华晨汽车作为自主品牌的主力军，多年来一直坚持“高起点自主创新、高品质自主品牌和高目标跨越发展”的战略目标，实施以品质为核心的“品牌、品质、品种”三品工程，并且推出了一系列符合中国国情的“国民精品车”。在 2008 年 11 月 5 日，“2008 中国汽车自主品牌英雄榜揭榜仪式暨 2008 中国汽车自主品牌高峰论坛”上获得了“2008 中国汽车自主品牌英雄榜”三项大奖：华晨汽车集团董事长祁玉民获得了“年度人物奖”；华晨金杯总裁刘志刚获得了“创新人物奖”；中华品牌旗下的中华骏捷 FRV 则获得了“最佳性能表现奖”。这些荣誉的获得是各界对于华晨汽车发展成就的肯定，同时也更坚定了华晨金杯走自主创新，打造“国民精品车”的决心。

（作者：李清）

奇瑞 QQ 市场调查报告

自 2001 年至今，奇瑞先后上市了旗云、QQ、东方之子、瑞虎、A5、东方之子 CROSS、A1、开瑞、瑞麒和 A3 共 10 款车型，产品系列覆盖了轿车、SUV 和 MPV 三个车型，且 2008 年的汽车销量超过 36 万辆，市场占有率达到 7%左右（见图 1）。

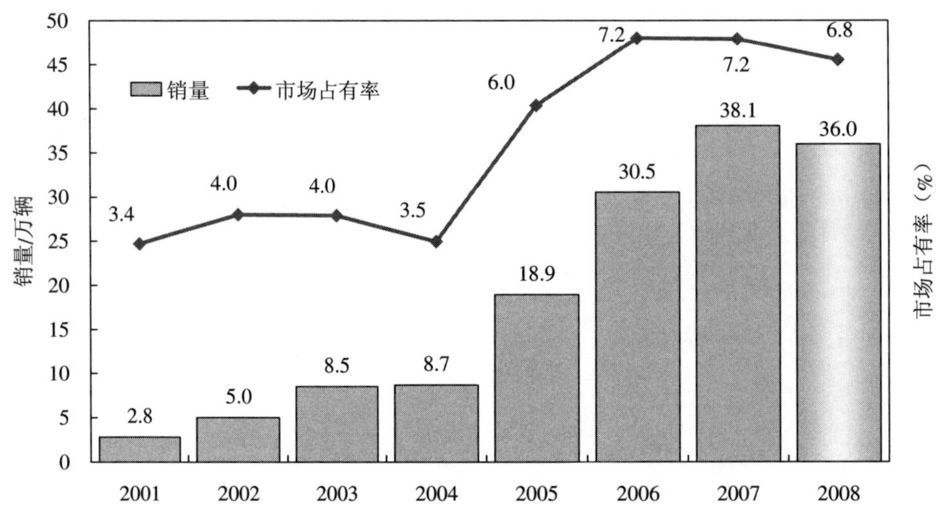

图1 2001～2008年奇瑞产品年度销量及市场占有率变化情况

其中，2003 年 QQ 占奇瑞总体销量的比例近 30%，2005 年比例超过 60%，从 2006 年开始，随着奇瑞其他新产品的不断上市，虽然 QQ 占奇瑞总体销量的比例有所下降，但依然高于 40%（见图 2），可见，其对奇瑞总体销量的贡献远远超过其他任何一款产品。

自 2003 年 8 月份奇瑞 QQ 上市后，其市场发展主要经历了 3 个阶段，即高速增长期、稳定期和转型期。

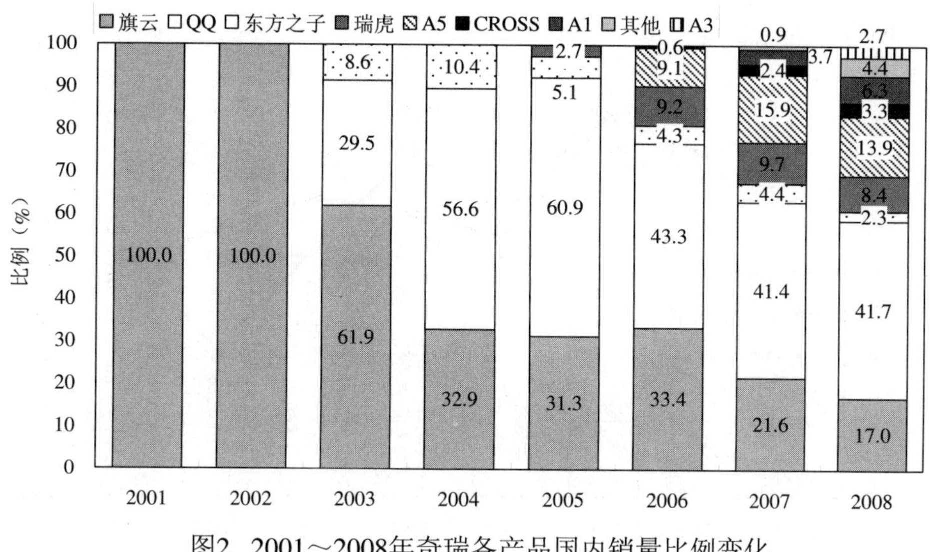

图2 2001～2008年奇瑞各产品国内销量比例变化

一、2004～2005 年，奇瑞 QQ 市场高速增长

2002 年开始的连续两年汽车市场的超高速发展及对未来轿车市场的乐观预期，使许多厂家加快了产能扩张的速度，全面实施产品系列化，车型数量激增。在这样的背景下，2004 年出现市场增速的迅速回落，市场竞争不断加剧，最终导致自主品牌带动下的大规模产品降价，价格区间整体下移。A00 级产品平均购车价格也从 4.75 万元下降至 4.28 万元（见图 3），大大提高了具备购车能力的群体数量，2002～2005 年 A00 级轿车市场销量增长率高于总体乘用车市场增长率（见图 4）。

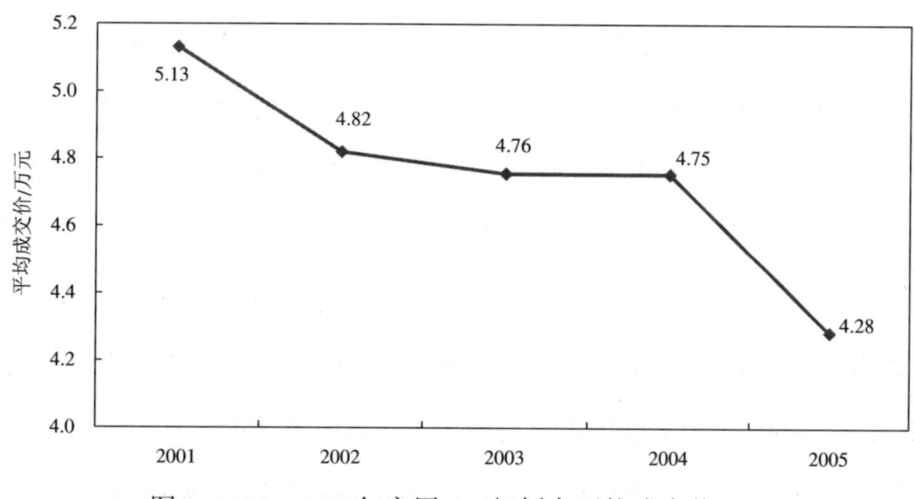

图3 2001～2005年家用A00级轿车平均成交价

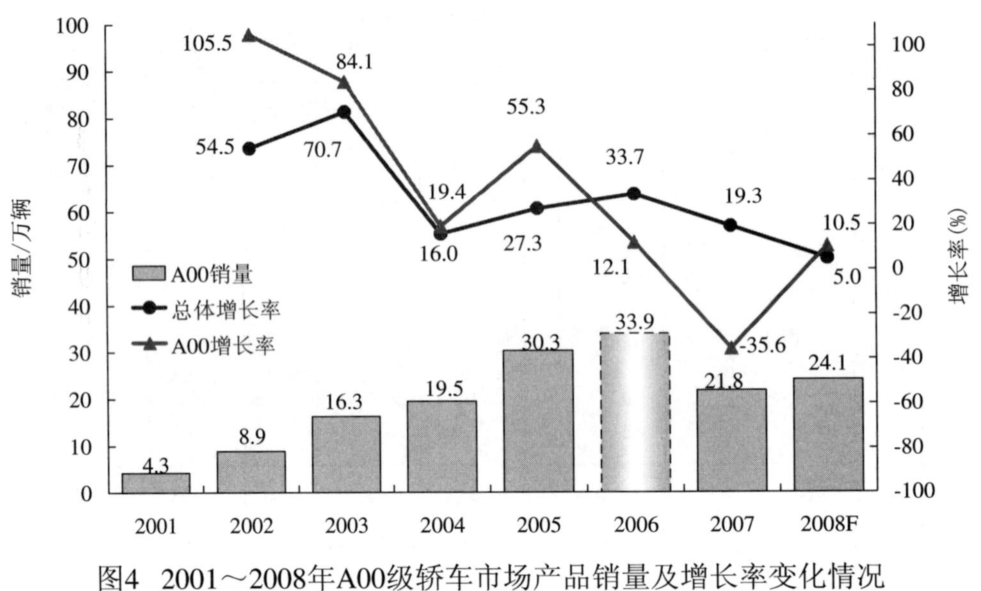

图4 2001～2008年A00级轿车市场产品销量及增长率变化情况

2003年，奇瑞QQ披着一袭靓丽彩衣和令人耳目一新的外型设计精彩登场，给消费者留下了深刻的印象，为沉闷呆板的中国微型轿车市场刮起了一股强大的时尚旋风。当时，奇瑞将QQ定位为“年轻人的第一辆车”，以“秀我本色”等流行时尚语言配合创意的广告形象，将追求自我、时尚、张扬个性的目标消费群体的心理感受表现得淋漓尽致。

奇瑞QQ的目标群体对新生事物兴趣浓厚，富于想像力、崇尚个性、思维活跃、追求时尚，但由于家庭资金并不丰厚，因此他们也相对更实际；他们对汽车的性价比、外观和配置十分关注，是一群较易受新鲜事物影响的群体。

当时的中国微型轿车市场，主要以造型陈旧的夏利与空间狭小的奥拓等车型为主，奇瑞QQ圆润的车身、微笑的车前脸和宽大的空间与此形成了鲜明的对比，迅速吸引了一大批追求时尚生活的年轻人。而其不到5万元的价格也十分符合这部分消费者的心理价位。奇瑞QQ的出现，正好满足了他们在工作、娱乐、休闲、社交的需求。因此，奇瑞QQ凭借其精准的市场定位和营销活动，在产品上市初期即迅速获得市场认可，销售增长率连续两年超过95%（见图5）。

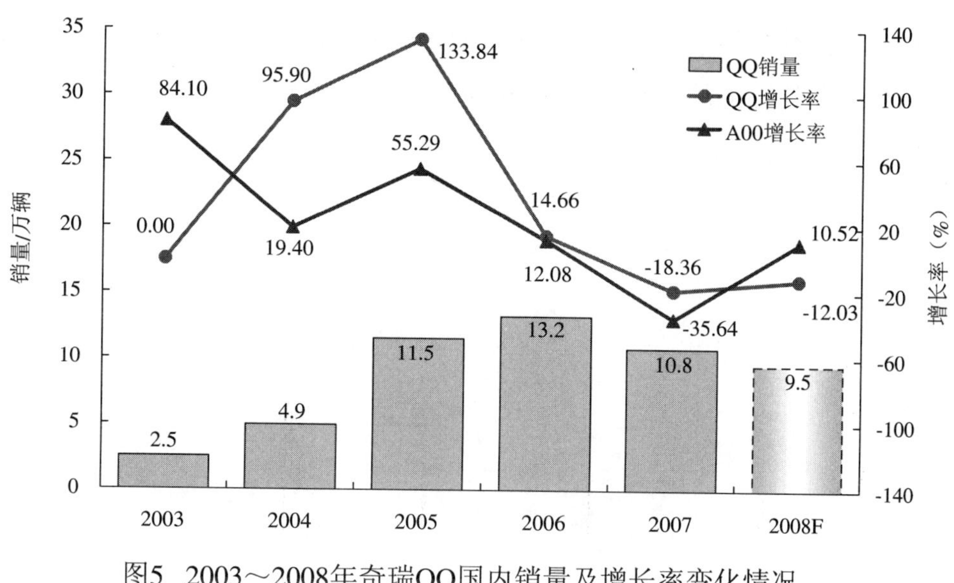

图5 2003～2008年奇瑞QQ国内销量及增长率变化情况

二、2006～2007 年上半年，奇瑞 QQ 市场地位进一步稳固，但用户特征已经开始发生变化

2005 年国家宏观政策趋于稳定，市场迅速复苏，整体经济依然稳定增长，宏观经济环境异常活跃，再加上因房市和股市价格上升获益人群大幅增加，促使 2006～2007 年上半年整体乘用车市场继续高速增长。在此期间，众多有竞争力的新产品不断上市（见图 6），市场竞争进一步加剧。迫于竞争压力，产品价格进一步下降，致使越来越多的 A0 和 A 级产品价格继续下降，消费者可选择的低端产品越来越丰富。而 A00 级市场始终没有有竞争力的新产品上市，最终导致销售结构发生变化，A00 级轿车销量占比开始缩小。2006 年 A00 级轿车增长率开始出现负增长，均低于总体乘用车市场增长率。

奇瑞 QQ 受 A00 级市场总体趋势的影响，也在 2006 年降低了增长速度，并在 2007 年出现了负增长，但奇瑞 QQ 增长率依然略高于 A00 级市场增长率，在 A00 级轿车市场的销量占比超过 30%（见图 7），其“小车之王”的地位得以进一步巩固。在此期间，尽管奇瑞 QQ 市场占比进一步提升，但随着竞争的不断加剧，越来越多具有鲜明个性和时尚外形的新车型加入 QQ 的竞争行列，而此时，由于 QQ 保有率的不断上升，多年来保持不变的外形，奇瑞 QQ 在消费者心中的时尚、个性和自我的符号已经逐渐模糊和在竞争中趋于淹没。相对而言，其价格和实用性的比较优势尚算突出，而这也吸引了越来越多的二、三线区域的消费者，因而奇瑞QQ在产品不变的过程中，已经悄悄地导致目标消费群体的特征改变，奇瑞QQ已经由消费者心中的时尚产品转变为大众化、实用型产品，其品牌的溢价能力进一步被削弱了。

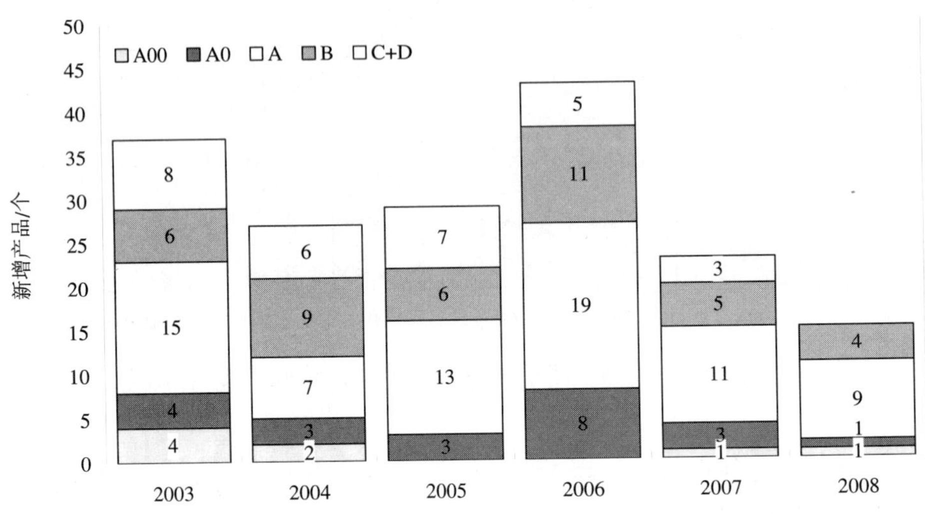

图6 2003～2008年历年分级别新增产品分布情况

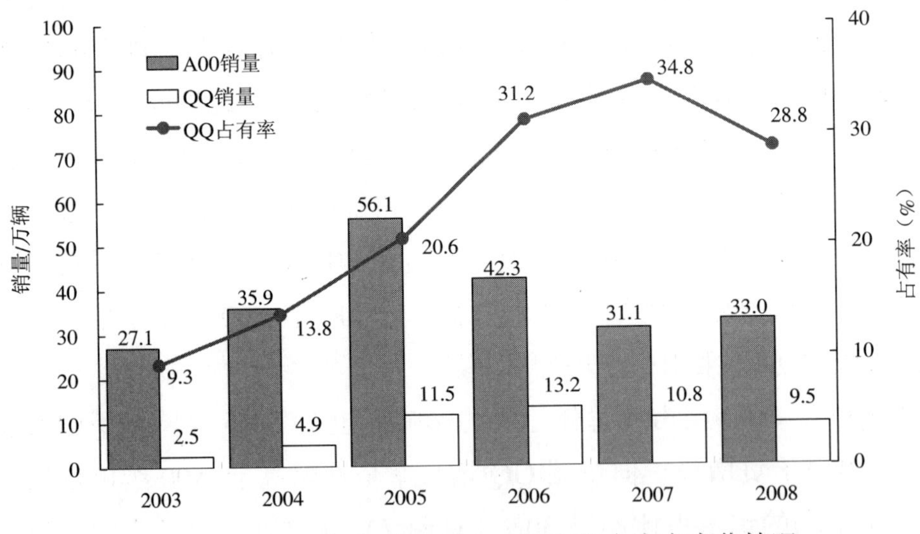

图7 2003～2008年奇瑞QQ在A00级市场占有率变化情况

三、奇瑞QQ原有的品牌力促使其销售势头从一线区域继续向二、三线区域扩散，为奇瑞QQ带来了新的增长点

奇瑞QQ在一线区域的市场竞争力开始降低（见图3），为稳固其市场地位，

奇瑞 QQ 还必须牢牢锁定原有目标客户，尽快推出新的升级换代产品，继续保持品牌在消费者心目中“时尚、个性”的形象。

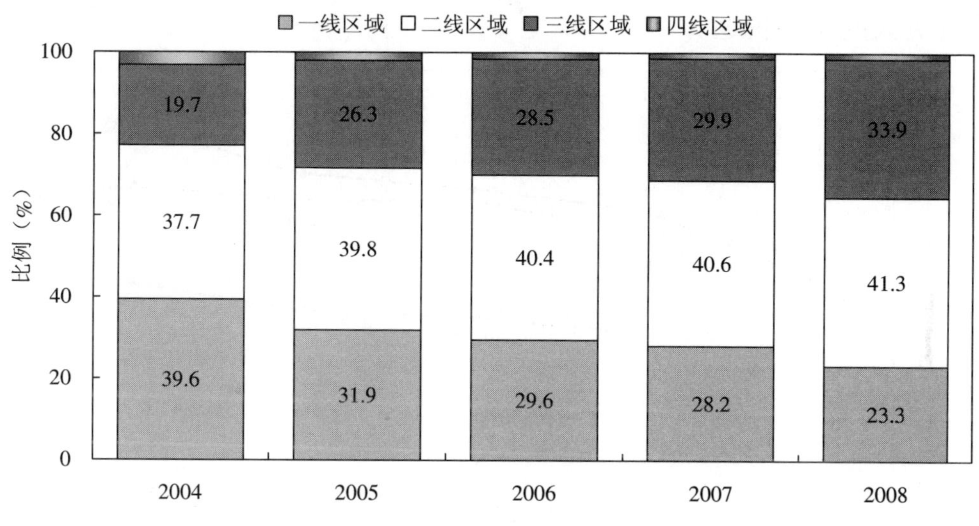

图8 2004～2008年奇瑞QQ分区域销售结构比例变化情况

1. 奇瑞 QQ 所在细分市场持续萎缩

国家政策虽然支持和鼓励小排量车，但长期以来并没有实质性的鼓励政策出台。而燃油税和购置税政策虽然在短期内可能会促使小排量车市场的增长，但从长期来看，消费者选择车型级别和排量不是一味地降低，大多数消费者是在维持原计划车型大小的基础上选择更节油或更小排量的车型。奇瑞 QQ 所在细分市场的产品用户主要为处于购车临界点的低收入群体，对价格敏感度极高，油费上升导致的用车成本增加，将更容易使他们放弃购车计划。因此，燃油税的实施如果在未来使油价不断上涨，那么对该市场而言就并非利好政策了。

因此，虽然随着国际油价的下跌、购置税政策的调整和新产品上市的带动下，该细分市场销量开始增长，占有率有所回升，但长期来看，随着奇瑞 QQ 所在细分市场车型产品竞争力的不断下降，预计该市场将会继续萎缩。

2. 奇瑞 QQ 在二、三线区域，特别是三线区域的市场开始迅速增长

三线区域受购买力影响，对 A00 级产品需求一直较总体乘用车市场需求高，其中三线区域在总体销量中的占比一直高于总体乘用车市场（见图 9）。

奇瑞 QQ 在上市初期，由于产品定位于“追求自我、时尚、张扬个性”的人群，因此在三线区域的销量占比相对 A00 低。但随着市场竞争环境的不断变化，奇瑞 QQ 不断被三线区域消费者所接受，特别是 2008 年，奇瑞 QQ 在三线区域的销量占比超过了 35%。随着三线区域居民购买能力的不断提高，奇瑞 QQ 将会在该市场有更大的发展机遇。

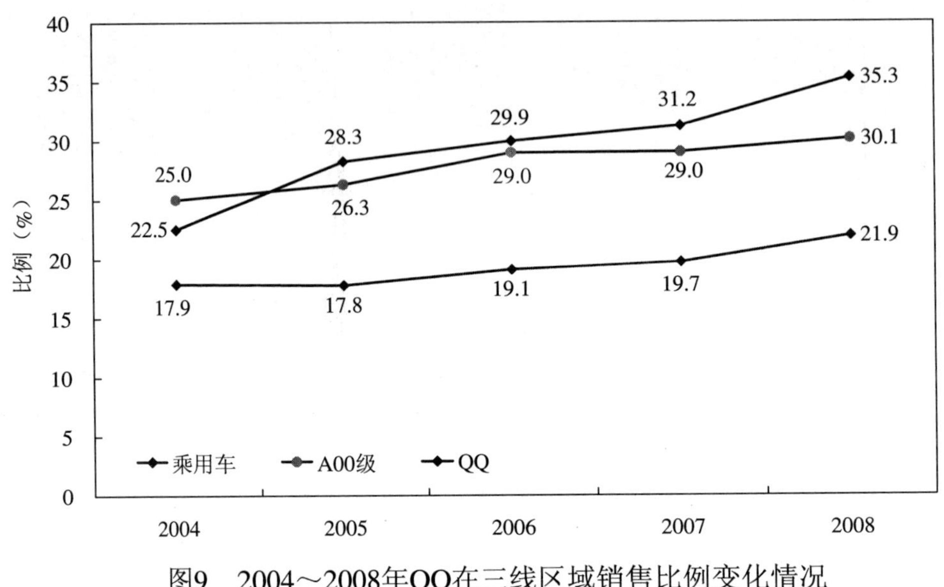

图9 2004～2008年QQ在三线区域销售比例变化情况

但是，需要注意的是，二、三线区域的市场增长更多的是奇瑞 QQ 品牌的扩散效应，是外围消费群体的一种相对自然的跟随，因为任何产品如果没有一个创新的过程，最终都要经历这样一个由流行向大众过渡的阶段。此时企业需要继续去研究原有定位人群，通过在产品和宣传上的创新来重新唤醒和强化产品保留在消费者心中的“时尚”、“个性”的品牌形象，从而将继续带动下线区域的追逐效应，进一步提升产品在二、三线区域的销售。

3. 奇瑞 QQ 在一线区域的市场地位开始走弱，为稳固其市场地位，奇瑞 QQ 还须尽快推出新的升级换代产品

目前国内一线区域用户购买的 A00 级车，多是个人或家庭的第一部车，或是家中的第二辆车，但无论如何，使用的时间都不会太长，一般为三四年。既然这辆车不能靠着豪华档次、性能、配置等常规指标来取胜，就要剑走偏锋，靠着与众不同来彰显自我；如果这种与众不同和个性十足还附带上了或优雅、或运动、或时尚，那么可以炫耀的利益和价值就会更多。奇瑞 QQ 上市初期，正是因此而获胜的。但上市5年来，产品却始终未进行较大幅度的改进，消费者对其产品外观已经产生了审美疲劳，认为奇瑞QQ虽然外观造型依然可爱，却已经不能再彰显自我的个性，外观优势也因太过普及而转换成了劣势。

另外一方面，该市场也有部分新车上市，例如：2006年奔奔上市后，市场表现不俗，对奇瑞QQ已经产生一定影响；2008年上市的F0、炫丽和熊猫也吸引了部分消费者目光，特别是F0，已经表现出了强劲的增长势头；而即将上市的新款奥拓、乐骋等产品将更具竞争力。这些新产品不断上市，使奇瑞QQ在一线区域的竞争压力开始不断增大。

来自新产品的竞争压力和自身产品的老化，都使奇瑞QQ在一线区域的市场竞争处于劣势，奇瑞QQ在一线区域的发展已经存在一定的障碍。要稳固现有市场定位，惟一的办法就是针对一线区域用户需求，尽快推出新的升级换代产品。

（作者：李海健）

专题篇

中国汽车工业改革开放30年

2008年是改革开放30年，在这30年中，中国的汽车工业取得了辉煌的成就，系统地回顾我国汽车工业发展的光辉历程，深刻地认识这30年汽车工业的发展，对于进一步贯彻落实科学发展观，克服当前国际经济衰退对我国汽车工业带来的困难，实现由大迈强的战略目标具有现实而又深远的意义。

中国汽车工业经历了从无到有、从小到大的过程，目前正处在从大到强的发展阶段。1950年，中国的汽车保有量是5万辆，绝大部分是抗日战争中留下的军车，轿车只是极少数。中国的汽车工业就是从产量为零的起点上发展起来的。

1956～1978年中国是计划经济时代，中国汽车工业以货运汽车为主，实现了从无到有的发展，产量由零增加到14.9万辆，其中轿车2640辆，实现了从无到有的发展。这个阶段，我们经历了22年。

1978～1994年，我们把它设定为改革开放的初期，总体上仍然是按照计划经济运行的时期。中国汽车产业是：产业结构“散乱差”、产品结构“缺重少轻”，轿车空白、资本结构单一国有。在这期间，汽车产业对外开放引进技术资金，对国有企业进行包括计划、价格、分配、物资、投资等体制方面的一系列改革。1978年全国的汽车产量达到14.9万辆，1994年全国的汽车产量达到135万辆，其中轿车25万辆。

1994～2000年，1994年颁布汽车工业产业政策，汽车产业的改革开放发展到了一个有序的阶段。主要应对即将参与的“关贸总协定”和“世贸组织”的谈判。抓住入世前的机遇期，对汽车工业进行结构调整，提高竞争能力，参与国际竞争。这个阶段汽车工业实现了由小到大的发展，2000年汽车产量达到了206万辆，其中轿车为60万辆。

2000年至今，在一个新世纪的发展阶段中，社会主义市场经济体制日趋完善，随着新世纪全面建设小康社会的迅速发展，中国汽车工业以轿车为主，实现了全面快速的增长，成为世界汽车制造大国。我国汽车工业产量从200万辆增长到2007年的888万辆，2008年上半年达到520万辆，平均每年的增幅在20%左右。这种长期的高速度增长是中国汽车工业和世界汽车工业史上从来没有过的。中国的汽车工业，已经从1978年占市场汽车份额3.5‰发展到今天市场的1/7，也成为仅次于美国的世界第二大新车市场。

一、一个五年汽车工业上一个台阶

汽车产业从入世前单一的产业已经发展成为今天振奋人信的产业。在这个发展期间，中央五个五年计划的发展纲要对汽车工业体现了阶段性的部署，从“七五”到“十一五”，每一个五年汽车工业上一个台阶。1986年中国的第七个五年规划，第一次针对汽车工业，也是惟一的一个产业——正式地提出了为了适应交通运输的发展，把汽车制造业作为重要的支柱产业，遵循高起点、大批量、专业化和联合发展的原则。就在这个纲要里面，对汽车的自主开发能力，也做了总体的要求，要加强科学研究和新产品的开发能力，形成相对集中的、合理的、有层次的科研开发机构，提高自主开发能力。

到1991年第八个五年计划，中央在关于发展国民经济的建议中提出，汽车制造业在整个国民经济发展中占有重要地位，而不仅仅是满足交通运输业的需要，并再次明确提出把汽车工业作为国民经济的支柱产业，而且要求汽车制造业应该在全国范围内统筹规划、合理布局、健康发展。

到了“九五”规划，也就是1996年国家提出要振兴机械、电子、石油化工、汽车制造业，这时把汽车制造业的地位提得更高，要求使之尽快成为带动整个国民经济增长和结构升级的支柱产业。对汽车工业的地位和开发能力的建设更加明确，要求加强自主开发能力。“九五”时期，不是汽车工业发展最快的五年，但却是汽车工业发展得最好的五年。全行业认真地学习了汽车工业发展政策，按照市场经济规律进行了较大的联合重组，在这五年有了根本性的变化。

随后的“十五”规划，从2000年开始，第一次“鼓励计算机、轿车进入家庭”，提出要全面发展汽车关键零部件，提高自主创新能力，我国的轿车工业在国家鼓励政策下进入了快速发展时期。当前的“十一五”规划纲要强调，要增强汽车工业自主创新能力，加快发展拥有自主知识产权的汽车发动机、汽车电子及零部件。

按照汽车工业发展的“十一五”规划，到2010年，汽车总产量要超过850万辆，这一目标已经提前三年实现。我们要明确地看到，中央颁布了两个汽车产业政策作为指导性的发展纲领，早在1994年颁布的产业政策，明确提出了到2010年汽车工业成为国民经济支柱产业的总目标，同时对产业体制的改革，以及应对

WTO 作出了明确的规划，这个政策的提出，使汽车工业进入了一个新的发展阶段。

二、加入 WTO 后的不断改革

随着 2004 年汽车产业发展政策的颁布，随着汽车产业的快速发展，随着我国加入 WTO，汽车市场环境的变化，1994 年的汽车产业政策在某些方面已经不适应汽车工业的发展。2004 年 6 月 1 日，我国颁布了新的《汽车产业发展政策》。为在经济全球化的背景下完善中国汽车产业市场、参与国际竞争制定了明确的指导方针和政策依据。

我国的汽车工业是在改革开放中发展起来的。

第一，汽车工业是改革的排头兵，由于改革而推动了汽车产业市场化的进程。在与时俱进的改革中，汽车工业始终是各行业的排头兵，在计划、金融、贸易、投资等领域都基本上实现了社会主义市场化的运行机制。汽车企业经过不断的改革，已经成为市场经营、投资、研发的主体。在“十五”期间，全部的汽车工业固定资产投资达到了 2350 亿元，进入“十一五”，前三年每一年的固定资产投资都超过了 1000 亿元，一批具有国际先进水平的制造工厂在中国纷纷建成。第二，作为改革开放的带头羊，汽车行业促进了国际化的发展，中外合资企业的资产占全行业的 30%，产值占全行业的 40%，利润占全行业的 50%，中国汽车工业已经成为世界汽车工业资本、技术和市场越来越重要的组成部分。第三，作为这个期间技术创新的实践者，整个汽车产业开始迈入高新技术产业。我国的汽车工业在不断的自主创新中掌握新技术。标准和法规已经跟世界水平越来越接轨，计算机、微电子技术已经在汽车产业全过程、全方位地广泛应用，新产品的开发趋于多样化，自主开发、联合设计和委托开发已经成为中国汽车产品创新的重要手段。

汽车工业面临前所未有的挑战。在汽车工业快速发展的同时，我们清醒地认识到，环保、能源、交通面临严峻挑战。惟一的出路就是坚持科学发展观，完成中央在新的历史阶段向汽车行业提出的新任务，从制造大国向产业强国转变。在国家 2020 年长期科学发展规划当中提到，装备制造业和信息产业事关国家竞争力；在十七大的报告里中央明确提出，振兴装备制造业，工业由大变强。2008 年年初的冰雪灾害，年中的汶川地震，以及当今金融危机向实体经济的冲击，正在极大地影响国民经济的正常秩序，汽车工业应以市场的精神，积极应对，调整结构，渡过难关，为抵御全球危机，为国民经济又好又快发展，做出自己的努力。

经济全球化日益面临的严峻挑战，在全球化的竞争中，我国的汽车产业所面临的挑战也必将日益严峻。这都是外因。30 年的路并不顺利，过去的 1980、1985、1990 年差不多一个五年一个周期的调整。以及 1992 年到 2000 年的艰苦调整，八年的低速徘徊，新世纪汽车工业一路高歌猛进，上半年还春风得意，下半年则秋风瑟瑟，面对国际经济衰退的形势，必须要保持清醒的头脑，积极应对，主动调整，势在必行。冬天来临，春天就不会遥远，顺应中央保增长、扩内需、促消费之大势，开拓新领域，任凭世界汽车风云如何变换，相信我们这边风景独好。中国的汽车工业一定能够，也一定会屹立于世界汽车工业之林。

三、关于中国汽车工业科学发展的十点思考

最终我们要实现科学发展，造福人民，有 10 个问题提出来需要我们进一步的思考。

1. 中国汽车工业面临参与国际竞争的必要条件

（1）自主创新的产品开发竞争能力。

（2）电子化零部件工业基础坚实。

（3）服务贸易完善的营销能力。

（4）凝聚职工队伍和特色的企业、产业文化。

2. 人才的培养和经验的积累

人才的培养必须依托与整个技术创新团队的成长，人才激励机制的创新是技术创新的根本。产品的技术可以买来，但研发过程的数据库是买不来的，失败的数据更买不到，只有在不断的实践中才能得到。最有效的技术路线就是实验、实验、再实验，经过不断积累，在积累中培养出一支高效的研发队伍，实现不断创新。

3. 技术的不断创新

在国家中长期科技发展规划中，明确在重点领域优先主题中提出，“低能耗与新能源汽车”是汽车工业创新重点。

4. 加强汽车工业对国民经济贡献的宣传力度

用发展的眼光看待和解决汽车拥有量增长带来的问题，宣传汽车产业在构建国家经济基石中根本性的作用，针对汽车规划发展带来的社会问题采取积极可行

的改善措施，并及时宣传，获得社会的认同。

5. 创造良好的发展和使用环境

针对不利于汽车工业发展的宣传舆论和不合理法规，尤其是在汽车工业使用管理和能源燃油供应等方面，从理论到实际进行有针对性的评判，消除妖魔化汽车产业的不实论调，力争减少和改善在计划经济体制中遗留下来的对汽车使用的不正常待遇，减少和消除对汽车征收的不合理税费，为汽车工业发展和使用创造良好的环境，同时呼吁国家在税收方面给予实际的支持。

6. 深化企业改革，鼓励自主创新，增强竞争力

7. 确定汽车产业发展战略

8. 多方案、多渠道研究、解决能源问题

全世界都是在汽车能源采取多种技术路线，多种方案，针对每一个国家能源的特点研究解决能源问题。

9. 利用外资

汽车工业最终要实现十七大提出的发挥利用外资，在推动自主创新产业升级，区域协调发展等方面的积极作用。总书记的十七大报告，已经把相当一段时期以来利用外资和自主创新这样两个看起来矛盾对立的方面，很好地协调起来了，就是要发挥和利用外资在推动自主创新、产业升级、区域协调发展等方面的积极作用。

10. 开拓海外市场

汽车工业作为国民经济的支柱产业，必须承担起中央提出的保增长的重任，为国家分忧，相信沿着中央确定的改革开放，科学发展的道路，有全行业的共同努力，面对前所未有的机遇和挑战，一定可以克服种种困难，全面完全产业政策和科技规划纲要提出的任务，坚定不移地实现 2020 年进入先进国家行列，成为世界汽车产业强国的战略目标。汽车产业已经是国民经济的支柱产业，再奋斗十几年中国也会成为产业强国，实现于造福人民的根本目的，谱写人民美好生活的新篇章！

（作者：张小虞）

我国汽车服务贸易模式发展的方向
——兼议《汽车品牌销售管理实施办法》的修改

我国自2001年年底加入WTO后，中央政府有关部门出台了不少汽车业界的政策，其中流通领域的两个政策反响特别大。一个是《构成整车特征的汽车零部件进口管理办法》，另一个则是《汽车品牌销售管理实施办法》（以下简称《办法》）。前者主要来自国际上几个汽车跨国公司；后者主要来自国内一些汽车流通企业与汽车有形市场。

我国政府有关部门采取比较灵活而缓冲的办法，“原定于自2006年7月1日起实施的有关整车特征的进口价格百分比界定标准以及有关汽车总成（系统）特征的A、B类关键件的区分标准，推迟到2008年7月1日实施”。可该事件依然闹到了WTO专家组，WTO上诉机构于2008年12月15日支持我方在汽车成套/半成套散件进口关税待遇等方面的上诉请求，纠正了专家组此前的错误裁决；同时维持了专家组其他部分的裁决，裁定我方败诉。国家工商行政管理总局鉴于汽车流通界对《汽车品牌销售管理实施办法》的尖锐意见，对《办法》的实施也采取了一定的缓冲过渡，原先规定“自2006年12月1日起除专用作业车以外的所有汽车”实施品牌销售管理，至今尚未实施；且意见方于2007年上书到人大和政协“两会”。

汽车品牌销售管理办法作为课题的研究始于2003年，商务部将《办法》方案公诸于众，并于2004年广泛征求意见，2005年年初正式出台，同年4月1日起施行。当时，我国汽车流通领域正在盛行组建品牌销售和售后服务网络，有人认为这是贯彻《办法》的结果。其实不完全是这样，因为不少汽车制造企业的做法远早于《办法》出台的前几年，最早源自上海大众于20世纪90年代初推行的经销商“四位一体”；公认的所谓4S店，要数广州本田和上海通用在20世纪末组建的授权专营店。所以应该说《办法》来自于实践，《办法》吸纳了不少厂家授权经营、网络建设方面的成功经验；也借鉴了国际上成熟的汽车营销方式、管理经验和服务贸易理念。作为政策的《办法》正式出台后，才兴起了品牌授权经营的高潮。《办法》的核心是品牌销售和授权经营。纵向比较，《办法》的施行是我国汽车流通史上一个很大的进步；横向比较，《办法》的施行缩短了我国同国际上成熟汽车营销模式的差距。

一、我国汽车流通业态

关于品牌销售的形式以及授权经营的业态，《办法》并没有一刀切，而是可以采用专卖店形式，也可采用交易市场形式，既有有形的大买场形式，也可以开展连锁经营；专卖店可以是单一功能也可以多位一体。

同一个业态，有的地区成功，有的地区失败。同样是品牌专卖店，有的经营不善，最终或转卖或直接退出市场；有的经过几年的发展，成为具有相当实力的品牌专卖店集团，全国有 20 多个，中国汽车流通协会称它们为超级汽车营销集团，如上海的永达、冠松、云峰，北京的亚之杰、众义达、运通，山东的润华，广东的鸿粤，苏州的华成以及唐山的庞大汽贸等。同样是汽车交易市场，有不少已经转行或关门；有的依然红火，如北京亚运村汽车交易市场，拥有国内外汽车品牌 90 多个、500 余种车型，年交易额 100 亿元，年销售汽车 6 万余辆，销售轿车占北京新增轿车总量的 40%，进口车销量占全国的 1/5；深圳东都车城云集了 20 余家 4S 品牌专卖店，占入驻商家的 1/3。据不完全统计，类似于北京亚运村汽车交易市场那样的有形市场，全国有 100 多家。同样是连锁经营，有的已经歇业打烊，如北京五环信元广场；有的还在拓展业务，如成都置信精典汽车，它不搞加盟模式，2002 年 9 月份置信精典汽车在成都新南门的上海大众品牌专营店开业，2003 年置信精典建立丽都汽车广场，开始自建快修美容连锁网络。

几种业态并非相互对立，而是竞争与互补关系，有的品牌授权经营店或它的非法人分支机构即所谓的二级网点设置在有形市场，有的有形市场已经成为授权经营的专卖店集群。《办法》施行后，多个功能的品牌授权经营店（4S 店），成为一种主流模式、主流业态；但《办法》并不认为是惟一的模式和惟一的业态。

企业施行的品牌销售和经营模式，并非是凝固的，企业可视市场变化而变化。奇瑞在这方面是个典型，“李锋”时代，分网销售中搞过“互为二级”模式，又试行过一个名为“纵横中国”的计划，在 3 年内建成 20～30 家超大型汽车城，相当于 3 个一般的 4S 店，具有培训、零部件储备等功能，还计划在城市街区或者边远地区，建设类似麦当劳和肯德基模式的，3000～5000 家小型连锁的“奇瑞快乐体验中心”，从而形成 3 层销售服务体系，即“大店”汽车城、一般 4S 店和连锁快乐体验中心。后“李锋”时代的“马德骥”时代，奇瑞将形成四大销售管理平台，分别是负责开瑞3和瑞麒2销售的微车销售公司、负责轿车产品销售的奇瑞汽车销售公司、由东方之子和东方之子 CROSS 搭建的新销售平台、商用车销售公司。

对不同的区域市场，可实施不同的模式。二、三线城市的布点显得较为灵活。上海大众在营销变革管理和流程再造中，在实施《办法》的基础上，在云南中等城市尝试直营店，即店头挂上海大众标识，专营上海大众品牌的经销，不是从厂家而是从厂家的4S店进货，主要承担销售和服务。其特点是门槛低，150㎡展厅，300㎡维修场地，年销量60辆左右；主要是在二、三线城市布点；区别于传统的二级经销商，它由厂家审批、认证。又如，上海通用别克在武汉搞“加盟店”，为占领二线市场，允许一些小经销商挂它们的牌子卖车。东风雪铁龙也采取“2S+A”的模式，2S是配件+维修，A指整车销售，采取这种模式的目的是要占领四川等地区的二级市场。同样，上汽通用五菱雪佛兰 SPARK 乐驰与五菱分网后，密切关注县级市网络建设，大多数是规模小、投入少的 2S 店，并覆盖全国500多个县级市。

二、品牌经营模式

1. 分品牌经营模式

一汽大众的大众和奥迪，在该企业的销售公司中，市场部门、网络部门、销售部门都是按两个品牌、两条系统、两套网络在运作；经销商也是两类授权专卖店，他们开创了我国单一品牌销售体制的先河。上海大众将斯柯达与大众也分网销售。神龙公司按雪铁龙和标致两个品牌，设置两个独立的商务部，连地点都不在一个地方，一个迁至上海，一个在北京。他们称此举为双品牌战略。上海通用的别克、雪佛莱、凯迪拉克、萨博，按品牌独立营销，称之为多品牌独立经营。一汽马自达销售公司后成立，MAZDA6也从一汽轿车销售公司中分离出来，名正言顺地启用独立的销售机构。

长城从生产皮卡、SUV到制造小轿车，也在铺设小型轿车“精灵”的专用销售渠道。江淮将 MPV 瑞风、轿车宾悦和同悦以及 SUV 瑞鹰分品牌销售。长安将轿车与微车，一汽吉林将佳宝和大发，均按子品牌独立建网销售。

比亚迪把两厢车 F1 和 F3R 划入同一销售渠道；三厢车 F3 和 F6 在另一渠道

内销售；F8 则在两个渠道中都有销售。获得 F1 和 F3R 一级代理权的经销商，与 F3 和 F6 的一级代理商，互为二级经销商。

吉利将分 3 个品牌：一是熊猫，“全球鹰”品牌，是吉利入门级的轿车平台，偏时尚、重个性，将有 CD-1、NL-1、CE-1 和 CE-2 等车型；二是“上海英伦”品牌，比较经典，未来车型有 TX-5、SL-1、NC-2 等；三是帝豪（暂定名），是吉利的中高档车品牌，Logo 由 6 个彩框构成的一个方标，产品有 GC-1、FE-1、FE-2、HL-1、GL-1 等。一个品牌一套网络。每个品牌都有清晰的市场定位，各卖各的车，不出现同门竞争。

2. 大一统整合经营模式

原先的北京吉普公司打出过“联合品牌”的大一统的整合网络经营模式，吉普 212、小切诺基、大切诺基、帕杰罗速跑、欧兰德等，在北京吉普专卖店的同一展厅联合销售。尽管克莱斯勒（Chrysler）和吉普（Jeep）是典型的美国企业文化，而三菱（Mitsubishi）则是日本的文化风格。

克莱斯勒旗下的 3 个品牌包括克莱斯勒、道奇和 Jeep 实行并网销售，全国百家以上“CJ 经销商”——克莱斯勒、Jeep 经销商，同时销售道奇。已经建立的 30 余家道奇经销商，也将被允许销售克莱斯勒和 Jeep 车型。克莱斯勒品牌的300C、铂锐、大捷龙和 Jeep指南者车型在北京 Jeep 的 4S 店销售。

一汽丰田是另一种大一统整合网络经营形式，几个不同车型，产地不同，甚至生产企业也不同，威驰、花冠、卡罗拉、锐志、皇冠等产于天津一汽丰田，兰德酷路泽（陆地巡洋舰）和普拉道来自长春一汽丰越，柯斯达产于四川一汽丰田，但它们都由总部设在北京的一汽丰田汽车销售公司承担销售和服务。

铃木为改变长安铃木连续出现的市场萎缩局面，在 2007 年 1 月份开始运作“大铃木计划”，把昌河铃木、长安铃木和铃木进口车合网销售。并网以后，两品牌的经销商都将销售铃木在中国合资企业生产的所有车型。

大众（中国）副总苏伟铭曾经这样表示过，“把上海大众、一汽大众的产品和进口车型放在一个网络销售，如果客户和市场都接受，没有什么不可以。我们已经有了渠道整合的试点”。

3. 其他经营模式

奥迪在我国的首个“城市展厅”于 2008 年 7 月底落户宁波，集品牌体验、车型展示、新车销售、售后服务和奥迪 AAA 二手车置换于一体，这是奥迪全球第 6 家、亚洲第 1 家“城市展厅”。以后奥迪新增的经销商均以“城市展厅”的模式，不再建传统的4S店。“城市展厅”可以因时因地而异。继宁波“城市展厅”后，年内奥迪还将在石家庄、长春这样的二、三线城市建 5 家奥迪“城市展厅”，预计 2009 年全国的“城市展厅”将占升到 30 家。奥迪以“城市展厅”形象店为核心，然后在高档社区布网，其认为形象店好比“航空母舰”，社区网点是“护卫舰”，护卫舰多了，母舰也就相对安全了，进而可以提高品牌的市场有效占有率。

三、我国汽车服务贸易模式发展的方向

丰田和雷诺经验值得研究，渡边捷昭和卡洛斯·戈恩分别出任丰田和雷诺两大汽车跨国公司的总裁，是国际汽车界的风云人物之一，国际管理学界公认他们两位是汽车界的“成本杀手”。

丰田的经营，无论是生产，还是销售，都是比较精益的。丰田的精益销售繁衍到了一汽丰田销售公司。渡边捷昭于 2000 年领导了丰田的“面向 21 世纪成本竞争建设”（简称 CCC21），CCC21 使丰田汽车上 180 个核心部件价格降低 30%。丰田单一车型在所有代理店销售，丰田在日本的销售代理店有“Toyota、Toyopet、Corolla、Netz”四个品牌。目前，普锐斯仅在前两个代理店有售，从 2009 年春季开始，全面改版后的普锐斯将出现在丰田所有 4 个品牌的代理店内，计划 2009 年推出的新型混合动力车也将在所有代理店上市；与此同时，丰田还将调整在地方的销售战略，实现多个品牌的代理店共享部分店面和修理厂，以提高经营效率。

日产在 1999 年负债 190 亿美元，濒临“死亡”。此时，雷诺收购了日产 37% 的股权。2000 年卡洛斯·戈恩受命于危难之际，出任日产 CEO 后，雷诺和日产曾在各自的生产线上生产过对方的产品，人称之谓“交叉生产”。2000 年 5 月份起，日产的经销商也销售雷诺车，在墨西哥和中美洲，日产帮助雷诺扩展市场；在欧洲，雷诺帮助日产增加销量，提高品牌知名度，使日产商用车在欧洲市场得到发展。2001 年，日产就扭亏为赢，当年实现利润 27 亿美元。在卡洛斯·戈恩看来，共享平台只是结构性合作的一部分。雷诺和日产联盟 2010 年的目标是拥有 10 个平台，每个平台每年生产 150 万辆主流车型；共享平台还将用于研发和技改，共用发动机，联合采购，共用售后服务中心。

一汽与墨西哥萨利纳斯集团合作，建立了18家销售夏利和威志的4S店，它们在200多家艾丽卡超市销售。尽管这是个中资企业在国外的案例，可汽车进超市销售的尝试是值得关注的。

“两网或多网合一”的优势是显而易见的，这有利于资源整合的最大化。“两网合一”后，厂商可以加强对销售网络的控制，减轻管理和成本压力；经销商可以避免一店两建的重复投资，并通过销售多款车型分散经营风险；进口车的消费者也可以从网点密集的国产车销售网络中获益。哪一种销售模式更适合我国目前的发展阶段，最终的裁判是市场。我们的《办法》基本上多沿用欧洲共同体第1965/EEC号，以及法规（EC）第1215/1999号的做法，再结合我国的一些实际情况。如果我国汽车销售模式回到《办法》实施前的市场业态去，即回到20世纪90年代的市场业态去，恐怕是一种倒退，显然是没有出路的。

美国汽车销售模式的最大特点是专业性。而欧盟则多数是品牌经营。欧盟于2002年7月31日颁布了《欧盟委员会法规（EC）第1400/2002号，就是我们通常说的欧盟汽车销售服务新法规。这个新法规2002年10月1日生效，到2010年5月31日失效。新法规渗透着保护最终用户的利益，新法规规定“最终用户有权购买与在任意另一成员国销售的车辆规格一致的新机动车，且购买活动可以在共同市场内任何销售相应车型的分销商处进行”，“赋予最终用户此项权利”。新法规保护分销商、修理商的利益，新法规认为，“为了防止供应商由于经销人或维修商从事于有利于竞争的行为而终止合同，例如针对外国消费者进行的主动或被动销售活动、多品牌销售活动或转包售后服务，在每份终止合同通知中必须清楚地以书面形式说明终止的原因，这些原因必须客观明晰”；“分销商或授权维修商为向最终用户销售新机动车或备件，或修理保养服务”，“应包括使用国际互联网站或互联网转介站的权利”。欧盟竞争委员会主席马里奥•蒙迪曾要求自2004年10月15日起，对通用和戴-克等四家公司进行调查，调查它们是否对独立的汽车修理商和汽车故障检测设备生产商公开相关技术信息，调查特约维修厂与社会独立维修厂的竞争是否建立在同一起跑线上，是否引入竞争机制。

国务院办公厅于2008年12月30日关于搞活流通扩大消费的20条意见的第7条“积极促进汽车消费”中指出，“完善汽车品牌销售管理办法，促进汽车消费稳定增长”。我们对《办法》的完善以及以后的修改，应该吸取欧盟新法规中一些更有利于保护消费者利益、更多考虑经销商利益的理念和实践措施，不要等这个新办法在2010年5月31日在欧盟失效后，再来研究对我们《办法》修改的借鉴。

我们把欧盟在汽车销售服务上的旧法规和新法规作个比较，就不难看到我国未来汽车销售服务模式发展的新方向，清晰《汽车品牌销售管理实施办法》修改和完善的新目标。

第一，旧法规只允许使用选择性或独家分销一种方式，而新法规允许同时使用独家和选择性分销方式。相比之下，新法规的规定使销售形式的选择更加灵活。

第二，旧法规禁止规定区域以外地区主动销售的选择性分销，而新法规可不受歧视地从事地区性、全国性和跨境销售，新法规更加强竞争，有利于促进市场一体化。

第三，旧法规规定同一家企业必须同时从事销售和维护服务、授权维修商必须销售新车，而新法规取消同时从事新车销售和售后服务的强制性规定，允许转包服务；授权维修商不一定要销售新车，新法规认为，“汽车是一种昂贵的、技术上复杂的可移动商品，需要定期或不定期的修理和保养。但是，由新车分销商来完成修理和保养不是必须的。为了充分地提供修理和保养服务，维修商同时也销售新车也不是必要的”。

第四，旧法规规定各品牌完全分离经营，而新法规促进多品牌销售，使多品牌销售变得较为简易。新法规认为，“不利于竞争的强制性规定不在豁免之列”，此项规定不能损害生产企业以下行为能力，即其“有权要求分销商在其产品陈列室划分专门的品牌区域展示车辆，以避免品牌间的混淆”。

第五，旧法规规定不能在生产商规定区域外发展，而新法规赋予经销商将其业务出售给同一品牌的其他经销商的自由，独立转售新车，大大强化了经销商相对于生产企业的独立性。

第六，旧法规只规定新车供应商为其维修网络内的授权维修商设定质量上的标准，而新法规要求所有达到同样质量标准的维修商都能进入其网络，优点是利于平等竞争。

第七，旧法规规定独立维修商享受不到整车生产企业提供的备件，而新法规认为独立维修商能拥有整车生产企业提供存在竞争关系的备件、技术信息、维修和检测设备，以及培训的机会。新法规指出，“制造商必须允许利益相关的独立经营者可以完全享用技术信息、诊断和其他设备、工具，包括相关软件，以及对修理保养工作必需的培训。有权享用以上资源的独立经营者包括独立维修商、维修设备或工具的生产企业、技术资料出版商、汽车俱乐部、路边快修店、检查及测试服务供应商和提供维修培训的经营者。独立维修商如果没有使用这些备件的机会，就无法与属于车辆生产企业分销系统的授权维修商进行有效的竞争，因为他们无法向消费者提供有助于车辆安全可靠运行的优质服务”。

第八，旧法规对消费者在授权维修店没有备件的选择权，而新法规明确消费者可在“原装备件”、相同的“原装备件”、“质量相当备件”之间进行选择，使消费者有了更多的选择权。新法规认为，“这项规定不影响备件生产企业依据民法应承担的责任”。

《反垄断法》实施之后，广汽丰田放开对经销商的价格限制。长安福特品牌经销商可以自主定价，并跨区域销售。上海通用不再统一制定价格，对经销商跨区域销售，不反对，也不支持。一汽大众自 2008 年 7 月份起，不仅大幅降价促销，而且对经销商实际库存进行补偿。

（作者：张伯顺）

跨国公司新的格局分析以及对中国的影响

2008年，中国汽车市场经历了从相对高速增长到销量急速下滑的转变，市场的走势让大家始料不及。2008年年初的冰雪灾害并没有对汽车市场造成明显的影响，在3月份的时候，国内汽车的产销创出了105万辆的历史新高，这使得对2008年车市的整体走势相当乐观。2008年上半年，全国汽车产销量双双超过500万辆，同比增长均超过15%，当时看，2008年全年产销量超过1000万辆是没有问题的。但是下半年产销增幅明显回落，随着美国次贷危机引发的全球金融危机向实体经济的蔓延，中国汽车市场也出现严重的滑坡。经过8～9月份两个月的剧烈下滑，10月份汽车销量回升，11月份继续下降。2008年1～11月份汽车产量870.4万辆，同比增长7.98%，较2008年1～10月份的增速下降3.03个百分点，下滑加速；汽车销量863万辆，增长8.52%，较2008年1～10月份的增速11.11%下降2.59个百分点。

对于2008年，跨国公司是做好了加速超车计划的，然而由于市场的急剧变化，大多数企业未能完成年初的目标，但是在各方面还是取得了新的进展。

一、跨国公司的中国表现差异很大

2007年，产销量居于前10强的汽车企业中有6家未能完成年初目标。鉴于2007年的教训，同时也是基于对2008年车市的理性考量，各企业在制定2008年的目标时较为“保守”，而对全国汽车产量的预计，虽然听起来很大——1000万辆，但是增长率只有15%左右。即使是这样，2008年下半年汽车市场形势的逆转也使得多数汽车厂家的计划泡汤。但是东风本田已经超额完成任务，而上汽通用五菱和东风日产完成率超过90%，广州本田达到85%（见表1）。

2008年1～11月份，产量最高的合资企业是上汽通用五菱，达到588560辆；其次是上海大众，产量达到464993辆；第三是一汽大众，产量为462769辆；第四是上海通用，产量为413553辆；第五是一汽丰田，产量为366710辆；第六是东风日产，产量为320097辆。

2008 年 1～11 月份，产量增幅最高的是北京奔驰，达到 48.28%；其次是一汽丰田，产量增幅为 47.18%；第三是东风本田，产量增幅为 36.24%，第四是东风悦达起亚，产量增幅为 32.44%；第五是上汽通用五菱，产量增幅为 31.23%；第六是北京现代，产量增幅为 28.70%；第七是东风日产，产量增幅为 28.26%；这些企业的增长幅度都超过了 28%。上海通用、神龙汽车、长安福特、华晨宝马有不同程度的下降。

表 1 主要合资企业 2008 年目标及完成情况

厂家	目标产量/辆	目标增长率（%）	1～11 月份实际产量/辆	增长率（%）	完成率（%）
上海通用	600000	20.00	413553	−2.66	69
上汽通用五菱	620000	12.70	588560	31.23	95
一汽大众	600000	21.00	462769	3.92	77
上海大众	590000	29.00	464993	10.81	79
一汽丰田	400000	42.25	366710	47.18	92
广州丰田	210000	23.31	162004	5.05	77
北京现代	380000	64.00	269215	28.70	71
东风悦达起亚	200000	41.00	124909	32.44	62
广州本田	340000	15.25	288761	6.98	85
东风本田	150000	18.11	151685	36.24	101
本田中国	—	—	40658	3.61	—
东风日产	330000	21.37	320097	28.26	97
神龙汽车	280000	30.00	166968	-16.22	60
长安福特	310000	42.00	191230	−4.31	62
华晨宝马	41000	27.00	29898	−8.65	73
北京奔驰	一直不说	—	22607	48.28	—

注：数据来源于乘用车联谊会。

跨国公司在中国乘用车市场历年表现也不尽相同（见图 1）。2008 年在狭义乘用车市场中，市场份额最大的是大众汽车，达到 24.4%；其次是丰田，市场份额为 13.4%；第三是本田，市场份额为 12.6%；第四是通用，市场份额为 12.2%；第五是福特，市场份额为 11.2%；第六是现代起亚，市场份额为 10.8%；第七是雷诺日产，市场份额为 8.6%；最后是标致雪铁龙，市场份额为 4.5%。

2005 年以来，在狭义乘用车市场，份额增长最快的是丰田，从 6.4%上升到 13.4%，翻了一番还多；其次是雷诺日产，市场份额从 7.2%提高到 8.6%，提高了 1.4 个百分点；第三是本田，市场份额从 11.6%提高到 12.6%，提高了 1.0 个百分点；第四是福特，提高了 1.2 个百分点；第五是大众，提高了 0.7 个百分点。现代起亚下降幅度最大为 4.2%，但是 2008 年比 2007 年有显著回升；其次是通用，下降幅度为 3%；第三是标致雪铁龙，下降幅度为 1.6%。

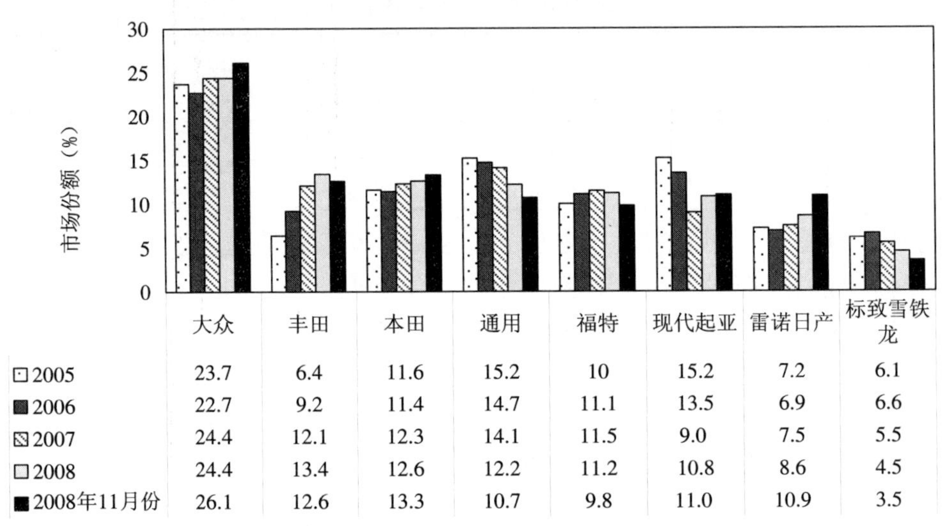

	大众	丰田	本田	通用	福特	现代起亚	雷诺日产	标致雪铁龙
2005	23.7	6.4	11.6	15.2	10	15.2	7.2	6.1
2006	22.7	9.2	11.4	14.7	11.1	13.5	6.9	6.6
2007	24.4	12.1	12.3	14.1	11.5	9.0	7.5	5.5
2008	24.4	13.4	12.6	12.2	11.2	10.8	8.6	4.5
2008年11月份	26.1	12.6	13.3	10.7	9.8	11.0	10.9	3.5

图1 跨国公司在中国狭义乘用车市场份额变化

（注：数据来源于乘用车联谊会。）

二、美国“三巨头”不放弃在中国的业务

有人预计，受美国金融危机的影响，美国汽车市场出现萧条，中国车市增长速度放缓，这些都会使美国汽车业“三巨头”放慢在华的投资速度。2008 年 12 月份，“三巨头”的中国公司相关负责人声明，对中国市场的发展前景有充分的信心，在中国的业务发展计划没有改变。当然“三巨头”的情况还是有所区别的。

（1）通用 通用汽车中国总经理甘文维表示，在中国这样的新兴市场取得业务增长是通用长期发展战略的一部分，对中国市场持续保持健康增长十分有信心，通用在中国的业务是独立运行的，在中国市场是盈利的，目前的业务运作情况良好，通用在中国的投资计划及重大项目进程、新产品投放计划、与中国合作伙伴的关系等都没有改变。中国对汽车的消费需求持续增长，中国政府日前出台了一系列扩大内需促进经济增长的措施，这对中国甚至全球经济来说都是一个非常积极有利的信号，通用将全力支持其中国业务的发展。通用已承诺未来两三年将向中国市场至少投入 10 款新车型。

2008 年是上海通用调整的最后一年，上海通用的地位受到了日系三强和大众系的有力冲击。在 11 月份国内狭义乘用车销量排行榜中，上海通用失去了第三的位置，跌至第四位，第三的位置被东风日产所取代。上海通用总经理丁磊说：“上海通用今后在产品上的策略是引进真正的欧洲和美国车。”

2008 年年底，通用中国投放了两款重量级产品。2008 年 11 月 18 日第六届广州国际汽车展上，通用汽车整合优势资源开发的全球战略车型雪佛兰科鲁兹在亚洲首发，将于 2009 年上半年与欧洲同步上市，成为雪佛兰发力国内紧凑型轿车市场的首款重量级产品。

2008 年 12 月 1 日，基于通用汽车最新全球中级车平台打造的新一代君威亮相，通用称这是一款别克品牌“全球平台、欧美技术”战略下划时代的产品，这款车的面世，昭示了瓦格纳在通用拯救计划中提出的“全球共享零部件供应，全球共享产品平台”战略方向已经开始实施。

2008 年 12 月 17 日 ，上海通用（沈阳）北盛汽车新工厂正式建成，全新雪佛兰科鲁兹生产线开始运行，新厂占地 32 万 m^2，建筑面积为 13.6 万 m^2，项目投资总额为 26.7 亿元。该工厂目前具备两个平台多种车型的制造能力，设计生产能力为年产两班 15 万辆。在经历了调整年后，上海通用显然迎来了又一个新品投放的高峰期。同时，在未来战略中，“绿动未来”的思路将被提上一个更高的位置。

（2）福特　福特汽车中国公司发言人声称，福特在中国的业务并没有受到影响，福特汽车对中国市场有长远的战略规划。美系汽车在世界市场主宰地位的丧失，福特是美国汽车厂商中较早进行转型的汽车厂商之一。这种积极主动的战略转型体现在在欧洲设立研发中心，以欧洲市场为导向研发更加注重运动性和小型化的产品路线。在广州车展上展出的新福特嘉年华是福特汽车实施全球平台战略后的第一款全球车型，其中三厢款是专门为亚洲，尤其是中国市场设计开发，这凸显中国市场日益增长对福特的重要性。长安福特马自达总裁沈英铨指出：“未来，长安福特将以引进全球同步且符合本土需求的产品为导向，注意聆听消费者的声音，不断强化产品竞争力，持续为中国消费者奉献‘更本土、更节能、更安全’的优秀产品。”

2006年年底，来自台湾福特六合的沈英铨担任长安福特马自达总裁，程美玮担任福特中国董事长兼CEO，许国桢担任福特中国副总裁，被称为“台湾三人组”。2008年葛致诺被任命为福特中国总裁兼CEO，程美玮成为福特全球副总裁，许国祯将到福特总部负责国际传播工作。有人分析，这一变动具有战略意义，伴随着美国人对于中国市场了解的不断深入，程美玮原有的作战策略也在悄然发生着改变，比如在引进车型方面也逐渐绕过台湾地区，直接从欧洲引入新车型。

为了筹措现金和应对金融危机，福特提出出售沃尔沃的方案，但有关人士称，该消息不会影响沃尔沃S40，也不会改变2009年沃尔沃S80在重庆投产的计划。

（3）克莱斯勒　克莱斯勒亚洲业务市场与传播副总裁郑洁指出，克莱斯勒正与中国多家公司保持接触，积极寻求在中国建立长期、稳定的合作伙伴关系，并积极推动在中国及全球业务的发展。2008年1～10月份，克莱斯勒三大品牌在中国市场的销量是2007年同期的两倍多，特别是Jeep品牌通过指挥官、指南者等新产品的引进，前10个月销量是上年同期的近五倍，克莱斯勒和道奇品牌也均有不错的表现。

在戴-克拆分前，克莱斯勒在中国投入的资产与资源都非常有限，主要是通过技术合作或零部件出口的方式。但是现在，克莱斯勒称“正在寻求更积极的、新的业务模式”。2008年12月9日，克莱斯勒发布公告称：两家公司都经历了重大的内部变革，业务方向和业务重点与一年前相比也有所不同，因此终止了2007年7月份与奇瑞汽车签署的战略合作协议。奇瑞表示，双方最初签订协议时的一些前提条件已经不再适用。双方一致认为，将资源和精力转投于推动各自业务目标的独立发展，更加符合双方公司的利益。这透露出双方暂时无力进行大规模的投资活动，也说明克莱斯勒的战略有所转变。

三、大众加强在中国的“自主发展”

受金融危机和经济衰退抑制需求的影响，2008年11月份大众汽车全球销量仅为44.7万辆，同比下降17%。2008年1～11月份，大众在全球的累计销量仅比上年同期上升 1%，为 573 万辆。但是大众汽车正在试图证明自己可以比其他汽车商更好地从这次危机中生存下来，称“大众汽车没有改变既定计划，2009 年在美国市场不会削减产量，预计将与 2008 年持平。”苏伟铭在专访中多次表示，目前的全球金融危机对大众来讲是一个难得的机会，这主要得益于大众汽车充裕的资金链。2007 年 3 月份，大众汽车宣布了旨在超过丰田成为世界第一的 2018 战略，大众品牌乘用车将从 2006 年的 340 万辆增长到 2018 年的 650 万辆，或占世界份额的 9%，目前大众全球份额为 6.3%。未来销量增长将主要来自于中国、美国、巴西、俄罗斯和印度五大市场，2006 年该五国的大众乘用车销量占大众全球销量的 37%，估计到 2018 年时将达到 50%，中国市场显得尤为重要。

未来 3 年内，大众将向中国投资总计 24 亿欧元，其中 5 亿欧元用于大众在中国的动力总成战略，另外 70%投入新产品研发，余下的用于产能扩张。大众集团中国区总裁兼 CEO 范安德特别强调，一汽-大众和上海大众已经进入大众全球研发体系，未来还将承接不同的全球车型研发任务，这一举动也表明由合资公司推出的“自主车型”正在成为跨国公司在中国发展的新方向。

2008 年 4 月 20 日上海大众朗逸和一汽-大众新宝来在北京车展上揭幕，2008 年 12 月 22 日，上海大众斯柯达晶锐宣布入市，这也是继 Polo 之后，大众选择在中国投放的又一款 A 级新品。大众（中国）副总裁苏伟铭认为，在大众各车型之间还有很多细分市场的“洞” 需要用新研发的产品去填补。而在谈到尚未占领的细分市场之时，苏伟铭提到了迈腾与辉腾之间的“洞”，这说明大众在中国要研发高档产品。

范安德透露大众已经开始了品牌整合工作，就是将一汽-大众、上海大众这两家合资企业各自的产品形象进行统一，“给大家一个大众品牌整体形象”。

四、丰田在中国寻求突破

2008 年丰田在中国的四个整车生产基地都进行了扩建。2008 年 5 月 13 日丰田汽车公司宣布，2009 年年底，位于天津市经济技术开发区的第二工厂生产能力将从年产 10 万辆提高至 15 万辆。天津一汽丰田第四期的产能扩建项目总投资额约合人民币 15 亿元，天津一汽丰田将形成年产 47 万辆的生产体制，还将在公司内设立研究开发中心。

2008 年 6 月 18 日，广州丰田开始产能扩充，总投资额为 30 亿元，新生产线初期年产量为 12 万辆，最终广州丰田的年产量将达到 40 万辆。2008 年 7 月 5 日，四川一汽丰田举行了搬迁扩建项目开工仪式。新工厂位于成都经济技术开发区（龙泉）新区，占地面积约 45 万 m^2，将于 2010 年上半年落成，投资总额约为 36 亿元，年产量为 3 万辆。2008 年 10 月 27 日，四川一汽丰田在长春举行了新工厂开工仪式，具体计划尚未公布，目前计划投资金额为 40 亿元，年产量为 10 万辆，生产车型为卡罗拉。

以上项目完成之后，丰田在中国的年生产能力正好是 100 万辆。基本上达到了丰田在中国市场份额 10%的目标，这意味着丰田在中国下一步的战略将迅速启动。

2008 年 12 月 21 日，丰田汽车总裁渡边捷昭发布重新修订的 2009 年销售经营预期，预计本财年合并报表的营运亏损为 1500 亿日元（约合 16.8 亿美元），原因是美国、欧洲和日本汽车市场需求下滑以及日元对美元的升值影响。这在全球引起极大的振动，而渡边捷昭也为此辞职。丰田还表示，在利息收入和关联企业派息的提振下，预计本财年将实现净利润 500 亿日元，仅为此前预期的 5500 亿日元的 1/10。丰田已决定推迟或重审几乎所有旨在扩大产能或增建新厂的项目，已经在日本工厂实施减产和裁减临时工，希望藉此降低成本，而且还推迟了在密西西比州等地的新工厂投资。由于目前丰田在中国的生产能力处于紧张状态，估计上述四个项目可能不会取消。

五、东风日产大获全胜

2008 年 9 月 19 日，东风日产的第 100 万辆车在花都工厂（即广州风神汽车有限公司）下线，新天籁在七八月份的销售数字已经顺利进入了中级车销售前三，月销量 8000 辆以上。2008 年 11 月份，22 家主要汽车公司中仅东风日产实现了同比正增长，到 2008 年 11 月底，东风日产累计产量已经达到 32 万辆，2008 年 12 月初已经完成全年总销量突破 34 万辆的目标，成为排名前十的企业里面惟一不调整销售目标还能够超额完成的企业。

至 2008 年 11 月 10 日，东风日产另一款战略车型骊威提车数量已达到 100032 辆，日平均销售 180 辆，首破 1.6L 排量小车 10 万辆大关。2008 年 11 月 9 日推出的新奇骏是东风日产下一个百万辆的起点，更进一步完善了东风日产的产品序列，填补了东风日产在 SUV 领域空白的战略车型。至此，东风日产已经在轿车、

Cross-over、MPV、SUV 等各车型领域初步实现了战略合围之势。

东风日产采取的全车型覆盖战术，业内形象地将之比喻为“狼群”战术，以最短的时间，用最全面的产品体系打开市场，并以此取得企业滚雪球式的快速发展。随着花都工厂第二条生产线的投入使用，东风日产的产能已达到 45 万辆，预计到 2010～2011 年，产能将进一步提高，年销量也将超过 50 万辆。

2008 年 5 月 28 日，东风日产举行了“1 的 3 次方计划”新闻发布会，公布了 2008～2012 年中长期事业发展计划，在未来的 5 年中，东风日产将导入 7 款以上的新车，2010 年市场占率排名将进入行业前 5 名；2011～2012 年，年销量超过 50 万辆；在产品品质、销售服务质量、成本竞争等方面达到国内领先水平。

2008 年 11 月 18 日，在第六届广州国际车展上，副总经理任勇发布了东风日产全新的品牌主张——“技术日产，人•车•生活”，该主张表达了东风日产矢志以技术日产的先进造车技术，不断为消费者创造丰富移动生活的品牌愿景。为达成这一愿景，东风日产将致力于构建“舒心驾乘、放心品质、感心服务”为特色的 NISSAN 三维价值体系。这是国际品牌首次针对中国市场做出的品牌承诺，标志着中国汽车行业在经历了价格竞争、车型竞争之后，进入了更高层次的品牌力的竞争。东风日产在产品质量和售后服务方面不仅保持着在 J. D. Power 的产品质量和售后服务满意度调查报告上连续三年名列前茅，售后服务培训中心也为差异化售后服务体系提供了重要的支撑，二、三级城市的二级经销网络相继拓展以及二手车置换、汽车金融、汽车保险等业务的完善，构成了东风日产综合的竞争力体系。

六、本田全面出击

2007 年，广州丰田的凯美瑞生产了 13.5 万辆，而广州本田雅阁的产量只有 11.5 万辆。2008 年 1 月 6 日在国家大剧院，广州本田执行副总裁付守杰信心十足地宣称，“史上最强第八代雅阁”上市，掀开了 2008 年车市的首场重头大戏的幕布，“雅凯之战”由此打响。在经历了几个月的拉锯战后，第八代雅阁最终实现了夙愿。到 2008 年 11 月份，雅阁生产了 15 万辆，凯美瑞的产量只是 13.66 万辆，雅阁略胜一筹。

依据广州本田的预期，2008 年的产销计划为 34 万辆，其中雅阁年产销计划为 17.8 万辆，实际上已经不可能完成了。

2008 年 7 月份，新飞度也以全新的面貌开始冲击 A 级两厢紧凑级市场，12 月中旬，衔接 A 级车中上游与 B 级车下游市场的锋范也公布了价格，广州本田通过全年的整合，已经在重要的 A、B 级市场全面出击。

据报道，东风本田于 2008 年 12 月 26 日提前超额完成上调后的年销售目标，实现销量 16.42 万辆，同比增长 29%。这个目标已经经历了年初和年底的两次调高。有媒体说：作为惟一逆市两次调高销量目标并提前超额完成的汽车企业，东风本田为寒冬中的车市注入一股暖流。东风本田只有两款车型：思域和 CRV，关键在于这两款车在同类车型中都居于领先地位。对于 2009 年，东风本田持谨慎乐观的态度。2009 年东风本田的发展策略是 16 个字——贴合市场，稳健前行，跑赢大市，持续发展，东风本田一位负责人说："对于欧美汽车企业，甚至一些国内车厂来说，2009 年可能是严冬，但对于东风本田来说，2009 年将是暖冬。"

本田在广州还有一个中国惟一的外国汽车公司出口基地。据外电报道，2008 年 11 月 13 日报道，本田正在考虑在拓展这家工厂的生产能力，该工厂每年向欧洲出口 43000 辆小型汽车 Jazz，这是本田的又一个优势项目。自 2005 年投产至今，Jazz 汽车对欧洲累计出口突破 10 万辆。对这一工厂发展的前景，本田也充满信心。

七、现代起亚下功夫打造品牌

2008 年现代汽车在北美及东欧势如破竹，一举超越本田成为世界第五大汽车制造商。在中国，经过一年的调整后，随着东风悦达起亚第二工厂和北京现代第二工厂的落成，现代集团在中国已经具有超过 100 万辆的生产能力。2008 年 1～11 月份，北京现代和东风悦达起亚的增长幅度都在 30%左右，但是由于市场的变化，北京现代 38 万辆和悦达起亚 20 万辆的产销计划搁浅。一家经销商认为，"无论是北京现代还是东风悦达起亚，都没有改变依靠一款畅销车型打天下的局面。"

为了改变局面，现代起亚汽车集团准备通过对新引进车型的本土化改造、增强引进车型的全球同步性及提升服务水平来提高品牌形象，取悦中国消费者，从而实现更高的销量。御翔的换代车型领翔已经在广州车展上亮相，在 2008 年年底上市，北京现代希望凭借这款车扭转其在中高级车级别的颓势。北京现代还在筹划引进一款全新两厢车型 i30，以接替表现不佳的雅绅特。新车将在第二工厂进行生产。东风悦达起亚 2009 年将推出两厢赛拉图、改造的远舰和新车型 SOUL

的全球同步投放工作。按照计划，东风悦达起亚每年将推出一两款新车，以最终实现 3 年推出 7 款国产车型的目标。

东风悦达起亚和北京现代还在售后服务方面采取措施：对在中国售出的全系车实施 5 年 10 万 km 的发动机和变速箱总成的保修期，并针对火花塞、线圈等 12 类零部件，新增了 3 个月 5000km 的保修措施。

据外电报道，2008 年 12 月 11 日，现代起亚汽车公司在 12 月 9～10 日连续两日在京畿道召开了“克服全球性危机品质战略会议”，公司提出“GQ(全球品质) 3355”目标规划，就是指在 3 年内产品质量进入世界前 3 位，5 年内品牌价值进入世界前 5 位。决定展开名为“创造性品质经营”的全新经营战略。为了达到产品质量零缺陷的目标，现代起亚汽车公司将在以前的“4M（人、机器、材料、技术）”质量管理理念，增加为“6M”质量管理方案，新增加的两项管理内容是“质量验证、质量零缺陷意识”。据说此前，该公司高层在美国、欧洲、中国等地召开内部圆桌会议，邀请各国汽车专家为现代起亚集团发展把脉。这个战略会议应该是在一系列内部圆桌会议的基础上召开的。

这是现代起亚集团重大的战略转变，新战略的关键是通过注重品质的经营方式来强化竞争力，从而应对世界性的汽车需求萎缩的现状。

在美国三大和欧洲一些公司面临生存危机的时候，现代起亚集团这个战略转变具有典型意义。因为欧美汽车工业受到市场萎缩、成本居高不下的制约，难以从泥沼中自拔，亚洲汽车工业仍然具有可持续发展的潜质，但是在许多方面与欧美日汽车工业相比还有较大的差距。最直观的差距是规模，所以中国人常讲“做大做强”，认为做大然后可以做强，所以最关注的是上规模。然而谈到品牌，却不像规模那样简单，品牌到底意味着什么？规模大并不等于因此就拥有品牌优势，而品牌的核心其实还是品质。现代起亚集团新的战略就是从数量型增长转向质量型增长。这一转变将会产生深远的影响。

（作者：贾新光）

金融风暴与汽车产业

2007 年至今，由美国次级贷款危机引发的金融风暴席卷全球并且愈演愈烈，大量金融机构的巨额亏损以及破产重组使得作为现代经济重要支柱的金融行业遭遇了前所未有的危机，金融业的危机并由此导致的虚拟经济的危机迅速蔓延到了实体经济，作为牵扯上下游众多产业的汽车行业也不可避免地受到了严重的冲击，这势必对世界汽车产业以及正在快速发展的中国汽车产业造成巨大影响，本文将在如何理解这场危机对世界经济的影响，如何判断汽车行业的未来走势以及如何应对汽车产业格局调整等方面进行分析并提出建议。

一、金融风暴与世界经济

1. 次贷危机愈演愈烈

金融风暴、金融危机和经济危机的概念是不同的，这之间有一系列的传导过程。世界金融风暴的开始至少在一段时间以前就有所表现，2004 年 6 月份美联储一改施行近 4 年的低利率政策，持续 13 次加息，利率从 1%，提高到 2006 年 8 月份的 5.25%，利率的大幅提升在收紧银根的同时也给贷款偿还造成了巨大的压力，首先冲击的就是大量依靠银行贷款的房地产行业以及按揭贷款的偿还群体，而这一切又集中在了具有高风险的次级按揭贷款上，到了 2007 年这些问题以“两房”业绩的大幅度下滑而集中爆发。

2007 年 5 月 6 日，房利美（Fannie Mae）的报表显示 2007 年第一季度亏损 21 亿美元，同时在这一年里，它与房地美（Freddie Mac）这两个持有价值美国整个房屋贷款一半的住房贷款证券化经营机构的损失已超过 140 亿美元，随后，在 2008 年年初，贝尔斯登、美林证券、花旗银行和汇丰银行等国际金融机构先后对外宣布数以百亿美元的次贷危机损失，到了 2008 年 9 月 15 日，雷曼兄弟（Lehman Brothers Holdings Inc.）正式发布公告，宣布母公司破产。这一事件也基本上被公认为次贷危机转向金融危机的标志，因为之后，不仅仅是跟房地产有关的公司，就是投资银行、证券市场、股票市场都受到了极大的影响，并且这种对虚拟经济的影响已经波及到了实体经济的发展，当影响到实体经济以后大家基本上将其定义为金融危机了。美国 2008 年道琼斯和标准普尔指数的走势，从年初下降非常明显，并且下降幅度很大（见表 1）。

表 1 2008 年美国道琼斯和标准普尔指数走势

时间	道琼斯指数	标准普尔指数
2008 年 1 月份	13043.96	1447.16
2008 年 2 月份	12743.19	1395.42
2008 年 3 月份	12258.90	1331.34
2008 年 4 月份	12654.36	1370.18
2008 年 5 月份	13010.00	1409.34
2008 年 6 月份	12503.82	1385.67
2008 年 7 月份	11382.26	1284.91
2008 年 8 月份	11326.32	1260.31
2008 年 9 月份	11516.92	1277.58
2008 年 10 月份	10831.07	1161.06

美国的危机形势也迅速蔓延到了世界其他主要的经济体，欧洲、日本的标志性指数都出现了大幅的下降，而且降幅也非常明显（见表 2）。

表 2 主要经济体的股市加权指数

时间	伦敦金融时报指数	德国法兰克福指数	法国巴黎 CAC 指数	日本日经指数
2008 年 1 月份	6416.7	7808.69	5446.79	15030.51
2008 年 2 月份	5879.8	7000.49	4973.64	13629.16
2008 年 3 月份	5884.3	6545.04	4675.91	13824.72
2008 年 4 月份	5852.6	6741.72	4887.87	12706.63
2008 年 5 月份	6087.3	7017.10	5040.92	13863.47
2008 年 6 月份	6057.7	6965.43	4915.07	14124.47
2008 年 7 月份	5426.3	6353.74	4343.99	13544.36
2008 年 8 月份	5354.7	6349.81	4280.63	13367.79
2008 年 9 月份	5620.7	6518.47	4539.07	12768.25
2008 年 10 月份	4087.8	4519.70	3310.87	8460.98

在世界经济联系如此紧密的今天，发达国家的危机也同样波及到了发展中国家，尤其是新兴经济体；发达国家的危机导致众多企业流动性严重短缺，“现金为王”的策略使得美国在国外的资金纷纷抽离，外资的撤离导致了韩国、香港、新加坡、马来西亚、泰国这些新兴市场股市的大幅下挫。除去股市下跌之外，金

融危机的另一个重要表现就是货币贬值，这在主要的新兴经济体国家（地区）中均有表现（见表3）。

表3 新兴经济体国家2008年7月份以来货币贬值幅度

（单位：%）

币种	2008年7月份以来贬值幅度
泰铢	-2.6
台币	-6.8
印尼盾	-8.4
马来西亚元	-8.6
菲律宾比索	-8.8
新元	-9.1
印度卢比	-13.4
韩元	-23.7

2. 金融危机导致世界经济增长放缓

当金融危机到达一定程度之后就会导致世界经济发生变化，使全球的经济发展速度减缓，从2007年世界主要经济体的发展速度上看都存在着这样的发展趋势，甚至2007年第三季度经济出现了负增长（见表4）。

表4 当今主要经济体增长速度变化情况

（单位：%）

时间	美国	日本	欧盟
2007年第二季度	4.8	1.8	2.6
2007年第三季度	4.8	1.7	2.6
2007年第四季度	-0.2	1.6	2.1
2008年第一季度	0.9	1.2	2.1
2008年第二季度	2.8	0.7	1.4
2008年第三季度	-0.3	-0.4	0.8
2008年第四季度（预测）	0.5	0.1	0.4

同时，虽然新兴市场国家金融业占经济总量的比例较小，但也受到了金融危机的冲击，世界主要新兴市场经济增速也出现了不同程度的下滑（见表5）。因为金融危机一方面导致外资流出新兴市场，使新兴经济体金融部门受到冲击，资本品价格下滑，货币贬值；另一方面，由于金融危机引起的世界经济增速放缓使得

需求减少，直接导致新兴经济体的制造业下滑、原材料出口下降以及国际大宗商品价格下降，而这些都是多数新兴经济体国家经济增长的重要支柱。因此，我们说在当今经济高度一体化的时代，独善其身是做不到的。

表 5 新兴国家经济增长速度变化情况

（单位：%）

时间	俄罗斯	印度	巴西
2007 年第二季度	8.1	9.2	5.42
2007 年第三季度	7.3	9.3	5.58
2007 年第四季度	9.5	8.8	6.21
2008 年第一季度	8.5	8.8	5.87
2008 年第二季度	7.5	7.9	6.13
2008 年第三季度（预测）	6.2	7.6	4.80
2008 年第四季度（预测）	5.0	7.3	4.00

3. 世界联手救市与未来发展

随着影响的加剧，世界各国纷纷出了救援方案，主要经济体都通过了大额的刺激计划。其中美国计划投入 7000 亿美元，英国计划投入 5000 亿英镑，德国计划投入 5000 亿欧元，法国计划投入 3600 亿欧元，中国计划投入 4 万亿人民币，瑞典计划投入 2000 亿欧元。但是在众多计划抛出之后，市场的反映并不太明显，这主要是因为大家的信心不足，在这种情况下，货币投放之后并没有流动起来，这使得救市计划的效果大打折扣。关于未来的发展，虽然金融危机近期有所缓和，但主流观点认为还没有结束的迹象，对于未来的看法还存在着争议，而且悲观的观点要多于乐观的观点（见表 6）。

表 6 金融危机主流观点

悲观的观点	乐观的观点
（1）欧盟委员会负责经济和货币事务的委员华金·阿尔穆尼亚 2008 年 11 月 3 日指出，金融危机远未结束，且正在加剧宏观经济的失衡 （2）世界银行常务副行长胡安·何塞·达布 2008 年 10 月底表示，金融危机还在全球范围内加剧扩散美国财政部副部长麦考密克 2008 年 10 月 9 日表示，金融危机何时结束很难说 （3）德国财长施泰因布吕克 2008 年 10 月 9 日表示，目前仍然“没有迹象”表明金融危机将何时结束	（1）瑞银 2008 年 10 月 14 日发布报告，认为欧美银行系统部分国有化标志金融危机进入结束阶段 （2）瑞典央行总裁英韦斯 2008 年 10 月 13 日称，世界各国财长周末就如何扶助全球金融体系问题达成的协议意味着此次危机“结束的曙光” （3）美国花旗集团首席经济师刘易斯·阿历山大表示，相信有的金融市场已经见底，预计经济衰退一两年就会结束

上述是本文对于次贷危机传导并引发经济危机对于全球经济影响的综述，这些变化都将影响到我国 2009 年的经济发展，因为我国目前的出口总额能够达到 25000 亿美元，这样大的一个外贸额度是没有办法超越全世界经济而独立发展的。

二、金融风暴对世界汽车产业的影响

1. 对发达国家汽车市场的影响

金融危机对发达国家的汽车市场已经产生了严重的影响，几个主要的国家出现了汽车上牌量大幅度的下降，美国受到的影响最大。一方面因为美国是爆发金融危机的源头，另外，金融体系在美国经济中的重要支柱作用也是加深影响的重要原因。从 2008 年 1 月份开始，每个月都是负增长，而且负增长的程度逐渐加深，从前几个月负增长 7%、8%的水平，到 2008 年 9 月份负增长为 28%，10 月份负增长达到了 33.3%（见表 7）。

表 7　美国汽车上牌量及增长率

时间	美国汽车上牌量/辆	增长率（%）
2008 年 1 月份	1062898	-5.5
2008 年 2 月份	1196451	-6.9
2008 年 3 月份	1378584	-12.5
2008 年 4 月份	1273039	-6.8
2008 年 5 月份	1420501	-10.7
2008 年 6 月份	1212534	-18.1
2008 年 7 月份	1155923	-13.2
2008 年 8 月份	1269037	-15.4
2008 年 9 月份	964873	-28.0
2008 年 10 月份	838186	-33.3

对于美国这样一个汽车市场成熟的国家而言，历史的数据表明，正常月销售量应该保持在 130 万辆，而 2008 年 9 月份降到了 96.5 万辆，10 月份降到了 83.3 万辆，2008 年美国市场的整体销量预计在 1400 万辆左右，对比 2006 年和 2007 年的 1600、1700 万辆已经出现了明显的下跌。通用、丰田、福特等一些大公司在美国的降幅很大。通用 10 月份比 2007 年的 10 月份下降了 45%，大概只相当于 2007 年同期销量的 1/2，福特的降幅也达到了 30%（见表 8）。

表 8　美国主要汽车厂家销量及增长率

厂家	2008 年 1～9 月份/辆	增长率（%）	2008 年 9 月份/辆	增长率（%）	2008 年 10 月份/辆	增长率（%）
通用	2395304	-17.6	281041	-15.5	168719	-45.0
福特	1527604	-25.0	116301	-33.7	132248	-30.0
丰田	1793303	-10.4	144260	-32.3	152101	-23.0
克莱斯勒	1183519	-25.0	107344	-32.8	—	—
本田	—	—	—	—	85864	-28.0
日产	—	—	—	—	49833	-34.0

这种下滑的态势在欧洲以及日本同样不可避免，整个欧洲 2008 年 1～8 月份下降了 3.9%，2008 年 8 月份当月销量下降了 15.7%。其中，大众集团 2008 年 1～8 月份下降了 3.0%，PSA 集团 2008 年 1～8 月份下降了 6.0%（见表 9）。日本汽车上牌量 2008 年 8 月份下降了 10.7%（见表 10），由此可见，基本上都呈现出危机逐渐加深的态势。

表 9　欧洲汽车上牌量及增长率

	2007 年 1～8 月份/辆	2008 年 1～8 月份/辆	增长率（%）	2007 年 8 月份/辆	2008 年 8 月份/辆	增长率（%）
合计	10830221	10403858	-3.9	955080	805076	-15.7
大众集团	2151619	2086868	-3.0	206416	186766	-9.5
PSA 集团	1419940	1334118	-6.0	113903	92616	-18.7

表 10　日本汽车上牌量及增长率

时间	日本汽车上牌量/辆	增长率（%）
2008 年 1 月份	376633	1.4
2008 年 2 月份	502617	-0.5
2008 年 3 月份	730583	-4.8
2008 年 4 月份	368827	3.1
2008 年 5 月份	360519	-4.8
2008 年 6 月份	446989	-3.3
2008 年 7 月份	454593	3.6
2008 年 8 月份	310091	-10.7

在分析金融风暴对美、欧、日等发达国家汽车市场影响时我们认为，这次危机对上述发达国家影响较大：一方面是这些国家经济下降幅度大，严重影响了消费能力，由于日常消费在消费中具有不可替代性，所以大件耐用消费品特别是汽车的购买、更新换代就成为了缩减开支的主要方式。另一方面的主要原因在于这些国家汽车消费在很大程度上以贷款的方式来完成的，于是在金融信贷体系出现问题之后，必将加重汽车消费的萎缩。美国汽车金融行业非常发达，贷款购车比例约为85%，超过70%的世界平均水平（见图1），而次贷危机发生后消费者还款能力大幅下降，使购车违约现象增多，汽车金融行业也面临财政危机。位于拉斯维加斯一家名为Automotive Finance Summit的机构发布最新报告称，2008年以来，有大约250亿美元的汽车贷款被拖欠。其中有4%的用户拖欠还款达60天以上，创10年以来的最高水平，且同比增长达43%。

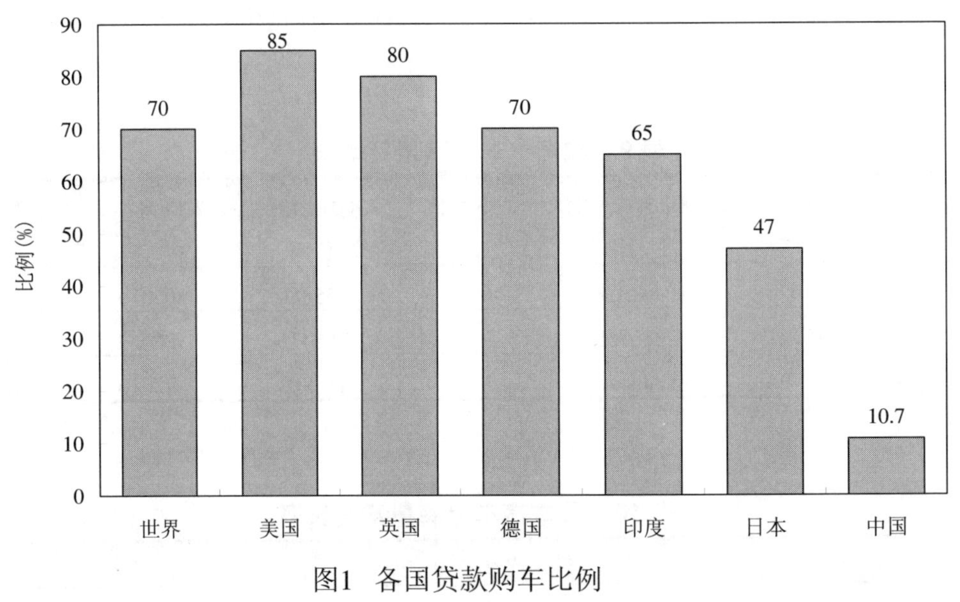

图1 各国贷款购车比例

2. 金融风暴对世界汽车产业格局的影响

本文认为此次金融危机将会带来整个汽车行业的结构调整。通常在经济增长趋缓或者下滑的时候，行业内产业结构的调整就会加快。由于美国次贷危机带来世界性的汽车需求下滑，原来被景气掩盖的行业问题被放大，合并、分立、破产现象会更加频繁（见表11），产业结构会出现新的面貌。

表 11　世界主要整车厂商结构调整

厂商	关闭工厂、减产	裁员
克莱斯勒	（1）俄亥俄州 Toledo 的吉普车装配厂削减一个轮班 （2）提前关闭特拉华州 Newark 的 SUV 装配厂	（1）2008 年 12 月 31 日起，825 名工人将被无限期解雇 （2）2008 年年底 Newark 工厂削减大约 1000 个职位 （3）2008 年年底前，全球再裁员 5000 人
通用汽车	（1）2008 年 12 月 23 日前关闭威斯康星州的 Janesville 汽车组装厂 （2）2008 年 12 月底关闭俄亥俄州 Moraine SUV 生产厂	
福特汽车	（1）2008 年 10 月份起，英国南安普敦的工厂为期 17 天的减产计划	（1）2008 年 10 月 16 日起实施全面裁员计划，其中包括买断 75000 名左右临时工人合同
丰田汽车		（1）在美国，裁员近 800 人 （2）截至 2008 年 9 月底，削减日本国内工厂员工约 2000 人
本田汽车	（1）欧洲市场思域生产线减产 22000 辆 （2）2009 年第一季度，英国斯文顿工厂减 产 1 万辆轿车	
其他	（1）宝马缩减了 2 万辆产能 （2）奔驰缩减了 4.5 万辆的生产计划 （3）戴姆勒卡车关闭北美的两家工厂	（1）曼恩集团计划解雇 4000 名的临时工 （2）在瑞典，沃尔沃集团有 1400 名员工失业

在自身缩减之外，整车厂商也在寻求着其他的途径：兼并重组——面对全球金融海啸及环球信贷紧缩，通用汽车（General Motors）与克莱斯勒（Chrysler）正洽商合并或合作；呼吁政府救助——通用汽车公司已经请求美国政府提供大约 100 亿美元的援助以支持收购克莱斯勒。如果没有贷款援助或资产出售，通用汽车的现金流在 2009 年将处于一个危险的水平。但截止到 2008 年年底，美国政府并没有批准对合并案的援助。

从目前来看，整车厂商的经济效益已经严重下降，通用汽车 2008 年第三季度全球销售收入下滑了11%；丰田2008财年（2008年4月份～2009年3月份）的营业利润可能只有1.7万亿日元，较预期下降两成，此前，丰田曾预计2008财年营业利润可能接近2.3万亿日元；本田公布公司2008财年第三季度全球净利润下降41%；日产2008年第三季度总收入下降39%，仅为6.93亿美元，调低了2008年全年的利润预期。

一方面，信贷危机使购车者购买力下降，市场需求加速萎缩。美国2008年9月份全国汽车销量下降27%，为17年来最大降幅。另一方面，汽车业需要更多现金维持日常经营，应付滞销现象，但市场融资难度恰恰比以前更大。汽车制造属于实体经济，而汽车金融则属于金融信贷。美国次贷危机会直接影响到汽车金融的景气程度，这对利润主要来源于汽车金融的企业会有很大的影响。因此，汽车行业内实体经济较强的企业对次贷危机的抵抗力要高于对汽车金融依赖性比较大的企业，在这一轮危机过后，或者在这个过程之间实体经济较强的企业的相对市场份额就会提高，而弱势企业则会更弱一些。

三、金融风暴对中国汽车产业的影响

1. 影响中国汽车产品出口

当前的危机已经明显影响到了中国汽车产品的出口，当然，也包括国内人民币升值、劳动力成本上升等因素的影响。2008年1～9月份是我国汽车出口增长率为36%，而历史数据表明，过去5年，同比的出口增长率在80%～100%（见图2）。如果按季度看，下降幅度更大，2008年第一季度出口增长率为80.8%，第二季度出口增长率为45.5%，第三季度出口增长率45.3%。本文判断7～9月份这三个月份的下降主要来自金融危机的影响，因为我国人民币在2008年前5个月升值了6%，而2008年前5个月出口增速并没有下降，同时劳动力成本上升，原材料成本上升也都是2008年上半年的经济形势，但是2008年上半年我国的汽车出口增速还是很快的；2008年下半年人民币币值基本稳定，出口反而下降了，本文推理主要是国际需求的下降、订单的退订增加等原因。

金融危机对于我们汽车出口的影响，本文认为还没有达到谷底。同时现在经济危机主要在发达国家影响较大，在发展中国家还没有受到特别明显的影响。随着金融危机影响的不断持续，新兴经济体的经济形势势必受到一定影响，因此中国汽车出口需求也会受到影响；应该说只从金融危机的角度来分析，2009 年受到的影响会更大。

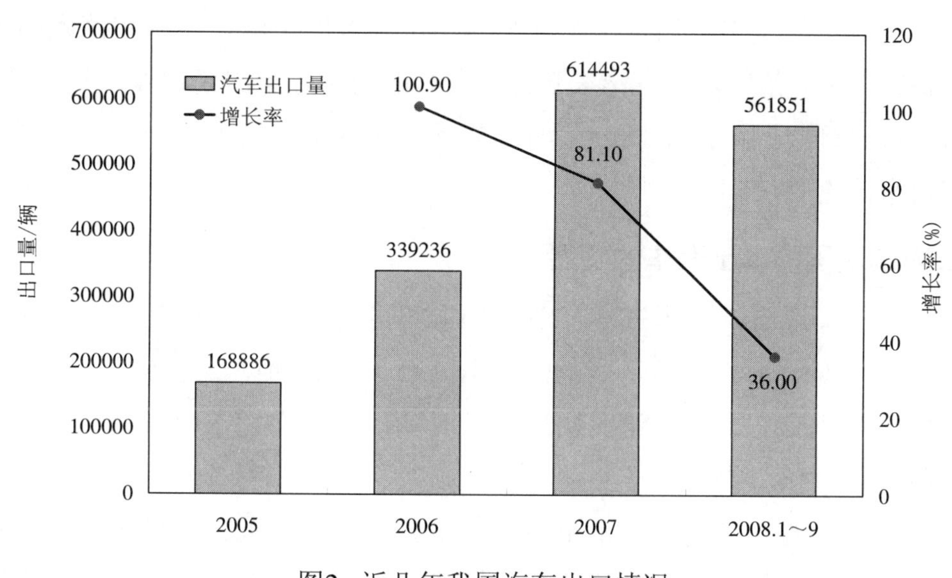

图2 近几年我国汽车出口情况

2. 影响中国汽车市场需求

对我国汽车产业的影响，应该是这样一个过程。金融危机影响到世界经济的减速，经济减速之后影响到我国的出口，首先影响的是外向型省份的经济速度。广东、上海、江苏、浙江是下降最厉害的 4 个省市。这 4 个省市的出口额占我国两万多亿总出口额的 70%多以上，所以它们出口额的下降对外贸出口产生很大影响，因此 2008 年汽车的下滑率先在这 4 个省市出现了，进而影响到了我们国内的汽车产业。

3. 影响中国对汽车产业

（1）自主品牌厂商面临更大压力　一方面国内市场需求放缓，出口增长减速。在我国汽车出口 82.6%是自主品牌，出口一旦受到影响，打击最大的就是自主品牌。另一方面跨国公司会加大在中国的投入力度，因为这一次全球出现了经济下滑，我国下滑的深度跟美国、欧洲、日本相比，程度很浅，所以这必将吸引跨国公司在 2009 年或者 2010 年在中国有所作为来拯救其全球的业绩，我们自主品牌的竞争压力将会更大，所以基于两方面的因素，再加上自主品牌低成本的竞争优势已经随着环境的变化受到约束，自主品牌的面临的挑战将更加严峻。

（2）各家跨国公司在中国的表现也将发生变化　这场危机将影响到各家跨国公司在全球市场上的竞争格局，从而影响到跨国巨头们全球地位的变化。在各大厂商都很看重的北美市场上，美系车市场份额有所下滑，日系和德系的市场份额有所提升，其中尤以德系车增长迅速。成熟市场上各跨国公司竞争格局的变化，同样将会传导到我国国内市场。比如，美系车在本土市场上的困难，很可能会影响到其对中国合资公司的支持。

4. 影响中国的本土汽车的发展

在这样的环境下，中国汽车产业结构调整可能会加速，因为一个产业的结构调整在产业高度增长的时候是很难的，中国汽车企业的调整还需要一定的时间，因为中国汽车还有一个十几年的快速增长时期，但现在需求出现这样一个拐点，可能使得这种调整会提前加速。

当然，这次的金融危机对本土品牌也不完全都是挑战，一场大危机通常也意味着一次大机遇，如 1970 年的石油危机成就了日本汽车工业。不过，能否崛起的主要因素还在于企业自身的能力建设，关键在于内功的修炼，提升企业的内部管理、产品质量、营销能力，进而提升企业整体的国际化水平，这样对我们的自主品牌将会是一个比较好的机遇。

（作者：徐长明）

中国汽车流通改革开放30年回顾

20世纪70年代属于计划经济时期，那个年代的汽车流通可以简单地概括为：单一的计划分配体制、单一的订货形式、单一的供货渠道、单一的汽车品种。汽车生产和分配由国家计划统一安排，在国家召开的全国汽车订货会上，各省市、各部门的计划主管部门凭汽车分配单负责与生产厂家订货，汽车的供应、仓储由国家物资部门下属的6个大区产品管理处负责。汽车品种很少，吉普车是北京212，轿车是老上海，卡车是老解放，产能和产量少得可怜。汽车属于生产资料，没有商品属性。

中国汽车流通改革是在供给短缺，基础条件几乎空白的局面下起步的，发展到繁荣昌盛的今天，大体经历了3个阶段。

第一个阶段是20世纪80年代。这个阶段的特点是探索改变单一的计划经济体制和扭转供应短缺的局面。主要做了以下工作：

一是为了调动汽车生产厂的积极性，从国家计划中列出10%的份额，由企业自销，以后逐年扩大自销比例，汽车产品开始逐步走向市场。

二是价格实行双轨制管理，计划分配的车辆实行计划内价格，投放市场的车辆实行市场价格，价格浮动的幅度逐年放开，开始培育、建立市场价格体系。

三是改革汽车订货会，由每年两次订货改为一次订货，缩短订货时间；增加老少边穷地区及扶贫等专项订货会；对广大的农民用车实行“419”专项订货和供应。

四是为填补汽车短缺，平衡供需矛盾，开展了进口汽车贸易。自20世纪80年代中期开始，国家批准了112专项，进口了10万辆日本汽车；从1985年开始国家每年又安排进口5万辆苏联、东欧汽车。同时还开展了边境贸易、易货贸易、技贸结合等项目，于是进口汽车大量进入国内市场，满足了日益快速增长的需求。

五是20世纪80年代中后期我国经济进入调整时期，汽车市场逐渐萧条，生产的汽车大量积压，利用这个机会，国家大规模开展了汽车报废更新工作，加强了汽车报废更新领导机构，实施了多项汽车更新优惠政策，为部队车辆装备进行更新换代。解决了汽车大量积压的问题，启动了汽车市场。

第二个阶段是20世纪90年代。这个阶段的特点是大力推进汽车流通体制改革和营销方式改革，从改革的广度到深度，硕果累累，奠定了我国现代汽车流通体系的基础。这一阶段的主要成果有：

第一，从计划经济体制过渡到社会主义市场经济体制，逐步取消了汽车生产、分配和流通方面的国家计划，由企业根据市场情况自主决策，只保留少量的国家订货，主要用于满足国防建设等需要。

第二，汽车商品流通由单一渠道发展成多种渠道、多种形式竞争并存的局面。有形市场、无形市场、汽车品牌专卖店全面发展起来，电子交易网络也开始崭露头角。取消订货会后，培育出了各式展销会、交易会、博览会等，各种新产品发布会、信息发布平台、论坛、研讨非常活跃。

第三，国家提倡汽车进入家庭，出现了多元化的消费群体，为汽车流通产业发展带来了新的活力。

第四，引进现代化流通和营销理念，流通企业发展走向社会化、规模化、信息化。汽车流通领域对外开放更加深入。

第五，汽车流通企业服务方式和营销手段不断丰富和完善。汽车销售代理制、专卖店、汽车租赁、汽车拍卖、卖新收旧、以旧换新、信贷消费等百花齐放。

第六，随着汽车产品在社会经济生活中的作用不断加强，开始探索汽车使用的全程管理办法，逐步建立、完善了新车、旧车、报废车“从生到死”的管理制度。

第七，在流通领域，国家制定汽车更新报废年度指导计划，拿出数亿元资金补贴汽车报废、更新用户，推动了汽车环保、节能和安全运行。

第八，培育和建立了二手车营销体系。二手车交易出现的比较晚，在20世纪80年代几乎没有二手车的概念，进入90年代以后，随着私家车拥有量的增加和地域消费梯度的出现，有关部门提出了加强二手车流通管理的意见，制定了《二手车流通管理办法》，举办了二手车鉴定估价师的培训，促使二手车市场健康、规范发展。

第九，通过政府采购汽车的方式打开了中国和美国、欧洲大规模贸易的大门。为了调控进口贸易，国家建立了进口汽车营销体系。

第三个阶段是从2000年至今。这个阶段的特点是在汽车流通行业规模、经营门类、信息化程度空前发展的基础上，突出法制化、规范化、标准化等方面的现代化建设，发挥行业组织的作用，做好国内外市场的接轨。这一阶段的主要成果有：

第一，汽车流通行业基础性管理体系初具规模。建立了全国的新车销售、二手车交易、报废汽车回收信息网络平台，逐步完善了新车销售、二手车交易售后服务体系。汽车流通企业员工培训有了长足发展，对汽车流通企业开展了ISO9000认证。

第二，汽车流通行业发展的政策环境得到较大改善。出台了《汽车贸易政策》、《汽车销售管理办法》、《二手车交易规范》。不断修订和完善二手车、报废车、汽车拍卖等政策。国内汽车贸易企业对外合作、并购、股份转让，以及外资独资、合资等多种形式在中国开始出现。

第三，建立了汽车物流专业组织机构，开展了汽车物流的装备展销，促使物流技术和装备水平不断发展，推广汽车物流GPS技术，加快行业标准的制定，进一步研究降低汽车物流成本。

第四，加强社团机构、行业机构的组织建设和管理，调整了中国汽车流通协会的人员结构，在沟通企业和政府的联系，为汽车贸易企业维权、行业自律等方面发挥了积极的作用。

通过上述回顾，可以充分体会到改革历程倾注了两代人的艰苦奋斗，充满了艰辛，取得了光辉的成就，汽车流通行业的现代化程度在国内各行业中达到了领先的水平。

丰富的历史经验提示我们，要珍惜今天来之不易的成果，进一步实践科学发展观，改革开放的道路要坚定不移地走下去。我们国家下一步的经济发展面临相当复杂的局面，本次席卷全球的金融危机又增加了这一研究的迫切性。

第一个问题是，作为企业、行业、国家等各级组织的相关决策层，要大力研究具有前瞻性的提前预警与屏蔽危机效应的措施。

看一个企业、一个行业、一个国家的经济活动成果如何，要有两条尺度来衡量，一个是经济利益的导向结果，另一个是可安全、持续发展的程度。我们国家实践市场经济的历史很短，经济处于扩张期，单纯从个人和经济组织自身利益最大化的角度出发，简单的选择就是不断扩大生产规模，当所有人都这么选择的时候，经济整体就会过热，开始出现负向的自我调整。举一个微观的例子，汽车流通行业不能够重复出现前10年一窝蜂似地跑马圈地、建汽车销售点，后10年经营亏损、网点甩卖的现象。所以，要在汽车经营网点总量调控和全国布局、消费信贷和经营负债底线等方面进行前瞻性研究，提出预防性措施。

第二个问题，要加大力度，重视和研究市场经济条件下游戏规则的制定和规范问题。

当前市场开放程度空前加大，不同利益的经济实体之间博弈更加激烈。各利益经济体之间在信息、资本、技术、行为能力和历史经验等方面的差距不可同日而语。各利益实体、行业组织和政府管理机构都有责任在自己所能的范围内维护公平、效益、规范的市场行为准则，加强、完善生产商和总代理商、零售商、消费者利益的协调和制约机制。

第三个问题，搞实体经济的人一定要跳出传统的实体经济思维方式，处理好虚拟经济和实体经济之间的关系，做到趋利避害。

当前，虚拟经济的总规模已经远远超过实体经济的总规模，美国如此，中国也是如此。一直到美国次贷危机爆发之际，国际金融市场难以计数的金融衍生品疯狂地对所有的大宗商品进行爆炒，实体经济如同被虚拟经济架在大火上烘烤一样。暴涨过后就是暴跌，在很短的时间里，国际市场原油价格从150美元/桶跌到近期40美元/桶左右的水平，同期实体经济供应和需求并没有发生这么剧烈的变化，主要原因就是金融衍生品交易在作怪。国内A股市场一天交易量数千亿元，照这样计算，全国汽车行业一年的总产值不过一个星期就可以完成了。问题是天文数字的货币需求对实体经济发出扭曲信号，大大淹没了实体经济的实际需求，同时也助长了短期内的暴涨暴跌。

为了应对这种现象，企业要增强客观、准确预测经济前景的能力，科学实施年度和中长期的科研、基建、生产、流通计划。

（作者：李国青）

我国公路交通发展形势与发展展望

一、我国公路交通发展形势

改革开放以来，我国公路交通呈现快速发展的态势，特别是 1998 年亚洲金融风暴以后，政府加大了包括公路交通基础设施在内的以拉动经济发展为目的的大规模基础设施建设，使公路交通发展突飞猛进。“十五”期间（2001～2005 年）的五年间全社会共完成公路交通建设总投资 1.98 万亿元，年均增长 18.7%，是“九五”期间（1996～2000 年）完成投资的 2.2 倍，超过了建国初期 51 年的总和，投资总额约占全社会固定资产投资的 9%。“十一五”期间公路建设进入了新发展阶段，“十一五”前 3 年公路建设总投接近 1.9 万亿元，年均投资额是“十五”期间年均投资额的 1.6 倍。值得一提的是，公路建设投资中，中央投资仅占 1%，除地方政府有一定的投入外，公路建设主要吸纳的是社会资本。

从公路里程增长情况看，“十五”期间全国新增公路里程 27 万 km，新增高速公路 2.5 万 km，新增高速公路里程超过了 2000 年前的总和。“十一五”前 3 年，全国新增公路里程 33 万 km，新增高速公路 1.95 万 km。到 2008 年年底，全国公路总里程达到 368 万 km，公路通车里程和公路网密度比 1978 年增长了 3 倍多；高速公路 6.03 万 km，居世界第二位；建成的公路桥梁总量是 1978 年的近 5 倍，农村公路总里程达 321 万 km，是改革开放前的 5 倍多。公路网规模持续扩大，技术等级继续提高，骨架公路网逐步形成。

公路交通在综合运输体系中发挥了主导作用。2007 年公路运输完成的客运量、旅客周转量、货运量、货物周转量分别比 2000 年增长了 52.7%、71.9%、56.7%和 83.7%；占总运量的比重分别达到了 92.0%、53.2%、72.3%和 11.4%。周转量大幅提高的原因是路网等级的提高、高速公路里程的增加，使得公路运输的平均运距得到了提高。特别要强调的是，公路承担了 84%的集装箱集疏运量。

从 1995 年以来，我国公路建设投资不断加大，由 1996 年的 1044 亿元增长到 2008 年的 6645 亿元，增长了 5 倍多。20 世纪 90 年代初规划的 3.5 万 km（其中高速公路2.5万km）的国道主干线到2007年年底已基本贯通，提前13年完成了规划目标。

尤其是高速公路建设速度惊人，2007年年底通车里程已达6万km，居世界第二位。其中，2007年当年高速公路新增里程就达8300km，2008年新建通车里程又达到了6433km，而日本全国的高速公路还不到8000km。

世界银行2006年年底完成的中国高速公路绩效评估报告的题目是“中国的高速公路：连接公众与市场，实现公平发展”。该报告指出：“中国过去15年来在经济增长和减贫上取得了举世瞩目的成就，其重要原因之一是交通基础设施的发展。中国政府优先以基础设施发展作为推动和刺激经济增长、实现公平发展的动力。世界银行对此表示赞同。”

根据我国交通部规划研究院对我国高速公路建设绩效的研究结果表明：里程占公路总里程2%的高速公路承担了约20%的行驶量；公路客货平均运距55～65km，而高速公路平均运距达到400～450km，大约是普通公路的7～8倍；高速公路比普通公路节约时间50%以上；运输成本降低30%左右，增强了综合运输通道的运力和运量，优化了运输结构，与其他运输方式形成互补和良性竞争，全面提升了综合运输体系的效率和服务质量；经济效益显著：高速公路建设的投资乘数平均为1.3～1.5，即每1元投入可直接增加当期GDP1.3～1.5元；高速公路的建设直接消耗大量的水泥、钢材、沥青、木材等，通过部门之间的投入产出关系可以带动相关行业的发展，高速公路建设的社会总产出乘数约为3.3～3.7，对扩大内需、促进经济增长起到了重要作用；高速公路建设还能创造大量的就业机会，每1亿美元的投资，可以带来约1万人的就业机会；与普通双车道公路相比，在提供相同的通行能力条件下，高速公路的土地占用量仅为双车道公路的50%～66%，因此，高速公路建设可集约利用土地；安全上，高速公路的事故率比普通公路降低40%；汽车废气排放量仅为双车道公路的1/3～1/2，高速公路还对促进区域产业布局的调整和优化、加快城市化进程、保障进出口贸易、改善投资环境、开发和促进旅游业发展以及保障国家安全等方面作用十分显著。

21世纪以来，党中央和国务院十分重视三农问题，交通部提出了“修好农村路，让农民兄弟走上沥青、水泥路”的口号，以促进农村经济发展。“十五”期间投入4000多亿元，新建农村公路24万km，新改建沥青（水泥）路30万km，“十一五”前3年农村公路建设速度继续加快，到2008年年底，全国乡镇通沥青（水泥）路率达88.7%，东、中部地区建制村通沥青（水泥）路率分别达89.7%、

79%，西部地区建制村通公路率达 78.1%。

近年来，我国在桥梁和隧道的设计和建造技术方面取得了显著的进步。以桥梁建设为例，新建和在建了一批世界级桥梁和隧道工程，如苏通长江大桥、杭州湾跨海大桥、浙江舟山西喉门跨海大桥、陕西秦岭终南山隧道、福建厦门东部连接厦门本岛和翔安区的海底公路隧道以及上海崇明通道（南隧北桥）工程等，这些桥梁和隧道无论是工程规模、建设条件，还是技术难度、科技含量，都代表着当今世界的先进水平。我国公路桥梁建设技术水平已跻身世界先进行列，隧道技术也在拉近与世界的差距。

二、当前面临的主要问题

1. 公路网总体技术标准偏低

高速公路尚未成网，难以发挥规模效益；农村公路还有 140 多万 km 的村道未达标，沥青（水泥）路建设任务繁重；二级及以上等级路的比重不足 11%，公路总体标准依然偏低，边远地区通村路建设任务相当艰巨，一般国省干线改造投入不足，路网总体抗灾能力较弱。

2. 交通发展不协调矛盾突出

与快速发展的基础设施相比，管理水平和服务质量有待加强，运输的效率有待提高，还做不到客运零换乘、货运无缝衔接，公共服务信息系统距实现信息资源共享还有较大差距；受资金、理念、环境等的制约和影响，牺牲质量追求速度的现象经常发生，提前大修经常出现；重建轻养现象严重，由于养护不到位，公路基础设施达不到应有的使用寿命和服务质量。

3. 建设成本增长过快

建设成本不断增加。20 世纪 80 年代沈阳至大连高速公路每公里造价仅 600 万元，90 年代初建设的济南至青岛高速公路也不过 2000 万元左右，而现在高速公路建设每公里一般都在 5000 万～6000 万元，地形条件复杂地区则高达 8000 万元以上。

4. 能源、土地、环境资源等外部因素制约越来越大

三、未来经济社会发展对公路交通提出了更高的要求

交通是国民经济建设和社会发展的基础性、先导性和服务性产业，从国家发

展战略来看，21世纪前20年，我国将集中力量全面建设惠及十几亿人口的更高水平的小康社会，推进城市化和现代化进程，提高国家的竞争力，因此，需要对于公路交通提出新的和更高的要求。

1. 经济社会快速发展，运输需求更加旺盛

2007年，我国GDP为25.7万亿元（约合3.38万亿美元），已经超过德国排在世界第三位。预计到2010年，GDP将超过27万亿元人民币，到2020年，我国GDP较2010年再翻一番。GDP的高速增长，必然带来人员、物资流动总量的升级，加上新型工业化，要求进一步提高运输服务的质量和效率，这些都将使客货运输需求保持持续快速增长的势头。

2. 城乡居民对“行”的要求更加高涨

最近几年，我国的汽车生产和销售已经呈现出爆发性增长的态势。2007年我国汽车产销量分别达888万辆和879万辆，比上年分别增长22.0%和21.8%，与2000年产销量207万辆和209万辆相比，增长了4倍。目前中国已成为世界第二大汽车消费国，第三大汽车生产国。城乡居民消费结构中对“行”的需求越来越高，除传统的商务、公务出行外，个性化出行成为新趋势，探亲访友、休闲度假等出行比例将大幅增加，出行范围逐步扩大，对于出行的要求除满足及时、方便外，更加注重舒适、便捷和安全性。

3. 城镇化进程加快，人员流动量激增

根据相关研究，2002年，世界高收入国家城市化率达75%，中等收入国家城市化率达62%，低收入国家城市化率仅达30%。所以有人说“现代化就是城市化”。2005年我国城镇化率为42%。根据国务院发展研究中心的研究结果，未来我国在工业化、城镇化的进展在2020前呈现双快；2030年前一稳一快；2030年后双稳的态势。预计到2010年城镇化率接近48%；2020年城镇化率达到58%，2030年城镇化率达到65%，21世纪中叶城镇化率达到75%。城镇人口的年出行次数是农村人口的8～9倍，城镇人口规模的不断扩大，必将使旅客运输量激增，客运需求持续快速增长。

4. 经济全球化需要降低物流成本

随着经济全球化进程和我国对外开放，参与国际经济大循环的步伐在加快，我国已成为世界重要的“制造业基地”，进出口物资增长和人员交往不断扩大。从降低产品成本，提高我国制造业国际竞争力的角度上讲，我国在物流成本的降

低上还有很大的空间。目前，我国物流总成本大约占 GDP 的 18 %，欧美等发达国家只占到 8 %～10 %。而我国物流成本中交通运输成本约占 1/2 以上，因此，提高运输效率、降低运输成本可以大大增强国际竞争力。

5. 区域经济协调发展需要交通促进

国家提出了全方位的区域经济发展战略，包括长江三角洲、珠江三角洲和京津冀及环渤海地区要率先实现现代化，以及西部大开发、振兴东北等老工业基地、中部地区崛起。区域发展战略需要交通，特别是快速便捷的国家运输大通道的支撑。

6. 建设社会主义新农村需要交通支撑

农业、农村、农民问题一直是党和政府十分关注的问题，提出要“建设社会主义新农村”，提高农民的生活水平，使农民过上富裕的生活。加快公路交通重点包括加快农村公路和客运站的建设，建设鲜活农产品流通的“绿色通道”和通过公路建设提高农民收入等。

7. 构建现代化综合运输体系

各种运输方式以其各自的技术经济特征，在不同距离范围内的运输市场中发挥着各自的优势。民航主要服务于距离在 1000km 以上的高端旅客和高附加值的货物运输；铁路主要在 200km 以上中长距离的旅客和煤炭、矿石、粮食、钢铁、水泥等大宗物资的运输；水路运输在大宗物资、国际运输以及内河的旅游观光运输上具有优势；而公路主要是承担旅行距离在 200km 以内的客货运输，同时随着高速公路通车里程的不断增加，公路运输在鲜活产品、蔬菜水果和集装箱等中长途运输中将发挥越来越大的作用。

现代化的综合运输体系，就是要通过市场机制优化资源配置，促进各种运输方式协调发展和适度竞争，形成既有合作又有竞争，既合理分工又衔接顺畅的高效的综合运输体系。在这一体系中，各种运输方式的优势能够得到充分的发挥，并相互促进、协调发展。

四、未来公路交通发展规划

根据未来经济社会发展的总体目标，国家制定了一系列的公路交通发展规划，包括《综合运输网发展规划》、《国家高速公路网规划》、《全国农村公路建设规划》、《国家公路运输枢纽规划》等。

《综合运输网发展规划》规划了“五纵五横综合运输大通道”和 42 个综合运输枢纽，其中 5 条南北纵向大通道为：南北沿海运输大通道、京沪运输大通道、满洲里至港澳台运输大通道、包头至广州运输大通道和临河至防城港运输大通道；5 条东西横向大通道为：西北北部出海运输大通道、青岛至拉萨运输大通道、陆桥运输大通道、沿江运输大通道、上海至瑞丽运输大通道；另有 4 条国际区域运输通道，它们是：东北亚国际运输通道（含中蒙通道）、中亚国际运输通道、南亚国际运输通道和东南亚国际运输通道。

在公路规划方面，2005 年国务院批准了《国家高速公路网规划》。国家高速公路网由 7 条首都放射线、9 条南北纵线和 18 条东西横线组成，简称“7918”网，总长度 8.5 万 km。这样一个国家高速公路网可以覆盖 10 多亿人口，覆盖地区 GDP 占全国的 85%，连接了包括港澳台地区在内的所有现状城市人口超过 20 万以上的大中城市，连接了全部 50 个铁路枢纽、67 个干线机场和 50 个主要港口。大体上东部地区平均 0.5h，中部地区平均 1h，西部地区平均 2h 左右可以上高速公路。

预计到 2008 年年底，国家高速公路网建成 4.9 万 km，超过规划里程的 1/2，达到 57%；在建 1.4 万 km，占 16%；待建 2.3 万 km，占 27%。除西部交通量不大的地区分期修建外，其余路段有望在 2020 年建成。

按照《全国农村公路建设规划》，未来将继续加快农村公路建设。其中“十一五”期间农村公路建设总投资约 4000 亿元。此外，还要加大对国家商品粮基地交通基础设施建设力度，建设鲜活农产品流通的绿色通道。

预计到 2010 年，我国公路网总规模将达到 370 万 km，其中，高速公路里程达到 6.5 万 km。到 2020 年，全国公路总里程达到 420 万 km，其中，高速公路里程达到 10 万 km 以上，基本形成国家高速公路网络。

运输上，在国家高速公路网的基础上加快国家公路运输枢纽场站建设，形成快速客货运输网络，基本实现 400～500km 以内当日往返，800～1000km 以内当日到达，力争实现客运零换乘，货物无缝衔接。加快高速公路长途客运网络化，中途客运直达化，短途客运公交化，出租汽车客运规范化进程。根据国家枢纽规划，全国规划了 179 个国家公路运输枢纽（城市），其中 10 个为综合枢纽（组合城市），涉及 196 个城市。

加快公路交通运输装备的更新换代，到 2010 年，营运货车 700 万辆，重型货车∶专用车辆∶箱式货车＝30∶30∶20；营运客车 220 万辆，其中大中型客车 90 万辆。

大力发展现代物流业，包括积极发展第三方物流和推广现代物流管理技术，促进物流社会化，培育专业化物流企业；建立物流标准化体系，加强物流新技术开发利用，推进物流信息化；加强物流基础设施整合，建设大型物流枢纽，发展区域性物流中心。

五、当前金融危机下的公路建设对策及税费改革问题

自 2008 年第四季度开始，由美国次贷危机引发的全球金融危机愈演愈烈，这次危机实际造成的危害和影响远远超出了预先的估计，我国经济运行困难程度急剧增加，交通运输业也遭到前所未有的冲击。

尽管当前面临严峻的困难和挑战，但我国仍处于发展的重要战略机遇期。党中央、国务院审时度势，及时果断采取措施，作出了加快基础设施和民生工程建设，积极扩大内需和促进经济增长的决策部署，并明确提出这些政策措施“出手要快，出拳要重，措施要准，工作要实”。

中央出台的政策措施中，包括了加快高速公路建设、农村公路建设和灾后交通基础设施恢复重建。按照中央的部署要求，2008～2009 年两年落实扩大内需加快交通运输基础设施建设的重点，一是优先安排国家高速公路网等重点工程建设，加快建成国家高速公路网主骨架，加快前期工作进度，加快审批具备施工条件的项目，重点推进省际之间以及一些大中城市之间的“断头路”建设。二是进一步加强农村公路建设，确保 2010 年全国乡镇基本实现通沥青（水泥）路，东中部地区所有具备条件的行政村通沥青（水泥）路，西部地区具备条件的行政村通公路。三是加快灾后交通运输基础设施恢复重建，完成汶川大地震灾后恢复重建总体规划对交通运输的要求。四是统筹推进国省干线公路改造。预计明后两年公路建设年投资额将在 8000 亿元以上。

成品油价格和税费改革从 2009 年 1 月 1 日起实施。这是党中央、国务院贯彻落实科学发展观，建设资源节约型、环境友好型社会的重大决策，也是理顺税费关系，建立依法以税筹集交通运输发展资金长效机制的重大举措。这次改革在取消公路养路费等 6 费的同时，逐步有序取消政府还贷二级公路收费，有利于发

挥公共财政在交通发展中的作用，有利于从源头上遏制乱收费，有利于体现公路设施的基础性和公益性，有利于优化公路路网结构，提高通行效率。

取消政府还贷二级公路收费，是这次改革的重要内容。总体要求是，逐步有序、尊重地方意愿；总体思路是，“国家鼓励、地方为主，确定目标、有序推进，锁定债务、逐年偿还，安置人员、确保稳定”。目前有14个省市作为试点已经开展了取消政府还贷二级公路收费的有关工作。需要特别强调的是，“贷款修路、收费还贷”是我国公路基础设施建设投融资政策的重要组成部分。1984年实施以来，有效缓解了公路建设资金不足的矛盾，极大地加快了我国公路建设的步伐，有效缓解了公路交通对国民经济的“瓶颈”制约。当前，世界上有60多个国家采取收费公路的形式建设和发展高速公路，利用这种方式吸收社会资本投资公路建设，调节交通量分布，优化出行方式。根据我国现阶段经济社会发展水平，今后一个时期，收费公路政策仍然是筹集公路交通建设资金的重要渠道。同时，要针对实行过程中出现的新情况、新问题，对收费公路政策进行及时调整和完善，积极探索建立高速公路与普通公路统筹发展的新机制，逐步形成以高速公路为主体的收费公路网络和以普通公路为主体的免费公路系统，充分体现政府提供普遍服务的责任。

（作者：关昌余）

金融危机下的国际汽车市场

美国次贷危机在2008年愈演愈烈，终于在2008年9月份以雷曼兄弟申请破产为标志，次贷危机转变成为一场席卷全球的金融风暴，并且对实体经济产生了明显的冲击，汽车行业更是首当其冲。

汽车行业成为实体经济中倒下的第一张“多米诺骨牌”，主要是由于两方面的原因：一是金融危机使宏观经济的景气程度快速下滑，而汽车的需求与宏观经济密切相关。汽车作为典型的自由消费品，不同于食品等日常消费，具有明显的周期性特征，对经济环境的变化非常敏感，当经济处于上升期时汽车消费的增长速度加快，而当经济处于下降期时需求也会加速下滑。二是世界上大多数国家和地区的汽车消费在很大程度上依赖贷款（见图1），汽车消费对金融的依赖也加深了金融危机对汽车行业的影响。

一、三大主要经济体的汽车市场

发达国家金融业占经济总量的比重较高，因此它们最先受到了金融风暴的冲击，目前美、欧、日三大经济体已经先后宣布进入衰退期。由于这些国家经济下滑幅度大，而且贷款占购车汽车消费比例高，因此受金融危机的影响也最早最深。

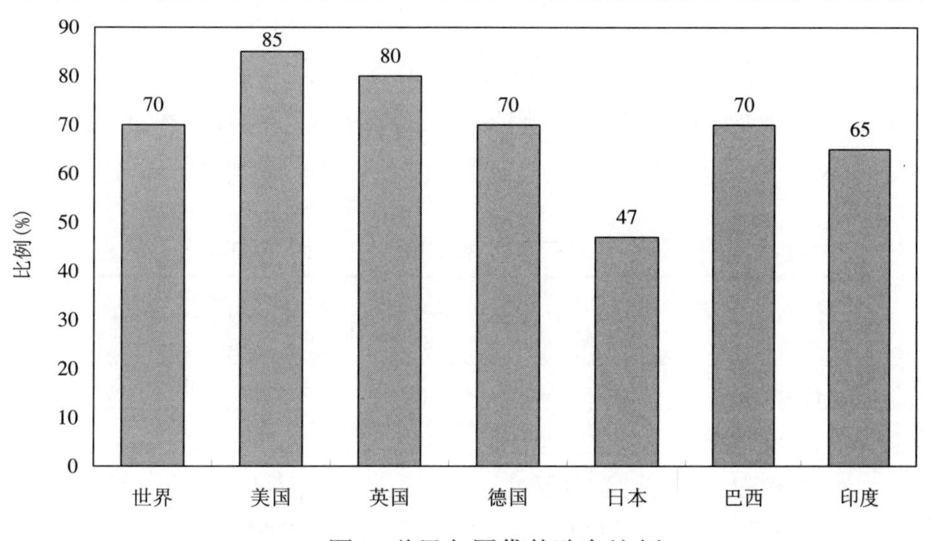

图1　世界各国贷款购车比例

1. 美国

此次金融危机肇始于美国，而且美国汽车金融发达，贷款购车比例约为85%，超过70%的世界平均水平。因此，美国汽车市场受金融危机的冲击大于其他发达国家。2008年10月份美国汽车的产量为77.3万辆，同比下降22.8%；11月份的产量继续大幅下滑至53万辆，同比增速仅-40%。10月份美国新车注册量85.9万辆，同比下降31.6%，11月份新车注册量更是仅有76.4万辆，同比增速继续下滑至-36.3%，为17年来的最大降幅。从图2可以看出，2008年美国汽车月注册量一直呈现负增长，而且在8月份后负增长的幅度快速加深。

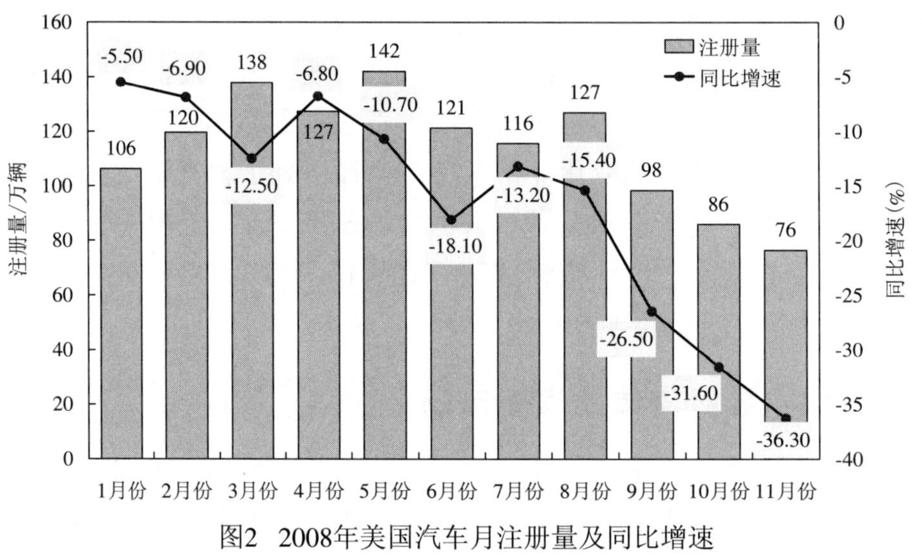

图2 2008年美国汽车月注册量及同比增速

本土需求下降使美国三大汽车公司受到了金融危机最直接的冲击，2008年1～11月份，通用、福特、克莱斯勒的销量同比分别下降了21.9%、19.5%和27.7%，都明显高于整体市场16.3%的下降幅度。11月份当月三大巨头在美销量同比增速下滑幅度仍然较大，其中克莱斯勒与通用的同比增速继续低于总体水平（见表1）。

表1 美国主要汽车厂家轻型车辆（含乘用车和轻卡）销量

项目	2008年1～11月份销量/辆	2007年1～11月份销量/辆	增长率（%）	2008年11月份销量/辆	2007年11月份销量/辆	增长率（%）
合计	12347893	14759864	-16.3	746789	1179906	-36.7
通用	2734789	3502775	-21.9	153404	261273	-41.3
福特	1842641	2288857	-19.5	122723	176646	-30.5
克莱斯勒	1363309	1885227	-27.7	85260	161088	-47.1
丰田	2075711	2396426	-13.4	130307	197189	-33.9

2. 日本

除了美国的汽车需求受到金融危机的强烈冲击外，其他发达经济体的汽车需求也受到了明显的打击。根据日本汽车销售协会联合会的数据，2008 年 11 月份日本国内新车销量（不含微型车）同比增速骤降至-27.3%，连续 4 个月销量低于上年同期销售水平，而且与前几个月相比降幅进一步扩大。日本汽车工业协会 2008 年 12 月 18 日发布最新报告，预计 2008 年日本市场的新车总销量在 511.2 万辆左右，比上年的实际销量下降约 5.5%；同时预测 2009 年日本国内包括微型车、货车和客车在内的新车需求总量为 486 万辆。按照这一预测，日本新车销量将自 1978 年以来首次跌破 500 万辆。

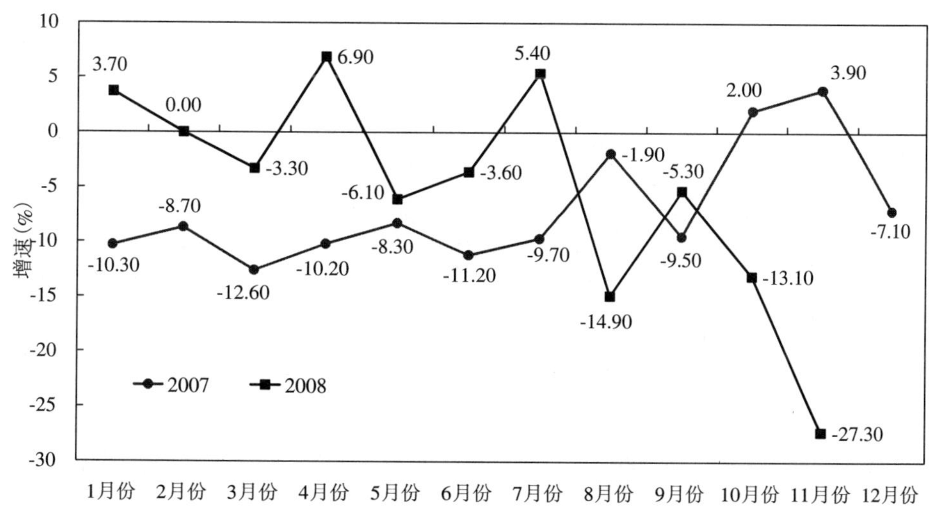

图3 2008年日本国内新车月销量同比增速（不含微型车）

3. 西欧

从欧盟的情况来看，2008 年前 10 个月欧盟 15 国[1]共注册新车 1388 万辆，同比增长-6.08%，相比往年增速大幅度下降（见图 4）。而且从月度走势看，2008 年下半年下降幅度明显加大，其中 10 月份欧盟 15 国新注册车辆 117.7 万辆，同比增速仅为-15.6%，相比上年同期大幅下滑 21.5 个百分点（见图 5）。

1 欧盟 15 国中包括：英国、法国、德国、意大利、西班牙、葡萄牙、丹麦、瑞典、荷兰、芬兰、奥地利、比利时、希腊、爱尔兰、卢森堡。

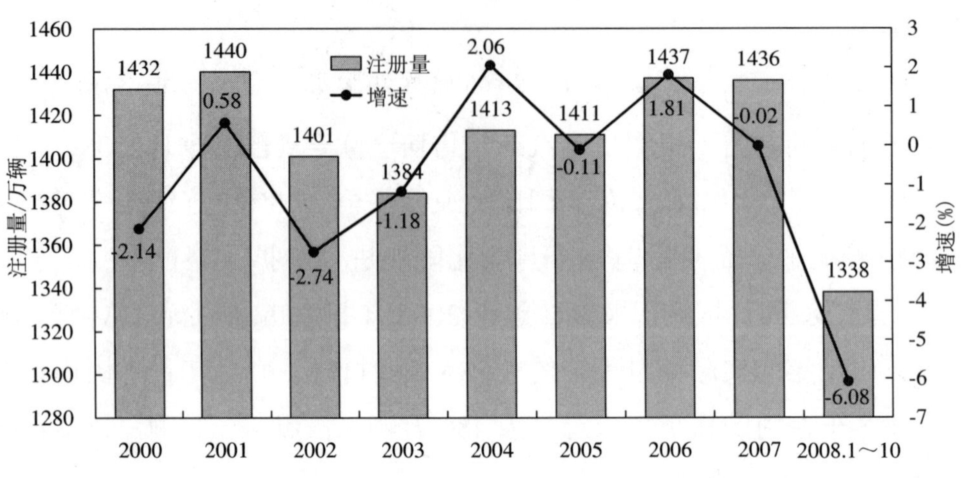

图4 欧盟15国近年汽车注册量及增速

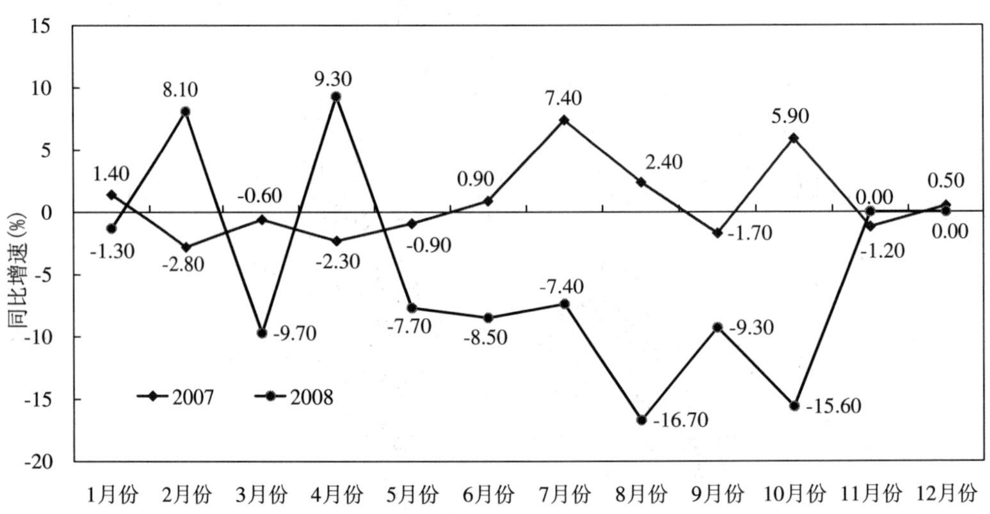

图5 欧盟15国2008年汽车注册量当月同比增速

但从欧盟内部来看，不同国家 2008 年汽车市场的表现也存在很大差异（见表 2）：西班牙、爱尔兰 2008 年 1～10 月份累计出现了 20%以上的负增长，根据西班牙全国汽车制造商协会近日公布的报告，西班牙 2008 年 11 月份新车注册量同比增速仅为-49.6%（见图 6），创下近 15 年来单月汽车销量的最大跌幅，这也是西班牙汽车销售行业的历史第二大跌幅。而德国、法国等欧洲主要市场 2008 年前 10 个月还保持正增长，累计增速分别为 0.64%和 2.59%。虽然如此，金融危机对这些国家汽车需求的影响还是在不断加深的，法国全国汽车制造商委员会2008 年 12 月 1 日公布的数据显示，2008 年 11 月份法国家用新车销量锐减 14%。

表 2　2008 年 1～10 月份欧盟 14 国新车注册量月同比增速及累计增速

（单位：%）

国家	1月份	2月份	3月份	4月份	5月份	6月份	7月份	8月份	9月份	10月份	累计
西班牙	-14	0	-29	-1	-26	-32	-29	-43	-34	-42	-25
爱尔兰	0	-10	-24	-22	-48	-48	9	-46	-45	-52	-21
意大利	-5	-1	-17	0	-16	-18	-9	-25	-5	-18	-11
瑞典	-16	6	-14	3	-11	-10	-16	-20	-5	-22	-11
丹麦	4	3	-26	1	-6	-6	-6	-17	-15	-24	-10
英国	-1	-2	1	3	-3	-6	-13	-19	-21	-24	-8
葡萄牙	2	14	-1	6	-2	-25	0	2	4	-7	-2
希腊	5	18	-19	23	-15	-6	5	-8	-2	-7	-1
德国	10	25	-14	20	-6	1	2	-10	0	-8	0.64
奥地利	-1	10	-7	12	1	10	-5	-16	1	2	1
荷兰	1	23	-3	9	8	-6	2	-5	2	-1	2
法国	-5	10	1	15	8	2	-1	-7	8	-6	2.59
比利时	1	14	-3	28	1	1	-1	-4	4	-6	4
卢森堡	7	-5	-9	16	9	5	13	0	17	-3	5
平均增速	-1	8	-10	9	-8	-9	-7	-17	-9	-16	-6

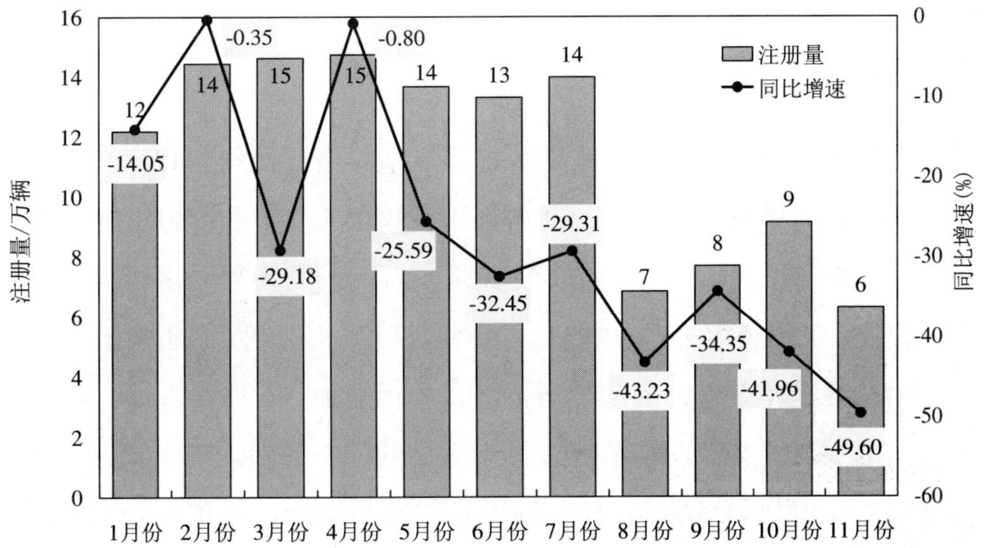

图6　2008年西班牙各月新车注册量及月同比增速

欧盟以外的其他欧洲发达经济体也同样受到了金融风暴的影响，其中最为典型的国家就是冰岛。2008年伊始，冰岛的新车注册量月同比增速还高达40%以上，之后随着经济形势的急转直下，冰岛的新车注册量同比增速大幅下挫，2008年10月份同比增速已经达到-86%（见图7）。

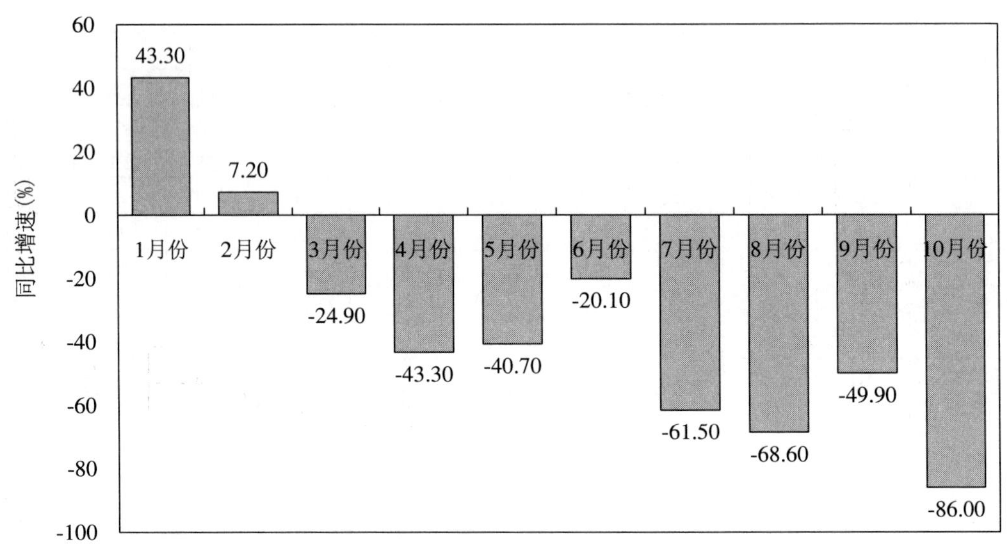

图7 冰岛2008年1～10月份新车注册量同比增速

二、其他经济体的汽车市场

美、日、欧三大经济体同时陷入衰退，其他经济体同样难以幸免，金融危机是席卷全球的，同样对汽车市场的冲击也不会仅限于美、日、欧三家。特别是以“金砖四国”（中国、印度、巴西、俄罗斯）为代表的新兴经济体，由于近几年增长速度较快、吸引外资多、大宗商品价格高涨受益大，受到的冲击会更加明显，主要体现在经济增速下滑、资产价格下降、本币贬值等。

雷曼兄弟申请破产后，市场对金融衍生品的信心崩溃，各主要金融机构纷纷“去杠杠化”，在世界范围内卖掉各种投资以回收现金，导致市场突然从流动性过剩变成流动性紧缩，国外资金从新兴市场等发展中国家撤离，使这些国家出现资本品价格下降和本币贬值的现象（见图8和图9）。

在这样的冲击下，再加上发达国家经济快速衰退使发展中国家出口放缓，同时国际大宗商品价格快速下降，三季度新兴市场国家的经济增长速度大多出现了明显下滑（见图 10）。

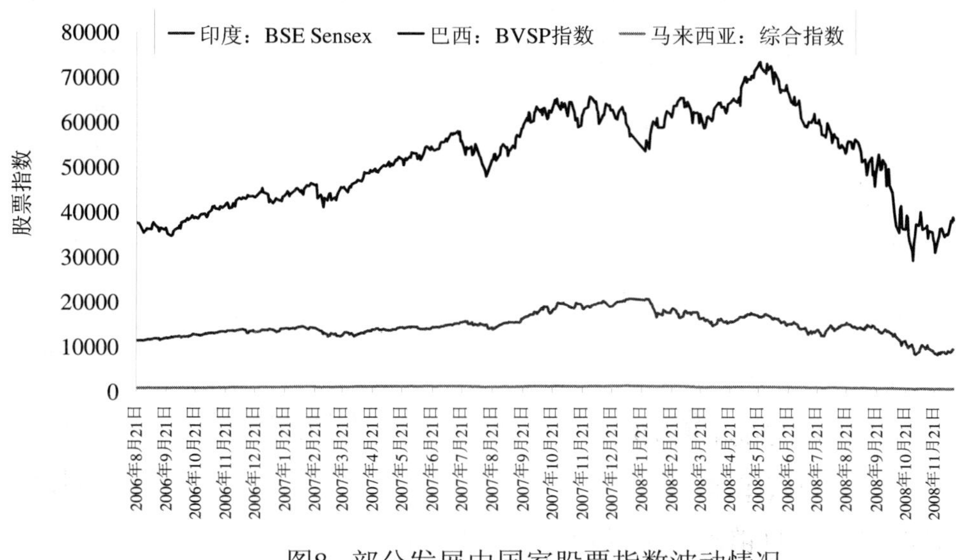

图8 部分发展中国家股票指数波动情况

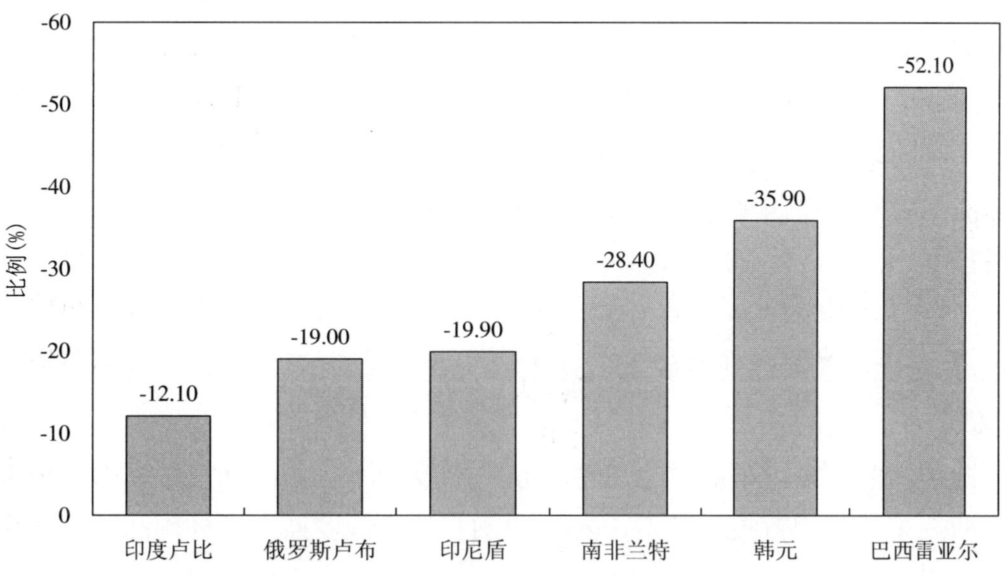

图9 2008年7～12月份部分新兴经济体本币贬值幅度

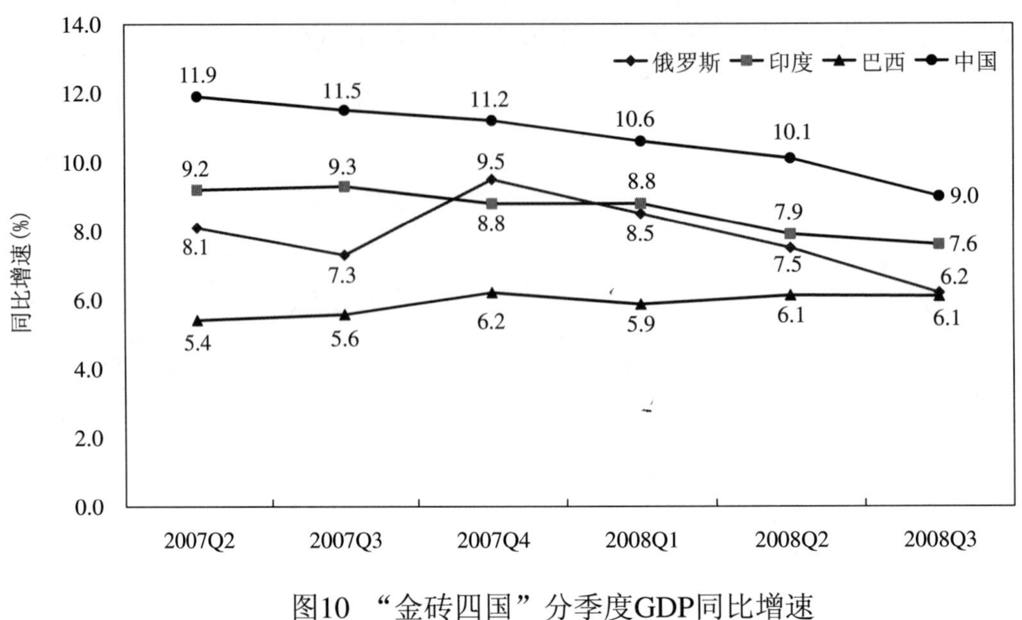

图10 “金砖四国”分季度GDP同比增速

宏观经济的恶化对汽车需求存在直接影响，这一规律对于发展中国家经济体同样适用。以印度为例，2008年10月份和11月份印度汽车市场出现了历史上从没有过的低迷。10月份汽车销量从上年同期的10.6万辆下滑至9.9万辆，同比降幅6.6%，这是印度汽车月销量自2005年7月份下滑11%以来的最大降幅。而11月份的情况更加糟糕，乘用车销量同比下滑19.4%至8.3万辆；商用车的销量更是比上年同期缩水将近1/2。商用车销量为2.1万辆，同比下滑49.5%。

而南美洲的巴西市场，虽然2008年1～11月份累计注册新车262.6万辆。同比增长了18.3%，但2008年10月份后市场形势也开始急转直下，2008年10月份巴西新车注册量仅为23.9万辆，同比下降2.1%，相比上年同期大幅减慢；2008年11月份巴西新车注册量更是仅有17.8万辆，同比下降25%，降幅大大加深（见图11）。

同样，俄罗斯汽车需求也出现了较大幅度的下降，欧洲汽车商协会公布的对俄罗斯汽车市场调查报告显示，2008年11月份俄罗斯市场外国品牌汽车销量同比下降了15%，这是4年来首次出现的销量下降。在金融危机爆发前，俄罗斯统计局曾预期2008年俄汽车总销量约为300万辆，2009年增长到400万辆，但近日该部门已经将俄实现300万辆销量目标推迟到2010年，而400万辆的目标则推迟到2012年。并预测2009年俄罗斯的汽车销量将下滑8.8%，总量为260万辆。

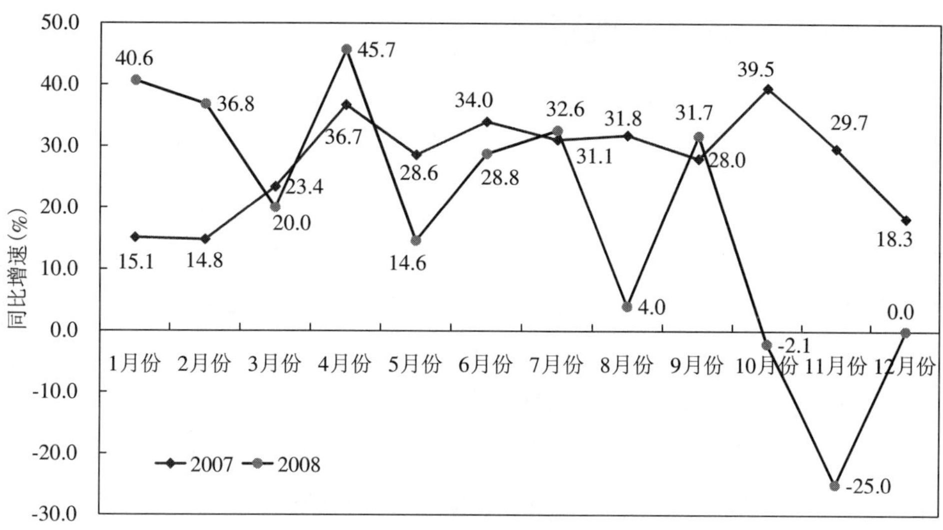

图11 巴西新车注册量月同比增速

除了“金砖四国”以外的世界其他主要市场，2008 年 11 月份汽车销售形势同样不容乐观：大洋洲的澳大利亚 2008 年 1～11 月份共注册新车 93.6 万辆，同比下降 2.9%，其中 11 月份的销量仅为 7.1 万辆，同比大幅下降 22.2%；北美洲的墨西哥 2008 年前 11 个月新车注册量为 96.5 万辆，同比增速为-5%，11 月份新车注册量为 8 万辆，同比增速仅为-20%（见图 12）；非洲的南非 2008 年 1～11 月份共销售乘用车 27.5 万辆，同比下降 23.1%，其中 11 月份共销售乘用车 2 万辆，同比下降了 31.4%。

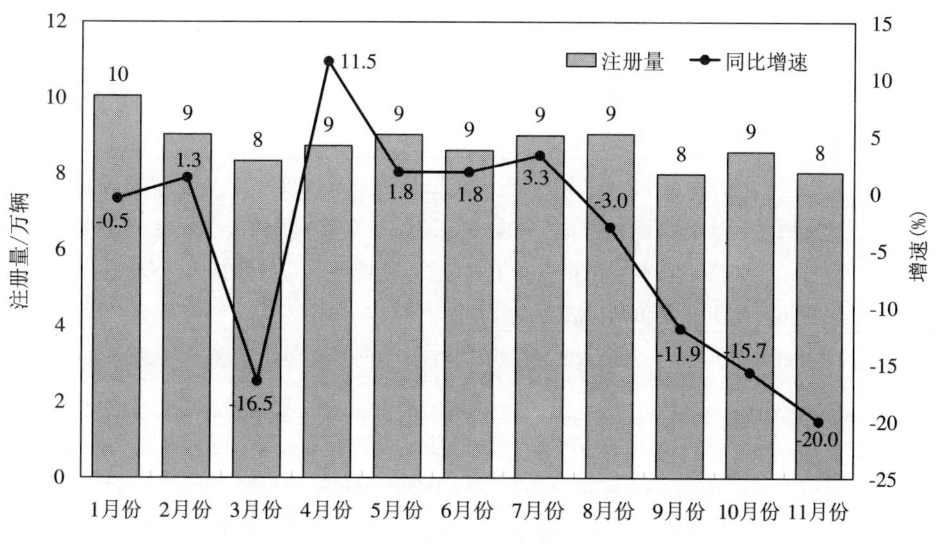

图12 2008年墨西哥汽车月注册量及同比增速

三、2009 年全球车市展望

纵观此次金融危机冲击下的各国汽车市场，可以发现席卷全球的金融风暴对各个发展阶段的汽车市场都产生了强烈冲击，再次使我们认识到宏观经济是判断汽车市场形势的最关键因素。实践证明，当实体经济的景气程度下降时，无论是成熟的发达国家汽车市场，还是快速增长的新兴国家汽车市场，都无可避免地陷入衰退，这是汽车市场发展的内在规律，中国同样不能避免，而且不但现在中国汽车市场处于快速增长阶段不能避免，即使未来中国汽车市场成长为一个成熟的市场，同样难以摆脱宏观经济影响的铁律。

由此可以判断，2009 年全球的汽车需求将保持低迷，汽车工业仍将处于寒冬。而且金融危机会带来整个汽车行业的结构调整，因为通常在经济增长趋缓或者下滑的时候，行业内产业结构的调整就会加快。由于美国次贷危机带来的世界性的汽车需求下滑，原来被景气掩盖的行业问题被放大，合并、分立、破产现象会更加频繁，产业结构会出现新的面貌。为了扶持和推动本国的汽车工业发展，各国政府纷纷出台各项措施救助本国的汽车工业，这些救助措施可能会给 2009 年的全球汽车需求增加一些暖意（见表 3）。

表 3 部分国家对汽车行业的救市措施

国家	救市措施
美国	美国政府将于 2008 年 12 月份和 2009 年 1 月份分批向通用汽车和克莱斯勒提供 174 亿美元的短期贷款
日本	日本经济产业部长二阶俊博 2008 年 12 月 20 日在伦敦出席会议时指出，日本将参考美国的救援方式，必要时采取措施拯救汽车工业
德国	2008 年 11 月份德国总理默克尔表态德国政府将支持欧宝，但同时强调不希望救援资金流入欧宝母公司通用
法国	为了支持汽车行业，法国政府近期已出台了一系列政策，包括向汽车企业和零部件供应商提供 3 亿欧元的重组基金，并向每名购买节能汽车的消费者发放 1000 欧元补贴，向雷诺和标致雪铁龙等知名企业提供 10 亿欧元的贷款工具；同时法国政府将在 4 年内投入 4 亿欧元，用于研发和制造清洁能源汽车
瑞典	2008 年 12 月 11 日瑞典政府宣布向汽车行业提供 280 亿瑞典克朗(合 34.4 亿美元)的财务援助
俄罗斯	俄罗斯总理普京 2008 年 12 月 19 日号召俄罗斯民众购买在本国生产的汽车，避免购买进口汽车；同时 2009 年俄自主车企将得到国家提供担保的 700 亿卢布贷款；另外政府还准备购买车业 600 亿卢布债券；此外，自 2009 年开始凡是购买 350000 卢布以内的国产车，政府提供总额 2/3 的贷款

（续）

国家	救市措施
韩国	韩国政府计划在 2008 年 12 月 19 日至 2009 年 6 月 30 日期间临时下调汽车消费税以促进汽车销售，这一最新的举措将在 6 个月内提供总额为 2500 亿韩元(约 1.93 亿美元)的税收优惠
中国	中国政府已经决定从 2009 年 1 月 1 日起实行燃油税，同时在 2008 年底降低了成品油价格，并且正在制定“汽车行业振兴规划”，可能推出进一步的税费减免措施

（作者：包嘉成）

附录

附录A　与汽车行业相关的统计数据

表 A-1　主要宏观经济指标（绝对额）

指　　标	2000年	2001年	2002年	2003年	2004年	2005年	2006年	2007年
国内生产总值（GDP）/亿元	89468.1	97314.8	105172.3	117390.2	136875.9	183868	210871	249529.9
全社会固定资产投资/亿元	32917.7	37213.5	43499.9	55566.6	70477.4	88773.6	109998.2	137323.9
社会消费品零售总额/亿元	34152.6	37595.2	42027.1	45842.0	53950.1	67176.6	76410.0	89210.0
出口总额/亿美元	2492.0	2661.0	3256.0	4382.3	5933.6	7619.5	9689.4	12177.76
进口总额/亿美元	2250.9	2435.5	2951.7	4127.6	5613.8	6599.5	7914.6	9559.5
财政收入/亿元	13395.23	16386.04	18903.64	21715.25	26355.88	31649.29	38760.2	51321.78
财政支出/亿元	15886.5	18902.58	22053.15	24649.95	28360.75	33930.28	40422.73	49781.35
城镇家庭人均可支配收入/元	6280.0	6859.6	7702.8	8472.2	9421.6	10493.0	11759.5	13785.8
农村家庭人均年纯收入/元	2253.4	2366.4	2475.6	2622.2	2936.4	3254.93	3587.0	4140.4
城乡居民储蓄存款年末余额/亿元	64332.4	73762.4	86910.6	103617.7	119555.4	141051	161587.3	172534.2
全国零售物价总指数（上年＝100）	98.5	99.2	98.7	99.9	102.8	100.8	101.0	103.8
居民消费价格指数（上年＝100）	100.4	100.7	99.2	101.2	103.9	101.8	101.5	104.8

表 A-2　主要宏观经济指标（增长率）

（单位：%）

指　　标	2000年	2001年	2002年	2003年	2004年	2005年	2006年	2007年
国内生产总值（GDP）	8.4	8.3	9.1	10.0	10.1	10.4	11.1	11.9
全社会固定资产投资	10.3	13.0	16.9	27.7	25.8	26.0	23.9	24.8
社会消费品零售总额	9.7	10.1	11.8	9.1	17.7	12.9	13.7	16.8
出口总额	27.8	6.8	22.4	34.6	35.4	28.4	27.2	25.7
进口总额	35.8	8.2	21.2	39.8	36.0	17.6	20.0	20.8
财政收入	17.0	22.3	15.4	14.9	21.4	19.9	22.5	32.4
财政支出	20.5	19.0	16.7	11.8	15.1	19.1	19.1	23.2
城镇家庭人均可支配收入（现价）	7.3	9.2	12.3	10.0	11.2	11.2	12.1	17.2
农村家庭人均年纯收入（现价）	1.9	5.0	4.6	5.9	12.0	8.4	10.2	15.4
城乡居民储蓄存款余额	7.9	14.7	17.8	19.2	15.4	18.0	15.3	6.8
全国零售物价总指数（上年＝100）	-1.5	-0.8	-1.3	-0.1	2.8	0.8	1.0	2.8
居民消费价格指数（上年＝100）	0.4	0.7	-0.8	1.2	3.9	1.8	1.5	3.2

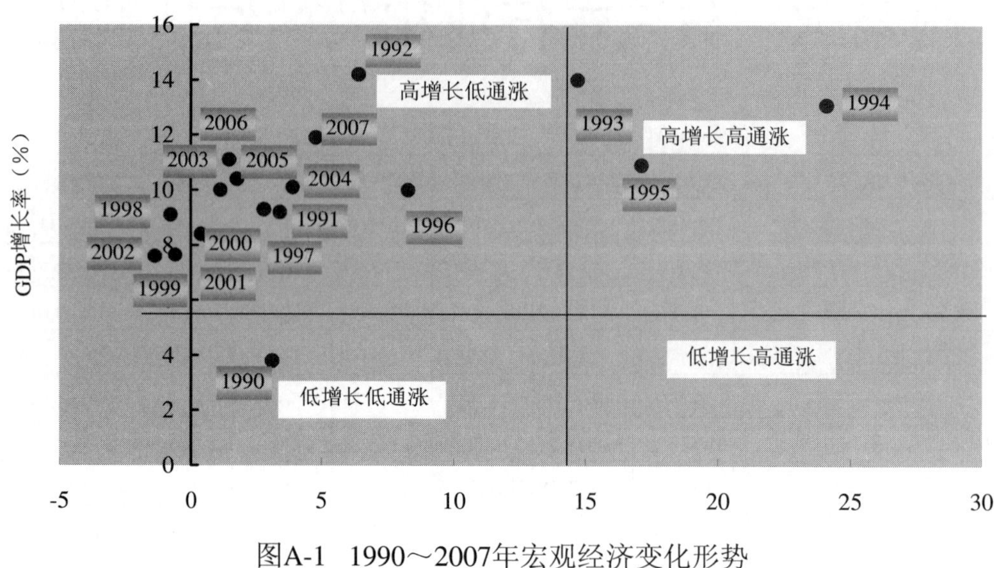

图A-1 1990～2007年宏观经济变化形势

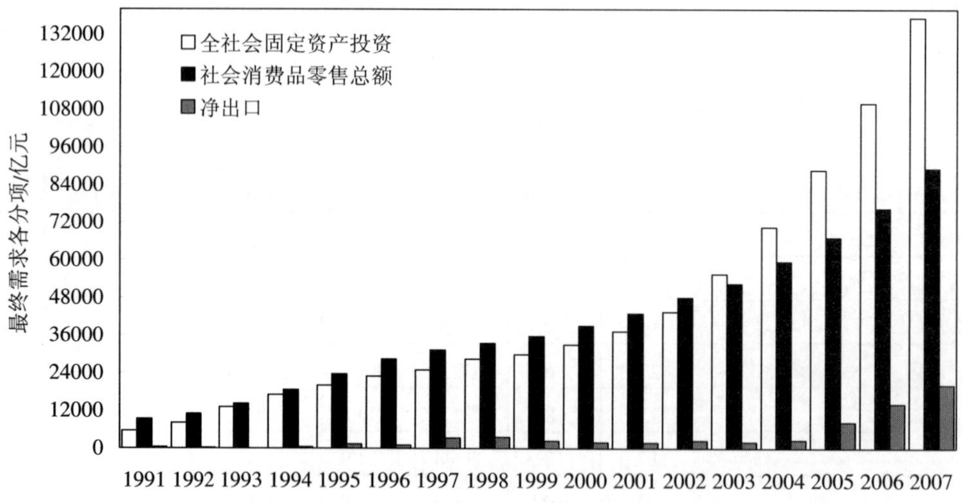

图A-2 1991～2007年社会消费品最终需求变动情况

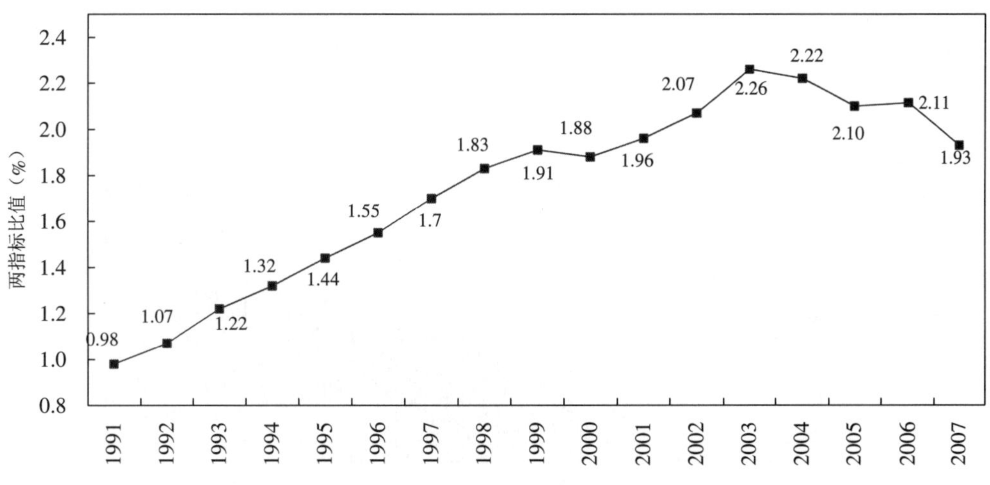

图A-3　1991～2007年城乡居民储蓄存款年末余额与社会消费品零售总额比值图

表 A-3　现价国内生产总值

年份/年	国民生产总值/亿元	国内生产总值/亿元	第一产业	第二产业	工业	建筑业	第三产业	人均国内生产总值/元
1990	18718	18668	5017	7717	6858	859	5933	1644
1991	21826	21781	5289	9102	8087	1015	7391	1893
1992	26937	26923	5800	11700	10285	1415	9424	2311
1993	35260	35334	6887	16454	14188	2266	11992	2998
1994	48108	48198	9471	22445	19481	2965	16281	4044
1995	59811	60794	12020	28679	24951	3729	20094	5046
1996	70142	71177	13886	33835	29448	4387	23456	5846
1997	77653	78973	14265	37543	32921	4622	27165	6420
1998	83024	84402	14618	39004	34018	4986	30780	6796
1999	88189	89677	14548	41034	35861	5172	34095	7159
2000	98000	99215	14716	45556	40034	5522	38942	7858
2001	108068	109655	15516	49512	43581	5932	44627	8622
2002	119096	120333	16239	53897	47431	6465	50197	9398
2003	135174	135823	17068	62436	54946	7491	56318	10542
2004	159587	159878	21413	73904	65210	8694	64561	12336
2005	184739	183868	23070	87365	77231	10134	73433	14103
2006	211808	210871	24737	103162	91311	11851	82972	16084
2007	251483	249530	28095	121381	107367	14014	100054	18934

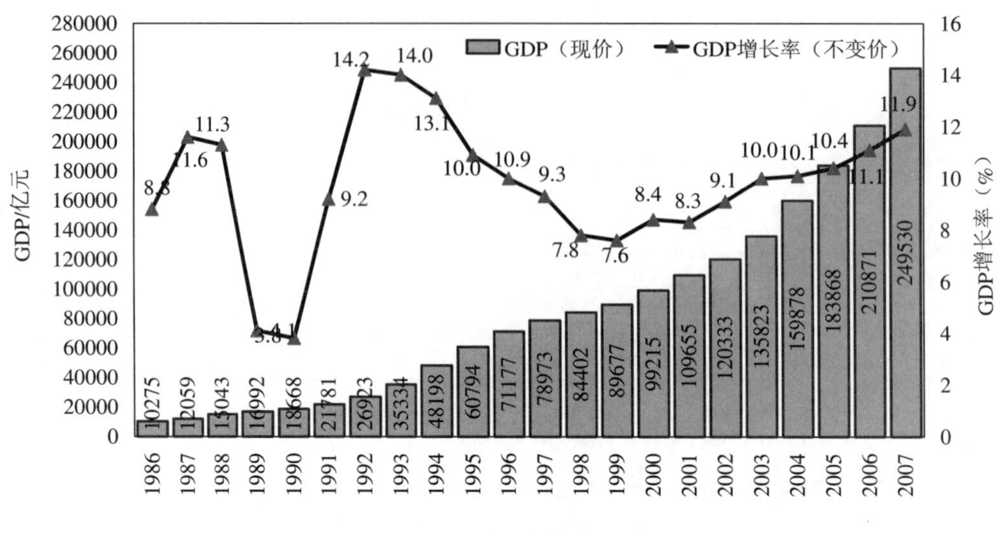

图A-4　1986～2007年GDP增长情况

表 A-4　国内生产总值 GDP 增长率（不变价）

（单位：%）

年份/年	国民生产总值	国内生产总值	第一产业	第二产业			第三产业	人均 GDP
					工业	建筑业		
1991	9.1	9.2	2.4	13.9	14.4	9.6	8.8	7.7
1992	14.1	14.2	4.7	21.2	21.2	21	12.4	12.8
1993	13.7	14	4.7	19.9	20.1	18	12.1	12.7
1994	13.1	13.1	4	18.4	18.9	13.7	11	11.8
1995	9.3	10.9	5	13.9	14	12.4	9.8	9.7
1996	10.2	10	5.1	12.1	12.5	8.5	9.4	8.9
1997	9.1	9.3	3.5	10.5	11.3	2.6	10.7	8.2
1998	7.9	7.8	3.5	8.9	8.9	9.0	8.3	6.8
1999	7.6	7.6	2.8	8.1	8.5	4.3	9.3	6.7
2000	8.9	8.4	2.4	9.4	9.8	5.7	9.7	7.6
2001	8.1	8.3	2.8	8.4	8.7	6.8	10.2	7.5
2002	9.5	9.1	2.9	9.8	10.0	8.8	10.4	8.4
2003	10.6	10.0	2.5	12.7	12.8	12.1	9.5	9.3
2004	10.4	10.1	6.3	11.1	11.5	8.1	10.0	9.4
2005	11.2	10.4	5.2	11.7	11.6	12.6	10.5	9.8
2006	11.1	11.1	5.0	13.0	12.9	13.7	10.8	10.5
2007	12.2	11.9	3.7	13.4	13.5	12.6	12.6	11.4

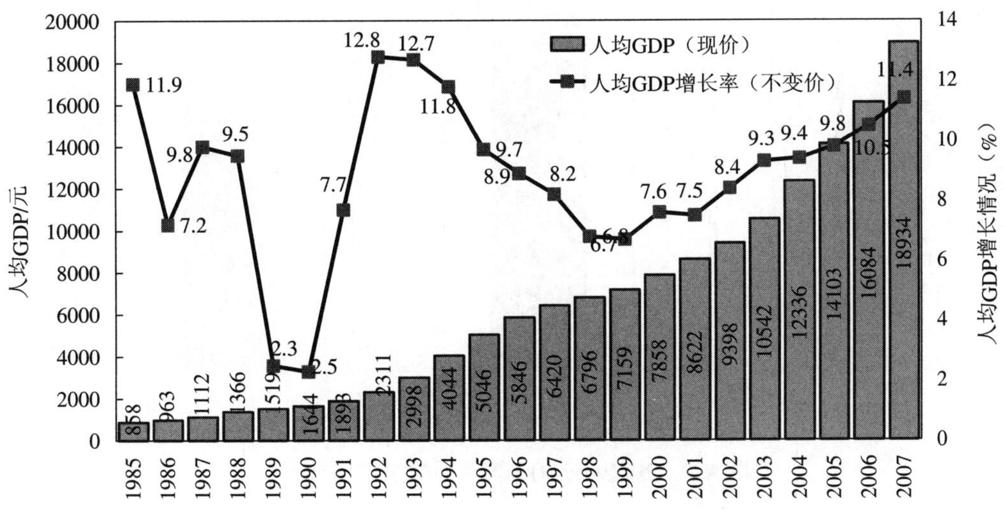

图A-5　1985～2007年历年人均GDP变化情况

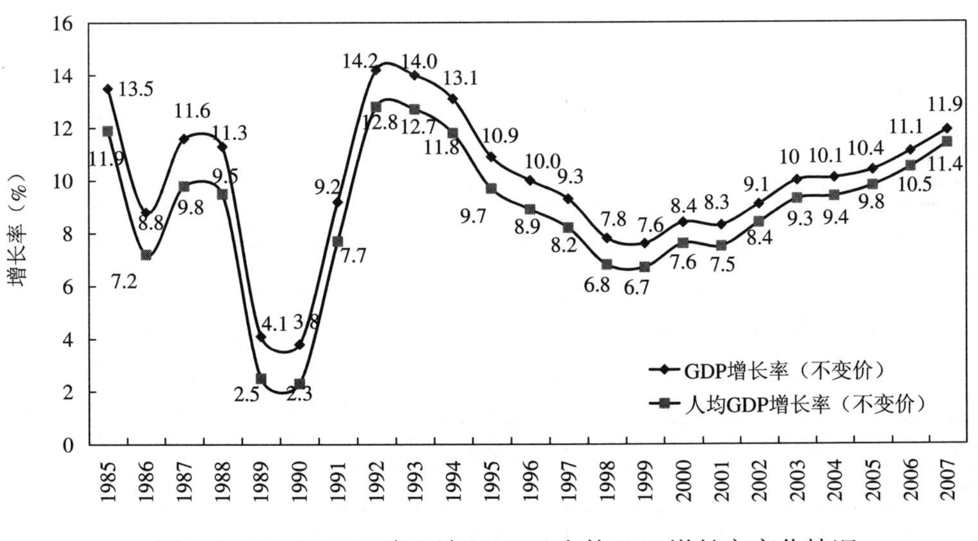

图A-6　1985～2007年历年GDP及人均GDP增长率变化情况

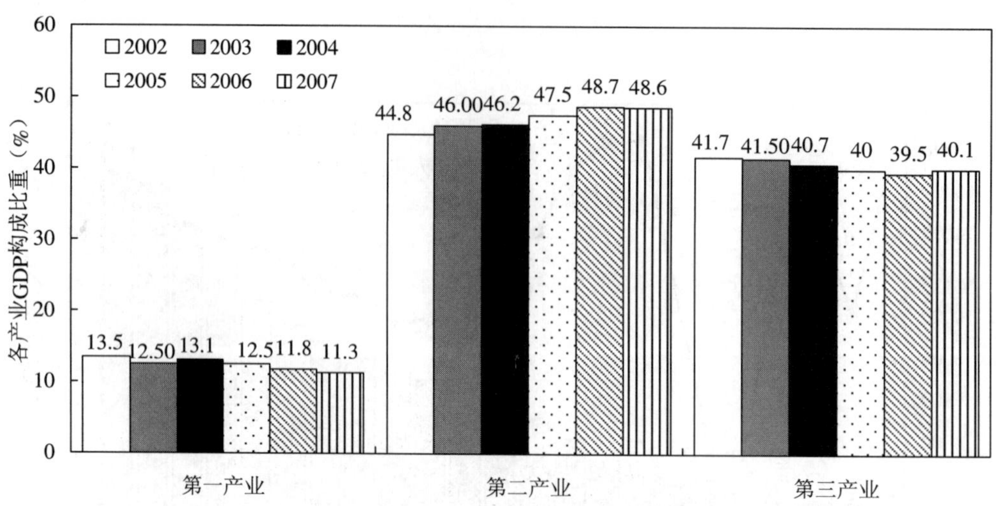

图A-7 2002～2007年全国GDP构成对比

表 A-5 现价国内生产总值 GDP 构成

（单位：%）

年份/年	国内生产总值	第一产业	第二产业			第三产业
				工业	建筑业	
1990	100	27.1	41.6	37.0	4.6	31.3
1991	100	24.5	42.1	37.4	4.7	33.4
1992	100	21.8	43.9	38.6	5.3	34.3
1993	100	19.9	47.4	40.8	6.6	32.7
1994	100	20.2	47.9	41.4	6.5	31.9
1995	100	20.5	48.8	42.3	6.5	30.7
1996	100	20.4	49.5	42.8	6.7	30.1
1997	100	19.1	50.0	43.5	6.5	30.9
1998	100	18.6	49.3	42.6	6.7	32.1
1999	100	17.6	49.4	42.8	6.6	33.0
2000	100	16.4	50.2	43.6	6.6	33.4
2001	100	15.8	50.1	43.5	6.6	34.1
2002	100	15.3	50.4	43.7	6.7	34.3
2003	100	14.4	52.2	45.2	7.0	33.4
2004	100	15.2	52.9	45.9	7.0	31.9
2005	100	12.5	47.5	42.0	5.5	40.0
2006	100	11.7	48.9	43.3	5.6	39.4
2007	100	11.3	48.6	43.0	5.6	40.1

表 A-6　各地区国内生产总值（现价）

（单位：亿元）

地区	1998 年	1999 年	2000 年	2001 年	2002 年	2003 年	2004 年	2005 年	2006 年	2007 年
北京	2011.3	2174.5	2478.8	3710.5	4330.4	5023.8	6060.3	6886.3	7870.3	9353.3
天津	1336.4	1450.1	1639.4	1919.1	2150.8	2578.0	3111.0	3697.6	4359.2	5050.4
河北	4256.0	4569.2	5089.0	5516.8	6018.3	6921.3	8477.6	10096.1	11660.4	13709.5
山西	1601.1	1506.8	1643.8	2029.5	2324.8	2855.2	3571.4	4179.5	4752.5	5733.4
内蒙古	1192.3	1268.2	1401.0	1713.8	1940.9	2388.4	3041.1	3895.6	4791.5	6091.1
辽宁	3881.7	4171.7	4669.1	5033.1	5458.2	6002.5	6672.0	8009.0	9251.2	11023.5
吉林	1557.8	1660.9	1821.2	2120.4	2348.5	2662.1	3122.0	3620.3	4275.1	5284.7
黑龙江	2832.8	2897.4	3253.0	3390.1	3637.2	4057.4	4750.6	5511.5	6188.9	7065.0
上海	3688.2	4035.0	4551.2	5210.1	5741.0	6694.2	8072.8	9154.2	10366.4	12188.85
江苏	7200.0	7697.8	8582.7	9456.8	10606.9	12442.9	15003.6	18305.7	21645.1	25741.2
浙江	4987.5	5364.9	6036.3	6898.3	8003.7	9705.0	11648.7	13437.9	15742.5	18780.4
安徽	2805.5	2908.6	3038.2	3246.7	3519.7	3923.1	4759.3	5375.1	6148.7	7364.2
福建	3330.2	3550.2	3920.1	4072.9	4467.6	4983.7	5763.4	6568.9	7614.6	9249.1
江西	1852.0	1853.7	2003.1	2175.7	2450.5	2807.4	3456.7	4056.8	4670.5	5500.3
山东	7162.2	7662.1	8542.4	9195.0	10275.5	12078.1	15021.8	18516.9	22077.4	25965.9
河南	4356.6	4576.1	5137.7	5533.0	6035.5	6867.7	8553.8	10587.4	12496.0	15012.5
湖北	3704.2	3858.0	4276.3	3880.5	4212.8	4757.5	5633.2	6520.1	7581.3	9230.7
湖南	3211.4	3326.8	3691.9	3831.9	4151.5	4660.0	5641.9	6511.3	7568.9	9200
广东	7919.1	8464.3	9662.2	12039.3	13502.4	15844.6	18864.6	22366.5	26204.5	31084.4
广西	1903.0	1953.3	2050.1	2279.3	2523.7	2821.1	3433.5	4075.7	4828.5	5955.7
海南	438.9	471.2	518.5	558.4	622.0	693.2	798.9	894.6	1052.9	1223.3
重庆	1429.3	1479.7	1589.3	1765.7	1990.0	2272.8	2692.8	3070.5	3491.6	4122.5
四川	3580.3	3711.6	4010.3	4293.5	4725.0	5333.1	6379.6	7385.1	8637.8	10505.3
贵州	841.9	911.9	993.5	1133.3	1243.4	1426.3	1677.8	1979.1	2282.0	2741.9
云南	1793.9	1855.7	1955.1	2138.3	2312.8	2556.0	3081.9	3472.9	4006.7	4741.3
西藏	91.2	105.6	117.5	146.0	166.6	189.1	220.3	251.2	291.0	342.2
陕西	1381.5	1487.6	1660.9	2010.6	2253.4	2587.7	3175.6	3675.7	4523.7	5465.79
甘肃	869.8	932.0	983.4	1125.4	1232.0	1399.8	1688.5	1934.0	2276.7	2702.4
青海	220.2	238.4	263.6	300.1	340.7	390.2	466.1	543.3	641.6	783.6
宁夏	227.5	241.5	265.6	337.4	377.2	445.4	537.2	606.1	710.8	889.2
新疆	1116.7	1168.6	1364.4	1491.6	1612.7	1886.4	2209.1	2604.2	3045.3	3523.2

注：　1998 ~ 1999 年数据摘自各年《中国统计年鉴》。

表 A-7 各地区国内生产总值占全国的比例

（单位：%）

地 区	1998年	1999年	2000年	2001年	2002年	2003年	2004年	2005年	2006年	2007年
北 京	2.43	2.48	2.55	3.42	3.59	3.61	3.62	3.48	3.41	3.39
天 津	1.61	1.66	1.69	1.77	1.78	1.85	1.86	1.87	1.89	1.83
河 北	5.14	5.22	5.24	5.08	4.99	4.97	5.06	5.10	5.05	4.97
山 西	1.93	1.72	1.69	1.87	1.93	2.05	2.13	2.11	2.06	2.08
内蒙古	1.44	1.45	1.44	1.58	1.61	1.72	1.81	1.97	2.07	2.21
辽 宁	4.69	4.76	4.80	4.64	4.53	4.31	3.98	4.05	4.00	4.00
吉 林	1.88	1.9	1.87	1.95	1.95	1.91	1.86	1.83	1.85	1.92
黑龙江	3.42	3.31	3.35	3.12	3.02	2.91	2.83	2.79	2.68	2.56
上 海	4.46	4.61	4.68	4.80	4.76	4.81	4.82	4.63	4.49	4.42
江 苏	8.70	8.79	8.83	8.71	8.80	8.94	8.95	9.26	9.37	9.34
浙 江	6.02	6.13	6.21	6.35	6.64	6.97	6.95	6.79	6.81	6.81
安 徽	3.39	3.32	3.13	2.99	2.92	2.82	2.84	2.72	2.66	2.67
福 建	4.02	4.05	4.03	3.75	3.71	3.58	3.44	3.32	3.30	3.36
江 西	2.24	2.12	2.06	2.00	2.03	2.02	2.06	2.05	2.02	2.00
山 东	8.65	8.75	8.79	8.47	8.52	8.67	8.96	9.36	9.56	9.42
河 南	5.26	5.23	5.29	5.10	5.01	4.93	5.10	5.35	5.41	5.45
湖 北	4.47	4.41	4.40	3.57	3.49	3.42	3.36	3.30	3.28	3.35
湖 南	3.88	3.8	3.80	3.53	3.44	3.35	3.37	3.29	3.28	3.34
广 东	9.57	9.67	9.94	11.09	11.20	11.38	11.26	11.31	11.34	11.28
广 西	2.30	2.23	2.11	2.10	2.09	2.03	2.05	2.06	2.09	2.16
海 南	0.53	0.54	0.53	0.51	0.52	0.50	0.48	0.45	0.46	0.44
重 庆	1.73	1.69	1.63	1.63	1.65	1.63	1.61	1.55	1.51	1.50
四 川	4.33	4.24	4.13	3.96	3.92	3.83	3.81	3.73	3.74	3.81
贵 州	1.02	1.04	1.02	1.04	1.03	1.02	1.00	1.00	0.99	0.99
云 南	2.17	2.12	2.01	1.97	1.92	1.84	1.84	1.76	1.73	1.72
西 藏	0.11	0.12	0.12	0.13	0.14	0.14	0.13	0.13	0.13	0.12
陕 西	1.67	1.7	1.71	1.85	1.87	1.86	1.89	1.86	1.96	1.98
甘 肃	1.05	1.06	1.01	1.04	1.02	1.01	1.01	0.98	0.99	0.98
青 海	0.27	0.27	0.27	0.28	0.28	0.28	0.28	0.27	0.28	0.28
宁 夏	0.27	0.28	0.27	0.31	0.31	0.32	0.32	0.31	0.31	0.32
新 疆	1.35	1.33	1.40	1.37	1.34	1.35	1.32	1.32	1.32	1.28
合 计	100	100	100	100	100	100	100	100	100	100

表 A-8　各地区国内生产总值增长率

（单位：%）

地　区	1999年	2000年	2001年	2002年	2003年	2004年	2005年	2006年	2007年
北　京	10.2	11.0	11.7	11.5	11.0	14.1	11.8	12.8	13.3
天　津	10.0	10.8	12.0	12.7	14.8	15.8	14.7	14.5	15.2
河　北	9.1	9.5	8.7	9.6	11.6	12.9	13.4	13.4	12.8
山　西	5.1	7.8	10.1	12.9	14.9	15.2	12.6	11.8	14.4
内蒙古	7.8	9.7	10.6	13.2	17.6	20.9	23.8	18.7	19.1
辽　宁	8.2	8.9	9.0	10.2	11.5	12.8	12.3	13.8	14.5
吉　林	8.1	9.2	9.3	9.5	10.2	12.2	12.1	15.0	16.1
黑龙江	7.5	8.2	9.3	10.2	10.2	11.7	11.6	12.1	12.0
上　海	10.2	10.8	10.5	11.3	12.3	14.2	11.1	12.0	14.3
江　苏	10.1	10.6	10.2	11.7	13.6	14.8	14.5	14.9	14.9
浙　江	10.0	11.0	10.6	12.6	14.7	14.5	12.8	13.9	14.7
安　徽	8.1	8.3	8.9	9.6	9.4	13.3	11.6	12.8	13.9
福　建	10.0	9.5	8.7	10.2	11.5	11.8	11.6	14.8	15.2
江　西	7.8	8.0	8.8	10.5	13.0	13.2	12.8	12.3	13.0
山　东	10.1	10.5	10.0	11.7	13.4	15.4	15.2	14.8	14.3
河　南	8.0	9.4	9.0	9.5	10.7	13.7	14.2	14.4	14.6
湖　北	8.3	9.3	8.9	9.2	9.7	11.2	12.1	13.2	14.5
湖　南	8.3	9.0	9.0	9.0	9.6	12.1	11.6	12.2	14.5
广　东	9.5	10.8	10.5	12.4	14.8	14.8	13.8	14.6	14.7
广　西	7.7	7.3	8.3	10.6	10.2	11.8	13.2	13.6	15.1
海　南	8.6	8.8	9.1	9.6	10.6	10.7	10.2	12.5	14.8
重　庆	7.6	8.5	9.0	10.2	11.5	12.2	11.5	12.2	15.6
四　川	5.6	9.0	9.0	10.3	11.3	12.7	12.6	13.3	14.2
贵　州	8.3	8.7	8.8	9.1	10.1	11.4	11.6	11.6	13.7
云　南	7.2	7.1	6.8	9.0	8.8	11.3	9.0	11.9	12.5
西　藏	9.6	9.4	12.7	12.9	12.0	12.1	12.1	13.3	14.0
陕　西	8.4	9.0	9.8	11.1	11.8	12.9	12.6	12.8	14.6
甘　肃	8.3	8.7	9.8	9.9	10.7	11.5	11.8	11.5	12.3
青　海	8.2	9.0	11.7	12.1	11.9	12.3	12.2	12.2	12.5
宁　夏	8.7	9.8	10.1	10.2	12.7	11.2	10.9	12.7	12.7
新　疆	7.1	8.2	8.6	8.2	11.2	11.4	10.9	11.0	12.2

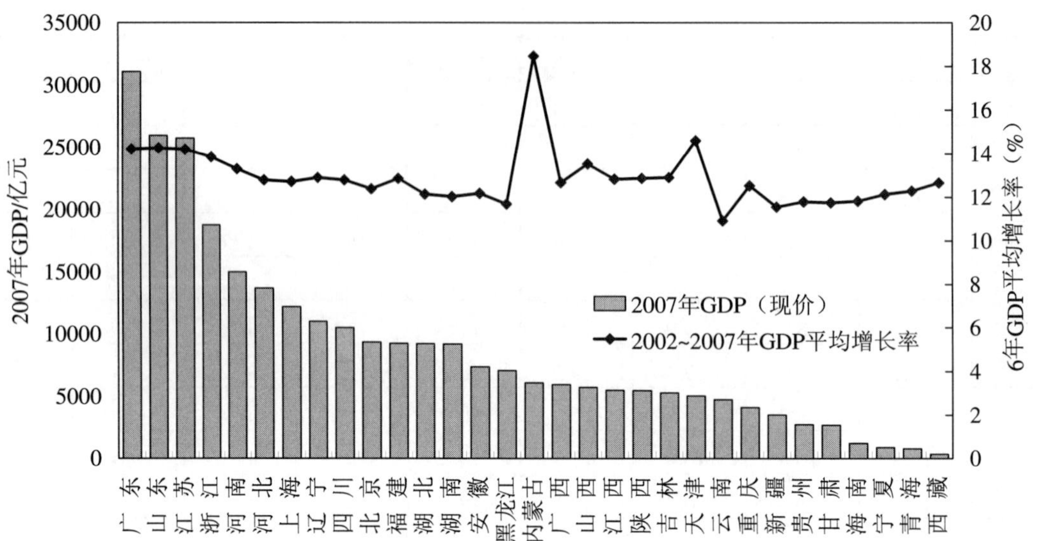

图A-8　2007年分地区GDP总值及变化情况

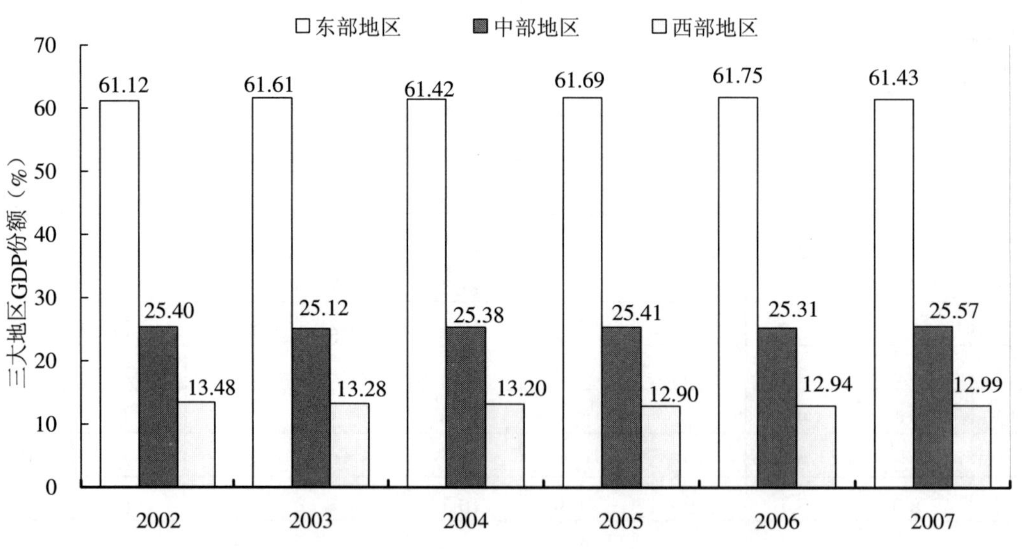

图A-9　2002～2007年三大地区GDP份额对比

表 A-9　全部国有及规模以上非国有工业企业总产值（当年价）

企业分类	项　目	2002 年	2002 年	2003 年	2004 年	2005 年	2007 年
国有及国有控股工业企业	企业单位数(个)	41125	34280	35597	27477	24961	20680
	工业总产值/亿元	45178.96	53407.9	70228.99	83749.92	98910.45	119685.65
	工业增加值/亿元	15935.03	18837.6	23213	27176.67	32588.81	39970.46
私营工业企业	企业单位数(个)	49176	67607	119357	123820	149736	177080
	工业总产值/亿元	12950.86	20980.23	35141.25	47778.2	67239.81	94023.28
	工业增加值/亿元	3255.83	5378.76	8290	12855.55	18735.86	26382.18
“三资”工业企业	企业单位数(个)	34466	38581	57165	56387	60872	67456
	工业总产值/亿元	32459.28	44357.81	65995.21	79860.23	100076.51	127629.31
	工业增加值/亿元	8573.1	11599.65	15240.5	20468.28	25545.8	32129.72

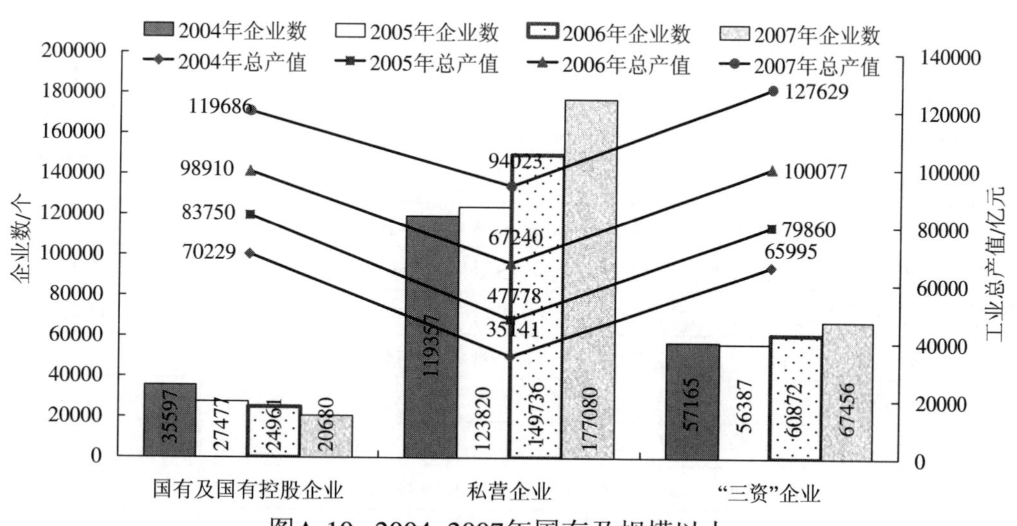

图A-10　2004~2007年国有及规模以上非国有工业企业数及工业总产值对比

表A-10　各地区工业总产值（现价）

（单位：亿元）

地　区	2000年	2001年	2002年	2003年	2004年	2005年	2006年	2007年
北　京	2565.38	2908.82	3173.48	3810.36	5974.70	6946.07	8210.00	9648.38
天　津	2606.38	2940.4	3323.12	4049.61	6119.08	6774.1	8527.70	10075.07
河　北	3426.05	3766.85	4294.68	5708.76	10194.40	11008.12	13489.80	17054.78
山　西	1216.86	1396.73	1717.88	2439.3	4173.93	4850.91	5902.84	7791.71
内蒙古	748.97	830.32	994.75	1355.7	2327.48	2995.59	4140.05	5812.96
辽　宁	4249.46	4480.32	4888.02	6112.96	9140.61	10814.51	14167.95	18249.53
吉　林	1679.91	1876.65	2171.17	2662.27	3551.72	3791.96	4752.72	6486.01
黑龙江	2460.88	2365.44	2487.63	2909.98	3955.70	4714.91	5440.17	6143.17
上　海	6204.52	7003.9	7740.56	10342.82	14594.15	15767.51	18573.13	22259.94
江　苏	10452.87	11747.83	13865.86	18036.74	29476.66	32707.09	41410.40	53316.38
浙　江	6603.65	7882.47	9779.04	12864.23	21227.20	23106.76	29129.94	36073.93
安　徽	1661.44	1824.64	2123.61	2610.03	4236.39	4567.23	5915.59	7945.17
福　建	2616.12	2945.02	3676.37	4953.74	7516.05	8135.98	10005.08	12517.91
江　西	932.21	1016.02	1188.80	1472.33	2736.69	2978.88	4245.49	6194.18
山　东	8311.53	9377.37	11497.53	15379.54	24678.50	30522.86	38780.10	49873.00
河　南	3494.96	3843.12	4303.66	5365.65	9236.80	10487.38	13889.77	20442.21
湖　北	3064.43	3239.51	3589.26	4030.11	5329.23	6066.96	7454.07	9601.52
湖　南	1627.94	1811.22	2099.40	2611.45	4341.88	4754.86	6131.18	8464.08
广　东	12480.93	14035.35	16378.60	21513.46	31519.61	35942.74	44674.75	55252.86
广　西	1003.24	1059.23	1180.55	1436.43	2242.26	2547.32	3356.76	4587.35
海　南	202.87	219.5	264.58	333.46	429.42	473.06	640.26	1002.78
重　庆	962.32	1072.83	1228.37	1588	2598.84	2525.87	3213.45	4363.25
四　川	2076.96	2304.51	2737.35	3387.43	5303.64	6178.03	7934.41	11047.04
贵　州	631.64	696.63	797.90	977.64	1546.17	1690.4	2066.77	2520.36
云　南	1063.36	1157.4	1320.62	1557.17	2344.07	2596.21	3393.09	4298.29
西　藏	16.43	17.88	19.48	21.39	24.85	27.29	33.33	41.36
陕　西	1184.58	1338.2	1505.45	1879.26	3150.79	3397.71	4442.81	5692.33
甘　肃	840.58	951.21	1035.52	1147.52	1695.79	1988.26	2483.56	3231.52
青　海	196.08	194.16	207.59	247.9	388.12	486.86	640.66	822.72
宁　夏	239.11	268.84	268.62	352.81	605.19	671.54	859.70	1070.71
新　疆	852.01	876.57	917.03	1113.14	1656.02	2102.53	2683.44	3296.61

注：1998年以后为全部国有及规模以上非国有工业企业工业总产值。

表 A-11　各地区工业总产值占全国的比例

（单位：%）

地　区	1999 年	2000 年	2001 年	2002 年	2003 年	2004 年	2005 年	2006 年	2007 年
北　京	4.12	2.99	3.05	2.86	2.68	2.69	2.76	2.59	2.38
天　津	2.06	3.04	3.08	3.00	2.85	2.75	2.69	2.69	2.49
河　北	4.55	4	3.95	3.88	4.01	4.59	4.37	4.26	4.21
山　西	2.06	1.42	1.46	1.55	1.71	1.88	1.93	1.86	1.92
内蒙古	1.53	0.87	0.87	0.90	0.95	1.05	1.19	1.31	1.43
辽　宁	6.21	4.96	4.69	4.41	4.30	4.11	4.30	4.48	4.50
吉　林	3.14	1.96	1.97	1.96	1.87	1.60	1.51	1.50	1.60
黑龙江	4.39	2.87	2.48	2.25	2.05	1.78	1.87	1.72	1.52
上　海	7.92	7.24	7.34	6.99	7.27	6.56	6.27	5.87	5.50
江　苏	7.92	12.2	12.31	12.52	12.68	13.26	13.00	13.08	13.16
浙　江	3.33	7.71	8.26	8.83	9.04	9.55	9.18	9.20	8.90
安　徽	2.8	1.94	1.91	1.92	1.83	1.91	1.82	1.87	1.96
福　建	2.13	3.05	3.09	3.32	3.48	3.38	3.23	3.16	3.09
江　西	1.94	1.09	1.06	1.07	1.03	1.23	1.18	1.34	1.53
山　东	8.07	9.7	9.82	10.38	10.81	11.10	12.13	12.25	12.31
河　南	4.75	4.08	4.03	3.88	3.77	4.15	4.17	4.39	5.05
湖　北	4.92	3.58	3.39	3.24	2.83	2.40	2.41	2.35	2.37
湖　南	2.67	1.9	1.90	1.90	1.84	1.95	1.89	1.94	2.09
广　东	8.51	14.57	14.70	14.79	15.12	14.18	14.28	14.11	13.64
广　西	1.79	1.17	1.11	1.07	1.01	1.01	1.01	1.06	1.13
海　南	0.38	0.24	0.23	0.24	0.23	0.19	0.19	0.20	0.25
重　庆	1.72	1.12	1.12	1.11	1.12	1.17	1.00	1.02	1.08
四　川	3.38	2.42	2.41	2.47	2.38	2.39	2.46	2.51	2.73
贵　州	1.27	0.74	0.73	0.72	0.69	0.70	0.67	0.65	0.62
云　南	2.25	1.24	1.21	1.19	1.09	1.05	1.03	1.07	1.06
西　藏	0.03	0.02	0.02	0.02	0.02	0.01	0.01	0.01	0.01
陕　西	2.25	1.38	1.40	1.36	1.32	1.42	1.35	1.40	1.40
甘　肃	1.48	0.98	1.00	0.93	0.81	0.76	0.79	0.78	0.80
青　海	0.4	0.23	0.20	0.19	0.17	0.17	0.19	0.20	0.20
宁　夏	0.42	0.28	0.28	0.24	0.25	0.27	0.27	0.27	0.26
新　疆	1.6	0.99	0.92	0.83	0.78	0.74	0.84	0.85	0.81
全　国	100	100	100	100	100	100	100	100	100

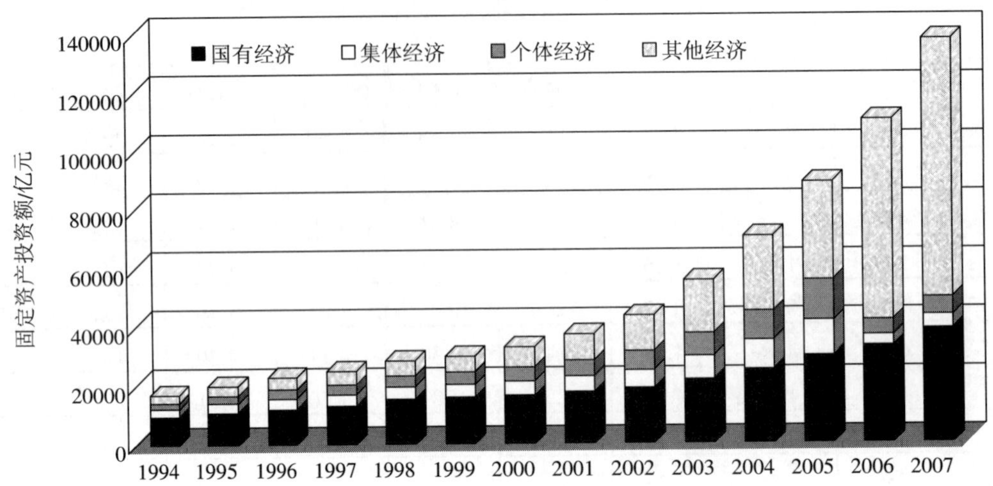

图A-11 1994～2007年分经济类型固定资产投资情况

表A-12 历年各种经济类型固定资产投资

（单位：亿元）

年 份	合计	国有经济	集体经济	个体经济	其他经济
1996	22913.5	12006.2	3651.5	3211.2	4044.6
1997	24941.1	13091.7	3850.9	3429.4	4569.1
1998	28406.2	15369.3	4192.2	3744.4	5100.3
1999	29854.8	15947.8	4338.6	4195.7	5372.7
2000	32917.8	16504.4	4801.5	4709.4	6902.5
2001	37213.5	17607.0	5278.6	5429.6	8898.3
2002	43499.9	18877.4	5987.4	6519.2	12115.9
2003	55566.6	21661.0	8009.5	7720.1	18176.0
2004	70477.4	25027.6	9965.7	9880.6	25603.5
2005	88773.6	29666.9	11969.6	13890.6	33246.4
2006	109998.2	32963.4	3604.1	5163.9	68266.8
2007	137323.9	38706.3	4637.4	6058.7	87921.5

注：根据1994年房地产快速调查结果，对1990年以来的全社会固定资产投资数据进行了调整。

表 A-13　各地区全社会固定资产投资（现价）

（单位：亿元）

地　区	1998 年	1999 年	2000 年	2001 年	2002 年	2003 年	2004 年	2005 年	2006 年	2007 年
全国合计	28406.2	29854.7	32917.7	37213.5	43499.9	55566.6	70477.4	88773.6	109998.2	137323.9
北　京	1124.6	1171.2	1280.5	1513.3	1796.1	2169.3	2528.2	2827.2	3296.4	3907.2
天　津	571.1	576.5	610.9	705.0	807.5	1039.4	1245.7	1495.1	1820.5	2353.1
河　北	1591.8	1770.5	1816.8	1912.5	2020.4	2478.0	3218.8	4139.7	5470.2	6884.7
山　西	454.9	477.6	548.2	663.6	813.4	1100.9	1443.9	1826.6	2255.7	2861.5
内蒙古	316.8	348.2	423.6	503.6	707.9	1174.7	1788.0	2643.6	3363.2	4372.9
辽　宁	1057.7	1119.5	1267.7	1421.2	1605.6	2076.4	2979.6	4200.4	5689.6	7435.2
吉　林	431.8	500.0	603.5	701.7	834.2	969.0	1169.1	1741.1	2594.3	3651.4
黑龙江	770.1	751.7	832.6	963.6	1046.2	1166.2	1430.8	1737.3	2236.0	2833.5
上　海	1966.4	1855.8	1869.4	2004.6	2213.7	2499.1	3050.3	3509.7	3900.0	4420.4
江　苏	2450.4	2441.9	2570.0	2823.2	3450.1	5233.0	6557.1	8165.4	10069.2	12268.1
浙　江	1801.7	1958.1	2350.0	2834.9	3477.5	4740.3	5781.4	6520.1	7590.2	8420.4
安　徽	722.6	703.5	804.0	893.4	1074.5	1418.7	1935.3	2525.1	3533.6	5087.5
福　建	1053.0	1084.7	1112.2	1172.9	1253.1	1496.4	1892.9	2316.7	2981.8	4287.8
江　西	400.6	454.4	516.1	631.8	889.0	1303.2	1713.2	2176.6	2683.6	3301.9
山　东	1935.6	2220.6	2531.1	2788.7	3483.3	5315.1	6970.6	9307.3	11111.4	12537.7
河　南	1289.7	1206.8	1377.7	1544.1	1725.9	2263.0	3099.4	4311.6	5904.7	8010.1
湖　北	1156.8	1239.1	1339.2	1486.6	1605.1	1809.5	2264.8	2676.6	3343.5	4330.4
湖　南	796.9	883.9	1012.2	1174.3	1348.0	1590.3	2072.6	2629.1	3175.5	4154.8
广　东	2644.1	2937.0	3145.1	3484.4	3850.8	4813.2	5870.0	6977.9	7973.4	9294.3
广　西	562.3	578.8	583.3	655.6	750.3	921.3	1236.5	1661.2	2198.7	2939.7
海　南	173.4	194.8	198.9	213.3	225.4	280.0	317.1	367.2	423.9	502.4
重　庆	193.0	525.3	572.6	697.0	899.3	1161.5	1537.1	1933.2	2407.4	3127.7
四　川	1145.3	1224.4	1418.0	1617.5	1902.8	2336.3	2818.4	3585.2	4412.9	5639.8
贵　州	278.4	311.9	397.0	536.0	633.0	748.1	865.2	998.3	1197.4	1488.8
云　南	660.4	664.0	684.0	738.5	814.6	1000.1	1291.5	1777.6	2208.6	2759.0
西　藏	41.3	53.6	64.1	83.3	106.6	134.0	162.4	181.4	231.1	270.3
陕　西	517.6	587.8	653.7	773.4	915.4	1200.7	1508.9	1882.2	2480.7	3415.0
甘　肃	301.5	355.5	395.4	460.4	526.2	619.8	733.9	870.4	1022.6	1304.2
青　海	108.8	117.2	151.1	196.4	232.4	255.6	289.2	329.8	408.5	482.8
宁　夏	106.8	128.1	157.5	191.1	227.0	318.0	376.2	443.3	498.7	599.8
新　疆	514.8	526.7	610.4	706.0	800.1	973.4	1147.2	1339.1	1567.1	1850.8
不分地区	966.4	886.1	1021.0	1121.6	1464.9	962.2	1182.5	1677.9	1947.6	2530.8

注：本表“全国”指不含港、澳、台地区的大陆各省、市、自治区。以下各表的“全国”同此注。

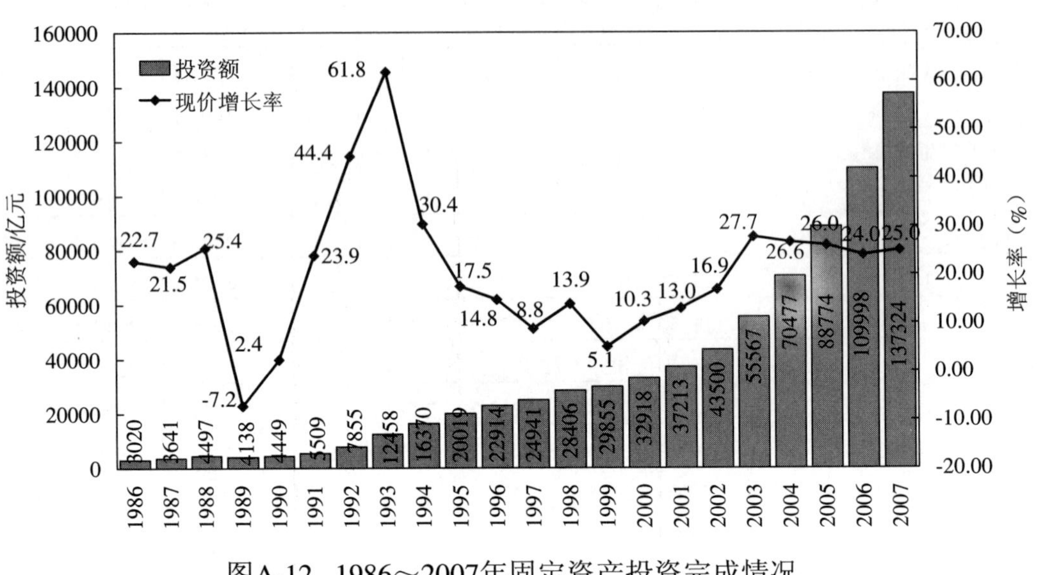

图A-12　1986～2007年固定资产投资完成情况

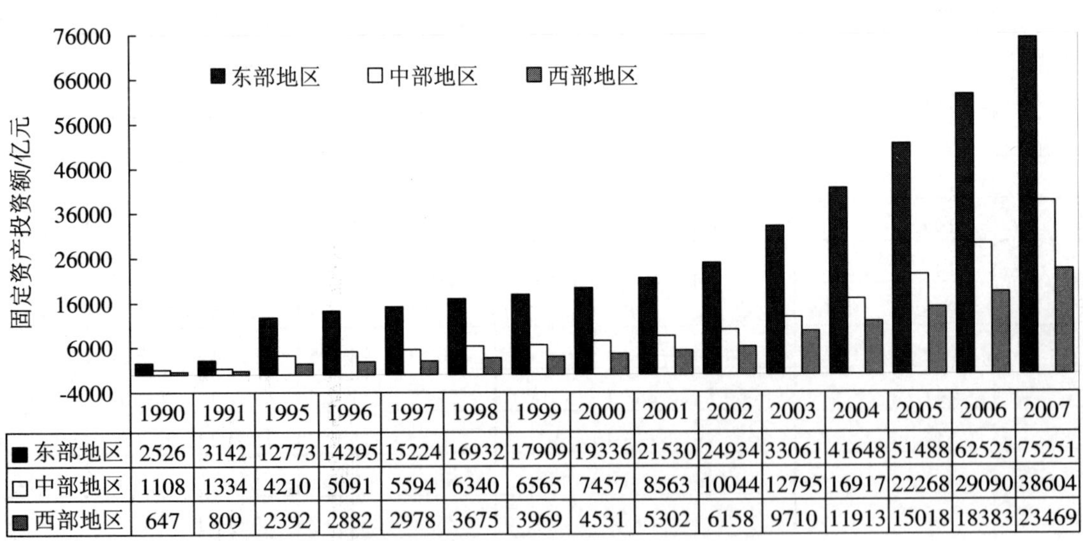

	1990	1991	1995	1996	1997	1998	1999	2000	2001	2002	2003	2004	2005	2006	2007
■东部地区	2526	3142	12773	14295	15224	16932	17909	19336	21530	24934	33061	41648	51488	62525	75251
□中部地区	1108	1334	4210	5091	5594	6340	6565	7457	8563	10044	12795	16917	22268	29090	38604
■西部地区	647	809	2392	2882	2978	3675	3969	4531	5302	6158	9710	11913	15018	18383	23469

图A-13　1990～2007年三大地区固定资产投资变化

表 A-14　各地区固定资产投资占全国的比例（全国＝100%）

（单位：%）

地　区	1997年	1998年	1999年	2000年	2001年	2002年	2003年	2004年	2005年	2006年	2007年
北　京	3.97	3.96	3.92	3.89	4.07	4.13	3.90	3.59	3.18	3.00	2.85
天　津	2.01	2.01	1.93	1.86	1.89	1.86	1.87	1.77	1.68	1.66	1.71
河　北	5.72	5.60	5.93	5.52	5.14	4.64	4.46	4.57	4.66	4.97	5.01
山　西	1.51	1.60	1.60	1.67	1.78	1.87	1.98	2.05	2.06	2.05	2.08
内蒙古	1.12	1.12	1.17	1.29	1.35	1.63	2.11	2.54	2.98	3.06	3.18
辽　宁	3.96	3.72	3.75	3.85	3.82	3.69	3.74	4.23	4.73	5.17	5.41
吉　林	1.45	1.52	1.67	1.83	1.89	1.92	1.74	1.66	1.96	2.36	2.66
黑龙江	2.69	2.71	2.52	2.53	2.59	2.40	2.10	2.03	1.96	2.03	2.06
上　海	7.94	6.92	6.22	5.68	5.39	5.09	4.50	4.33	3.95	3.55	3.22
江　苏	8.72	8.63	8.18	7.81	7.59	7.93	9.42	9.30	9.20	9.15	8.93
浙　江	6.45	6.34	6.56	7.14	7.62	7.99	8.53	8.20	7.34	6.90	6.13
安　徽	2.72	2.54	2.36	2.44	2.40	2.47	2.55	2.75	2.84	3.21	3.71
福　建	3.53	3.71	3.63	3.38	3.15	2.88	2.69	2.69	2.61	2.71	3.12
江　西	1.32	1.41	1.52	1.57	1.70	2.04	2.35	2.43	2.45	2.44	2.40
山　东	6.99	6.81	7.44	7.69	7.49	8.01	9.57	9.89	10.48	10.10	9.13
河　南	4.85	4.54	4.04	4.19	4.15	3.97	4.07	4.40	4.86	5.37	5.83
湖　北	4.1	4.07	4.15	4.07	3.99	3.69	3.26	3.21	3.02	3.04	3.15
湖　南	2.68	2.81	2.96	3.08	3.16	3.10	2.86	2.94	2.96	2.89	3.03
广　东	9.19	9.31	9.84	9.55	9.36	8.85	8.66	8.33	7.86	7.25	6.77
广　西	1.92	1.98	1.94	1.77	1.76	1.72	1.66	1.75	1.87	2.00	2.14
海　南	0.65	0.61	0.65	0.6	0.57	0.52	0.50	0.45	0.41	0.39	0.37
重　庆	1.51	1.74	1.76	1.74	1.87	2.07	2.09	2.18	2.18	2.19	2.28
四　川	3.71	4.03	4.10	4.31	4.35	4.37	4.20	4.00	4.04	4.01	4.11
贵　州	0.89	0.98	1.04	1.21	1.44	1.46	1.35	1.23	1.12	1.09	1.09
云　南	2.16	2.32	2.22	2.08	1.98	1.87	1.80	1.83	2.00	2.01	2.01
西　藏	0.14	0.15	0.18	0.19	0.22	0.25	0.24	0.23	0.20	0.21	0.20
陕　西	1.58	1.82	1.97	1.99	2.08	2.10	2.16	2.14	2.12	2.26	2.49
甘　肃	0.97	1.06	1.19	1.20	1.24	1.21	1.12	1.04	0.98	0.93	0.95
青　海	0.35	0.38	0.39	0.46	0.53	0.53	0.46	0.41	0.37	0.37	0.35
宁　夏	0.34	0.38	0.43	0.48	0.51	0.52	0.57	0.53	0.50	0.45	0.44
新　疆	1.79	1.81	1.76	1.85	1.90	1.84	1.75	1.63	1.51	1.42	1.35
不分地区	3.09	3.40	2.97	3.10	3.01	3.37	1.73	1.68	1.89	1.77	1.84

表 A-15 各地区进出口商品总值（按经营单位所在地分）

（单位：万美元）

地区	2005年			2006年			2007年		
	进出口	出口	进口	进出口	出口	进口	进出口	出口	进口
全国合计	142190617	76195341	65995276	176039647	96893560	79146087	217372602	121777576	95595026
北京	12550643	3086590	9464052	15803663	3795398	12008265	19299976	4892639	14407337
天津	5327680	2738088	2589592	6446194	3349078	3097116	7144973.3	3807405.2	3337568.1
河北	1607035	1092430	514605	1853088	1283400	569688	2552341	1700040.6	852300.9
山西	554565	352849	201716	662710	413963	248747	1157948.3	653249.2	504699.1
内蒙古	487625	177362	310263	596082	214050	382032	773588.5	294439.4	479149.1
辽宁	4101327	2343832	1757494	4839024	2831942	2007083	5947434.5	3532408.9	2415025.6
吉林	652772	246616	406157	791404	299665	491739	1029800.1	385705.6	644094.5
黑龙江	956602	606944	349658	1285655	843595	442060	1729659.3	1225712.2	503947.1
上海	18633674	9071752	9561922	22752420	11358927	11393493	28285387.8	14384610.8	13900777
江苏	22792276	12296671	10495605	28397838	16040962	12356876	34947178.6	20360978	14586200.6
浙江	10738966	7680245	3058721	13914161	10089056	3825105	17684736.8	12826397.3	4858339.5
安徽	911939	518850	393088	1224514	683775	540739	1593228.6	881373.4	711855.2
福建	5441119	3484187	1956932	6265963	4126174	2139789	7444738.1	4993757.3	2450980.8
江西	406461	243934	162527	619486	375302	244185	944854.1	544458.7	400395.4
山东	7673587	4612289	3061298	9521381	5859834	3661548	12247444.3	7511010.5	4736433.8
河南	772492	508753	263739	979457	663440	316016	1278512.7	837491.6	441021.1
湖北	905475	442868	462607	1176219	626063	550157	1486895.4	817293.9	669601.5
湖南	600019	374714	225305	735226	509182	226043	968585.3	651539.7	317045.6
广东	42796497	23815883	18980614	52719910	30194643	22525267	63418595.4	36931608.8	26486986.6
广西	518150	287663	230487	666756	359297	307459	925899.7	510915.7	414984
海南	254234	102254	151979	284621	137562	147059	351441	136446	214995
重庆	429284	252058	177226	546968	335102	211866	743794.4	450720.7	293073.7
四川	790196	470161	320036	1102082	662412	439670	1437812.4	860595.9	577216.5
贵州	140357	85894	54463	161771	103843	57928	227030	146546.6	80483.4
云南	474344	264173	210172	622484	339149	283334	879356.7	476827.9	402528.8
西藏	20547	16538	4009	32838	22222	10616	39346.4	32636.4	6710
陕西	457687	307689	149998	536029	362961	173068	688733.9	467524.9	221209
甘肃	263027	109100	153928	382493	150960	231533	552367	165865.7	386501.3
青海	57552	45476	12075	65172	53420	11752	61207.3	38591.3	22616
宁夏	90821	64626	26195	143713	94262	49450	158151.5	108567.4	49584.1
新疆	563452	304627	258825	910327	713923	196404	1371583	1150217	221366

表 A-16 各季度各层次货币供应量

年份/年	季 度	广义货币供应量 M2		狭义货币供应量 M1		流通中现金 M0	
		季末余额/亿元	同比增长率（%）	季末余额/亿元	同比增长率（%）	季末余额/亿元	同比增长率（%）
2000	第 1 季度	122606.8	13.07	45158.5	18.67	13235.4	16.70
	第 2 季度	126605.3	13.69	48024.4	23.70	13006.0	19.53
	第 3 季度	130473.8	13.38	50616.9	20.76	13894.7	13.38
	第 4 季度	134610.3	12.27	53147.2	15.95	14652.7	8.90
2001	第 1 季度	138744.5	13.16	53033.4	17.44	14362.1	8.51
	第 2 季度	147809.7	16.75	55187.4	14.92	13943.5	7.21
	第 3 季度	151642.7	16.22	56644.0	11.91	15064.6	8.42
	第 4 季度	158301.9	17.60	59871.6	11.23	15688.8	6.60
2002	第 1 季度	164064.6	18.25	59474.8	12.15	15544.6	8.23
	第 2 季度	169601.2	14.74	63144.0	14.42	15097.4	8.28
	第 3 季度	176982.4	16.71	66797.0	17.92	16233.6	7.76
	第 4 季度	185007.0	18.50	70882.0	18.39	17278.0	10.13
2003	第 1 季度	194487.3	18.50	71438.8	20.10	17106.5	10.10
	第 2 季度	204907.4	20.80	75923.2	20.20	16956.9	12.30
	第 3 季度	213567.1	20.70	79163.9	18.50	18306.4	12.80
	第 4 季度	221222.8	19.60	84118.6	18.70	19746.0	14.30
2004	第 1 季度	231654.60	19.10	85815.60	20.10	19297.43	12.80
	第 2 季度	238427.49	16.20	88627.10	16.20	19297.43	12.20
	第 3 季度	243756.88	13.90	90439.05	13.70	19297.43	12.10
	第 4 季度	253207.7	14.63	95970.80	13.58	21468.3	8.72
2005	第 1 季度	264588.90	14.00	94743.20	9.90	21239.00	10.10
	第 2 季度	275785.53	15.70	98601.25	11.30	20848.76	9.60
	第 3 季度	287438.27	17.90	100964.00	11.60	22272.92	8.50
	第 4 季度	298755.48	17.60	107278.57	11.80	24031.67	11.90
2006	第 1 季度	310490.65	18.80	106737.08	12.70	23472.03	10.50
	第 2 季度	322756.35	18.40	112342.36	13.90	23469.08	12.60
	第 3 季度	331865.36	16.80	116814.10	15.70	25687.38	15.30
	第 4 季度	345577.91	16.94	126028.05	17.48	27072.62	12.65
2007	第 1 季度	364104.66	17.27	127881.31	19.81	27387.95	16.68
	第 2 季度	377832.15	17.06	135847.40	20.92	26881.09	14.54
	第 3 季度	393098.91	18.45	142591.57	22.07	29030.58	13.01
	第 4 季度	403401.30	16.73	152519.17	21.02	30334.32	12.05

表 A-17 各地区农村居民家庭年人均纯收入

（单位：元）

地区	1997年	1998年	1999年	2000年	2001年	2002年	2003年	2004年	2005年	2006年	2007年
全国平均	2090.13	2161.98	2210.34	2253.42	2366.40	2475.63	2622.24	2936.40	3254.93	3587.04	4140.36
北京	3661.68	3952.32	4226.59	4604.55	5025.50	5398.48	5601.55	6170.33	7346.26	8275.47	9439.63
天津	3243.68	3395.7	3411.11	3622.39	3947.72	4278.71	4566.01	5019.53	5579.87	6227.94	7010.06
河北	2286.01	2405.32	2441.50	2478.86	2603.60	2685.16	2853.38	3171.06	3481.64	3801.82	4293.43
山西	1738.26	1858.60	1772.62	1905.61	1956.05	2149.82	2299.17	2589.6	2890.66	3180.92	3665.66
内蒙古	1780.19	1981.48	2002.93	2038.21	1973.37	2086.02	2267.65	2606.37	2988.87	3341.88	3953.10
辽宁	2301.48	2579.79	2501.04	2355.58	2557.93	2751.34	2934.44	3307.14	3690.21	4090.40	4773.43
吉林	2186.29	2383.60	2260.59	2022.50	2182.22	2300.99	2530.41	2999.62	3263.99	3641.13	4191.34
黑龙江	2308.29	2253.10	2165.93	2148.22	2280.28	2405.24	2508.94	3005.18	3221.27	3552.43	4132.29
上海	5277.02	5406.89	5409.11	5596.37	5870.87	6223.55	6653.92	7066.33	8247.77	9138.65	10144.62
江苏	3269.85	3376.78	3495.2	3595.09	3784.71	3979.79	4239.26	4753.85	5276.29	5813.23	6561.01
浙江	3684.22	3814.56	3948.39	4253.67	4582.34	4940.36	5389.04	5944.06	6659.95	7334.81	8265.15
安徽	1808.75	1863.06	1900.29	1934.57	2020.04	2117.56	2127.48	2499.33	2640.96	2969.08	3556.27
福建	2785.67	2946.37	3091.39	3230.49	3380.72	3585.83	3733.89	4089.38	4450.36	4834.75	5467.08
江西	2107.28	2048.00	2129.45	2135.30	2231.60	2306.45	2457.53	2786.78	3128.89	3459.53	4044.70
山东	2292.12	2452.83	2549.58	2659.20	2804.51	2947.65	3150.49	3507.43	3930.55	4368.33	4985.34
河南	1733.89	1864.05	1948.36	1985.82	2097.86	2215.74	2235.68	2553.15	2870.58	3261.03	3851.60
湖北	2102.23	2172.24	2217.08	2268.59	2352.16	2444.06	2566.76	2890.01	3099.20	3419.35	3997.48
湖南	2037.06	2064.85	2127.46	2197.16	2299.46	2397.92	2532.87	2837.76	3117.74	3389.62	3904.20
广东	3467.69	3529.14	3628.95	3654.48	3769.79	3911.90	4054.58	4365.87	4690.49	5079.78	5624.04
广西	1875.28	1971.90	2048.33	1864.51	1944.33	2012.60	2094.51	2305.22	2494.67	2770.48	3224.05
海南	1916.90	2018.31	2087.46	2182.26	2226.47	2423.20	2588.06	2817.62	3004.03	3255.53	3791.37
重庆	1643.21	1720.46	1736.63	1892.44	1971.18	2097.58	2214.55	2510.41	2809.32	2873.83	3509.29
四川	1680.69	1789.17	1843.47	1903.60	1986.99	2107.64	2229.86	2518.93	2802.78	3002.38	3546.69
贵州	1298.54	1334.46	1363.07	1374.16	1411.73	1489.91	1564.66	1721.55	1876.96	1984.62	2373.99
云南	1375.50	1387.25	1437.63	1478.60	1533.74	1608.64	1697.12	1864.19	2041.79	2250.46	2634.09
西藏	1194.51	1231.50	1309.46	1330.81	1404.01	1462.27	1690.76	1864.31	2077.90	2435.02	2788.20
陕西	1273.30	1405.59	1455.86	1443.86	1490.80	1596.25	1675.66	1866.52	2052.63	2260.19	2644.69
甘肃	1185.07	1393.05	1357.28	1428.68	1508.61	1590.30	1673.05	1852.22	1979.88	2134.05	2328.92
青海	1320.63	1424.79	1466.67	1490.49	1557.32	1668.94	1794.13	1957.65	2151.46	2358.37	2683.78
宁夏	1512.50	1721.17	1754.15	1724.30	1823.05	1917.36	2043.30	2320.05	2508.89	2760.14	3180.84
新疆	1504.43	1600.14	1473.17	1618.08	1710.44	1863.26	2106.19	2244.93	2482.15	2737.28	3182.97

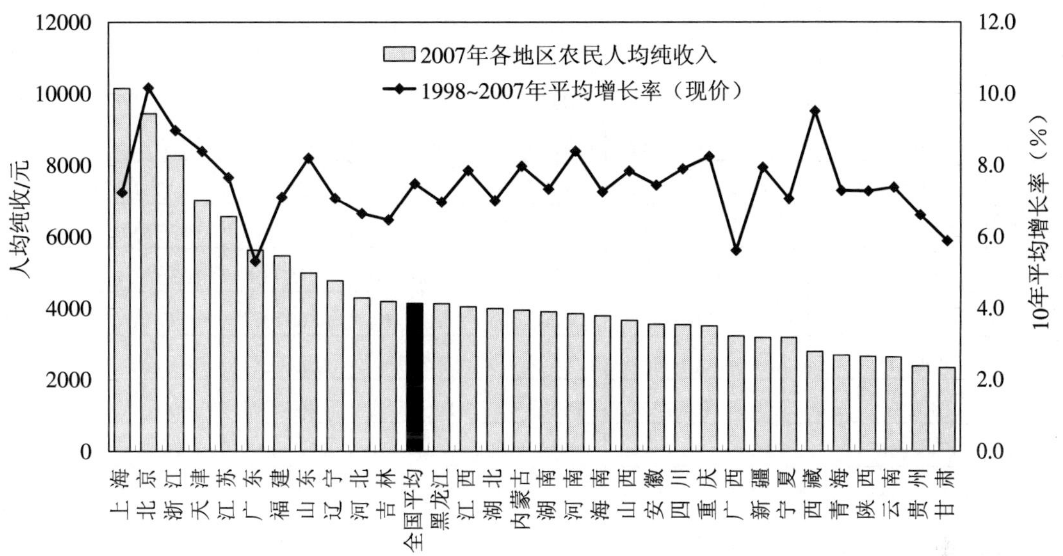

图A-14　2007年各地区农民人均纯收入

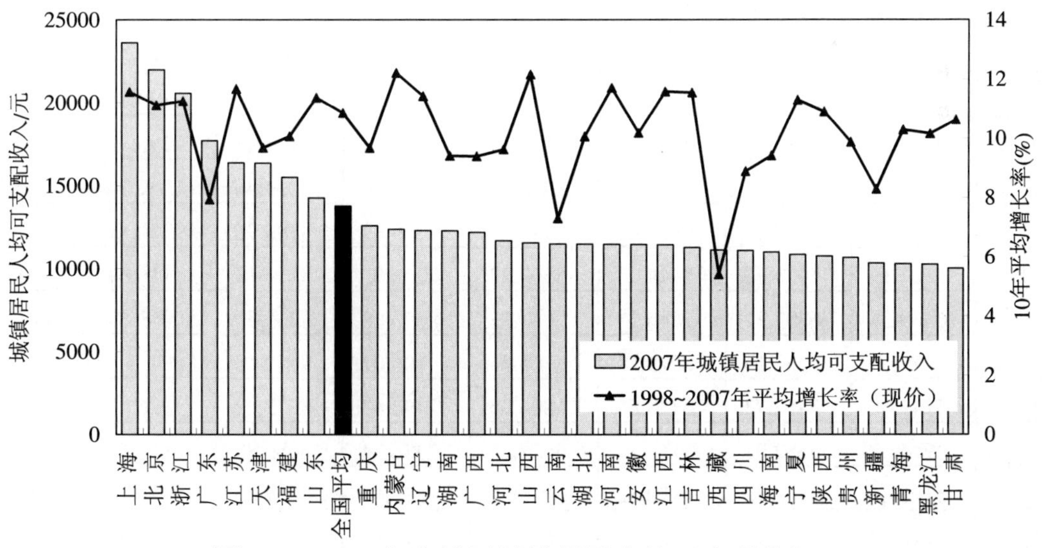

图A-15　2007年各地区城镇居民人均可支配收入

表A-18　各地区城镇居民家庭年人均可支配收入

（单位：元）

地　区	2000年	2001年	2002年	2003年	2004年	2005年	2006年	2007年
北　京	10416.39	11577.78	12463.92	13882.62	15637.84	17652.95	19977.52	21988.71
天　津	8165.12	8958.7	9337.56	10312.91	11467.16	12638.55	14283.09	16357.35
河　北	5686.24	5984.82	6679.68	7239.06	7951.31	9107.09	10304.56	11690.47
山　西	4745.27	5391.05	6234.36	7005.03	7902.86	8913.91	10027.7	11564.95
内蒙古	5150.84	5535.89	6051.00	7012.90	8122.99	9136.79	10357.99	12377.84
辽　宁	5389.03	5797.01	6524.52	7240.58	8007.56	9107.55	10369.61	12300.39
吉　林	4829.17	5340.46	6260.16	7005.17	7840.61	8690.62	9775.07	11285.52
黑龙江	4945.45	5425.87	6100.56	6678.90	7470.71	8272.51	9182.31	10245.28
上　海	11802.40	12883.46	13249.80	14867.49	16682.82	18645.03	20667.91	23622.73
江　苏	6841.45	7375.10	8177.64	9262.46	10481.93	12318.57	14084.26	16378.01
浙　江	9334.18	10464.67	11715.60	13179.53	14546.38	16293.77	18265.10	20573.82
安　徽	5331.58	5668.80	6032.40	6778.03	7511.43	8470.68	9771.05	11473.58
福　建	7486.39	8313.08	9189.36	9999.54	11175.37	12321.31	13753.28	15506.05
江　西	5129.51	5506.02	6335.64	6901.42	7559.64	8619.66	9551.12	11451.69
山　东	6521.60	7101.08	7614.36	8399.91	9437.80	10744.79	12192.24	14264.7
河　南	4784.04	5267.42	6245.40	6926.12	7704.90	8667.97	9810.26	11477.05
湖　北	5542.6	5855.98	6788.52	7321.98	8022.75	8785.94	9802.65	11485.8
湖　南	6261.15	6780.56	6958.56	7674.20	8617.48	9523.97	10504.67	12293.54
广　东	9853.65	10415.19	11137.20	12380.43	13627.65	14769.94	16015.58	17699.3
广　西	5881.65	6665.73	7315.32	7785.04	8689.99	9286.70	9898.75	12200.44
海　南	5416.17	5838.84	6822.72	7259.25	7735.78	8123.94	9395.13	10996.87
重　庆	6296.74	6721.09	7238.04	8093.67	9220.96	10243.46	11569.74	12590.78
四　川	5925.59	6360.47	6610.80	7041.87	7709.87	8385.96	9350.11	11098.28
贵　州	5137.19	5451.91	5944.08	6569.23	7322.05	8151.13	9116.61	10678.4
云　南	6369.58	6797.71	7240.56	7643.57	8870.88	9265.90	10069.89	11496.11
西　藏	7477.49	7869.16	8079.12	8765.45	9106.07	9431.18	8941.08	11130.93
陕　西	5149.30	5483.73	6330.84	6806.35	7492.47	8272.02	9267.7	10763.34
甘　肃	4944.32	5382.91	6151.44	6657.24	7376.74	8086.82	8920.59	10012.34
青　海	5196.69	5853.72	6170.52	6745.32	7319.67	8057.85	9000.35	10276.06
宁　夏	4948.04	5544.17	6067.44	6530.48	7217.87	8093.64	9177.26	10859.33
新　疆	5686.52	6395.04	6899.64	7173.54	7503.42	7990.15	8871.27	10313.44
全国平均	6316.81	6859.58	7702.80	8472.20	9421.61	10493.03	11759.45	13785.81

表 A-19　2007 年年底各地区分等级公路里程

（单位：km）

地　区	公路里程	等级路	其中			等外路
			高速	一级	二级	
全国总计	**3583715**	**2535383**	**53913**	**50093**	**276413**	**1048332**
北　京	20754	20535	628	768	2799	219
天　津	11531	11521	682	524	2296	10
河　北	147265	133123	2853	2940	14867	14142
山　西	119869	107102	1893	1265	12628	12767
内蒙古	138610	90823	1768	2836	10778	47787
辽　宁	98101	76512	1975	2032	14695	21589
吉　林	85445	71031	542	1918	8262	14413
黑龙江	140909	93850	1044	1453	7443	47059
上　海	11163	11163	635	342	2690	—
江　苏	133732	117698	3558	6490	19399	16034
浙　江	99812	92027	2651	3617	8207	7784
安　徽	148372	128241	2206	362	9824	20130
福　建	86926	63275	1366	388	6575	23651
江　西	130515	72374	2006	872	9258	58141
山　东	212237	207719	4033	6352	23836	4518
河　南	238676	164909	4556	541	22931	73767
湖　北	183780	147152	2365	1371	15732	36628
湖　南	175415	91453	1764	626	5942	83962
广　东	182005	151692	3518	8987	18252	30312
广　西	94202	62861	1879	734	7326	31341
海　南	17789	9296	625	191	1304	8494
重　庆	104705	49958	1049	386	6300	54747
四　川	189395	115674	1938	1855	10278	73721
贵　州	123247	55517	924	120	2658	67730
云　南	200333	104771	2507	600	4370	95562
西　藏	48611	19510	—	—	952	29101
陕　西	121297	1065.66	2063	568	6203	30469
甘　肃	100612	859.77	1316	144	5076	49950
青　海	52626	329.49	215	176	4868	21990
宁　夏	20562	116.935	811	234	2220	1628
新　疆	145219	74534	541	1400	8444	70685

表 A-20 历年货运量及货物周转量

年 份	货运量/万 t		公路比例 (%)	货物周转量/亿 t·km		公路比例 (%)
	全社会	公路		全社会	公路	
1990	970602	724040	74.60	26207	3358.1	12.81
1991	985793	733907	74.45	27986	3428.0	12.25
1992	1045899	780941	74.67	29218	3755.4	12.85
1993	1115902	840256	75.30	30525	4070.5	13.34
1994	1180396	894914	75.81	33275	4486.3	13.48
1995	1234937	940387	76.15	35909	4694.9	13.07
1996	1298421	983860	75.77	36590	5011.2	13.70
1997	1278218	976536	76.40	38385	5271.5	13.73
1998	1267427	976004	77.01	38089	5483.4	14.40
1999	1293008	990444	76.60	40568	5724.3	14.11
2000	1358682	1038813	76.46	44321	6129.4	13.83
2001	1401786	1056312	75.35	47710	6330.4	13.27
2002	1483446	1116324	75.25	50686	6782.5	13.38
2003	1561422	1159957	74.29	53859	7099.5	13.18
2004	1706412	1244990	72.96	69445	7840.9	11.29
2005	1862066	1341778	72.06	80258	8693.2	10.83
2006	2037892	1466347	71.95	88952	9754.2	10.97
2007	2275822	1639432	72.04	101419	11354.7	11.20

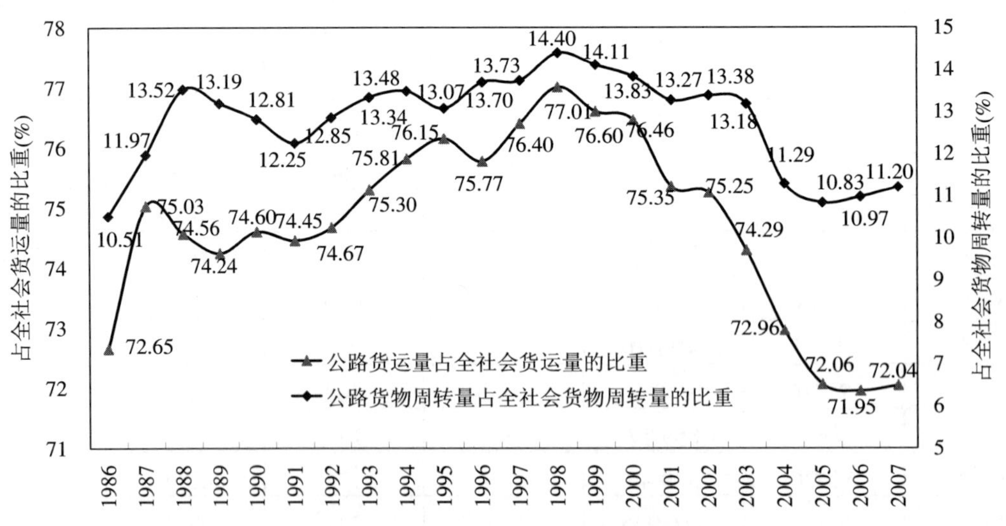

图A-16 1986～2007年公路货运地位变化曲线图

（注：从1985年起，包括私营运输完成的数量。）

表 A-21　历年客运量及客运周转量

年份/年	客运量/万人		公路比例（%）	客运周转量/亿人·km		公路比例（%）
	全社会	公路		全社会	公路	
1991	806048	682681	84.69	6178	2872	46.48
1992	860855	731774	85.01	6949	3193	45.94
1993	996634	860719	86.36	7858	3701	47.09
1994	1092883	953940	87.29	8591	4220	49.12
1995	1172596	1040810	88.76	9002	4603	51.13
1996	1245356	1122110	90.10	9165	4909	53.56
1997	1326094	1204583	90.84	10056	5541	55.11
1998	1378717	1257332	91.20	10637	5943	55.87
1999	1394413	1269004	91.01	11300	6199	54.86
2000	1478573	1347392	91.13	12261	6657	54.30
2001	1534122	1402798	91.44	13155	7207	54.79
2002	1608150	1475257	91.74	14126	7806	55.26
2003	1587497	1464335	92.24	13811	7696	55.72
2004	1767453	1624526	91.91	16309	8748	53.64
2005	1847018	1697381	91.90	17467	9292	53.20
2006	2024158	1860487	91.91	19197	10131	52.77
2007	2227761	2050680	92.05	21593	11507	53.29

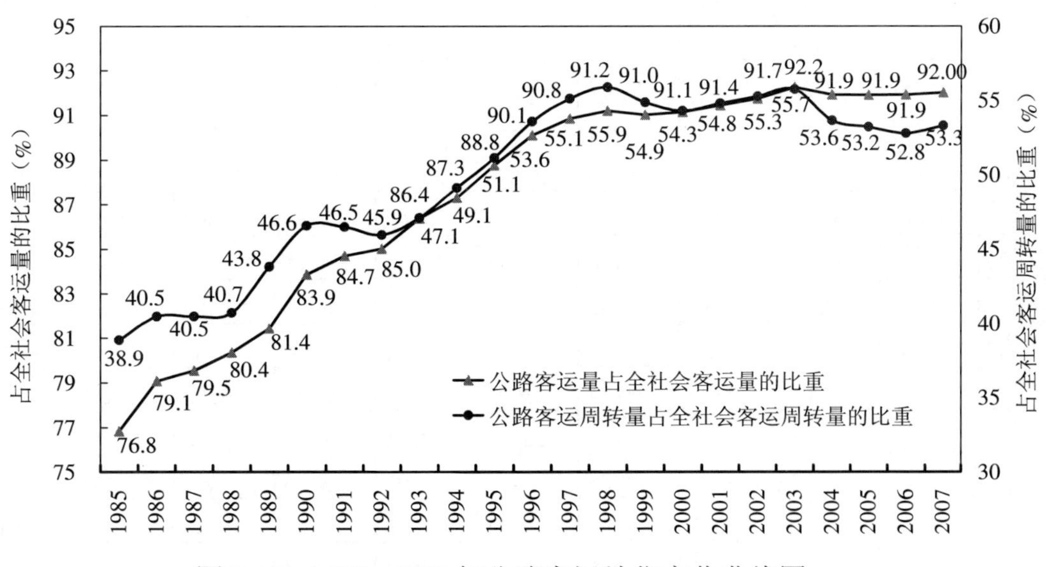

图A-17　1985～2007年公路客运地位变化曲线图

表 A-22 各地区公路货运量

（单位：万 t）

地 区	1998年	1999年	2000年	2001年	2002年	2003年	2004年	2005年	2006年	2007年
全国合计	976004	990444	1038813	1056312	1116324	1159957	1244990	1341778	1466347	1639432
北 京	27490	25635	28010	28007	28375	28361	29256	30050	30953	17872
天 津	18584	20049	18764	19382	19554	20072	19650	19850	20290	23500
河 北	64564	62340	62321	63696	66655	61570	66227	68652	73263	79822
山 西	50962	53993	57813	61489	65097	67671	72621	76201	78513	82084
内蒙古	31336	32903	34979	36145	37239	38532	42697	51020	58978	73300
辽 宁	65481	66253	64515	63281	64104	65981	70164	74799	82142	90387
吉 林	22221	22261	23640	23649	24777	25211	26659	27441	28965	31573
黑龙江	38291	38685	39685	40135	40317	39031	40712	44376	48389	51996
上 海	26352	27171	28369	28869	29759	30678	31554	32684	33799	35634
江 苏	54328	54803	59056	59058	60299	64321	69058	76301	84319	97474
浙 江	45338	45754	55008	55706	63532	70907	78540	81448	89342	98742
安 徽	27198	29894	32740	32018	37164	39918	43468	49614	54717	62065
福 建	25400	25238	28709	23193	24023	23884	25964	27579	29806	34829
江 西	18311	18557	19276	19240	20301	21047	23223	25025	27477	30032
山 东	67155	69377	76778	83791	91571	97977	106887	120455	136750	163959
河 南	48250	49208	50133	53596	55743	56100	58147	62684	69898	83537
湖 北	28044	30320	28618	31160	28777	30348	31584	33481	35361	39568
湖 南	41610	43298	42868	41823	42982	51136	60291	67040	72457	85432
广 东	53788	53291	59288	60960	72242	73087	81792	84861	97461	112611
广 西	25482	23720	23514	23747	24325	24164	25822	27861	30525	34190
海 南	4166	4032	4438	4969	5518	5689	6168	6615	7981	10158
重 庆	22129	22202	23646	24600	26076	28406	31515	33378	36254	42011
四 川	43697	40162	43326	43218	48154	47467	49143	56594	63719	69163
贵 州	9416	10449	11684	12114	12685	12886	13541	15082	17284	18834
云 南	45199	47368	48789	49189	50649	53864	54326	56702	60614	65537
西 藏	83	109	131	172	201	266	246	356	346	360
陕 西	27000	24800	25200	26964	28002	28165	30038	33282	35811	39736
甘 肃	19035	19333	19799	20179	20408	20713	21460	22520	23826	25325
青 海	3743	3865	4050	4305	4450	4795	5136	5491	5864	6278
宁 夏	3950	4166	4531	4694	4894	5048	5326	5648	6029	6583
新 疆	19943	21208	19135	16963	18451	22662	23775	24688	25214	26840

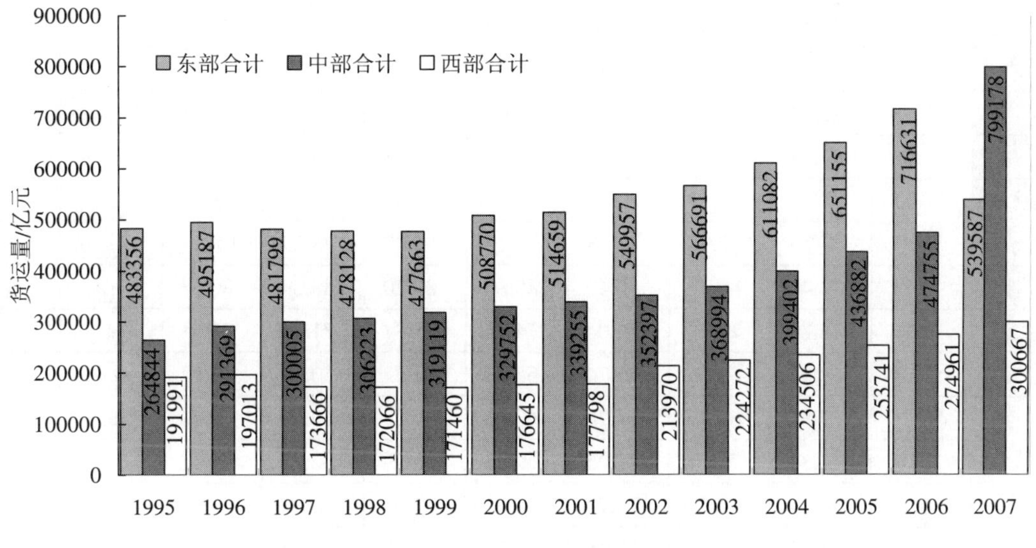

图A-18　1995～2007年三大地区公路货运量变化曲线

图A-19　公路货运量占本地区全社会货运量比例变化情况

表A-23　各地区公路货运量占本地区全社会货运量的比例

（单位：%）

地　区	1998年	1999年	2000年	2001年	2002年	2003年	2004年	2005年	2006年	2007年
全国平均	77.19	76.62	76.49	75.39	75.29	74.29	72.96	72.06	71.95	72.04
北京	91.27	90.56	91.20	91.50	92.13	92.29	93.41	93.58	93.77	89.91
天津	86.48	76.19	72.10	69.25	65.07	62.70	54.23	50.61	48.38	46.76
河北	83.38	83.44	82.43	80.74	81.06	79.87	79.15	77.71	80.66	82.38
山西	67.04	67.18	66.95	65.75	65.24	63.41	59.71	57.01	54.52	52.91
内蒙古	78.55	78.67	78.72	78.07	77.03	75.82	74.34	73.74	73.38	74.28
辽宁	83.38	81.35	79.98	79.48	79.10	79.00	78.29	78.28	77.52	77.31
吉林	79.31	78.45	80.27	80.49	80.86	80.20	80.09	80.33	82.26	83.23
黑龙江	74.98	73.73	74.11	74.04	74.12	71.81	71.41	71.81	73.49	74.14
上海	84.94	61.05	60.63	56.74	55.04	52.43	50.10	47.62	46.70	45.49
江苏	70.38	67.84	68.46	68.28	68.66	69.28	69.66	68.60	68.55	69.05
浙江	75.06	71.32	73.07	71.05	69.73	68.29	66.52	64.18	63.41	64.00
安徽	75.17	74.04	74.51	73.72	73.52	73.05	73.81	73.91	73.80	74.45
福建	80.87	78.45	79.51	73.68	73.27	69.40	67.87	66.94	66.45	67.94
江西	82.48	82.59	82.02	79.59	77.81	75.96	72.74	73.61	73.24	73.39
山东	84.59	83.14	83.00	82.33	83.11	83.70	82.84	83.24	83.32	83.97
河南	83.00	82.92	82.33	81.93	81.22	80.50	79.95	79.65	80.76	82.43
湖北	80.70	75.45	73.36	74.61	73.89	73.55	71.98	71.59	71.72	72.06
湖南	84.81	84.87	84.11	83.04	82.79	84.79	85.74	86.47	84.65	85.37
广东	72.93	68.47	70.06	68.85	73.05	72.68	71.25	71.14	73.62	74.44
广西	80.58	80.89	79.33	79.20	78.99	76.65	74.88	72.88	71.00	69.98
海南	64.09	71.36	66.49	69.24	72.10	71.04	71.91	64.97	56.36	56.83
重庆	88.42	88.19	88.51	87.20	87.55	87.23	85.51	84.87	84.29	83.57
四川	85.72	84.13	84.17	83.15	83.63	82.51	81.69	84.03	84.88	84.94
贵州	73.71	74.29	74.83	74.12	72.91	70.71	69.66	69.28	69.95	70.31
云南	94.06	94.01	93.79	93.19	92.73	92.60	91.95	91.43	91.59	91.64
西藏	100.00	100.00	100.00	100.00	100.00	100.00	100.00	100.00	99.43	97
陕西	89.33	86.69	86.3	85.97	83.49	80.56	79.12	80.10	80.99	80.80
甘肃	86.93	86.54	85.82	85.36	84.98	84.41	83.55	84.49	83.59	82.96
青海	86.38	86.43	86.23	85.38	85.18	84.82	82.69	80.56	80.65	77.98
宁夏	69.01	69.97	69.78	68.81	69.36	68.74	67.82	66.22	64.43	62.46
新疆	87.88	85.39	82.72	81.09	82.34	83.69	82.67	82.18	80.91	82.16
不分地区	0.88	—	—	—	—	—	—	—	—	—

表 A-24　各地区公路货物周转量

（单位：亿 t·km）

地　区	1999 年	2000 年	2001 年	2002 年	2003 年	2004 年	2005 年	2006 年	2007 年
全国合计	5724.3	6129.4	6330.4	6782.5	7099.5	7840.9	8693.2	9754.2	11354.7
北　京	75.4	82.6	82.6	83.6	79.0	82.3	85.5	88.6	79.3
天　津	59.7	62.7	64.8	65.8	68.2	72.0	74.0	75.8	88.0
河　北	537.5	555.4	608	632.4	591.6	658.6	691.5	748.9	843.2
山　西	248.1	270	297.5	327.7	336.2	367.2	392.8	402.8	427.5
内蒙古	197.8	211.9	220.4	231.4	241.9	269.8	322.3	384.1	492.0
辽　宁	207.7	209.4	215.8	221.7	226.5	327.0	415.5	474.7	568.1
吉　林	81.3	85.6	86.0	92.9	90.6	95.9	98.8	106.3	124.0
黑龙江	156.7	161.9	161.2	167.5	163.1	203.8	227.6	252.1	289.9
上　海	51.1	56.4	60.3	65.0	68.8	70.8	73.4	79.8	84.8
江　苏	319.8	340.7	340.7	351.9	365.0	386.9	459.2	542.1	638.6
浙　江	256.9	280.0	282.5	293.6	313.7	353.6	372.7	431.1	493.6
安　徽	223.0	274.7	252.6	299.6	318.4	349.9	422.7	464.2	542.8
福　建	185.4	195.0	187.0	194.0	193.5	216.1	238.3	266.3	317.4
江　西	131.8	147.2	146.0	155.6	162.1	179.4	186.5	224.2	240.6
山　东	372.9	405.8	429.0	477.2	527.6	596.1	711.8	845.1	1069.3
河　南	363.6	363.9	375.8	398.9	405.2	422.0	467.0	538.8	681.9
湖　北	200.9	232.7	224.5	211.5	223.9	235.6	251.2	266.1	302.1
湖　南	272.7	297.8	316	356.0	455.5	513.5	538.6	592.4	682.7
广　东	391.4	487.2	505.9	551.3	553.4	604.9	646.5	742.7	906.8
广　西	202.1	209.4	212.1	218.5	217.1	235.6	258.4	286.8	320.1
海　南	39.5	39.1	40.1	42.7	45.5	51.6	55.9	66.6	85.4
重　庆	69.3	72.5	76.5	89.9	107.3	128.3	149.1	172.6	205.4
四　川	176.5	187.7	191.1	213.8	219.6	230.9	263.7	311.1	343.4
贵　州	60.3	65.9	70.4	74.2	76.6	84.3	94.2	114.5	128.0
云　南	288.1	296.7	318.5	333.2	357.6	365.1	382.0	409.5	450.8
西　藏	13.8	13.5	17.2	22.3	27.1	23.1	40.7	36.6	37.5
陕　西	128.8	143.6	160.2	174.7	180.8	195.2	207.8	228.6	255.2
甘　肃	104.1	109.4	114	118.5	123.7	130.0	137.3	146.5	156.5
青　海	34.5	36.6	38.4	39.8	42.8	45.3	48.3	51.4	55.6
宁　夏	52.2	56.9	58.8	61.5	63.1	64.6	67.8	72.1	78.2
新　疆	221.7	177.2	176.8	215.7	253.9	281.5	312.4	331.9	366.2

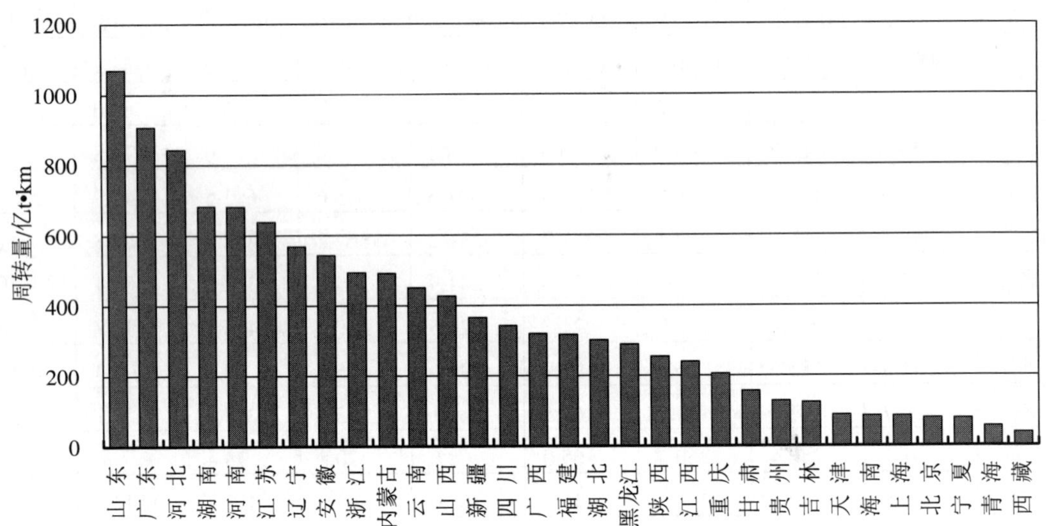

图A-20 2007年各地区公路货物周转量

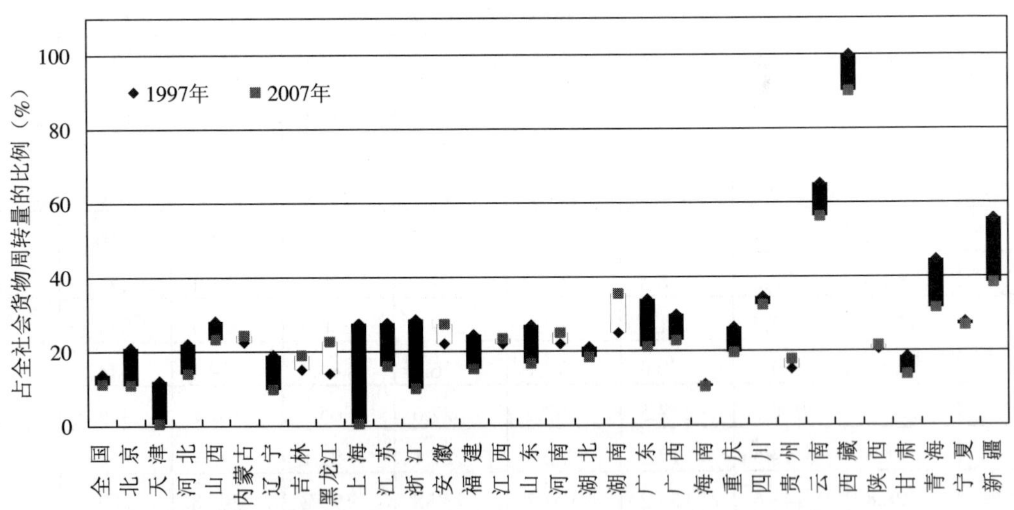

图A-21 公路货物周转量占全社会货物周转量的比例变化情况

表 A-25　公路货物周转量占全社会货物周转量的比例（分地区）

（单位：%）

地　区	1998 年	1999 年	2000 年	2001 年	2002 年	2003 年	2004 年	2005 年	2006 年	2007 年
全国平均	14.49	14.14	13.79	13.30	13.42	13.18	11.29	10.83	10.97	11.20
北　京	23.46	22.52	22.75	20.99	20.31	17.08	15.31	14.69	13.56	10.94
天　津	16.48	1.25	1.36	1.26	1.04	1.05	0.64	0.59	0.62	0.58
河　北	25.70	25.39	23.90	22.05	21.73	18.35	16.35	13.64	13.48	14.04
山　西	32.03	31.21	31.18	30.11	29.48	26.70	25.90	23.23	23.23	23.24
内蒙古	24.66	22.72	22.47	22.38	21.48	20.85	20.57	22.42	22.42	24.32
辽　宁	16.79	13.08	12.00	11.98	11.91	9.50	11.09	12.40	11.74	9.77
吉　林	16.93	16.53	17.39	17.20	18.49	17.06	16.09	16.30	17.37	18.93
黑龙江	16.64	17.23	17.63	17.19	17.62	16.45	18.58	19.50	20.83	22.61
上　海	23.99	0.94	0.90	0.90	0.88	0.81	0.71	0.61	0.58	0.53
江　苏	29.40	23.39	23.35	23.13	23.42	20.59	16.48	15.34	15.28	16.01
浙　江	28.63	25.64	23.34	20.58	18.16	15.32	13.09	10.91	9.88	9.95
安　徽	24.14	23.33	26.14	23.68	24.48	23.97	24.03	26.99	27.26	27.30
福　建	24.42	21.07	20.99	19.00	19.33	15.82	15.45	15.15	14.02	15.25
江　西	22.74	21.82	22.82	22.34	21.68	21.09	20.62	21.06	23.55	23.38
山　东	29.64	13.49	10.06	9.14	11.50	13.50	12.54	12.82	13.23	16.67
河　南	23.39	24.14	23.42	22.76	23.09	21.42	20.03	19.85	22.10	24.91
湖　北	23.14	19.89	21.52	21.00	19.45	18.46	17.03	17.74	17.87	18.37
湖　南	26.48	27.79	27.93	28.43	29.35	33.73	33.08	33.07	33.98	35.51
广　东	34.83	14.14	14.87	16.07	17.68	17.52	15.72	16.75	18.36	21.13
广　西	29.42	31.23	29.62	28.82	27.82	25.14	23.60	23.53	23.50	22.79
海　南	11.99	21.82	12.61	16.18	17.89	18.15	21.86	12.46	10.14	10.37
重　庆	30.48	25.3	25.09	23.74	26.65	29.18	24.79	23.83	20.93	19.53
四　川	34.53	29.88	30.13	28.31	28.85	28.58	27.58	28.78	32.11	32.42
贵　州	16.59	16.30	16.31	16.03	15.27	14.00	13.80	14.56	16.81	17.74
云　南	65.78	64.81	61.57	61.75	60.17	58.41	56.10	56.12	58.98	56.25
西　藏	100.00	100.00	100.00	100.00	100.00	100.00	100.00	100.00	95.61	90.12
陕　西	21.08	23.54	25.06	23.69	22.49	21.29	20.26	20.20	21.14	21.42
甘　肃	18.95	17.9	17.11	16.78	16.91	16.75	14.80	13.97	14.05	13.61
青　海	45.24	43.29	42.26	39.38	36.78	34.46	33.02	32.82	35.66	31.52
宁　夏	28.33	28.02	27.73	26.32	25.53	25.81	26.64	26.56	25.97	26.81
新　疆	54.11	48.23	38.75	35.69	38.77	39.88	38.68	38.73	37.16	38.31
不分地区	0.03	—	—	—	—	—	—	—	—	—

注：1999 年统计口径发生变化，与往年不可比，与 2000 ~ 2002 年可比。

表A-26 1996～2007年年末全国民用汽车保有量

（单位：万辆）

年份/年	全社会民用汽车拥有量				营运汽车拥有量[2]			私人汽车拥有量		
	合计	载客汽车[1]	载货汽车	其中：普通载货汽车	合计	载客汽车	载货汽车	合计	载客汽车	普通载货汽车
1996	1100.08	488.02	575.03	558.16	28.81	15.41	13.40	289.67	143.04	142.78
1997	1219.09	580.56	601.23	582.45	29.89	17.01	12.88	358.36	191.27	163.19
1998	1319.30	654.83	627.89	609.31	31.88	19.40	12.48	423.65	230.65	192.03
1999	1452.94	740.23	676.95	655.74	501.77	92.14	409.62	533.88	304.09	228.68
2000	1608.91	853.73	716.32	697.59	702.82	216.81	486.02	625.33	365.09	259.09
2001	1802.04	993.96	765.24	740.98	764.39	255.12	509.27	770.78	469.85	298.95
2002	2053.17	1202.37	812.22	—	826.34	289.55	536.78	968.98	623.76	341.29
2003	2382.93	1478.81	853.51	—	924.64	352.19	572.45	1219.23	845.87	367.35
2004	2693.71	1735.91	893.00	—	1067.18	439.09	628.09	1481.66	1069.69	402.82
2005	3159.66	2132.46	955.55	—	733.22	128.40	604.82	1848.07	1383.93	452.11
2006	3697.35	2619.57	986.30	—	802.58	161.92	640.66	2333.32	1823.57	494.91
2007	4358.36	3195.99	1054.06	—	849.22	164.73	684.49	2876.22	2316.91	539.45

注：1. 小轿车包括在载客汽车中。

2. 营运汽车保有量1999年以前仅为公路部门营运汽车保有量，1999年为全国营运汽车拥有量。公路部门营运汽车总计中含公路部门直属企业营运汽车。

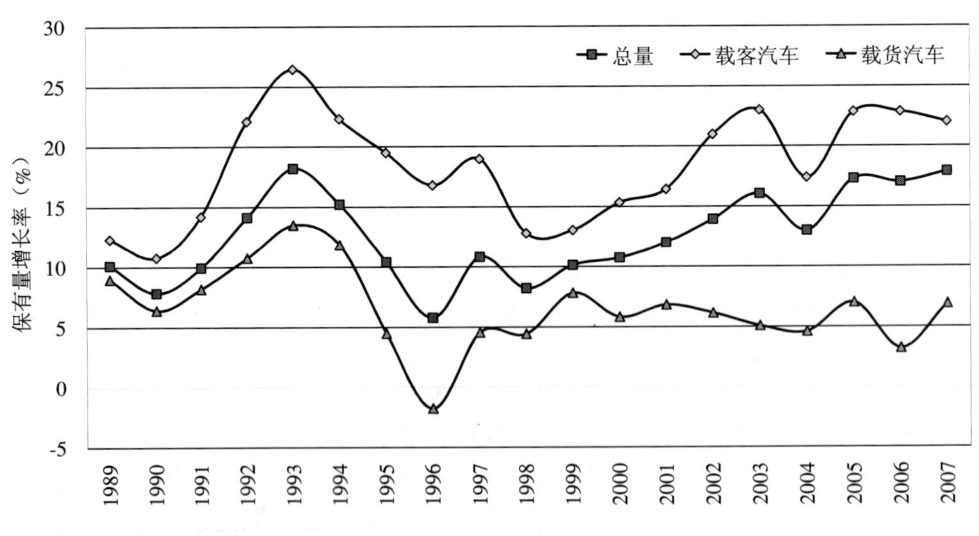

图A-22 1989～2007年全社会民用汽车保有量增长情况

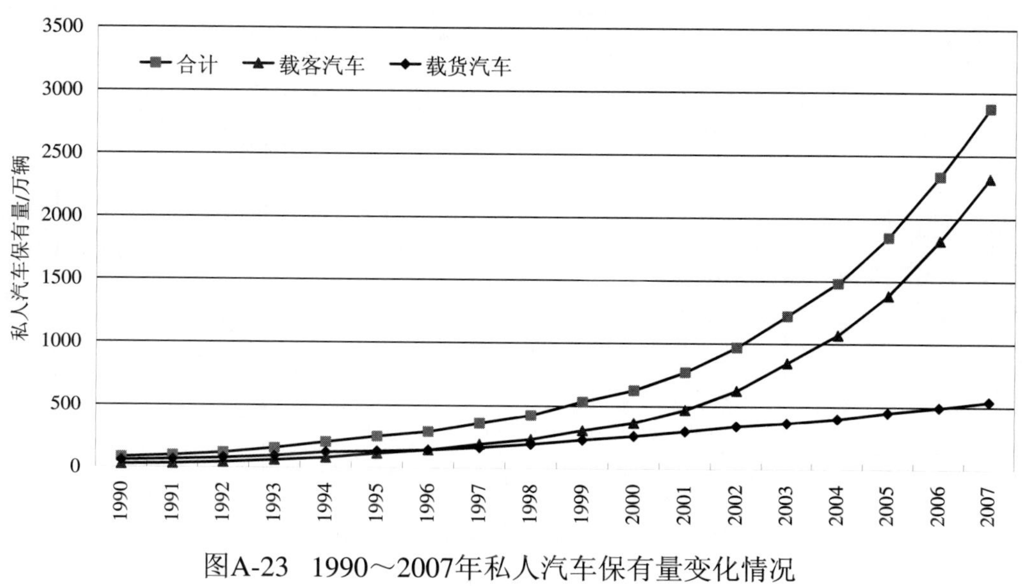

图A-23 1990～2007年私人汽车保有量变化情况

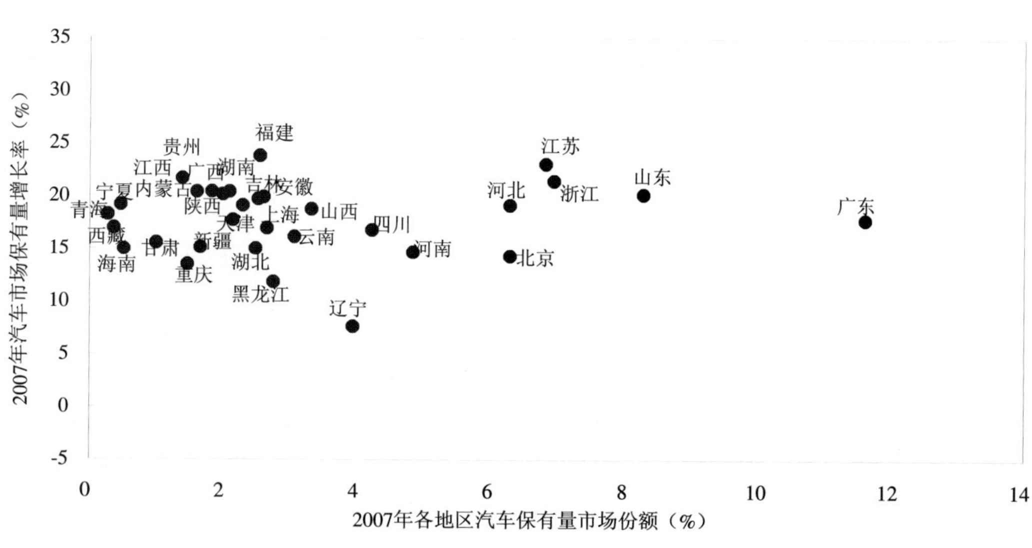

图A-24 分地区汽车市场状况

表 A-27 各地区历年民用汽车保有量

（单位：万辆）

地 区	1998 年	1999 年	2000 年	2001 年	2002 年	2003 年	2004 年	2005 年	2006 年	2007 年
北京	89.85	95.14	104.12	114.47	133.93	163.07	182.42	209.73	239.12	273.36
天津	40.02	43.67	47.89	44.79	48.33	53.78	58.34	67.68	79.22	93.25
河北	81.03	91.08	104.13	119.88	135.74	155.61	180.91	198.23	229.34	273.25
山西	45.77	49.27	55.01	59.37	63.85	73.82	81.63	107.44	121.55	144.33
内蒙古	29.19	33.24	36.11	43.30	42.73	49.85	60.18	65.82	83.79	99.77
辽宁	66.51	87.71	78.61	85.57	88.68	103.54	116.27	134.87	159.22	171.36
吉林	33.71	34.28	40.42	43.48	47.57	53.07	57.31	65.27	72.25	86.80
黑龙江	46.20	49.27	54.52	56.33	60.28	76.17	74.16	85.90	94.00	108.10
上海	38.69	42.55	49.19	55.00	62.30	71.90	83.51	95.16	107.04	119.70
江苏	56.11	63.92	74.51	87.12	104.5	131.77	161.19	192.25	240.80	296.31
浙江	47.83	57.59	68.06	85.56	107.83	135.82	162.34	202.92	248.36	301.61
安徽	30.80	32.57	38.67	45.17	54.66	64.73	68.28	80.50	94.61	113.42
福建	24.81	27.82	32.13	36.67	43.63	52.08	58.01	69.79	89.57	110.87
江西	20.92	22.40	24.70	27.16	30.31	35.56	40.48	48.36	58.07	69.90
山东	90.04	98.13	112.3	127.67	150.53	175.74	211.43	246.96	299.23	359.59
河南	68.09	76.59	84.73	92.46	105.82	119.75	130.97	152.17	183.38	210.32
湖北	43.22	46.46	47.55	52.33	62.33	72.86	77.83	86.24	98.74	115.46
湖南	41.58	42.73	46.1	50.43	57.67	65.08	71.78	78.34	91.76	109.83
广东	135.51	143.80	172.91	191.92	230.89	257.96	305.40	372.96	428.95	505.29
广西	27.25	28.13	29.13	35.43	40.14	43.44	49.07	59.14	66.14	79.64
海南	9.06	9.59	9.01	8.28	10.94	12.58	14.55	16.40	19.23	22.11
重庆	16.60	18.84	21.13	25.47	29.07	34.25	34.84	46.93	56.07	63.63
四川	64.56	68.78	76.49	85.39	98.97	113.87	126.78	138.00	157.23	183.62
贵州	19.68	21.71	24.09	28.33	29.29	32.46	34.09	46.77	49.36	60.05
云南	52.30	57.80	60.02	68.22	69.94	77.09	88.86	103.60	114.72	133.23
西藏	3.80	3.87	4.50	5.16	5.87	6.06	8.24	7.07	9.82	11.61
陕西	30.33	34.02	36.47	45.34	48.34	54.01	62.53	63.21	75.70	91.13
甘肃	19.12	20.68	22.20	23.87	25.68	27.39	19.39	33.74	37.26	43.04
青海	7.76	8.35	8.71	8.60	8.63	10.47	10.45	12.18	13.34	15.60
宁夏	6.75	7.79	8.54	9.07	9.59	12.39	12.40	15.63	16.86	20.09
新疆	32.21	35.17	36.97	40.20	45.15	46.76	50.07	56.42	62.63	72.10
全国合计	1319.3	1452.94	1608.92	1802.04	2053.17	2382.93	2693.71	3159.66	3697.35	4358.36

表 A-28　各地区民用货车保有量

（单位：万辆）

地　区	1998 年	1999 年	2000 年	2001 年	2002 年	2003 年	2004 年	2005 年	2006 年	2007 年
北　京	19.96	19.61	20.61	21.43	18.38	18.59	17.69	17.73	17.69	17.56
天　津	20.45	20.91	21.31	15.44	14.26	14.09	11.93	11.96	12.82	14.00
河　北	43.53	47.59	52.43	58.48	60.50	63.59	70.64	70.86	70.39	75.07
山　西	25.37	26.41	27.82	30.68	29.39	31.89	32.44	37.96	36.29	38.72
内蒙古	14.23	15.74	16.7	18.05	18.30	20.23	24.06	24.88	28.43	30.52
辽　宁	29.25	37.97	33.23	34.30	35.13	35.94	38.89	42.39	47.31	42.46
吉　林	14.11	16.08	16.84	17.83	17.72	17.63	17.21	17.91	17.62	20.80
黑龙江	23.5	25.44	21.48	21.35	23.51	26.67	23.93	26.28	25.80	27.96
上　海	12.31	12.86	14.38	15.98	17.21	17.87	18.82	19.16	19.98	20.78
江　苏	25.44	29.2	31.47	34.93	37.39	41.79	44.36	43.35	44.90	47.99
浙　江	25.81	29.54	34.46	41.40	46.97	48.30	51.86	55.90	59.74	63.81
安　徽	15.7	16.68	19.23	23.02	25.86	30.17	29.83	33.21	36.45	40.58
福　建	12.95	14.51	15.80	17.71	19.82	21.43	22.18	23.14	27.23	30.70
江　西	11.06	11.92	13.11	14.04	15.71	16.61	18.10	19.89	21.96	24.69
山　东	47.33	50.05	55.1	56.92	64.79	66.56	72.17	72.89	76.44	79.36
河　南	31.76	35.47	37.55	39.48	44.50	46.97	47.31	49.17	51.88	57.16
湖　北	20.17	21.60	21.72	22.04	26.94	29.25	29.79	30.96	30.96	33.92
湖　南	21.74	21.99	23.5	24.73	26.57	27.40	29.55	27.97	29.46	31.85
广　东	70.33	70.82	84.38	89.39	97.39	93.79	101.07	118.84	118.88	122.68
广　西	12.99	13.21	13.42	14.41	15.99	17.01	18.43	19.48	18.76	21.66
海　南	3.81	3.94	3.65	3.17	4.51	4.91	5.44	5.61	5.86	6.24
重　庆	7.98	8.94	9.8	10.67	13.45	15.36	14.62	20.09	22.61	23.86
四　川	28.45	30.3	31.38	34.36	36.99	39.26	40.66	39.39	40.33	44.37
贵　州	11.07	12.13	13.49	15.32	13.49	14.46	14.57	17.56	16.68	19.10
云　南	29.78	31.43	30.85	34.15	31.42	32.32	35.98	40.38	39.38	43.00
西　藏	1.88	1.89	2.12	2.47	2.72	2.30	3.27	3.96	4.19	5.04
陕　西	12.8	13.72	14.02	15.33	14.62	17.88	19.02	18.82	17.76	19.89
甘　肃	9.88	10.35	10.62	11.15	11.66	11.79	8.88	13.62	13.60	14.71
青　海	3.89	4.14	3.93	3.82	3.50	4.49	4.39	4.85	4.83	5.25
宁　夏	3.68	4.13	4.46	4.65	4.31	5.97	5.78	6.90	6.63	7.15
新　疆	16.68	18.39	17.47	18.52	19.22	18.99	20.15	20.46	21.45	23.17
全国合计	627.89	676.95	716.32	765.24	812.22	853.51	893.00	955.55	986.30	1054.06

表A-29　各地区民用客车保有量

（单位：万辆）

地区	1998年	1999年	2000年	2001年	2002年	2003年	2004年	2005年	2006年	2007年
北京	69.03	74.23	82.16	91.6	112.84	141.41	161.4	188.31	217.56	251.63
天津	18.52	21.63	25.39	28.35	32.43	38.24	45.06	54.27	64.82	77.40
河北	35.97	42.02	50.20	59.87	71.61	87.39	103.05	119.98	149.52	185.31
山西	18.52	20.96	25.35	27.64	33.32	40.67	47.76	67.77	83.28	102.86
内蒙古	14.42	16.92	18.82	24.14	23.77	28.65	34.14	38.46	51.34	64.36
辽宁	35.82	47.93	43.79	49.78	52.42	64.59	73.50	89.62	107.34	124.13
吉林	17.73	17.17	22.31	24.27	29.68	34.91	39.44	46.56	53.42	64.29
黑龙江	21.09	23.09	31.45	34.00	35.93	48.00	48.59	57.67	65.84	77.01
上海	24.43	27.68	32.69	37.19	45.09	54.03	64.69	76.00	87.06	98.92
江苏	29.52	33.49	41.16	50.18	65.17	87.33	113.09	144.63	190.73	241.49
浙江	20.91	26.84	32.32	42.61	58.78	84.84	107.48	143.51	184.47	232.93
安徽	14.52	15.40	18.79	21.55	26.73	31.92	35.51	43.64	53.52	66.78
福建	11.57	12.96	15.69	17.44	22.69	29.40	35.46	44.96	60.14	77.40
江西	8.50	9.06	10.08	11.57	13.83	18.08	21.32	27.18	34.46	43.11
山东	38.58	44.01	52.95	65.8	82.14	104.20	132.27	166.40	213.58	268.63
河南	34.94	39.56	45.61	51.15	58.97	69.29	78.41	98.88	121.29	146.38
湖北	21.93	23.7	24.69	28.21	33.87	41.87	46.25	53.40	65.39	78.62
湖南	18.96	19.93	22.06	25.16	31.09	36.79	41.25	49.46	60.73	75.26
广东	62.65	69.95	85.34	99.05	130.29	159.74	198.73	247.44	302.49	373.68
广西	13.69	14.43	15.23	19.33	23.21	25.32	29.68	38.00	45.52	55.67
海南	5.03	5.36	5.22	4.94	6.25	7.47	8.89	10.54	12.56	15.52
重庆	8.25	9.53	10.93	14.4	14.88	18.00	19.38	26.07	32.21	38.39
四川	34.22	37.17	43.89	49.38	60.93	73.42	83.26	97.13	115.14	137.13
贵州	8.25	9.20	10.20	12.58	15.66	17.84	19.27	26.25	32.20	40.36
云南	21.71	25.37	28.28	33.16	38.18	44.30	52.31	62.49	74.46	89.17
西藏	1.81	1.88	2.30	2.60	3.12	3.74	4.94	3.11	5.63	6.43
陕西	14.41	17.66	19.42	26.6	32.38	34.99	41.84	42.84	56.13	68.53
甘肃	8.74	9.7	11.17	12.29	13.49	15.02	10.07	19.31	22.71	27.18
青海	3.63	3.98	4.53	4.55	4.99	5.78	5.87	7.08	8.18	9.94
宁夏	2.8	3.36	3.76	4.11	4.89	5.96	6.04	8.04	9.51	11.82
新疆	14.68	16.05	17.97	20.43	23.73	25.64	26.95	33.47	38.37	45.63
全国合计	654.83	740.23	853.75	993.96	1202.37	1478.81	1735.91	2132.46	2619.57	3195.99

表 A-30 2007 年各地区城市公共汽（电）车、出租汽车情况

地 区	公交电汽车数量/辆	出租汽车/辆	运客总数/万人次
全 国	344489	959668	5325857
北 京	19395	66646	422645
天 津	7489	31939	102415
河 北	13407	47538	143232
山 西	5982	27658	84633
内蒙古	4611	36047	51069
辽 宁	18748	79365	353721
吉 林	9052	55456	111111
黑龙江	12460	55429	170863
上 海	16944	48614	265170
江 苏	23874	44993	322230
浙 江	18712	32431	262806
安 徽	9521	34391	155909
福 建	8812	15736	183203
江 西	6176	10483	105371
山 东	29265	55312	302850
河 南	13546	46054	172633
湖 北	17132	27827	250175
湖 南	11135	23381	190582
广 东	34429	51566	546399
广 西	5785	12426	117944
海 南	1331	3894	26381
重 庆	8411	17208	146766
四 川	12280	25002	229929
贵 州	4670	8542	94955
云 南	6413	15668	98305
西 藏	814	1341	6991
陕 西	8435	21392	159770
甘 肃	3578	20528	60858
青 海	1973	6547	56798
宁 夏	1633	11985	13053
新 疆	8512	24269	117090

表 A-31 2007 年各地区私人汽车保有量

（单位：万辆）

地 区	汽车总计	载客汽车	载货汽车	其他汽车
全 国	2876.22	2316.91	539.45	19.86
北 京	207.94	199.37	7.99	0.58
天 津	66.61	58.56	7.80	0.26
河 北	201.66	156.17	41.65	3.85
山 西	93.12	73.95	18.70	0.46
内蒙古	70.19	48.93	20.06	1.20
辽 宁	91.47	78.84	12.33	0.29
吉 林	55.16	45.13	9.74	0.29
黑龙江	63.24	49.41	13.40	0.43
上 海	61.29	61.25	0.04	—
江 苏	193.85	175.41	17.28	1.16
浙 江	216.41	178.24	37.75	0.42
安 徽	57.23	41.63	15.15	0.45
福 建	74.57	56.44	17.91	0.22
江 西	30.88	22.78	7.96	0.14
山 东	254.06	204.81	46.42	2.83
河 南	132.70	103.44	27.09	2.17
湖 北	66.37	49.30	16.61	0.46
湖 南	74.18	50.84	22.05	1.29
广 东	371.63	298.42	71.98	1.23
广 西	46.28	36.20	9.90	0.18
海 南	12.74	8.79	3.88	0.06
重 庆	33.06	24.58	8.30	0.17
四 川	127.53	100.76	26.42	0.34
贵 州	40.23	27.11	13.00	0.13
云 南	93.68	62.47	31.00	0.22
西 藏	7.45	3.55	3.88	0.02
陕 西	58.31	48.01	9.92	0.39
甘 肃	18.83	11.72	6.96	0.15
青 海	7.89	5.25	2.59	0.04
宁 夏	11.90	7.53	4.15	0.22
新 疆	35.77	28.02	7.55	0.21

表 A-32　历年汽车产量

（单位：辆）

年　份/年	汽车产量合计	其　中					
		载货汽车	越野汽车	其中：轻型越野汽车	客　车	轿　车	汽车底盘
1975	139800	77606	30791	19491	—	1819	27497
1976	135200	74539	27352	19180	—	2611	28310
1977	125400	75920	21842	14983	—	2330	23540
1978	149062	96103	19382	12943	—	2640	28970
1979	185700	119501	24355	17181	—	4152	34585
1980	222288	135532	28034	20382	—	5418	48321
1981	175645	108261	19536	15452	—	3428	39986
1982	196304	121789	18883	15326	—	4030	42541
1983	239886	137100	22510	18247	6211	6046	62263
1984	316367	179846	21588	16553	6990	6010	85348
1985	443377	236934	25173	20747	11897	5207	114069
1986	372753	218863	23739	21891	9189	12297	81262
1987	472538	299356	27781	27351	20461	20865	92260
1988	646951	364000	36384	35978	50922	36798	136234
1989	586935	342835	48934	48291	47639	28820	103896
1990	509242	269098	44719	44348	23148	42409	90574
1991	708820	361310	54018	53371	42756	81055	122873
1992	1061721	460274	63373	61747	84551	162725	199162
1993	1296778	623184	59257	57057	142774	229697	171769
1994	1353368	613152	72111	70317	193006	250333	169106
1995	1452697	571751	91766	89765	247430	325461	162713
1996	1474905	537673	77587	73233	267236	391099	167651
1997	1582628	465098	59328	56547	317948	487695	178644
1998	1629182	573766	43608	38423	431947	507861	206325
1999	1831596	581990	36944	33602	418272	566105	229113
2000	2068186	668831	41624	35508	671831	607455	252063
2001	2341528	803076	41260	33247	834927	703525	317946
2002	3253655	1092546	43543	34232	1068347	1092762	425601
2003	4443522	1228181	86089	78622	1177476	2037865	381116
2004	5070452	1514869	79600	72245	1243022	2312561	398351
2005	5707688	1509893	—	—	1430073	2767722	381183
2006	7279726	1752973	1657259	3869494	442201	7279726	1752973
2007	8883122	2157335	—	—	1927433	4797688	558673

注：本表不含改装车产量；轿车产量已包含切诺基 BJ2021。

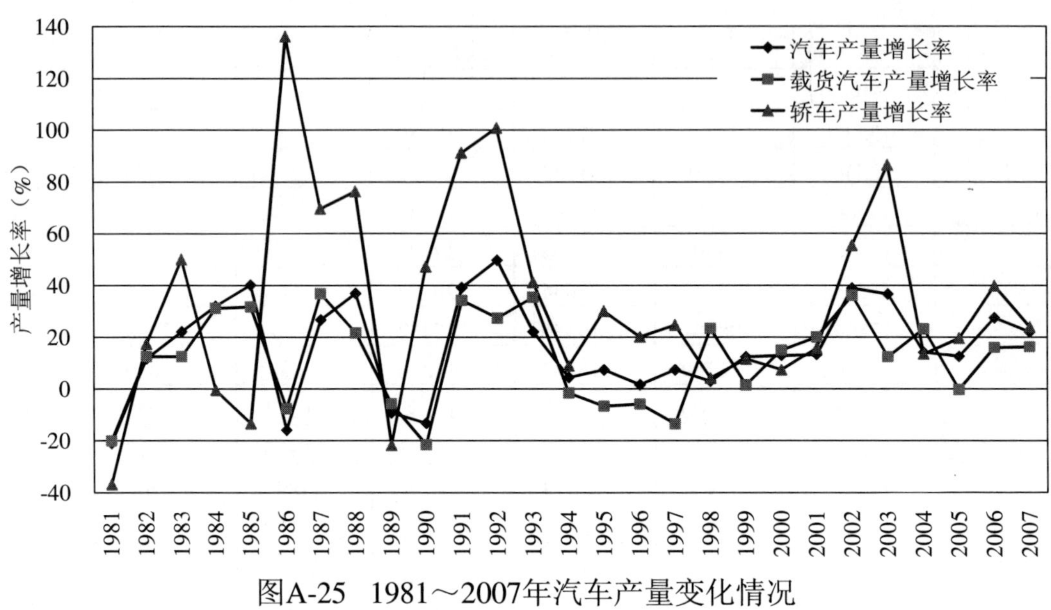

图A-25 1981～2007年汽车产量变化情况

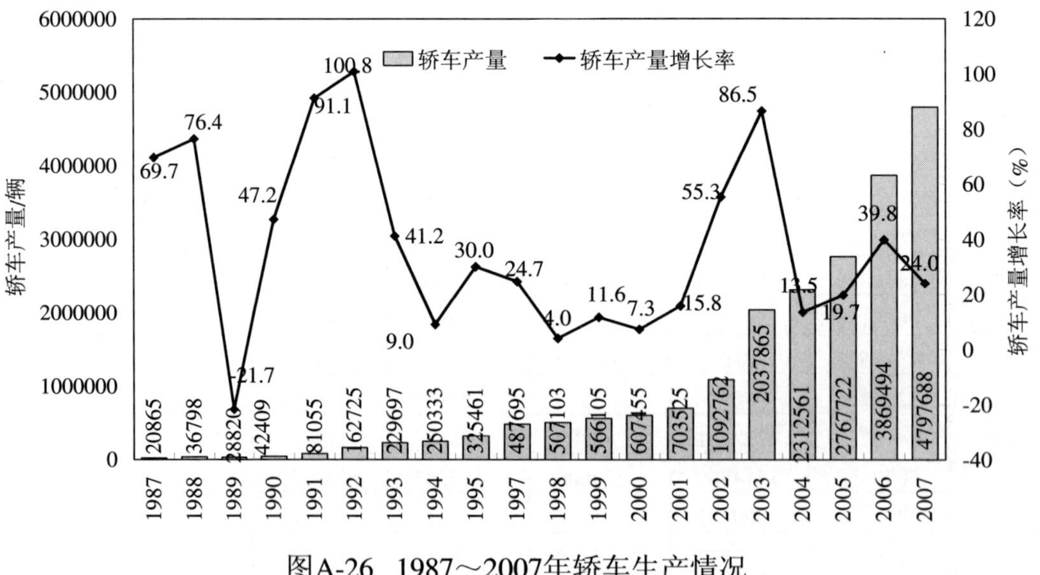

图A-26 1987～2007年轿车生产情况

表 A-33　2007 年汽车分车型产销量

（单位：辆）

车型		生产量 总计	生产量 国内制造	生产量 CKD	销售量 总计	销售量 国内制造	销售量 CKD
汽车总计		8882456	8763252	119204	8797528	8790687	118178
乘用车合计		6381116	6262739	118377	6297538	6180201	117337
其中 1	基本型乘用车（轿车）	4797688	4693294	104394	3609315	3508608	100707
	多用途乘用车（MPV）	224733	224088	645	185434	182358	3076
	运动型多功能乘用车（SUV）	360060	346722	13338	242581	229027	13554
	交叉型乘用车	998635	998635	0	917903	917903	0
其中 2	排量≤1.0L	744016	744016	0	903310	903310	0
	1.0L<排量≤1.6L	3038823	3037866	957	2318625	2315126	3499
	1.6L<排量≤2.0L	1642578	1600903	41675	1047663	1010739	36924
	2.0L<排量≤2.5L	818943	756536	62407	562178	498804	63374
	2.5L<排量≤3.0L	106944	106944	0	102894	102894	0
	3.0L<排量≤4.0L	26241	15289	10952	16821	5793	11028
	排量>4.0L	3571	1185	2386	3742	1230	2512
其中 3	手动挡	4254898	4253565	1333	3539775	3536448	3327
	自动挡	1976321	1916954	59367	1295650	1235634	60016
	其他挡	149897	92220	57677	119808	65814	53994
其中 4	柴油汽车	44754	44754	0	38351	38346	5
	汽油汽车	6336050	6217985	118065	4916468	4799550	116918
	其他燃料汽车	312	0	312	414	0	414
商用车合计		2501340	2500513	827	2493990	2493149	841
其中 1	柴油汽车	2012927	2012100	827	1994576	1993735	841
	汽油汽车	486546	486546	0	497568	497568	0
	其他燃料汽车	1867	1867	0	1846	1846	0
其中 2	客车	242022	242004	18	247490	247472	18
	货车	1522605	1522605	0	1516375	1516375	0
	半挂牵引车	178040	178040	0	177776	177776	0
	客车非完整车辆	101983	101939	44	101990	101938	52
	货车非完整车辆	456690	455925	765	450359	449588	771

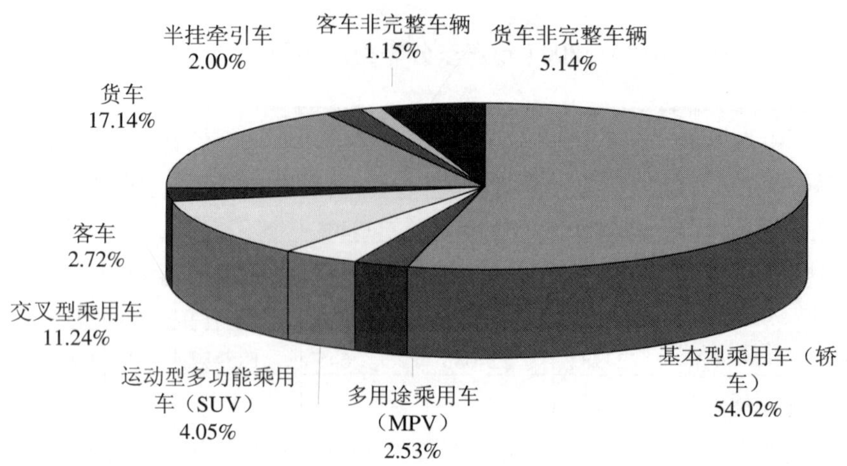

图A-27 2007年分车型产量构成情况

表A-34 2000～2007年全国改装汽车产量分类构成

（单位：辆）

车　型	2000年	2001年	2002年	2003年	2004年	2005年	2006年	2007年
汽车总计	**294308**	**329947**	**489982**	**457860**	**548449**	**437972**	550947	649607
载货汽车	52202	50436	56701	21275	38839	45877	38434	60099
重型	—	11	121	2313	4032	3182	2472	8040
中型	1311	451	602	565	4403	15413	3052	9907
轻型	39773	48337	55039	18004	30404	27282	32910	42152
微型	11118	1637	939	393	0	0	0	0
越野汽车	3818	299	2425	499	7207	418	763	443
自卸汽车	31267	61085	116735	88711	89040	92030	120240	155608
矿用	8058	24820	58593	48441	40688	42323	—	—
重型	19529	23723	33663	29025	29881	37624	62408	90779
中型	3680	12542	24479	11245	18471	11810	41318	36465
牵引汽车	20311	27435	40426	46423	89202	53730	—	—
载客汽车	120480	114981	157713	162812	177994	146120	147437	121404
特大型	213	400	381	347	90	2153	888	—
大型	2926	3695	10027	13800	685	17199	16517	121325
中型	30453	38290	58637	44766	12079	39183	52070	46827
轻型	84342	69011	79236	90753	46102	85324	74447	54943
微型	2546	3585	9432	13146	109065	2261	3515	3105
厢式专用车	33424	40663	55612	65527	9973	45845	72710	70972
罐式专用车	12155	16610	20710	33735	32807	21656	30906	44557
专用自卸汽车	1559	2013	3192	7305	12537	4475	6287	8955
起重举升专用车	4723	4194	9417	12359	13138	14210	19089	27538
仓栅式专用车	142	516	2235	3547	1414	2751	8818	2511
特种结构专用汽车	6101	2980	11340	14227	9990	23407	10708	15244

表 A-35　历年低速货车产销情况

（单位：辆）

年份/年	产销量	低速货车合计	低速货车	三轮汽车
2002	产量	2590645	386928	2203717
	销量	2575565	381126	2194439
2003	产量	2675813	447849	2227964
	销量	2678063	446661	2231402
2004	产量	2091078	437337	1653741
	销量	2088322	433602	1654720
2005	产量	1899834	422923	1476911
	销量	1895116	418881	1476235
2006	产量	2103633	463161	1640472
	销量	2096068	459416	1636652
2007	产量	2144147	443787	1700360
	销量	2144450	448343	1696107

表 A-36　汽车行业综合指标与全国工业企业的比较

（单位：亿元）

指标		2001 年	2002 年	2003 年	2004 年	2005 年	2006 年	2007 年
销售收入	汽车工业	4253.68	5947.7	8144.1	9134.30	10108.40	13818.90	17201.4
	全国工业企业	93733.34	109485.77	143171.53	187814.77	248544	313592.45	—
	汽车/全国（%）	4.54	5.43	5.69	4.86	4.07	4.41	—
总产值	汽车工业	4433.19	6224.6	8357.2	9463.16	10223.3	13937.5	17242
	全国工业总计	95448.98	110776.5	142271.22	201722.2	251619.5	316589	386747
	汽车/全国（%）	4.64	5.62	5.84	4.69	4.06	4.4	4.46
增加值	汽车工业	1055.55	1518.80	2153.40	2187.80	2209.90	3362.70	4141.40
	全国工业总计	28329.37	32994.75	41990.23	54805	72187	91075.73	117048.40
	汽车/全国（%）	3.70	4.60	5.13	3.99	3.06	3.69	3.54
产品销售税金及附加	汽车工业	97.48	115.88	165.59	183.65	216.52	303.30	364.47
	全国工业企业	1553.82	1761.61	2049.21	2467.09	2997.34	3746.35	4772.08
	汽车/全国（%）	6.27	6.58	8.08	7.44	7.22	8.10	7.64
利润总额	汽车工业	204.72	373.84	556.78	575.51	430.44	738.2	1027.04
	全国工业企业	4733.43	5784.48	8337.24	11341.64	14802.54	19504.44	27155.18
	汽车/全国（%）	4.33	6.46	6.68	5.07	2.91	3.78	3.78
固定资产投资	汽车工业	194.28	283.16	498.58	641.31	734.25	780.89	867.96
	全社会	37213.49	43499.91	55566.60	70477.40	88773.60	109998.20	137323.90
	汽车/全社会（%）	0.52	0.65	0.90	0.91	0.83	0.71	0.63
汽车增加值占 GDP 比例（%）		1.08	1.44	1.84	1.6	1.2	1.59	1.66

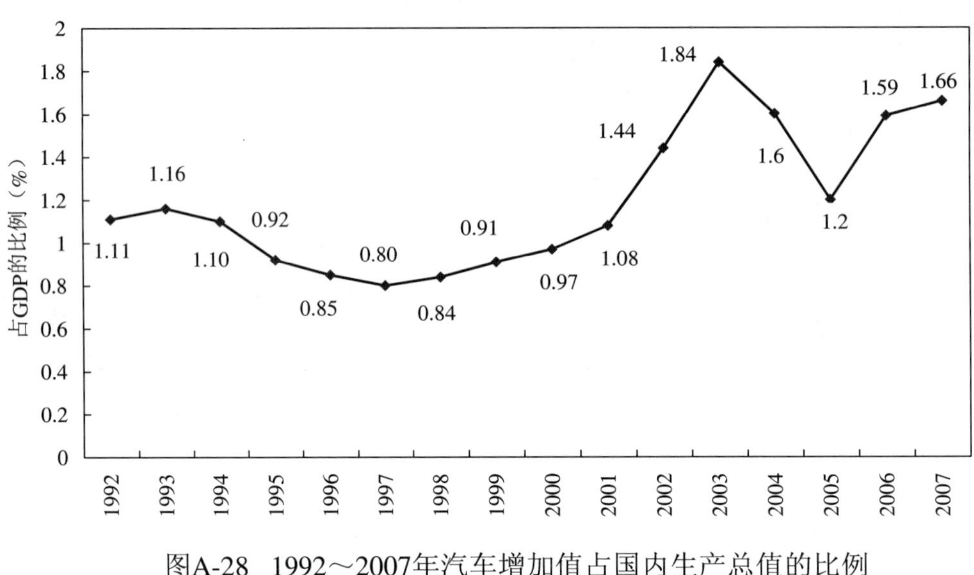

图A-28　1992～2007年汽车增加值占国内生产总值的比例

表 A-37　汽车行业效益指标与全国工业企业的比较

指标		2001 年	2002 年	2003 年	2004 年	2005 年	2006 年	2007 年
工业增加值率	汽车工业（%）	23.80	25.46	25.77	23.00	24.38	28.77	25.69
	全国工业企业（%）	29.68	29.88	29.51	26.00	28.69	28.77	28.89
	汽车/全国	0.80	0.85	0.87	0.88	0.85	0.86	0.89
工业成本费用利润率	汽车工业（%）	5.20	6.84	7.50	6.77	4.49	5.74	6.34
	全国工业企业（%）	5.35	5.60	6.20	6.50	6.30	6.60	7.0
	汽车/全国	0.97	1.22	1.21	1.04	0.71	0.87	0.91
流动资产周转次数	汽车工业/（次/年）	1.43	1.69	1.85	1.79	1.87	2.14	2.3
	全国工业企业/（次/年）	1.66	1.99	2.00	2.20	2.30	2.50	2.5
	汽车/全国	0.86	0.85	0.93	0.81	0.81	0.86	0.92

注：1999 年以后为全部国有及规模以上非国有工业企业口径。

表 A-38　能源生产总量及其构成

（单位：万 t）

能源构成		2001 年	2002 年	2003 年	2004 年	2005 年	2006 年	2007 年
能源生产总量/万 t		120900	138369	159912	184600	205876	221056	235445
原油/万 t	进口	6026	6941	9102	12281	12682	14518	16317
	出口	755	766	813	549	807	634	389
成品油/万 t	进口	2145	2034	2824	3787	3143	3638	3380
	出口	922	1068	1382	1146	1401	1235	1551
原油产量/万 t		16395.87	16700.00	16959.98	17587.33	18135.29	18367.60	18631.80

表 A-39　2001～2007 年分车型汽车进口数量

（单位：辆）

品　种	2001 年	2002 年	2003 年	2004 年	2005 年	2006 年	2007 年
总计（含底盘品种）	71398	128194	172339	175654	161324	227773	314130
一、乘用车	62189	115358	158191	164570	156170	218312	301239
1. 大客车（30 座以上）	331	246	139	123	91	117	73
2. 中型客车（10～30 座）	72	84	4456	2366	1236	1694	45
3. 旅行车（9 座以下）	4551	12348	10812	10510	12326	18422	19144
4. 其他机动小客车	257	171	93	174	—	—	
5. 越野车	10336	32179	39669	35308	65966	86273	142228
6. 轿车	46632	70329	103017	116085	76542	111777	139867
7. 机坪客车	10	1	5	4	9	29	6
二、载货汽车	3403	6692	9862	8078	3032	5582	7980
柴油：总重＜5 t	27	12	34	72	70	93	158
5 t＜总重＜14 t	594	441	379	297	349	362	385
14 t＜总重＜20 t	401	320	231	179	282	424	435
总重＞20 t	1787	5542	8718	7286	2085	4210	6389
汽油：总重＜5 t	322	373	405	152	132	347	272
总重＞5 t	5	2	2	2	4	5	2
未列名货车	2	2	0	90	110	141	337
三、专用车	1171	1112	3272	962	552	625	435
四、底盘	587	199	1014	429	515	304	894

表 A-40 历年汽车进口数量及金额

年份/年	汽车进口数量/辆			进口金额合计/万美元	汽车配件金额/万美元
	总 量	其中			
		载货汽车	轿 车		
1979	32226	16228	667	51789.0	9423.0
1980	51083	26100	19570	61612.0	6299.0
1981	41575	20770	1401	30536.4	3594.31
1982	16077	7730	1101	22511.8	6080.2
1983	25156	8445	5806	43259.2	13576.2
1984	88743	28047	21651	104821.2	16651.7
1985	353992	111492	105775	293689.9	28848.4
1986	150052	64570	48276	195459.5	27708.5
1987	67182	17554	30536	121431.0	41885.0
1988	99233（26907）	14201（1694）	57433（24407）	161240.0	33913.0
1989	85554（31034）	12587（1598）	45000（20560）	132732.0	34750.0
1990	65430（24176）	18395（3003）	34063（18136）	120293.3	43740.0
1991	98454（56466）	18578（4628）	54009（40004）	165992.3	58263.0
1992	210087（127222）	42005（7162）	115641（88114）	353523.5	87071.6
1993	310099（136402）	72935（7684）	180717（111059）	535143	97065.7
1994	283060（144981）	68269（3349）	169995（135580）	471482.6	68794.4
1995	158115（116783）	12037（11286）	129176（105497）	257549.8	85469.0
1996	75863	6256	57942	250018.5	107757.0
1997	49039	7077	32019	207821.0	92800.0
1998	40216	4373	18016	205789.0	80492.0
1999	35192	2685	19953	258018.0	100425.0
2000	42703	3085	21620	404750.0	211281.0
2001	71398	3138	46632	470326.0	261767.0
2002	127513	6692	70329	659985.0	231235.5
2003	171710	9862	103017	1483963.8	738430.0
2004	175654	8087	116085	1686737.0	867960.0
2005	161324	3032	76542	1543392.0	768494.0
2006	227773	5582	111777	2127410.0	1052519.0
2007	312979	7980	139867	2676775.0	1421523.8

注：1. 1980年以前数字摘自外贸统计报表(由中汽进出口公司提供)。1981～1999年数据来源于海关总署《统计报表》。

2. 本表将进口汽车散件归入进口整车中、车身归入零部件中，括号内为散件进口数。

3. 1992～1994年进口金额合计中含发动机、摩托车、挂车进口额，发动机中含部分非汽车、摩托车用发动机。

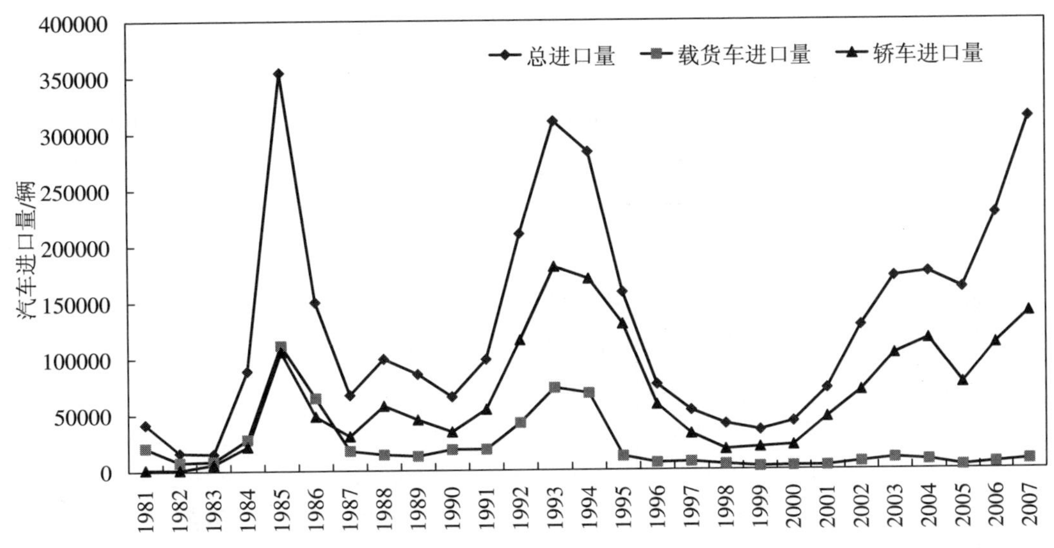

图A-29　1981～2007年汽车进口情况

表 A-41　世界主要国家历年汽车产量及品种构成

国别	年份/年	总产量/万辆	乘用车		商用车	
			产量/万辆	占总产量（%）	产量/万辆	占总产量（%）
美国	2007	1078.1	392.4	36.0	685.7	64.0
	2006	1121.2	436.9	39.0	684.3	61.0
	2005	1192.0	431.5	36.2	760.5	63.8
	2004	1199.0	423.0	35.3	776	64.7
	2003	1204.4	451.0	37.4	753.5	62.6
	2002	1227.5	501.6	40.9	725.9	59.1
	2001	1141.4	489.2	42.9	652.2	57.1
日本	2007	1159.6	994.5	85.8	165.1	14.2
	2006	1148.4	975.6	85.0	172.8	15.0
	2005	1080.0	901.7	83.5	178.3	16.5
	2004	1051.2	872.0	83.0	179.2	17.0
	2003	1028.6	847.8	82.4	174.7	17.0
	2002	1025.8	861.9	84.0	163.9	16.0
	2001	977.7	811.8	83.0	165.9	17.0
德国	2007	621.3	570.9	91.9	50.4	8.1
	2006	581.4	539.5	92.8	41.9	7.2
	2005	575.9	535.2	92.9	40.7	7.1
	2004	557.0	519.2	93.2	37.8	6.8
	2003	550.8	514.6	93.4	36.1	6.6
	2002	546.9	512.3	93.7	34.6	6.3
	2001	569.3	530.0	93.1	39.3	6.9

（续）

国别	年份/年	总产量/万辆	乘用车		商用车	
			产量/万辆	占总产量（%）	产量/万辆	占总产量（%）
英国	2007	175.0	153.5	87.7	21.5	12.3
	2006	165.0	144.4	87.5	20.6	12.5
	2005	180.3	159.6	88.5	20.7	11.5
	2004	185.6	164.7	88.7	20.9	11.3
	2003	184.6	165.8	89.8	18.9	10.2
	2002	182.1	162.8	89.4	19.3	10.6
	2001	168.5	149.2	88.5	19.3	11.5
法国	2007	301.9	255.4	84.6	46.5	15.4
	2006	279.0	234.4	84.0	44.6	16.0
	2005	320.3	280.2	87.5	40.1	12.5
	2004	366.6	322.7	88.0	43.9	12.0
	2003	324.8	288.3	88.8	36.4	11.2
	2002	369.2	328.4	88.9	40.8	11.1
	2001	339.5	299.8	88.3	39.7	11.7
意大利	2007	128.4	91.1	71.0	37.3	29.0
	2006	121.2	89.3	73.7	31.9	26.3
	2005	103.9	72.6	69.9	31.3	30.1
	2004	114.2	83.4	73.0	30.8	27.0
	2003	132.1	102.6	77.7	29.2	22.3
	2002	142.7	112.6	78.9	30.1	21.1
	2001	158.0	127.2	80.5	30.8	19.5
加拿大	2007	257.8	134.2	52.0	123.6	48.0
	2006	256.8	138.9	54.1	117.9	45.9
	2005	268.7	135.4	50.4	133.3	49.6
	2004	271.1	133.5	49.2	137.6	50.8
	2003	254.8	133.9	52.6	120.9	47.4
	2002	262.7	136.9	52.1	125.8	47.9
	2001	253.8	127.6	50.3	126.2	49.7

注：资料来源于日本《主要国汽车统计》。2006年之前表中的乘用车为轿车的概念。

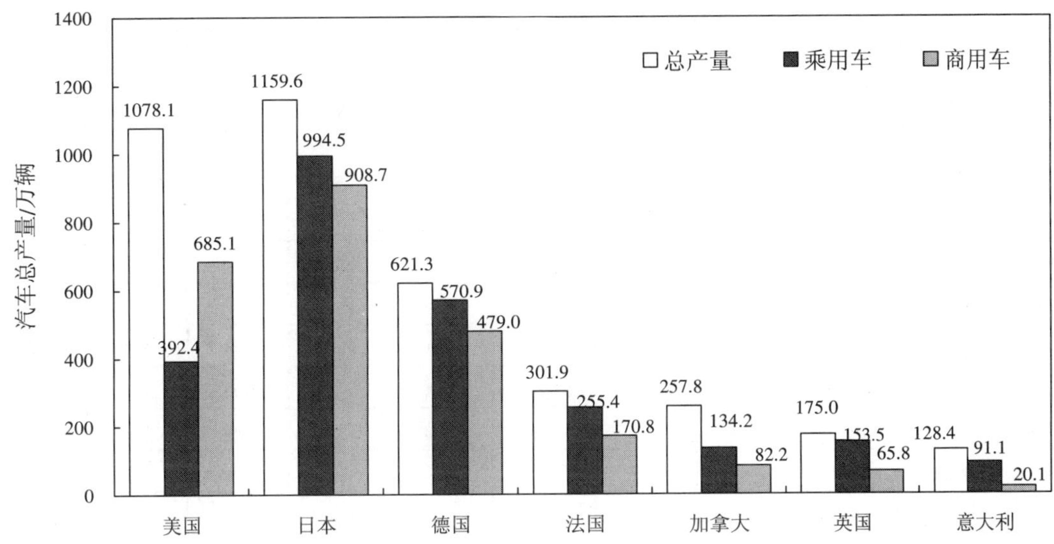

图A-30　2007年主要国家汽车产量及品种构成情况

表 A-42　2003～2007 年世界主要国家轿车生产量排序

（单位：万辆）

排序	2007 年		2006 年		2005 年		2004 年		2003 年	
	国别	产量	国别	产量	国别	产量	国别	产量	国别	产量
1	日本	994.5	日本	976	日本	901	日本	827.0	日本	847.8
2	中国	638.1	德国	540	德国	535	德国	519.2	德国	514.5
3	德国	570.9	中国	523	美国	432	美国	423.0	美国	451.0
4	美国	392.4	美国	437	中国	393	法国	322.7	法国	322.0
5	韩国	372.3	韩国	349	韩国	336	韩国	312.3	韩国	276.8
6	法国	255.4	法国	272	法国	311	西班牙	240.2	西班牙	239.9
7	巴西	238.8	巴西	209	西班牙	210	中国	231.6	中国	201.9
8	西班牙	219.6	西班牙	208	巴西	201	巴西	175.6	英国	165.8
9	印度	170.8	印度	147	英国	160	英国	164.7	巴西	150.5
10	英国	153.5	英国	144	加拿大	136	加拿大	133.5	加拿大	134.0

注：资料来源于日本《自动车统计月报》。

表A-43 1977～2007年主要国家商用车产量

（单位：千辆）

年份/年	美国	日本	法国	西班牙	巴西	德国	意大利	英国	俄罗斯	瑞典
1977	3489	3083	415	141	187	295	144	386	800	52
1978	3723	3816	397	158	187	296	148	385	839	52
1979	3046	3460	393	157	201	317	151	408	859	58
1980	1637	4005	440	153	224	358	167	389	872	56
1981	1687	4206	408	132	194	319	176	230	874	55
1982	1910	3850	372	142	186	301	156	269	866	54
1983	2422	3960	375	147	122	293	181	245	880	52
1984	3161	4392	349	132	185	255	162	225	885	59
1985	3463	4624	384	188	208	279	184	266	900	60
1986	3501	4450	422	251	241	286	159	229	900	66
1987	3805	4358	411	302	237	260	199	247	870	70
1988	4097	4501	474	368	286	279	227	317	885	77
1989	4025	3973	511	407	282	288	249	327	844	82
1990	3703	3539	474	320	251	292	231	257	929	61
1991	3444	3484	423	305	255	356	245	217	807	75
1992	4119	3069	438	331	276	330	209	248	518	63
1993	4917	2734	319	262	291	237	150	193	650	58
1994	5649	2753	383	321	334	262	194	228	254	82
1995	5635	2585	424	375	333	307	245	233	192	102
1996	5749	2482	443	471	346	303	227	238	179	96
1997	6196	2484	479	552	392	345	254	238	—	115
1998	6449	1994	351	609	329	379	290	228	188	133
1999	7382	1885	396	375	333	378	291	186	192	—
2000	7235	1781	418	667	322	395	316	185	—	—
2001	6552	1659	397	614	215	393	308	193	170	113
2002	7259	1639	408	585	194	346	301	193	—	35
2003	7535	1747	364	630	323	361	292	189	—	117
2004	7759	1792	439	609	454	378	308	209	275	140
2005	7606	1783	401	654	506	407	313	206	286	145
2006	6843	1728	446	699	519	421	319	206	325	134
2007	6857	1651	465	694	548	504	373	215	376	162

注：资料来源于日本《自动车统计月报》。

附录B　国家信息中心汽车研究与咨询业务简介

国家信息中心（简称SIC）于1986年开始进行汽车市场预测分析及调查研究工作，至今已有22年的历史，汽车研究与咨询业务不断扩大，目前这项工作由国家信息中心下属的经济咨询中心负责。

一、主体业务

国家信息中心汽车研究与咨询业务主要分为五类。

1. 行业市场研究

（1）短期市场研究　对乘用车市场、商用车市场的走势进行月度、季度分析与评价，及时发现汽车市场运行的新特点和新变化，对当期的市场热点问题进行深入分析，并评价各车型、各企业、各产品在市场中的表现。

（2）总体市场研究　重、中、轻、微型货车，大、中、轻、微型客车，轿车、皮卡、MPV、SUV等12类汽车的总量需求预测、结构预测与发展前景分析研究。

（3）细分市场研究　包括对出租车市场、租赁市场、公务车市场、专用车市场、集团用户市场、私人用车市场、豪华车市场等细分市场的分析与研究。

（4）区域市场预测　分省、分地级市需求预测与趋势研究、重点区域市场（含郊县市场）深度研究，包括竞争研究与营销策略研究。

（5）国际比较研究　通过研究发达国家和发展中国家的汽车市场发展历史、发展规律和政策环境条件，将中国汽车市场的现状和条件进行国际类比分析，从而判断中国汽车市场未来的发展趋势。

2. 市场调查与研究

调查研究业务主要包括以下几类：乘用车需求动向调查、用户需求偏好调查、配置需求调查、卡车新车购买者调查、消费者意识调查、地区汽车市场调查、月度经销商调查、高端用户生活方式调查、公务车市场调查、用户满意度调查、产品竞争力调查、新产品概念测试、新产品实车测试等。

其中乘用车需求动向调查和卡车新车购买者调查是两个基础类调查，每年执行一次，调查范围广、样本量大，涵盖的车型类别多，它对我们把握用户需求变化提供了非常有利的帮助。

SIC每年约执行3万多样本的定量调查，这些调查是与我们在全国60多个省市的调查代理共同完成的。这些代理与SIC有多年的合作关系并积累了丰富的汽车市场调查经验。SIC针对不同的调查项目可以选择不同特色的调查代理，并可以根据调查执行特点的不同采取不同的质控手段。

除了大量的定量研究外，SIC每年还执行非常广泛的定性调查，甚至有些项目完全采用大样本量的深访调查。而所有的深访调查的执行者都是SIC的研究员，这种深入一线的面对面的调研，对我们理解用户、理解市场、深度分析具有极大的帮助。

3. 产业与政策研究

研究汽车产业及其上下游产业的发展趋势，研究相关产业对汽车产业的影响，包括石油、公路、金融信贷、二手车等。2006年完成了“中国汽车产业可持续发展”项目研究，2008年完成了汽车零部件产业的调查。

研究相关政策对汽车市场的影响，自2008年以来又开展了对政策影响的月度分析。关注的政策包括：宏观经济政策、汽车产业相关政策、相关行业政策以及社会重大事件等，对这些政策或事件的背景、影响对象、影响效果等进行客观评价。

负责为国家发展和改革委员会等政府部门提供专项及常规服务，参与政府政策的研究与制定。

1）1993年4月份～1994年12月份参加由国家计委组织的“中国家用轿车发展战略研究”课题的研究工作，国家信息中心承担了5个分课题之一——“中国家用轿车中长期需求预测”。

2）1994年上半年参加国家计委组织的“九五”与2010年中国汽车工业发展预测工作。

3）1997年上半年参加由国家计委组织10个部委共同进行的“我国汽车工业

发展并进入家庭问题”课题的研究工作，国家信息中心承担其中子课题——“居民收入水平预测及家庭购车能力分析”的研究工作。

4）从 1995 年起为配合国家计委制定汽车工业年度计划，长期提供年度汽车预测报告，并每年在“全国汽车工业计划座谈会”上进行专题报告，对制定国家汽车年度计划和企业经营计划起到了重要参考作用。

5）2003 年参加国家发展和改革委员会组织的“汽车十五滚动计划”课题。由于近年来汽车工业快速发展，已经突破原“十五”规划的目标。此课题的目的就是对原汽车“十五”规划进行修正。

6）2003 年每季度向国家发展和改革委员会提交汽车市场分析报告，提交国家发展和改革委员会领导急需的应急报告。

7）2004 年以来，每月向国家发展和改革委员会提交汽车市场分析报告，提交国家发展和改革委员会领导急需的应急报告。

8）2008 年底，参与国家发展改革委员会组织的“汽车产业振兴计划”的讨论与方案测算工作。

4. 厂商、产品及技术研究

该项业务主要从产品、技术与市场相结合的角度展开研究，包括以下几个方面内容：

（1）资料的收集与跟踪　定期收集与跟踪国内外汽车厂商的发展动态以及汽车市场的新产品、新技术的发展动向，分析判断厂商格局变化与产品技术的发展趋势。

（2）产品研究　对各种已经上市或将要上市的新产品进行研究，分析产品的特征、优劣势、卖点，分析其核心竞品和新产品上市后的竞争力及其对现有产品的影响等。

（3）技术研究　对各种新技术进行分析，研究其技术路径、功能、价值及其应用情况，并结合消费者调查，对其在中国的应用前景进行判断。

（4）车展研究　对国际五大车展状况进行分析和评价，透过车展揭示未来产品技术的发展趋势。

（5）厂商研究　对主要乘用车厂商的生产能力、产品线、产品上市规律、定价规律等方面进行研究。

5. 信息服务

（1）为“全国汽车市场预测分析系统”成员单位提供信息服务　全国汽车市场预测分析系统每年向成员单位提供60余期有一定价值的第一手信息资料。

目前第一汽车集团公司、东风汽车公司、上海汽车工业（集团）总公司、中国重型汽车集团公司、天津汽车工业（集团）有限公司、北京汽车工业（集团）总公司、跃进汽车集团公司、上海大众、一汽-大众、神龙公司、上海通用、江铃汽车股份有限公司等国内 20 家汽车骨干企业是该系统的常务理事成员。系统成员除汽车整车厂外，还有大型的汽车零部件厂、汽车经销商、研究单位、金融证券机构等。

（2）定期召集汽车市场研讨会　从 1992 年起，国家信息中心每年召集两次国内汽车行业市场分析专家参加的“宏观经济与汽车市场形势”高级研讨会，目前这个会议已经成为汽车界人士了解汽车市场发展趋势、进行信息交流的权威性会议。

（3）定期组织编写《中国汽车市场展望》　国家信息中心从 1992 年起每年一度组织政府有关部门、国内骨干汽车生产厂家、大型汽车经销商、汽车跨国公司、汽车研究机构等有关部门共同编写《中国汽车市场展望》，至今已出版 16 本，分别为1993、1994、1995、1996、1997、1998、1999、2000、2001、2002、2003、2004、2005、2006、2007、2008《中国汽车市场展望》，该书在国内外已具有一定的知名度。1999年起《中国汽车市场展望》的编写工作由国家发展和改革委员会与国家信息中心联合进行。

（4）定期组织跨国公司交流平台的活动　国家信息中心从 2007 年起开始搭建乘用车跨国公司交流平台，全球6+3的汽车跨国公司均加入了该平台。每个季度开展一次交流活动，对当前的宏观经济形势与汽车市场形势进行交流。2008年第四季度又成立了商用车跨国公司交流平台，并开展了第一次交流活动。

二、汽车市场研究手段的建设

国家信息中心自从开展汽车研究和咨询业务以来，花费了大量人力物力进行汽车市场研究手段的建设，研制了一批汽车市场研究模型。特别是近年来，通过与多家国际知名汽车厂商的合作，在模型和方法创新方面取得了很大的进展。

1）国家信息中心于 1987 年建立了《中国汽车市场预测模型》，此模型为计量经济模型。

2）1990 年在此模型的基础上又研制了第二版《中国汽车市场预测模型》。

3）1994 年研制了第三版《中国汽车市场预测模型》。

4）1999 年 5 月份开始研制《中国汽车工业发展模型》。

前三版模型基本上依据宏观经济情况对汽车市场进行预测，而最近我国汽车市场的变化很大，汽车市场全面进入买方市场，汽车市场的运行机制发生了深刻的变化。因此，运用以前的模型已很难对今后 10 年汽车市场的发展趋势进行预测。基于此，在原国家计委的直接领导下，国家信息中心于 1999 年 5 月份开始研制新版的《中国汽车工业发展模型》。此模型充分吸收国家信息中心 1994 年版模型的经验，并参考美国、巴西、波兰等国家的汽车预测模型，与美国高级专家共同合作开发，该模型已经多次成功地运用于对我国汽车市场的预测。该模型不仅在国内而且在国际上都是高水平的产业模型，而且它能将抽样调查数据成功地引入到模型中，并能进行结构和细分市场预测。该模型的研制成功使国家信息中心研究汽车市场的能力有了一个飞跃性的进展。

5）2002 年国家信息中心开发了《中国大中型客车市场预测模型》。

6）2002 年国家信息中心开发了《中重型货车预测模型》。

7）2002 年国家信息中心开发了《地区市场预测模型》，并在近几年的项目研究中不断完善。

8）2003 年国家信息中心引进并开发了《产品竞争力分析模型》。

9）2003 年国家信息中心开发了《出租车市场预测模型》。

10）2003 年国家信息中心开发了《公务车需求预测模型》。

11）2004 年国家信息中心开发了《产品竞争力评估和单一产品预测模型》，此方法在 2005 年又得到了进一步完善。

12）2005 年国家信息中心开发了乘用车短期预测模型，并在近几年短期分析项目中不断应用于完善。

除模型方法外，还从国外引进了多种调查与分析方法，如乘用车需求动向调查、配置调查、用户满意度调查、新车购买者调查、价格敏感度测试、产品质量调查、新车实车测试、汽车用户生活形态调查、用户焦点小组、用户定性研究方法、经销商评估等。

三、国家信息中心近五年来承接的部分专项咨询项目

以下项目的服务对象包括国内外大型汽车整车制造商、经销商、汽车零部件厂商、金融证券机构等，不含政府委托项目（见表 B-1）。

表 B-1　国家信息中心近五年来承接的部分专项咨询项目

项目名称	主要内容	完成时间/年
1．卡车新车购买者调查	了解重、中、轻、微型卡车用户的购车行为、购车重视点、使用情况、车辆的转化情况等	2004
2．2004 年乘用车市场月度评估	对每个月乘用车市场的产销状况、市场动态及热点问题进行分析与评估	2004
3．乘用车市场研究	在充分分析宏观经济形势和宏观经济政策的背景下，研究乘用车市场的变化规律，并对未来 10 年的乘用车需求进行预测	2004
4．某产品国产化以后的市场价格研究	针对该级别产品市场的需求状况和趋势、竞争环境、进口车成本等方面的分析，制定该产品的市场定价策略	2004
5．某产品批售市场行为与需求特征研究	针对公检法司、集团大用户的购车需求调查，了解其对车辆的需求特征和看中因素，为汽车做好大客户营销提供依据	2004
6．区域经济发展及消费环境政策研究	从不同地区地理结构、交通网线布局、经济、人口、汽车消费政策、交通与停车环境、用户群特征等角度考察地区的汽车消费市场	2004
7．公务车市场定量研究	通过对各级政府机关用车情况的调查，运用公车市场预测模型对政府用车市场进行定量预测	2004
8．全国乘用车需求动向调查及 10 年滚动预测	通过对 56 个城市的私人用户、集团用户和出租租赁用户的调查，对 2003 年以后的汽车市场变化态势进行分析，并对未来 10 年乘用车总需求、不同区域的需求、分价位需求结构、分级别需求结构等细分市场进行预测	2004
9．乘用车用户需求及生活形态调查	通过对 6 个城市高中低级别乘用车用户的定量调查和不同类用户的焦点小组、家访调查，了解不同级别乘用车用户的个性特征和生活形态，为细分市场预测提供依据	2004
10．配额取消后进口车市场的变化与对策研究	研究在配额管理政策取消后，新的进口车管理政策的内涵和效果，并对 2005～2006 年的进口车市场需求进行预测	2004
11．细分市场消费需求偏好研究	通过对不同细分市场的消费者调查，了解各细分市场消费者对车型、大小、排量、厢型、配置、发动机、变速箱等方面的需求差异	2005

（续）

项目名称	主要内容	完成时间/年
12．轻型卡车和低速货车有形市场研究	通过研究轻型卡车和低速货车厂家的商务政策、经销商的库存、销售量等方面的信息，为厂家改善经销网络管理、提高销售提供决策依据	2005
13．2005 年度 NTBS	对 4000 多个重、中、轻、微型货车及皮卡的新购个人用户和单位用户进行调查，了解 2005 年卡车购车行为的变化	2005
14．长头车用户市场调查	对重、中型平头和长头载货车用户进行调查，了解用户对长头车的偏好和改进需求，为企业制定产品战略服务	2005
15．乘用车竞争力评估和分产品预测	依据效用理论和 4C 原理对各细分市场中的产品进行竞争力评价，并根据这个评价结果对下期各产品销量进行预测	2005
16．乘用车市场月度评估	对每个月乘用车市场的产销状况、市场动态及热点问题进行分析与评估	2005
17．中国汽车产业可持续发展研究	对汽车产业及经济、能源、交通、金融等相关行业进行深入研究，探索中国汽车工业可持续发展应具备的条件	2005
18．中国汽车市场半年预测	对汽车、商用车、乘用车、轿车市场的上半年市场状况进行分析，并对下半年需求趋势进行预测	2005
19．乘用车市场研究	全面分析中国乘用车市场的发展历史、现状及趋势，为某跨国公司了解中国市场提供参考	2005
20．2005 年公务用车市场定量研究	调查了解公务用车的用户需求特征和购买、使用政策，预测公务用车市场需求的年度变化和发展趋势，为某厂家更好地拓展公务用车市场提供决策参考	2005
21．全国乘用车需求动向调查及 10 年滚动预测	通过对 60 个城市的私人用户、集团用户和出租租赁用户的调查，了解不同类型用户需求的变化，并对未来 10 年乘用车总需求、不同区域的需求、分价位需求结构、分级别需求结构等细分市场进行预测。这是经济咨询中心连续做了 5 年的项目	2005
22．小型乘用车概念测试	通过用户深访、家访、焦点小组等形式，了解用户对小型乘用车的需求偏好，为跨国公司给中国消费者量身定做产品提供决策依据	2005
23．中国地区乘用车市场研究与预测	研究中国地区乘用车市场的发展阶段、发展特征和用户偏好，对地区市场的总量需求、结构需求进行预测	2005
24．轻型卡车宽体车市场前景研究	对比国外轻型卡车产品的发展趋势，研究中国宽体轻卡的市场前景	2005

（续）

项目名称	主要内容	完成时间/年
25. 45 个城市汽车消费政策调查	在全国 45 个大中城市，对汽车消费相关的多个部门进行调研，了解影响各地汽车消费的政策、规定和执行情况，为进行分地区汽车预测提供政策依据	2005
26. 中国商用车市场需求预测	全面详细地分析中国商用车市场的发展历史和现状，对影响商用车市场的原因进行深入分析，并对未来 5～10 年的商用车市场需求进行预测	2005
27. 2006 年乘用车市场月度评估	对每个月乘用车市场的产销状况、市场动态及热点问题进行分析与评估，对下月销售形势进行判断	2006
28. 国外汽车媒体监测	对国外 10 大汽车杂志进行监测，分析汽车产品发展趋势	2006
29. 宏观经济及汽车市场月度分析	每月对宏观经济和汽车市场发展态势进行研究分析	2006
30. 分季度宏观经济研究	每月对我国宏观经济走势，消费、投资、进出口等方面进行分析，研究其对汽车市场的影响	2006
31. 分季度汽车市场研究	对每个月汽车市场的产销状况、市场动态、企业动态、企业格局变化及热点问题进行分析与评估，并对下季度销售形势进行预测	2006
32. 细分市场消费者需求偏好	通过对不同细分市场的消费者调查，了解各细分市场消费者对车型、大小、排量、厢型、配置、发动机、变速箱等方面的需求差异	2006
33. ××城市汽车租赁市场研究	通过对该城市汽车租赁管理部门、汽车租赁企业以及汽车租赁的用户深入访谈，分析该城市汽车租赁市场经营状况、车型受欢迎程度等问题	2006
34. 商用车市场需求预测模型及外生变量研究	研究商用客车及其影响因素，通过相关因素的定量化指标，建立商用车市场需求预测模型，并对中国商用车中长期发展进行预测	2006
35. ××厂家实车测评操作	在中国三大汽车消费城市进行现场调查，通过消费者对 5 个摆放车型的比较，分析厂家上市车型的缺点，提出产品的改进建议	2006
36. 中国汽车市场中长期预测	通过对中国经济、人口、交通、城市建设、社会等的相关研究，类比国外成熟汽车市场发展国家的发展史，对我国汽车市场到 2020 年的发展进行分析与判断	2006
37. 地区汽车市场研究	通过对 18 个城市的宏观经济状况、汽车消费环境、汽车消费观念等进行研究，预测各个城市未来两年汽车总量需求和细分市场需求	2006

（续）

项目名称	主要内容	完成时间/年
38．乘用车地区市场季度预测	通过定性调查和定量模型，每季度对全国31个省、自治区、直辖市乘用车需求总量进行预测	2006
39．汽车市场地区中长期预测	研究中国地区乘用车市场的发展阶段、发展特征和用户偏好，对未来10年地区市场的总量需求和结构需求进行预测	2006
40．××厂家汽车配置研究	通过 CAPI(计算机辅助访问)方式对用户配置需求进行研究，找出汽车标准配置、用户不关注配置等配置清单	2006
41．全国乘用车需求动向调查及10年滚动预测	经济咨询中心联合国内十几家骨干汽车厂家，通过对60个城市的私人用户、集团用户和出租租赁用户的调查，了解不同类型用户需求的变化，并对未来10年乘用车的总需求、不同区域的需求、分价位需求结构、分级别需求结构等细分市场进行预测	2006
42．2006年度中国乘用车市场研究	全面深入分析中国乘用车市场的发展历史、现状及趋势，为某跨国公司了解中国市场提供参考	2006
43．2006年度 NTBS	对4000多个重、中、轻、微型卡车的新购个人用户和单位用户进行调查，了解2006年卡车购车行为的变化	2006
44．2006年度 NBBS	在全国50多个城市，对1000多个大中型客车新购个人用户和单位用户进行调查，了解2006年大中型客车购车行为的变化	2006
45．××新产品上市对××企业产品的影响研究	通过焦点小组企业产品和竞争车型对比分析，从产品、厂家形象、品牌形象、用户群等方面出发，研究新产品上市对该企业产品的影响程度	2006
46．公务车市场调查研究	通过对重点省市党政机关公务用车调查，了解公务用车的用户需求特征和购买、使用政策，预测公务用车市场需求的年度变化和发展趋势，为厂家更好地拓展公务用车市场提供决策参考	2006
47．卡车新车购买者调查	连续对卡车车主进行调查，了解卡车个人用户和单位用户购车行为与需求的变化	2007
48．皮卡市场调查	对皮卡用户的购车行为与特征进行调查，分析整个皮卡市场发展变化的状况与趋势，分析用户需求特征	2007
49．二手车用户调查	对3个城市250个二手车用户的调查，了解他们购买二手车的原因，需求状况、使用状况等	2007
50．产品与技术热点月度研究	跟踪国内外产品与技术的发展动态，对新产品竞争力、新技术应用前景进行分析	2007

（续）

项目名称	主要内容	完成时间/年
51. ××厂商区域市场季度分析与预测	对各省汽车市场的运行状况进行分析，并对分省市场进行季度滚动预测	2007
52. ××厂商配置需求调查	通过CAPI的方式对消费者进行调查，了解他们对配置的需求意向和价格接受度	2007
53. ××厂商月度市场评估	分析月度乘用车市场的走势和新的变化特征，分析××厂商及其产品的月度市场表现，并提出相关建议	2007
54. 北京、上海、广州市区与郊县市场研究	研究这三个重点市场乘用车需求的转移趋势，对郊县市场的发展现状与潜力进行分析预测	2007
55. 北京租赁市场研究	通过对北京市租赁公司和租赁用户的深入调查，研究北京汽车租赁市场现状、发展中的问题，发展前景和需求特征，为××企业进入租赁市场提供决策支持	2007
56. 乘用车市场发展与消费者意识调查	通过6个城市4000个消费者的调查，并结合经销商调查和用户焦点小组、专家调查，对中国乘用车市场2007年的变化进行全方位的了解，包括对厂商及其品牌形象的认知、车辆的购买与使用、用户特征等，分析产生变化的原因，对未来市场需求进行预测	2007
57. 轻型货车有形市场调查	了解轻型货车主要品牌的有形市场规模、政策及执行状况，为××企业制定有形市场政策服务	2007
58. 细分市场消费者需求偏好研究	通过对4城市1400多个用户的调查，了解重点细分市场用户需求偏好的变化方向，为企业进行产品规划、产品开发提供决策依据	2007
59. VAV和SUV市场研究	分析研究中国VAV和SUV市场的发展历程、供需情况、市场竞争状况、主流产品特征等，对未来市场规模进行预测	2007
60. 高端车市场研究	分析研究轿车高端车市场的发展历程、供需情况、市场竞争状况、主流产品及其用户特征等，对未来市场规模进行预测	2007
61. 中国汽车出口及主要厂商海外拓展计划	研究中国汽车出口市场的发展状况，对出口国、产品出口结构、出口量、对象国的政策、出口厂商的海外市场推展计划等方面进行深入分析，对未来我国汽车出口市场的走势进行分析判断	2007
62. ××厂商2007年区域市场研究	对全国18个重点城市市场进行调查，研究各城市市场的特征、用户特征、品牌表现、营销特点等，对未来两年的市场需求、需求结构进行预测。同时对全国近300个地级市市场进行分类研究和需求预测	2007

（续）

项目名称	主要内容	完成时间/年
63. 中国汽车市场中长期发展趋势预测	分析研究中国经济社会的变化，分析影响未来汽车市场变化的因素，对未来10～20年中国汽车市场特别是乘用车市场的发展趋势、需求总量进行预测	2007
64. 宏观经济形势季度分析	跟踪宏观经济指标的季度变化，对经济走势、经济政策及其对汽车市场的影响进行分析	2007
65. 2007年乘用车新产品市场表现分析	对一年来上市的新产品的市场表现进行综合评估，包括产品的特征、销售情况、对市场的影响等	2007
66. 汽车政策月度评估	跟踪汽车市场相关政策动态，对政策背景、政策目的、政策实施效果、政策影响等方面进行分析	2007
67. 中国零部件行业调查	对中国汽车零部件行业进行全面的调查，了解行业现状、各类企业的产品技术、产品价值现状，为主管部门制定零部件产业发展规划服务	2007
68. 全国乘用车需求动向调查及10年滚动预测	经济咨询中心联合国内十几家骨干汽车厂家，通过对60个城市的私人用户、集团用户和出租租赁用户的调查，了解不同类型用户需求的变化，并对未来10年乘用车的总需求、不同需求域的需求、分价位需求结构、分级别需求结构等细分市场进行预测	2007
69. SUV产品实车测评调查	为某跨国公司SUV新品进入中国市场进行前期调研，在三个重点城市调查300个用户，了解他们对车型的接受程度和改进建议。	2007
70. 轻型客车市场研究	对轻型客车市场的发展现状、竞争格局、用户特征及未来趋势进行深入的研究，对××公司开发的新产品进行图片测试，了解用户的接受度和改进建议，为企业进入轻型客车市场提供决策依据	2007
71. PV/CV市场滚动预测	对未来5～10年的中国乘用车市场和商用车市场进行预测	2008
72. 2008年度产品与技术热点月度分析	跟踪2008年全年的产品与技术发展动向，对产品和技术的热点、市场前景进行分析判断	2008
73. 汽车市场月度分析	对每月汽车整体市场、乘用车市场及商用车市场的运行态势进行分析，并对下月的市场走势进行判断	2008
74. 政策月度分析	对宏观经济政策、汽车行业政策及社会重大事件对车市的影响进行分析与评估	2008
75. 海外物流市场研究	分析美国物流市场的发展状况及特征及其对我国物流市场的发展及其对物流用车市场的启示	2008
76. 2008北京轿车市场分析及××品牌市场策略的研究	研究2008年北京奥运及其配套的相关政策措施对北京乘用车市场的影响，并针对某品牌的营销策略	2008

（续）

项目名称	主要内容	完成时间/年
77. 混合动力产品的市场前景研究	针对微混、轻混、全混等各种混合动力技术进行消费者调研，分了解各种混合动力技术的用户接受度，分析和判断各种技术的市场前景	2008
78. 区域市场研究	分析经济环境等因素对地区市场的影响，对2009年各省、地级市乘用车市场进行预测	2008
79. 细分市场消费者需求偏好研究	通过对不同细分市场消费者的定量定性调查，了解用户需求偏好的变化	2008
80. 配置调查	通过CAPI的方式对消费者进行配置需求调查，了解用户对配置的需求、价格认知和接受度，为厂商产品开发设计及产品定价提供决策依据	2008
81. 轿车内饰颜色/风格趋势研究	通过定性研究法了解消费者的轿车内饰颜色与车型风格的偏好，并结合深入的案头研究，分析内饰色彩与车型风格的发展趋势，为企业产品设计提供有力的依据	2008
82. 某品牌区域管理模式研究	通过相关厂商和经销商的调查，了解经销商区域管理模式的种类、特征、优劣势，为某品牌确定区域管理模式提出建设性的意见	2008
83. 商用车市场的中长期预测	分析影响我国商用车市场需求的因素，利用预测模型对商用车市场需求进行中长期预测	2008
84. 广东山东市场政策性影响因素评估	2008年年初由于受宏观调控政策的影响，企业效益受到很大影响，特别是一些沿海市场受到的影响更大。本项目通过对广东、山东两个省市场的走访和调查，分析与评估宏观调控政策对市场的影响	2008
85. 某轻客产品目标市场及定位研究	通过深入的案头研究和对大量轻客用户的深访调查，分析未来5年轻客总体市场及细分市场的需求变化，对某产品的目标市场规模、用户特征是市场定位进行分析研究，为厂商引进产品提供决策依据	2008
86. 中国SUV市场研究	对SUV市场的需求变化情况、市场竞争格局、用户需求偏好进行深入研究，并对未来走势进行预测	2008
87. 轻卡市场未来5年发展趋势及用户需求变化研究	通过轻卡各吨位级市场的用户深访调查及深入的经济社会变化研究、市场影响因素研究，预测未来5年轻卡市场总量及各吨位级细分市场的需求走势，为企业进行新一代产品规划服务	2008
88. 乘用车月度市场评估	分析月度乘用车市场的走势和新的变化特征，分析××厂商及其产品的月度市场表现，并提出相关建议，对月度市场的热点情况进行分析	2008
89. 80后消费者特征研究	研究新一代消费者的价值观、消费观及其消费特征	2008

（续）

项目名称	主要内容	完成时间/年
90. 中国整车出口形势季度分析及主要厂商海外市场拓展计划	对中国整车出口数据库进行更新维护，并对每季度的出口形势进行分析，包括出口总量、分国别、分车型等的分析，并分析主要出口厂商的海外发展战略	2008
91. 中国汽车市场10年滚动预测	研究影响未来10年汽车市场走势的因素，并对汽车市场未来10年的需求进行预测。	2008
92. 2008年全国乘用车市场需求动向调查及10年滚动预测	SIC联合国内十几家骨干汽车厂家，通过对60个城市的私人用户、集团用户和出租租赁用户的调查，了解不同类型用户需求的变化，并对未来10年乘用车的总需求、不同需求域的需求、分价位需求结构、分级别需求结构等细分市场进行预测	2008
93. MPV市场研究	通过对MPV用户的定量定性调查及深入的案头研究，分析MPV市场的发展变化的原因，预测MPV整体市场的规模和各细分市场的需求走势，为企业推出MPV新品提供依据	2008
94. 出口政策研究	研究国内合资企业汽车出口方面的政策与规定，为某跨国公司开展汽车出口业务提供决策依据	2008
95. 中国汽车市场与交通运输中长期预测	研究中国汽车市场和交通运输业的中长期发展趋势	2008
96. 某企业区域市场研究	对各地级市的乘用车市场进行需求预测，并对某企业的重点市场进行消费者调研，了解各地市场的竞争环境、用户特征等，为厂商制定各地的营销策略提供支持	2008
97. 豪华车市场研究	分析研究豪华车市场的特征与发展规律，探寻影响豪华车市场需求的因素，并对未来豪华车市场的走势进行预测	2008

国家信息中心经济咨询中心的通信地址和联系电话

地址：北京市西城区三里河路58号国家信息中心大楼A座704房间

邮编：100045

传真：68557465

电话：68558704　68558531　　E-mail：panzhu@mx.cei.gov.cn